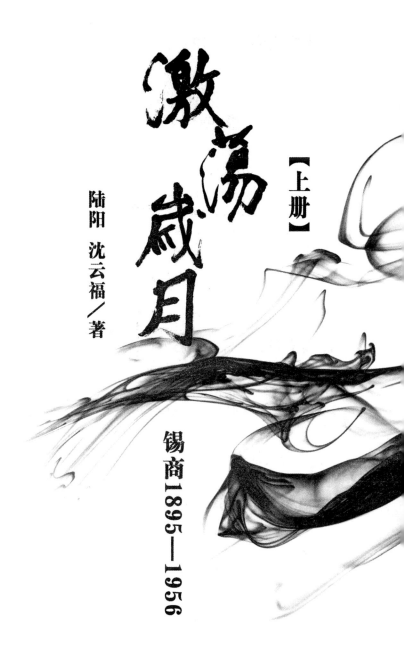

激荡岁月

【上册】

陆阳 沈云福／著

锡商1895—1956

团结出版社
UNITY PRESS

图书在版编目（CIP）数据

激荡岁月：锡商：1895～1956 / 陆阳，沈云福著
. -- 北京：团结出版社，2015.7
　ISBN 978-7-5126-3716-0

Ⅰ．①激… Ⅱ．①陆… ②沈… Ⅲ．①商业史—无锡
市—1895～1956 Ⅳ．①F729

中国版本图书馆CIP数据核字（2015）第172508号


**激荡岁月：锡商：1895～1956**

出版发行：　　团结出版社
　　　　　　　（北京市东城区东皇城根南街84号 **邮编**：100006）
电　　话：　（010）65228880　　65244790
网　　址：　http://www.tjpress.com
E - mail：　65244790@163.com
经　　销：　全国新华书店
印　　刷：　北京兴湘印务有限公司

开　　本：　170×240　　1/16
印　　张：　40
字　　数：　530千
版　　次：　2015年7月第1版
印　　次：　2015年7月第1次印刷

书　　号：　978-7-5126-3716-0
总　　价：　80.00元（全二册）

谨以本书向实业先驱和所有创业者致敬

# 序

## 周海江

屈指一算，2015 年恰好是无锡近代民族工商业诞生 120 周年。120 年前的 1895 年，无锡业勤纱厂建成投产，掀开了无锡近代史的崭新一页，也在江苏乃至中国民族工商业史上留下了浓墨重彩的一笔。这是一个标志性事件，它标志着企业体制开始从洋务运动时期的"官督商办"演变为"绅领商办"，标志着从事现代机器生产且按市场价值取向的商人群体横空出世。

"百年锡商"正是从这一起点出发，虽历经起落波折而持续腾跃，书写了无锡百年工商城一部激荡创业史，成就了我国近代民族工商业和当代乡镇企业的两个发源地，继而开创了民营经济繁荣的新格局。无锡百年繁华绵延不绝，至今民营经济位列全国城市第一方阵，盖源于斯、兴于斯。

在锡商 120 年纪念和全球锡商第二届大会召开之际，《激荡岁月：锡商 1895－1956》的推出，恰逢其时，对于展示锡商创业历程、揭示锡商精神风貌、肇示锡商发展未来，具有十分重要的意义。

《激荡岁月：锡商 1895－1956》一书的两位作者陆阳和沈云福同志，长期研究无锡近现代经济发展史，近两年为写此书广泛收集和精心整理了大量锡商史料。第一作者陆阳同志工作之余辛勤笔耕，经常挑灯夜战。围绕此书，市政协、市工商联及有关部门领导和专家组成相关课题组，多次策划指导和修改讨论。该书是国内第一部全景式反映无锡民族工商业的发轫、发展、波折到转型的作品，也是系统书写民族工商业时期锡商沉浮腾跃和展现锡商创业精神的专著，其历史意义和现实意义是不言而喻的。

百年锡商，百年辉煌。在两个甲子期的岁月间，一代又一代锡商在创造灿烂的物质文明的同时，日渐形成了具有鲜明时代特征和地域特点的"锡商精神"。"锡商精神"，正是锡商长盛不衰的重要原因。我们今天研究锡商，除了厘清锡商波澜壮阔的奋斗史，更要发掘和弘扬蕴含于锡商群体中的内生动因和文化力量。

关于"锡商精神"，2013首届全球锡商大会将其提炼成这样几句话："敢创人先、坚韧刚毅、崇德厚生、实业报国"。"锡商精神"正是一代代锡商接力逐鹿市场、争当经济英豪的真实写照。十九世纪末至二十世纪初，无锡一批商界先驱以"国家兴亡、匹夫有责"的担当，兴办实业，抵制洋货，维持民生，拯救家园。二十世纪二三十年代，无锡工业产值已位居全国第三。锡商也因此声名鹊起，成为近代中国史上最为活跃的地域性商人群体和企业群落。到了七八十年代，锡商凭藉改革开放春风，以敢为天下先的创新勇气，冲破思想禁锢和体制束缚，成功走出了一条具有时代特征、体现无锡特色的改革发展之路，形成了闻名遐迩的"苏南模式"，再次奠定了无锡经济在全国的领先地位，无锡由此被称为中国乡镇企业的发源地。跨入二十一世纪，新一代民营企业家开始登上历史舞台。他们面对更为广阔也更为复杂的国际合作与竞争，在全球范围内组织资源、拼抢市场、创新科技、做大产业，创造了无锡经济的新活力、新优势。这正是新生代锡商在传承中发展的使命所在。

面对当下经济发展新常态的新考验，面对我国推进"四个全面"的新机遇，今天的锡商仍然需要继承和弘扬"锡商精神"，以更加昂扬的姿态，更加出色的作为，更加有力的担当，再造新优势，再创新业绩。

一要把握宏观趋势，坚持做大实业。既要看到全球信息化、金融化的发展新趋势，又要坚持做大自己的实业。立足实业，是锡商的一贯传统。今天的锡商，要积极抢抓国家完善产权保护制度、发展混合所有制经济、放手发展民营经济、推进资本市场发展等带来的重大机遇，大力推进股权结构、经营机制等方面的改革，推动企业从传统治理模式向现代管理模式转型、从家族企业向现代企业跨越，为提高企业现代化、国际化水平奠定基础。

二要依靠创新驱动，坚持转型升级。敢创人先，投入科技，是百年锡商发展的灵魂所在。今天的锡商，更要以全球视野来构筑企业的人才优势、科技优势和发展优势，把转型升级当作永恒业态，不断加大技术、产品、管理、商业模式创新力度；推进产业与互联网的深度融合，建设智慧企业；推进产业与金融的高度结合，实现产融一体。

三要树立诚信形象，坚持依法治企。诚信是锡商的立企之本、经营之道、制胜之器。今天的锡商，更要认清全面依法治国、一切按市场规律办事带来的新规则，自觉遵守国家法律、市场规则和商业道德，进一步增强守法诚信意识，把依法治企、诚实守信融入到企业经营管理的各个环节。

四要强化社会责任，坚持回报社会。商之大者，为国为民。义利兼顾、造福乡梓、回报社会，是锡商的光荣传统；富而思源、富而思进、富而思仁，是锡商的应有情怀。今天的锡商，一定要饮水思源，尊重劳动，善待员工，关爱社会，积极投身社会公益活动，不断推进绿色发展、低碳发展、循环发展，实现企业经济效益与社会效益、生态效益的同步提升。

站在锡商120年纪念的历史节点上，面对老一代锡商所创造的辉煌业绩，我们新一代锡商有责任、有能力去创造和续写新的辉煌！

（作者系全国工商联副主席、无锡市工商联主席、红豆集团总裁）

# 序

## 董志凯

在近代以来一个多世纪的岁月中，无锡商界不仅创造了灿烂的物质文明，而且形成了具有鲜明时代特征和地域特点的"锡商精神"。这是近代锡商在商界长盛不衰的重要原因。通过再现锡商历程，达到揭示锡商精神，提炼锡商智慧，昭示锡商未来的目的，是作者撰写这本书的宗旨。遵照这个宗旨，作者饱含实业情怀、创新情怀、家国情怀，经过长期积累与反复磨砥刻厉，将这部史稿奉献于世。

本书所言的近现代"锡商"，不仅是自然人意义的商人、法人意义的企业，更是经济学、社会学意义的企业家。其具有独到特点：

在产业结构方面，与徽商、晋商大都从事贩进卖出的商贸活动相比较，锡商更注重实业运作，兼顾商业，营商的目的是为了实业的进一步拓展。近代锡商创办的企业主要集中在纺织业、食品工业及日用品工业等轻工业，这些工业品与人们的衣食住行等日常生活密切相关。

在经营管理方面，注重建立与先进生产力相适应的生产关系。锡商的经营举措，与机器、工厂、工人、竞争、效率、市场、商标、法治、公平、股份公司等体现工业时代的"新潮"。与同时期洋务运动中的官办企业相比较，更加展现开放的心胸和姿态，对先进生产力、先进管理方式，以及世界工商文明的高度认同和追求，导引无锡的民族工商业快速发展，形成了竞争而不垄断，开放而不封闭的经济环境。

在城乡关系和社会结构方面，近代企业的影响与作用，推动农村经济结构发生变化。为保障工业原料来源，锡商群体组建具有资本主义性质的新式农场和合作社。以薛氏永泰丝厂为龙头的无锡缫丝业几乎控制了江浙两省大小茧行，荣氏兄弟的企业在农村广设众多麦庄、办花处，收购小麦、棉花。江南农村的传统经济结构慢慢解体，开始步入与近代工商业相衔接的轨道。人们的衣食住行逐渐与近代工商产品紧密连接起来，开始习惯穿美观轻便的机织印染布衣服，吃碾米厂出品的大米、面粉厂出品的面粉，建造中西合璧的厂房住房，乘坐轮船、火车和汽车，城市出现自来水和电灯。

在社会风气方面，锡商义利兼顾，造福乡梓，体现企业家的社会责任感，超越了只为一己之利的狭隘意识。他们热爱乡梓，努力实践"穷则独善其身，达则兼济天下"的理想。如荣德生记载1904年无锡的情况：短短三年时间使无锡构建起了一种良好的文化氛围和教育优势，在整体上提升了无锡人的素质和城市的文化底气，也使得无锡在上世纪前半期出现了空前的人才蔚起、英才辈出的时尚。

在百年来历史的几个关键时刻，锡商群体审时度势，抓住机遇竭力拓展。当西方列强因第一次世界大战爆发而无暇东顾之时，"锡商"赢得了发展史上"第一个黄金期"；二十世纪三十年代初全球性经济危机刚刚过去，"锡商"重振旗鼓，稳步壮大；当日本侵略者的铁蹄践踏国土之时，锡商不向敌人屈服，在夹缝中求生存求发展；当战争硝烟刚刚散去，"锡商"又在第一时间内实现了兴废重建；新中国成立前夕，无锡商界许多成功人士决心留在祖国大陆，努力恢复生产，支持经济建设。

今天，世界面临第三次工业革命，中国经济处于重要的发展与增长的转型期。国民财富仍然主要来源于生产，而要生产就必须创新，这样才能够创造更多的财富。对于我国这个在世界工业化征程上仍相当年轻的国家，实业与创新方面能否执着并立意领先，决定着在世界第三次工业革命中的位置。值此新的历史关键时刻，重温"锡商"的历史，推崇发展实业、立志创新的精神，具有现实意义与重要价值。

笔者于1997－1998年参与了陈翰笙先生开创的无锡、保定农村调查（第四次调查）；在经济史研究过程聆听过陈翰笙、薛暮桥等无锡出身的前辈的诸多教诲，对无锡的历史及其先贤怀有深深的敬意。故陆阳先生提出建议时，不揣冒昧书写以上感想。

（作者系中国社会科学院经济研究所研究员、研究生院教授，中国现代经济研究中心主任）

# 目 录
## CONTENTS

## 【第一部分　发轫（1895－1911）】

故事的开局，像是意料之外，又在意料之中。

甲午战争的失败，让大清王朝旨在"自强"的洋务运动戛然而止，却又在不经意间打开了商办企业的生路。

业勤纱厂在无锡古运河畔顺势而生，成为我国最早的民族工商企业之一；年轻的荣氏兄弟创办广生钱庄，投资保兴面粉厂和振新纱厂，一代商业巨子由此起步；薛南溟放弃仕途，"试水"商海，创办永泰丝厂；周舜卿、祝兰舫，这些被称为"买办"的人们，其实正是我国最早投资近代工业的一股力量，开一代风气之先。

此时的故事尽管简单，但从一开始就有了五彩的况味。

## 【第二部分　风雨兼程（1911－1927）】

辛亥革命，改变了近代中国的走向。"重商"暖风，荡涤着这个沉寂了数千年的古老国度。

荣氏兄弟大开大合，却又不乏小心翼翼地布局着心中的商业帝国。庆丰，丽华及丽新，同出唐氏一脉，花开并蒂。"杨二代"，一南一北，交相辉映。

那个时代，"革命"大旗飘扬。一场雷奔云谲的学生运动，让意气的商人在对外商战中抢得了先机。

## 【第三部分　崛起与沉沦（1927－1937）】

----------------------------------------------------------------

　　大商如云，王者崛起。荣氏的一路扩张，令人亢奋；唐氏的坚守主业，令人敬重；薛氏的开拓变革，令人惊叹。

　　投身慈善公益，专注惠工厚生，更让这群商人成了推动社会进步的重要力量。

　　然而，资本主义经济危机席卷而来，让民族工商业岌岌可危。申新"搁浅"、申七拍卖，大王如蚁，时间漫长得仿佛停滞。

　　沧海横流，方见王者本色，市场跌宕，锡商心中的太阳照常升起。

# 前　言

## 激荡岁月，总是让人着迷

### 一

近代无锡的崛起，颇具传奇色彩。历史上的无锡，只是一个小小的县城，但进入十九世纪后，无锡以惊人的速度迅速崛起，率先进入近代城市行列。到抗战前夕，已经跻身于中国"六大工业都市"行列，工业产值位居全国第三，工人总数仅次于上海。无锡，对于区域对于全国的影响，远远超越了作为一个县城可能达到的极限。

中国民族工商业的兴起，竟然源于那场让中国人至今痛彻在心的甲午战争。日本明治维新后催生的近代体制与中国延续数千年的封建体制，在那一刻发生猛烈碰撞。战争的失败，却在不经意间催生了中国历史新纪元。

在这个新纪元里，商业的力量，开始被正视，沉寂数千年的古老国度逐渐解冻，一幅波澜壮阔的商业画卷逐渐在无锡展开：

近代中国最早的民办纺织企业业勤纱厂在古运河畔创办；官宦子弟薛南溟和"草根"周舜卿捕捉到"新政"春讯，进军缫丝业；雄心勃勃的青年荣氏兄弟从广生钱庄走出，从吃、穿两门入手，开始了艰难跋涉。

辛亥革命爆发，开放、蓬勃、昂扬向上，成为主格调，一切都变得不可逆转，资本的水流渗透进干涸的土地。更多的锡商以懵懂的姿态，茫然或有意识地走上从商之路。小小锡城，闪烁着实业的星星之火。

接下来的岁月，始终洋溢着"革命"的气息。世界大战、北伐胜利、五四运动、五卅运动……在这样的时代，人的潜能被发挥到了极致。荣家快马扬鞭，一路奔跑；杨家左右腾挪，名扬南北；唐家恪守主业，厚积薄发；薛家突破藩篱，引领创新……一时，大商如云，王者归来。只有这样的故事，才能与那个时代相匹配相合拍。

甲午一役，日本第一次真正尝到了战争的甜头，从此大力扩张军备，终于在

1937年发动了全面侵华战争。战火硝烟弥漫，民族工商业遭受空前浩劫，却击不垮商人的理想与信念。沦陷区的民族工商业苦苦挣扎，艰难持守；而在大后方，商业吸收死者的血、生者的汗，生根发芽，生长出别样鲜艳的花果。

抗战胜利，内战又起。国民党在军事上的节节败退，在经济上的进退失据，让试图复兴的民族工商业深受其害，也亲手为自己掘好了坟墓。

当旧社会的苦难以战争的方式彻底结束之时，商人们的两难抉择，有了些许悲伤的色彩。中华人民共和国成立，对民族工商业的鼎力支持，让新中国的商业史开篇就充满了火红的暖色。随之而来的公私合营，固有的传统与变化的时代"并轨"。其间的阵痛和不安，是不得不付出的代价。近代中国民族工商业走完了最后一程，不过"脱胎重生"的国有企业延续了生机，日后改变中国经济版图的乡镇企业又悄然萌生。

滔滔运河水，带走的是昔日的荣耀和悲伤，不变的是百年锡商激荡的前行步伐。

## 二

风起青萍之末时总是无人知晓的，等到大风起兮雷霆万钧之时，大千世界才蓦然回首，细细品味这风光无限的成因和改天换地的后果。

有经济学家这样诠释宏观环境："宏观就是这样，永远有人在悲观时更悲观，有人在狂热时更狂热，也有人冷眼看世界，更多人是墙头草——两边倒。"

这就是宏观环境的复杂性，任何波澜壮阔的序曲，都离不开大开大合的时代撞击。离开了时代的背景，任何经济理想只能胎死腹中。

清末是中国历史上民族灾难最为沉重的一个时期，列强环伺，鲸吞蚕食。思想家郑观应苦苦思索民族复兴之道，最终认定"兵战"与"商战"是复兴之两大主题。于是，商业从一开始就被赋予了"御外侮、裕民生"的历史使命，并贯穿了民族工商业发轫、兴起、勃发乃至消退的全过程，直到中华人民共和国成立的那一天。

薛南溟自称："经营地方实业垂三十年，思欲以西国新法导中国利用之，以蕲福国利民。"唐保谦也说："言利，非以自饶乐，思自效工贾，以此远谟而为国家塞漏卮，为乡里兴大利。"荣德生更言："逊清末叶，五洲棣通，外机制棉纱纷纷运入我国，至国内固有之手工纺织业淘汰殆尽，宗铨鉴于利权外溢，民生凋敝，苟不急起直追，势将侵略无余，爰于让清光绪三十一年集股创办振新纱厂，藉资抵制于万一。"铮铮豪言，掷地有声。

　　除此以外，更多的成功因素可以从文化"软资源"方面去解读。或许，这才是锡商崛起的最为根本、最为基础的动力。南宋时期工商意识的增强，明代资本主义萌芽的产生，为近代民族工商业的诞生注入了最初的基因。鸦片战争以后，工商文化开始处于明显的主导地位，"趋利"的心理暗示，形成无锡地域文化中的唯实精神，使无锡人具有了最鲜明的一个特征：务实。人多地少，又促使人们甘于强烈的突破地域界限、资源界限甚至文化界限，形成了开放竞争的意识。更者，艰难的创业过程，优胜劣汰的经济法则，更加强化了无锡人灵动进取与义利兼顾的处事原则。这种灵活性，有时候就表现为精明，或者被外人理解为精明了。

　　比如开放竞争。锡商一方面接受上海的辐射、扩散，一方面集聚来自内地腹地的资源。杨氏兄弟创办业勤纱厂时曾争取到十年间百里内独家经营的"专利权"，周舜卿开办裕昌丝厂时标榜为"奏办"，但他们都没有限制别人开设同类企业。无锡与常州及周边城市同行企业之间，既相互竞胜，又联合协作，谋求共同发展，形成一种共生互动、开放竞争的格局。这种开放竞争又集中表现为对洋商洋货的竞争抵制。丁熊照、匡仲谋勇于挑战洋商名牌产品，唐星海在管理上与外商企业争高下，薛寿萱联合同行企业越过洋行，直接进军国际市场，都体现了这种开放竞争的精神。

　　比如务实进取。无论是创业伊始，还是扩张展业，抑或遭遇挫折，锡商都表现出坚忍不拔、勇毅精进的志向和气度。荣宗敬的企业扩张理念人们都不陌生，他所说"多买一只锭子，就像多得一支枪"，足以让人震撼。而被人视为温和的荣德生，创业雄心也不亚于其兄长。他晚年规划"大天元计划"，决心"另成一新时代"。面对别人的质疑，他说："对外竞争，非扩大不能立足。""在别人看来，贪心不足，力小图大，风险堪虞，实皆不明余志也！"

　　比如义利兼顾。锡商甘任辛劳，艰难创业，固然有着积聚财富的利益冲动，但"实业报国"始终是他们心中的精神支柱，"造福乡里"则成为他们投资经营活动的现实托付。荣氏兄弟等一批锡商在无锡办工厂，兴教育，修路桥，接电灯，通电话，发展各类公益事业，催动各类学校如雨后春笋般涌现，也加快了城市近代化的步伐。唐家延续三代数十年热心于赈灾救荒，散发着一种简单明了的逻辑：当财富和慈善逐渐融合，并沉淀为一种精神之时，新生的商人已成为推动社会进步的重要力量。

　　比如诚信经营。诚实守信是为人的基本道德准则，也为历来锡商所信守。荣德生有鉴于商道基于人道、为商本自为人，主持编写印行《人道须知》一书，以期"振聩发聋，启迪人心"。其中"忠信"单列一卷，逐条阐述士、农、工、商必须恪守的诚信准则。他本人则以"心正思无邪，意诚言必中"的联语，作为为人处事的信条，认定"吾辈办事业……必先正心诚意，实事求是，庶几有成。""若一味唯利是图，不自勤俭，奢侈无度，用人不当，则有业等于无业也。"他为故居书房取名"戒欺室"，正是出于对诚信的追求。后来荣毅仁请邓小平重新题写此匾额，并作为一生执守的从商准则。

精神不灭。新中国成立的数十年间，商业一度"销声匿迹"，但这些固有的精神得到了延续传承，当改革开放的春风拂过，被深藏的优秀品质再次迸发，锡城的商业再次气象万千，又一次收获了沉甸甸的成果。

精神更需要传承和弘扬。锡商精神经过百年孕育，熔铸成带有鲜明地域特征的精神品格，已成为这个地区的一种社会核心价值。尽管时代更迭、历史变迁，这一人文精神可能会有所冲淡，其表现形式也会发生某些变化，但在今天它依然是一笔值得珍视的精神财富，应该得到更加广泛的社会认同和弘扬。

## 三

人的记忆，在时光的洗涤下会逐渐固化、抽象化，记住的只是辉煌，曾经的残酷和苦难往往会轻易地过滤。

清末以前，数千年的中国可以说是一个"无商时代"。中国传统文化的核心内容中包含着轻视工商的因素，"君子不器"，传统读书人以坐而论道为高尚，以出仕君王为荣耀，专注于猎取功名禄位，不得志便退而修身养性，寻求一种精神上的寄托。重农抑商，农业立国，经过数千年的固化，最终导致了国家的落后。

事实又不可否认，在近代中国，民族工商业虽然创造了荣耀的历史，但"先天不足，后天失调"，又承受着封建主义、帝国主义和官僚主义的压迫，西方列强耀武扬威，官僚资本巧取豪夺。商人们即使再顽强、再坚韧，只能在夹缝中生存。侥幸起家，但步履艰难，一旦风雨袭来，就显得脆弱而不堪一击。

于是，荣家刚刚登上事业巅峰，却又迅速跌落，申新"搁浅"，申七拍卖；周氏的商业霸业，因为"少主"失当，短短数年就归于沉寂；薛氏的丝业帝国，一经战火硝烟，就一蹶不振，星火不再。……几多唏嘘，几多悲愤，内在的原因就不难理解了。

费正清在《剑桥中国史》中断言："在中国这部历史长剧的发展中，中国商人阶级没有占据显要位置。它只是一个配角——也许有几句台词——听命于帝王、官僚、外交官、将军、宣传家和党魁的摆布。"

1949 年，新中国成立，民族复兴的时代大门开启，历史的笔锋变得气势磅礴且意气风发。正如毛泽东所说："中国的命运已经操在人民自己手里，中国就将如太阳升起在东方那样，以自己的辉煌普照大地。"

从此，官僚资本销声匿迹，帝国主义的掠夺也戛然而止，民主、统一的和平局面正式形成，与此同时，被战争所破坏的商业规则逐步重建，资源也得到了公正的重新分配，商业的发展有了稳定的政治环境。更为重要的是，整个中华民族的自尊心和自信心得到了空前提高，这成了新中国商业发展最重要的动力源泉。

回溯近代中国一百多年的商业史，必须为 1949 年写上浓墨重彩的一笔。尽管此后商业的发展并非一帆风顺，仍然有超越，有倒退，有疯狂的高潮，有窒息的低谷，有单纯而虚妄的理想主义，有复杂而务实的现实主义，但历史的进程是一往无前的，直至今天以大国"身份"崛起。回望历史，这些成绩，就源于那个令中华民族扬眉吐气的瞬间。

1949 年，被不同流派的经济学家称为世界经济史黄金时期的起始年。

在美国，新中国成立之前的两个月，哈佛商学院迎来了 1949 届毕业生典礼。这届毕业生大多经过三十年代初的全球经济危机，也几乎都参加了第二次世界大战。在随后的几十年间，这个班级被称为"哈佛最杰出的班级"、"令美元失色的班级"。他们中间，走出了强生的吉姆·博克、施乐的彼得·麦克科洛、共同基金的比尔·卢恩等等。

在欧洲，各个不同社会体制的国家，都不遗余力展开战后的重建，直至二十世纪五十年代凸现了一个令人惊喜的高潮。

我国的近邻，日本战败投降刚刚过去不到五年，经济又逐步进入了一个高速成长期，国民生产总值相较战败之时增加了一倍以上。

商业的浪潮，在世界各个角落汹涌澎湃。今天的全球竞争大势，在那一刻已经注定最初的格局。

## 四

时间到了 1979 年。1 月 17 日上午，复出不久的邓小平在人民大会堂福建厅约见了胡厥文、胡子昂、荣毅仁、周叔弢、古耕虞。这五位老人，都是从旧中国走来的工商界元老级代表人物。落座后，小平开宗明义说："听说你们对搞好经济建设有很好的意见和建议，今天就谈谈这个问题。"五老纷纷发表意见，小平频频点头表示赞同，并不时地发表自己的意见和见解。小平强调："钱要用起来，人要用起来。"中午时分，小平请五老吃涮羊肉。这就是后来被称为"五老火锅宴"的著名谈话。

上世纪七十年代末八十年代初的那几年，是中国现代史上一个十分微妙和关键的时期。尽管执行极左路线的"四人帮"被打倒，但最高领导层少数人提出的"两个凡是"政治主张，依然禁锢着人们的思想和行为。不过，积极的变化还是有了——

1977 年冬季，高考恢复。610 万考生走进了考场，世界史上声势最为浩大的一次考试如火如荼开始了，最终有超过 40 万的学生进入了高等学府。

转过年来的 1978 年 5 月 11 日，《光明日报》刊登了题为《实践是检验真理的唯一标准》的特约评论员文章，原作者正是无锡籍学者胡福明。随之而起的"真理标准大讨论"活动，在思想基础上倡导了一种全新的实践主义观念，表现在经济变革领域则呼唤全新的思想基础和商业伦理。

在这一年年底，党的十一届三中全会在北京召开，会议的唯一议题是"把全党工作重点转移到经济建设上来"。这无疑是一次具有里程碑意义的会议，"政治生活"从此不再成为中国老百姓的主要生活方式。如果把这次会议放在历史的坐标轴上进行评价，即使时间的纵轴再延长几倍，都不会缩小它的贡献。

十一届三中全会闭幕不到一个月，"五老火锅宴"举行。

在"五老火锅宴"上，邓小平还第一次提出要吸引外资，第一次提出希望原工商业者重新"出山"办企业。

不久之后，中央对 1956、1957 年划定的原工商业者落实了政策。首先是把小商小贩、小手工业者从原来定的工商业者中区别出来，当年被定为资本家的86 万人当中有 70 万人恢复了劳动者身份。不久之后，16 万原工商业者（资本家）的成分也一律改成了干部或工人，也就是意味着这些工商业者（资本家）已经成为社会主义社会中的劳动者。落实政策还包括发还"文革"期间冻结的私营企业主的定息，全国一共支付了 24 亿元。这在当时可是个天文数字，足见中央决心之大。

这一年 10 月，一个直属国务院的投资机构——中国国际信托投资公司成立，荣毅仁出任首任总裁。在此后相当长的时期里，中信公司扮演了中国引进国际资本的重要角色。

荣毅仁的儿子荣智健，在这一年则携带着简单的行装，告别妻儿，从北京南下香港，与他的两个堂兄弟荣智谦、荣智鑫会合，合股创办爱卡电子厂，一开始的业务是将香港廉价的电子表、收音机向大陆贩卖。荣家显赫百年的商业史翻开了新的篇章，荣智健日后一度攀上"中国首富"宝座，光彩不逊色于他的祖辈。

当邓小平与五老在人民大会堂畅谈商业之时，北京仍处寒冬季节，但窗外的柳条上已经爆出了几许新芽。

## 五

有人说："一般的中国读者（包括历史爱好者），已经失去了从历史中总结经验的热情。"

今天，市场经济大潮兴起，人们更愿意沉沦在对于物质的不断追索中，有意或无意躲闪着那些不甚遥远的记忆，曾经的辉煌和曾经的伤痛似乎都被这里的人们所淡忘。

于是，对那些过往影响一个地区、一个时代商业进程的人物和事件进行分析整理，就显得如此迫切。我们都知道：忘记历史，就意味着背叛。

于历史，意大利哲学家、历史学家克罗齐曾经有过一个著名的论断，即"一切历史都是当代史"。寥寥数语，包含两层含义：其一，它是真实的，因为它是"史"；其二，它又是有倾向的，因为它是"当代"的。

换言之，历史既是过去式，还是现在式、将来式的。所在的焦点，正如古希腊的波里比阿在《罗马史》中所谈到的那样："历史之特殊功用在于能使人明白某种政策或政见的成败原因。""研习过去，则能使我们更谨慎、更大胆地面对现实。"今天我们回溯历史，目的就在于从中梳理出激发腾飞的基本因素，再融入当前的实践，续写新的更加灿烂的历史篇章。

六十年，一甲子。回首锡商的历史，回忆那一连串的名字，我们不禁感慨于他们在苍茫时光中的命运多舛，感慨于那一串串鲜活的或悲或喜的故事。单单将这些人名和事件按照年份串联起来，就足以让人们看到这六十年的锡商发展脉络：

首开其端的杨宗濂、杨宗瀚兄弟，放弃仕途投身商海的薛南溟，从买办"转身"的祝兰舫、周舜卿，把"大爱"洒向中原的唐保谦，厚积薄发的唐骧廷，推动管理革新的唐星海，拓展毛纺业的唐君远，致力"劳工自治"的薛明剑，传奇红色商人杨琳，西部工业先驱李国伟，怒斥上层"不当"的荣鸿元，带头公私合营的荣毅仁……当然还有很难用一两句话概括的荣宗敬、荣德生兄弟。

相对于纷繁芜杂的时代，这些人物或许只是众多主人翁中的少数，他们的故事或许只是瞬间的闪亮，但正是无数必然和偶然、个体和群体、时间和空间的水珠与浪花，汇成了一道历史的巨流，有千回百折、壅塞阻滞，也有浩浩荡荡、横无际涯。

二十多年前，我在无锡的江南大学读书。那时的这所江南大学并不是荣家当年所创办的那所有着同样校名的学校，但与荣氏仍然有着某种渊源，荣毅仁担任了学校的名誉董事长。学校座落在荣巷附近，离荣家的梅园也不远。

早春时节，是梅园一年中最好的季节。我们几个要好的同学，会经常挑个阳光明媚的日子，步行来到梅园，在梅荫里坐下，沏一壶茗茶，一坐就是一个下午。微风拂过，听梅林飒飒作响，看花瓣片片飘落。那时的梅园，不象今天这般喧哗，透着几分静逸安详，一如荣氏兄弟在世时的景象。

正是从那时起，我"知道"了荣宗敬、荣德生兄弟，以及与他们有着相似奋斗史的一群商人，以及他们背后的那段荣耀又悲壮的历史。

诵幽堂旁，荣德生的塑像静静地矗立着，眼光深邃，凝视远方。塑像无言，就让我们在香烟缭绕中讲述那段激荡的往事——

激荡岁月

锡商 1895——1956

第一部分
发轫（1895－1911）

# 1895 年：锡商元年

1895 年，在古老的无锡城，一家名为"业勤"的机器纱厂破土动工，这是我国近代最早的民族工商企业之一。

大清王朝旨在"自强"的洋务运动，在甲午硝烟中归于失败。"官督商办"无奈走向没落，"绅领商办"正在萌发新的力量，一个从事现代机器生产且按市场价值取向的新型商人群体由此横空出世。

十九世纪末的最后几年，在灰暗的大清危楼之中，三两枝孤单的迎春花迎着和煦的商风，勇敢地伸出了老墙，尽管还远不足以形成万紫千红的春色，但毕竟透出了新生力量正在成长的一丝春讯。

## 业勤："第一家"

京杭大运河，是世界上里程最长、工程最大、最古老的运河，与长城并称为中国古代的两项伟大工程。大运河南起杭州，北到北京，流过无锡市区的长度近15 公里。运河两岸鳞次栉比的水乡民居建筑，在滔滔河水的映衬下，处处荡漾着江南小城的韵味。

1896 年冬季的一天，一种从未有过的隆隆轰鸣声，打破了京杭大运河的舒缓与宁静。一家名叫业勤纱厂的近代机器工厂，出现在无锡东门外运河边的兴隆桥畔。

业勤纱厂的创办人，是一对杨姓兄弟。兄长叫杨宗濂，字艺芳，生于1832 年，弟弟杨宗瀚，字藕芳，生于1842 年。两人在五兄弟中分别排行老大、老三。

杨氏的发迹，源于这对兄弟之父杨延俊（字菊仙）与李鸿章的结识。1844 年，两人在江宁乡试相遇，三年后，参加会试又在同一号舍。应试期间，李鸿章忽然患病，当时已 38 岁的杨延俊像大哥一样对 24 岁的李鸿章精心照料，熬制汤药。杨延俊"料理汤药"，悉心照顾，李才得以完成考试。不久，两人"同捷南

杨宗濂（左）、杨宗瀚（右）兄弟

宫，故于同年中交谊最笃。"①

　　李鸿章发迹时，杨延俊已亡故。李就将对故友的怀念之情，寄于其子杨宗濂、杨宗瀚兄弟，先后把两兄弟招入幕府。而杨氏兄弟入幕后，也充分表现出自己的才干。咸丰末年，杨宗濂随李鸿章镇压太平天国起义，率营参与攻打江阴、无锡、常州等江南重镇的战役，"屡著战绩"；后"随鸿章移师剿捻，总理营务处"②，从策划军机到筹运粮饷，"以善理财"得到李鸿章的倚重。③ 1872 年被擢为道员，之后官迁布政使、按察使、长芦盐运使等要职。而杨宗瀚入幕后，则主要为李鸿章"司章奏"，"虽未亲历行间，躬冒矢石"，但"筹战守，赞戎机"，"实多赖焉"。④ 李鸿章赏识其文才，曾击节赞赏说："杨三捷才，非他人可及。"⑤

　　1885 年，台湾建省，刘铭传被任命为首任台湾巡抚。鉴于当地"草昧初开，百废待举"，急需有人相助。刘铭传函邀杨宗瀚赴台，起先委派他"总办商务、洋务，兼开埠事宜"。随后又令其"督办全省水陆营务处，兼办台南北铁路"。⑥在刘铭传眼中，杨宗瀚"器局开展，办事精实，志趣远大，平时家居，每以中国

　　① 杨昧云：《觉花寮杂记》，《云在山房类稿》第四册，1930 年，家刊本。
　　② 《清史稿》第四五二卷"列传二百三十九"。
　　③ 陈夔龙：《杨昧云司农八十寿序》，《杨昧云先生八秩寿言汇录》，王祖聪辑，1947 年，铅印本。
　　④ 杨寿枏等：《杨藕舫行状》，1907 年。转引自汪敬虞主编《中国近代工业史资料》第二辑下册，科学出版社，1957 年，第 930 页。
　　⑤ 杨景燧：《近代无锡杨氏先人传记事略类稿》，自印本，第 4 页。
　　⑥ 杨寿枏等：《杨藕舫行状》，1907 年。转引自汪敬虞主编《中国近代工业史资料》第二辑下册，第 931 页。

之大，不能富强为恨"①。同年，北洋武备学堂在天津创办，兄长杨宗瀣受李鸿章委派而"总其事"。该学堂"成材甚众"②，包括段祺瑞、冯国璋、曹锟在内的北洋军阀首领，均为杨宗瀣"门下士也。"③

此时，洋务运动进入高潮，一批官办、官督商办的近代企业兴起。杨氏兄弟开始参与商务活动。1886 年冬，杨宗瀣化名"杨鼎祺"，与汇丰银行职员吴懋鼎、德国人穆麟德凑集资本银万余两，合伙创办了天津自来火公司（Tientsin Chinese Match Factory）。后穆麟德抽走股本，杨宗瀣、吴懋鼎又约请淮军将领周盛波合股，凑成资本 18000 两。这是杨氏兄弟投身实业的起点。可是不幸该厂于1891 年 5 月因失火而被毁。

1891 年秋，李鸿章委派杨宗瀣赴上海机器织布局"驻局妥细经理，切实整顿"。洋务派开办的这一织布局，拥有纺机 35000 锭，布机 530 台。由于缺乏管理人才，加上资金屡屡被挪用，筹备十年尚未开业。因杨宗瀣在北方经办的事务，抽不开身，荐举杨宗瀚赴沪代为主持。杨宗瀚"既受事，知母财不充，先措垫银数万两，并亲赴北洋谒文忠（按：李鸿章），拨借绥巩局银十余万两，以资营运"。④ 从绥巩钱局借官款 10 万两，从天津借商股 20 万两，再加上部分洋务派官僚的私人投资，织布局得以迅速获得启动。同时，杨宗瀚对局务锐意整顿，培训工人，制订规章制度，并与租界当局多次交涉，纠制了黑势力，使织布局的生产逐步走上了正轨。

上海机器织布局在杨树浦临江地段，蒸汽引擎、纱锭等由美国制造，轧花机和织布机从英国引进，都比较先进。从籽棉轧成皮棉到清花、并条成为粗纱，进一步纺成细纱，再整经织成布匹，都是使用机器操作，所以叫机器织布局。那时棉纱的日产量约为每锭出纱半磅多，棉布日产量为每台一匹（都按每天 10 小时计算），制成棉纱大多为 6 支至 10 支的粗支纱，高档纱也不过 14 至 16 支纱。织成的棉布，每匹长度 40 码，幅宽 3 尺，重 14 磅，有平纹、斜纹两种，都属粗布。

织布局开工后营业兴盛，利润丰厚。到 1892 年的产量，据李鸿章奏报清廷，"每日夜已能出布六百匹，销路颇畅"⑤。据《北华捷报》（North China Herald）

① 沈云龙主编：《清季台湾洋务史料》，（台北）文海出版社，1969 年，第 56 页。

② 《清史稿》第四五二卷"列传二百三十九"。

③ 杨昧云：《岑泉居士自订年谱》"庚申年条"，《北京图书馆藏珍本年谱丛刊》第 192 册，北京图书馆出版社，第 293 页。

④ 杨寿枏等：《杨藕舫行状》，1907 年。转引自汪敬虞主编《中国近代工业史资料》第二辑下册，第 931 页。

⑤ 李鸿章：《重整上海织布局片》（光绪十九年十月二十六日），《李文忠公奏稿》卷七七，转引自杨世纯、杨世绒主编《双松百年》，中国社会出版社，2006 年。第 58 页。

载，1893 年 1 至 10 月该局产品在上海一地成交的棉布量，斜纹为 611532 匹，本色平布为 1267916 匹。① 至于该局销往全国的棉布情况，已无法完整统计。该局与当时（1891 年）开办的上海华新纺织新局和次年开办的武昌湖北纺织官局相比，其生产经营都要高出一筹。1893 年 5 月，杨宗濂也曾私下里对人说：上海机器织布局"每月出货十二三万。每日日用五百两，获利约五百两，每月可得一万二千利"。②

上海机器织布局大门

优厚的利润，刺激了洋务派开办纱厂的积极性。1893 年 7 月，李鸿章电召杨宗瀚赴津，商定大规模扩充纺纱事业。杨宗瀚提出："织布机层累曲折，工繁费重，不如纺纱，工简利近"③，计划另招股本银 30 万两，"就布局中间余地，附建纱厂一座，日夜工作，机不停顿，约可出纱三十余包"，并且提出了与织布局外合内分的设想。同年 8 月，他得到李鸿章的批准，在上海挂起了"同孚吉机器纺织厂"的招牌，公开招集股份。李鸿章电请驻英、法、意、比四国使臣薛福成代为"购办新样细纱机一百张，每日夜须出十四五号纱五十包，每包重四百磅，配搭轧花、清花、梳花、棉条、粗纱、摇纱、打包各机件俱全"。④

如果不是那场突如其来的大火，杨氏兄弟或许能就此成为洋务派中最负盛名的实业实践者。那场大火，让这一可能化为了乌有。

---

① 转引自朱龙湛《早期的纺织业者杨宗瀚》，《中国企业家列传》第四册，经济日报出版社，1990 年，第 5 页。

② 翁同龢"光绪十九年三月十五日日记"，《翁同龢日记》第六卷，翁万戈编，翁以钧校订，中西书局，2012 年，第 2644 页。

③ 《杨宗瀚遗稿》第二册。转引自《双松百年》，第 59 页。

④ 《李鸿章全集》第二十三卷"电报三"，顾廷龙、戴逸主编，安徽教育出版社、安徽出版集团，2008 年，第 383 页。

是年 10 月 19 日，午夜时分，一股火苗从织布局的清花车间冒出，适时正有狂风大作，火借风势，很快就蔓延到整个厂区，机器、厂房全被焚毁。估计损失在 150 万两以上。

这场大火因何而起？众说纷纭，一时未有定论。眼看着自己数载经营的成果一旦化为灰烬，杨宗瀚"望火而号"，痛不欲生，"欲跃入火中者三次，均经人劝阻救回"①。

李鸿章一怒之下，撤了杨宗瀚的总办之职。杨宗瀚心如死灰，怏怏不乐地返回无锡故里。

对织布局，李鸿章自是不甘心放弃，接着命天津海关道盛宣怀会同上海海关道聂辑规重整旗鼓，规复原局，并大事扩充。这就是后来的华盛纺织总厂，后又一再改组更名，最后称为三新纱厂。

说起盛宣怀，与杨氏兄弟颇有渊源。盛宣怀出身于江苏武进一官宦之家，早年他的科举之路颇不平坦，屡试不第。1870 年，杨宗濂推荐盛氏入李鸿章幕府。李鸿章本来和其父即为好友，对盛宣怀深为器赏，派委行营内文案。从此，盛宣怀时来运转，青云直上，开始了他辉煌的传奇一生。

西方有语云："上帝给你关上一道门，同时给你打开一扇窗"。当官办实业的大门向杨氏兄弟轰然关上的同时，另一扇民办实业的窗向他们开启了。

1894 年 11 月张之洞署理两江总督后，电邀杨宗瀚至南京"商榷要政"。次年《马关条约》签订，沙市、重庆、苏州、杭州增辟为通商口岸。张之洞"创议改造土货为抵制洋货计"，再次电请杨宗瀚赴宁相商。经理织布局数年，杨宗瀚积累了不少生产经验，对工厂的机器、材料、用棉、人事、用工都有一定的体会，"遂恃其在织布局所获得的经验，蓄志自己办厂"②，"请于无锡创设机器纱厂，以开风气"。张之洞当即表示赞许。

他回到家乡，立即订出了一份集股章程。章程中记述：

"窃自通商以来，洋货行销日广，洋药而外，以纱布为大宗……彼族之侵我利权，占我生理者，似亦莫甚于纺织、缫丝诸大端，不待智者而知矣。吾侪共体时艰，权衡本末，仍当从纺织入手，果有余力，再图推广缫丝。爰思常州府属女工，勤于纺织，购用洋纱为数甚巨。锡邑当苏常孔道，邻境多产花之区，招工尤便，自应先开风气，以阜财源……兹已勘定无锡县东门外兴隆桥水陆利便之区，

---

①　孙毓棠编：《中国近代工业史资料》第一辑下册，科学出版社，1957 年，第 1071 页。
②　杨通谊：《无锡杨氏与中国棉纺业的关系》，《近代无锡杨氏先人传记事略类稿》，第 34 页。

克期营造，置设纱机，名曰'锡山业勤机器纺纱公厂'。俟有成效，再行扩充。"①

厂名"业勤"，取古训"业精于勤荒于嬉"之意。

杨氏兄弟建厂的得力助手，是两位常州表弟刘鹤笙和刘叔培。二刘是清乾隆时状元刘纶的后代。当时商定，杨氏兄弟认股各四万两，刘氏兄弟认股各二万两，再招外股 12 万两，总计为 24 万两。预计征土、建房、买机器为 18 万两，尚余六万两作为购买棉花等流动资本。

业勤纱厂全景

纱厂置地建房于东门外兴隆桥，厂基约占地 40 亩。按当时风水之说法，厂门面对古运河，以开财源。1895 年，厂房开始动工，翌年建成，为西洋式砖木结构二层大楼。纺机设备系从英国进口，同期运抵，计有细纱 28 台，共 10192 枚纱锭，并配套清花、梳棉、棉条、粗纱、摇纱等设备；动力方面有兰开夏式锅炉三台，建锅炉间配 350 马力双缸蒸汽机两台，并有直流发电机一台。另配有少量车床和刨床的修理工场和轧棉工场。

工厂筹建顺利，但是股金迟迟收取不足，刘氏兄弟股金未及半数，外股则普遍持观望态度，致使机价花本无以偿付，洋商追逼。不得已之下，杨宗瀚只得急赴南京，求助于湘幕之旧交、新任两江总督刘坤一，借到江苏省库的积谷公款 10 万两，再招存款四万两（部分系北洋派官僚的私款），再由杨宗瀚变卖了部分田产和妻女首饰，拼凑到二万两。这 16 万两，解了燃眉之急。

1896 年底，业勤纱厂正式开工生产，由杨宗瀚为总办，主持厂务。向无锡四乡招工 1100 人，以产 14 支纱为主，日夜出纱 8000 余磅，年产纱约 7500 件，商标为"四海升平"，大部

业勤纱厂沿河厂房

---

① 钱江整理：《锡山业勤机器纺纱公厂集股章程》，《无锡文史资料》第 30 辑，无锡市政协文史资料委员会编，1995 年，第 40 页。

业勤纱厂"四海升平"商标

销往苏南农村，供广大农民编织土布之用。该厂由于机器生产，质量、产量均高于土法生产，销路广甚至供不应求，因此获利甚丰。据《北华捷报》报道："该厂虽然昼夜开工，对于常州府和苏州府的各个乡镇对该厂的需要，尚无法全部供应。……这个纱厂的盛况是少有的，在富有效率的经营之下，该厂股息最少将为25％"。① 该厂开办后第二年即盈余4.8万两，第三年盈利又有增长。

自1903年起，业勤在三年中连续增添纱锭，使全厂纱锭达到13832枚，产品也增加了12支和16支纱，男女工人增至1400人，全厂日夜产纱一万余磅，进入了最为昌盛之期。在连年获利的基础上，到1906年已盈利50余万两，高出原有资本一倍。除偿清所借的积谷款和债务外，还发了对本对利的大财。

当时，有一位钱庄的年轻人经常来到业勤纱厂账房送款，见到纱厂盈利丰厚，不禁露出羡慕之情。这位年轻人名叫荣德生，日后他将成为叱咤商海的一代巨商。②

## 商风初起

业勤纱厂在无锡大运河畔兴建的1895年，在中国近代史上是一个具有特殊意义的年份。这一年的4月17日，中国和日本签订了丧权辱国的《马关条约》，赔偿惊天巨款，并割让台湾及附属岛屿。

《马关条约》的签订，缘自中国在甲午战争中的惨败。1894年，朝鲜爆发东学党起义，朝鲜政府被迫向清朝乞援。日本也以保护使馆和侨民为借口派军进入朝鲜，并挑起了战争。战争的过程包括双方海军以及陆军的数次交战。其中清军在9月平壤之战和黄海海战中的相继失利，使战局急转直下，战场也由境外转移到中国境内。转过年来的1895年春，日本海军对龟缩威海卫港内的北洋舰队发动突然袭击。短短十余天，日军占领威海卫，洋务派苦心建造的北洋舰队全军覆没，留下无尽耻辱。因为1894年是农历甲午年，所以这一场战争史称"甲午战

---

① 《北华捷报》1897年5月28日。转引自汪敬虞主编《中国近代工业史资料》第二辑下册，第688－689页。

② 参见《近代无锡杨氏先人传记事略类稿》，第13页。

争"。

甲午一战，大清国运式微，犹如一艘残破的巨轮摇摇荡荡地驶入日暮，历时三十年的洋务运动至此黯然收场。三十年前，1864 年 5 月，身为江苏巡抚的李鸿章上奏清廷，称"鸿章以为中国欲自强，则莫如学习外国利器。欲学习外国利器，则莫如觅制器之器，师其法而不必尽用其人。欲觅制器之器与制器之人，则或专设一科取士，终身悬以为富贵功名之鹄，则业可成，艺可精，而才亦可集。"① 此议不但提出要学习西方，还试图修改千年科举制度的取士标准，在当时十分惊世骇俗。

很快，在朝廷重臣奕䜣、曾国藩、李鸿章、左宗棠、张之洞等人的倡导下，以"自强"为名，陆续开办江南制造局、福州船政局、安庆内军械所等近代军事工业，继而在"求富"的口号下，采取官办、官督商办和官商合办等方式，开办轮船招商局、开平矿务局、天津电报局、唐山胥各庄铁路、上海机器织布局、兰州织呢局等民用企业。

办"洋务"三十年间，中国被迫或自愿开辟的通商口岸，由 1860 年前的 7 个增加到 1894 年的 34 个，外国的进口额，也由 1864 年的 5100 余万两，激增为 1894 年的 1.6 亿余万两。尽管身不由己，但中国还是加速卷入世界资本主义的漩涡，开始了自身的近代化历程。

几乎与此同时，近邻日本也开启了近代工业化的历程。1868 年 1 月 3 日，一个名叫西乡隆盛的武士率领 2000 人从鹿儿岛北上，发动"王政复古"政变，推翻了德川幕府的统治。新登基的明治天皇，实施了一系列的维新改革措施，在政治上建立君主立宪政体，经济上推行"殖产兴业"，学习欧美技术，掀起工业化浪潮，并且提倡"文明开化"，大力发展教育事业，社会生活实行欧化。

两个几乎同时开启近代化的东方国家，终于在 1894 年爆发了第一次面对面的军事较量，结果以中国的惨败告终。

自 1840 年鸦片战争之后，大清还经历了 1856 至 1960 年的第二次鸦片战争、1883 至 1885 年的中法战争，不过，最后的尊严仍未完全丧失，但甲午战争的惨败，却是半个世纪以来中国遭遇的最大失败，而且是最具耻辱性的失败。全国上下，莫不瞠然，始时莫名惊讶，继而悲愤激狂。康有为、梁启超等人发动"公车上书"，鲜明指出立国自强之策在于"富国为先"，"以商立国"，准许并鼓励商人用机器自行开采矿产，制造各项用器、兵器和货物，在内河通航轮船，集股兴

---

① 《筹办夷务始末》（同治朝）卷二十五，中华书局，2008 年，第 4 页。

建铁路，以及兴办其他各种近代企业。① 鉴于财政万分困难，"罗掘已空"，"挪无可挪"，张之洞、刘坤一等大小官员也纷纷请求清政府允许商办各种新式企业，"保护华商，厚集商力"②。形势所迫，清政府不得不顺民意，放松对商办实业的控制。1895 年 7 月，清政府谕令"各省招商多设织布、纺绸等局，广为制造"。第二年，又通饬各省督抚分别在省会设立商务局，"官为设局，一切仍听商办。"1897 年，清政府再下令各省集股设厂，官助商本，公举殷实商人分任厂务，"由地方官认真督查，并准官绅量力附股"③。1898 年，颁布"振兴工艺给奖章程"十二款，对技术、工艺发明给予鼓励。清政府的这些谕令，虽然大多为官样文章，但对商人兴办实业和愿意投资于新式企业的官僚、绅士，不失为一种鼓励。

正是在这样的大背景下，业勤纱厂应时而生。

在业勤纱厂创办的同时，另一家在中国近代史上占据重要地位的纱厂——大生纱厂也在南通这个小城破土兴建。

创办大生纱厂的，是一位名叫张謇的人。张謇，字季直，号啬庵，出生于江苏海门，起自农家，有过十年不得志的游幕生涯。1894 年，清廷因慈禧六十寿辰特设恩科会试，年过不惑的张謇进京应试，高中状元。然而，甲午海战的失败，让他决心放弃仕途，转而去做一个商人。"三十年科举之幻梦，于此了结。"④ 他得到张之洞奏派获准在南通筹办大生丝厂，公开向社会集股 60 万两，分 6000 股，每股 100 两，预计每股每年可以获利 22 两。

状元办厂，雷声很大，尽管投资回报诱人，但他的集股之路甚是艰难，到1896 年底还不到八万两。这时，又是刘坤一帮了大忙。早先的 1893 年，张之洞曾为湖北官纱局买了 40800 纱锭，但由于种种原因这批纱锭已闲置在上海杨树浦江边三年之久。刘坤一很想为这批纱锭找一个出路。于是，他想以这批纱锭作价50 万两入股，作为官股。恰在此时，接替杨宗瀚在上海办理华盛厂务的盛宣怀也正要买机器。这批机器便由张謇与盛宣怀对分，各得 20400 锭。于是，这批纱锭作价 25 万两官股，张謇另集 25 万两商股，正式创办大生纱厂。大生之名，取自《易经》中"天地之大德曰生"之句，寄托了他的理想。

据说，刘坤一当初想以这批纱锭入股杨氏兄弟的业勤纱厂。但只因杨氏兄弟财力有限，又恰逢张謇创设大生纱厂，刘坤一才乘机他适。

① 康有为：《上清帝第二书》，《康有为全集》第二集，中国人民大学出版社，2007 年，第 32 页。

② 张之洞：《吁请修备储材折》（光绪二十一年五月二十七日），《张文襄公全集》第三十七卷奏议，中国书店，1990 年，第 30 – 32 页。

③ 《东华录（光绪朝）》，第一三九卷，第 6 – 7 页。

④ 《大生纱厂第一次股东会之报告》（1907），《张謇存稿》，上海人民出版社，1987 年，第 568 页。

1898 年，大生纱厂在通州城西的唐家闸陶朱坝破土动工，次年建成投产。经过数年的惨淡经营，到 1904 年，大生纱厂增加资本 63 万两，纱锭两万余枚。1907 年又在崇明久隆镇（今属江苏省启东市）创办大生二厂，资本 100 万两，纱锭 2.6 万枚。到 1911 年为止，大生一、二两厂共获净利约 370 余万两。1901 年起在吕泗、海门交界处围垦沿海荒滩，建成了十多万亩的原棉基地。随着资本的不断积累，张謇又在唐闸创办了广生油厂、复新面粉厂、资生冶厂等，逐渐形成唐闸镇工业区。同时，为了便于器材、机器和货物的运输，在唐闸西面沿江兴建了港口——天生港。以后，天生港又兴建了发电厂，在镇镇之间开通了公路，使天生港逐步成为当时南通的主要长江港口。南通，这个小小的城市，几乎是在张謇一人之力之下，发展成为我国早期的民族资本主义工业基地之一。

大生纱厂开车前后，1899 年 3 月 23 日，张謇来到业勤纱厂"参观而借镜焉"①，受到杨宗瀚的盛情接待，两天后张謇又赴苏州参观苏经丝厂。②

苏经丝厂的最初创办人也是一位状元，名叫陆润庠。时为国子监祭酒的陆润庠丁忧在籍，被张之洞派为"总办苏州商务绅董"，选择盘门外官荒地营建厂房，筹办苏纶纱厂和苏经丝厂。股本 60 余万两，购置纱锭 18200 枚。两厂于 1897 年 7 月投产，有工人 2200 名，年产粗纱约 1.4 万件。

张謇所办工业远眺

同时"下海"的还有一位咸丰朝老状元孙家鼐，他命两个儿子在上海创办了中国第一家机器粉厂——阜丰面粉厂。

一时间，"风气已开，商人唯利是图，谁不乐相则效"③，中国由此出现了兴办商办工业的首次高潮。1897 年，张之洞奏说："数年以来，江苏、浙江、湖北等省陆续添设纺纱、缫丝、烘茧各厂约三十余家。……沪、苏、江宁等处有购机

---

① 钱子泉：《杨翰西先生六十寿言》（一），《新无锡》1936 年 10 月 2 日。

② 张謇"光绪二十五年二月十二日、二月十四日日记"，《张謇全集》第六卷，上海辞书出版社，2012 年，第 419 页。

③ 《通商各关华洋贸易总册》（光绪二十三年）总论第 1 页。

器制造洋酒、洋蜡、火柴、碾米、自来火者。……陕西现已集股立机器纺织局。……四川已购机创设煤油，并议立洋蜡公司。……山西亦集股兴办煤铁，开设商务公司。至于广东海邦……近年新增必更不少，天津、烟台更可类推。湖北、湖南两省已均有购机造火柴及榨棉油者。湖南诸绅现已设立宝善公司，筹议各种机器制造土货之法，规模颇盛。似此各省气象日新，必且愈推愈广。"① 有资料表明，1895 至 1898 年，各省开办资本万元以上的商办厂矿 80 个，其中矿冶工业 24 个，金属加工工业一个，纺织工业 44 个，食品工业七个，其他工业四个，资本额 17810 万元。②

而且，在这股兴办实业的热潮中，部分官僚投身其中，可以说是史无前例，对于视"工商"为"末业"的中国社会来说，简直不可思议。

就业勤纱厂个体而言，虽然规模并不大，但却是全国最早的近代民办纺织企业之一，也是无锡第一家以机器为动力的工业企业，在无锡地方史上具有划时代的意义。

大生、业勤、苏纶……在大清王朝的危楼中，这三两枝孤单的迎春花勇敢地伸出了老墙，尽管还远不足以形成万紫千红的春色，但毕竟透出了中国资本主义民族工商业开始成长的一丝春讯、一缕中国历史大变革的重要信息。

## 从"官督商办"到"绅领商办"

从历史发展的眼光看，1895 年后创办的近代工业普遍采用了一种全新的企业制度，不同于晚清洋务运动时盛行的"官督商办"制度。

当初洋务派办实业时，国库拮据是遇到的一大难题，一种被称为"官督商办"的企业制度于是被发明出来了。1872 年，李鸿章筹办轮船招商局，盛宣怀呈上了一份《轮船招商局章程》。正是在这份企业章程中，盛宣怀提出了官督商办的理念，指出"中国官商久不联络，在官莫顾商情，在商莫筹国计。夫筹国计必先顾商情。倘不能自立，一蹶不可复振。试办之初，必先为商人设身处地，知其实有把握，不致废弛半途，办通之后，则兵艘商船并造，采商之租，偿兵之费，息息相通，生生不已。务使利不外散，兵可自强。"③ 同时他拟定了"委任宜专"、"商本宜充"、"公司宜立"、"轮船宜先后分领"、"租价宜酬定"、"海运

---

① 《张文襄公全书》第四十五卷"奏议"，第 18 页。
② 汪敬虞：《中国近代工业史资料》第二辑下册，第 657 页。
③ 《上李傅相轮船章程》（同治十一年），"盛宣怀档案资料"，上海图书馆藏。

宜分与装运"等六条纲领。在他的倡议下，李鸿章向清廷上奏，称："华商集资组建轮船公司，由一官派经理指导之，并授予漕运专利以保公司利润……官督商办，由官总其大纲，察其利病，而听该商董等自立条议，悦服众商。"

盛宣怀

后来，盛宣怀几乎参与了晚清所有重要大型工矿交通运输和金融企业的创立。1872年，督办中国第一家轮船航运企业——轮船招商局；1880年，创建中国第一个电报局——天津电报局；1894年，开办华盛纺织总厂，又控制大纯、裕春、裕晋诸多纱厂；1896年，接办汉阳铁厂；1897年，在上海外滩开办中国的第一家银行——中国通商银行；这在此期间，还建成中国第一条铁路干线——卢汉铁路……。"官督商办"，被"长袖善舞"的他演绎得淋漓尽致。盛宣怀也因此被称为"旧中国第一代资本主义近代化的奠基人"。①

官督商办的制度安排，虽为应对国库空虚的无奈之举，但也有深刻的进步性。"官商一体"、"官督商办"，意在官商"双赢"，即可富民又可强国。然而，在具体操作中，"官"却始终难以遏制自己对权利的欲望，剥夺商股在经营中的话语权，视商股为可利用的"棋子"。时人就颇有牢骚地描述过这种不平等："中国之纺纱织布局，若云官办，则实招商股；若云商办，则有总办、帮办、提调名目。……商人虽经入股，不啻路人，即岁终分红，亦无非仰他人鼻息。而局费之当裁与否，司事之当用与否，皆不得过问。虽年终议事，亦仿泰西之例，而商股与总办分隔云泥。亦第君所曰可，据亦曰可；君所曰否，据亦曰否耳。且商人惟利是趋，不待官之督责而始知求利也。一自官为督责，则所用司事皆官场（引）荐之人，情面太多，必有履满之患；商人沾染官气，则凡达官过境，下临布局，亦多方酬应，献媚取怜，而局用浩繁矣。"② 并且"司账又由总办延聘，

① 姜铎：《略论旧中国近代化过程中的三代核心人物》，《上海社会科学院学术季刊》1992年第3期。

② 吴佐清：《纺织》篇，《皇朝经世文编》，卷一〇五。转引自严中平著《中国棉纺织史稿》，科学出版社，1963年，第105页。

只有随声附和，谁敢发伏摘奸?"① 就是满清政府的商部也不得不承认，"不肖官吏或且牵掣抑勒，甚至报关完税，多所需索；商船验放，到处留难；遇有词讼，不能速为断结，办理不得其平。"②

官督商办，由于缺乏必要的制度安排，往往会出现这样的结果：督、办不分，督、办一体，大权集于由政府委任的官董手中。李鸿章曾用十六字形容盛宣怀："一手官印，一手算盘，亦官亦商，左右逢源。"他的下属、上海电报局总办经元善也曾尖锐指出他的"身份不明"："任官督，尚忽于统筹全局之扩张，任商办，犹未能一志专精乎事功"③。他还引用一位苏州商人的话说，盛宣怀的做派是"挟官以凌商，挟商以蒙官"，"一只手捞十六颗夜明珠"。而且，在制度安排下的"官督商办"企业，往往通过官僚的强权和市场的垄断以取得利润，并没有形成真正的市场竞争力，在摆脱初期的困境之后，企业内在的制度弊端必然会愈演愈烈，终成不治之症。

此外，官督商办的制度安排，还给主事者上下易手、舞弊贪渎提供了可乘之机。盛宣怀在连续创办那些国字企业的同时，私人资产也在迅速膨胀之中，继"红顶商人"胡雪岩之后成为"首富"。1916 年他去世后，所遗资产经清点竟达到 1349 万两之巨。

到了洋务运动的后期，"官督商办"无可避免地走进了"死胡同"。1880 年，上海机器织布局《招商集股章程总叙》中就说："此事由中堂（按：李鸿章）委任。事虽由官发端，一切实由商办。官场浮华习气，一概芟除，方能持久。"④何以作"一切实由商办"的声明？说明当时官方自身明白"官督商办"的名声已经很臭，再也不能以此招徕商股了。

而作为新创办的大生纱厂，股本中有一半是英国纱机换算过来的官股，所以创办伊始可以算是"官商合办"企业。但在此后的数十年间，官股不计盈亏，只按年取官利，并无干涉厂务。而张謇本人虽也是股东之一，但股金区不过区区 2000 两，在总股本中只占 0.4%，他在大生的权威不是靠资本、股份，而是靠他的状元头衔、人脉资源和治理才干。他以士绅身份，居官商之间，负责全权办

---

① 张骏声：《纺织》篇，《皇朝经世文编》，卷一〇五。转引自严中平著《中国棉纺织史稿》，第 106 页。

② "光绪二十九年九月商部奏"，《东华续录》，卷一八三。转引自严中平著《中国棉纺织史稿》，第 106 页。

③ 《经元善致郑观应函》（光绪二十五年五月初三日），"盛宣怀档案资料"，上海图书馆藏。

④ 《创办上海机器织布局招商集股章程总叙》，《郑观应集》下册，上海人民出版社，1988 年，第 525 页。

厂，这是他不可替代的优势。

同样，在业勤纱厂，资本全部来自于民间私人资本，官方虽有资本投入，但属于借款性质，享有利息收益，不计股利。杨氏兄弟的官宦身份，则为他们争取支持、折冲樽俎提供了便利。

这种近代民营工业所普通采取的企业制度，用张謇自己的话来说就是"绅领商办"或"绅督商办"，与晚清的"官督商办"企业制度相比，有着明显的进步。所以，这批企业从一开始就显示出很强的活力和生命力。

可以说，随着业勤纱厂的创办，第一次听到机器轰鸣声的无锡人，应该隐约感到，一个全新的时代已经开始，一个在当时几乎影响到整个中国经济的精英群落"锡商"正在悄然形成。

# 【锡　商　人　物】

　　杨宗濂（1832－1906），字艺芳，晚号潜斋主人，无锡城内下塘人，业勤纱厂创办人。幼承家学，1855 年任清朝户部员外郎。太平天国兴起，返里组织团练相对抗。1861 年为曾国藩幕僚，翌年入李鸿章幕。先后率兵与太平军、捻军作战，并总办常州、镇江二郡营田事，开垦荒田数十万顷。后以军功升道员，加布政使衔。1885 年任北洋武备学堂监督，详采兵法，编成《学堂课程》八卷，为当时各武备学堂范本。1890 年补授直隶通永道，参与修治华北水利。1892 年授山西河东道，管理河南、山西、陕西三省盐务。因办饷有功，加一品顶戴。后又升任山西布政使、按察使。1886 年与人合办天津自来火公司。1895 年与弟宗瀚创办无锡第一家近代纺织企业业勤纱厂。1899 年迁任长芦盐运使。八国联军入侵天津时，他亲率盐勇保卫天津而受伤。1902 年以三品京堂候补，督办顺天、直隶纺织事务。

　　杨宗瀚（1842－1910），字藕芳，杨宗濂之弟，无锡业勤纱厂创办人。1863年入李鸿章幕，帮助草拟军情，缮写奏稿，以军功升道员并赏戴花翎。1882 年为台湾巡抚刘铭传幕僚，负责总办台湾商务、洋务，兼办开埠事宜。1890 年 8月，应李鸿章之邀出任上海机器织布局会办。他锐意整顿局务，制订规章制度和职工守则，挖潜扩资，添置机器，培训工人，至 1892 年日产布达 600 匹，且销畅利厚。次年因织布局毁于火，去职回无锡。1895 年，与其兄宗濂在无锡创办业勤纱厂，自任总办主持厂务。

# 1896 年：闯荡上海滩

在混沌不清中，草根商人悄然成长；在时局反复中，江湖大佬谋求变化；在中外对抗中，商界精英蓄势而起。

谁也不会想见，日后成为一代商界领袖的荣氏兄弟，最初的发祥是在上海滩一家毫不起眼的钱庄。同样，谁也不会想见，出身官宦之家的薛南溟会放弃仕途，转而投身陌生的商海，而"草根"出身的周舜卿则会一跃成为"煤铁大王"。

任何时代，都不会有人拒绝财富。隐秘的愿望盘桓心底，那是无孔不入的商业精魂。

这是一个不讲出身，不论资历的时代，是一个只讲胆识、只凭才华的时代。

## "荣"之初

1896 年 3 月 21 日，农历二月初八，一个阴冷的日子，上海鸿升码头传出震耳的鞭炮声。

循着声音望去，人群正如潮水般涌向一栋临街的铺面，将其层层叠叠地包围起来。正中一位老者带着两位年轻人向众人拱手作揖，头顶的那面"广生钱庄"烫金招牌在阳光下散发出年轮的光芒和崭新的油漆味。

一切都是新的。中间那两个年轻人对视一眼，露出会心的微笑。从外貌上看，两人都是天庭饱满，浓眉大眼，举手投足间更是流露出某种默契感，让人隐约觉察到他们的亲密关系。其实他们是一对亲兄弟，穿西装的方脸男子名叫荣宗敬，时年 23 岁，英气逼人；着长衫者一脸和气，名德生，年少两岁。那位老者，正是年少兄弟的父亲，名叫荣熙泰。

广生钱庄股本 3000 两白银，荣家兄弟及其父出资一半，其余半数招股所得。

荣宗敬任经理，负责全盘运营；荣德生为账房，主管日常业务。兄弟两人打小接触钱庄业务，虽年纪轻轻，却有满腹生意经，让他们打理正是人尽其才。三个月后，荣氏父子又在无锡设立了分庄。

天下熙熙，皆为利来；天下攘攘，皆为利往。偌大上海滩，三教九流、五湖四海，谋生者不计其数，新生的广生钱庄，在行、庄云集的沪上，实在有些微不足道。

荣家的老家在无锡西郊的荣巷。荣熙泰的父亲荣锡畴当家时，开始在上海、无锡两地之间用小船做点长途贩运的小本生意，赚些蝇头小利，贴补家用。此时已是晚清，太平军从广西兴起，一路南下，定都天京（南京），江南一带的大好河山成了太平军与清兵鏖战的战场，整个荣巷被战火焚烧。自此，荣家的贩运生意被迫歇业，家道中落。当荣熙泰懂事时，家中产业几尽，仅剩"旧屋两间和十余亩田地。"

为了维持生计，荣熙泰在14岁时经人介绍去上海一家铁匠铺当学徒。荣熙泰为人聪明伶俐，勤奋好学，几年下来，学得一技之长，被提拔担当账房先生。

可荣熙泰不是一个安定的人，从江浙辗转至广东，巧遇族叔荣俊业。荣俊业当时在广东督抚衙门做掌印官，人脉深厚，朋友众多，"府班同乡均与往还"[1]。在荣俊业的圈子中，有个名叫朱仲甫的江苏太仓人，家底殷实，24岁捐了候补道台，十数年一直未获实缺，荣俊业推荐他做了广东厘金局总办。厘金局，也称厘捐局，是清政府对通过国内水陆要道的货物设立关卡征收捐税的一类机构，类似于今天的税务局。由于广东通商口岸众多，往来贸易频繁，厘金局的油水自然不少。民间有"署一年州县缺，不及当一年厘局差"之语，说的是连知县的收入也比不上厘金局的当差之人。

朱仲甫漂泊半世，终于有归，对荣俊业感激涕零，想方设法投桃报李。得知荣熙泰困窘，便安排他到三水县（今佛山市三水区）厘金局做司账。荣熙泰能力出众，深得朱仲甫器重，每逢调任，均将其带至身边。荣熙泰深知为官不易，曾言"小官得资不正，不堪供父母，大官无本事做"[2]。他十数年如一日，认真做好手头的差事，省吃俭用，积少成多，为日后荣家的崛起准备了最初的第一桶金。

荣熙泰走南闯北、全力挣钱之际，结发夫人石氏在家种桑养蚕，纺织缝纫，

① 荣德生：《乐农自订行年纪事》"1884 年条"，上海古籍出版社，2001 年，第 5 页。
② 荣德生：《乐农自订行年纪事》"1895 年条"，第 19 页。

哺育儿女，侍奉尊长，"恭俭仁慈，毕生勤苦"①。

1873年9月23日（农历八月初二），夫妻俩的第一个儿子出生。时隔两年，1875年8月4日（农历七月初四），第二个儿子也来到了人世。大的取名宗锦，又叫宗敬，小的取名宗铨，又称德生。以后，又生了两个女儿。

荣宗敬是个聪明的孩子，所学书籍只需稍加指点，随即朗朗上口，"下笔洒洒有奇气，先生目为非常人"②。荣宗敬14岁的时候，也像他父亲当年一样，一个包袱卷了全部的行李，乘船到了上海，在南市一家铁锚工厂当起了学徒。次年又被送到上海豫源钱庄做学徒。学徒工制度是具有浓厚封建色彩的特殊雇佣制度，学徒入店入厂要立类似生死文书的保约，不准随意外出，不准中途辍工。学徒任凭师傅（业主）"教训"，天灾人祸与业主无涉。小学徒要从佣工做起，只给少量"月规钱"（洗理费），并规定"学三年、帮三年"。

"三年萝卜干饭"，决无花前月下般的浪漫。荣宗敬遍尝苦难，但还是坚持下来，摸透了金融市场的运行规则和资金调拨技巧。学徒期满，他到上海森泰蓉钱庄做了一名跑街，专管无锡、江阴、宜兴三地汇兑收解业务，从此踏上商业江湖。

相比之下，荣德生显得老实本分许多，给人一种羞涩、木讷的印象，甚至有些"不够灵光"。据说他6岁还不会说话，以至于被怀疑为天生的哑巴，因排行老二，被戏称"二木头"。但荣德生读书识字飞快，有博闻强识、过目不忘之能，深得先生赏识。长辈认为荣德生"将来必是大器晚成"③。15岁时，荣德生离开私塾，由兄长引荐到上海通顺钱庄习业。对未来的商业生涯，年轻的荣德生充满了憧憬，他自忖："读不成，被人窃笑，不如学商，当留心，亦可上进。"④

荣德生在钱庄的学徒生涯，是从学习珠算开始的。"一归一除，不二遍即会，……明日起，每日二归，四十一天学会八十一归，后教除法、乘法、飞归法、开方、积算、推钱，以积算计之尚准。"⑤ 不多久，庄内一切基本功：记账、结算、看钱、兑银，一切都能毫不费劲，熟练运用了。

按照旧时习惯，逢年过节，上海的钱庄都要在门前贴上新写的大红名号，以图吉利。这个工作一般都由学徒负责。有一个王先生写得一手好字，每逢节日，慕名求字者络绎不绝，荣德生三番五次求写庄名，最后才拿到字幅。他心想，

① 唐文治：《荣母石恭人家传》，《荣德生文集》，上海古籍出版社，2002年，第554页。
② 荣德生：《家兄嫂六秩征文事略》，《荣德生文集》，第293页。
③ 荣德生：《乐农自订行年纪事》"1877年条"，第2页。
④ 荣德生：《乐农自订行年纪事》"1890年条"，第11页。
⑤ 荣德生：《乐农自订行年纪事》"1889年条"，第10页。

"求人不如求己，明年庄招牌必要我写。"①

春来秋去，寒暑交替，三年的学徒生涯飞逝而去。荣德生不仅学得一手好珠算，还练成一手好书法，令人刮目相看。荣德生后来回忆这一段学徒生涯时曾说："余之一生事业，得力在此时。"②

这时，父亲荣熙泰回乡省亲，带上荣德生一同前往广东。到了广东后，朱仲甫安排荣德生在三水县厘金局做了一名帮账，办理进口税务。

如今看来，如果没有那场惨烈的甲午战争，荣氏父子的人生轨迹或许就这样延续下去，会是另一番模样。

1894年，海战期间，天津港出路被封锁，海运不通，大批投机北方小麦的钱庄遭受惨重损失而倒闭。荣宗敬所在的森泰蓉钱庄曝出巨亏，宣告歇业。丢掉饭碗的荣宗敬，百无聊赖，索性回乡闲居。又一年，朱仲甫调任他处，荣熙泰任满，未接到三水县厘金局的续任通知，只能与德生返回无锡老家。荣熙泰一家难得地团聚了。

父子三人赋闲无事，开始谋划出路。商议一番，觉得与其给人家打工，还不如自家办个钱庄。于是，父子三人集资3000两银子，再次来到上海滩，在鸿升码头办起了广生钱庄。不幸的是，钱庄才开办半年，荣熙泰黄胆症突发，重病而逝，年仅57岁。

钱庄取名"广生"，寄托着财源广进的美好愿望，但少了长者坐镇，钱庄很快迎来一场风波。

当时沪上钱庄分作两类：一类是汇划庄；一类是元字庄。两者的根本区别在于资本金的大小：前者财力雄厚，信誉有保障，是钱庄公会会员，交易使用支票，不必兑付现金；后者资本薄弱，信用有所不及，靠小额业务生存，坊间戏称为"挑灯庄"，以形容其寒酸。以荣氏资本，尚不足进入同业公会，广生钱庄属后一类型。

上海钱庄之盛，必然催生新的业务形态，于是，一种名为"贴票"的业务在激烈竞争中产生了。所谓贴票，意即"贴钱兑换票据"。举例来说，某人在一家钱庄存款90银元，获得一张面额100银元的定期票据，届时凭此到该钱庄即可兑换100银元，多余的10银元，实际上就是存款利息。

据说在1890年前后，一位郑姓的潮州商人在上海开设协和钱庄。为了吸收存款，他发明了这种贴票业务，以高额利息吸引储蓄，再以更高利息放贷，如此

---

① 荣德生：《乐农自订行年纪事》"1889年条"，第10页。
② 荣德生：《乐农自订行年纪事》"1891年条"，第13页。

循环往复，坐收渔利。当时，上海市面贩运鸦片获利极厚，鸦片贩子为解决现款，重利向钱庄借贷，钱庄资金供不应求。眼见协和钱庄财源广进，小钱庄纷纷跟风开办贴票业务。到1896年前后，"贴票"已成为上海金融界最普遍的业务模式。人群密集的茶馆、酒楼、影院，都有钱庄的业务员，他们利用市民爱贪图便宜的特点，许以丰厚利息，吸引存款。当时上海地区钱庄的最高存款利率为10%，贴票钱庄纷纷打出利率20%的招牌，足足高出一倍。这意味着假如存入100银元，不出一个月，就可收回120银元。对于普通百姓而言，这确是一桩好事，为换得一张贴票票据，许多人拿出毕生积蓄，甚至不惜砸锅卖铁，举债存款。

别样的繁荣，往往酝酿着巨大的危机，但疯狂的市民已然将风险置之度外，或者，他们根本未曾料到劫难终有一天会到来。

1897年11月，一些贴票钱庄资金周转发生困难，持有票据的市民纷纷上门挤兑。很快，挤兑风潮扩散，蔓延为金融恐慌，进而引发更大规模的挤兑。由于多数钱庄准备金不足，且钱庄之间疏于沟通，资金无法有效流通，在挤兑风潮下，多米诺骨牌效应越发猛烈，破产钱庄不计其数。新年到来之前，贴票钱庄倒闭大半，其中很多成立不满一个月。

残酷的现实让荣宗敬、荣德生兄弟紧张不已，只因不曾过分倚重上海市场，贴票业务比重较小，广生钱庄无比幸运地逃过一劫，成为为数不多的幸存者。然而广生钱庄毕竟小本买卖，贴票风波之后生意愈发冷清，一年下来，扣除各项开支，几乎没有盈余。钱庄开张头一年不赔本便是好开端，荣氏兄弟不以为意，但合伙人已等不及，唯恐赔本，终于在年底撤资而去……

两人东挪西借筹集资金，将三名股东股本1500银元如数退还，平息了这场风波。自此，广生钱庄变为荣家独资生意。不久，清政府发行新银元，广生钱庄利用行市落差进行汇兑，赚取了不少利润。据荣德生在《乐农自订行年纪事》一书中回忆："此时行新银元，内地押用每两千搭廿元，后为通律，二七搭。汇款申出厘大，锡补厘小，日有盈余"。[1] 同时由于北方时局不稳，大批客商到上海买面粉，汇兑活跃，两年获利近2万两银。

1899年，广生钱庄营业渐趋稳定。秋季，朱仲甫调赴广东省河补税局，荣德生在他的招请下，再次南下广东，到省河补税局当了总账房。

广东是近代中国门户开放的窗口，这里多姿多彩的舶来品，连同渗透进来的文化生活和生产方式，深深地吸引了荣德生这个外乡人。这段时间，他一有闲暇

---

[1]　荣德生：《乐农自订行年纪事》"1899年条"，第28页。

就往书店跑。在这里他读到了《美国十大富豪传》，从此他"认识"了洛克菲勒，也"认识"了约翰·卡内基，更认识了发展实业对于一个家族、一个国家的重要性。三十年后，他将阅读此书所得与经商经历结合，提炼成如下一段话："故一地必须有人提倡实业，开辟风光，人人节约勤恳，以有余之资投入生产，如此由一人为倡，而影响一乡，由一乡而影响一县，由一县而影响一省，以至全国，如今之美国即是。"①

## 永泰"试水"

在广生钱庄开张的 1896 年，在上海这座城市的另一边，一家名为"永泰"的丝厂也投入运行了。投资丝厂的也是两位闯荡上海滩的无锡人：周舜卿和薛南溟。从年龄上讲，他们比荣氏兄弟要长上一辈。

永泰丝厂坐落在七浦路上，由薛南溟自任经理。

从今天的话来说，薛南溟可称得上是标准的"官二代"，他的父亲正是中国近代史上鼎鼎大名的薛福成。薛家在无锡的大宅院延绵成片，气势恢弘，占据了古城西区大半，人称"薛半城"。

1894 年 6 月，大清国驻英、法、意、比大臣薛福成离任回国。刚踏上上海土地未及一个月，他就因染上流行疫病，与世长辞，终年 56 岁。

薛福成逝世，身为长子的薛南溟从天津赶回奔丧。薛南溟，名翼远，1862 年出生。从其大名可见，父亲对他的一生充满了殷切的期望，而他也没有辜负老父的一番苦心，1888 年 26 岁之时考中举人，入李鸿章幕府。李鸿章任直隶总督时，他以候补知县衔任天津县、道、府三署发审委员，专管当地民众与洋人的民事诉讼。

丧事结束，薛南溟没有回到天津继续他的仕途，而是留在上海，当起了永泰洋行买办。这个一百八十度的大转弯，出乎许多人的意料。在旁人看来，凭其家世、才华，薛南溟完全可以在官场一展身手。

古人有言："三十而立"。这一年，薛南溟 32 岁，到了人生立业的时候，他却选择了在陌生的商域"从头再来"。

其实，天性敏锐的薛南溟，对变局的时代早就有了较为深刻的认识。他认为："中国非贫困也，而曰患贫，救国之道在辟利源以裕民生。"在多年以前就以家中的地租收入作为资本，在家乡开设了茧行。南乡许舍的"其均茧行"和

---

① 荣德生：《乐农自订行年纪事》"1946 年条"，第 190 页。

洛社的"仁昌茧行"，是无锡地区最早出现的茧行，其中"其均茧行"正是由薛南溟投资创办，为意大利商人代理收购蚕茧，此后，薛南溟又开设了多家茧行，自行收购蚕茧装船运往上海，卖给当地的洋商和华商丝厂。

薛南溟

无锡农村，鸦片战争前蚕桑生产并不发达。得蚕桑生产风气之先的开化乡，"习蚕桑之术者，在清中叶不过十之一二，泊通商互市后，开化全乡几无户不知育蚕矣。"太平天国战争以后，"该处荒田隙地尽栽桑树，由是饲蚕者日多一日，而出丝亦年盛一年。"① 连日本人也描述说："自上海到苏州有江，江岸多有桑树点缀；自苏州至无锡，亦有江，江之两岸，一望无边，皆桑也。……附近村落，每村或三十户至五十户，家家育蚕，不问男女，皆从此业。"②

无锡蚕桑业的兴盛，正是得益于机器缫丝业的发展。鸦片战争后，外国商人在中国境内纷纷开办工厂。自从1861年英商怡和洋行首先在上海开设机械缫丝厂以后，法、德、意等国的客商纷至沓来兴办丝厂。为了争夺原料，他们通过其代理人在蚕茧产地设立茧行，垄断蚕茧的购销。

开设茧行，大买大卖，薛南溟在蚕茧购销中赚取了不菲的利润，但看到洋商获利更为丰厚，不免眼红心动，有了创办缫丝工厂的冲动。在上海洋行担任买办的周舜卿，同样对开办缫丝业有着极高的兴趣。两人一拍即合，在1896年合伙在七浦路向陆姓居民租赁土地一块，自建厂房，开设永泰丝厂，资金共计规银③五万两。有资料表明，永泰丝厂是上海创办的第13家机器缫丝厂。④ 初创时的永泰丝厂有意大利坐式缫车312台，职工300余人，以后陆续增加到丝车532台，是规模较大的华商丝厂。

与薛南溟相比，比他大上整整十岁的周舜卿，则出身"草根"阶层。

周舜卿，字廷弼，1852年出生在无锡南乡东绛一个半农半商的家庭。1867年，在同族叔父周晓亭的介绍下，15岁的周舜卿到上海南市利昌煤铁号当学徒。

① 《申报》1880年5月14日。

② 高景岳、严学熙编：《近代无锡蚕丝业资料选辑》，江苏人民出版社、江苏古籍出版社，1987年，第7页。

③ 规银，亦称"规元"、"豆规银"、"九八规元"。1933年废两改元前上海通行的一种记账货币。

④ 《上海丝绸志》，上海社会科学院出版社，1998年，第4页。

利昌煤铁号的老板正是同乡锡铁巷村出身的富商丁明奎。

那时，上海初开商埠，大街上洋人开办的商行、字号随处可见。周舜卿凭着少年聪颖，敏感地意识到要想在这个地方出人头地，就必须结交洋人，得到洋人的提携。为此，仅粗通文墨的他毅然决定去业余补习班补习英语。经过几年的努力，练就一口流利的英语，能够和英人熟练交谈，很快被老板丁明奎指定为专门接洽外商的办事员。

机会就这样来了。在一次与大明洋行接洽业务时，周舜卿结识了英国商人帅初。周家后人在《行述》中记载，"有英商帅初者贩铁为业，一见府君（按：周舜卿），即器重之。"① 精明能干又通英语，周舜卿被聘入大明洋行做跑街。

关于周舜卿与英商帅初的相识，有一个广为流传的坊间传说。

在利昌铁号当接洽外商的办事员后，有一次，周舜卿在路上拾到一张英国大班帅初用英文签发的面额 1000 元的支票。因他曾去过帅初的洋行接洽过业务，知道这个大班的名字。当时 1000 元大洋在上海买幢石库门洋房都绰绰有余，而且周舜卿当时已经满师，自己若要开店，也急切需要启动资金。然而这时，周舜卿想到的却是大班失去了这笔资金，心里一定很着急，他有责任迅速物归原主。于是他立刻赶去洋行，亲手把支票还给了帅初。帅初十分感动，不久就把周舜卿调去自己开设的大明洋行任职。

不管这个传说是否真实，但周舜卿的命运，从结识帅初的那一刻起发生了戏剧性的改变。

1878 年，帅初出资 5000 两银在苏州河四川路桥旁开设升昌五金煤铁号，任命周舜卿这位 26 岁的青年为经理。5000 两银的投资，帅初说明以半数作为洋行投资，半数则借给周舜卿做股份。由于周舜卿精明能干，待人谦和，恪守诚信，因而升昌生意兴隆，利润可观。不久，帅初回国养病，令周舜卿全权打理商号。周舜卿依然能做到所有函件、账目都亲自过目过手，年终如数提交老板。1882 年，帅初在英国去世，按他生前的遗嘱，帅初的儿子来到上海料理其父遗产，取回了商号历年盈余银三万两，而把商号十余万两资产全部赠与周舜卿。上海滩在一夜之间又冒出了一个无锡人的煤铁商号。从此，"升昌"即成为周舜卿起家发迹的基础，也可以说是周舜卿掘得的"第一桶金"。

周舜卿在接收了升昌号的资产之后，利用以前积累的信义名声，广为结交洋人。1884 年，周舜卿在升昌旁边再开震昌煤铁号。震昌、升昌虽然在名义上是

---

① 《周舜卿行述》，《无锡工商先驱周舜卿》，王金中、沈仲明主编，凤凰出版社，2007 年，第 23 页。

两个行号，其实业务、财务都不分家。震昌、升昌业务主要是经营钢铁。由于洋务运动的兴起，近代化军用、民用工业所需钢铁材料（统称五金），都需要从外国进口。震昌、升昌大多通过怡和洋行向外国厂商定购，有时怡和也把到货委托震昌、升昌代销。震昌、升昌业务大有发展，获利甚多。

在随后的近二十年间，"昌"字号的业务不断拓展，先后在汉口、镇江、常州、苏州甚至日本长崎等地开设震昌分号，同时在温州开设同昌，在无锡开设广昌，在苏州开设升昌……这些"昌"字号之间彼此互通声气，让周舜卿及其实业声名远播。

周舜卿之所以成为巨富，除经销洋行产品、盈利丰厚外，还有多个说法。一说上海邮政总局想在他的震昌、升昌所在的地址上兴建大楼。最后，这桩房地产生意以 28 万两这个惊人的高价成交，而两个煤铁号的迁移费用只花五万两，进出之间，周舜卿进账了一笔巨款。另一说是周舜卿从拍卖行中以相当于废铁的价格买下了一艘报废的外国轮船，然后招来一批铁工，把这艘轮船上的机器、钢铁全部拆卸下来，经过稍微的修整之后，就充当新产品投入市场，竟然也在不长的时间内售完。另外，据他人撰文回忆，1885 年左右，周舜卿在上海南市高昌庙以四万余两购进地产建造房屋，三年后以 50 万两的高价售出，同获暴利。

随着资本日益雄厚和阅历的加深，在 1892 年之后，周舜卿开始转向多行业经营。这一年，他在家乡东埭开设裕昌祥茧行，并设数处分行，专为怡和洋行收购原茧。1895 年，又租赁上海新闸路乾丰丝厂，开始涉足工业。同年，在上海南市独资创办新昌冶坊，自铸生铁锅，所需生铁由震昌、升昌供应。五年后的 1900 年，与同乡胡德培各出资 5 万两，在上海三泰码头成立新源来冶坊。三年后，生产的铁锅已居上海八大冶坊的首位。周舜卿成了当时国内工商业中少有的富翁之一，被誉为新一代"煤铁大王"。荣德生在《乐农自订行年纪事》中曾提到他在 1892 年要想请父亲托友荐事，说"因知周舜卿等，皆当年同学友也"[1]，可见周舜卿在当时商人中的地位和印象。

愿望与现实，总是存在差距的。永泰丝厂初创时满怀的希望，到年底就让他深深地失望了。这一年，永泰丝厂蚀本。

"性急"的周舜卿大失所望，无意继续下去，退出了合伙，永泰丝厂的产权归薛氏独有。

---

① 荣德生：《乐农自订行年纪事》"1892 年条"，第 14 页。

## 上海滩的"无锡帮"

1843 年 11 月 17 日，根据《南京条约》和《五口通商章程》的规定，上海正式开埠。我国对外贸易中心逐渐从广州北移，上海迅速成为全国最大的和最重要的通商口岸。在 1846 年，上海的出口贸易约占全国的七分之一，及 1851 年，增加到占全国出口贸易的二分之一左右。①

无锡和上海古代同属江苏，地域相接、经济相连、文化相通。上海开埠，为无锡人提供了发展机遇。大批的无锡人来到上海滩"讨生活"，艰辛程度不低于"闯关东"、"走西口"。

清末民初无锡在上海成功的实业家，除了极少数几位"由官入商"者，包括荣氏兄弟在内的绝大多数人有在上海当学徒的经历，从社会最底层做起。不过，许多学徒在艰苦的环境中勤奋好学，刻苦钻研，待三年满师时往往成为深谙经营业务的商人。同时，岁月的煎熬，又让这些学徒具有一种不畏艰难、立志创业的顽强性格。

荣氏兄弟所在的无锡西郊荣巷，很早就有人闯荡上海滩。在鸦片战争前，荣曜亮（胜溢）16 岁起就赴上海"学生意"。上海开埠后，设瑞裕铁号，为无锡人在上海开设铁业最早者之一。后来他携母归家，太平军攻克无锡后又举家返回上海，并与族人荣剑舟合资开设荣广大花号，经营花纱业，后该号成为我国当时经营出口棉花的四大花号之一。荣广大花号后由荣剑舟之子荣维恒继承，曾在日本等地设分庄，成为富豪。鸦片战争后，上海成为对外开放的通商口岸。大批无锡人到上海习商，荣曜亮一生举荐数百人到上海就业，形成了荣巷地区外出经商的风气。荣氏家族后来出了许多工商实业家，无不与此有关。

荣氏兄弟的祖父荣锡畴，也是荣巷早期赴沪习商者之一。早年对荣熙泰有过提携之恩的荣俊业，在供职广东督抚衙门之前也在上海谋生，因而结识洋务派大员张佩纶，由此发家。

无锡南乡赴上海习商者更多。胡德培来到上海，先在南翔开设胡悦来钉铁油麻号，积累利润后又在南市悦来街设立胡悦盛钉铁油麻号，专营苎麻、桐油、铁钉等商品。1850 年，胡德培集银 2000 两在上海南市三泰码头开设源来冶坊，是上海最早的大炉冶铸手工业作坊。② 后来成为荣氏兄弟股肱的王禹卿，14 岁到上

---

① 全汉昇：《中国经济史论丛 2》，中华书局，2012 年 6 月，第 826 页。
② 上海工商行政管理局等编：《上海民族机器工业》上册，中华书局，1966 年，第 20－21 页。

海当学徒，就是在胡德培的胡悦来钉铁油麻号。

同样是南乡东垮锡铁巷的丁明奎，在上海开埠后赴沪谋生，进入利昌冶坊当学徒。该冶坊老板看中丁明奎的才智和人品，把冶坊托交他管理，并把自己的女儿嫁给了他。当时的上海已发展为货物中转的大商埠，航行于沿海以及运至南洋群岛、日本、朝鲜的吃水几百吨乃至千吨以上的多桅大帆船，云集上海码头。而大铁锚乃是这类船的必备之物，利昌冶坊打造的铁锚以锚体坚固、锚链结实耐拉著称，负有盛名。船老大们称之为"丁家太平锚"。利昌借此积累了大量的资金，由冶炼制造进入煤、铁原料领域到涉及码头、仓库、房地产。丁明奎是前一代"煤铁大王"，号称"丁百万"。他的出生地薛铁巷，因此改名锡铁巷。后来，周舜卿来到他的利昌煤铁号当学徒，新一代"煤铁大王"由此起步。

以打造铁锚著名的还有无锡人创办的"杨义源铁铺"，设立时间为1870年左右，专门修造船舶锚链，"曾为百余尺长的温州沙船打过一尺多长的船钉及一寸两分粗的大型铁链，为福建大沙船造过一吨重的元宝铁锚。"[1] 上海小炉冶坊的创始，以1880年无锡人浦秋泉设立的同椿裕冶坊为最早。见小炉冶坊获利颇丰，1890年丁明奎继起成立丁源兴冶坊，冶铸汤罐等小炉产品。出身于胡悦盛钉铁油麻店的沈映泉，也创办了上海滩著名的小炉冶坊——元吉顺冶坊。

上海煤铁企业开设最早的是在北苏州河路上德商设立的可炽号煤铁号。1870年普法战争爆发，德国商人被召回国参战，该店就由宁波人叶澄衷和无锡人龚少蓉一起接盘。到了1883年，龚少蓉资助其妻弟祝兰舫开设源昌煤铁号。

早期闯荡上海滩"谋生"的无锡人士，现在有史可查的还有：

1885年，张阿庄在闻家桥创办张万样铁工厂，仿造出日本式轧花机，畅销上海农村。

1890年，东门唐氏的唐晋斋开设怡昌铁号。

1895年，张文沛、龚子清、荣永吉、陆培之等合资1000两开设怡大铁号。

1905年，周廉泉在马厂路创办洽怡兴铁铺，手工锻制毛螺栓、毛螺母，供造船修配用。

1914年，无锡人钱墉森创办钱墉记电器铺，设在闸北黄家宅，修理小型直流电机、电扇，1918年造出供电镀用的小型直流发电机，到1920年改名为钱墉记电器厂。

据《上海专业志·五金商业》载，1870至1914年上海苏州路一带开设有钢

---

① 上海工商行政管理局等编；《上海民族机器工业》上册，第11页。

铁业店 21 家，其中无锡人开 14 家，占到三分之二。这种传统一直延续到解放前，据中国经济资料社 1948 年《上海工商人物志》全部 2542 人中，无锡人 191 人，其中铁业五金 51 人。

这些煤铁商人的发迹，带动了家乡一带更多的农民和手工业者来到上海，竟然一时间形成了所谓的"无锡铁行帮"。无锡铁行帮，除了从事传统的冶铸行业外，还迅速进入新兴的船舶修理业。1843 年开埠以后，上海的航运日趋繁忙，与之相配套的船舶修理业（俗称"船作"）逐步兴起。在上海外资船厂中就有许多无锡人，有资料载："如祥生船厂打铁领班张振元，系无锡南门周新镇人，素业打铁，后迁上海开设小铁铺，祥生船厂建立初期，就被招雇，后任领班。他们就成了外资船厂中最早的打铁工人。"① 外资船厂生意日益兴盛，打铁工人不断增加，即由张振元回乡招雇无锡周新镇的大批农民及打铁手工业者，进入上海外资船厂工作，先后辗转介绍共有六、七百人，仅祥生一家就有 200 多人。至 1909 年，无锡帮打铁业人数陡增至一万五六千人，大半皆从事机器及轮船、沙船一应钢铁器具制造。在这过程中，无锡帮逐步成为"船作"中的重要帮别，"于是船舶铁器锻造行业，几乎为无锡帮所独占，人数迅速扩大。"②

1865 年 9 月，李鸿章在上海成立江南机器制造总局，一批无锡籍的铁业工人又进入该机构。据当时上海律师公会会长李次山调查，"（上海江南制造所）厂中所有工人，皆为男子，机器匠等多为南绍人，其数约占全数五分之一。木工锅炉等处多为广东人，其数亦占五分之一。铁工皆为无锡人，数约四百人。余有福建工匠六十人，沪地及杂地千余人。""（工人中）有所谓的南帮、广帮、无锡帮者。第一即南绍人，多机匠；第二乃广东人，多木模匠，乃大木匠；第三无锡人，皆属铁匠。……据云，凡欲入各帮之同业者，必须经各帮之认可，方能从事经营。""……要想成为江南制造局锅炉车间里的学徒，不仅必须是无锡人，而且必须是无锡锅炉工的儿子，该局所有的技术活都从特定的南方地区招收工人。"③

后来，无锡人钱钟书在《围城》中以俏皮的口吻记述了同乡的这三种特有行当：撑船、打铁、磨豆腐。由于经营精明和技术精湛，二十世纪初闯荡上海滩的无锡铁匠被统称为"铁鬼子"。

---

① 中共上海市委党史研究室、上海市总工会：《上海机器业工人运动史》，中共党史出版社，1991 年，第 36 页。

② 上海工商行政管理局等编：《上海民族机器工业》上册，第 9－11 页。

③ 李次山：《上海劳动状况》，《新青年》第七卷第六期，1920 年 5 月。

由于无锡人到上海谋生的日益众多，周舜卿发起组织"锡金公所"（当时无锡分为无锡、金匮两县，简称"锡金"），以助同乡之间互通声气，互相帮助。那时中国还没有民法、商法，经济纠纷和人际纠纷，按惯例要靠这种会馆解决。公所经费是由周舜卿首捐巨资为倡，并募集同乡商绅捐款，随后由在沪开设打铁铺的无锡同乡"一文捐"，也就是每人每天捐赠一文钱，作为日常经费。

# 【锡 商 人 物】

周舜卿（1852-1923），名廷弼，以字行，晚号耐叟，无锡县东墕小园里人，上海滩"煤铁大王"、无锡机器缫丝业创始人。1867年左右进上海利昌煤铁号当学徒，后升店员，精通英语。1878年任英商上海升昌五金煤铁号经理。三年后自设震昌铁号，因注重信用，业务大振。1892年，在家乡东墕开办裕昌祥茧行。1895年在沪创办新昌冶坊，自产自销铁锅。1896年与薛南溟在沪合办永泰丝厂，并投资苏经丝厂和苏纶纱厂。1900年又与人合办居江苏八大冶坊之首的新源来冶坊。1904年，在东门开办无锡第一家机器缫丝厂裕昌丝厂。1905年访日，回国后联合绅商30余人发起成立上海商学会（全国总商会前身）并任主持人，并在无锡筹建锡金商会和锡金农会。1906年，在沪建办我国最早的商办银行信成商业储蓄银行，并任总经理，获得印发钞票特权。1909年，被清政府先后派为资政院议员、六郡劝农使、查办交涉事宜大臣，并得四品京堂候补衔。辛亥革命后，专注于实业。1920年，在无锡建成慎昌丝厂。他热心地方公益事业，投入巨资将家乡东墕建成新兴的工商市镇，并定名"周新镇"。

薛南溟（1862-1929），名翼运，以字行，薛福成长子，无锡丝厂业巨头。祖籍无锡县西漳，定居无锡城内前西溪。1888年中举，入李鸿章幕府，后以候补知府衔任天津道府三署发审委员，专理华洋讼事。1894年薛南溟以父丧回锡，弃官经商，转任永泰洋行买办。1896年与周舜卿合资在沪开办永泰丝厂并任经理，不久即独资经营。1909年与孙鹤卿集资创建无锡最早的耀明电灯公司，任副董事长兼协理。翌年又租营无锡锦记丝厂。至二十年代初，已拥有永泰、锦记、隆昌、永盛、永吉五家丝厂，成为无锡丝厂业之首。1921年永泰所产"金双鹿牌"上等丝曾代表中国丝业参加纽约万国博览会，享誉欧美。此外还投资庆丰纺织厂和豫康纱厂，并任两厂董事长。1908年被推为无锡绅商学会（后改名自治公所）首任总董。1910年任县商会总理。辛亥革命时任锡金商会第三任总办。无锡光复后任锡金军政分府司法部长，后任无锡市公所总董多年。1926年将永泰丝厂由沪迁锡，由其子薛寿萱管理。他拥有大量田地房产，人称"薛仓厅"。

陆培之（1873-1932），名鉴微，以字行，无锡西郊鸿桥陆井人。家贫，少时赴沪习铁业。后积资自设恒康铁行，拆卖旧船钢铁五金。第一次世界大战期间获利颇厚，于无锡开办镇纶丝厂及恒益粮栈，在上海开办大有油厂、经纬纱厂等企业。又与祝兰舫、周舜卿等合办上海恒昌源纱厂。曾任上海市铁业公会会长。后因所办各厂亏损甚巨，遂将恒昌源纱厂转让荣氏兄弟，更名申新二厂，将恒益粮栈转卖给唐保谦。他热心公益事业，曾创办培之第一、第二小学，独资修建张巷至荣巷的石块路，开辟东大池小桃源景点，并与荣德生合作兴建通惠路等。

# 1905 年：实业正途

在一场平常普通的醮宴上，建办振新纱厂正式"定局"。

然而，现实与希望总是逆向而行。股灾来袭，数万中小股民血本无归，新生的振新纱厂和保兴粉厂受累于此，岌岌可危。

质量、品牌、人才，成了自我救赎的"良方"，更成了此后工厂发展的不二"法宝"。危机，从来都是庸众的灾难，却是精英的"基石"。

那群被称为"买办"的人们，其实正是我国最早投资近代工业的一股力量，开一代风气之先。今天的企业史，应该记住他们曾经有过的作为和功劳。

## "从吃、穿两门入手"

时光飞逝，日历很快翻到了 1905 年。这一年的 8 月 7 日，荣宗敬、荣德生兄弟早早地出了门，赶去上海北京路的寿圣庵参加一场素宴。

此时的荣氏兄弟，尽管三十出头，但已经不再单单是广生钱庄的东家，他们已经有了属于自己的工厂。

五年前的 1900 年 8 月，荣德生从广东三河口厘金局辞职返乡。当时广州与北方的交通多走水路，从香港乘船至上海，再转道无锡。此时，八国联军正在攻打北京，北上的航班稀少，荣德生在香港滞留了五天，每天去尖沙咀码头询问船期。码头上一片雪白，这是装卸面粉时落下的粉屑。见到如此之大面粉需求，他心中那久已萌生的"实业理想"被真正激活了。

同样的想法，萦绕在兄长荣宗敬的心头也已经很长一段时间了。八国联军攻陷天津，使得北方粮食急缺，华北及东北到上海采购小麦的金额直线上升，广生钱庄因而汇兑业务繁忙之至，盈利大增，达到 4900 两，但相较于面粉厂的利润，只能算蝇头微利。

"粉厂一业，关系到民生所需，倘在无锡产麦之区，建设一厂必能发达。"①兄弟两人从不同角度得到了同样的认识。一番仔细合计后，兄弟俩决定创办自己的面粉厂。

办面粉厂，创意不错，做起来不易，最大的难题就来自竞争者。当时国内有四家面粉厂，分别是天津贻来牟面粉厂、芜湖益新米面机器公司、上海阜丰面粉厂以及英国商人在上海开办的增裕面粉厂，市场垄断显而易见，先入者划分势力范围，彼此心照不宣，为避免竞争极力排挤后来者。而荣氏兄弟没有经验，也不懂技术，很想通过考察这几家面粉厂的情况得到启发。当荣宗敬来到上海阜丰面粉厂参观，吃了闭门羹，理由是"厂部重地，闲人免进"。他随后托关系向上海增裕面粉厂说情，被允许进厂参观，不过，只能在楼下走马观花地看一下，关键的轧粉车间在楼上，却不准他上楼。

当荣宗敬在增裕粉厂参观之时，荣德生则来到瑞生洋行了解粉机行情。当时，粉磨机械以美国货最佳，但价格也高得令人咋舌，全套需10万银元。英、法次之，价格相应便宜许多，日产300包的磨粉机每台不到两万银元。更便宜的法国石磨面粉机，每台仅数千银元，多为初涉此行者采用。荣氏兄弟回钱庄碰面，一番商议，认为仅凭两人财力，充其量只够购买机器，开办工厂所需巨大费用，尚需集资。

此时，荣德生得悉朱仲甫离了广东厘金局总办的官职，赋闲在苏州老家，就找上门去，试探口风。朱仲甫整日闲居，正愁无事可做，听说开面粉厂，顿时来了兴趣。他想："在粤时，知无税者只此一物，载在洋人条约，若仿制，风行全国，必爽快。"②而且认为"大机器无此财力，招股不易"③，初办还是采用最节约的办法。

于是一槌定音，他们商定：面粉厂建在无锡，集资三万元，朱仲甫父子出资一半（包括在苏州招股），荣氏兄弟各出3000元，其余9000元在无锡招股。工厂拟名"保兴"，取"保证兴隆"之意。

荣氏兄弟在无锡的招股和购地进展都很顺利。族兄荣秉之认了一股，米市"怪人"朱大兴也加入一股，还拉来米行老板伍永茂加入一股。经过一番考察，荣氏兄弟在西门外太保墩购入薄田17亩，以作建厂之用。太保墩三面环水，形如岛屿，通过水路原料产地的小麦可直驶而入，同样通过水路，工厂的产品也能

①　上海社会科学院经济研究所编：《荣家企业史料》上册，上海人民出版社，1980年，第10页。
②　荣德生：《乐农自订行年纪事》"1900年条"，上海古籍出版社，2001年，第33页。
③　荣德生：《乐农自订行年纪事》"1900年条"，第34页。

及时输出。厂房，由"世伯"周舜卿推荐工程队承担建造。

三人作了分工，朱仲甫负责向两江总督府申报立案，并申请十年专利；荣宗敬在上海订购机器设备和产品销售，荣德生则在无锡督促建筑厂房和安装机器。荣氏兄弟，一个主外攻，一个善持守，之后几十年都是这样一个格局。

1901年3月27日，农历二月初八，良辰吉日，保兴面粉厂在太保墩破土动工。

开厂前，荣德生偶遇一个"半仙"。"半仙"端详他半天后，信誓旦旦地说："不是恭维，先生异路纹已现，必定恭喜，大有进步，必是大富之局也。"① 荣氏兄弟发达后，不少人说他们不仅命相好，祖坟风水更好，特别是他们的父亲荣熙泰的坟地是难得的金蚕吐丝地。这些都不过是事后诸葛亮式的齐人野语，荣氏兄弟的事业壮大确实有一些运气的成分，但真正使荣家事业发展的不是面相或祖坟，而是他们执著的事业心和不凡的素质。

很快，保兴的建设就碰到了麻烦。无锡风气未开，地方乡绅大加阻挠，一纸诉状告到了县衙，言明"万万不准在太保墩建厂"，理由是"烟囱正对大成殿和学官，破坏地方的文风，今后当官者必定大减"，"烟囱乃不祥之物，须以童男童女祭奠方可建立"，"保兴厂额外占用田地，侵占私产"，诸如此类，不一而足。知县见此事很棘手，将此案呈报上级常州知府。"士为四民之首，立论尤当持平。烟囱既隔城垣，何谓文风有碍？该商将公田、民地围入界内，是否属实，由地方官查明，秉公办理。"② 常州知府的批复玩起了"政坛杂技"，既反对以"烟囱有碍文风"这条理由阻碍建厂，但也告诉下属，如确实侵占公田民地，则另当别论。

双方面谈，了结此案。一波刚平，一波又起。以凌姓为首的另一批旧绅士，以"岸驳破坏风水"为借口，再次把荣氏兄弟告到县衙，要求不准在运河边上建码头。知县无奈，又把此案又上报常州知府。

双方互不相让，引得两江总督刘坤一七次过问此案，可地方绅士依旧不肯善罢甘休。到了11月份，刘坤一大概不耐烦了，在第八次批示时，干脆大笔一挥，"知县办理无方，先行摘顶，以观后效；具呈阻挠人，查取职名，听候详参，着刻日详复。"③ 受到处分的知县，请人出面做调解。结果，原告绅士提出三个要求：工厂将来不准将驳岸伸出，煤灰不许抛入河中，不许高放回声。荣氏兄弟一一答应，双方和解，注销此案。

① 荣德生：《乐农自订行年纪事》"1900年条"，第33页。
② 荣德生：《乐农自订行年纪事》"1901年条"，第37页。
③ 荣德生：《乐农自订行年纪事》"1901年条"，第39页。

1902年3月17日（农历二月初八），正是良辰吉日，保兴面粉厂终于开机生产。

保兴面粉厂是无锡第一家机制面粉厂，共集股3.9万元，实际耗资4.3万元。"厂房共用去二万，机器二万三千，股款三万九千，已透用四千元。幸赖当时钱庄生意好，那年余五千两，可以挪用。"①

保兴面粉厂

1902年年底，全国开工的面粉厂共12家，其中民族工厂八家，保兴在当时是规模较小的一个厂，仅有四部法国石磨、三道麦筛和二道粉筛，但采用六十马力的引擎，装备技术与当时各厂相比属中上水平。全厂雇佣工人30多人，日夜生产面粉300包。

虽然设备简陋、产量不高，这个小厂的诞生却标志着荣氏兄弟投身近代工业的开始，奠定了荣氏兄弟"工商巨子"地位的基础。《海关十年报告》中称"荣氏是中国面粉工业的创始人"。②

下面，再把叙述的笔触，回到1905年8月7日的那场素宴。素宴的主人名叫荣瑞馨，也是无锡荣巷人氏，比荣宗敬大一岁，论辈份比荣氏兄弟要小一辈。说起这位荣瑞馨，他的祖父正是大名鼎鼎的荣剑舟，他在上海合伙开设的荣广大花号，成为清末民初我国四大花号之一。荣瑞馨17岁时就在荣广大花号习业，一年之后凭藉祖父之资，进入外商丰泰洋行当行员。1900年，28岁的荣瑞馨充任英商鸿源纱厂代办，历时五年。英商鸿源纱厂成立于1897年，总投资84万两银，是一个具有相当规模的近代工厂。1905年，荣瑞馨又当上了英商怡和洋行的买办。怡和洋行在上海有着"洋行之王"称号，创办于上海开设商埠的1843年，分支机构分布中国的沿海到内地，经营范围可谓天上地下、无所不包。有资料表明，荣瑞馨在怡和洋行担任的买办并不是一般的买办，而是"军装"买办，即专管该行向中国推销军械装备以及有关贷款业务的买办。

那一天，荣瑞馨举办素宴，是为逝世先人"打醮"。来宾都是一些在上海滩

① 贝山：《荣宗敬、荣德生经营实业传略》，《荣德生与企业经营管理》上册，上海古籍出版社，2004年，第180页。

② 徐雪筠等译编：《上海近代社会经济发展概况（1882－1931）——〈海关十年报告〉译编》，上海社会科学院出版社，1985年，第279页。

荣瑞馨

上叱咤商界的头面人物：信成银行总经理周舜卿、怡和洋行买办祝兰舫、茂生洋行买办张石君、西门子洋行买办叶慎斋、横滨正金银行买办叶敏斋、张园主人张叔和、大丰布号股东鲍咸昌、保康当铺老板徐子仪……这些人有一个共同的特点：大都自营实业又兼做买办，实力不凡。

商人聚在一起，谈论的话题自然跳不出他们的本行。席间，谈及时兴的纱厂风尚，一干人兴趣大增，各谈见闻，颇有共谋大事之意。见此，荣德生欠身而起，朗声问道："你们做纱厂，为何不去无锡？"有人回应："已成局，如早说，确是内地好，候机会再做可也。"荣德生听闻此言，当即从袖中取出预备好的章程草案交与众人，并滔滔不绝地讲起他的纱厂计划。这个计划成功征服了这些精明的商人，于是决定"再做一局"。[1]

显然，荣氏兄弟有备而来。早在 1903 年，荣德生去杭州出差，偶然参观通益公纱厂，就产生了开办纱厂的想法。回到上海后，他与兄长交流，认为"发展实业，应从吃、穿两门入手"，"吃"、"穿"两项，是国人大事。但是，开办纱厂，钱从何来？恰好荣瑞馨举办打醮素宴，这无疑是个动员集资的大好时机，不容错过。

结果，荣瑞馨、叶慎斋、张石君、鲍咸昌、徐子仪表示愿意入伙，连同荣氏兄弟，一共七人，各出三万两，其余招股。至年底，实际集资 27.08 万两，荣瑞馨为大股东，全盘统筹，兄弟俩从广生盈余各入股三万两。商定厂名"振新"，设厂于无锡。由荣德生负责购地，荣瑞馨负责招匠建屋，张石君负责订购机器。同时，出于"肥水不流外人田"的考虑，荣瑞馨和荣宗敬、张麟魁等人还成立了上海裕大祥商号，承担振新纱厂的花、纱销售，并涉及其他投资、投机生意。

对于创办振新纱厂的这个决定，兄弟俩在许多年后仍然感触深切，不能忘怀。1930 年，荣宗敬回忆："余年未弱冠，即习商贾之事，往来申锡间，见夫生齿日繁一日，舶来品日盛一日，不禁兴起创办实业思想。"[2] 荣德生更言："逊清末叶，五洲棣通，外机制棉纱纷纷运入我国，至国内固有之手工纺织业淘汰殆

---

① 参见荣德生《乐农自订行年纪事》"1905 年条"，第 46－47 页。

② 荣宗敬：《总经理自述》，《中国民族工业先驱荣宗敬生平史料选编》，上海商业储蓄银行文教基金会编，广陵书社，2013 年，第 25 页。

尽，宗铨鉴于利权外溢，民生凋敝，苟不急起直追，势将侵略无余，爰于让清光绪三十一年集股创办振新纱厂，藉资抵制于万一。"[1]

当时在实业上还是"小字辈"的荣氏兄弟，对参加素宴的"大佬"并不陌生。除了无锡乡谊外，荣氏兄弟与这中间的许多人已经有过商业合作。

他们的合作，还必须提到保兴面粉厂。

保兴面粉厂投产后，却没有能"保证兴隆"。很快，市井传言机器粉里面掺有洋人的毒药，"某地某家姑娘吃了已中毒身亡……"一时间，市井里人心惶惶，各家面馆、点心店宁愿多花几文钱购买石磨坊产的土制面粉，不敢触碰"洋机器吐出来的毒粉"。

保兴面粉厂开工伊始便遭遇如此劫难，实在超乎荣氏兄弟的预料。荣宗敬详查事因，认为当务之急，乃是迅速打消市场的顾虑，一旦百姓在心理上接受"便宜又精细"的面粉，流言不攻自破，销路自然大开。

于是，兄弟俩派人走访无锡街巷的面馆、面店、点心铺，向这些面粉大户许诺：先试用，后付款，不满意，不收钱，每包面粉回扣五分钱。此举巧妙抓住商家唯利是图的心理，在犹豫不决之际许以薄利。为了照顾本地人的习惯，他们甚至将机制面粉和土面粉混合起来，降价销售。终于，一部分店家开始接受机制面粉，什么"有毒"、"没营养"之类的流言蜚语也就不攻自破，本地市场销路大开。

看到面粉厂起死回生，兄弟俩信心倍增，唯有朱仲甫忧心忡忡。他并非实心经商，眼看面粉厂接二连三遭遇波折，渐生退意。朱仲甫对荣宗敬说："此厂与我前途似难发展，做惯了大差使，觉得乏味。"[2]

年底盘点账目，收支相抵，几无分红。恰在此时，广东厘金局因行商包办，亏蚀巨资，不能如期缴饷，政府决定重新收归官办。朱仲甫受到同僚邀请，决心重返广东，临行前拆股撤出。朱仲甫是大股东，占了一半股份，他拆股撤出，资金实力大减，刚有起色的面粉厂面临散伙之险。

保兴面粉厂的窘境，辗转传入祝兰舫耳中。祝兰舫在上海打拼多年，看中面粉市场的前景，托人给荣氏兄弟带话，想要全资收购保兴面粉厂。兄弟两人思前想后，最终作出了决断：事业刚刚开始，前景已经看好，怎么也不能轻易放弃！祝兰舫于是认购4000银元股份，张石君、荣瑞馨等人也搭股"入伙"，荣氏兄弟咬紧牙关增股至2.4万银元，成为最大的股东，其余股东也不同程度地增持，厂

---

[1] 荣德生：《申新第三纺织厂概略》，《荣德生文集》，上海古籍出版社，2002年，第266页。
[2] 荣德生：《乐农自订行年纪事》"1902年条"，第41页。

子股本扩大到了五万元，将面粉厂从散伙边缘拉了回来。

1903 年的一个夏天，面粉厂机器轰鸣，人群熙攘，在沉闷的喧嚣中，门口的那面木制旧厂牌被从容取下，一面标着"茂新"字样的新厂牌挂了上去。锣鼓敲响，"茂新时代"开始了。

在素宴上定局的振新纱厂，也于 1906 年初择定吉日破土动工，厂址就设于茂新面粉厂东南。10 月，所订机器到厂。1907 年 2 月 21 日，振新纱厂开工投产，有英制纱锭 10192 枚，每日出纱 22－23 件。

然而，仅仅半年时间，到中秋节时一拍账，股东们大吃一惊，振新纱厂已经拖欠裕大祥 30 余万两货款，工厂濒临破产。

亏损的原因是管理不善，荣瑞馨身为董事长，但并实际上只是挂名兼职，不具体负责公司的经营和管理。经理张云伯常年住在上海，对企业经营不闻不问，副经理徐子仪喜好读书不懂生意，对纱厂经营一窍不通。正副经理一个不问，一个不懂，工厂哪能不亏损？

荣瑞馨和张石君、叶慎斋商议振新出路，考虑到七名股东中只有荣氏兄弟有实业经营经验，而振新纱厂正因缺乏管理混乱而陷入危机，于是决定请他们"救火"。荣氏兄弟爽快应下，振新随后召开股东大会，任命荣宗敬为董事长，荣德生担任经理。

纱厂与面粉厂在经营上本质相同，担当"拯救者"角色的荣德生，迅即将面粉厂的那套经营方案用于纱厂管理。对财务、原料、库房进行清查，厘清核实资产；深入棉花产地了解收购行情，竭力降低采购成本；精简生产环节，排除不必要的工序，排除浪费，由此将产品价格下降至市场平均水平，迅速打开销路，财务状况得到有效改善，逐渐扭亏为盈。

经过一年的整顿，振新纱厂起死回生，渐上正轨，出纱增至每日 32 件，所出品"球鹤"牌棉纱质优价廉，在市场上可与苏州"天宫"、日纱"蓝鱼"匹敌。

正当荣氏兄弟"吃、穿两门"逐渐打开局面之时，上海滩风云突变，一场"橡皮风潮"几乎将他们掀翻在地。

振新纱厂

这场风潮，缘起于上海滩对汽车用橡胶股票的疯狂炒作。1908 年，美国底特律的福特汽车公司研发出了 T 型车，很快风靡起来，不到一年销量便突破一万辆，拉开汽车工业的序幕，并由此开启了第二次工业浪潮。世界经济进入新一轮悸动，伴随汽车业的兴起，钢铁、橡胶、机械等行业迅速走向繁荣。在汽车轮胎广阔需求的刺激下，南洋橡胶种植业迅速崛起。一家名叫兰格志拓殖公司的英国公司，利用人们的投机心理，在上海大肆发行橡胶股票。

1903 年，兰格志拓殖公司在上海成立，标榜以经营橡胶、石油、煤炭为主业，数年间一直无甚动静。直到 1908 年，这家公司忽然活跃起来，在沪上各家报纸刊登长文《今后之橡皮世界》，不惜万言论述未来橡胶市场的广阔前景。随后又刊登巨幅广告，首发橡胶股票，许诺高额股息，声称投资可获巨利，且股票可向银行抵押，号召社会广泛投资。

正是这年，英国橡胶进口额突破 80 万英镑，美国橡胶进口额达 5700 万美元，橡胶供不应求，国际市场橡胶价格急遽攀升。兰格志公司的宣传很快见效，上海市民追捧者众，将其股价一路抬高。随后，新的橡胶公司纷纷成立，在上海发动猛烈宣传，劝诱投资。在一夜暴富的美梦鼓动下，上海民众开始疯狂抢购橡胶股票。有人估计：中国的橡胶股票投资，在上海投入的约为 2600 – 3000 万两，在伦敦市场投入约为 1400 万两。因此，中国人的投资总额约为 4000 – 4500 万两，将近清王朝半年的财政收入。[①]

在这股投资潮中，唱主角的是上海的钱庄。它们不仅以大量短期贷款贷放给投机商人，而且自己也积极收购和持有橡皮股票。钱庄为此向外商银行拆借了总额达一千数百万两的资金。单单正元钱庄一家，就买进橡皮股票达三四百万两，个中风险可想而知。

当人们迷信到将毕生积蓄下注到一个子虚乌有的事业上时，这就是所谓的泡沫。泡沫，总有破裂的一天。1910 年 6 月，伦敦市场连续狂涨两年的橡胶交易价格突然逆势下跌，上海橡胶股票不可避免受到波及。到 1911 年 3 月，上海市场每 10 股橡胶股票售价仅为白银七两，而一年前的售价为白银 70 两，整整跌去 90%。市面急剧颠簸，几家钱庄巨擘先后死去。这时股灾的始作俑者——外国橡胶公司与各大洋行，纷纷采取明哲保身的策略，前者抽身而退，后者厉行收回借款。这年初，上海尚有本土钱庄 81 家，股灾过后，只剩下 51 家苟延残喘。大批钱庄倒闭，拖累大批工厂倒闭，二三十万工人失业。[②] 对此，《时报》评论："财

---

① 菊池贵晴：《清末经济恐慌与辛亥革命之联系》，《国外中国近代史研究》第二辑，中国社会科学出版社，1980 年，第 72 页。

② 张国辉著：《晚清钱庄和票号研究》，社会科学文献出版社，2007 年，第 172 页。

界扰乱已达其极，一般社会咸被其灾，全国乃宣告破产矣。"半年多后，辛亥革命爆发，清政府果真垮台。

对于股票交易，中国其实赶了个早集。往前追溯，从洋务运动起，聪明的国人就已经学会买卖股票。没有专门的场所，却不妨碍上海的股票交易牛气冲天。1882 年，市值超过百万两白银的企业有数十家之多：长乐铜矿 220 万两，开平煤矿 237 万两，轮船招商局 200 万两，上海电报局 200 万两……大多远超过同时期美国上市企业市值。只是，一百多年过去，这些叱咤一时的企业已了无踪迹。在大洋的另一边，美国股票市场同样充斥丑闻、投机、内幕，时不时会出现周期性恐慌，但是，依托股市，好时、箭牌、杜邦、波士顿银行、美国烟草和众多从标准石油分离出来的埃克森·美孚、雪佛龙·美孚等迈向了蓬勃的明天，一批日后的世界五百强初露峥嵘。

国运如海，看似深邃，说穿了，尽是人事。人事可大可小，国运有起有伏。中国浑浑噩噩，美国励精图治，两相对比，因缘际会，难免让人唏嘘不已。

上海人喜欢将橡胶称为"橡皮"，因此这轮风波史称"橡皮风潮"。这场史无前例的金融风潮，给初露头角的荣氏兄弟一个"下马威"，手中各家工厂支离破碎、前途未卜。

最先陷入危机的是振新纱厂。1909 年前后，在橡胶股票最火热的时候，承担花、纱进销业务的裕大祥商号大肆投机橡胶股票，不惜向汇丰银行举债，泡沫破裂后不仅血本无归，还面临汇丰银行逼债。为解燃眉之急，荣瑞馨将振新纱厂地契拿到汇丰银行作抵押，心想赚了钱即偿还。岂知"橡皮风潮"蔓延成全国风波，荣瑞馨迟迟无力偿还银行贷款，抵押到期仍无法赎回，汇丰银行遂将振新地契呈交上海道台，声称要查封振新纱厂抵债。

虽然荣宗敬和荣德生负责日常经营，但大股东荣瑞馨掌管纱厂控制权，抵押地契一事瞒着荣氏兄弟和其余股东，直到衙门发来传票，蒙在鼓里的股东方如梦初醒。

振新危在旦夕，荣氏兄弟决定为荣瑞馨担起这副担子。荣德生踏上了四处借债的路途，日出日落，月上月隐，一连跑了 37 天！跑破了鞋，说破了嘴，求了无数次的情，作了无数的揖。终于皇天不负苦心人，他在周舜卿等人的帮助下，借到了八万银两，再用存在钱庄的活期存款四万两，厂内凑出四万两，从汇丰银行把振新的地契赎了回来，并向其他债主许以还款期限，暂时稳住了局面。

经过这番波折，振新厂的资金链断裂，被迫停产歇业。荣氏兄弟将 300 包棉花账单抵押于聚生钱庄，然而只是杯水车薪。荣德生请求董事各垫款 5000 银元赎回账单，奈何无人理会。当时几乎到了难以为继的地步，如果赎不回棉花账单，振新纱厂必死无疑。荣德生只好去聚生钱庄央求相熟的账房先生，希望可以通融过关，好说歹说终于取回棉花账单。开工开即，又因无钱发放工资而临阵"卡壳"。荣德生苦思冥想，采用"欠入赚下还钱"的招数，先自印工资票若干发于工人，许诺待工厂赢利后同比兑换现金，解决流动资金困难。如此再三，至振新厂勉强开工已是1911年下半年的事情了。

一波未平一波又起。茂新面粉厂也出"险情"，厂里向天津发货的货轮触礁沉没，折损五万银元，元气大伤。

裕大祥商号连受打击，损失惨重。1907年时"裕大祥各人均营投机，名为获利，实则号中暗亏，肩任者均忧之。"[1] "裕大祥受总经理及各人支宇，营业大亏。"[2] 挨到1908年底亏损银子60多万两，无奈宣告倒闭。作为投资方的广生钱庄受到牵连，营业锐减，汇兑清淡。

为摆脱窘境，荣宗敬和荣德生兄弟俩决定"自断一臂"，1908年底将已为"鸡肋"的广生钱庄收盘停业。"当时经济困难之极，共商之余，决定保全茂新、振新，而不保广生。"[3] 父亲荣熙泰为他们兄弟创办的广生钱庄，在那次危机中被迫停歇。从此"兄弟共商，还是向赚的路走，专心两厂，从此发愤用力。"[4]

这次危机，是荣氏兄弟投身商业以来遇到的第一次风险。荣德生后来这样记录："此为入市以来最困难棘手之一次，往来均欠，需用无着，岌岌不保。"[5]

## "买办"的转身

振新纱厂的创设，有一个现象颇为有趣：在七位投资股东之中，荣瑞馨、叶慎斋、张石君三人的职业都是洋行买办。

买办，到底是怎样的一类人群？

"买办"一词，译自葡萄牙语，最早见于《明史》。十六世纪初，葡萄牙商人窃据澳门，其日用所需之粮食等不得不取由于中国，于是他们"雇华人为之居间，以洋货携赴内地，易粮食而回"。[6] 对这些"居间"的华人，当时葡萄牙人

---

① 荣德生：《乐农自订行年纪事》"1907年条"，第51页。
② 荣德生：《乐农自订行年纪事》"1908年条"，第52页。
③ 荣德生：《乐农自订行年纪事》"1908年条"，第53页。
④ 荣德生：《乐农自订行年纪事》"1908年条"，第53页。
⑤ 荣德生：《乐农自订行年纪事》"1908年条"，第53页。
⑥ 《佛郎机传》，《明史》卷三二五。

称之为 Comprar（意即"采办"）。时人就把这种为外国服务的采办人员或管事称作"买办"，或用买办一词的音译"康白度"来称呼买办。

十九世纪五十年代，随着外国经济势力向通商口岸的不断扩展，外商在华纷纷设立洋行，买办队伍急速扩张，很快就形成了一个新的买办阶层，"士、农、工、商外，别立一业"①。据法国学者白吉尔估计，1854 年买办的人数为 250 人，1870 年为 700 人，至二十世纪初大约达到 2 万人。② 另有学者研究表明：甲午战争前，全国买为 10000 人。到 1920 年，全国买办人数已是甲午战争前的四倍。③与此同时，买办的地位也日益重要。在洋行看来，"买办不仅是名通译和经纪人……同时又是精通中国复杂货币的专家"，外商"苟不利用买办，则于中国商业界，决不可能充分活动以获取大利"④，因此，买办被外商看成是"最重要的中国人"。

买办为外国洋行所直接雇佣，参与洋行的业务经营，进行商品的购销活动，从事对外贸易相关的报关、纳税、运输等活动，还能从事外国商人不能进行的去内地采购商品的活动。双方的雇佣期限、权利和义务等，均由双方签订合同予以规定。洋行向买办支付报酬，买办以保证金的方式替洋行承担贸易和金融的风险，买办还可以按照一定的比例在交易中取得佣金。据估算，1840 至 1894 年，买办的各种收入合计达四亿海关两以上，这在当时是一笔不小的资本积累。至十九世纪末，仅买办提供给外商企业的保证金总额，也在白银 1000 万两以上。⑤十九世纪的末期，一个英国商会访问团成员在上海向英商询问买办的收入，英商回答说："英商赚一元，买办赚两元。"英国布莱克布恩商会使华团在访问中国后，为外商的部分利润被买办分割而鸣冤叫屈，他们甚至认为：现在的"外商已经不是一名商人，而不过是买办的代理人"。

无锡籍买办中，地位最高、名声最为响亮的当属祝兰舫。

祝兰舫，名大椿，以字行世。1856 年诞生于无锡南门外清名桥东侧。早年其父病故，母子两人相依为命。1873 年，祝兰舫进入无锡南门曹三房冶坊当学徒。未及满师，祝兰舫就跑到了上海，投奔身为煤铁号老板和洋行买办的姐夫龚

① 李鸿章：《李文忠公全集》第三卷，光绪三十四年刻本。

② 参见【法】白吉尔《中国资产阶级的黄金时代（1911–1937）》，张富强、许世芬译，上海人民出版社，1994 年，第 40–42 页。

③ 潘君祥、顾柏荣著：《买办史话》，社会科学文献出版社，2011 年，第 74 页。

④ 陈真、姚洛等合编：《中国近代工业史资料》第二辑，生活·读书·新知三联书店，1958 年，第 1012、1013 页。

⑤ 参见黄逸峰、姜铎编著《旧中国的买办阶级》，上海人民出版社，1982 年，第 49–50 页。

少蓉。姐夫介绍他进上海大成五金号当学徒。1885年，满师后的祝兰舫凭借妻家的资财，并得到姐夫龚少蓉的资助，集资1000两在上海头坝上开设了源昌号。不久，祝兰舫又瞄准开埠所带来的商机，自置轮船承揽货物，往来于新加坡、日本、上海诸港口之间。与此同时，上海的房地产买卖开始兴盛，祝兰舫联手周舜卿合伙经营起房地产事业。

经过十多个春秋的苦心经营，祝兰舫积聚了一批数目可观的财富，但他并未像当时一般商人那样固守原来的商业经营，而是对投资近代企业跃跃欲试。1894年，他在上海创办沅昌丝厂。1898年，独资50万两收购美商开办的美昌打米公司，改名源昌机器碾米厂，有米机八台，日产大米二三千石。1900年，他被英商怡和洋行聘请为买办。他在担任买办以后，"谨为擘划，凡有关于丝、茶、百货之出入，操奇计赢，或算不失。"[1] 因而得到洋行的信赖。不久，清政府推行"新政"鼓励实业，有着怡和洋行买办身份的有利条件，祝兰舫投资近代工业的雄心更加勃发。从1902至1906年的五年时间里，他就以独资、合资和搭股等方式，在上海创办了四个大型工业企业：1902年，以合资40万两（自出20万两）创建了华兴机制面粉公司，拥有最新英制钢磨16座，日产天官牌面粉3500包（一说4800多包）；1904年，又以独资50万两，创建了拥有缫丝车335台的源昌机器缫丝厂；1906年，他与怡和洋行合资创办怡和源机器皮毛打包公司，资金28万两，自出14万两。同年，又与顾敬斋合资100万两（一说134万两），创建了公益机器纺织公司。该公司拥有英制纱锭2.5万余枚、布机400台，年产机纱1.9万包左右、细布15万匹。此外，1903年他还以4000两入股荣家的茂新面粉厂。此时的祝兰舫，无疑是当时国内"对这些工业比较有兴趣的还只有少数几个人"[2] 之一。

1907年12月，上海商务总会具文呈报清政府农工商部为祝兰舫请奖。光绪帝御批特赏正二品巡抚衔双眼顶戴花翎，赐黄马褂，褒赞"洋务娴熟"，"忠良勤政，廉义报国"，随后农工商部也聘他为顾问。1908年，祝兰舫升任怡和洋行总买办、上海英商电气、电车公司和扬子保险公司买办，继续在上海投资开设源昌轧花厂、恒昌源纱厂和入股龙章造纸有限公司。从1908年起，他把投资目标开始向外地扩展，1908年在苏州合资创办振兴电灯厂，1909年在无锡合资创办源康丝厂等。至辛亥革命前，据统计，祝兰舫投资近代民族工业的资金有214.75

---

① 《祝公兰舫先生讣告·哀启》。
② 《商埠志·祝大椿》（1908年），第548页。转引自汪敬虞编《中国近代工业史资料》第二辑下册，科学出版社，1957年，第959页。

万元，一跃而为上海14个著名的民族资本家中的第一位。[①]

如今，电扇已逐渐被空调所代替，但老一代的人还记得"华生电扇"这一曾经的国产名牌。华生电扇，从上海滩走向全国走向世界，是一个曲折而精彩的故事，其中也有祝兰舫的桥段。

当时有三个青年人：布店营业员叶友才、洋行会计杨济川和木行跑街袁宗耀，出于好奇，从微薄的工资中挤出钱来，买了一架美国奇异牌电扇。爱好电器技术的杨济川，拆散电扇，找白铁店、铜匠店和翻砂作坊，将每一个零部件依样画葫芦地复制，然后三人齐力组装。经过半年多努力，终于在1915年试制成功两台合格的电扇样品。

祝兰舫

但是，要批量投产，他们没有钱。于是，袁宗耀拿着电扇样品去找祝兰舫。祝兰舫看了样品，十分欣赏他们的钻研精神，但他当时正为偷电之风盛行伤透脑筋，进口的电流限制表价格昂贵，用户负担不起。他要求他们先做电流限制表，以应急需。三个青年人无可奈何，只好先把电扇制造搁下。

杨济川在电表研究中发觉电流限制表原理简单，但进口货结构复杂，他大胆设法简化结构，当年造出样表送祝氏的苏州振兴电灯厂试用，结果很满意。祝兰舫第一批就定货2000只，每只定价五两银子，仅为洋货价格的一半。叶、杨、袁三人满心欢喜，他们雇了六七名工人，在上海横滨桥租屋办厂，厂名"华生"。电流限制表打开销路，资金逐渐充裕，他们不断添设备，开发新品，1925年开始生产华生电扇，到1935年华生已拥有10个分厂，第二年华生电扇年产达三万余台。

在这里，就祝兰舫的买办身份及其所处的买办阶层的制度特点以及对当时经济社会的作用作一点阐述。

在过去相当长的一段时间里，买办一直是人们批判和否定的对象。其实，买办在中国近代史上是一个特有的商人群体，其作用不容忽视。在与外商的长期接触中，他们开始认识到设立近代企业的重要性和有利可图，因此在实业投资方面表现出极大的热情和远见。应该指出，继洋务运动之后，我国最先投资于近代工

---

① 唐传泗、徐鼎新：《对中国早期民族资产阶级若干问题的探讨》，《近代中国资产阶级研究》续辑，复旦大学出版社，1986年，第261页。

业的正是买办阶层，开了一代风气之先河。由买办转身投资近代工业，绝非祝兰舫一人。这说明，"清末，在通商口岸现代工业有所发展的影响下，在邻近口岸的中等城市中，具有一定新倾向的商人，把他们所掌握的商业资本开始从流通领域转向生产领域流注，这是一种进步的现象。它意味着资本主义关系向内地延伸并扩大其影响，对当地社会生产力的发展起着积极的推动作用。"①

有学者指出，在中国早期艰难的现代化运动中，买办是"能够最迅速、最成功地把握历史有利时机的人"，"买办即是商人、银行家，亦是企业家"，他们的活动"推动了不同集团之间的相互渗透"。② 从更深的意义上讲，买办是中国资本主义滋生和发展的重要因素，他们不仅是中国近代社会从封建走向近代资本主义艰辛蜕变过程的见证人，而且是导致并促进这一蜕变过程的内在力量。从二十世纪二十年代开始，随着中外贸易的深入发展，中外之间的贸易隔膜逐步消失，原有的买办大多数被洋行的华人经理所替代，原有的"买办制度"开始走向衰落。到了第二次世界大战后，"买办制度"终于成了明日黄花，无可奈何地走下了历史舞台。

就买办个体而言，也处在不停地转化之中，既有从其它职业成为买办，也有从买办转向其他阶层的，两者之间并没有一条不可逾越的鸿沟。对相当数量的买办而言，在大多数时间里买办只能算成是他们的一段工作的经历或出身，他们本身就是一名商人，终身从事买办职业的仅仅是其中一小部分人。祝兰舫的经历，就是最好的例证。

祝兰舫由于受自身文化水平的限制，生前没有著述传世。但他一生致力于发展近代民族工商业是有其指导思想的。他常说："时至今日，亟宜以工业救国为切要之图。……利用厚生为国家富强之源。"③ 他的另一个鲜明的观点，就是"丝、纱、棉、电最为中国实业大宗，惟故步自封，恐未足与外人争利。"④ 他十分强调振兴我国的棉纺织工业。他从中、日、印度三国棉纺工业的比较中，得出了这样一个结论："……中国非急增设纱、布厂不可。"因为"花纱一案，为出口货之大宗"，于是他提出了"奖励植棉暨纺织之说"和"振兴棉业之要点"，并强调说："倘能实行，则可以畅销中国花厂出品，免为舶来品所阻碍。"⑤

因此，祝兰舫投资发展的近代工业，大多围绕着碾米、面粉、缫丝、棉纺

---

① 汪敬虞主编：《中国近代经济史（1895－1927）》，人民出版社，2000年，第1640页。
② 【法】白吉尔：《中国资产阶级的黄金时代（1911－1937）》，第46页。
③ 《祝公兰舫先生讣告·哀启》。
④ 《祝公兰舫先生讣告·哀启》。
⑤ 《时报》1913年2月15日。

织、造纸、电气等民用工业，产品多数面向广阔的国内市场，无疑有利于抵制外国商品的倾销和资本输入，有利于杜塞漏厄、挽回利权。当然，由于先天的原因，这些实业的竞争力还很脆弱，在与外国资本的较量中往往处于劣势。以祝兰舫早年所办工业来说，就因经营不善先后被洋行兼并。如源昌机器碾米厂，后与美商茂生洋行的上海碾米厂合并，公益机器纺织公司先于1914年与怡和洋行合营，后于1921年并给英商怡和纱厂，怡和源皮毛打包公司也于1919年为怡和洋行兼并，改为怡和打包公司。

尽管如此，祝兰舫对上海近代工业发展的贡献，却又是不容遗忘的。经济史专家尔汉升有这样的评价："在甲午以后的长时期内，对上海民用工业的建设最有贡献的，我们要推祝大椿……他对于上海工业化的贡献就当然是很大的。"[1]

中国的商人在资金力量雄厚之后，往往把精力转向获取政治地位和权势，这实在是特定的商业生态环境下不得已的选择。祝兰舫对清廷的嘉奖极为看重，还以源昌机器五金厂的名义虚报了10万两的投资额。同样，周舜卿在获得雄厚资本后，极力结交那些在地方上颇有势力的名流显贵。从1896年开始，他先后向薛南溟的永泰丝厂、陆润庠的苏纶纱厂和苏经丝厂，投入相当比重的资本，但他并不过问经营情况，也没有亲手接办过。

上海信成银行大楼及发行的钞票

---

[1] 尔汉升：《中国经济史论丛》，香港崇文书店，1972年，第718页。

之后，大约在 1903 年，他挟资入京，从当时的显贵庆亲王奕劻那儿捐得一个候补道的官衔，并和奕劻之子、当时的商部尚书载振结交。周舜卿如愿"得旨授三等顾问官，并特赏二品顶带"。1905 年，他随载振东渡日本考察实业。日本先进、完备的银行体系，让周舜卿感触尤深。相较之下，国内的银行业尚处于起步阶段，除大清银行和中国通商银行等寥寥几家之外，金融业大部分控制在汇丰、麦加利等外国银行手中。兴办银行业，大为可为，有利可图。周舜卿嗅到了其中的商机，回国后随即上奏商部呈请开设银行。

1906 年 9 月 11 日，信成商业储蓄银行在上海南市万聚码头的一幢三层楼洋房挂牌营业。信成银行最初资本额为 50 万元，周舜卿认股 20 万元，其余主要参股者有宁波帮大佬周晋镳（上海商务总会第四任总理）、湖州籍富商王一亭等。周舜卿被推举为经理，由沈缦云为协理，主持日常行务。从某种意义上讲，这家中国"民营第一行"实际上是由江浙帮联手创办，这为其后二三十年江浙财团雄霸中国本土金融业开了先河。

信成商业储蓄银行是我国最早的商办银行之一，参酌日本章程，主要从事两部分的业务：一为商业业务，以发放信用贷款为主，兼做抵押贷款，信用借款的对象为殷实厂家、典当、米行、堆栈等；二为储蓄业务，分活期、定期两种，长期存款，月息约八厘，活期存款的利息并不固定，视当时银行状况由钱庄同业公议而定多寡，月息通常在四、五厘。信成银行在其《存款章程》中指出："专代小本经济之人收存零星款项，凡有洋银满一元以上，不论多寡，不论士农工商、男女老少，均可存储生息，确实可靠，永保无虞。"[①] 一时，信成银行人头攒动，人们纷纷把手头一摞摞银元、一沓沓钞票，换成一张张存单。有资料表明，信成银行的存款最多达到 700 余万元。

经商部批准，信成银行还发行了一、五、十元三种面值的钞票，并代理清政府上海道署的库银。钞票正面上端为双龙戏珠图案，左边为上海总行银行大楼，右边为载振头像，像下还印有"大清国商部尚书固山贝子衔镇国将军载公振"字样，据说此举是"以增信用而杜伪仿"。信成银行的钞票一般通过储户提款的方式发行，发行最多时曾达 100 多万元。

信成银行除了南市总行外，还在上海北市苏州路和北京、天津、汉口、南京、无锡等地设有分行。无锡分行成立于 1907 年 2 月，设于北塘财神弄口，资金 10 万两，经理（后改称行长）由蔡缄三担任。

无锡分行成立后，为刚刚起步的工商业发展提供了借款支持。荣氏兄弟所办

---

① 《中国之银行史料三种》（3），学海出版社，1934 年，第 30 页。

的振新丝厂、茂新面粉厂的资财全部抵押给无锡分行，用款甚巨。业勤纱厂也几次把栈存的成品、原料做抵押贷款而渡过难关。

信成银行业务进展颇为顺利，营业款额蒸蒸日上。最初资本为 50 万元。1908 年新增新股 50 万元，1911 年又增加资本 100 万元，合计资本定额 200 万元。如此迅猛的发展势头，引来了列强的觊觎。1910 年，驻京奥国公使代表德、奥政府向信成银行提出合办要求，且拟订合并方案。在该行第五次股东大会上，周舜卿报告说："驻京奥国公使屡次与鄙人提议中奥银行之联合。欲各集资本 100 万元，由华商出名在中国商部注册，权限则两国平均。又云吾奥德联合有极大之联德银行为之后盾，如商部批准，贵行各股东允许告之联德银行，即可成立等语。"①

从日本归国后，周舜卿还联合武进县在沪的刘伯森等人，筹组上海商学会（全国总商会前身），以"开通商智，扩张贸易，裨助实业振兴"；并任该会主持人。接着，1905 年 6 月，他又在无锡成立锡金商务分会和锡金农会，并分别担任第一任会长。锡金商会是近代中国较早成立的商会之一，时人有称："无锡商会之成立，后于上海，而先于各地。"②

到 1907 年为止，周舜卿创办或参加投资的企业已有升昌五金煤铁号（共七个厂号）、苏经丝厂、苏纶纱厂、裕昌缫丝厂、信成银行、锡金劝工厂、合发锑矿等十几个单位。③清廷对周舜卿兴实业、办银行之举大为赞赏，故又给予他四品京堂候补的虚衔；又以熟悉洋务，被派为查办交涉事宜大臣；还被派为苏、松、常、杭、嘉、湖六郡劝农使。1909 年，清廷筹备宪政，设置资政院，周舜卿又被指派为资政院议员。

亦官、亦商、亦绅的身份，让周舜卿从容周旋于中外商人和官场之间。此时的周舜卿，已届六旬。正是在这一时刻，他进入了一生中最活跃、最得意的时期，达到了人生的巅峰。

## 品牌之功

清末，民族工商业刚刚发端，大多数工厂虽然创办起来了，甚至一度出现兴旺的景象，但大多如没有根基的树木，难以经受市场风雨的吹打，几番折腾下

---

① 赵廷斌：《辛亥革命前后的沈缦云》，扬州大学 2005 年硕士学位论文。
② 《最近一年间之县商会》，《锡报》1921 年 1 月 2 日。
③ 汪敬虞编：《中国近代工业史资料》第二辑下册，第 1094 页。

来，大多善始却不能善终。

1905 年前后，薛南溟的永泰丝厂就到了生死存亡的转折关头。

永泰丝厂已经开办八九年了，但经营迟迟不见起色。与此同时，薛南溟在茧行的盲目扩增，又把他逼到了悬崖边上。1903 年，春茧上市，薛南溟投入巨资大量收购，意欲大赚一笔。岂知当年气候反常，茧质过差，加之海外丝市不振，洋商无意收购，蚕茧难以脱手，造成巨额亏损。永泰丝厂因之受到牵连，停工歇业。

薛南溟向其弟薛慈明求助，谁知竟然遭到拒绝。情急之下，薛南溟只得将继承其父的上海南京路、河南路等处的房地产折价转让，才得以偿还借款，度过危机。

薛南溟变产清偿之举，令永泰丝厂经理陈子钦感到前途无望，辞职他去。丝厂总管薛润培向他举荐了新的经理人选徐锦荣。徐锦荣，浙江海宁人氏，在意大利商人开办的上海纶华丝厂工作有年，懂技术，善经营，会管理。

对于出任永泰丝厂经理，徐锦荣欣然应允，但提出了"全权"的要求，作为厂主的薛南溟不得随意干涉。开明的薛南溟自然一口应允。

1905 年，徐锦荣到位后，立即把意大利丝厂的管理制度"移植"到了永泰丝厂，对职工进行严格的技术操作训练，特意把操作方法和关键环节编成口诀，传授给工人。除规定管车每天记录汇报生产情况外，徐锦荣本人也经常到车间现场进行考查，发现问题严肃加以纠正。职工缫制出优质生丝，可以得到相应的奖励，如果产品达不到标准，则会面临当众训斥、克扣工资，甚至解雇开除的处罚。在最初的四五年中，被除牌的工人共达一千五百余人，被解雇或自动退职的职员和练习生达一百余人。因而，职工们对徐锦荣畏之如虎，背后都叫他"活阎王"。

当时，永泰丝厂出产的生丝已经有"月兔"、"地球"、"天坛"等商标，但是在市场上都反响平平。徐锦荣在继续缫制原有品牌丝的同时，另起炉灶，创立"金双鹿"、"银双鹿"品牌，用于所缫制的高质量生丝。为了打造名牌生丝，徐锦荣可谓不惜成本，刻意精选原料。当时，无锡出产的"莲子种"和浙江萧山出产的"余杭种"蚕茧是蚕茧中的名牌，但即使这样的蚕茧，每担原茧只选出 15% 的优质茧用作缫制"金双鹿"丝，15 - 20% 的上等好茧用于缫制"银双鹿"丝。在缫制中又不惜提高缫折，每担"金双鹿"丝的缫折比普通丝高出 15 - 18%。

徐锦荣的严于管理，精明经营，很快使永泰丝厂面貌大变。"金双鹿"丝，纤度达 9 - 10 分，并且丝身洁净，偏差小，拉力强，抱合好，能用于织造上等绸缎和高级丝袜，畅销法国、意大利等西欧市场。当时，一般生丝卖价每关担①1000两关银左右，而"金双鹿"丝每关担售价高达1400多两。地方报纸曾有这样的报道："锦记丝厂正牌'金双鹿'，副牌'月兔'，抛出正牌丝，每担一千六百三十两"②，而且供不应求，年初接受的定货常在半年产量以上。"金双鹿"，与上海信昌丝厂的"厂图"、瑞纶丝厂的"铁锚"和苏州苏经丝厂"丰人"一道，并称为中国生丝的四大名牌。很快，市场上就出现了仿冒的"金双鹿"牌生丝，为了防止别人假冒，

永泰丝厂在成品的小绞丝内夹有用薄打印纸印制的"金双鹿"小商标。其后，徐锦荣更进一步想创制比"金双鹿"更为高级的名牌生丝，但终限于当时的技术条件而未能如愿。由此可见，"金双鹿"生丝的质量之优，几乎已经达到当时技术条件所能允许的极限。

在永泰丝厂的带动下，无锡众多丝厂都注重产品质量的稳定和提

"金双鹿"、"银双鹿"商标

高，相继涌现出乾甡"三舞女"、振艺"金双鹰"、源康"弥佛"、裕昌"金鱼"等一批优质品牌。继永泰丝厂在1921年纽约万国博览会荣获金奖之后，至1926年，美国再度在费城举办国际博览会，无锡有乾甡、泰孚、镇纶等11家丝厂的产品获得甲等大奖。③

"金双鹿"名牌生丝创立以后，永泰丝厂销路畅旺，迅速扭亏为盈。薛南溟大为得意，视徐锦荣为"摇钱树"，而徐锦荣则认为永泰丝厂的利润丰厚，自己却分得不多，颇有不满，声言要脱离永泰，自行集资设厂。为了留住徐锦荣，薛南溟提出了一套重新分配利润的方案：以永泰丝厂的机器厂房作为"实业厂"，流动资产作为"营业厂"。在"营业厂"部分，由薛、徐两人合伙经营，徐锦荣占三成股份，丝厂所得利润也照三七分成，这才打消了徐锦荣另起炉灶的意图。双方还约定，若永泰扩展另建新厂，"营业"部分仍以此比例投资。这种对有功

---

① 历史上，我国生丝买卖计量向以司马秤为单位，司马担即担、关担、海关担。一司马担合133磅或60.5公斤。1948年11月11日起，生丝计量改用市制，担即市担，合50公斤。此外，生丝计量中还用件，即包，合60公斤。建国后，生丝计量单位除延用市制（担）外，多用公制，如公担（合100公斤）、吨（合1000公斤）等。茧每包原为40司马斤，后改为60市斤。

② 《锡报》1923年4月10日。

③ 钱耀兴主编：《无锡市丝绸工业志》，上海人民出版社，1990年，第376页。

之臣奖以一定股份的做法，在当时的民资工厂中尚不多见。后来，徐锦荣为了留住一些具有专长的高级职员，在取得薛南溟的同意后，也想出了一种所谓"人服制度"，让他们在营业部分小额投资，以此刺激他们的积极性。

与此同时，薛南溟的茧行扩张步伐也没有停顿。到辛亥革命前夕，他独资开设的茧行，分布于无锡城乡的有 14 家，茧灶 532 付。这些茧行规模都较大，每家有三四十付茧灶，房屋绝大部分系自己投资建造。这些茧行的开设和经营，不仅可供自办丝厂之用，还提升了他在无锡丝茧业的地位。

薛南溟的永泰丝厂依靠延聘"能人"、创立名牌的策略走出了困境，但茂新面粉厂扭亏为盈的转机，却是爆发在东北大地的那场日俄战争。

清末，大清帝国积弱积贫，沙俄与日本势力相继进入东北，勾心斗角，摩擦不断，终于在 1904 年 2 月爆发了一场战争。日本率先攻击旅顺港的俄国军舰，东三省陷入火海。俄国在东北建有面粉厂，专供侨民和军队，战争期间尽数毁灭。由于物资供应不足，俄国不得不在中国本土采购。同样，日本军方为节省开支，也在中国大量采购所需军粮。

一时间，来自东三省的面粉采购量暴增。荣氏兄弟不再为销售发愁，而是为产量有限发愁了。这种时候，谁有面粉谁就可以赚大钱啊！积压烟台的 21 万包面粉在不到一个月的时间里销售一空。他们果断地决定扩大茂新厂的生产能力，利用祝兰舫的关系，以分期付款的方式向怡和洋行订购了六座 18 英寸英国钢磨。拆除了旧厂房，重新建造一座三层楼房，用以安置英国钢磨。为节约成本，一些简单辅助部件尽量自己制造。经过几个月的改造，新厂投产出粉，不但日产量由 300 包增加到 800 包，面粉质量也有明显提高。

在战争的刺激下，茂新厂生产的面粉经由上海转运东北，销量大大增加，赚的钱也随之激增，荣氏兄弟终于迎来了汗水挥洒的收获期，每日纯利 500 两白银。1905 年年底盘点账户，这一年共赚了 6.6 万两白银，这是荣氏兄弟涉足商业以来的最大一笔盈余。

多年来笼罩在兄弟俩头顶的阴云一扫而光，前景一片光明。但好景不长，不久问题就来了，茂新面粉厂在 1905 年大获利后连续发生巨额亏损。

日俄战争让茂新等小厂突然崛起，即便感觉迟钝的人们也认识到这个行业的潜力，于是在战争后期，江南一带出现开办面粉厂的热潮，对小麦的争夺，变相抬高了小麦收购价。"在阜丰、华兴开设初期，小麦市价极低，每石常在二元左右。后来裕丰、裕顺、中兴、立大等厂相继设立，户数日多，用麦量激增，麦价上涨到三元五角左右。"①

　　夏天，小麦歉收的消息，更加重了面粉厂家的忧虑。与此同时，进口面粉开始大肆倾销，进一步加剧竞争程度。随着日俄战争的结束，东北市场面粉需求大减，供过于求，致使面粉价格迅速跌落。在原料涨价和进口面粉倾轧的夹缝中，连年亏损的民族面粉厂只能自发地结合起来，"抱团"与外部竞争。

　　茂新面粉厂也不例外，加入了一个名叫"办麦公会"的组织。那时，麦价之高到了"粉贱麦贵"的地步，多数面粉厂都在亏本，这一组织的最大目的就在于共同压低小麦收购价。据此，组织制定了包括彼此联系、互不侵扰、约定统一粉价等惯常条例，不外乎形成价格联盟，抵御竞争。"办麦公会"会员均在上海、无锡两地，除茂新之外，还有中兴、华兴、立大、裕丰、裕顺、阜丰等六家，其中阜丰资格最老，茂新次之，约定共进退、同荣辱。

　　当"联盟"取代单家工厂出现在谈判桌上时，议价能力其实又回到单家工厂水平，因此不能从根本上解决产业倒置难题。"粉贱麦贵"的状态持续发酵，许多面粉厂纷纷倒闭，茂新数年积累被消耗一空，如是三年折损两万多银元。1909 年，个别股东因茂新连年亏损丧失信心，自愿将股份低价出售，荣宗敬和茂新销粉主任王禹卿联手以面值七分之一的价格回购股票 14 股。

　　这些困难，自然吓不倒倔强的荣氏兄弟。"只有欠入赚下还钱，方有发达之日"②，尽管茂新连年亏损，但兄弟俩还是订下了"添机改造计划"。1909 年，得知美国商行恒丰洋行在上海兜售美国最新式面粉机，并提供办理分期贷款业务。荣氏兄弟商议决定贷款采购 12 部新机，先付二成，两年还清，共约十万两。并改进工场设计与厂务管理，拆去老厂房、老机器，装置 400 马力新引擎等。1910 年 3 月，新机装置完毕，茂新资本增到 20 万两。拥有粉磨 18 部，比 1904 年的四部增加了三倍半，年产面粉增到 89 万包，比之 1904 年增加了九倍。③ 荣德生对此总结为："为茂新冒险添机，解除困难，今天天有利，大局转安。"④

　　此时，两兄弟还推出了"兵船"品牌，统一商标、改进包装，用上等白布制作面粉袋，容量大过别家，并顺应顾客的侥幸心理，在袋内放置银元作为"彩头"。因产品口感上佳、质量可靠、价格合理，畅销沪上，营业出现转机，1910年终盈余 12.8 万两。

① 《荣家企业史料》上册，第 22 页。
② 荣德生：《乐农自订行年纪事》"1909 年条"，第 55 页。
③ 许维雍、黄汉民：《荣家企业发展史》，人民出版社，1985 年，第 10 页。
④ 荣德生：《乐农自订行年纪事》，"1912 年条"，第 65 页。

**茂新面粉厂兵船商标**

"兵船"商标由文字与图形组成，商标主体是一艘面朝西方、扬帆起航的大船。上方是"无锡茂新面粉公司"、"WUSICH FLOUR MILL"的中英文厂名；中间是"兵船"图形及商标名称。"中国自制顶上面粉""商部批准概免税厘"两行文字分列左右。"商部批准"是说明茂新面粉公司生产面粉得到了清政府商部批准。最下部的英文说明，包括每袋面粉重量、规格及质量保证等。

后来，到了1923年，北洋政府颁布《商标法》并正式成立农商部商标局，"兵船"商标又依法定程序申请注册。当时申请注册的还有荣氏兄弟设在上海福新面粉公司的"宝星"商标和上海福新第二面粉厂的"红蓝福寿"商标，而"兵船"商标在公告时排在了第一号。在公告注册商标后，由商标局局长签发的《商标局商标注册证》也是第一号。因此，"兵船"可以说是我国商标注册史上的第一号注册商标。

当兵船面粉畅销国内时，人们多将荣氏面粉事业发达原因归于美制磨粉机，而忽略了其从一开始就对产品质量的追求。

1911年，麦收时节，阴雨连绵，爆发大水，茂新无锡仓库被淹，荣德生下令将受潮面粉和小麦统统舍弃不用，对外则坚决不收可能发霉的小麦，这样一来，确保了兵船面粉的质量。而资深面粉厂阜丰却没能做到一点，导致粉质退化。很快，"兵船"的售价超过了阜丰旗下的"老车"。

此外，因用麦量巨大，荣氏先后在安徽蚌埠，山东济宁，江苏泰州、扬州、常熟、镇江等地设立麦庄。荣氏有一个秘不外传的生意经：每逢新麦上市，就大肆抛售面粉，以压低粉价和麦价。上海总公司设有麦务部，对各地麦庄进行电报指挥，成功压低麦价之后，各地麦庄即接到指令，通过当地粮行进行大规模收购，并支付1%－1.5%的佣金。由于价格优惠，荣氏大量储备小麦以供长期生产。久而久之，荣氏面粉厂成为国内小麦行情波动的重要因素，大有操控市价之势。而那些单打独斗或规模弱小的面粉厂无力屯麦，只能听凭摆布，在麦收季开工，其他时间停产。利用这个"时间差"，茂新、福新从竞争者手中轻而易举地夺取面粉市场的半壁江山。

此时，风向已然大变。

1911年12月29日，孙中山回归，就任中华民国临时大总统。时代向商人们敞开了新的大门。

# 【锡　商　人　物】

　　荣瑞馨（1872－1922），名瑞锦，以字行，无锡西郊荣巷人，无锡振新纱厂创办人。1899年到其祖父荣剑舟开设的上海荣广大花号习业。一年后，进入外商丰泰洋行，后又任泰和、怡和洋行买办，还充任英商鸿源纱厂代办。1902年，他与荣氏兄弟合资创办保兴面粉厂，一年后改名茂新面粉厂。1905年，他又与人合资创办上海振华纱厂和裕大祥商号，在无锡与荣氏兄弟等人合资办振新纱厂。1908年，因投机股票失利，裕大祥商号倒闭，并牵累振新纱厂。1915年，他在茂新面粉厂的股份与荣氏兄弟在振新纱厂的股份交换，成为振新纱厂独资企业主。第一次世界大战期间，振新纱厂获得丰厚，迎来了该厂开办以来的黄金时期。1922年因病去世。

　　祝大椿（1855－1926），字兰舫，无锡南门外伯渎港人。幼年家贫，先后在无锡曹兰房冶坊、上海大成五金号当学徒。1883年在沪开设源昌铁行，经营煤铁五金。后又自置轮船经营运输业，航线远至新加坡、日本。1898年独资在沪开设第一家华商机器碾米厂源昌机器碾米厂，日产大米二三千石。1900年前后被英商聘为怡和洋行买办。1902年与人合资创办当时上海最大的华兴机器面粉公司。此后，他合股或独资创办源昌机器缫丝厂、怡和源机器皮毛打包公司、公益机器纺织公司。1908年因创办实业有功获二品顶戴衔，被聘为农工商部顾问。同年升任怡和洋行总买办，并任上海英商电气电车公司和扬子保险公司买办，又在上海开设源昌轧花厂、恒昌源纱厂等，在苏州合资创办振兴电灯厂，在无锡合资创办源康缫丝厂。1913年起又以独资或合股形式先后创办无锡福昌缫丝厂和惠元面粉厂，创办扬州振明、常州振生、溧阳振亨和南通振通电气公司。曾任上海商务总会董事、锡金商务分会总理、上海总商会董事。1926年因车祸在沪去世。

激荡岁月

锡商1895—1956

第二部分
风雨兼程（1911－1927）

# 1911 年：革命与商人

辛亥革命的爆发，把近代中国带入了一个完全不同的时代。

从荒漠状态中惊醒过来的人们，陷入了无言的兴奋之中。商人被浓厚的革命情绪裹挟，时而激进、时而犹豫，复杂而多元。

沈缦云为新政府启动运转而倾家荡产，但光复功劳被军阀强行夺去，空有的政治雄图化为烟云。

周舜卿少了昔日的政治靠山，回归本业，成就了一段新的传奇。

春暖花开，荣德生沉浸于实业愿景的昂奋激动之中，献计国是，谋划将来。

星星之火，实业渐长，构成了革命后的最大变迁。

## "光复沪江之主功"

1911 年 10 月 10 日，武昌起义爆发，延续了 268 年的清王朝顷刻间土崩瓦解，摇摇欲坠。

到了 10 月底，在清廷大军的围剿下，汉口形势趋紧，身在前线指挥战斗的黄兴致信上海革命党人，告以亟盼上海等地响应。11 月 1 日晚，陈其美等人召开紧急会议，决定"上海先动，苏杭应之"，"以解救武汉之危"。

11 月 3 日下午，上海起义部队兵分两路，分别攻打江南制造局和上海道、县衙门。经过一天一夜的激战，上海光复之役胜利结束。

上海起义的胜利，是辛亥革命时期带有全局意义的重要事件。上海是清廷军火生产的重要基地，它的起义成功，不但阻止了江南制造局军火运往清军，而且使这些军火为起义军所用，这对于改变革命军与清军的实力对比具有直接的影响。更为重要的是，上海起义之后，推动了江浙两省的独立，随即组织江浙联军，一举攻克南京，扭转了汉口、汉阳被攻占的不利局面，巩固了革命后方。

孙中山题词

对于上海起义的重要意义，孙中山先生曾经给予高度的评价。他说："时响应之最有力而影响于全国最大者，厥为上海。陈英士（按：陈其美）在此积极进行，故汉口一失，英士则能取上海以抵之，由上海乃能窥取南京。后汉阳一失，吾党以得南京以抵之，革命之大局因以益振。"① 起义领导人之一的李平书说："上海光复，为响应武昌首义之第一声，亦可云次义。"清朝遗老恽毓鼎说："清室之亡，实亡于上海。"三人身份不一样，表述方式不一样，但意思差不多，即上海在辛亥革命中的地位独特、作用巨大、影响深远。

年底，孙中山从美国回到国内，接见各方代表。他亲书一方"光复沪江之主功"匾额一方赠予了一位商人。②

这位商人就是沈缦云。

沈缦云，祖籍江苏无锡，原姓张名翔飞（祥飞），1869年2月出生于江苏吴县。太平天国时期，全家避乱到上海。当时，有一在沪开办铁工厂的无锡富商沈某，因子早夭，遗一独生孙女，便想招一孙婿，以继家业。于是，12岁的张翔飞入赘沈家，改姓沈，名懋昭，字缦云。

1906年9月，信成银行在上海成立，沈缦云担任银行协理，主持日常工作。就在同一年，由郑孝胥、张謇等人发起成立以"发奋为学，合群进化为宗旨"的"预备立宪公会"。预备立宪公会成立以后，在全国范围内展开了"国会请愿活动"，推动建立国会，建立责任内阁。1910年5月，沈缦云作为上海地区商界的代表中的一员，北上北京请愿，并见到了庆亲王、内阁总理大臣奕劻。

《沈缦云先生年谱》记录了两人之间的对话：

沈缦云痛陈当时商界困难情形，谓：商力疲

沈缦云

---

① 孙中山：《致邓泽如函》，《孙中山全集》第六卷，中华书局，2011年，第244页。
② 沈子高：《沈缦云的一生》，《辛亥革命七十周年》（文史资料纪念专辑），中国人民政治协商会议上海市委员会文史资料工作委员会编，上海人民出版社，1981年，第142页。

则国势弱，征税轻重不平，则人得避重就轻，而民情涣散。迩来挂洋旗入外籍者日见增多，是国未灭而种先亡。字字沉漏，发人深思。语至请开国会，声益高，气益盛。

奕：子来为国会乎？

沈：是。

奕：朝廷既有九年筹备之诏，何得多渎？

沈：何不缩短期限，以慰天下人民之望？

奕：国会能否速开，朝廷自有权衡，非人民所得而求。

沈：各国立宪，无不出自人民要求。

奕：此风不可长，予不谓然。①

最后，内阁总理大臣粗暴地打断了沈缦云的答辩，举杯示送。沈缦云出门喟然长叹："釜水将沸，而游鱼不知，天意难回，人事已尽。"②

沈缦云的这一经历，倒与革命领袖孙中山的遭遇有着几份相似。1894 年春，孙中山回到广东省香山家中，一连十多天，写了《上李鸿章书》。6 月，孙中山由上海去往天津，将上书递交到盛宣怀手中，请他转交李鸿章。李鸿章是否阅览此书，不得而知，但是李鸿章并没有召见孙中山。孙中山很愤懑，过后不久就在美国夏威夷成立了中国第一个民主革命团体——兴中会。

和奕劻的寥寥数句对语，改变了沈缦云一生的命运。"目睹朝政腐败，不可挽救，始倾心于革命。"从此，认定中国前途"舍革命无他法"③的沈缦云，脱去儒雅飘逸的书生长袍，完全转向到了革命的一边。1909 年 5 月，革命党人于右任等在上海创办《民呼日报》，鼓吹革命，深受欢迎，发刊不久销量便占上海各报之冠。《民呼日报》被迫停刊后，又改头换面，创办《民吁日报》。那时，沈缦云曾赴报社拜访于右任，并资助经费万余元。后来《民吁日报》又被迫停刊，当时沈缦云已从北京请愿回到上海。他主动支持于右任再创办《民立报》，认股两万，垫资三万。沈缦云经于右任等介绍，加入了同盟会。从此，沈缦云以信成银行为依托，为孙中山和同盟会的革命活动筹措经费。其后人就曾总结，同盟会在上海以及长江流域策划的许多革命活动，就是由"沈缦云主持之上海信成银行以民营银行为掩护，实则筹措经费支援革命之命脉"。④

---

① 天津《大公报》1910 年 6 月 12 日。

② 天津《大公报》1910 年 6 月 12 日。

③ 王蕴登：《无锡沈缦云先生之墓志铭》，《辛亥革命在上海史料选辑》（增订版），上海社会科学院历史研究所编，上海人民出版社，2011 年，第 896 页。

④ 沈云荪：《信成银行始末》，《近代史资料》总 55 号，中国社会科学出版社，1984 年，第 117 页。

1911年6月，沈缦云发起并组织了同盟会的外围组织中国国民总会，且担任会长，积极谋划革命活动。自1905年以后，经过地方自治、抵制美货等运动的整合，新兴上海工商业阶层已成为左右上海形势的一支重要力量。他们有自己的组织即地方自治机构，有自己独立掌握的武装——商团。所以，要想取得革命的胜利，同盟会与上海民族工商业界结盟成了必然，而当时唯一有着革命背景和商界领袖身份的人就是沈缦云。沈缦云说动李平书、王一亭等商界人士，共商大计，布置起义计划。

11月3日，革命党人在上海举行武装起义，攻打江南制造局，遭到清兵的激烈抵抗。陈其美只身入制造局，欲说服清军投降，结果反被拘禁。沈缦云闻讯，立即赶往商团本部，痛哭演说，谓："英士先生（按：陈其美）冒险入虎穴，为我辈计，为上海合邑人民计，为民国前途计，关系至为重要，设有不测，吾辈生命不足惜，其如我上海同胞何？其如我民国前途何？"商团团众大为感动，一千余人列队出发，随沈缦云连夜围攻制造局，光复上海取得最后胜利。①

11月6日，沪军都督府成立，陈其美任都督，沈缦云任财政长。"由于事起仓促，军无夙储，前清所设各税捐局所，已于起事时明令裁撤，当事者均闻风挟款远避，以致饷糈无所出。"而当时"主客饥军集沪上者，无虑数万人。每旦署门未启，环而俟者辄以百计，群来索款，声势汹汹。"②沈缦云首当其冲，从黎明直至深夜奔走筹款，任劳任怨，而流言蜚语层出不穷，恫吓信函日必数件。信成银行前后垫款30余万元，仍难应付。他万不得已，只得与夫人商议，忍痛出卖房屋、土地以及全部首饰。

另据李宗武《辛亥革命上海光复纪要》载：在上海光复后，军政府通过沈缦云在信成银行取出前上海道台私放拆息的庚子赔款26万两，以充作紧急军费，酬劳各路起义军之用。③

作为沪军都督府的财政长，沈缦云还主持创办了中华银行，发行军用票。中华银行于11月21日在南市吉祥弄成立，除经营银行业务外，兼理军政府发行的军用钞票和国家收入的一切赋税饷款，当时被誉为中华民国"开国第一银行"。

1912年元旦，中华民国成立，孙中山任临时大总统，委沈缦云为驻沪理财特派员，后复委为劝业特派员。4月1日，孙中山辞去临时大总统职，担任全国

---

① 沈云荪：《沈缦云先生年谱》，《辛亥革命在上海史料选辑》（增订版），第892页。
② 沈云荪：《沈缦云先生年谱》，《辛亥革命在上海史料选辑》（增订版），第892页。
③ 李宗武：《辛亥革命上海光复纪要》，《20世纪上海文史资料文库第一辑：政治军事》，上海书店出版社，1999年，第15页。

铁路督办，研究实业建国计划，以
开办金融机构为实施计划的基础，
发起组织中华实业银行，自任名誉
总董，指派沈缦云为筹备主任，由
沈往南洋一带向华侨募集股款。

　　5月，沈缦云等人离开祖国到
达南洋新加坡、槟榔屿、仰光、吉
隆坡等地劝募招股。沈缦云在对华
侨的演讲中说道："鄙人历游南洋
各埠，深悉侨胞之爱国热情甚高。
去年之助保安捐，今岁之输国民

辛亥革命之际的上海街头

捐，皆爱国发于心中者。鄙人此来是为招募中华实业银行股份。从前吾国金融机
关大都操于外人之手，即南洋各地将有外人设似是而非之银行，取吾侨胞大工商
业界存放之款，以重利贷与吾无资本之侨胞，日积月削积少成多，若吾等能自设
银行，则可祛除此弊。至实业之待兴，尤属急不容缓。前清时代筑路借款，开矿
借款，损失利权，皆坐不能自设伟大之实业机关所致。故此举一成，不特国内事
业可一一振兴，即吾侨胞海外之经营亦可籍资扶助共和盛业，端在此举。"① 沈
缦云极具鼓动性的演说大大激发了南洋各埠华侨爱国之热情。每到一处，各侨胞
纷纷解囊购股。沈缦云每天将所得捐款一分一厘都存入银行，每隔十天，托人带
回祖国，绝不动用。侨胞们见他们茹辛含苦，节衣缩食，既钦佩又同情，不时送
来礼品，有的还盛情宴请。沈缦云事先声明：凡送礼品或请客吃饭者，都折合钱
币，作捐款用。10月21日，沈缦云一行束装回国。此行，沈缦云招募430万元，
远远超出了原定的商股招募250万的数额。

　　在辛亥革命史上，广大工商业者踊跃参加、支持革命，并对新生革命政权给
予巨大经济支持，是上海起义不同于其他城市的一个鲜明特点。上海资产阶级成
就了辛亥革命，也成就了中华民国，此说并不为过。

　　革命虽成，但暴力仍在。1913年3月20日，鼓吹议会政治的国民党代理理
事长宋教仁在上海火车站被刺杀，两天后逝世。"刺宋案"很快告破，从凶手处
搜出的通信，将矛头直指国务总理赵秉钧。孙中山从日本返回上海，主张以武力
讨伐袁世凯，发动二次革命。

　　1913年4月26日，袁世凯北洋政府向英、法、德、日、俄五国银行团签订

---

　　① 《感发华侨之伟论》，《民立报》1912年10月1日

"善后大借款"合约，国民党人声称借款未经现任国会批准属非法。5月初，国民党员江西都督李烈钧、广东都督胡汉民、安徽都督柏文蔚通电反对贷款。6月，北京政府随即免除三人的都督职务。7月12日，被免职的李烈钧在孙中山指示下，从上海回到江西，在湖口召集旧部成立讨袁军总司令部，正式宣布江西独立。随后，江苏、安徽、上海和福建等也宣布独立。

在上海，陈其美组织讨袁大军，自任总司令，"一切开支，暂由陈英士、沈缦云筹划"。① 由于陈其美忙于军事，筹措军费的重任便责无旁贷地落到了沈缦云的身上。除竭力筹措军饷以外，沈缦云还肩负着另一重任——说服上海的民族工商业界加入到二次革命的行列。

然而，一年多前，同心光复上海，倾向革命的上海工商界人士，发生了明显的分化。一些同业公会纷纷发表通电，明确表示绝不附和革命派的主张。申言："近自宋案、借款两问题发生，上海少数之人，权利私见，托名全国公民，开会鼓吹，措词激烈，有意破坏大局。于是人心摇动，谣诼蜂起，全国商业大为牵动。惟上海商界人民各团体均未敢随声附和，自取灭亡，特此声明。乞严饬各省禁止讹言，始终维持。"② "宋案发生，南北猜疑，谣言蜂起，人心惶惑，几同大乱即在目前。杯蛇市虎，影响于商业者甚大。本埠各业无不滞销，而尤以钱业、纱业、金业、洋货业、洋布业受害为最甚。……兹经该五业公请上海总商会电清袁大总统饬下司法部转致程都督等，速将此案早日讯结，以靖浮言，而维商务。"③ 5月7日，上海总商会举行特别会议，讨论并通过了《上海总商会要求保卫商民维持秩序通电》，建议："通电各当道，遍告全国，一面登报声明，商众断不附和其间，自取焚如，不使蓄心扰乱之徒，托名号召，利用无知，再呈乱象也。"④

上海《申报》报道了当时上海总商会开会情形："自上海宣告独立之后，即有沈缦云、王一亭至上海总商会召集领袖议董集议。当时沈缦云宣布了独立意见，并请总商会劝告商界赞成独立。"但是，"其词未毕，当有贝润生君厉声答之曰：'我侪商人，自前年光复时所受之艰危，至今尤能记忆，然当时情形，乃全国一心，故宁受艰危。今日之情形如何？沈缦云，王一亭，汝纵杀我，决不能使赞成独立，且商会绝对不能以独立通告各界。'又有议董严渔三君亦极端反对，

---

① 《民立报》1913年7月22日。
② 《申报》1913年5月10日。
③ 《新闻报》1913年4月24日。
④ 《上海总商会办事报告》（1913年5月7日）。转引自朱英著《辛亥革命与资产阶级》，华中师范大学出版社，2011年，第248页。

几致决裂。"沈缦云、王一亭无法说服各议董，只好请预议各商董举手表决。结果，"当时二十人当中只有沈缦云、王一亭、杨信之、顾馨一四人举手"，"遂以少数不能通过而罢。"①

孙中山题词

7月22日，上海讨袁军进攻江南制造局，却由于事起仓促，准备不足，以及商团不愿参加"内战"，加之北洋军实力强劲等种种原因，上海讨袁军很快就归于失败。随后的9月1日，张勋武卫前军攻克南京，各地宣布取消独立，二次革命宣告失败。沈缦云潜逃大连，被人暗中下毒，于1915年7月23日抱恨逝世。孙中山获悉噩耗，潸然泪下，亲题"如见故人"挽词，以志哀思。

这里，值得探究的问题是，仅时隔一年半，上海工商界对国民党人所发动"革命"的态度，何以会形成如此鲜明的反差呢？这看上去很矛盾，但有其必然性和合理性。

这需要从上海工商界当初为何会支持国民党人所发动的"革命"说起。上海工商业界的头面人物，多有出身晚清官僚的背景，在政治立场上倾向立宪，但当"革命"来临时，却表现出异乎寻常的热情。其间的缘由很是复杂，除了对晚清混乱政局的不满外，没有及时形成一个稳固、鲜明的阶级，并制订自己的政治纲领，也是一个重要的原因，但从更深层次而言，更好地巩固从晚清自治运动以来所取得的对地方事务的掌控权力，是这些工商业者支持革命的最大愿望所在。晚清政府后期的所作所为，却在一定程度上阻碍了工商业者这一愿望的实现。于是，上海工商业者与革命党人合力促进了革命的胜利。正如白吉尔所说的那样："简言之，辛亥革命爆发的原由，不在于商人阶级社会地位的提高，不在于西方思想的传播，也不在于孙中山的军事和摧毁性活动，而是因为帝国政权没有能力与处在深刻变化之中的地方精英阶层结成持久的联盟，依靠他们的力量，既保证帝国政权的'延年益寿'，又促进地方精英的蓬勃发展。"②

革命胜利后，商人开始直接参政。但就参与政治的意义而论，却是十分的有限。商人们囿于一个既定的政治体制框架之内，只能提出改革弊政的简单设想。

---

① 《申报》1913年7月22日。

② 【法】白吉尔：《中国资产阶级的黄金时代（1911－1937）》，张富强、许世芬译，上海人民出版社，1994年，第209页。

而地方的有权势者在不彻底的革命之后转而反对商人，他们指责、威胁，甚至剥夺商人的权力。于是，商人成了新政权的第一个牺牲品，而不无讽刺意义的是，这种新政权却是在商人的推动下建立的。

南京临时政府仅仅维持了三个月的时间。在这短短的时间里，银行家、富有的大商人和买办开始认识到，这个政权成了压在他们身上的沉重的包袱。① 陈其美与实业界的关系日趋恶化，为了筹措资金，他不得不愈来愈经常地采取强硬的手段。毫无疑问，上海工商业者希望在他们的支持下建立起来的南京临时政府，能迅速地扩大权力，取得全国其他地区的广泛支持，但结果却使他们大失所望，南京临时政府的社会基础竟是如此的薄弱。到 1912 年初，组织结构极为松散的同盟会，几乎只剩下孙中山那为数不多的追随者。

因此，当二次革命发动之时，上海工商业界自然抱持不支持的态度。他们不愿意稍有安定的环境再次受到破坏，而且他们对孙中山的南京临时政府的失望已经到了极点。这个思潮，在《上海总商会要求保卫商民维持秩序通电》中表现得十分明白。电文曰："乃光复以来，瞬经一载，损失纵不可数计，而秩序渐安，人心渐定。""讵意风波迭起，谣诼朋兴，谗说讹言，如沸如羹，致人心静而复动，国家安而复危，金融尚未流通，贸易陡然阻滞，各埠成交之货物，纷纷函电止退，影响及于中外，危殆情形，难以言状。""商人在商言商，不知附和，若有破坏而无建设，乱靡有定，胡所底止。"最后呼吁："务祈大总统、国务院、参众两院、各省都督民政长以保卫商民、维护秩序为宗旨，无使我商民喘息余生，再罹惨祸，坐致大局沦胥，同贻革命丰功之玷。"②

对于上海总商会的这种态度，美国学者费正清就一针见血地指出："比起袁世凯的背叛来，更使他们忧虑的是孙逸仙（按：孙中山）的敌对反应。在新生的共和体制和自由处于生死存亡关头，资产阶级所关心的仅仅是一场新的危机可能造成的直接的不便。"③ 其实，即使是在国民党人内部，也分成了"武力讨袁"和"依法倒袁"两派，"国民党国会议员舍不得离开北京的议席，只想依据法律来进行倒袁，拥护孙中山主张的只有李烈钧最为坚决。"④

---

① 参见沈云苏辑《中华实业银行始末》，《近代史资料》总 17 号，科学出版社，1957 年，第 120 - 139 页。

② 《上海总商会要求保卫商民维持秩序通电》，《民初政争与二次革命》上编，莫世祥著，上海人民出版社，1983 年，第 333 页。

③ 费正清主编：《剑桥中华民国史》第一部，上海人民出版社，1991 年，第 793 页。

④ 龚师曾：《辛亥革命前后的回忆》，《辛亥革命回忆录》（四），文史资料出版社，1981 年，第 340 页。

　　由此可见，"依法倒袁"，几乎是当时绝大多数国民党人的共同心理趋向，这就注定了后来独立各省"武力讨袁"，并不是出于他们的自觉行动，而是出于袁世凯的步步进逼而作出的无可奈何的反应。

　　革命的同路人往往是革命的陌路人，他们中很多人并不了解或不完全了解革命的本质，因此即使在革命的"同路"过程中也不容易成长为真正的革命者。在革命之初或在革命顺利的时候，又怎么能分辨这两种人呢？只有当革命成功之后，才能看出道路的同与不同。

## 周舜卿的"回归"

　　翻天覆地的辛亥革命，改变了中国的命运，也改变了整整一代人的命运。沈缦云潜逃外地，最终献身，而他的"老东家"周舜卿也因此陷入了他实业经营生涯中的一个低谷时期。

　　如何处理信成银行这个"烂摊子"，是他首先必须面对的一大难题。

　　清廷覆灭，让周舜卿所有的政治资本化为"负资产"。信成银行发行钞票的特权被取消，钞票上载振的头像只会给他带来更大的麻烦，总行和各地分行都遭到挤兑、提存，出现资金短缺，周转不灵的危机。此外，银行协理沈缦云是同盟会会员，暗中将巨款贷给革命党人，支持起义，造成银行很大亏欠。周舜卿眼见难于挽回信用，宣告信成银行破产，歇业清理。

　　"信成"之名，取"民无信不立……有信必成"之意。对于银行对外所欠债务，周舜卿信守承诺，依托盈利较好的无锡分行，把升昌、震昌商号卖出，抽调裕昌丝厂的流动资金，终于在1914年秋全部清偿。他说："信成我总理之，我终不负人一钱，使国人因信成故，于银行有戒心"，但"数十年辛苦所得，至此耗大半"。[1]

　　信成银行自开办至停办，先后仅五六年光景，但在我国银行发展史上还是值得记上一笔的。

　　信成银行停办后，年过六旬的周舜卿并没有沉沦，只是收缩投资，专注于所办的缫丝工业。

　　早在1905年，周舜卿在家乡东垞创设了裕昌丝厂，这是第一家真正属于周姓的工厂。裕昌丝厂的创办，颇有些戏剧性。1895年左右，周舜卿在家乡开设

---

[1]　王金中、沈仲明主编：《无锡工商先驱周舜卿》，凤凰出版社，2007年，第123页。

裕昌缫丝厂厂房

裕昌祥茧行，专为英商怡和洋行收购原茧。1902年，丝市不振，怡和洋行借口蚕茧质量不佳，拒收裕昌祥代购的蚕茧。周舜卿为了减少损失，乃向上海华纶丝厂购买旧丝车96部，安装在茧行楼上，自缫自销。开工后恰值丝市回升，竟获厚利。旋因茧行失火，设备全被焚毁，但缫丝业的丰厚利润促使周舜卿另行筹资五万两（一说八万两），重购丝车96部，设厂缫丝，取名裕昌丝厂。

为节省投资，厂内机器除引擎购自洋商外，均系周舜卿指示工匠自造，"所需工料，视购自洋商者，价值约可省百分之十五，而功用与洋制无异。"① 清廷商部曾给予褒奖说："近来各省兴办工艺，凡需用机器者，动辄购自外洋，漏卮甚大，其实华人之聪明才智，原不逊于洋人，徒以风气未开，自封故步，倘能广为提倡，将应用各种机器随时仿造，未始非自保利权之一法。今该绅周舜卿配制缫丝机器，省费使用，洵足树讲求制造之先声。"②

裕昌丝厂开工的时候，四乡的人都乘了船去看热闹。开办时年产白厂丝500担，商标为"锡山"、"金鱼"牌。③

当时尚在晚清，周舜卿特地命工匠在厂门砖额上凿了"奏办"两个大字，以示与众不同。

周舜卿在近代无锡的经济发展中上曾经创造了许多个"第一"，这家裕昌缫丝厂正是无锡历史上第一家机制缫丝厂。日后，无锡成为闻名天下的"丝都"，正是从这一刻起步的。

辛亥革命后，裕昌丝厂厂门砖额上那两个大大的"奏办"，被周舜卿改成"商办"。因偿还信成银行债务，加之丝市不景气，裕昌丝厂损失较大。周舜卿进行整顿，分"实业"、"营业"两部分，吸引钱遂之、蔡缄三等入股，言定合作三年。至1915年期满，恰好第一世界大战爆发，生丝出口猛增，周舜卿果断

---

① 汪敬虞编：《中国近代工业史资料》第二辑下册，科学出版社，1957年，第952页。
② 汪敬虞编：《中国近代工业史资料》第二辑下册，第952页。
③ 萧宗汉：《周舜卿系统的缫丝厂》（手稿），转引自小田著《江南乡镇社会的近代转型》，中国商业出版社，1997年，第101页。

收回裕昌丝厂自主经营，获利倍增。裕昌丝厂每年开车十个月左右，年终盈余都有二三万元，最高年份（1922 年）达 15 万元。每年盈余均分成 13 份分配，作为资方的周舜卿独得 10 份，经理、协理共得一份，其余由职员和工人分配。一般职员每月薪水约二十元左右，此外还有蚕蛾售款的分润。到1923 年，裕昌资本总额已达 18 万元，为最初投资额的三倍半，丝车也陆续增加到 330 台。

周舜卿

作为年纪轻轻就外出闯荡的老一辈商人，周舜卿无疑是最具有乡土情结的一位。周舜卿在兴业发家后，几乎以一己之力对家乡东塬进行改造，重造了一座新镇。东塬原是无锡的一个普通村庄，只有十多农户，靠种田为生。从 1900 年开始，周舜卿在四周拓土地、辟街道、造桥梁、通河道，建市房，招集商人开店铺，办作坊，逐渐形成了一条"十"字型、长约 300 多米的新兴街镇。短短数年时间，东塬由原先的小村落成为新兴的近代工商市镇，1896 年改名"周新镇"，以示系由周氏新建之镇。薛明剑后来在为周舜卿写的传略中说："过去东塬附近，各家所种南瓜均不待色黄而已食尽，至是则男女老幼皆有工作可做，几成全邑之市集矣。"①

在办厂、开设店铺的同时，周舜卿不忘开办学校。1903 年，他开办廷弼商业学堂，这是当时无锡的第一所商业职校，修业期限为三年。学习科目有修身、国文、算学、地理、历史、英语、图画、手工、簿记、体操等课程。1914 年起，廷弼商业学堂分设商业、金工、机械、财会等专业，适时地为商业、工厂培养技术人才。此外，1905 年，周舜卿又置地 3000 亩，设周氏义庄，并在周新义庄内创办廷弼学堂，设三个班级，有五名教师，招收贫困家庭的子女上学。民国建立后，无锡县议事会议决定在廷弼学堂的基础上，开办县立第三高等小学。

到了晚年，他摆脱一切职务和交际，所有工商企业都交给儿子或代理人管理，自己布衣藤杖，闲散乡居，或漫步于阡陌之间，或与田夫野老闲话桑麻，绝无富商架子。遇有各地灾歉，发赈放粮，绝无吝啬。至于四乡八镇修桥补路就更是他晚年在乡的主要事务。1921 年，年已古稀的周舜卿，又以乡董的名誉，建

---

① 薛明剑：《周舜卿略传》，《薛明剑文集》下册，无锡市史志办公室编，当代中国出版社，2005 年，第 991 页。

议修筑从东垵直通无锡市的马路。周舜卿自己先垫付银洋 2000 元，作为启动资金。难能可贵的是，在他逝世前几天还计划成立游民习艺所，发起组织消防队。

## 星星之火

1912 年年初，街道复归车水马龙，一切回到原点，仿佛什么都未发生，但更深远的变化还是来了。

长期以来，在人们心目中形成了这样一种观念，认为随着南京临时政府的结束和袁世凯上台，中华民国除了剩下一块空招牌外，没有任何积极意义。南京临时政府"振兴实业"、"营业自由"的政策立即被"冷藏"。这种看法其实过于绝对化了。经过辛亥革命的洗礼，中国社会从经济基础到上层建筑的各个方面都发生了某些变革。由于客观条件的变化，袁世凯上台后并没有否决南京临时政府所采取的"振兴实业"政策，而在一定程度上将这种政策继承了下来。他在大总统宣言中就表示："民国成立，宜以实业为先务"。在以后发布的政令中，他再次述及"营业自由，载在国宪，尤应尊重"，并通令各省"切实振兴，以裕国计……一切商办公司，其现办者务须加意保护，即已停办者及有应办而未办者，亦应设法维持，善为提倡。"① 他在参议院宣布政见时又表示："民国成立，宜以实业为先务，故分农林、工商两部，以尽协助提倡之义……即以矿产言之，急须更改矿章，务从便民，力主宽大，以利通行，且商律与度量衡，亦应妥订实行。"②

1912 年 11 月，北京政府在京召开全国临时工商会议（又称第一次全国工商会议），开中国"工商界数千年来未有之盛举"③。168 名来自各地商会、华侨商会和其他工商团体的代表参加了这次会议，这其中就有来自无锡的四位代表：荣德生、蔡缄三、华艺三、汪赞卿。

在会上，37 岁的荣德生一个人就提出了三项提案。这些提案有调查，有数据，有见地，令人刮目相看。尤其前两项，主持会议的工商部长刘揆一十分重视，将其送到京华各报全文登载，国务总理赵秉钧也派秘书长前来约见，商谈振兴实业的实施办法。

多年后，荣德生在他的《乐农自订行年纪事》中写道："农商部新立，政府

---

① 转引自黄逸平、虞宝棠主编《北洋政府时期经济》，上海社会科学院出版社，1995 年，第 2 页。
② 袁世凯：《在参议院之演说词》，《辛亥革命》（中国近代史资料丛刊），上海人民出版社，1957 年，第 141 页。
③ 《全国工商会议开幕纪事》，《神州日报》1912 年 11 月 20 日。

全国临时工商会议代表合影，第五排右四为荣德生

已由袁总统当选，议行新政，召集工商会议，令行各商会推选会员。余被推选，八月进京。……共提出议案八十余起。余提三案：一为扩充纺织，为第一案，通过。一为设母机厂，以六项为工程、轮船、火车，农、矿、军械、制造各项母机，资本一千万，由国家发起后招商；送学生一百廿人出洋，按照工程支配，六十人速成回来布置，六十人专门回来当技师。自铸铁，以利国之铁，中兴之煤，其利不可胜算，通过。……三案为资送学生出洋学习小工艺，以资借镜而兴实业，通过。"①

此时的荣德生，自办企业已有十多年，虽有成绩，却无大的建树，满清王朝的终结，给他带来了新的希望，他愿意把自己多年的经验、思考奉献出来，把浑身的劲都使出来。

会议共汇集了工商部百余件议案和代表自备的大量议案。据1913年出版的《工商会议报告录》，会议议案经分类、归并，共有议决案31件，参考案17件，否决案及未议案分别为9件和17件。议决案部分，就其要者，有五项：迅速制定各种经济法规；改变垄断政策，许民自由经营，并尽保护提倡之责；确立特别保护法，实行补助和保息；裁免厘税，改良税则；提倡国货，仿制洋货，振兴本国制造业。此外，还提出了统一币制、设立银行、整顿金融、利用外资、实业教

---

①　荣德生：《乐农自订行年纪事》"1912年条"，上海古籍出版社，2001年，第62－63页。

育、培养人才、划一度量衡制度等方面的政策要求和建议。在随后的十多年间，尽管北京政府内部争伐不断，但在经济大针上却基本一贯执行了上述政策。

北上开会，沿途观光，结交朋友，畅谈感想，使荣德生"心胸为之稍开"[1]。同年初冬，他回到无锡，与兄长一起发起组织了"无锡之将来"的讨论。同时，他还挥毫泼墨，以"乐观子"的笔名写了一本小册子，对无锡未来的发展进行大胆预测。这是近代史上关于无锡发展的第一个战略远景设想，洋洋一万余言。他认为，无锡"数年内冀将实行拆城筑路"，"十年内将有大电气厂发现"，"十五年内将有大商场发现"，届时，"龙山、锡山之巅将有安乐乡出现"，"五里湖、太湖之滨将有别墅山庄参差矗立，为世外桃源"。[2] 这些见解、主张，渗透着一位年轻商人对家乡经济社会发展的无限希望。1000 册书问世，顷刻售赠一空，人们争相诵读。

《无锡之将来》书影

这一年，因为资金周转困难、原料跟不上，茂新面粉厂又一次陷入困境。荣德生自述这是创业以来的第二次风险。老天似乎特别眷顾这两位年轻人，恰好有大批川麦运到无锡，各厂因市面不好，不敢放手进货，货主急于回川，愿意赊欠。靠这批麦子，他们顺利度过了这次危机。年终拍账，茂新结余 12.8 万两。处于昂奋激动之中的荣氏兄弟追加投资，又添新机，又建厂房，资本额增加到 20 万两。振新纱厂也一扫过去几年的阴霾，营业趋好。

看到无锡乡间工厂日夜不息的烟囱以及上海钱庄门前的如织人流，这两位精于世故的青年眼前不由得跃然浮现出一派经济复苏的景象。

不仅是年轻的荣氏兄弟，同样年轻的工商界都沉浸在莫名的兴奋和激动之中。这种兴奋和激动，不仅来自于千古帝制的废黜，中华民国的成立，而且来自于近代化方案的提出，一系列促进经济发展政策的颁布，也来自于业勤、茂新等先行工厂高额回报"实笃笃"的诱惑。一位堆栈业主比较了堆栈与近代企业的

---

① 荣德生：《乐农自订行年纪事》"1912 年条"，第 64 页。

② 荣德生：《无锡之将来》，《荣德生文集》，上海古籍出版社，2002 年，第 225 – 230 页。

盈利水平，发出这样的感叹："吾业之在锡金，大小三十余家，有益于商市者不少。总数达一万五六千架，产与不动产之资本，垒然可观。而购利之薄，可发一笑，三、四厘起，十、八厘止，无过一分者。以视业勤纱厂，纺纱一包，赢利十余两；茂新面粉厂，用麦一石，赢利一两余。赚利之厚薄，判若天渊。"①

春天已经到来，经济土壤中的种子蠢蠢欲动，挣扎着破土而出——

1907 年，徐翔周在无锡黄天荡开办了大丰机米厂。这是无锡地区第一家机器碾米厂，装有两台碾米机，以立式柴油机为动力，日产白米 120 石，是脚踏缸臼生产的 30 倍。

1911 年初，由唐保谦、蔡缄三等九位股东合资创办的九丰面粉厂正式投产，是无锡继保兴之后的第二家机制面粉厂。惠元、泰隆两家面粉厂又于后两年先后投产，其中惠元面粉厂有祝兰舫的投资。到 1914 年底，无锡就有了四家面粉厂。

1912 年，漕粮停办，无锡米市受到影响，但机器碾米成为新兴事业，涌现出宝新、邹成泰、华兴、恒裕、同仁等五家机器碾米厂，动力由蒸汽机进而改为柴油机，年产白米 108 万石，业务也由代客加工发展到自行组织原料生产，出品除供应本地米店外，还大量运销上海、杭州、松江等地。至 1915 年，又陆续新增的有德源、永和、益源、民育等 10 家米厂，全年产白米增至 260 万石。

榨油厂接连"诞生"。1913 年，业勤纱厂杨翰西在厂内和王正卿、张彦卿等创办小型机器榨油厂，试产成功。初时设备只有小轧豆机、石磨各一部，卧式小铁车十余部。每天用黄豆数十石，取名润丰机器榨油厂。次年该厂从业勤厂内迁到南尖，每天用黄豆 200 石。这是无锡第一家机器油饼厂。1915 年，共有俭丰、邹成茂、三和、涌宝成等数家油饼厂投产。

无锡的粮食加工业已由面粉业单一领域向综合粮食加工工业发展了。

与棉纺业相配套而又独立发展的机器织布业开始起步。1905 年，匡仲谋在杨墅园创办亨吉利织布厂②，有手拉木机 160 台，这是无锡第一家规模较大的机器织布厂。色织业随之产生。1909 年，吴玉书与人合伙四万元在黄泥桥堍创建劝工染织厂，率先引进脚踏铁木机。所产色织布，质地紧密、享誉苏、皖，远销东南亚各国。辛亥革命前后，无锡已有六家色织布厂，年产色织布 200 万米，初具规模。

针织复制业此时也有了。早在 1908 年，同和毛巾厂在无锡河埒口开设，有

---

① 顾叔嘉：《储业琐言》，第 1－2 页。
② 关于亨吉利织布厂的创办时间，《无锡市志》（1995 年版）记为 1900 年，《无锡县志》（1994 年版）记为 1907 年，而汤可可等学者的著作则记为 1905 年，此处采信后一说法。

人力织机百余台，日产毛巾百余打。1912 年，郑明山从英国买进二台手摇袜机，在无锡西门城脚下开设营业袜厂。同年，金聿修在无锡东大街独资开设永吉利袜厂，是为锡城最早的两家针织厂；次年徐云阶等人合伙创办了营业袜厂。与此同时，在无锡县区北城乡和马巷也成立了鸿新和中发两家袜厂。

这一阶段，发展最快的还属缫丝工业。1912 年，薛南溟回无锡租下西门仓浜里的锡经（一作"锡金"）丝厂。该厂是 1906 年由上海洋行买办王文毓挪用洋行资金创办，但未及完工，为洋行告发而中止。后转让给徐焕文，有丝车 180 台，但一直未能正常开工。薛南溟租办后，将永泰厂的管理模式复制到锡经，经营也大获成功，开车一年获利三万余元。一年后，薛南溟干脆买进了这家厂，并将丝车扩充到 240 台，后更扩充到 410 台，工人 600 余人，资本扩充至 7.5 万元，由徐锦荣任总经理，开车一年获利三万余元。

在此之前，1909 年，祝兰舫联合湖州丝商顾敬斋、安徽丝商吴子敬等在黄埠墩创建源康丝厂，投资 7.7 万两，购置丝车 320 部。同年，孙鹤卿筹建乾牲丝厂，置备丝车 208 部，1911 年投产。次年，常州商人许稻荪也凑集资本 10 万两，在清名桥创办振艺丝厂，此后逐步增建，丝车增加到 828 部，建造三层楼蚕茧堆栈，规模为当时无锡的丝厂之最。

年过半百的祝兰舫，投资实业的兴致同样并未减退。1913 年，在无锡一下开办乾元、福昌两家缫丝厂。不过，此阶段他的投资主要集中于电气行业，自 1913 年起先后在扬州、常州、溧阳和南通创办了电气公司，从而又为他赢得了"电气大王"的美誉。

短短数年时间，棉纺织工业、面粉工业和缫丝工业的支柱产业地位已经初见雏形。其它工业行业，特别是那些作为三大产业从属和辅助的行业，也得到相应的发展。

1909 年，朱晋良在上海购得一套发电设备，安装在西门棉花巷自己的住宅内，原拟自行发电照明用。为利用白天多余电力，又购买了一台 6 英尺车床。消息一传出，一些碾米厂、纺织厂纷纷上门要求加工零件。朱晋良挂出协记机器厂的招牌，正式对外营业，一时获利颇丰。随后将厂迁至运桥塂，租地 12 亩，有小型木模、铸造和金加工车间，工人、学徒 40 多人，厂名改为协记制造机器翻砂铜铁厂，业务由修理发展到铸造铜铁件，制造机器引擎、小口径水泵，修配轮船等，这是无锡第一家机械厂。1912 年，胡珊海投资 3000 元在汉昌路创办渭鑫机器厂，专门为纺织、缫丝和面粉工厂铸造机械零配件毛坯。1913 年，陈锦甫在光复门建成复源机器厂；由业勤、广勤纱厂的工头与上海亚细亚石油公司合伙创办协勤机器翻砂厂，专门为纱厂、丝厂修配机器零部件，这是无锡首家纺织机械厂。1913 年，林善衡创办了大通制皂厂，厂址在北门外太平巷。

有着悠长历史的无锡印刷业，此时有了新的"基因"。1912 年，由蒋哲卿、吴襄卿等人集资三万元创办锡成印刷公司，开设在书院弄。后发展到印刷机 12 台，工人 100 余人。以"印刷精良、格式新颖、约期不误、不错一字"为标榜，曾被称为"无锡之商务印书馆"。

近代社会发展所必不可少的电灯、电话，此时开始进入居民生活。1909 年，薛南溟、孙鹤卿、蔡缄三等人合资 15 万元开办了耀明电灯公司，次年开始向城中居民送电，无锡自此有了电灯。1911 年，杨翰西与人集资 23 万元在北门兴隆桥创办无锡第一家电话公司。

孙中山曾满信心地预言："中国处在大规模的工业发展的前夜，商业也将大规模地发展起来，再过 50 年我们将有许多上海。"[①] 可惜这位资产阶级民主革命的先驱者早已离去，没有看到他期待的那一天。

---

① 中国社科院近代史所编：《孙中山全集》第二卷，中华书局，1985 年，第 236 页。

# 【锡商人物】

沈缦云（1869-1915），原名张祥飞，祖籍无锡，生于江苏吴县。少年时入赘无锡沈家，改姓沈，名懋昭，字缦云。光绪年间举人，但放弃仕途，料理家业。1906年，与周舜卿等合资在上海创办信成银行，任协理，主持日常行务。同年受聘为复旦公学校董。1907年当选为上海城厢内外总工程局议事会议董。1909年任上海商务总会议董，第二年冬加入同盟会。曾资助于右任等创办《民呼日报》和《民立报》，并积极为革命党人筹集活动经费。1911年与李平书、叶惠钧等发起组织全国商团联合会，被推为副会长。同年6月组织中国国民总会，任会长。响应武昌首义，与李平书等参与发动上海光复之役。沪军政都督府成立，任财政部长。负责筹组中华银行，发行军用钞票及公债券，缓解财政拮据。1912年初中华民国成立，任南京临时政府交通部顾问、同盟会理财部干事。发起创办中华实业银行，赴南洋在华侨中招股及劝募公债。1913年5月任中华实业银行总经理。参与孙中山、黄兴发动的二次革命，失败后避居大连。1915年被人投毒杀害。

孙鹤卿（1868-1928），名鸣圻，无锡县石塘湾人。光绪年间贡生，曾任江西同知，后捐升道员。担任沪宁铁路勘路委员，得知建筑无锡火车站的地点后，在站南要道大量购置荒地。铁路开筑时，附近房地产价暴涨，他因此而获得巨利。1907年，投资上海信成商业储蓄银行无锡分行，任董事。1909年，与薛南溟、蔡缄三等人集资在无锡创办耀明电灯公司，任董事长兼总理。此为无锡地区用电照明的开始。同年创办乾牲丝厂，自任经理。后又租赁乾元、福纶等丝厂。他以经营所得先后投资于无锡九丰面粉厂、庆丰纺织厂。辛亥革命后，他曾任锡金军政分府财政部长，为中国同盟会无锡支部会员，曾任无锡县商会会长、无锡县自治协进支会会长、四乡公所总董、万安市董、水利研究会主任、溥仁慈善会总董等职。1927年后，出让所投资工厂的绝大部分股权，退居乡间。

许稻荪（1870-1931），名嘉谷，以字行，江苏武进横林人。年幼丧父，家道清贫。早年在上海以小饭店谋生。1906年前后，租赁经营苏州觅渡桥某丝厂。1909年来到无锡，与他人合资10万元在大公桥堍开设振艺丝厂。不久，该厂归其一人经营，屡有扩充，到1922年缫丝车增至880部，系当时无锡车位最多的丝厂。所产"金双鹰"、"银双鹰"牌外销生丝和"花船"牌内销生丝，称誉一时。

　　华艺三（1860－1938），名文川，又号艺珊，以字行世，无锡县东亭人。出身官宦世家，早年在无锡北塘大街经营恒隆福干面行，在机制麸面问世前，收购四乡土制面粉，运销江浙各地，成为当时资金实力雄厚的实业之一。1905年，锡金商会成立，任坐办。1911年无锡县商会改选，为会长，同时兼任同善社、红卍字会、溥仁慈善会会长，并投资地方实业。因得地方绅士经济支持，故协调绅商关系，常须借助于他。抗战爆发后，避居上海租界，次年病逝。

# 1915 年：征途

摧枯拉朽的辛亥革命，成了旧秩序的终结者，也成为人心思变的爆发点。大江南北，资本汹涌！

在南方，杨翰西跳出家族窠臼，另起"广勤"炉灶；在北方，杨味云协助周学熙创建纺织帝国。

一场纷争，让荣氏兄弟离振新而去。少了产权掣肘，兄弟俩大开大合，又不乏小心翼翼，在上海，在无锡，在汉口，在济南，如同高手弈棋一般布局着心中的帝国，申新、茂新、福新系悄然成型。鲲鹏展翅，指日可待。

## "南杨"与"北杨"

1915 年，在无锡城，有一个年轻人正为自己和工厂的前途踌躇不前，左右为难。

这个人名叫杨寿楣，字翰西，生于 1877 年，是杨宗濂之幼子。1902 年中举，后来在北京陆军部任职，不久南赴广州担任造币厂总办。辛亥革命后，杨翰西弃官回无锡，涉足工商。

此时，老一辈的杨宗濂、杨宗瀚兄弟已经去世接近十个年头了。叱咤一生的兄弟俩绝对没有想到，他们呕心沥血所缔造的雄厚资本会给他们的后人带来无尽的纷扰。

很快，两房后人就为争夺业勤的经营权互不相让，矛盾凸现。1908 年，双方议定采用轮值经营的办法，即每隔三年，由两房轮值一次，对外业勤厂名义不变，对内则由各房另组公司租赁经营。当值的公司自行筹措流动资金，盈亏自负。1909 年末首先由三房杨宗瀚长子杨森千的福成公司租办，1913 年归长房杨宗濂之幼子杨翰西的同益公司租办。

轮年租办的办法，对业勤厂的发展产生了严重后果，也是业勤厂由盛至衰的开始。因为当值的一方往往为了盈利，对机器疏于保养，对房屋不加修理，不注意革新生产技术，机物料浪费很大。轮值期满，积累盈利，全部取走，不可能扩大再生产。在第一次世界大战期间，同业各厂都在营业鼎盛之际，业勤成绩平平，待至战后受不景气的袭击，业勤更每况愈下。

1915 年，杨翰西承办期满，也深感轮值的弊病。在此之前，杨翰西已投资了一些实业，1911 年与人集资创办无锡电话股份有限公司；1914 年与人合资在古运河江尖渚之南尖创办中国内地第一家机器榨油厂——润丰榨油厂，同年还出任中国银行无锡分行第一任行长。但这些实业终究不是自家主业。下一步，困守业勤，还是另谋出路？这一问题困扰着他。

杨翰西

这一年，以欧洲为主战场的第一次世界大战已经进入第二个年头。

1914 年 7 月末，奥匈帝国、塞尔维亚燃起第一次世界大战的战火，德、英、法等欧洲强国先后卷入厮杀，到后来逐渐有 38 个国家 15 亿人卷入战争。大战历时四年多，给人类造成了空前的灾难。欧洲特别是法国战场，是决定战争全局的主战场，东亚处于相对和平局面，更为重要的是，"第一次帝国主义世界大战的时期，由于欧美帝国主义国家忙于战争，暂时放松了对于中国的压迫，中国的民族工业，主要是纺织业和面粉业，又得到了进一步的发展。"① 同时，由于国家一直处于军阀割据及分裂之中，客观上造成中央政府的弱势，这种"权力真空"为民族工商业提供了一个自由的发展环境。中国民族工商业发展史上出现了一个空前绝后的"黄金时代"，这也是百年中少有的"黄金时代"。同样的"黄金时代"再次出现，要等到新中国的第一个五年计划时期和 1978 年之后的改革开放时期。

杨翰西与时任山东财政厅长的堂兄杨味云相交甚密，问计于他。杨味云，是杨宗濂、宗瀚兄弟的侄子，也就是四房杨宗济之子。上海机器织布局大火之后，杨宗濂应山西巡抚胡聘之约，前往北方筹办晋丰油厂、晋昌火柴厂和绛州纱厂，后来由于人事问题，这些实业无疾而终。杨味云当初曾跟随大伯父参与绛州

① 《中国革命和中国共产党》，《毛泽东选集》第二卷，人民出版社，1991 年，第 590 页。

纱厂的筹建，两年后回无锡协助三伯父杨宗瀚主持业勤纱厂的厂务。1903年，他应商部考试被录取，又两年，作为二等参赞随载泽出洋考察。回国后，主持翻译介绍各国政治、经济的专著达60余种。此后，他参与了公司、商标、"爵赏实业"、"奖励工艺"等法规及章程的制订。久在官场的杨味云，自然了解宏观走势，见到因一战进口棉纺织品锐减，办厂有利可图，力劝堂弟脱离业勤另建新厂。于是，杨翰西将长房所有之股权归并给三房，集资筹办广勤纱厂。

杨翰西筹建广勤纱厂，一开始就得到了杨味云的鼎力支持。杨翰西资金不足，杨味云动员他的老上级、北洋要人周学熙投资参股，挂名董事长。该厂筹建时，公司名称及商标的注册登记，也得到周氏的帮助。广勤纱厂厂址设在无锡古运河北岸黄泥头长源桥，初期资本金70万元，杨翰西本人出资30万元，周学熙名下18万元。① 工厂九位董事中，杨姓占其四，周学熙率其子志辅、志俊占其三。②

1917年3月，广勤纱厂竣工投产。当时的设备有英制纱锭1.5万余枚，蒸汽引擎600匹马力，并附设轧花厂，轧花机50台，雇佣职工2000余人，年产纱8000余件。初期产品为12、14、16、20支四种纱。开工后第二年，线锭装齐，又有32支、42支股线，商标为"织女"。

广勤纱厂为无锡地区第三家机器纺织厂，生产规模、设备和产品质量均超过先前创办的业勤和振新两厂，再加上杨翰西本人又比较通晓经营管理，创办第二年即获厚利。时报称："不啻为吾邑纱厂之冠，实可与通州大生纱厂雄峙于大江南北矣"。③ 1922年该厂又增加布机52台。1930年又添置线锭1404枚，布机20台。年产纱已高达1.7万件，布4.2万匹，年用棉量达六万担，较1928年全年用棉量增加一倍。至1936年该厂用棉量又增加到七万余担，产纱两万余件，资本额增至150万元。

而产权一统以后的业勤纱厂，却依然没能跳出租赁经营的窠臼。1921年，杨森千逝世，业勤厂由其后人接办，由于仍采用租赁经营的方式，工厂设备越来越陈旧，质量也不稳定，经营不善，无法参与竞争。1927至1928年由于日本倾销棉纱，花贵纱贱，业勤纱厂被迫停工。1928年底由杨宗瀚之幼子杨伯庚（杨森千之弟）和他侄子杨连士另组复兴公司租办，始终没能有大的起色。

---

① 钱江、汤可可：《无锡杨氏家族与周学熙实业集团关系初探》，《无锡市历史学会论文集1981 – 2001》，无锡市历史学会编，2002年，第258页。
② 《杨寿楣自述》，《档案与历史》1990年第3期。
③ 《广勤公司开幕志盛》，《锡报》1917年3月13日。

当民族棉纺业在南方蓬勃兴起之时，在中国的北方却依然寂寥无声。"外纱绝迹，华中纺织风起云涌，独华北风气未经，衣被无着"①。1915 年以前，几乎"在天津看不到一个纱锭"②，织布原料却只能更多地依赖洋纱进口。"布业所用棉纱，大半来自日本"③，或由"天津输入印度纱"④。

面对华北实业风气未开的窘境，在北京，时任北洋政府财政总长的周学熙用这样的文字表达了忧虑："若论今日，则各国通商，洋纱充斥，舶来棉品花样日新，我国之棉业，乃每况愈下，……倘长此以往，而无根本之挽救，势将以富于产棉之邦，而等如不棉之国。其损失利权，宁可计耶？"⑤

从晚清起，周学熙就一直追随袁世凯左右，成为其重要的财政谋士和干才。袁世凯任直隶总督兼北洋大臣后，将财政、铸币、金融等大权委集于周学熙。1905 年，周氏先后参与创办商品陈列所、植物园、天津铁工厂、滦州煤矿公司、天津造币厂、唐山启新洋灰公司、天津高等工业学堂等。其中 1906 年创办启新洋灰公司、滦州煤矿公司，获利颇丰。因振兴工艺有功，1907 年任长芦盐运使。这正是杨宗濂当年执掌的职位。辛亥革命后，袁世凯任民国大总统，周学熙出任财政总长，所遗长芦盐运使一职不久由杨味云继任。

1913 年，周学熙与国务总理赵秉钧、外交总长陆征祥奉袁世凯令以盐税为担保，向英、法、德、俄、日五国银行团筹借"善后大借款"，款项达到 2500 万镑，年息五厘，分 47 年偿清。此项借款遭到国民党掌控的参议院抨击，周学熙遂辞职前往青岛，杨味云也改任山东财政厅长。在任上，杨味云整理田赋，整顿盐业，清理官产，"财政部考核各省成绩，以山东为第一"。⑥

1915 年，北洋政府内阁改组，周学熙再度出任财政总长，杨味云被任为财政次长。再次执掌财部的周学熙，授意身为滦州矿务局大股东的九弟周学辉等人联名具呈袁世凯，拟创办华新纺织有限公司。计划在青岛、天津、唐山、卫辉、济南各办一个纱厂，纺锭共计 10 万枚，并把济南办成模范厂。并要求给予下列四项特权：一、资本总额一千万元，其中官股四成，商股六成；二、政府保证在五年以内按八厘付息；三、公司所购机器、材料及棉花等原料，凡水陆运输请予

① 周淑娟：《周止庵先生别传》（近代中国史料丛刊第一辑），（台北）文海出版社，1966 年，第161 页。

② 吴弘明译、陈剑恒校：《天津海关十年报告书 1912—1921》，《天津历史资料》第 13 期，第 62 页。

③ 彭泽益：《中国近代手工业史资料》第二卷，生活·读书·新知三联书店，1957 年，第 414 页。

④ 严中平：《中国棉纺织史稿》，科学出版社，1963 年，第 258 页。

⑤ 周淑娟：《周止庵先生别传》（近代中国史料丛刊第一辑），第 165 页。

⑥ 杨味云：《苓泉居士自订年谱》"壬子年条"，《北京图书馆藏珍本年谱丛刊》第 192 册，北京图书馆出版社，第 281 页。

免除一切税捐，制成之棉纱、棉布，亦按江南成例，出厂完正税一道，通行各地概不重征；四、在直隶、山东、河南三省专利三十年，在此限内如他商愿办纱厂，可附入本公司合办，倘愿独立自主，照从前南通大生纱厂成案，每出纱一件给本公司贴费若干。[①]

周学熙这个设厂计划，立即得到袁世凯的批准。对于四项特权，除第四项专利年限着由农商部另行查定外，其余三项均批准财政部照办。其补助官股一节，由"长芦盐商应还大清银行旧欠指拨"；五年保息一节，"俟每年该公司结账后，视所得盈利倘不足八厘之数，照数补足"；而免税一节，南方各纱厂已有成案，应准"援照办理"，"准特免一切税厘"。袁世凯并委派周学辉为督，企业为"官督商办"。

袁世凯之所以很快批准这一要求，有段文字透露了个中一些原委："惟当今国帑空虚、民生凋敝之际，若筹数万万巨款，殊非易举，而借外款又值列强干戈扰挠，自顾不暇。然变更国体已势成骑虎，断难因此遽作罢论也。于是乎遂决意饬令地方官吏以振兴实业为名，而求巨款，然政府此举亦非骗取民脂民膏，乃以专利权换股东之金钱也。今日仰承政府此意而兴起者，首推周学熙氏所倡办华新纺织公司。"[②]

至于专利三十年一节，遭到了华北实业界的反对，"一时舆论啧有烦言"[③]。加之北洋内部派系的矛盾，督办周学辉不得不主动声明撤回这一请求，以息舆论。

按华新集资计划，第一次官商股各筹四分一。周学熙利用自己财政总长职权先由财政部拨专款 80 万元，商股则由启新洋灰公司、滦州矿务局、中国银行的部分大股东，以及徐世昌、陈光远等北洋军政要人投资。

1915 年底，华新纺织股份有限公司正式成立，并在天津站东侧的小于庄筹建纱厂，向美商慎昌银行订购美制纱锭 25000 锭。

不料华新纱厂的建设进展十分缓慢，历经曲折。1916 年 3 月，袁世凯复辟帝制失败，时局动荡，商股抱观望态度，加之受到第一次世界大战的影响，所订纱锭迟迟不能到位。1918 年，内阁总理段祺瑞以该厂旷日持久毫无成效，并且有私借外款等事，特令财政部会同审计院派员查办。该年 5 月，财政部裁撤了周学

---

① 唐少君：《周学熙与华新纺织股份有限公司》，《安徽史学》1990 年第 4 期。

② 陈真编：《中国近代工业史资料》第三辑，生活·读书·新知三联书店，1961 年，第 663 - 664 页。

③ 陈真编：《中国近代工业史资料》第三辑，第 664 页。

辉的督办职务，并委派专人来津接管。商股见此情形，甚为惊慌，连日在天津开会，商议对策。当选大总统徐世昌当时在天津，周学熙亲自拜请徐出面说情，"力劝当局，以同是北洋中人，不可自相倾轧"①，又派人到北京见总理段祺瑞进行疏通。同时，紧急催集商股股款，周学熙、周学辉兄弟俩带头各认股20万元，北洋实业界又一重要人物王筱汀认股三万元，又由王筱汀将恒丰公司存款40万元挪借过来拨充资本，终于勉力凑成180万元。从此，华新公司由"官督商办"改为民办，建立董事部，众推周学熙为正主任，杨味云为副主任，由杨味云主持工厂的筹建。

杨味云接办后，整顿原有机构，仿照业勤纱厂组建由经理、协理、副理、总管、工务长以及事务长等层次的经营管理体制。津厂初建之时，周学熙致电远在无锡的杨翰西"商借厂友"，杨翰西推迟广勤纱厂的筹建，派出得力人员，束装启程，赴津援助。杨味云接办津厂时，又任用无锡人殷廷良为工务长，并引荐无锡人蒋自赓与华新订包工合同，从无锡、上海等地招收大批男女工人、机匠北上，日夜加班安装机器。

1918年6月，华新津厂正式开工生产。开工后，因工人不敷使用，当地又难觅熟练工，故工厂还多次派员到无锡续招。1918年在无锡"招得女工数百名"，1919年2月又派人抵锡"添招女工数十名"，由于招收人数多，次数多，还在无锡引起了轰动一时的所谓"华新纱厂招工案"。② 后由杨翰西从中斡旋，才了结此案。

一时间，在华新津厂，大批职员和工人操着正宗的"无锡口音"，成为当时北方实业界的一大"奇事"。这些熟练工人的到来，除了保证华新如期开工运转外，客观上促进了江南地区相对先进的管理技术力量的转移，对华北纺织业的兴起起到了积极的作用。

华新津厂不产布，只产棉纱，以16支为大宗，占全部产品的70%，年产纱两万包。由于棉贱纱贵，津厂很快就取得了丰厚利润。一年中获利一百数十万元，声誉鹊起，商股二百余万元立时招足。另

天津华新纺织厂

① 王锡彤：《抑斋自述》，河南大学出版社，2001年，第255页。

② 汤可可、钱江：《无锡杨氏家族与周学熙实业集团关系初探》，《无锡市历史学会论文集1981－2001》，2002年，第256页。

据该公司开业情形及第一届、第六届营业总结分派余利节略所述，该公司正式开业两个月获利10万元，"至1919年盈利150万元之多"。[1] 1919年3月至1920年2月计获利达137万余元。[2] "从1919—1922年四年间共获利413万多元，超过原资本一倍以上。"[3] 华新津厂初有美制纱锭2.5万枚，后增加到三万枚。股本从初期的近200万元，增加到1922年的242余万元。

华新天津厂获得高额利润后，在补齐还清恒丰公司40万元借款的同时，周学熙立即在青岛筹建华新第二厂。

华新青岛纱厂最初资本为120万元，周家家族个人投资84万，占了投资总额的七成。1919年建厂时，购进美国全套设备，拥有纱锭14688枚，后来发展成为纱锭4.4万枚，线锭8000余枚，布机5万台，漂染、印花、整理设备齐全，在国内堪称一流。当时，青岛主权为日本人所控制，日商争相到此投资设厂，先后开设了九家纱厂，这样青岛华新就处于"一对九"的清一色日商包围中，但周学熙苦心经营，在夹缝中求生存，两年之中即获利150万余元，超过建厂总投资120万元的1.3倍。

由于纱厂利润丰厚，招集股款已不甚困难，周学熙鉴于冀东、豫北系产棉区，又是销纱地，故在筹建青岛厂的同时，又筹建第三厂于河北唐山、第四厂于河南卫辉（汲县）。济南厂后因故停办。

青岛华新纺织厂

在创建这些工厂的过程中，从资金筹措、订机备料、人事安排到经营管理，杨味云与周氏合作始终，还直接担任卫厂经理。至1920年，华新纺织公司已形成津、青、唐、卫四厂联营体系，合计纱锭68520枚。产品在北方很有市场，企业盈利也相当可观。1918年至1921年，各厂股东收回利益30万元，公积折旧90万元。津厂开办时，商股不足50万元，此后四个厂的股本几达千万元。

---

① 李珔：《第一次世界大战时期的中国工业》，《中国近代经济史论文选》下册，黄逸平编，上海人民出版社，1985年，第738页。

② 沈家五：《从农商部注册看北洋时期民族资本的发展》，《历史档案》1984年第4期。

③ 参见淳夫《周学熙与北洋实业》，《天津文史资料选辑》第一辑，天津人民出版社，1978年，第20页。

　　华新系列工厂开办各有先后，资本独立，各有股东，盈亏分计，不相牵涉。1922 年，基于"近年来外人在中国添厂设机，风起云涌，几有一日千里之势"，为"共同应付"，由"津、青、唐、卫四厂集议……公司组织管理处"①，统一负责各厂及附属企业的原料购买、产品销售、金融调配、资金周转、业务联系等，以周学熙为总理，杨味云为协理。

　　周学熙、杨味云深谙资本与金融资本相结合的必要。1915 年，在筹创华新津厂的同时，周学熙在天津倡导建立民国实业银行（后改名中国实业银行），自任为总理，杨味云被任为首任协理。中国实业银行在北京、济南、上海均设有分行，又在青岛、唐山和河南新乡设立支行或办事处，以照顾华新四个纱厂。还筹设大同银号（后改为华新银行），"吸收团体中其它公司资金为活本"，吸引社会游资，通过融资扩大产业资本。接着，杨味云又协助周学熙组织兴华资本团（1924 年改名为实业总汇处），由中国实业银行、滦州矿务公司、启新洋灰公司、华新津、青、唐、卫四厂和京师自来水公司组成。这样，周氏实业集团一面向外吸引资金，一面由内调剂资金，实业之间既可集中指挥，又可以实力相互带动，形成独具特色的资金营运枢纽。这一做法在国内民族资本企业中具有首创意义，它与周、杨多年在财政部任职所获权势及金融实践所积累的经验是分不开的。

　　华新的建立，在北方的民族工商业、特别是棉纺织业具有"启发"式的贡献。"创办伊始，即有盈余，前途希望甚好，以致闻风兴起，办纱厂者甚多，即天津一隅，前后成立者六家"。② 天津成为国内棉纺织业发展最快的城市之一，成为仅次于上海的全国第二个棉纺织工业大城市。多年后，杨味云回忆此段历史时仍然颇为自豪："数年之间，天津纱厂成立者六家，辽鲁晋豫亦相继而起，北方棉业蒸蒸日上。"③ 而日本舆论则深为惶恐："中国棉业自欧洲战后大见扩张，如再继续不已，将予日本棉业以一极大的打击。"④

　　周、杨均是财政老手，以财政目光移用于实业，自然高瞻远瞩，谋事缜密，非一般商人所及。1918 年，当北洋政府段祺瑞内阁查办华新时，周学熙有两手打算：一面请杨味云出面主持筹建事宜，一面为自己谋得整理全国棉业督办之职

　　① 《1923 年 5 月 3 日第 4 次股东会报告》，转引自盛斌《周学熙资本集团的垄断倾向》，《历史研究》1986 年第 4 期。

　　② 《周止庵先生自叙年谱》"1919 年条"，（台北）文海出版社，1985 年，第 55 页。

　　③ 杨通谊：《无锡杨氏与中国棉纺业的关系》，《双松百年》，杨世纯、杨世缄主编，中国社会出版社，2006 年，第 272 页。

　　④ 转引自李瑚《第一次世界大战时期的中国工业》，《中国近代经济史论文选》下册，黄逸平编，上海人民出版社，1985 年，第 754 页。

位，以防万一查办，可出面应付。但是，当华新初获成功，获利颇厚，周学熙又于 1920 年底辞去棉业督办一职，推举杨味云继任，自己则继续经营企业。杨味云即呈请财政部拨华新官股 80 万元为棉业处经费，以所收股息提倡棉业。这样，华新官股就操在周、杨手中，不受政潮影响。杨味云任职八年，不受薪俸，到 1929 年交卸时，官股 80 万均缴还财政部，后由财政部转让给商股股东。

在担任全国棉业督办期间，杨味云借鉴南方张謇在苏北废盐场办起棉垦公司的做法，成立长芦棉垦局，周学熙兼任督办。杨味云主持制订开发规划，呈请政府拨助公款，又"招南北有名望之绅商开会筹议"，以招集民间资本。但因政局动荡，经费短缺，这一以满足华北纺织工业用棉为目标的宏大计划终究无所建树。

这样，周学熙企业集团雄起于中国北方，与南方的张謇大生企业集团交相辉映，时人称为"南张北周"。

## 再回上海滩

上海，在二十世纪初的中国来说，无疑是兴办实业的最佳城市。

作为最大的金融中心，沪上长期活跃着大批买办、官僚、商人和外国银行家，这些人手中掌握的资金足以调动半个国家的运行，假如想要借助他们的资本实力，有时不过就是拿出一个打动他们投资的充分理由。

对于实业生产，交通是重中之重。上海在这方面具有得天独厚的优势，通过津浦、沪宁干线和京杭运河连接北方市场，借由长江航道和海洋运输连接武汉、天津、大连等商业城市，在客观上具备了辐射大半个中国的优势。

战乱之后的和平，意味着粮食市场的春天，茂新面粉厂已经步入正轨，但对荣氏兄弟来说，这还不够。他们深知：只有在上海创立自己的面粉事业，才真正称得上成功。而且，发展面粉产业，上海具有无锡不可比拟的优势。

其一是能源。二十世纪初，第二次工业革命浪潮席卷中国，最显著的特征是电力开始取代蒸汽被应用于生产领域，效率提升立竿见影。一台电动马达驱动的磨粉机生产相同数量的面粉，只需花费蒸汽磨粉机三分之一的成本，结余成本即可用于扩大再生产。而全国电力事业最发达的地区，非上海莫属。

其二是市场。上海，背靠苏北这一无垠的小麦产区，原料来源方便，而且这个城市本身就是一个覆盖广袤的消费市场，潜力巨大。

与荣氏兄弟有着同样想法的，还有他们的得力帮手浦文汀、王禹卿。

此时的浦文汀是茂新的办麦主任，而王禹卿则是茂新的销粉主任。两人见面粉业日进斗金，不甘心长居人下，私下计议脱离荣氏，自立门户，到上海创业。

茂新面粉厂

荣氏兄弟听此传闻，不免心中大惊。浦文汀和王禹卿都是业务骨干，一个谙熟上游采购，一个在全国商埠关系亨通，在茂新创建过程中立下汗马功劳。多年耕耘，浦、王两人掌握了茂新进出关键和各种关系，如果他们一走了之，茂新这座大厦必定不能支撑多久。

荣氏兄弟很快就证实了这一消息，不过，他们还打听到浦、王两家财力有限，东拼西凑勉强筹到两万元，到上海开办面粉厂，至少还需要两万元。

荣宗敬放出话来，愿意出这笔钱。浦、王两家几番协商，自感无力独撑局面，只能同意荣氏入伙。于是，荣宗敬、荣德生出资两万元，王尧臣、王禹卿兄弟出资 8000 元，浦文渭、浦文汀出资 1.2 万元，合计四万银元，到上海筹建新厂。中国民族工商业发展史上"三姓六兄弟"创业佳话，即由来于此。

王尧臣（左）、王禹卿（右）兄弟

建厂之初，为节省资金，他们采取了一贯使用的"租地、租房、欠机"策略。荣宗敬说服财大气粗的鸿章纱厂股东郑培之出资四万两建造厂房，再转租过来，每年租金4000两，承租10年，并以分期付款方式向茂生洋行订购美制粉机七部。1912年年底，面粉厂筹建完成。这家新的面粉厂，正式定名为"上海福新机器面粉合资公司"。

1913年2月，福新面粉厂开工，每日夜出粉1200包。厂内，荣宗敬担任总经理，统揽全局；王尧臣和浦文渭以股份多少，分别担任经理、副经理，浦文汀继续发挥长处，负责办麦；荣德生为"公正图董"，相当于今天的监事会主席。同时，成立福新面粉事务所，荣宗敬亲自主持销粉业务。根据荣宗敬的提议，各股东决定："各股东分得的红利，三年内均不提取，用以扩充企业，各股东的股利，也存厂生息，以厚资力。"①

上海福新一厂

有茂新在先，福新共用其采购、运输、销售体系，少走许多弯路。浦氏兄弟采取赊账方式以茂新名义统一收购小麦，由于茂新信用好，可以开具七天期商业汇票，小麦每日从无锡运往上海，隔天即可从福新厂出粉，装袋时打上兵船商标。开工生产的当年，福新就获利四万余元，对本对利。

刚在上海滩站稳脚跟，荣氏兄弟就迫不及待地开始实施福新的扩张计划。恰好中兴面粉厂因经营不善，四处寻求收购。中兴面粉厂属于老牌工厂，生产能力不俗。荣氏兄弟趁机将其租来，租期10年，每日夜出产面粉2000包，贴上兵船商标销售。

1913年冬，他们手中小有闲钱，又划拨10万两白银，在中兴面粉厂东面购地建厂，向恒丰洋行订购21部美制粉机，建设福新二厂，日夜出面粉5500包。而此时，运营仅10个月的福新一厂已经获利3.2万元，盈利率达到80%，是荣家企业历年来最高的。

第一次世界大战旷日持久，欧洲大陆土地荒芜，粮食减产，食品紧缺，无力向海外出口食品。为解决军民之需，各国又反过来不得不向海外采购物资，面粉是采购大头之一。中国面粉价钱便宜，产量大，一时成了国际市场的抢手货。日本三井、三菱等商行到上海采购面粉，不论品牌、质量，一律兼收，向欧洲各国

① 《荣家企业史料》上册，上海人民出版社，1980年，第113页。

倾销。中国一改往日忍气吞声局面，由入超（逆差）变为出超（顺差），摇身一变，成为面粉出口大国。有人指出，面粉工业"由辛亥革命至欧洲大战，为勃兴时代"①。

只要生产，就有市场；只要机器开工，便意味着滚滚不断的财源。经过多年的商场磨砺，荣氏兄弟已经锤炼成了善抓机遇的经营老手。在面粉业十分看好之时，他们不会放弃到手的赚钱良机，四面出击，极力滚大着手中的"雪球"。

上海福新二厂

1914 年 10 月，荣氏兄弟又购下福新一厂旁四亩空地，建造六层楼的厂房，通过茂生洋行采购美制新式粉机，增设福新三厂。1916 年 6 月，福新三厂建成，日出面粉 4500 包。资金原定 15 万元，购置基地、建造厂房、定购机器的费用全部由福新一厂付出，股东们并未拿出分文。平地里多出一份股份，股东们个个笑逐颜开。

1915 年，租办的中兴面粉厂租约到期，原主愿意出让，荣宗敬有意接手，遂从福新二厂提银 12 万元，全盘收购，添置新机，建成福新四厂，与福新二厂毗邻而居。所购资金又由福新二厂在盈余中提拨。

1916 年，荣氏兄弟又把眼光盯住了"九省通衢"汉口，购地筹办福新五厂，装置粉磨32 部，至 1919 年 10 月正式开车，日出粉 6000 包。在 30 万元股本额中，荣氏兄弟俩股额占总数的 55.4%。

1917 年 3 月，自祝兰舫手中租办上海华兴粉厂，改称福

上海福新三厂

① 陈真编：《中国近代工业史资料》第四辑，生活·读书·新知三联书店，1961 年，第 380 页。

新六厂。共有粉磨 17 部, 日产粉 4000 包。

上海福新四厂

在"福新系"悄然成形的同时, 无锡"茂新系"也形成系列。

1914 年, 茂新面粉厂再次添置美制钢磨 24 部, 日产面粉增到 5500 包。四年后再次扩充美制钢磨 12 部, 装置新引擎, 资本升至 60 万元, 日产面粉增至 8000 包。

1916 年, 荣氏兄弟分别租下无锡惠元面粉厂和泰隆面粉厂, 租期均为两年。惠元面粉厂拥有 10 部钢磨, 时已停办, 荣氏兄弟以每年两万元的价格租下后, 加以整理开机出粉, 日产粉 1700 包。两年期满, 原主无意收回, 荣德生出资 16 万元收购, 并添置 11 部美制新机, 改造为茂新二厂, 日产能力提高到 6000 包。无锡泰隆粉厂则以茂新三厂名义营业。

1917 年, 在无锡又转租保新面粉厂为茂新四厂, 租期两年。通过改良整理, 日产粉也由 1500 包增至 2000 包。

至此, 无锡五家面粉厂, 除了九丰面粉厂一家外, 荣氏实际控制了其中四家, 资本达到 80%。

短短数年时间, 到 1918 年, 荣氏兄弟面粉业实现了迅速崛起, 自力或租办的面粉厂达到十家: 上海的福新一、二、三、四、六厂, 汉口福新五厂, 以及无锡的茂新一、二、三、四厂, 粉磨从 64 部增加到 170 部, 日产能力从 13900 包提升至 42000

汉口福新五厂

包, 产量已经占到当时全国总产量的 29%。[1] 虽然如此, 产品仍旧供不应求, 售价随之提高, 年均盈利率达 180%。

_____

① 《荣家企业史料》上册, 第 49 页。

上海福新六厂

声名鹊起的荣氏面粉业，引来了同行的羡慕目光，更受到了最高统治者的褒扬。1914 年 11 月和 1918 年 7 月，民国大总统先后两次亲笔题写"裕食推仁"和"屑玉流辉"两方匾额，分别奖给茂新和福新公司。

对于充满冒险精神的荣宗敬来说，他不会仅仅满足于在面粉业的初露峥嵘。在他的办公室里，有一幅大大的中国地图，地图上的几个地名已被他勾画出了几个红圈，圈住的地名包括"上海"、"南京"、"郑州"……这是他为振新纱厂所设定的宏伟蓝图。

"非添机如茂新法，不能发展"①。对于振新纱厂，荣氏兄弟抱着同样的扩张理念。他们不乏天真地认为，添机改造、扩大规模，纱厂定会取得面粉事业一样的成绩。

从 1912 年起，振新纱厂添纱锭 1.8 万枚，还建设了钢骨水泥新厂房，装置了 1350 千瓦发电机，每部细纱机首创独立使用小马达。这是无锡企业自备发电的开端。此番改造，共投资约 50 万元，均用分期付款的办法，股东无需增资。1914 年新机开机，达到三万锭，每日出纱 70 余件，年终盈利 20 余万元，兄弟俩的信心一天天膨胀起来，计划再添两万纱锭，除了无锡

民国大总统题写的奖给茂新、福新的匾额

振新一厂外，计划在上海设二厂，在南京设三厂，在郑州设四厂。为此，荣德生兴冲冲地到了郑州，看定了下站西首空地 40 余亩，讲定了地价。这是规划中振新四厂的厂基和栈房用地。

然而，作为管理者的他们太过单纯，忽略了"产权掣肘"，毫无准备地遭到了保守的董事会的否决。

---

① 荣德生：《乐农自订行年纪事》"1912 年条"，上海古籍出版社，2001 年，第 64 页。

1914 年的一天，振新纱厂召开董事会，荣德生第一次提出那个增机扩建的发展计划。荣德生刚说完，董事会就炸开了锅，股东们几乎一边倒地反对。

反对者毫不避讳地指出自己唯一目的就是赚钱。振新开办之初，命运多舛，屡受挫折，民国以来业务好转，但所得利润一直用于偿还机款，股东没有分红，心中早已不满，如果按照荣德生的方案，将赢利滚动投入建新厂，分到现钱遥遥无期。"董事会闻之大骇，谓若此即赚钱，股东永无希望拿得现钱。"① 荣德生回答："要拿大钱，所以要大量生产，照三万锭能赚几何？彼时内地无过三万者，所以看得大。"② 此事堪称企业史上"燕雀安知鸿鹄之志"的故事。

大股东荣瑞馨也不站在同族这边。他在"橡皮风潮"中损失惨重，还未缓过劲来。而且由于丢了买办职务，荣瑞馨急需用钱，于是产生了独揽振新大权的念头。

生意场上没有永远的朋友，也没有永远的敌人，只有永远的利益。当初荣瑞馨出面邀请荣氏兄弟掌管振新，如今，他以账目不清为由要求查账，并暗中联络其余股东，要求将振新盈余以现金形式发放红利。

1915 年初，董事会委托无锡县商会安排专人调查振新一切账目。整整四十余天，荣德生足不出户，以备查账之询。不久，荣德生被董事会"罢黜"，降为副经理。

留在振新，于人于己都是折磨，荣氏兄弟决意退出。年底，振新拆股，荣氏兄弟用振新股份与荣瑞馨所持茂新股份互换，最后尚余三万余元留在振新，以示不忘创业之情。

振新纱厂

振新纱厂此后由荣瑞馨经营，但他始终未能忘情于上海，对厂务很少过问。结果，到了第二年，也就是 1915 年，振新纱厂"出数少，出品次，售价小，开支大，月月亏折"③，"心有悔意"的他托人联系荣德生，请他"回归"，被荣德生婉拒。第一次世界大战期间，工厂颇有起色，红利高达六分，但又全

① 荣德生：《乐农自订行事纪事》"1914 年条"，第 71 页。
② 荣德生：《乐农自订行事纪事》"1914 年条"，第 71 页。
③ 荣德生：《乐农自订行年纪事》"1915 年条"，第 77 页。

部为股东分光，因此工厂始终未有大的扩张。到了 1922 年，荣瑞馨不幸病逝，由于其弟年轻，其子更幼小，振新纱厂由其亲戚戴鹿岑，继由蒋哲卿负责经营管理，营业更见衰微。该厂到抗战时为止，除在 1931 年增添布机 250 台和 1932 年增添纱锭 2000 枚外，几乎没有增加什么设备。因债务困境，振新从 1927 年起还曾停开三年之久，到 1931 年改组复产，由债权人上海商业储蓄银行垫款经管，派员监督管理。四十年代末，黄裳到无锡采访荣德生，在访问记里发出这样的感叹："申新已经有了九厂，振新却还是振新，寂寞地留在无锡。"[1]

## 申新破啼

荣宗敬发愿："我能多买一只锭子，就多得了一支枪。总应在 50 岁时有 50 万纱锭，60 岁时有 60 万，70 岁时有 70 万，80 岁时达到 80 万。"[2] 这是荣氏兄弟进军纺织业的宣言。

荣氏兄弟从振新纱厂撤股时已到 1914 年底，国内棉纱市场正处于变革前夜。因战事牵连，交战国由生产过剩转入生产不足，纺织品紧缺，致使价格急速攀高。一夜之间，由倾销转为进口，曾经在中国市场铺天盖地的洋纱、洋布转眼间消失无影。

荣氏兄弟自我创业开办纱厂，真的赶上了好时光。

荣德生笃信风水，反复查阅典籍，希望为新工厂寻找一个上佳位置。一天，他从《杨公堪舆记》上读到这样一句话——"吴淞九曲出明堂"，大意是说吴淞江经过九道转弯，将有一块风水宝地。荣德生按图索骥，果然在周家桥发现吴淞江第九道转弯，于是笃定地认为，此处是理想的建厂之所。

当时的周家桥还是一片人迹罕至的荒芜之地，甚至连一条像样的道路都没有，每到雨天泥泞不堪。地价固然便宜，荣氏却不愿亲自建造厂房，几经考察，发现唯一勉强可以充作厂舍的只有一处破落的产地。这是一位意大利地产商的产业，占地 24 亩，被分成两块，一部分被租用来做织呢厂，另一部分是轧油厂，可惜两家工厂经营都不好，有意撤出。

意大利商人开价 4.1 万两挂牌出售这块产地。荣氏兄弟详细考察，认为该地块物超所值，厂房、机械等资产可以继续使用，建筑物也比较牢固，于是筹资将其买下，购进英制纱锭 12960 枚，开始打造自家的纺织厂。

---

[1]　黄裳：《新北京》，上海出版公司，1950 年，第 92 页。

[2]　黄逸峰：《旧中国荣家企业的发展》，《学术月刊》1964 年第 2 期。

1915 年 10 月 1 日，当纱机开始转动起来的时候，历时五个月的筹建工作宣告结束。在 30 万元股本中　荣氏兄弟占六成，"张叔和附股二成，潘调卿一成，华卫中、荣永达、惠卿、陆辅成、严裕昆等各若干"①。根据 1914 年北洋政府农商部颁布的《公司条例》，正式定名"申新纺织无限公司"，此厂即后来的申新一厂。

上海申新第一纺织厂全景（上）以及细纱间（中左）、浆纱间（中右）、
织布间（下左）、缝袋间（下右）

"附股二成"的张叔和，经历也颇有几分传奇色彩。他原名张鸿禄，以字行世，1834 年生于无锡东门含锡桥。成年后到上海，经营海运、漕米等事务，捐资取得广东候补道官衔，1881 年到轮船招商局帮办事务，参与烟台缫丝局筹建招股工作。1886 年张叔和与他人受刘铭传差遣，考察南洋商务招募侨资，设立台湾轮船公司。1887 年 1 月，为处理大陆与台湾的商务，张叔和乘坐的"万年

① 荣德生：《乐农自订行年纪事》"1915 年条"，第 73 页。

青号"轮船被英国轮船撞沉，83 人罹难，张叔和因爬上桅杆得以生还。此后，大难不死的他选择了急流勇退，再未参与轮船招商局事务。

1882 年，张叔和向英国和记洋行购得格农别墅，为母亲颐养天年营建"味莼园"（又称张园、张家花园）。老母去世后，又花重金将面积扩大到 70 余亩，园内奇花异草，亭台楼阁，荷塘假山，曲桥水榭，景色秀美。1892 年，又建造了当时上海最高大、最漂亮的洋房"安恺第"，大厅可供千人集会。而且还设有舞池、中西餐厅、茶座、客房、剧场等各种娱乐设施。清末民初，各种政治力量合纵连横，经常在张园集会集议。张园一时成为政治集会中心之一，被誉为"近代中国第一公共空间"。

张叔和为人大度，善于交际。在 1905 年荣瑞馨举办的那场素宴上，他也是在场的"大佬"之一，虽然没有直接投资参股振新纱厂，但一直关注纱厂的起伏，对荣氏兄弟的经营才干十分钦佩。他对荣德生说："做生意，要跟你，稳可赚钱。君创新局，我必入股，不可却我。"[1] 此次，荣氏兄弟筹建申新一厂，张叔和果然投了六万元。

荣氏从振新纱厂得来一个教训：稳定的组织结构是正常经营的保障，必须在工厂拥有绝对控股权才能有效开展工作。与多数企业采取的有限责任公司形式不同，申新一厂采用了无限责任公司的形式，没有董事会，股东会也无多少实权。此外，为保证股权结构稳定，股东股份只能在内部流通，"股东非经他股东全体允许，不得以自己股份之全数或若干转让于他人。"[2]

申新纺织厂甫一开工，就迎面"撞"上了"一本万利"的"黄金期"。申新纱厂日产棉纱 30 件，到 1915 年底尽管开工仅两个月，就有了两万元盈余。第二年又盈余 11 余万元。

此后几年，伴随着添机扩建，申新一厂的棉纱产量节节攀升。1916 年出产棉纱 3584 件，1917 年出产棉纱 9723 件，棉布 29002 匹；1917 年出产棉纱 9811 件，棉布 128719 匹。[3] 更令人振奋的是，由于洋纱进口大幅减少，棉纱售价和利润出现了暴涨的态势。据当时调查估算，1916 年生产 16 支棉纱，每件可获利 5.45 两，1917 年增至 15.32 两，1919 年高达 50.45 两。[4] 一时间，申新一厂的利润出现了少见的"井喷"现象。1916 年利润达 2 万余元，1917 年达 11.8 万

---

[1]　荣德生：《乐农自订行年纪事》"1915 年条"，第 73 页。

[2]　《荣家企业史料》上册，第 55 页。

[3]　《荣家企业史料》上册，第 57 页。

[4]　许维雍、黄汉民：《荣家企业发展史》，人民出版社，1985 年，第 26 页。

元，1918 年为 22.3 万元。年盈利率也年年上升，1916 年为 9.5%，1917 年为 39.4%，1918 年增至 74.2%。[①] 坊间"一件棉纱赚一只元宝"的说法，虽有夸张成份，但形象地道出了当时棉纱业的暴利。

事隔多年，荣德生在追忆这段历史时，仍然难抑兴奋之情。他写道："民六（按：1917 年）余四十万元，民七（按：1918 年）扩建添新布机，是年余八十万，民八（按：1919 年）余百万元用于添机，民九（按：1920 年）盈余一百十万，民十（按：1921 年）余六十万，民十一（按：1922 年）增资为三百万元。……此为申新草创时之大略情况。"[②] "申一添美锭二万五千，布机四百台，织粉袋布自用，为数甚大也。新老机并入一处，新建合式房屋，规模已大，管理稍难。……新老机共为三万八千锭。"[③]

资本怕的是没有利润或利润很少，只要有 20% 的利润，它就活跃起来；有 50% 的利润，它就铤而走险。申新一厂所得的意外厚利，激发了荣氏兄弟扩厂添机和增建新厂的强烈愿望。

1917 年，兄弟两人意欲"杀"回无锡，在茂新面粉厂附近建造大新纺织厂，厂址迟迟未定之际，听闻上海恒昌源纱厂盘让出售，无论从成本、时间、效率等角度考虑，现成纱厂的诱惑大大高于自建工厂，于是荣氏兄弟紧急赶往上海探察。

恒昌源原是在 1907 年建造的九成纱厂，起初由华商与日商合资兴办。开业不久，由日商独资经营，改名日信纱厂。1916 年终止营业，被祝兰舫买下，更名恒昌源。但纱厂在祝兰舫手里并未摆脱窘境，于是挂牌沽售。

因自己是茂新股东，祝兰舫自然乐于卖给荣氏兄弟。但考察完这座占地 27 亩的纺织厂后，荣德生心生退意，他认为"仅地好无益，制造尚不如地偏而机新，立时可造，自成一局，在锡为佳"[④]。而荣宗敬观点相反，认为厂址位置优越，从长远计，日后必有发展便利。最后，兄长说服了弟弟，以 40 万元买下恒昌源，添机改造，更名申新二厂，于 1919 年 3 月正式投产。

第一次世界大战期间，突如其来的市场改变，让民族工商业迎来了发展"春天"，同时也让日本资本"乘虚而入"，从而在根本上改变了我国工商业的竞争态势。

---

① 《荣家企业史料》上册，第 58 页。许维雍、黄汉民：《荣家企业发展史》，第 47 页。
② 《申新一厂之创立及申新八厂之附设》，《荣德生与企业经营管理》上册，上海古籍出版社，2004 年，第 342－343 页
③ 荣德生：《乐农自订行年纪事》"1919 年条"，第 84 页。
④ 荣德生：《乐农自订行年纪事》"1917 年条"，第 79 页。

上海申新二厂

回顾过去，从甲午战争获得在华设厂权至1913年，日本对中国的投资还谈不上大规模，"若言投资，得纱机111936锭，布机886台而已。"① 但是，"在1914至1918年的四年内，仅战前业已来华设立分厂的内外棉株式会社，增设了三个新厂，及收买了华商旧厂一家，上海纺织会社增设纱厂布厂各一个；另在上海新组一日华纺织公司，收买了美商鸿源纱厂一家。""总计在这四年内日资在华势力增加了纱锭约二十多万枚之谱"。②"其增进之速，远迈我国，允为中国纱厂之劲敌"③。

这些日商纱厂利用其先进的生产技术、雄厚的经济实力、敏捷之信息，大肆在中国抢购原料、倾销成品。日本输出的棉纱，在其所销售之国家中，中国占其市场份额的63%。中国棉纺织业由中、英、日三足鼎立的局面逐渐演变为中、日间的对抗。因此，有人称"自1914年至1921年虽可谓之中国纺织业勃兴时期，但亦可谓之中国纺织业之被摧残时期"。④

---

① 严中平：《中国棉纺织史稿》，科学出版社，1963年，第160页。
② 严中平：《中国棉纺织史稿》，第161页。
③ 陈真、姚洛合编：《中国近代工业史资料》第一辑，生活·读书·新知三联书店，1957年，第58页。
④ 陈真编：《中国近代工业史资料》第四辑，第210页。

# 【锡商人物】

张叔和（1850－1919），名鸿禄，以字行，无锡东门含锡桥人。成年后来到上海，经营海运、漕米等事务，捐资取得广东候补道官衔。1881 年任轮船招商局帮办，参与创办烟台缫丝局等建招股工作。1886 年受刘铭传差遣，考察南洋商务招募侨资，设立台湾轮船公司。1887 年 1 月，因遭遇海难而放弃仕途，致力于实业。1915 年荣氏兄弟创办申新一厂，他即附股二成。此外，他还在《新闻报》、华盛纺织厂等企业中拥有股份。1882 年，张叔和向英国和记洋行购得格农别墅，营建"味莼园"（又称张园、张家花园），此后屡有扩建，至 1892 年又建造了当时上海最高大、最漂亮的洋房"安恺第"。清末民初，各种政治力量合纵连横，经常在张园集会集议。张园一时成为政治集会中心之一，被誉为"近代中国第一公共空间"。

王尧臣（1876－1965），名尔忠，以字行，无锡城郊扬名乡青祁村人。早年在无锡、上海学艺，1907 年出任华兴面粉厂会计，并主持厂设各面粉店的销售业务。1912 年，与弟王禹卿，联合荣氏兄弟、浦氏兄弟集资 4 万元在上海创办福新面粉厂，任经理。翌年建成投产，即见盈余。其后福新公司扩展为八个面粉厂，他一人担任一、三、七厂经理，直至抗战前夕。1932 年，王尧臣在无锡迎龙桥堍创办康裕布厂。日军侵占上海后，福新系统的第一、三、六厂皆在敌占区，损失严重；第二、四、七、八厂处于租界内，颇有盈利。与弟禹卿集资在沪创办寅丰毛纺织染厂，由其次子王云程主其事。

王禹卿（1879－1965），名尔正，以字行，无锡城郊扬名乡青祁村人。早年在上海胡亦来煤铁油麻店、沈元来油麻店等负责销售工作，在烟台、营口、天津等地推销商品，并代无锡保兴面粉厂销售面粉。1903 年入无锡茂新面粉厂负责推销面粉。1913 年与兄尧臣及荣氏、浦氏兄弟集资在沪创办福新面粉厂。1920 年，福新发展到八家工厂，任福新面粉公司经理兼福新七厂副经理。1920 年与荣宗敬联合同业发起组织上海面粉交易所，次年又与荣宗敬创办华商纱布交易所，并经手买卖纱布、证券等业务。1934 年，申新系经济濒危时，他一度担任茂新、福新、申新总公司总经理。日军侵占上海后，福新系统的第一、三、六厂皆在敌占区，损失严重；第二、四、七、八厂处于租界内，颇有盈利。1938 年与其兄在沪创办寅丰毛纺织厂。1943 年，日伪成立粉麦统制会时，邀王禹卿出任该会主任委员，遭到他的拒绝。1947年，上海福新、阜丰、华丰、裕通面粉厂和无锡茂新面粉厂联合成立五厂公记小麦联购组织，担任主任委员。由于年事已高，遂将福新系统经营大权交由荣毅仁掌握。上海解放前夕去往香港。无锡名园蠡园由其投资兴建。

杨味云（1868-1948），名寿楠，初名寿栈，以字行，晚号苓泉居士，无锡城内下塘人，北方华新纺织业创办人。1891年中举，1897年入其大伯父山西按察使杨宗濂幕府。1899年回锡助其三伯父杨宗瀚处理业勤纱厂事务。1901年入京任内阁中书。1903年应商部考试录取任主事。1905年底以参赞身份随清廷五大臣出洋。1907年任农工商部主事，旋升员外郎兼公司注册局总办和商标局总办。1909年起，历任度支部丞参兼财政清理处总办、崇陵监修官兼盐政院参议、度支部左参议等职。1912年4月起，历任盐政处总办、长芦盐运使、粤海关监督、总统府顾问兼财政咨议、山东省财政厅厅长等职。1915年起协助周学熙创办华新纺织股份有限公司，筹建天津以及青岛、唐山等地华新纱厂，组成雄居北方的华新纺织资本集团。1917年3月任段祺瑞内阁财政次长，代行总长职务。1920年底起任职全国棉业督办，历八年时间。1922年奉派任无锡商埠局督办，是年冬回京任财政部次长兼盐务署长。次年退出政坛专心经营华新实业，1927年以年老退居任华新集团董事。1935年后闲居天津。

杨翰西（1877-1954），名寿楣，别号静斋，以字行，杨宗濂之子，广勤纱厂创办人。1902年中举，1904年随清廷驻沪电政大臣办理电政并兼理无锡电报支店（即电报局）。1909年任北京陆军部一等检察官，后兼任陆军部宪政筹备处帮办。1911年任度支部币制局委员、广州造币厂总办。辛亥革命后弃官回无锡，创办无锡电话股份有限公司，自此无锡始有电话。1913年接办业勤纱厂，1914年任中国银行无锡分行首任行长，并创办润丰机器榨油厂。从1915年起，先后集资创办广勤纺织公司、广业垦殖公司、广勤胰皂有限公司、广勤机器厂、广勤丝厂、广丰面粉厂、广勤小学、广勤事务所等，始辟广勤路，并于太湖之滨建万顷堂，在鼋头渚创办杨氏竣实植果试验场，兴建横云山庄。1920年任无锡县商团公会会长。1924年江浙战争爆发，锡城被军阀齐燮元部溃兵包围，他指挥商团守城七日，使无锡城内免遭兵灾之苦。1931年当选为无锡县商会主席。无锡沦陷后，1938年任伪自治会委员长，并任伪水利局督办、伪水利委员会委员、伪国民政府委员等职。抗战胜利后因汉奸罪被捕，保释后蛰居上海。1951年去香港。

# 1919 年：广场背后的故事

这一年的意义，被五四运动独占。

广场上的学生运动，呐喊怒吼，激荡万千。而广场后的商界革命，同样如火如荼，惊魂动魄。

商人们在民族主义的运动中奋起，时势与英雄间巧妙勾连，有意无意间打开了前所未有的篇章。

荣氏兄弟的扩张更加血脉贲张，百转千回，令人叹为观止。鸳鸯蝴蝶派作家陈蝶仙弃文从商，生产"无敌牙粉"。面粉业、棉纺两大交易所的建立，让民族工商业在与日货的商战中多少抢得了先机。

学生的怒吼，商界的奋争，五四运动奏响了一曲壮丽的交响乐。

## 广场上的呐喊

2013 年，杨绛写下了《忆孩时》五则短文。对发生在 1919 年 5 月 4 日的那场运动，她如此写道：

那天上午，我照例和三姐姐合乘一辆包车到辟才胡同女师大附属小学上课。这天和往常不同，马路上有许多身穿竹布长衫、胸前右侧别一个条子的学生。我从没见过那么高大的学生。他们在马路上跑来跑去，不知在忙什么要紧事，当时我心里纳闷，却没有问我三姐姐，反正她也不会知道。

下午四点回家，街上那些大学生不让我们的包车在马路上走，给赶到阳沟对岸的泥土路上去了。

……马路两旁泥土路的车辆，一边一个流向，我们的车是逆方向，没法前进，我们姐妹就坐在车里看热闹。只见大队学生都举着小旗子，喊着口号："打倒日本帝国主义！""抵制日货！（坚持到底）""劳工神圣！""恋爱自由！"（我不识恋字，读成"变"。）一队过去，又是一队。我和姐姐坐在包车里，觉得没什么好看，好在我们的包车停在东斜家附近，我们下车走几步路就到家了，爸爸妈妈正在等我们回家呢。

写下这段文字之时，杨绛已是 102 岁高龄，是当年亲眼目睹那场运动而仍然在世的极少数人之一。那一年，她才八岁，尽管当时对那场运动的意义没有什么认识，但时隔这么多年之后，那时的情景却依然历历在目。

五四运动的导火索缘自中国在巴黎和会的外交失败。1919 年 1 月，第一次世界大战战胜国在法国巴黎召开"和平会议"。和会计划把德国在山东的特权全部转让给日本，而北洋政府屈服于压力，居然同意在和约上签字。消息传出，举国哗然。5 月 4 日，3000 多名大学生云集北京天安门广场，打出"还我青岛"、"抵制日货"、"宁肯玉碎，勿为瓦全"等口号。学生火烧了交通总长曹汝霖住宅，还痛打了驻日公使章宗祥。

五四运动由此爆发，熊熊大火迅速"烧"遍大半个中国。22 个省 150 多个城市都爆发了不同程度的罢学、罢工、罢市运动。面对强大社会舆论压力，曹汝霖、章宗祥和币制局总裁陆宗舆相继被免职，总统徐世昌提出辞职。6 月 12 日以后，工人相继复工，学生停止罢课。6 月 28 日，中国代表没有在和约上签字。

五四运动在中国历史上具有划时代的意义。在运动中独立奋起的工人阶级，已经开始按照自己的意志、方式、手段和步骤来争取自身权益和民族解放。当时有人写道："这些工人一般都具有他们自己单纯而强烈的意见，很难用劝告、威胁或其他方法，使其改变过来的"。[1] 工人阶级开始作为一个觉悟了的独立的力量登上政治舞台，为中国共产党的创建奠定了阶级基础。

6 月 5 日，上海工人开始大规模罢工，以响应北京学生运动。罢工运动则先在"早有愤心"的日商纱厂兴起，部分职工因此被辞退，包括荣氏工厂的华资纱厂大量接纳这些工人。接着，罢工运动迅速蔓延到全市全行业，参加的工人前后约有六、七万之众，成为上海自开埠以来发生的最大规模的罢工运动。

很快，这场运动中所蕴含的某种力量，被民族工商业阶层敏锐地察觉。而这种力量，正是他们多年所期盼的。甲午战争后，我国与国际市场的联系越来越密切，然而，这个市场并不是平等的，工业和技术先进的西方列强在这个市场上占据先行的优势，居高临下，发号施令。在经济上、政治上丧失了自卫能力的后进国家，轻易地被西方西家打翻在地，任人宰割，成为少数发达国家的经济依附区城，国内市场绝大部分被外国商品占领。中国也不例外，在粉、纱市场，洋粉、

---

① 《字林西报》1919 年 6 月 12 日。转引自《五四运动在上海史料选辑》，上海社会科学院历史研究所编，上海人民出版社，1960 年，第 367 页。

洋纱充斥市场，民族工商业销路受到严重限制，业界无不怨声载道。"本厂布前此成本为二两一匹者，今按时价计算每匹硕涨至四两以外，方可到本，无如布匹售价不能如原料增涨之速。""故迩来布厂之亏折停闭者时有所闻。""常熟、无锡、江阴、苏州各内地大小布厂奚止数百余家，工人亦何止数十余万人，值此潮流所趋，受其影响，势将垂毙，不得不停止营业，以待时机。"①

五四运动的爆发，为工商业阶层和普通民众宣泄心中不满提供了契机，于是声势浩大的抵制洋货运动在全国各地展开，并逐渐成为五四运动的重要组成部分，而大肆涌入的日货，更成为众矢之的。上海工商界各团体纷纷集议，通电抵制日货。"不买日货"、"不用日币"、"不发日船"，"望迅通知各界，一致进行。"② 一时，各行各业拒售拒购日货，报纸拒登日货广告，日本商品仁丹、日月光明水等广告招牌被击毁。甚至兜售日货的小商贩，"亦激于义愤，大都改贩国货，所获利益虽逊于日货，然皆甘心牺牲。"③ 而学生们成为"运动中的警察"，监督商店和小贩、破坏日本广告牌等，学生们的公告栏上，堆满了草帽、雨伞、热水瓶以及从行人那里收缴的其它日本商品，西方媒体将此形象地称为"草帽战"。不久，这些还算"温文尔雅"的抗议活动被学生们放弃，更火爆的集中烧毁日货行动在全国各大城市出现。

抵制日货，成为当时中国社会的常态。也正是从那一刻起，中国将日本牢牢地定位为头号经济敌人，直至几十年后的今天。

6月，荣宗敬设宴招待欧美商人及外交人士。在宴会上，他不禁感叹："学界罢课，商业罢市，农工辍工，风潮飘荡，全国风靡，人心一致，众志成城，实敝国数千年来第一奇特。……但上海一埠，首当其冲，人心之一，甚至一役一夫，亦愿果腹爱国。""此会之事，由敝国政府不良分子措置不良，而实际乃由日本国人违反世界公理，有以造成之也。""敝国人士，一致戒用日本国货。"④

在宴会上，荣宗敬还讲了一番很有技巧性的话："欧战四年余，诸贵国销行东亚之货，被日本国争攫殆尽，今公理战胜，诸贵国正可广造物品畅行东亚，今为在席诸公贺，而彼此联络交谊更加密切。"⑤ 言下之意，中国抵制日货，大大有利于欧美商品回归中国市场。道理所及，当然很能引得欧美商人的欢喜认同。

事实上，欧美各国对于五四运动的确抱有"敬重"的态度。美国驻华大使

---

① 上海《民国日报》1917年7月29日。
② 上海《民国日报》1919年5月20日。
③ 《申报》1919年6月1日。
④ 《荣家企业史料》上册，上海人民出版社，1980年，第63－64页。
⑤ 《荣家企业史料》上册，第64页。

保罗·芮恩施就说："这个运动早已表现出了中国真正的、积极的民族特性。日本人曾经伤害了中国的民族自尊心，使中国人感到切肤之痛。这个运动反对他们，并不是出于盲目敌视的情绪，只是因为日本人阻碍中华民族的复兴。"芮恩施后来被日本指责为抵制日货运动的教唆和赞助者，日本方面进一步谴责说：英美在华侨民和传教士也援助了学生运动。而芮恩施断然否认："没有人会不赞同中国学生的目的和理想，他们是为民族的自由和新生而抗争。我本人也深为同情，不过我自然还是避免一切与运动的直接接触。"他在给国务院的报告说："英国公使朱尔典也大体同意我的看法……这场中国的民族运动基本上是合理的，……这场民族运动迄今所采取的方式博得外国人的敬重。"

当然，在震耳欲聋的爱国呼声中，天性反对动荡的商人们还尽量把运动的边界控制在非暴力的范围内，不使其滑向社会秩序全面崩溃的境地。他们多次发布公告呼吁，"务乞各界始终镇静，勿逞一时血气，以致逾越范围，授人口实。现在政府难免被人挟制，下令取缔，愿我国民同趋轨道，自无虑他人干涉也。"① "此次商界罢市，虽激于义愤，而一切举动，务求文明，勿酿意外。"②

西方媒体和研究人员都注意到，学生在运动中第一次成功地扮演了推动者和领导者的角色，把商人拉到他们一方的阵形之中。美国哲学家、胡适的老师杜威当时正在中国访问，作为一个清醒的旁观者，他敏锐地观察到了这一点。6月24日他从北京报道说："很多事实证明，学生实际上已做到把商人拉过来拥护他们，他们已不再是孤立的了，而已达成了一种联盟，在攻守上都和商会在一起。他们在谈着罢税的行动。"③ 而工商界的广泛参与，使得运动变得更加波澜壮阔，意蕴深长。如果没有商人的支持，五四运动或许仅仅是一场激动人心的学生抗议活动而已。关于商人阶层在五四运动中的作用，张謇接受《北华捷报》采访时的一席话可谓一语中的。他说："吾辈之主务，乃为开创国人使用国货之风气，以此促进吾国工商业之发展。现阶段之情形，无疑于此十分有利，因国人爱国情绪十分高涨。"④

在五四运动爆发不久，日本报纸就已经预言，中国即将开展一场抵制日货运动，不过它以讽刺的口吻写道："这场示威将是稻草上的火星，燃烧时间不会超

① 《申报》1919 年 5 月 28 日。

② 《申报》1919 年 6 月 6 日。

③ 杜威："The Student Revoltin China"（学生反抗在中国），The New Republic，第 20 卷第 248 期（1919 年 8 月 6 日），第 17 页。转引自【美】周策纵著《五四运动史》，岳麓书社，1999 年，第 228 页。

④ 《北华捷报》1919 年 6 月 5 日，转引自【法】白吉尔著《中国资产阶级的黄金时代（1911－1937》，张富强、许世芬译，上海人民出版社，1994 年，第 284 页。

过五分钟。"日本驻上海领事也曾乐观地估计，这场运动可能在一两个星期至三星期间完全结束，整个对华贸易不至于发生足以忧虑的打击。但可以肯定的是，这位领事后来就会感到他的预测是一个"天大的错误"。

很快，日本就尝到了抵制日货运动的威力。"自抵制之风潮以来，日商生意竟减去百分之七八十。……罢市以前，日货之来华者，平均月有四千万之多，罢市以后，则尚不到一千万。……日人之营出口业者、工厂者、新闻业者，对于此次华人抵制其货之激烈之坚决之能持久，非常惊惧。"① 到了7月份，五四运动达到高潮，日本对华出口几乎断绝。就棉纱业而言，"1918年日纱华总数是746000担，1919年跌到了531000担，减少28.8%。日纱输华数量在1918年占中国进口棉纱总数的66%，在1919年下降为38%。我们不得不承认这是抵制日货的效果。从各进口港口的数字中，我们发现在二十七个进口港中，日纱进口在二十二个港是减少了。其中十六个港1919年日纱的进口款比1918年减少了一半或一半以上。"②

在抵货高潮时的1919年7月份，和5月份相比较，日货的输华量，棉纱减少68.3%……，布匹减少80.7%。日本在华的航运业也受到严重打击。1919年夏，航行于上海和汉口间的日清轮船公司的船只载货量，4月份为5552吨，5月份下降为2157吨，6月份仅37吨，7月份也只有87吨，有一次日轮航行载客只有五人，中国与日本间的海轮几乎无货装运。而中国招商局航运量增加三倍。③

抵制效果从后面两年的贸易数据中也得到了清晰的反映。1920年，日本对华进口额比1919年下降7.2%，损失达2915万美元。1921年日本对华出口又同比下降8696万美元，相当于1920年日本出口总额的9%。就棉纱业而言，1920至1922年间，中国平均每年进口的棉纱数量继续下降为战前1913年的48.7%，棉纱进口数量也只有战前的73.2%。以日货进口占我国全部进口货比重不例，1918年是43%，1919年降至38.2%，1920年降为30.1%，1921年又降为23%。④

通过抵货运动，民族棉纱业不仅抢占了国内市份的绝大份额，同时还实现了大量出口。《申报》当时有报道称："近年外国棉纱（细纱）非惟无货到华，反

---

① 上海《民国日报》1919年7月19日。
② 摘译自雷麦（Remer）：《中国抵货运动研究》（A Study of Chinese Boycotts），1933年，第72页。
③ 张仲礼、李湘：《五四时期中国人民抵制外货运动与民族工业的发展》，上海《社会科学》1979年第二期。
④ 张仲礼、李湘：《五四时期中国人民抵制外货运动与民族工业的发展》，上海《社会科学》1979年第二期。

将华纱装运出洋。俄国全国本有纱锭 300 余万枚，近年来各厂停工，纱与布皆系东洋与我国运去。所以，沪、苏、锡各纱厂日出之纱供不敷求，市价飞腾。现各厂远期货已预开至明年七八九月期矣。各纱号手中有现货者咸获大利。据说这是棉纺业开始迄今未有之市面。"①

从 1919 年开始的抵制日货运动，无论中国付出了什么代价，都已成功地造成了日本在贸易、航运和工业方面的重大损失。据当时观察家的记录，抵制运动在华东地区推动了民族棉纱业的发展，在华南则为烟草和针织业提供了极为有利的市场环境。美国驻华大使保罗·芮恩施在写给国会的信中就认为："人民热心地响应这个号召，他们都购买本国工厂出产的货物。这大大促进了本国工业的发展，同时也就开展一定的促进本国工业发展的运动所可能取得的成果向制造商和政府提供了一个线索。"② 民国经济学家张仲礼也说："20 世纪 20 年代中国民族工业之所以能够获得一定发展，必须充分肯定抵货运动是重要的因素之一"③

荣宗敬

商战的得失，寄托了国民所有的希望。在之后相当长的时间里，带有强烈民族主义色彩的抵制洋货运动一直是民族企业最锋利的武器，直到今天。

更重要的是，抵制日货最终触到了日本的"痛处"。日本无奈之下不得不在政治方面作出"让步"。1921 年 11 月 12 日至 1922 年 2 月 6 日，旨在重组西方各国在远东、太平洋地区统治秩序的华盛顿会议召开，中国问题是中心议题。会议期间，中日经过谈判签订了《中日解决山东悬案条约》和《附约》，尽管日本仍保留许多特权，但日本向中国交还了从德国手中继承的胶州租借地。

除了推动消费市场上的抵制运动之外，企业家们更利用这股爱国热潮，夺取了产业经济的某些主导权。荣宗敬就做成了两件很有利于民族产业的大事。

从 1919 年的夏天开始，荣宗敬就四处奔走，联络面粉业人士，着手自行组织面粉交易所。此前，日本商人已经在上海开设了面粉取引所（交易所），经营面、麦的期货交易，基本控制了上海市场的原料和成品的价格，民族工商业多年

① 《申报》1919 年 10 月 8 日。
② 【美】芮恩施著：《一个美国外交官使华记》，文化艺术出版社，2010 年，第 328 页。
③ 张仲礼：《关于中国民族资本在二十年代的发展问题》，《社会科学》1983 年第 10 期。

上海面粉交易所市场内景

仰其鼻息而无可奈何。荣宗敬乘群情激奋之际，提出自办交易所，以图摆脱日本人的控制。"面粉大王"摇旗呐喊，一呼百应，很快募集到 50 万元。1920 年 1 月 11 日，中国机制面粉上海贸易所（后改名"上海面粉交易所"）成立，荣宗敬众望所归当选为理事长。

继面粉交易所成立后，荣宗敬乘胜追击，开始筹建上海华商纱布交易所。作为上海最重要也是那些年赢利最强的民族产业，棉纱的原料期货交易也被日商开办的取引所掌控。荣宗敬奔走于纱业巨头穆藕初、聂云台等人门下，进行鼓动游说。华商纱厂通过了跟日商决裂的两大原则：一是各厂不从日商的取引所采购棉花，必坚持到底；二是凡在取引所买卖棉花和纱布的行号或捐客，各厂与之断绝往来，并登报宣布此旨。1921 年 7 月，纱布交易所正式开幕，筹集股本 200 万元。由纱联会会长穆藕初兼任理事长，聂云台、荣宗敬任副理事长。荣宗敬还登记为 12、13 号经纪人，与王禹卿等合伙经手买卖纱布、证券业务。1925 至 1926 年

上海华商纱布交易所大楼

间，荣宗敬利用花纱套做，"申新在交易所方面获利总有数十万"①。

申新出品的"人钟"牌棉纱和茂新出品的绿"兵船"牌面粉质量上乘，广受欢迎，分别被列为纱布、面粉交易所的标准样纱和样粉。

面粉和纱布两个交易所的建立，意味着这两大民族产业的期货价格主导权回归华商，这是商人阶层借五四运动东风打赢的两场漂亮的经济战役。

## 广场后的商战

上海福新二厂

对于 1919 年，荣德生多年以后如此自述："心思之多，作事之巨，以本年为最。"②的确如此，细细算来，这一年，荣氏旗下的棉纺业和面粉业"齐头并进"，添购设备、开办新厂，筹建或开工的工厂竟达到八家之多。

这一年，由于先前租办的无锡泰隆（茂三名义）、保新（茂四名义）先后到期，原主收回自办，于是荣氏在茂新二厂旁添建茂新三厂，专磨苞米粉。

这一年，上海福新二厂因走电失火，荣氏干脆投资把新厂房改建成八层大楼，1920年 10 月开工，粉磨 48 部，日产粉 1.2 万余包。

这一年，福新六厂购买产权，正式转移执照，改租办为自办。

这一年，收买德商上海之打包厂基地 18 亩，筹建上海福新七厂，到第二年 9月正式出粉，日产粉 1.4 万包。福新七厂主体厂房高八层，49 部粉磨从德国出口，在当时系最先进的设备。福新七厂资本 30 万元，荣氏兄弟各占三成，王尧臣、王禹卿兄弟各占两成，以王禹卿为经理。实际上仅兴建厂房和购置机器就开支 160 余万元，由福新一厂和二厂的盈利中拨付资本。

这一年，向美国订购新机，计划在福新二厂、四厂之间兴建新厂，取名福新八厂。至 1921 年 6 月，福新八厂正式投产，56 部粉磨开齐，日出粉 8000 包。在

---

① 《荣家企业史料》上册，第 185 页。
② 荣德生：《乐农自订行年纪事》"1919 年条"，上海古籍出版社，2001 年，第 85 页。

光复路口，沿苏州河，福新二、四、八厂短短数年间即雁列成一字长形，八厂居中，二、四厂如两翼，颇为壮观。

这一年，还租办上海元丰面粉厂，租期两年，产品专销香港。

这一年，荣氏的面粉业"跨"出了上海，"跨"出了无锡。

早先，荣宗敬考察九省通衢的汉口，发现此地只有四家面粉厂，

上海福新七厂

认为在此"设厂改良，营业必佳"，于是集资 30 万元，买地建厂，筹备福新五厂。福新五厂于 1918 年秋开始筹建，到 1919 年 10 月开机，有钢磨 22 部，日出粉 6000 包，于武汉三镇独领风骚。福新五厂以族兄荣月泉为经理，荣德生的大女婿李国伟为厂长。这位荣月泉是中国最早的电讯专家，曾任民国政府交通部电政司司长。李国伟 1911 年考入天津工程系，1915 年任陇海铁路徐州路段的副工程师。荣德生"知为大器，不论家况也"[1]，将大女儿婚配于他。婚后李国伟改行加入荣家企业，荣氏自此添加一个得力助手。到 1929 年，李国伟接任申四、福五两厂经理。

上海福新二、四、八厂雄姿（中为福新八厂，左为福新四厂，右为福新二厂）

茂新四厂，则"花"落济南。济南自 1904 年开埠以后，人口迅速增多，对面粉的需求量也随之增加。加上济南是山东省省会，对全省乃至华北地区都有极

---

[1] 荣德生：《乐农自订行年纪事》"1915 年条"，第 77 页。

强的经济辐射力。当时济南还只有两家
机制面粉厂，荣宗敬来到济南，决定在
此建立自己的"根据地"，筹建茂新四
厂。茂新四厂占地 14 余亩，投资 25 万
元，1919 年 9 月开工建设，到第二年 5
月开机出粉。该厂拥有钢磨 12 台，日产
面粉 3000 包，是当时济南最大的机制面
粉厂。

上海福新八厂

至此，经历近二十年的苦心经营，
荣氏兄弟的面粉业，由保兴面粉厂发轫，
发展到茂新、福新 12 个厂，拥有粉磨 301 部，职员 290 多人，工人 1700 多人，
日产面粉能力 76000 包，约占全国民族资本粉厂生产能力的 31.4%，全国机制面
粉生产能力的 23.4%，已经是我国最大的面粉生产企业。[1] 此阶段荣氏兄弟面粉
业发展速度之快，放在整个中国企业史上都是空前的。至此，荣氏兄弟终于将
"面粉大王"的桂冠戴到了头上。荣德生多年后在《自订纪事》中自豪地写道：
"茂福新粉销之广，尝至伦敦，各处出粉之多，无出其上，至是有称以大王
者"。[2]

1919 年，在锡商发展史乃至中国企业史上是热闹非凡的一年。五四运动爆
发，全国人民抵制日货的热情高涨，为民族工商业的发展"挤"出了一片难得
的发展空间，更多的工厂、更多的行业开始出现。

在无锡，鸳鸯蝴蝶派作家陈蝶仙经不住诱惑，在继续创作才子佳人情爱故事
的同时，创设家庭工业社，开发国产"无敌"牙粉。商标以蝴蝶为图案，因为
"无敌"与"蝴蝶"谐音，又暗寓陈蝶仙的名字。同时在商品包装袋上印上一个
网球、一个网拍，以圆形的网球代表日本，以球拍代表中国，寓意在市场竞争中
击败日本。当时正值抵货运动的高潮，无敌牌牙粉的推出适逢其时，很快占领一
块市场。接着，陈蝶仙委托其弟陈栩园在无锡创办第一制镁厂，自任经理兼化验
师，年产碳酸镁 750 吨，全部用作家庭工业社原料。这是无锡最早生产化工产品
的企业，也是当时国内最早生产碳酸镁的工厂。此后，为解决包装用纸，陈蝶仙
又在无锡创办利用造纸厂。

与陈蝶仙一样实现"转身"的，还有与荣氏兄弟有过合作的浦文渭、浦文

---

① 许维雍、黄汉民：《荣家企业发展史》，第 20 页。
② 荣德生：《乐农自订行年纪事》"1919 年条"，第 86 页。

汀兄弟。1919 年，浦氏兄弟投资 10 万元在无锡创办恒德油饼厂。初创时该厂有四台轧豆车，48 台立式榨油铁机，40 台木榨机。浦文汀去东北组织原料，顺道考察当地油厂，看到设备和技术上的差距，立刻订购 48 台水压式榨油机，并组织力量进行仿造，逐步取代原有的木榨机和螺杆式榨油机。相应添配筛豆机、干湿两用净豆机，更新轧豆车，添建储油池和油脂精炼设备，四次扩建厂房，完善升降运送设施，添置锅炉、引擎，实现前后工序和主辅设备在能力上和技术上的配套。到二十年代末，恒德油厂完成了全部工作机械的更新改造，192 台榨机全部开足，日投料 60 万斤，年最高投料量 140 万石，比初创时提高十多倍，号称"关内第一大油厂"。[1]

在面粉业"攻城掠地"的同时，荣氏棉纱业的扩张并不逊色。

1919 年，申新一厂以历年盈余添购美锭 25000 锭，布机 400 台。新老机并入一处，新建合式厂房。刚刚由日商恒昌源改名而来的申新二厂也添购了新机，生产很有起色，迅速占据日纱消退后的市场空白。耐人寻味的是，日资建造的纱厂为华商收购，并成为阻击日纱的主角，这在中国商业史上恐怕是破天荒的纪录。

不过，荣氏的雄心并不在此。当年因与股东纠葛从振新纱厂撤股之后，"杀"回故乡无锡开办纱厂，"争一口气"，一直是他们心中的"结"。

早在 1917 年，荣德生就有意在无锡开建纱厂，在茂新面粉厂附近以大新名义购地。但是到了第二年，大新购地仍然迟迟未能落实。当时市场有英制 15000 枚纱锭出售，荣氏意欲购下，却苦无装处，且无动力，最终被天津客商买去。

1919 年，盈利优厚的棉纱市场，给荣氏兄弟提供了一个难得的机遇。在这一年，他们终于觅得 18 亩土地，筹备新的纱厂。此次集股 150 万元，股东有四十余人，荣氏兄弟认购 108.50 万元，占全部股本额的 72.3%。荣氏兄弟对新纱厂寄予了莫大的希望，特地委派族兄荣月泉，以上海总商会代表的身份，借赴巴黎国际和会的机会，订购三万锭英制新式纺机和两万锭美制细纱机，购进两组 1600 千瓦发电机。不料，新纱厂的施工，遭到了振新纱厂老板荣瑞馨的横加阻挠。

荣瑞馨与荣氏兄弟虽有不快，但并无深仇大恨，此番阻挠，只因害怕荣家的纱厂抢走了自家生意。原来，荣氏所购地块恰在振新纱厂的对面，中间有一河之隔。荣瑞馨对荣氏兄弟的经营能力心知肚明，若在振新旁建厂，岂不是公然竞争？

荣瑞馨联合乡绅蒋哲卿四面买地，非要在荣家纱厂的厂址上造起一座大桥不

---

① 浦正勤、黄厚基：《无锡恒德油厂的始末》，《无锡文史资料》第 18 辑，1987 年，第 85－86 页。

可。一时间，同一个工地上，双方人马吵吵嚷嚷，闹翻了天。无奈，荣德生找到了张謇，并活动官府出面阻止造桥。

张謇亲自找到当时的江苏督军冯国璋。冯国璋听张謇一说，立即下令同意建造荣家的纱厂，禁止建造五洞桥。

这场纷争拖了一年时间，纱厂终于可以继续重建。工厂定名"无锡申新第三纺织无限公司"，也就是申新三厂。

**申新三厂厂房**

不过，"好事多磨"，订购英制纱机却因英国工人罢工未能及时运到。心急如焚的荣德生得知有人出让订购的美制纱机两万锭，价格也较市价便宜，于是谈妥购进。但交货日期却也一拖再拖，从三个月拖到 28 个月，到期取货，又逢美汇下跌，订货价格增长，申新三厂为此吃亏不少。直到 1922 年，纺纱、织布部分依次投产。整个厂区横跨梁清河，东岸为生产区，西岸作为办公区及生活区，两岸以桥相通。全厂置有英、美制纱机 5.1 万锭，布机 500 台，年生产能力棉纱三万余件，棉布 30 万匹左右，规模堪称内地纱厂之冠。

我国机器制造业毫无基础，棉纺业所需要的以硬件为主的技术都是从外国引进的，订购机器不能按时交货的事时有发生。关于这一点，时人看得很清楚："国内集资设厂者，肩摩而趾错矣。欧美罢工风潮尚炽，机订交迟，一二年间或尚有回旋之地，未可预知"。在无锡，有着与申新三厂相同命运的还有豫康纱厂。该厂于 1919 年开始筹备，预计第二年即可开工，但是厂房竣工后，购自英国的机器，却因英国工人罢工未能按期交货，1921 年 7 月才陆续运来，1921 年 11 月 16 日才开车投产。

申新三厂建成了，那么由谁来"掌舵"呢？荣德生想到了一个人——薛明剑。

荣德生与薛明剑的相识，完全是在一个偶然的场合。当地实业界人士组织了一个"实业研究会"，荣德生是发起人。在这次会议上，有位年轻人所作《中国

**1923 年时的荣德生**

蚕丝之改良》的演讲，条分缕析，精辟入理，深深地吸引了荣德生。这位年轻人正是薛明剑，比荣德生整整小 20 岁。

此后，荣德生一再约请薛明剑座谈，对这个年轻人愈加青睐。申新三厂投产之时，荣德生正式邀请薛明剑担任"练习总管"。

荣德生不耻下问，三顾茅庐，深深地打动了薛明剑。其时，活泼、勤学的薛明剑多有兼职，每月可收入 110 元。而荣德生给他开出的津贴，最初只有区区的 30 元。但薛明剑还是选择了实业这条道路。

多年以后，薛明剑在《我参加工业生产的回忆》一文里，对当初的这一选择，如此写道："我由教育界转入工业界的动机，虽然不是想发财，也不是羡慕虚荣，的确是目睹中国工业生产事事不如他国，并且存在种种不合理措施，急需改进和改革"，又说，"当余出世问事之初，会清末朝廷的无能，思欲提倡工业生产，仿效欧美，由封建社会进入资本主义社会，故对从事工业生产的人士特予优擢。……又当资产阶级辛亥革命成功后，亦曾倡言实业救国等论调，是亦促余改事工业生产的另一原因……"①

抱定"用人不疑"的荣德生，从一开始就对薛明剑给予了充分的信任，嘱托"不宜顾虑"。后来，荣德生逝世后，薛明剑感激于他，在回忆文章中记录下这样数件事：

一时厂中屡屡失慎，时嫉余者三人，更乘机造谣，共向先生进谗言。先生反答三人曰："据汝等告总管不能称职，而总管则每日为我言，感激汝等三人，如何为助彼，并推荐君等，谓才能均高于彼，思欲择一继彼任，不知君等之意云何？"进谗者遂面赤而去。是后，再无敢更有言者。三数年后，先生尝对厂内高级职员窦茂仪、华少庚等言："我看总管实能不贪个人小利，急人之难，实是我的保险公司，有他在，我可放心矣。"

民国二十二年以后，沪上总公司屡生事端，宗敬先生一再要余任申二等经理，先生曾复函，认余系彼左右手，坚持不允。此后，不仅厂务悉任调度，即对

① 薛明剑：《我参加工业生产的回忆》，《薛明剑文集》上册，当代中国出版社，2005 年，第 502 - 504 页。

社会服务工作，亦常嘱余代表，尝告邓范青先生等，认余可为继其服务社会之知己。故年来余虽已随之不问厂务，然对如何协助地方之心，仍常为言商也。①

从此，薛明剑的命运，就与荣氏兄弟紧密联结在一起。数十年间，他与荣氏兄弟同舟挥楫，共御风雨。

其时，时人评论荣家企业的核心人物之时，有"三姓六兄弟，总督加智囊"一说，这位智囊人物便是薛明剑。②

那么，"总督"又是谁呢？此人名叫陆辅臣，原是无锡"陆稿荐"肉庄小老板，他不甘心沿袭父业当店老板打发一生，就到钱庄上谋了份工作，开始与茂新面粉厂有了往来。后来，荣氏在上海筹办福新面粉厂，陆辅臣也入了一小股。此人为人正直，不贪私利，深受荣氏信任。后来不仅当上了茂新二厂经理，还兼着茂一、茂三的总账。陆辅臣进入茂新时，带来了一批朋友，这些朋友以后散布于无锡和上海各厂，所以他消息灵通，加上又有爱多管闲事的脾气，朋友们就开玩笑称悠望"总督"。1935 年，荣氏亲家丁梓仁因亏空巨款去职，荣宗敬指名调陆辅臣到上海出任福新二、四、八厂经理，"总督大人"撑起了福新系统的半爿天。

在申新三厂筹建的同时，荣氏的棉纱业布局已经瞄向了汉口，计划在那里建设申新四厂。因为汉口的福新五厂在 1919 年开工后，面粉产销两旺，袋布需求大增。而且湖北省又是全国棉花的主要产地之一，原料无断供之虞。因此，荣宗敬欲以粉厂盈余投资筹建申新四厂。但是荣德生认为福新五厂虽有些盈余，而资本只有 30 万元，流动资金已靠借款周转，若再增设纱厂，资金运用势必更将困难，因而主张缓办。荣宗敬则认为多一个厂就多一个赚钱机会，于 1921 年集股 28.50 万元兴建申新四厂，荣宗敬认股 15 万元，占总股本额的 52.6%。而荣德生没有入股。

申新四厂筹办过程中，集资不足甚巨，购地、建房、订机器等共花费 147 万余元，加上开办费 11 万元，共计 158 万余元。不足之数，主要由三新总公司和福新五厂垫付。1922 年 2 月与申新三厂同时开工生产，计装配美制纱机 14780 锭，年产棉纱 9000 余件。布厂则于 1926 年才开工生产，有布机 273 台。

1919 年，荣氏的扩张不可不谓大手笔，在国内民族工商史上也可称绝无仅有。那么，他们的底气从何而来？

底气，就来自于五四运动所带来的深刻的市场变化。抵货运动的深化，大大刺激了民族工商业，棉纱业和面粉业继世界大战期间的俏旺而更趋活跃，华商工

①　薛明剑：《荣德生先生逝世纪事》，《薛明剑文集》下册，第 984 页。
②　薛禹谷：《父亲薛明剑》，《薛明剑文集》下册，第 1155 页。

厂无一获利丰厚，荣氏尤甚。

1919 年，成为中国棉纺业盈利率最高的一年。这一年，上海纱厂 16 支纱每件盈利 50.45 两，是上一年 15.32 两的三倍余，1920 年稍有回落，仍达 46.45 两，1921 年由于在华日商纱厂的势力又逐步抬头，每件获利下降为 7.30 两，但仍比 1916 年高。① 申新一厂 1918 年盈利 22.25 万元，盈利率 74.2%；1919 年盈利 104.8 万元，盈利率猛增为 131%；1920 年盈利 127.58 万元，盈利率为 85.1%。② 在面粉业方面，1919 年福新一厂盈余 48.34 万元，盈利率 96.7%；1920 年盈余 51.1 万元，盈利率 102.2%。③

### "三新大厦"

1921 年，两年前大批学生、工人高举标语走过的上海江西路，早已恢复了平静。一座英国城堡式大楼拔地而起，这就是荣氏兄弟的"三新大厦"。

随着名下工厂一家家增多，一个亟待解决的问题出现在荣氏兄弟眼前，即如何有效管理这些工厂。

事实上，荣氏兄弟一直在思考这个问题，几经商议，决定成立一个总领机构，对"三新系统"进行统一管理，集中调拨、互通有无，以图发展。

三新总公司办公大楼全景

---

① 《荣家企业史料》上册，第 65 页。
② 《荣家企业史料》上册，第 84 页。
③ 《荣家企业史料》上册，第 76 页。

1921 年，"三新大厦"落成。作为荣氏"大本营"，这幢耗资 35 万元、占地 2.8 亩的办公大楼高三层，楼顶插公司旗帜，风光气派，在当时，恐怕只有"状元企业家"张謇在上海建造的南通大厦可与之比肩。

三新总公司不设董事会，实行总经理负责制，对茂新、福新、申新系统的采购、供应、销售、资金和人事进行统一管理。总经理一职毫无疑问由荣宗敬担任。在三新大厦容纳上百人的会议室，这个年届五十的商人端坐中央，各厂经理分列左右，轮流汇报生产经营情况。荣宗敬发号施令，俨然企业"教父"，总公司说到底就是荣宗敬个人集权的体现和他威望的化身。总公司下面主要有两个账房，一个外账房，办理进货、出货的手续单据，并向各厂汇报，另一个银账房则专管银钱出纳和资金周转。茂新、福新、申新各厂分别经营，会计独立，各有股本，照股分红，厂长总揽厂务，分别负责，但各厂的采购和销售成品，都要通过总公司，总公司简直就是申新的花纱布市场和福新的麦粉市场。此外，下一级设有庶务、文书、会计、粉麦、花纱、五金、电气、运输等八个部门，各部设主任、副主任及办事人员和实习生若干。

不容忽视的是，三新总公司本身并无多少资本，只是代各厂筹措、管理资金。各厂独立预算，多余资本存放总公司，存款利息高于钱庄、银行。总公司开展存贷款、投资业务，实现资金盈虚调度。"盖总公司之地位，犹人体之大脑，各厂则五官百骸，其关系视唇齿尤为密切，是以总公司对于各厂无分轩轾，酌盈济虚，以冀平均发达。"①

"三新大厦"高高耸立在上海江西路，无时无刻不在显示着荣家企业的财富和实力。

然而，月晕而风，础润而雨，种种不祥之兆已经显示出来了。

1922 年 2 月，申新四厂开工出纱。正如荣德生所料，由于资金缺口巨大，这家新厂必须向外借款才能维持正常开工。这时荣氏兄弟经营的面粉厂和纱厂已经达到 16 个，规模大，周转资金也多，常欠市款达 300 万。结果，终于因为申新四厂上马，导致总公司周转资金发生困难，拖款累累，陷入了资金不足的困境。

荣宗敬不得不四处托人找钱贷款。左转圜右转圜，熬到年终，终于转不下了，空前的资金危机使荣家企业步履艰难，难以运转。

这时，天公不作美，上海又爆发"信交风潮"。1920 年 7 月，上海第一家中国人自办的交易所——上海证券物品交易所开业，营业兴旺，利润丰厚，引得各色人等蜂拥而至，社会游资趋之若鹜。上海人一觉醒来，就能发现在这"乐园"

---

① 《荣家企业史料》上册，第 96 页。

里又多出了几家交易所。商店老板、失意政客、下台军阀、绅士、寓公甚至连小市民小职员也一起投入了这个投机狂潮，在短短的一两年时间里，新设的各种交易所以及信托公司竟达 150 家之多，额定资本总额竟达 20 亿元的天文数字。1925 年，包括中国银行和交通银行在内的 158 家华资银行的实收资本和公积金总和只有两亿元多一点，当时上海各银行的库存银总额通常不超过 7000 万元。①这 20 亿额定资本即使一开始只实收十分之一，即两亿元，或者二十分之一，即一亿元，也是上海的金融能力所承受不了的。这种虚假的信用严重扰乱了金融市场的正常运作，所以必然要以大波动的形式将其泡沫挤去。

大上海变得更具诱惑性，也更加风云险恶。

一地设立这么多交易所，其正常业务量根本不能保证，只可能专注于投机行为。原来在商业流通渠道的短期资金大量流入交易所股市，分摊到每一家交易所，实收资本又嫌不够，难以自如地应付风险。资金链一旦发生断裂，就会突然造成信用危机和多米诺骨牌效应，掀起剧烈的金融风潮。1921 年底，危机终于降临，银根突紧，各交易所股价大跌，交易停滞，同时又带累华商信托公司。150 余家交易所中的绝大多数齐刷刷地关门大吉，至次年 4 月只剩上海证券物品交易所、上海华商证券交易所、上海华商纱布交易所、上海金业交易所、中国机制面粉上海交易所、杂粮油饼交易所等六家。

"信交风潮"，是上海开埠以来继"橡皮风潮"后的第二次金融危机。覆巢之下，岂有完卵？在"橡皮风潮"中，荣家一度折戟沉沙，在这次"信交风潮"中，荣家虽然屹立不倒，但也深受影响，资金运行呆滞。他们陷入创业以来的第三次危机，无奈之下，1922 年 2 月 18 日，荣宗敬代表申新公司与日本东亚兴业会社签订了借贷 350 万日元的合同书。按当时日元对白银的比价，折合成规元银 220 余万两，由横滨正金银行上海支行负责支付。条件非常苛刻，利率为常年一分一厘半，比通行的利率高出近四倍。合同规定以申新一、二、四厂的全部财产作抵押品，并以转移这三个工厂的所有权作为设定抵押的手续。合同还规定："关于利息之支付，由福新面粉无限公司担保之。"②荣德生自述："借款成功，签字，人人安心，喜形于色。"③ 不过，这次借款实质上是把福新、申新全部押上了，这是荣宗敬一生中的一大冒险举措。

---

① 杜恂诚主编：《上海金融的制度、功能与变迁：1897—1997》，上海人民出版社，2002 年，第 94 页。

② 《荣家企业史料》上册，第 92 页。

③ 荣德生：《乐农自订行年纪事》"1922 年条"，第 92 页。

## 【锡 商 人 物】

　　浦文汀（1874－1945），名大纶，以字行，无锡东郊厚桥人。十多岁即到无锡粮行习业。后到上海米厂工作，对各地所产米稻杂粮特征、质量品位的鉴别有独到之处。1905年，荣氏兄弟慕名聘其为茂新面粉厂办麦主任。1912年投资参建上海福新面粉厂。1917年在无锡东新路创立慎德堆栈，翌年又在慎德栈旁创建恒德油厂，经过逐年的技术改造，到二十年代末成为关内第一大油厂。全面抗战爆发后，恒德油厂遭到破坏。日商通过伪组织企图强迫浦文汀租厂合作，遭严词拒绝。1938年在无锡园通路创办正德袜厂，由其孙浦正勤主持。后又在北塘沿河开设同记五洋号，经营日用百货。浦关心地方教育事业，在东新路建立雅言小学校。1945年，日本投降，因兴奋过度，突发脑溢血病逝于苏州。

　　陆辅臣（1886－?），又名佐霖，无锡西门棉花巷人，荣家企业重要骨干。早年在其父所设的陆稿荐肉庄工作，后投身经营钱庄。荣德生弟兄在办厂早期常因资金周转不灵而向钱庄业贷款，屡次得到陆的大力支持。1915年上海申新纺织厂创办时，陆辅仁即有投资。1916年被聘为荣氏兄弟租办的无锡惠元面粉厂总办（厂长）。随后，任茂新二厂、福新二、四、八厂经理。新中国成立前夕，与吴昆生合资在香港开设纬纶纱厂等。此外，还在上海中华针织厂、无锡振华面粉厂等企业中有投资，并任振华面粉厂董事长。上世纪六十年代病逝于香港。

　　蒋哲卿（1886－1947），名曾燠，字时生，以号行，无锡西郊河埒口人。早年毕业于南京两江政法学堂。1909年赴日本留学，入政法学校，加入同盟会。无锡光复，任锡金军政分府民政部副部长，后任国民党无锡分部副部长。接办《锡金日报》，后改名《锡报》。二次革命失败后，他因参与反袁，遭江苏督军冯国璋逮捕，后经人保释。1922年，身为国会议员的蒋哲卿拒绝接受曹锟贿选，离开北京回到上海，名噪一时。旅沪期间，任无锡旅沪同乡会第一届理事长。1924年接办耀明电灯公司，组建耀明新记事务所，自任经理，实现无锡有史以来第一次昼夜供电。同年红卍字会无锡分会成立，被推为理事长。1931年又接办振新纱厂，添机扩产，成为无锡七大纱厂之一。日军占领无锡后，先后避居北平、苏州等地。抗战胜利后回到无锡，先后出任县人权保障委员会委员、县财政整理委员会主任委员、县实物征借委员会主任委员、无锡地方公款产业管理处主任等职。1946 年 4 月出任无锡县临时参议会议长。

陈蝶仙（1879－1940），原名寿嵩，字昆叔，后改名栩，字栩园，号蝶仙，别署天虚我生，浙江杭州人。1895 年主编杭州《大观报》，1907 年起在上海出版《著作林》、《游戏杂志》、《女子世界》，1916 年任《申报》副刊《自由谈》主编，先后写有言情小说《泪珠缘》、《玉田恨史》、《琼花劫》、《井底鸳鸯》等，成为鸳鸯蝴蝶派代表人物之一。在创作小说的同时，投资近代实业。1918 年开办家庭工业社，制造销售无敌牌牙粉。因经营有方，企业迅速扩展，先后在在上海、宁波、镇江、杭州、无锡等地创办工厂，生产各类小日用品。其中在无锡创办的工厂有 1919 年的第一制镁厂、1921 年的惠泉汽水厂和玻璃厂、1929 年的利用造纸厂。陈蝶仙为国货运动领袖人物之一，1927 年与三友实业社、五洲药房、胜德织造厂等发起组织上海机制国货工厂联合会。

# 1922 年："双子星座"

二十年代的春天，旧观念已经远去，新思想已经形成，万物热闹起来。

一介书生唐保谦弃文从商，与同为书生的蔡缄三联手创办庆丰纺织厂。同一年，唐骧廷、程敬堂兴建丽新染织厂，一个又一个新的传奇由此展开。唐氏兄弟，同出一脉，双子星座，交相辉映。

工商振兴，别样繁华，让无锡开始有了"自开商埠"的尝试，虽最终归于平静，但这是无锡城市化和现代化的先声。

## "双鱼吉庆"

1922 年，在锡商的发展史上，无疑是属于唐家的。

在这一年，有两家在无锡民族工商业占据重要地位的工厂开工建设，而这两家工厂的主人都姓"唐"。

无锡这一支唐氏原是常州府武进人氏，谱称毗陵唐氏。明末清初部分族人为避战乱，向南迁移到了无锡，到了清末已延至第十六世，其中唐懋勋逐渐成为家族中的佼佼者。1836 年，唐懋勋在北塘开了一家三间门面的布庄，取名"恒升"，后改名为"唐时长"。布庄既销售手织的土布，又销售机织的细布、舶来的洋布，顾客既可以直接以钱购布，也可以花换布。布庄的生意十分红火，与李茂记、张信盛、胡孟英一起成为当时无锡著名的四大布庄。

此时已然是清朝末期，江南一带成为清廷与太平天国激战的主战场。1860 年，太平军大破清军的江南大营，并乘胜挺进苏南，所向披靡，直抵上海外围。心里发慌的唐懋勋，只得把唐时长布庄关门歇业，带领一家老小躲到了一块他们认为比较安全的地方。

这个地方就是无锡城东北角的严家桥，严家桥距无锡县城五六十里，距常熟县城二三十里。

严家桥，有一座小石桥横跨在一条不知名的小河上，可是这小河却能通向运河，通往太湖，通向长江，交通不算发达但也不封闭，人烟不算太多但也不算稀少，百十户人家，家家枕河而居，户户门前垂杨挂柳。

在严家桥以南还有一座双板桥，那是乡村集市的所在地。为了糊口，唐懋勋在双板桥堍开设春源

**严家桥春源布庄旧址**

布庄，重操旧业。由于战争的破坏，周边数十里的布庄数年以后几乎都倒闭了，唯独唐春源布庄经营红火。其中的秘密在于唐家的经营模式：唐懋勋坐镇经营，六子洪培、七子福培则走南闯北，到全国各地的产销地"坐庄"收棉花，再用收来的棉花和苏北、安徽的客商换棉纱，最后以棉花、棉纱和当地百姓交换织好的土纱布。这种花、纱、布的交叉销售，一店多销、一石多鸟，让春源布庄获得了丰厚的利润。

有了足够的资金，唐家又开办了茧行、木行、典当行。唐家很快成为严家桥

**唐子良**

的地方显赫，不仅收购房屋，修建唐氏宅院，还修建"唐氏码头"，抓住无锡战乱后人口锐减、地价大跌的机会，先后置田六千多亩，并且翻建了"唐氏仓厅"，以供囤积粮食之用。因避战祸，唐懋勋一家从无锡迁到严家桥，谁知却又因祸得福，严家桥成了唐家的发祥地。

1873年底，唐懋勋去世，洪培和福培接手了父亲的基业。

花开两朵，各表一枝。先说唐洪培一支。

唐洪培，字子良（梓良），生于1837年。他从小进入私塾读书，本想按照父训，金榜题名，然生于乱世，战祸不断，颠沛流离，不得不协助老父经商开店，谋划生机。

唐洪培共生育六子二女。年岁稍长的几个

兄弟，到了该读书的年岁就进了私塾就读。大哥、三弟、四弟都读得津津有味，对古文背诵得滚瓜烂熟，只有老二唐保谦读得十分艰难。不过，他的长处精于计算，超过了所有兄弟。

长大后，弟兄三人先后赴省乡试，大哥郢郑和三弟若川先后金榜题名，中试举人，唯有保谦名落孙山。中举后的兄弟，被乡亲尊称为"老爷"，而保谦被戏称为"夹板老爷"。

"人分四等：仕、农、工、商，虽然我不能入仕，也绝不能从'商'垫底，我还是当'工'吧！"落魄的唐保谦以祖训为由，请父母开恩，放他一马去"学习一业"。父母见他态度坚决，只能答应了他。

这个时候，唐保谦年龄虽小，但小小的严家桥已经不能成就他的商业梦想。在1900年的一天，唐保谦给父亲磕了三个响头，揣着两千大洋就来了无锡，开始了艰难而又前途未明的创业之路。

对无锡城，他是熟悉的，北塘三里桥一带正是祖上老家所在。虽然祖上的"唐时长布庄"已经找不到了，但这里依然热闹非凡，屋连屋，店接店，鳞次栉比，街上人流如潮，摩肩接踵。无锡历来是全国四大米市之一，清廷在此专门设立机构集中采办漕粮，城中百姓大都以采办漕粮为谋利的捷径，这可比开布庄要讨巧多了。

唐保谦也想着开办一家米行。但是，办一家米行，白手起家，买地造房，至少需要四五千元，而他只有2000元，因此他必须找一个合伙人。

北塘米市

他想到了同在乡试中落第的朋友蔡缄三。蔡缄三为人忠厚，度量宽洪，谦逊礼让，处事守信。经唐保谦一鼓动，已经倦于读书的蔡缄三马上答应与其一起创业。

经过协商，双方各出资两千，米行取名"永源生"，地点当然就选在北塘沿河三里桥一带。

1902年，永源生米行开张。米行专做"绍兴帮"的生意，每年替浙江绍兴酒坊采购糯米达 10 万石之巨①。米行在每年承办的漕粮中也获得厚利。没有几年功夫，唐、蔡两人手头就有了余钱。

在经营米业期间，唐保谦把目光转向了当时新兴的机制面粉业。然而办面粉厂与办米行不同，除买地皮造房子外，还要去国外选购钢磨，聘用专门的技术人才。初步概算，至少也要有白银十万两才能举事。唐、蔡两人举办米行数年，积累了一定的资金，但每人大概只能勉力拿出一万两，还缺八万两从何而来呢？两人分头联络挚友，游说亲朋，事情办得还算顺利，夏子坪、唐宗愈、唐锡九、孙鹤卿等七人愿意入股，连蔡缄三的两股，唐保谦的一股，共九人十股，每股万两白银，就在米市附近的蓉湖庄创设面粉厂。

唐保谦

蓉湖庄在运河南峰，与运河北岸的三里桥遥遥相对，与运河中的黄埠墩（小岛）同在一中轴线上。几年前唐保谦就看中了这块风水宝地，买下了一片土地，现在正好办厂。当地有这样的说法：运河水从双河口而来，先经过黄埠墩为"天关"，后到达太保墩为"地轴"。荣氏的茂新面粉厂选址"地轴"，大赚特赚，现在唐保谦在"天关"办面粉厂，不赚钱才怪！唐保谦自信满满。

1909 年，九个股东第一次聚会，共同议决以"九丰"命名此厂。

设计、建房、订购机器等筹办工作分头进行。身在老家严家桥的六弟唐纪云已经长大成人，虽已是一个秀才，却也有志于商，被二哥唐保谦招来一起筹办面粉厂。

当年，荣氏兄弟筹建茂新面粉厂，由于实力不济，只能购买了四部最便宜的法国石磨，这次九丰面粉厂订购的却是当时先进的法国制造的钢磨。1911 年初，九丰面粉厂终于正式投入生产，安装钢磨 12 部，有 450 匹动力及其它配套设备，日产面粉 2300 包。以"山鹿"为商标，因厂址蓉湖庄在惠山和锡山之麓，"山鹿"即山麓之谐音。

九丰面粉厂，是无锡地区第二家机制面粉厂。唐、蔡两人知道东北、华北的面粉市场已经被荣氏茂新面粉厂的兵船面粉占据，信誉日高，难以与之竞争，于

---

① 黄厚基：《无锡民族资本家唐保谦父子经营工商业简史》，《无锡文史资料》第四辑，1982 年，第 61 页。

是决定避其锋芒，转而开拓江浙一带面粉市场。结果，"九丰面粉厂的绿山鹿面粉，很快就取得了良好的信誉，本埠（指无锡）用户大部分欢迎山鹿粉，沪宁线和杭州等地，山鹿粉销数超过兵船粉。"[1]

九丰面粉厂经理蔡缄三身兼多个社会职务，忙于应付各种公务，所以厂内一切经营管理大权，都掌握在协理唐保谦手中。唐长于业务，熟悉情况，决策果断，记忆力强，往往事隔多年，还随时能提出事件经过和列举具体数字。他借鉴荣氏聘用王禹卿、浦文汀分别负责销粉、办麦的经验，聘用恒大昌专业麦行的张春霖任九丰厂的办麦主任。同时，建立起类似于荣家企业的组织机构，在北塘财神弄口设批发处，这是一个总管理机构，另在上海北京路444号设立申庄，每日为总管理处提供有关市场情况。九丰的一整套管理制度，总的说来，就是产、供、销集中管理，分工负责。一切供销和财权，都集中在批发处，

晚年蔡缄三

厂内只负生产、劳动和原材料保管的责任，粉仓凭出货单发货。物料和工资支付，由有关部门造表向批发处领款，财货分离，规定十分明确。

一个工厂要取得经济效益，必须力求供、产、销的综合平衡和加强人事、业务、财务管理。唐保谦是一个实干家，了解白麦的粉色较好、拉力较差，而紫麦则相反，拉力强、粉色次，他和办麦主任一再研究，获得了正确的搭配比例。接着，唐保谦又制订了采购原麦的年度计划，在新麦登场以前，派员到产地去调查有关资料，据此确定当年的采购方针。当时，在无锡设庄采购小麦的，除了无锡各粉厂外，还有福新、阜丰等外地粉厂，以致市场供不应求。九丰主动走出无锡，在苏北溱潼、黄桥、姜堰、泰兴等地设立分庄（附设在当地米行内），派员常驻当地采办，名曰"水客"。

九丰面粉厂厂房

① 李志霖：《九丰面粉厂创办经过》，《无锡文史资料》第24辑，1991年，第188－189页。

第一次世界大战期间，九丰面粉厂获利甚巨。丰厚的盈利，又为九丰改进设备提供了充足的资金。1914 年，其生产能力达到日产面粉 5000 包。1918 年增资 20 万元新建厂房创办九丰分厂，加装钢磨 15 部，以电动机传动，日产面粉 8000 包左右，年获得最高达 60 万元。故无锡有"买了九丰的股票就好比着了头彩"的说法。① 这是当时唯一没有被荣氏吞并的面粉厂，在无锡同行业中所占比重为 25% 左右。

在发展九丰面粉厂的同时，唐、蔡的投资范围不断扩大。蔡缄三开办过茧行、复生堆栈，又与他人合资开设信成银行无锡分行、耀明电灯公司等。唐保谦则先后办起了益源、福源两家堆栈，毗邻九丰面粉厂，存放原麦，减少过驳费用。并附设碾米厂，代客加工。益源堆栈每年有盈利 5 万元，是全市 20 余家堆栈中收入最多的一家。② 1915 年，唐保谦盘进杨翰西的润丰榨油厂，自任经理。1928 年该厂增加 24 台水压式圆

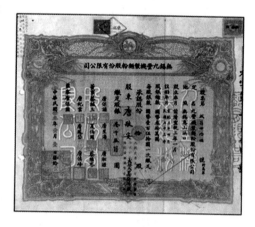

九丰面粉厂股票

型榨油车，日产豆油 6000 多石，豆饼七万多斤，资本额由租办时的两万元增加到五万元。1919 年，唐保谦在周山浜独资创设锦丰丝厂，资本 10 万两，拥有坐缫车 280 台，经营顺畅，每年都有盈利。1924 年该厂改组，更名为德兴丝厂，1928 年由他人承租经营。

在唐保谦的心中，一直有着一个创办大型纺织印染厂的梦想。他早年做过布庄，跑过棉花产地，对纺织有信心。过去不是不想办纺织厂，只是办纺织厂需要大量资金，他那时还没有这个条件。现在，他觉得可以试一试了。

在无锡，早已有人先走了一步，业勤纱厂、振新纱厂、广勤纱厂都已经开业，赚个钵满盆满。申新三厂也已经在筹建中，还有上海颜料商薛宝润、贝润生等人联合一些钱庄商人、纱布业商人，也跑到无锡合资 80 万元创办豫康纱厂，已经在周山浜置地建房，就等英国的机器运到，即可开车投产。

① 黄厚基：《无锡民族资本家唐保谦父子经营工商业简史》，《无锡文史资料》第四辑，1982 年，第 80 页。

② 黄厚基：《无锡民族资本家唐保谦父子经营工商业简史》，《无锡文史资料》第四辑，第 66－67 页。

唐保谦

办厂首先要解决的是资金问题。办纺织厂估计大约需100万元，这个数字九丰面粉厂不可能一次提供，于是他们仍采用集股的办法。这次，他们还想到了请丝业巨子薛南溟出面领衔。经过一番精心的准备，在惠山二泉旁边，在优美的二胡声中，议妥了办厂大计。薛南溟出头，很快集起了十三股82.89万元，对外号称百万元。其中唐保谦与六弟唐纪云、长子唐肇农各入了一股，蔡缄三与长子蔡君植拿出两份资金。

有了资金，下一步就是选址的问题了。

筹办纺织厂要比管理九丰面粉厂困难得多、艰巨得多。唐保谦在与六弟纪云共事数年后，发现兄弟办事很干练，也比较稳妥，因此他除动员纪云投股纺织厂外，又把纪云从九丰调来作为纺织厂的筹办人员，由他与连襟丁馥如一同负责选择厂址。

两人不敢稍有懈怠，东跑西颠，好不容易在周山浜谈妥一块40余亩的土地。1921年9月1日，在锣鼓声鞭炮声中，新厂破土动工。唐纪云负总管之职。

圈地，放线，砌墙……不料，围墙工程就出了问题。

当时在周山浜已经有杨翰西的广勤纱厂，唐氏买下的土地，正好与杨翰西的一块田地毗邻。

当唐氏纺织厂的围墙砌到这块田边时，堆砌的砖头、石灰、黄沙跑出了界外，堆到了杨家的地头上，而且有一段围墙也歪到了杨家的地界。

双方人马一哄而上，扭结在一起，继之拳脚相加，大打

豫康纱厂

出手。县警察局的警察荷枪实弹赶往现场，朝天鸣枪，才将双方弹压住。

无锡县知事名叫赵雪芬，他深知做官的诀窍，对当地人事了解得清清楚楚。杨翰西是何等厉害的角色，他岂能得罪？而筹办新厂的唐、蔡两家也是后起之秀，唐家产业不下百万，蔡家富有蔡半塘之称（无锡北门塘上地区几乎有一半为其所有），当然也不能得罪。于是他决定大事化小，小事化了，各打五十大板，"和平方便"地了结此案。占地的要倒墙退地，不该推倒的要照价赔偿。

唐保谦的长子唐肇农不久前当选为省议会议员，他知道这件事后，不禁肝火上升，认为县知事有意包庇杨翰西，但却又缺乏凭据。于是他转了个弯，发了一封电报给无锡县知事赵雪芬，谓："县警察局第三分所逮捕无辜，铁链项押，滥用职权，请予择究！"

赵雪芬接电后，心知此电非针对于他，而是欲与杨翰西"一决雌雄"，因此他让人将此电透露给杨翰西，要他做好对簿公堂的准备。

杨翰西获悉此事后，立即向县署呈递一状，状告唐、蔡之人打伤广勤之人，请县署捉拿凶手，严惩不贷。

此案一时闹得风风雨雨，社会舆论沸沸扬扬，加上无锡的报纸推波助澜，被告变原告，原告成被告，形势竟为之逆转。

事情闹大了，一边是城里多年望族，一边是无锡实业新贵；一边有上峰施压训示，一边有地方官府支持。双方僵持一段时间后，谁也不愿先让一步。但杨家拖得起，唐家却是拖不得，听说豫康纱厂筹建由薛南溟出面向杨翰西疏通，"始得在犁花庄买得一芦滩地填土建厂"①。于是，唐家也请薛南溟"出山"，邀请两家坐下来讲和。杨翰西不得不买"世伯"的面子，主动撤回状纸，这场纠纷才算平息。

唐保谦是个精明的人，"求人不如求己"是他的经营原则。在办九丰面粉厂时，为解决原麦堆放问题，办起了益源、福源堆栈。现在办纺织厂，又需要大量建筑材料，钢材、木材他当然是巧妇难为无米之炊，可是砖瓦却是可以自力更生解决的。于是，集资三万元在家乡严家桥创设利农砖瓦厂，从天津聘请技术人员，建成26门哈德门式的红砖窑一座。利农砖瓦厂是国内南方最早使用近代轮窑的机器砖瓦厂，日产红砖三万块，一年就把全部投资收了回来。

对于选购机器，他把这个重任又交给了长子唐肇农。肇农聪明好学，擅长英语，可以直接和外商打交道。

当时上海的洋行很多，可以供应新式的纺织机械。唐肇农来到上海，了解行情，观看样品。经过反复的比较和选择，最后他在英商洋行定购当时最新的英制纱锭14800枚，向迪更生厂定购织机250台，并定购1000千瓦英制汽轮发电机一台。

当然，新厂的名称、机构等事宜，早在工厂筹备之初即已确定。

1921年4月，第一次股东会议召开，推出13人组成董事会，以薛南溟为董事长，唐保谦为总经理，蔡缄三为协理。同时，任命唐纪云为总管（相当于厂长）。总管以下设稽查、总务两处。稽查处负责全厂的劳动管理和生产管理，由

---

① 黄培昌等：《我所知道的豫康纱厂》，《无锡文史资料》第19辑，1988年，第80页。

唐肇农任总稽查；总务处则负责厂内财务、工资、物料等事。

1922 年年初，纱厂厂房竣工，半年后试车成功，首开 8000 纱锭。8 月 20 日，工厂正式投入生产，纱锭和布机全部开齐。

开业那天，精明的当事者导演了一出品牌经营的好戏，成为了锡商经营的一段佳话。有文章如此记载：

庆丰"双鱼吉庆"商标

开业那天中午，薛南溟和唐保谦、蔡缄三等大宴宾客。大家正在频频举杯相祝相贺时，车间里一位师傅手拎一只沉甸甸的铅桶来到他们面前。大家正在惊愕，只见这位师傅从铅桶的水里摸出两条一尺多长的鲤鱼，眉飞色舞地说："各位老板，开工以后，我打开水箱盖加水时，发现水中有两条红影晃动，定睛一看，原来是两条鲤鱼。这是好兆头呀！因此，我把它们捉了出来，前来报喜。"

董事们一听，喜形于色。鲤鱼跳龙门，这是大喜事呀！唐保谦见大家十分高兴，马上整整衣冠，朝鲤鱼拜了三拜，令人将它们放生。之后，举起酒杯说道："红鲤鱼报喜，这是天意，我们何不将庆丰生产的纱布商标名为'双鱼吉庆'呢。"

在座的董事无不点头称好，后来闻名全国的"双鱼吉庆"品牌就此问世。①

庆丰开工喜获双鱼的消息不胫而走，传得满城皆知。至于这一对鲤鱼究竟是从天而降还是人为放入，没有人去真正追根究底。相反，人们热衷于双鱼奇闻，前一阵的杨、唐之争很快被人们遗忘。后来，庆丰纺织厂每年新年开工前，都要举行隆重的拜祭活动。这个当初也许只是灵机一动的讨喜插曲，随之演变成一场绝妙的品牌营销，最终竟升华为凝聚人心提升士气的企业文化盛典，即使是当初想出那个绝妙点子的人，恐怕也没有想到。

## 丽华与丽新

在庆丰纺织厂在周山浜动工兴建之时，另一家"唐"字号的工厂也在相隔不远的吴桥地区破土动工。

这就是唐骧廷的丽华布厂。

---

① 胡冰：《大商传奇》，辽宁教育出版社，2011 年，第 243 页。

说起唐骧廷，与唐保谦为同门兄弟，其父亲唐福培，字竹山，正是唐懋勋的七子。

唐家的子弟，似乎都有着与生俱来的商业基因。当唐骧廷 18 岁时，也带着父母所给的 2000 元本钱来到无锡闯荡，一如当年的唐保谦。

当年，唐保谦初涉商业碰到了蔡缄三，自此两人一生携手合作，唐骧廷来到无锡，也找到了幼年朋友程敬堂。经过一番商议，两人在北大街办起了九余绸布庄。

有了盈利，唐骧廷与程敬堂商量进一步投资的事。恰巧，店里一位名叫吴仲炳的雇员对两位老板说起一件事：有一个由几个女佛教信徒办的冠华布厂步履艰难，急欲脱手转让。

在无锡映山河畔一个庵堂里，有几个吃素念佛的女信徒利用空余时间，开办了一个名叫冠华布厂的小手工织布场，自力更生解决自己的生计问题。为方便采办原料以及推销产品，她们就请九余绸布庄的伙计吴仲炳帮忙。随着纺织厂一个一个地开办起来，以及洋货的大量倾销，她们的生意就越来越难做了，想着出手转让。

双方见面，一拍即合。1918 年，由九余拨款接办冠华布厂，资本一万元，其中唐骧廷、程敬堂各认 2000 元，还有邹颂丹、邹季皋两人愿意入股，也各认了 2000 元。唐、程接手布厂以后，随即将工厂迁移至吴桥附近，同时改名为丽华布厂，程敬堂为经理。经过改造，1916 年初丽华布厂投入生产。

唐、程经营绸布多年，自然比吃素女子更了解市情，尽管生产方式实际上还是停滞在手工工场阶段，但丽华布厂生产的产品适销对路，质量远胜土布，因而第一年扭亏为盈，第二年起盈余转多。

到了第四年，也就是 1919 年，随着五四运动的爆发，国内纱织业的前景一片大好。获利颇丰的唐、程两人决定筹设丽华二厂，扩大生产规模。邹颂丹和邹季皋两人愿意入股，四人共拿出四万元兴办新厂。

丽华二厂厂址在无锡光复门内园通路，有 290 台木机和 40 台铁木机。这里地处无锡老城的商业区，唐、程两人总结绸布店的经验，决定自设门市部，产销联为一体，避免中间环节，价格便宜，又方便顾客。在无锡色织厂中，丽华二厂是第一家开设门市部的工厂。

丽华二厂的成功，大大鼓舞了唐骧廷的勇气和热情，他准备继续大干一场。这时，堂兄唐保谦正在筹建庆丰纺织印染厂，他不甘落后，与程敬堂和邹颂丹、邹季皋商议，鉴于印染花布销路畅旺，决定创办一个兼有印染整理设备的织布厂。

侄子唐汉源听到这个消息，也表示愿意入股。唐汉源年纪轻轻，已是无锡绸布业公会理事长、无锡县商会常务理事，有他参加，又可以联络不少人。接着又有夏铁樵、朱庭墀、沈锡君、苏斌化等人愿意入股，共筹集资金30万元。

筹备工作进行得比较顺利，在第一次股东大会上把工厂正式定名为"丽新染织整理股份有限公司"，厂址就定在吴桥塌，由唐骧廷和程敬堂分别担任总经理和协理。

向英商洋行订购机器、购地建屋，30万元很快用完。为筹资招募工人、购买原料物料等事项，公司又召开了一次股东会议，要大家继续增股，并扩大招募范围。经过千方百计的努力，又筹得20万元资金，1922年12月工厂正式开工生产。全厂设织造、漂染、整理三部。当时其主要设备有木织机200台、铁木机100台、全铁织机100台，并配套相应的印染、染整机械，自备360马力水汀发动机，工人600多名。除漂染设备从英国进口为机械操作外，其余设备多为手工操作。日染线六件，漂染布约500匹。为了突出其不同于丽华，突出"机器"特色，于是更改公司和厂名为"丽新机器染织整理股份有限公司"及"丽新机器染织厂"。

市场永远是瞬息万变的，当唐、程两人集股筹建丽新新厂之时，纱布市场一片春光，但当工厂投产之时，"严冬"已经悄然而至。定购新设备时，丽新只付了少数定洋，等到机器运到，却由于一战已经结束，进口纱布铺天盖地，丽新产品滞销，一时无力取货。见此窘境，一些股东要求拆股关厂。唐骧廷不得不以丽新的全部厂房、设备等产权凭证，抵借了20万元，才得付款提货安装。

唐骧廷

困难，还不止这些。由于技术设备相对落后，产品品质不能保证，难以与倾销的日货竞争，工厂陷入亏损险境，当年即亏损5.4万余元。随后而来的齐燮元、卢永祥江浙军阀交战，又使丽新损失不小。后来程敬堂逝世时的哀启中曾追溯当时的情况说："从一九一九年开工起，到一九二八年止，整十年之中，或则因资本不敷周转，无法调度，或则受江浙军阀内战的影响，销路呆滞，生产恐慌，形成搁浅之局，没有一年安定。资金虽一再扩增，由三十万元，五十万元，七十万元而至二百万元。但因在设备上不断充实，仍旧不足以应付。"① 唐、程氏及其他董事会人员各方奔走，张罗借款，才勉强维持下来。据后人笔述："陶锡侯的儿子陶君石和夏铁樵都是丽新资本家唐骧廷的女婿，在丽新曾有一个时期发生资金困难，当时曾请陶、夏两个亲家贷给大量资金，得以渡过难关。"②

1925 年，"五卅惨案"发生，抵制日货运动再度兴起，国产纱、布畅销，丽新迎来转机，库存积压全部出清。唐、程决定继续扩大再生产，1924 年引进先进的阿尼林车和丝光机，与采用硫化元染料相匹配，加强织物后整理，将积压的存布重新加工成丝光布，外观质量明显改善，结果销路一路看涨。由此得到启发，丽新厂大规模更新布机，陆续添置英制电力织机，全部淘汰木机和铁木机，扩大生产能力。至 1929 年扩充为三个织布工场，以及印花、纺纱、拉纱等车间，资本增加到 60 万元，铁机增加到 450 台，工人增加到 800 多人。

在那几年，在丽新厂，人们经常能见到一位年轻人，清瘦的脸庞上还留着一丝稚气，但行为举止却已经透着几分成熟和干练。他有时在车间里指点工人安装机器，甚至会亲自动手帮上一把；有时巡视工厂的每个角落，指导工人正确操作设备；有时又在办公室接洽外来客商，推销自家产品……

这位年轻人名叫唐君远，是唐骧廷的次子。唐君远，名增源，青年时就读于上海交通大学的前身南洋公学，后转入东吴大学，攻读化学。1920 年，父亲的一纸电文使他中辍了学业，回到无锡，参加了丽新厂的筹建工作。他从考工员做起，不久担任考工主任，1925 年升任厂长，开始独当一面，此时他才 24 岁。

曾经困扰许多名门世家的"换代"难题，在唐骧廷看似不经意的安排中巧妙地化解了。

此刻的丽华还很弱小，还很困顿，让人记不住名号，但不久的将来，就是它腾飞的日子。

## 自开商埠

1922 年，在无锡的历史上还发生了一件大事。10 月 24 日，北京政府批准无锡成立商埠局，由大总统签发命令，委任北洋政府财政部次长、无锡籍人士杨味

---

① 转引自钱钟汉《无锡五个主要产业资本系统的形成与发展》，《文史资料选辑》第 24 辑，中国人民政治协商会议全国委员会文史资料研究委员会编，中华书局，1962 年，第 135 页。

② 钱钟汉：《关于李惕平先生遗稿〈钱孙卿与无锡县商会〉阅后的一点补充意见》，政协无锡市委档案。

云为商埠督办，商埠局设于大成巷吴宅。

　　开埠的动议，缘自三个月前无锡籍京官与无锡士绅的一次见面。8 月，任北京政府农商部司长的无锡人李徽（字静庵）回锡，与荣德生言及此事，并邀约无锡市公所、无锡县商会、县教育会、县农会、县四乡公所、县款产经理处（时称"六公团"）的负责人薛南溟、孙鹤卿、蔡缄三、王克循、华艺三等七八人，在申新三厂集议。李徽说，无锡近年来交通日益便利，商业益趋繁荣，工厂已有六七十家，可谓工商发达，大有开埠之价值，1913 年北京政府农商部曾批准无锡开辟商埠……。与会者闻此无不为之动容。当即议定，由无锡六公团联合呈文北京政府农商部，"请援海州、吴淞两地成案，选派大员，来锡开埠。"说干就干，9 月 4 日，无锡社会六公团呈文申请开埠。经过一番争论和活动后，北京政府内阁很快批准无锡的请求。

　　从清末以来，陷入世界资本主义漩涡的中国在既有的"条约口岸"之外，主动对外开放了大量的通商口岸。这些"自开商埠"与"条约口岸"最大的区别是"权操自我"，不设租界，外国商民不享有特权，行政权、司法权、立法权都归我国政府所有。从清末到北洋政府时期，中国先后自开商埠达 36 处，约占全部通商口岸的三分之一。这些"自开商埠"，与条约口岸共同构成中国通商口岸有机整体。吴淞、济南、南宁、海州、张家口等沿海、沿江的通商口岸，自开埠以来商业趋于繁盛。在北京政府任职的一些无锡籍京官常于公余聚会之时动议推动无锡开埠，也就有了京官李徽回乡鼓动乡绅之举。

　　站在 1922 年这一时间点上，总结和展望无锡的经济社会发展，无锡开埠并非事起突然，而是顺理成章的，既有十九世纪中以来无锡工商业逐渐振兴的宏观基础，也有交通近代化和工商业振兴的动因和条件。

　　一个城市开埠，作为货物和人员的集散地，需要有便捷的交通体系作保障。无锡是有名的"布码头"、"放款码头"，而且作为太湖南岸水运中心，在《马关条约》签订后，内河轮运对列强开放，无锡成为外商内河航运的泊地之一。1908年 12 月，沪宁铁路全线通车，无锡设城区和石塘湾两个车站。在轮运和铁路运输日渐发展的同时，无锡的公路建设加速进行，是江苏最发达的县份。"交通之便，不惟为邻县冠，且为苏省内地各县冠，毋惑乎企业家之竞相咸集，如蚁之附膻也。"①

　　近代工商业的兴起，更让无锡开埠有了更足的"底气"。自 1895 年无锡第一家近代机器工厂业勤纱厂开始兴建以来，以棉纺织业、缫丝业、面粉加工业为三

---

① 《农公商报》第八卷第一期，1921 年 8 月。

大支柱的近代工业如雨后春笋兴起，至此近代工业体系已经基本完备，"小上海"之称就是其发展的最好写照，"实业之发达，工厂之林立，教育普及，亦可谓内地县邑之冠"。[①] 早在1912年，荣德生在《无锡之将来》一文中就精辟论述了无锡当时的经济地理概貌："无锡，为江苏六十县之一，地居沪宁之中心，水陆交通，商贾辐辏，出产有大宗之丝茧，贸易以米市为最盛。今则工厂林立，如纺纱厂、织布厂、面粉厂、缫丝厂、碾米厂，不下数十处。其直接便利商店者，有电灯与电话焉。此商业之大较也。"[②]

从宏观背景而言，抵御外来侵略，振兴民族商务，是清末民初政府自开商埠的初始动机，也是无锡自开商埠的因素之一。"十九世纪中叶以来，中国被纳入到世界资本主义经济圈中，国际的因素对中国城市的发展产生着越来越大的影响，而这些影响在许多方面是通过开埠通商城市来进行的。"[③] 城市初具规模后，无锡需要与外界交往，与其他城市——国内的和国外的城市，以及它能够辐射到的广大乡村腹地，进行物资和劳动力的交流，保持城市的新陈代谢。同时无锡需要不断地吸收发达城市的先进技术、先进设备和各种技术人才，不断地从周围地域输入各种生产原料和生活资料，同时它不断地发挥辐射作用，从政治、经济、文化、技术、物资、人才、知识等各方面影响着其他城市和四周农村的发展。无锡开埠正是为聚集周边地区的交换活动，在南京和上海两大城市经济中心之外，寻求无锡在近代资本主义交往体系中的特有位置。

10月26日，无锡商埠局成立，随即谋划和展开各项事宜，为正式开埠作准备。

由于无锡原来不是州府城市，规模较小，且布局不规整，旧城以官署和寺庙为城市中心，外有城墙和护城河，使无锡城处于封闭的状态。居住区住房低矮，一般街坊建筑密度高达60%，北门外大街两旁的街坊竟高达90%；城市道路也是自发形成，不成系统，街道狭窄弯曲，缺少市政设施。近代工业兴起后，城市化有了进步，但各类建筑往往出于自发，各取所需，近代工业的布局和城市的空间结构都较为混乱。针对这些弊端，商埠局提出的《商埠计划意见书》对城市进行大刀阔斧的规划，大致内容如下：提出"以周山浜广勤路为基础，在运河和铁路间设商埠区。范围为西北至社桥，东南至羊腰湾，面积33.5方里。其中无

---

① 严恩祚：《我对于无锡建市的感想和希望》，《无锡市政》1929年第3号。
② 荣德生：《无锡之将来》，《荣德生文集》，上海古籍出版社，2002年，第225页。
③ 何一民：《试析近代中国大城市崛起的主要条件》，《西南民族学院学报（哲社版）》1999年第3期。

锡市占 16 方里，景云市（东亭、坊前一带）占 17 方里。""全埠划分为三区：一为商区，以通惠桥一带与北栅口市稍相衔接，辟为兴办商务之区；二为工区，以广勤路—带辟为兴办工厂之区；三为市区，以吴桥、双河口一带辟为居留侨商筑造宅第之区。"于运河两岸各做马路一条，中间横贯铁路，岸上各划土地数万里，分为九区，如井字形，两岸共十八区，以左岸九区为行政机关、商店和住宅，右岸九区为工厂、堆栈和船坞用地。沿土地周围筑马路，其井字形划为长街、各宽七八尺。左岸九区中取中区为行政、交通、教育、巡警等公共建筑……新埠马路不仅行驶人力车、马车、汽车，并考虑将来设置电车轨道之可能，所有新辟马路，其中心之宽，宜以五丈为标准，两边人行道之宽，每边各以一丈为标准。"①

以后，商埠局按计划书着手测量，以筑路为前提，先后筑成广勤路和广勤一、二、三支路及前社桥路，共四公里多长，并建成公共体育场（广勤路）、通俗教育馆和广勤公园。

开埠资金从何而来？如何筹集？这一棘手的问题始终困扰，难以消解，到最后不仅建设资金难筹，甚至连局务经费也成了问题。最初，经各方商定经费由"庚子赔款"减免费中划拨，或"援海州开埠成案，于海关附加税项下酌量支拨"，都不切实际。几经周折北京政府同意以国库名义，在省缴款中扣除，拨给无锡商埠局筹办经费，但是落实下来却是举步维艰。"民国十二年（按：1923年）3 月 6 日商埠局公布：局经费除一月份按数（4000 元）实领外，二月份仅领到 2000 元，只够半月经费（此后经费问题成为商埠局的主要议题）。"② 到了1924 年 2 月，由于经费困难，商埠局机构虽未撤销，但其正常埠务活动遂告结束。无奈之下，杨味云与省署商议，缩小商埠范围，减政（即简政）从事，放慢速度，以期过渡。

1924 年底前后，江苏军阀齐燮元与浙江军阀卢永祥之间两度爆发战争（简称江浙战争），无锡城厢秩序大乱，商埠局公事俱受影响。尔后江苏公署由于种种原因停发商埠建设费，1925 年 6 月无锡县公署裁撤商埠局，并对所有建设事宜划归市公所办理。1926 年 12 月，"杨味云见战事频频，以家事为由回天津，委托杨翰西照料局事，此后息影京津。"③ 1927 年 3 月，北伐大军抵锡，"3 月 27

①　阮仪三：《无锡近代的发展和早期的城市规划》，《旧城新录》，同济大学出版社，1988 年，第 80页。

②　程屏：《二十年代无锡筹建商埠史略》，《无锡城市建设》（《江苏文史资料》第 92 辑、《无锡文史资料》第 32 辑），1996 年，第 54 页。

③　程屏：《二十年代无锡筹建商埠史略》，《无锡城市建设》，第 55 页。

日国民党无锡县政府派农工商委员顾彬生，至商埠局与杨仲滋主任洽谈接收，派公安委员许淡如，至商埠警察署洽谈接收。从此，商埠局遂寿终正寝。"①

至此，从全城参与筹备事宜，到中途因经费无着而勉为支撑，并最终泯灭于战火，无锡自开商埠共历四年时间。虽历时短暂，但作为一个历史事件，自开商埠对于促进无锡近代经济发展和城市化进程起了重要的推动作用。在有限的商埠开放时间内和有限的发展规模范围内，无锡自开商埠开放与无锡当时工商业的发展形成一个互动作用。"社会现代化理论中对城市社会的现代化大

杨味云

致划分为'早发内生型'和'后发外生型'。前者主要依靠自身力量来推进城市化进程，后者在推进城市化进程中，除了依靠自身力量外，还受到外力的影响。自开商埠是实现城市化的一个重要举措。"② 作为一个向近代化迈进的城市，没有一个对外开放、吸纳外来经济文化因素的着力点，实为这个城市的不幸，自开商埠很显然填补了无锡的这一空缺。

然而，作为一个拥有诸多丰厚条件的区域经济中心城市，却最终没能建成具有一定规模和历史意义的商埠，对于无锡的发展实为一大遗憾。洞悉无锡开埠经过，本质上存在着值得深思的问题。

民间社会力量的普遍认可和支持的缺失，是导致无锡自开商埠难以取得成功的最重要原因。在北洋政府时期，政府统治功能软弱无力，以市公所和商会为首的自治机构承担了大量的社会管理事务。在开埠筹备之初，利益各方就围绕开埠时间、开埠地点和督办人选问题，展开了长时间的争论。在对商埠划界时，无锡市公所与四乡公所又因为商埠权益发生过矛盾。初定埠界时，商埠局总核杨翰西将商埠工业区放于广勤路，因广勤路一带杨氏地产较多，时人指责他"挟私意"，"可获地价上涨之利"等等。荣德生虽然是开埠的最早动议者之一，而且他对无锡的城市建设一直比较关注。早在1912年，他就写了《无锡之将来》一文对无锡的发展提出了设想，但"所作的规划和设想，但是只有城市功能的分

---

① 程屏：《二十年代无锡筹建商埠史略》，《无锡城市建设》，第54页。
② 唐凌：《自开商埠：透视中国近代经济变迁的一个窗口》，《华南理工大学学报（社会科学版）》2001年第4期，第41页。

布，而缺乏对城市性质、功能的全面论证，随意性较大，科学性不够，总体水平不高。"① "荣德生对城市规划和设想，往往偏重于自身集团的利益，他的家乡在荣巷，他创办的实业大多在这一区域铺展。"② 正是基于对各自利益的考虑，荣家以及其他工商资本集团对开埠从一开始就意兴阑珊，任由杨氏一家独力为之。后来，当经费矛盾尖锐之时，包括荣家在内的各大工商资本集团未能拿出财力以助商埠建设开展。在学者指出："无锡开埠和筹备设市两件大事表面上似乎主要是经费困难，实际上是由于包括荣家在内的地方各大资本集团对市中心的设置、市政建设的安排等重大问题未能取得共识。……无锡名为'小上海'，历史上却从未建设起一个像样的商业中心和一条繁华的商业街，恐怕与此不无关联。"③

无锡自开商埠之举，引来了一位老人关注的目光。这位老人正是"状元实业家"张謇。此时，张謇在家乡南通建设"新新世界"的实践，已经走过了二十多个年头。当年，他以自己的家乡为基地，首创大生纱厂，数年之后，发展成为一个包括农、工、航运直至金融的地方实业系统。在发展实业的同时，他在故乡开始了自己独特的现代化试验，发展教育，再延伸到社会其他方面的现代化实践。小小的南通城，很快成了中国城市近代化进程中的典范。除了完整的教育体系、博物馆、图书馆、体育场、气象台、公园、剧场等相继出现，还有医院、养老院、育婴堂、盲哑学校、残废院、"济良所"、贫民工场等一系列慈善公益事业。张謇在南通的事业带有强烈的个人奋斗色彩，正是几乎在他一己之力的推动下，南通步入近代化。在给无锡友人的信中，张謇以这样一段文字精辟道出了南通与无锡道路的不同："南通有统系而不能人自为战，无锡能人自为战而乏系统，得失均也。"两相比较，孰优孰劣，难有定论。张謇不由感叹："茫茫大地，安得二者合一区乎！"④

开埠终结以后，直至在1929年设市，再至抗日战争及随后的汪伪政权，无锡从未实际执行过成熟的城市建设规划。于是，"无锡工厂区与居住区混杂在一起，旧城内建筑拥挤，街道狭窄弯曲，几无城市绿化可言。无锡工厂多而规模较小，经营分散，大量烟尘、废水对居民产生严重污染。至于商业区，随米市由南门移至北门，及铁路的开通，商业中心逐渐集中至火车站附近及城北沿运河的街道上。"⑤ "地方上一切建设，都凭个人自由去做，以致东零西散，杂乱无章。这

① 陈文源、钱江：《荣德生与无锡城市近代化》，《无锡城市建设》，第18页。
② 陈文源、钱江：《荣德生与无锡城市近代化》，《无锡城市建设》，第18页。
③ 陈文源、钱江：《荣德生与无锡城市近代化》，《无锡城市建设》，第18页。
④ 张謇：《复候鸿鉴书（1923年12月）》，《海门文史资料》第八辑，1989年，第99页。
⑤ 董鉴泓主编：《中国城市建设史》，中国建筑工业出版社，1989年，第245、246页。

种混乱的现象可以说是无锡的病态。"①

在地方利益各方出于私利而未能全力以赴的同时，作为督办的杨味云也未能全力投身其中。1922年10月，出任无锡商埠局督办仅一个半月，杨味云风闻自己有入阁希望，即"回津度岁，将局内公文交参赞高集安代拆代行"。第二年年初，杨味云正式出任财政部次长，兼盐务署长。自此，他长期在京，无锡商埠督办一职仅为"遥领埠事"。下半年，北京政府内阁改组，各部总长易人，杨味云的财政部次长及盐务署长被免。此后，杨闲居天津，或来往于京津，专心经营华新纱厂。无锡埠务遂委堂弟杨翰西以"划界代表"（后为工巡捐局总核）身份主持。1926年9月，杨味云见北京政府风雨飘摇，再度回到无锡主持埠务。但此时商埠已是人、财两缺，仅是维持门面而已。三个月后，他又回天津。这样，杨味云任无锡商埠局督办实际仅四个月时间。

作为全国商埠自开的一个缩影，无锡城市的发展也是当时中国城市化的一个典型。放眼全国，"近代资本主义交往体系是一种极差别的结构，越是落后的国家或地区，在这种经济交往体系中所处的位置就越低下……自开商埠的经济交往层面始终是比较低的。"② 自开商埠，是当局政府为了摆脱主权丧失、经济落后窘境而开始的一种自发性的尝试，但这种尝试，远远解决不了中国社会经济现代化的问题。自开商埠促进了中国经济的现代化发展，丰富了中国近代民族运动的内容，但是在政府更迭频繁、战火纷飞的近代中国，大部分自开商埠都难逃失败的命运。

---

① 严恩祚：《我对于无锡建市的感想和希望》，《无锡市政》1929年第3号。
② 唐凌：《自开商埠：透视中国近代经济变迁的一个窗口》，《华南理工大学学报（社会科学版）》2001年第4期。

## 【锡　商　人　物】

唐保谦（1866－1936），名滋镇，以字行，无锡县严家桥人，九丰面粉厂和庆丰纺织厂创办人。早年曾在钱庄习业，后帮其父经营春源布庄。1904年接替其父，与人合作经营永源生米行。1910年与蔡缄三等人合资创办九丰面粉厂并任协理，翌年投产后成为无锡第二家大型机制面粉厂。1915年租营润丰油厂，改名润丰昌记油饼厂并任经理。1919年在周山浜独资创设锦丰丝厂并任经理，拥有坐缫车480台。同年底在严家桥投资30万元创设无锡首家机制砖瓦厂利农砖瓦厂。1920年4月，与蔡缄三等人集资在周山浜创办庆丰纺织厂，任董事、经理。庆丰纺织厂于1922年建成，以后逐年扩建。1926年由其子唐星海接任厂长，至抗日战争前，庆丰成为无锡七大纺织企业之一。

蔡缄三（1868－1937），名文鑫，字缄三，亦作兼三，无锡城内田基浜人，庆丰纺织厂创始人。幼读经史，院试未中，后终生从事实业。1890年主持管理祖产复生堆栈，并与亲友合伙经营茧行。1901年与人合资在三里桥开设永源生米行。1905年，锡金商会成立，主办庶务（总务）。同年应周舜卿之邀，赴日考察工商业与银行。回国后，协助周氏创建上海信成商业储蓄银行，1907年任无锡分行经理。1909年任锡金商会协理，是年夏投资无锡耀明电灯公司并任董事。1910年与唐保谦等人合资创办九丰面粉厂，从此蔡唐二家始终合作。辛亥革命后曾任江苏省都督府庶务部长。1915年当选为无锡县商会副会长。1920年与唐保谦等人集资创建庆丰纺织厂并任协理，同年被北洋政府聘为农工商部咨议顾问。1921年任劝办实业专使司署咨议。1924年起先后被推选为苏、浙、皖内地面粉厂联合会主席，无锡棉纺织厂联合会主席，粮食储栈业公会会长，南通、崇明、太仓、苏州、常州、江阴内地纺织厂联合会主席等职。他先后参加第一次全国工商会议、全国实业会议，还曾任无锡县救火联合会会长、普济堂董事、救济院副院长等社会公职。

唐骧廷（1879－1960），名殿镇，以字行，无锡县严家桥人，丽新、协新企业创始人。1899年继承父业，经营土布庄和夏布皮货行。后与程敬堂等人在无锡北大街开设九余绸布庄。1916年集资接盘冠华手工织布厂，将其扩建为丽华机器织布厂。1919年又在无锡映山河增设丽华第二布厂。1922年又与程敬堂集资在惠商桥西建立丽新机器染织股份有限公司，开设丽新染织厂并自任经理。至抗日战争前夕，丽新已发展成为纺、织、印、染和能自发电的全能工厂。1935年集资创办无锡第一家有毛纺、织、染整套设备的协新毛纺织染厂。日军侵占无锡后，他避居上海，集资开设昌兴纺织印染整理公司，分设纺、织、印染三家工厂。抗战胜利后任上海丽新总公司经理。解放后退居在家。

邹颂丹（1879－?），又名呈桂，无锡市东河头巷人。自幼酷爱算术，钻研近代各种算书，对珠算造诣颇深。1905年周舜卿在上海创设信成商业储蓄银行，资助其赴日学习银行业务。次年回国后在信成银行任职。随后历任长春大清银行协理、南京大清银行经理、南京中国银行经理、黑龙江官银号经理、上海蒙藏银行经理及中国农工银行经理等职。自1899年起即与唐骧廷、程敬堂等合伙创办九余绸布庄。后与唐骧廷、程敬堂合股创办丽华布厂、丽新染织整理公司，长期担任公司董事长。同时，合伙创办九纶绸布庄，并向无锡申新纺织三厂、庆丰纺织厂等企业投资。

方寿颐（1888－1925），江阴祝塘北街人。幼年就读私塾，家道清寒。1903年进无锡北塘同和润钱庄当学徒，数年后升任经理。1919年与薛宝润、贝润生、华干臣等沪、锡工商人士集资，在无锡北郊梨花庄筹建豫康纺织有限公司，任经理。同时，在昆山、太仓、常熟等地设立收花站。又创办祝塘纱厂，定名为豫康二厂。开设义仁聚布庄，收放土布，行销苏北一带。1925年3月被兵痞杀死于祝塘返锡的汽艇中。

# 1925 年：抉择

薛氏的永泰丝厂迁回无锡，并顺利完成二代交接；而"少主"失当，让周舜卿的商业帝国轰然倒倾。无边落木，滚滚长江，生前身后，自待公论。

申新三厂的工头制改革、庆丰纺织厂的"西装替代马褂"，都是民族工商业发展不得不面对的抉择。

"造厂力求其快，设备力求其新，开工力求其足，扩展力求其多"，荣氏兄弟的扩张称霸步伐依然强劲，令人振奋。但在荣氏崛起的背后，却是一代"天王"穆藕初的失落。在"杜侵略"、"抵外货"的商战中，没有失败，只有悲情。

## 流血的改革

1925 年，身在无锡的荣德生不得不面临一个新的抉择：改，还是不改？

在二十世纪初的中国民族企业中，管理体系向有"文场"与"武场"两大体系。

那么，这两大管理体系的情形如何？申新三厂总管薛明剑在许多年后曾如此总结：

"旧时工厂的人事，大体分做文场和武场两部分，文场即是管理人员，如考核、记工、统计、发工钱等的职员，来历都由股东方面的推荐介绍，或由总办专诚聘请而来，尚不发生问题。最有问题的还是在武场方面。所谓武场，最主要的即是装机、修机的机工。旧时习惯，每一部分设有机工头目、女工头目，管理各该部分的生产工作。每厂又另设一总头目，分辖各部分小头目，以收统一指挥、

139

分部配合的效能。"①

"各工场的组织，也分文场和武场两个系统。武场的头脑称为机匠头目，合各部的头目更设总工头，担任试验、装机、修机、加油、保全等任务。文场人员担任一切行政工作，如各部运转及人事、工资和领料、记账、统计等，除记账员外，每部分设正副领班。"②

由此观之，所谓"文场"、"武场"，是分别依托行政、技术各自运作、分工相互割裂的两大系统。"文场"上负责一切行政工作，如各车间的运输管理以及人事、工资、领料、记工账和记录产品数量等等，总负责人称为总管，下设领班，领班下有专管女工的拿摩温③、专管童工的童工头等。领班不直接接触工人，而必须通过拿摩温、童工头管理。而"武场"系统担负的主要是技术责任，包括试验、装机、加油、保全等等，负责人称为总工头（总头脑），统管各部门的头脑，掌握着武场的管理实权。总工头以下是各部门的机工头目（头脑）及小头目，又称值班，直接管理机工的生产劳动。

在申新三厂纱厂，薛明剑是荣德生聘请而来的"文场"总管，而纱厂"武场"总头脑是沈富生（沈阿富），以下各部——细纱间、粗纱间、清花间、引擎间、电气间等均设头脑一人。薛明剑的地位在沈富生之上，但工厂的管理实权操纵在总头脑手中。薛明剑就曾这样记载"文场"的尴尬："在名义上虽然任何人都归各部分所谓文场的车间管理员管辖，实际上考核勤惰和停歇的权，既操于总工头，平时管理当亦难于置喙。加以文场管理员多半不懂机械，不明应用原理，欲求称职，实属难之又难，百不得一。"④ 时任申新三场车间职员、后任厂长的谈家桢对此种情形也是心知肚明："文场职员最高是总管，他的地位在总工头之上，但无权节制总工头，有什么事情要总工头办，必须恭而敬之地对总工头，请他帮帮忙。"⑤

资方对于工头颇为倚重，一方面要求他们管好工人，防止工人搞工潮；一方面又要他们拿出技术，搞好生产。因此工头的权势特别大。在申新三厂，"工头统治如同酋长统治，以个人的好恶为好恶，大有'顺我者生，逆我者死'"之气

---

① 薛明剑：《我参加工业生产的回忆》，《薛明剑文集》上册，无锡市史志办公室编，当代中国出版社，2005年，第508–509页。

② 薛明剑：《我参加工业生产的回忆》，《薛明剑文集》上册，第510–511页。

③ "拿摩温"是英文 Number One 的谐音，意即"第一号"。旧上海英国纱厂车间里的工头，一般编号都是"NO.1"（第一号）。

④ 薛明剑：《我参加工业生产的回忆》，《薛明剑文集》上册，第508–509页。

⑤ 《谈家桢访问录》，《荣德生与企业经营管理》下册，上海古籍出版社，2004年，第700页。

概。"① "沈阿富等人权高一切，简直是一厂之王。电气间连职员也不能随便进去，要进去就得先向工头屠阿兴打招呼。一切五金材料的购进，老师傅的进出，均归屠阿兴管，老板都不能过问。"② 武场工头 "对直接工作的工人，尤其是女工，往往为所欲为，稍不如意，便会要挟文场予以惩罚，或颠倒黑白，造是生非，可以使她不能一日安心工作。总头目以耳代目，一味偏听工头说话，日复一日，工人畏其气焰，公然送礼、暗中克扣的风气由此造成。更有恣意欺凌侮辱女工，稍不如愿，就伪造莫须有的罪名，横加罪状。"③ "遇有轻松较好的职位，如有调动，甚或私放陋规，乱搞关系，否则就会多方留难，大可使你不能一日居的形势。久而久之，头目还可悠居寓所，放置耳目，遥控机间一切。个别坏人还要指挥文场为他做作恶先锋，例如捏造某一机件被某某弄坏、某某偷换等等，总要使你听其指挥，为所欲为而后已。"④

在这种制度安排下，一切职工招雇、解雇及发放工资等事，与职工有关的一切责任，都由工头承担。此类情形，在日本人所编的《支那经济全书》有所记述："月末，公司按制品数量把相当全体职工工资的那笔钱付给工头，工头再按职工平日的巧拙勤惰分给每个职工。"⑤

在此过程中，这些工头随意克扣工人的工资。甚至，这些工头还通过 "吃空饷"、"拿回扣" 等手段 "中饱私囊"。在申新三厂，"工头吃空额很多，只要与工头有关，即使本身没有本领，也可以身居高位。"⑥ "电气间一天要用八十吨煤，每吨煤可得六七角佣金，电气间工头屠阿兴可得百分之五十，仅这笔钱就很可观了，因此电费成本很高，发电一度成本二分。屠阿兴每天上午十时乘包车到厂，旋即回去，整天躺在妓院，生活腐化。当时全厂只有两部包车，一部是荣德生的，一部就是屠阿兴的。"⑦

不仅在申新三厂，"工头制" 的管理模式同样兴盛于荣氏的其他工厂。据福七工人顾寿桂、福八工人徐寿根访问（1961 年 8 月）记录，"我在二十一岁（1919 年）进福七之前在茂二做工。当时茂二内场机器间有一个头脑，即面粉师，他的权力最大，既掌管着面粉的生产技术管理，又掌握机器间工人的工资、

---

① 《郑翔德访问录》，《荣德生与企业经营管理》下册，第 712 页。
② 《谈家桢访问录》，《荣德生与企业经营管理》下册，第 699 页。
③ 薛明剑：《我参加工业生产的回忆》，《薛明剑文集》上册，第 510－511 页。
④ 薛明剑：《我参加工业生产的回忆》，《薛明剑文集》上册，第 508－509 页。
⑤ 《支那经济全书》第 11 辑，第 44 页。转引自汪敬虞编《中国近代工业史资料》第二辑下册，科学出版社，1957 年，第 1236 页。
⑥ 《郑翔德访问录》，《荣德生与企业经营管理》下册，第 711－712 页。
⑦ 《谈家桢访问录》，《荣德生与企业经营管理》下册，第 699 页。

招进和停生意的权力。"① "福八初期有个总办荣明山，是厂中权力最大的，统管全厂内外场工人和职员。当时内场机器间有一个美国粉师，一个中国粉师；粉师下有大小领班；其他各部也有头脑，但地位在粉师之下。当时的中国粉师不仅管机器间，还可以管内场其他各部门的工人，至于外场的人，内场头脑是管不到的。外场工人由外场头脑黄二一手掌管的。"②

透过现象看本质，这些工头其实是我国民族工商业的第一批机器工人，他们早期曾经在上海的日资、欧资等粉厂、纱厂做过工，最先接触到了现代工厂的技术设备和操作知识。由于长期受外籍技术人员的熏染，多少粗略地掌握了一定的技能，为民族工商业所紧缺。张謇写道："我国之有纺织业也，缘欧人之始设厂，辄募我十数不识字之工人，供其指挥。久之此十数工人者，不能明其所以然，而粗知其所受指挥之当然。由是我之继营纺织厂，即募是十数工人者为耳目，而为之监视其工作者⋯⋯强半从是十数工人而窃其绪余。"③ 这批人离开外资企业后进入新兴民族企业，就成了最早的以经验为核心的技术人员——工头。

民族企业在起步阶段采用"工头制"，完全"事出有因"，是和当时中国劳动力市场不发达的情况有关。当时中国民族工商业发展迅速，城市原有工人数量有限，新招工人主要来自农村，甚至到很远的地方招雇。工头往往承担着"中介人"的角色，代表工厂负责对外招雇，并负责管理工人。资方既可省去招工的麻烦，又省去劳动管理的成本，从而也就减少了与工人直接发生摩擦的可能性，可以集中力量于经营。

而且，在多数情况下，这些工头与民族工厂主也都有着同乡、同宗或者同族等关系。这种以血缘、姻缘以及地缘为纽带的管理方式，也比较符合如荣氏集团那样集权式家族企业的风格，并为社会所普遍认知和重视。在当时的社会，缺乏资本主义商业精神，市场不成熟，所以利用自身家族、地缘网络招收工人，并以人际的信任为基础建立管理模式，可大大节约交易费用和管理成本。

所以，工头制成为在二十世纪初民族工商业普遍的采用的劳动组织制度，正如薛明剑所言："封建工头制度不是我们在申新三厂独创而特有的，实是当时各地工厂普遍存在的旧制度。"④ 不可否认的是，荣家企业在初期的快速发展，工头制从中也发挥了积极的推进作用。

---

① 《荣家企业史料》上册，上海人民出版社，1980年，第133页。
② 《荣家企业史料》上册，第133页。
③ 张謇：《南通纺织专门学校旨趣书》，《张謇全集》第四卷，江苏古籍出版社，1994年，第130页。
④ 薛明剑：《我参加工业生产的回忆》，《薛明剑文集》上册，第513页。

　　但随着市场竞争的加剧以及内部矛盾的激化，工头制的弊端也日渐显露。在申新三厂内部，五万纱锭一天只能生产 16 支纱不足 100 件，锭扯只有 0.7 磅多，低于当时一磅的标准。"每件纱用花三百七八十丝麻斤。生产上不科学，工作不好做时，便随意加纺重纱或放慢车速。甚至到热天，前后工序脱节，就索性把二、三万纱锭停下。平车没有规定的周期，揩车时也把全车间的机器停下，由女工揩，地上花衣积成地毯。加油、生线机工人数达十几人之多，有的加油工根本就不加油。"[1] 薛明剑坦言："在这种腐朽的制度之下，即使有精良的机械设备，也不能得到好的成绩。"[2] 荣德生对于推进改革同样存有急迫之心，他说："时存竞争心"，"力劝各厂整理革新"。[3] 于是，改革成了必然。

　　1924 年初，一位名叫楼秋泉的技术人员来到了申新三厂。楼秋泉之前在上海大中华纱厂任技术员，大中华纱厂倒闭后，进入日商丰田纱厂当保全工。他向荣宗敬"毛遂自荐"，被派到厂里任粗纺间领班。4 月，毕业于杭州甲种工业学校的余锺祥也来到申三，担任"改良指导员"。

　　1925 年 2 月，汪孚礼经人介绍来到申新三厂担任工程师，副工程师由余锺祥担任。汪孚礼毕业于日本东京高等工业学校，毕业后在日商丰田纱厂实习，以后被大中华纱厂聘为工程师。他在大中华推行"学生制"和新式管理制度成绩卓著，使大中华棉纱成了名牌商标。汪孚礼在接受申三聘请后，扩充和新进了一批技术人员，成立了试验室和保全部，初步建立起较为严格的科学管理制度。

　　当汪孚礼来到申新三厂之时，一场"新"与"旧"之间的竞赛刚刚落幕。

　　原来，上一年六七月间，楼秋泉到上海，请荣宗敬同去日本纱厂参观。楼秋泉向东家提出了辞退总工头沈富生及其从属的几个工头的要求，荣宗敬当场满口应允回无锡宣布。但到无锡将下火车的时候，却起了变化。荣宗敬对楼秋泉说："你们最好能互相合作，理论与经验结合起来，各用所长，就更好了。我们总公司的账务，就是这样用两班人的。因为原来中国的旧式账簿不能适应新企业的要求，采取新式簿记，但并不抛弃旧账簿，以新的为表，旧的为里，互相抄转，新旧并存的。"荣德生对辞退工头也心存疑虑，说"厂里去一工人，马路上多一游民。"

　　无奈之下，楼秋泉建议，在厂内开展"新"与"旧"的竞赛。申三有英制纱锭三万枚，美制纱锭两万枚，从以往的生产实绩看，英锭优于美锭。将设备较

---

[1]　《荣家企业史料》上册，第 155 页。
[2]　薛明剑：《我参加工业生产的回忆》，《薛明剑文集》上册，第 510－511 页。
[3]　荣德生：《乐农自订行年纪事》"1923 年条"，上海古籍出版社，2001 年，第 93 页。

先进的英机由工头照旧法管理,而美机由新职员仿日本工程师制进行管理,以比高下。一切行政和技术互不干涉,让事实说话。这场竞赛进行了三个月,结果是新职员大获全胜。

大受鼓舞的荣宗敬、荣德生兄弟终于解除了总工头沈富生和细纱间工头王阿宝等的职务,正式宣布废除工头制。

荣氏兄弟对这场斗争的严重性有着比较清醒的认识,正因此才一再犹豫,至今才下决心。但以后事态演变的激烈程度,却是谁也没有料想到的。

在申新三厂改革的同时,上海总公司又派了丁作霖、郑家朴、李春坡等人到汉口申新四厂,协助李国伟进行改革。因措施比较激烈,与工头发生冲突,丁作霖等人被打了一顿,结果改革没有完成就离开汉口,回到了上海。申三的工头们得知后大喜,马上找到了对付新职员的办法:只要动手打人就能奏效。

4月15日,申三工头和一些工人聚集在惠山至德祠,订立盟约,定于十天后动手。并严密监视新职员的行踪,寻找借口,制造事端。

过了一个星期,即4月21日上午,新职员孙传缃与某女工"举动暧昧"这一桩小小的桃色传闻,像一粒火星落在了浇满煤油的干柴上,顷刻之间在申三厂燃起了一场大火,引发了一场风暴。

多年以后,薛明剑在《五五纪事》中只用寥寥数言记载了那天的事件:"申三有工人不满新职员之措施,发生工潮。"①

其实,那一天的情状,并非如薛明剑所记载的那般简单和轻松。

《纺织时报》4月23日所作的报道,则更加具体和详细,今天读来还能令人体会到"惊心动魄"的况味。报道称:

该厂自聘汪孚礼为工程师,并余、楼等纺织毕业生到厂后,对于厂务大见改良。仿照日本纺织厂制度,对于工人厉行科学管理法,办理颇为严紧,工人小有不合,轻则罚工,重则斥退。该厂历年对待工人向持宽大主义,工人已习于游惰嚣张,骤受此严厉之管束,遂怀怨望,互相结合,拟将新聘各职员驱逐出厂,恢复旧时办法,已于阴历上月中旬作数度之集议。至二十三日(公历四月十五日)各工人复聚集惠山至德祠,作大规模之集合,推出领袖六十余人,坚立盟约,实行驱逐。至二十九日(公历四月二十一日)晚,该厂摇纱机领班孙传缃不知何故在工房中被人殴打,并面涂粪秽,孙即赴厂报告彻究。本厂总管薛明剑据报正拟调查虚实,忽来男工数百名直入厂中,遇物即毁,逢人便打,所有房间中之台凳杂物均被打毁,并打伤副工程师余锺祥、管车范文卿、布厂主任张公威、钢丝

---

① 薛明剑:《五五纪年》,《薛明剑文集》上册,第31页。

间职员刘子文、毛端午、摇纱间领班孙传缃等六人。孙传缃接连被打三次，受伤尤重。总工程师汪孚礼、机间领班楼秋泉最为工人所痛恨。幸汪适赴申未回，楼则逃匿床下以箱自蔽，未及于难。县警察所等据报立即派队到厂弹压，众工人始纷纷散去。①

次日，申新三厂全面停工。二三百名工人聚集附近西水仙庙，集议对策，要求一律排斥工程师及新职员、恢复旧制，但遭到荣德生拒绝。后来，经过调解，厂方与工头达成意见：重新起用细纱间头脑王阿宝等人，各部门各车间恢复设立领班，工人的管理仍由领班负责，但改革中实行的论货工资制得到保留。4月29日，申新三厂全面复工，风潮得以解决。

此次工潮何以能达到如此激烈程度？工头的煽风点火，是重要的因素。申新三厂的改革，从根本性触动了工头的权益。由技术人员组织机器设备的维修保养，取代了部分工头的职权；论货工资制，杜绝了工头吃空额、中间盘剥工人的漏洞……所有这些，都激起了工头们对改革的抵触。但是，不可否认的是，实施改革后对于工人厉行科学管理法，处理严紧，加之新职员在改革中许多"不近人情"的措施，导致工厂内部对立情绪严重，也成为改革受阻的重要因素。《新闻报》曾对此有过专门的调查，报道了当时厂中职员对待工人的"苛刻"情形：

（一）各工人每日工作十二小时，旧例车旁备有木箱改制之垫凳，工作疲倦时，尚可稍事休息；自新职员进厂，采用科学管理法后，将木箱一律撤去，工作时不许片刻休息。夜工工作时，偶因疲倦假寐，为职员发现，拳打足踢，毫不宽贷，更须罚扣工资，少亦一元，多或五元。厂中但知采用严厉之管理法，而于工作时周，则仍延长至十二小时，于事理上实觉不平。（二）发给工资常多克扣。向例发给工资常用大洋计算，今则每逢工资零找，常改发小洋，如九角九分，仅发小洋九角九十文。（三）停发星期工资。星期日以前向发全工，旋改发半工及四分之一工，近则完全停发。（四）任意停歇工人，工人小有不合，轻则停工，重则停歇、没收存工。工人停歇后，并不添补足额，故现时每一工人所作之事，常兼旧时两人或三人之工作。即以纱间工人而论，旧时数人司一车者，今则女工一人司一车，男工一人司两车。且工人既减，核计工账总额仍不稍减，盖即以停去工人之工资添聘多数不能工作、但能苛待工人之新职员也。②

薛明剑曾经总结道，要推动一个改革的真正成功，"天时、地利、人和三者缺一不可"。其中的"天时"指的是外来或内生的新理念的形成，"地利"是说

---

① 《无锡申新三厂殴驱技师志详》，《荣德生与企业经营管理》下册，第674 – 675页。
② 《新闻报》1925年4月25日。

具备实行变革的物质条件，"人和"则是组织上下对变革需求的高度统一。新派职员对于普通工人的"苛刻"，让改革失去了民意的支持。于是，改革不可避免地走向了失败。

申新三厂工潮事件的消息传到了上海。5月8日，上海总工会委员长、中共上海区委工委书记李立三（化名李成）率领调查团来到了无锡。

李立三等人勘查了被捣毁的车间、办公室现场，去医院看望了受伤的人员。然后，又到附近的工房里和工人一起开调查会。李立三还同副经理荣尔仁和总管薛明剑进行了长时间的恳谈。薛明剑力陈振兴实业、富国强民的重要，详细地列举了封建工头制不合理的种种情形，并且递上了"废除封建工头制实行科学管理计划"和"建立工人自治区计划"两份建议书。最后，他对李立三说："工头制已经落后，实行科学管理乃是世界潮流，这不仅是工厂生产管理的必由之路，也有利于保护劳工的根本利益。申新三厂的问题，只是新职员工作没经验、操之过急的问题，其实与新的管理方法关系不大。"

27岁的李立三一副书生模样，此时已对申三的工潮有了一个全面的了解，他坚定地站在改革派的一方，对荣尔仁和薛明剑郑重地说道："总工会完全站在工人一方，维护工人的利益。经过调查，我们确认申三事件不属于工人运动，而是工头闹事。上海总工会不予支持。"

李立三走了，工潮也平息了，但申新三厂无奈地进入了一种管理制度"新旧并存"的阶段。

## 荣宗敬速度

李立三这名字，对于荣氏兄弟来说并不陌生。

这一年五六月间，上海爆发五卅运动，举行抵制日货大罢工，并迅速波及全国。这一运动曾给了荣宗敬极大的希望，也获得了工厂起死回生的利益。但在商言商，他不能忍受长期的罢市，所以提出了华商纱厂单独复工的建议，与领导罢工的上海总工会闹得很僵。总工会所提六项复工条件，被荣宗敬断然拒绝，申新二厂还与工会方面发生了流血冲突，而这次工潮就是李立三和刘少奇两个湖南人发起并领导的。

5月15日，上海日商内外棉七厂借口存纱不敷关闭工厂，停发工人工资。工人顾正红带领工人冲进厂内，要求复工和开工资。日本资本家向工人开枪射击，打死顾正红，打伤工人10余人。5月30日上午，上海工人、学生2000多人分组在公共租界散发传单，进行讲演，揭露日商罪行。租界当局大肆拘捕学生，引发更大规模的游行，英国巡捕房公然开枪，当场打死 13 人，重伤数十人，制造了震惊中外的"五卅惨案"。

从 6 月 1 日起，上海全市开始了声势浩大的总罢工、总罢课、总罢市，相继有 20 余万工人罢工，五万多学生罢课，公共租界的商人全体罢市，连租界雇用的中国巡捕也响应号召宣布罢岗。运动迅速影响到全国，一场轰轰烈烈的抵制外货运动在全国范围内展开。

在运动爆发之初，共产党人李立三、刘少奇等人领导成立了上海总工会。在政治上已经觉醒的上海工人阶级，正是在总工会领导下展开了集中的有组织的抗争行动，发挥了中流砥柱的作用，并开始在中国的政治舞台上崭露头角。同时，这一运动还将国民革命推向高潮，为随后的北伐战争准备了群众基础。正如工人运动领袖邓中夏所说："五卅运动以后，革命高潮，一泻汪洋，于是构成一九二五至一九二七年的中国大革命"。[1]

五卅运动的爆发，除了政治因素之外，究根结底还有着深远的经济背景。

一战结束后，欧洲农业生产渐恢复其战前水平，中国面粉出口减少。而美洲各国农业丰收，所产麦粉纷纷转销中国，占领了中国南方市场。华北、东北地区又有日粉不断涌进。1921 年，全国外粉输入总量是 75.67 万关担；1922 年增至 360.9 万关担，输入量已恢复并超过了战前水平；1923 年输入面粉数高达 573.8 万担。[2] 与此同时，国内政局不定，军阀之间混战频频，田地荒芜，小麦歉收，加之交通不便，运输困难，一时形成麦贵粉贱的局面，民族面粉厂产销量骤减。上海各面粉厂 1922、1923 年的销售量仅及生产能力的 28.2% 和 33.9%，同一时期，福新一、三、七厂的面粉产量，也只有生产能力的 38.4% 和 52.7%。1922 年茂、福新各厂无不出现亏损，共约亏损 50 万元；1923 年茂新系统继续亏损，福新各厂略盈，盈亏相抵，仅余 2 万多元。[3] "茂三因原料、销路两缺，遂停工。福新二、八亦不全开，四停工改良。"[4] 荣家从五四运动以来在面粉业上血脉贲张的扩张热潮，仅仅持续了短短的两三年光景，就戛然而止了。原打算兴建福新九厂，已买进吴淞蕴藻浜地皮 68 亩，并意欲再购，就因当时粉业生产经营困难而中止。"凡此数者，有一已足制粉业之发展，今兼而有之，其何能淑！此后粉

① 上海社会科学院历史研究所：《五卅运动史料》（第一卷），上海人民出版社，1981 年，第 58 页。

② 《荣家企业史料》上册，第 165、169 页。

③ 许维雍、黄汉民编：《荣家企业发展史》，人民出版社，1985 年，第 54 页。

④ 荣德生：《乐农自订行年纪事》"1923 年条"，第 93 页。

业又入盛极而衰时期。"①

同样"在劫难逃"的还有棉纺业。一战后，日本国内棉纺织业的发展已趋饱和，而中国的棉纺织业却异常繁荣，日商加紧向中国出口棉纱棉布，质优价廉的日产棉纱棉布抢占中国市场份额，给中国棉纺织业以严重冲击。更严重的是，日本在第一次世界大战时订购的大批纺机械正值此时交货，许多设备在日本已无立足之地，转而搬来中国设厂。1921 至 1922 两年内，仅上海一地就"设立东华、大康、丰田、公大、同兴和裕丰等六个公司"，"更增设华东第二、日华第三、上海纺第三、内外棉第十二、十三等五个纱厂及内外棉一个布厂，日阀对中国纺织业投资至此便立下了强固的基础。"② 以上海而论，1919 年日商纱厂有 10家，1920 年增为 22 家，1921 年又增至 24 家，包括英商纱厂在内，纱厂的家数和拥有的纱锭、布机数都远远超过华商纱厂。③ 1925 年，日本在上海的纱厂拥有纱锭 99.8 万枚，占全市纱锭总数的 52%。④

日本棉纺织业向来以美棉、印棉为大宗原料，随着在华日资纱厂的增多，开始大量搜购华棉，导致棉花供不应求，价格扶摇直上。1922 年后，我国出现了连续四年之久的所谓"花贵纱贱"的局面。申新一厂每件纱的总成本中棉花成本所占比重逐年上升，1921 年占 78.5%，1922 年和 1923 年分别上升到 80.6% 和81.7%。⑤

日资纱厂不仅资本、技术优于民族纱厂，还享有民族纱厂所没有的"三联单"特权。"三联单"只适用于出口的土货，日商采办棉花并不出口，但仍利用"三联单"避免内地关卡重征。而华商纱厂采办棉花必须交纳重重捐税，而且交通因战事受阻，运输费时。

在重重竞争压力之下，华商纱厂在五四运动后经历了一个短暂的高潮期，又迅速下落，全面出现亏损。荣家企业的发展也受到很大的挫折，申新一至四厂1923 至 1924 年两年亏损达 1300 余万元。⑥ 上海华商纱联合会致各厂通告中就曾惊呼："今年入秋以来，纱价之疲，销行之滞，为数年来所未有。"⑦ 当时不少刚刚发展起来的民族纱厂纷纷倒闭，1924 年上海有八家华商纱厂招卖，"为中国棉

---

① 《荣家企业史料》上册，第 165 页。
② 严中平：《中国棉纺织史稿》，科学出版社，1955 年，第 176 页。
③ 上海市棉纺织工业同业公会筹备会：《中国棉纺统计资料》，1950 年。
④ 中国社会科学院近代史研究所：《日本侵华七十年史》，中国社会科学出版社，1992 年，第 231页。
⑤ 《荣家企业史料》上册，第 146 页。
⑥ 《荣家企业史料》上册，第 154 页。
⑦ 《华商联合会季刊》第三卷第四期，1922 年 10 月。

业史上空前所未有之象"。① 棉贵纱贱、工厂亏损，虽然与"去年棉收略歉，与国内兵匪扰攘、棉纱之销路不振，不无关系"，但主要的原因是"日人之垄断耳"。② 五卅运动一开始，民族工商界就敏锐地察觉到了其中的机遇。荣宗敬在所办 16 家纺织厂、面粉厂中发起成立国货会，要求全体员工一律遵行会章，不购外货而用国货。他专门发表《提倡国货宣言》，指出"苟能持以恒心，守以毅力，庶几舶来品绝迹，国货得以推行。"并旗帜鲜明地宣布："爱国不在空言而在实践，御侮不在一朝而在平时"，"如有不同意见或阳奉阴违者，虽与个人之人格有关，鄙人亦不敢引为同调，愿与同仁共勉之。"③ 荣德生也将申新三厂端午节筵席费用捐助给上海罢工工人。

五卅运动以后的几个月，抵制外货之运动更趋白热化，对中国纺织业产生了巨大影响。各国对华输出，纺织品为常年总数的 30% 左右。但 1925 年较上年毛纺品下降 19.34%，④ 洋布（上海）下降 12.34%。⑤ 日货的处境极其艰难，自 2 月至 7 月，上海日本纱厂 57 万纱锭全部停产，共减产棉纱 7.56 万件，棉布 1.2 万件⑥。加上各报关行又拒绝报运英、日厂家产品，更让洋货雪上加霜。

洋纱进口的减少，使得呆滞不畅的民族棉纺织产品顿时活跃，民族工商业又出现了繁荣景象。《银行周报》刊文称："国纱市况较俏，虽为时不久，然关系甚巨，故去年棉业，就过去最近之数年论，似有否极泰来之势。""五卅案以后，抵制日、英货甚盛，国纱市情乃大俏。"⑦《纺织时报》亦载："五卅惨剧发生，提倡国货，不遗余力，于是呆滞不动之本国布顿见活动……如能趁此机会，努力增加出产，平价推销，前途实大有希望也。"⑧

荣宗敬是一位激情奔放的民族主义实业家，曾说："工厂不管好坏，只要有人肯卖，我就要买。我能多买一只锭子，就像多得一支枪。我虽没有钱，人家肯欠给我，我就要借。"⑨ 他发展工业的目的乃为"杜侵略"、"抵外货"⑩，即便财

---

① 《荣家企业史料》上册，第 173 页。

② 《荣家企业史料》上册，第 144－145 页。

③ 《荣家企业史料》，第 185－186 页。

④ 中国社会科学院经济研究所：《上海民族毛纺织工业》，中华书局，1963 年，第 47 页。

⑤ 《上海市棉布商业》，1979 年，第 102 页。转引自张耀良《1925 年上海抵货运动的得失》，《吉林大学社会科学学报》，1988 年第 5 期。

⑥ 许维雍、黄汉民：《荣家企业发展史》，第 67 页

⑦ 《荣家企业史料》上册，第 173 页。

⑧ 《荣家企业史料》上册，第 173 页。

⑨ 薛明剑：《协助荣德生办理申新三厂的回忆》，《薛明剑文集》上册，第 553 页。

⑩ 荣宗敬：《振兴实业 发展经济 以惠民生计划书》，《中国民族工业先驱荣宗敬生平史料选编》，上海商业储蓄银行文教基金会编，广陵书社，2013 年，第 50 页。

力不及，也设法为之。尽管荣氏尚未从亏损中完全走出来，但荣氏仍然利用这一难得的契机，再一次走上了"徐图扩充"的道路。

但是，荣宗敬的想象力再丰富，也确实没有想到第一个想把纱厂卖给他的人不是别人，而是棉纱业的领头羊、华商纱联会合会会长穆藕初。

穆藕初

穆藕初，名湘玥，祖籍苏州，出生于上海浦东。早年曾入棉花行当学徒，1909年夏赴美国，先后在威斯康辛大学、伊利诺斯大学、德克萨斯农工专修学校学习农科、纺织和企业管理等。学成归国后于1915年与胞兄穆湘瑶共建德大纱厂，自任经理。他曾几次拜访过被后人尊称为"科学管理之父"的泰罗，是唯一跟这位伟大的管理学家有过切磋的中国人，1916年11月上海中华书局出版了他翻译泰罗的名著《工厂适用学理的管理法》，并将该管理法在厂内推行。此后，他创办了上海厚生纱厂、郑州豫丰纱厂，分别任总经理及董事长兼总经理职。1920年，又与荣宗敬、聂云台等人发起组织上海华商纱布交易所，被推为理事长。

他留过洋，所创办的纱厂无一不是设备先进、管理科学，厚生纱厂更是作为民族纺织行业新建工厂仿效的样板。但即使是这样的工厂，也难抵日货的竞争，到了二十年代初亏损累累，被逼到悬崖边上。董事会对于他所提出的解决方案拖延不办，穆藕初只得宣布辞职。壮志难酬，他在日记中曾留下这样一段话："信仰可为行事之标准，凡深信一事必须如此者，必能力行勿怠。"[1] 他还痛心告诫儿子："希望你们今后不要搞工，学经济。"[2]

4月，荣家以60万元买下了穆藕初的上海德大纱厂，改名申新五厂。当时，德大纱厂有纱锭近2.9万锭，采用西方的先进管理模式，但也难抵日货的竞争，以致亏损累累。

荣德生主张收缩地盘，却并不反对在有利条件下扩大企业。收买德大纱厂，他是赞成的。他在《乐农自订行年纪事》中记道："德大欠款六十万，被债权人

---

[1] 唐国良主编：《穆藕初——中国现代企业管理的先驱》，上海社会科学院出版社，2006年，第64页。

[2] 唐国良主编：《穆藕初——中国现代企业管理的先驱》，第8页。

以六十万拍卖，归钱庄经营，以六十五万售与我处，遂改名申五。余去看，真便宜，老厂一万八千锭，新厂一万锭，尚未开工。"①

德大纱厂正式接收后不到一个星期，工厂已部分开工，不到一个月原有纱锭全部开齐。由荣德生长子伟仁主持抽调力量对旧机器逐步加以改进。原有纱机经过重新排列和配套改造，16 支纱的日产量由原先的 80 件增至 120 多件，

上海申新五厂

并增纺 32 支、42 支细纱。加上添置双线机，日出 42 支双线 20 多件。

一个月后，荣氏兄弟又携款北上，租办常州纱厂，暂名为申新六厂。这家纱厂于 1920 年 3 月创设，荣德生曾入股两万元，由于难敌外纱已经停产。荣氏租办后，即派余锺祥带领一班新派职员前去接收，锐意整顿，不足一月就将 1.8 万纱锭全部开齐。

是年，申新系统棉纱产量达到 9.7 万余件（申五刚建立，产量未列入），棉布产量近 9.8 万匹（申四布厂于次年建立，缺少申二数据），都创下了新的记录，而且各厂均有盈余。②

租办的常州申新六厂

在面粉业，1925 年 1 月，上海福新一厂失火烧毁。由于该厂是荣氏面粉业在上海的发祥之源，荣氏不忍工厂名号消亡，于是将福新三厂改名为福新一厂，福三暂时空缺。同时，为汉口福新五厂添购机磨 16 部，扩建新厂房，次年投产，日产面粉增至 11200 包，股本金增到 100 万元。

是年，荣氏面粉业的盈利大幅增长，达到 284 万余元。有了实力，荣氏兄弟在第二年 5 月就又以 60 万元收买兴华制面厂，改为福新三厂，补了福三之缺。

---

① 荣德生：《乐农自订行年记事》"1923 年条"，第 93 页。

② 《荣家企业史料》上册，第 175 页。

1926 年初，无锡茂新二厂、三厂的厂房、机器也在一场大火中烧毁，荣氏兄弟趁着面粉业良好的形势，立即在原址重建茂新二厂，装置美制新式钢磨 18 部，日产面粉一万包。茂新三厂未复，后附于一厂名下。

当然，在兼并、新建工厂的同时，荣氏旗下原有的工厂也没有放慢添机增产的步伐。荣宗敬经常说："茂、福、申新各厂得力于：造厂力求其快，设备力求其新，开工力求其足，扩展力求其多。因之，无月不添新机，无时不在运转，人弃我取，将旧变新，以一文钱做三文钱的事，薄利多做，竞胜于市场，庶几其能成功。"①

"造厂力求其快"，这就是中国企业史上独具魅力的"荣宗敬速度"。

在五卅运动中，还值得一书的是，荣宗敬敏锐察觉日元汇率走势，打了一场漂亮的日元阻击战，上演了"投机"捞了近 400 万日元的故事。

1927 年重建的茂新二厂

五卅运动"火势"愈演愈烈，有着强烈金融意识的荣宗敬预感到日元汇率会走低，于是大做空头，大量抛售日元。不出所料，短短数天时间，6 月 5 日，日元对银元比价已降到 1：0.72，一星期内下跌 23%。荣宗敬不动声色，一连几天大量抛售日元，逼迫日元汇价狂跌不止。到了 6 月 15 日，日元对银元又跌至 1：0.5。

关键时刻到了，荣宗敬当机立断，立即"空翻多"，吃进 200 万日元。果真，日本银团出面维持，日元回升了，从最低点的 1：0.48 上升到 1：0.75。但荣宗敬断定日元回升不过是徒劳，他决定改变手法，变"暗箱"操作为公开操作。他让下属继续公开抛售大量日元，同时派人制造各种"日元必跌"的舆论。一时间连上海各银行、钱庄、欧美商人及银行大量抛出日元，外汇市场上日元一日不如一日，汇价再次急剧下跌，远期日元汇率竟跌到 1：0.35。

此时荣宗敬杀了个回马枪，孤注一掷，动用全部资本购进远期日汇（期限为 6 个月）。为了筹得巨额资金进行这次规模空前的日汇投机，荣宗敬大量售出积压的粉、纱存货，并不惜以低价抛出远期栈单。荣宗敬此举冒着极大的风险，如

① 李国伟：《荣家经营纺织和制粉企业六十年概述》，《文史资料选辑》第七辑，中华书局，1960 年，第 35 页。

果失败就会倾家荡产。所幸，荣宗敬这次成功了。半年后日元汇价逐步上扬，荣宗敬按照新的比价兑回到期的日汇。几轮卖空买空，荣宗敬几乎净赚400万日元，一举还清了向日本东亚兴业株式会社借的350万日元，而曾经出面维持日元汇价的几大日本银团在此役中损失最少的也达37%。

一把长期悬垂在荣家企业头上的利刃消除了。

而有些民族纱厂却没有荣氏那般"幸运"。上海的宝成纱厂一、二厂也曾向日本东亚兴业会社借款50万日元，利息12%，到期因无力偿还债务，被日方拍卖，遭受同样命运的还有汉口第一纱厂、上海统益一二厂、上海三新纱厂。①

令荣氏兄弟兴奋的，还有申新三厂的改革终于取得了突破。起初，申新三厂的工头制改革在工潮中归于失败，下一步改革的方向在哪里？薛明剑明白："在我们则认为，什么都可以牺牲，惟技术则非改良不可。因技术不改良，不能对外竞胜和立足。惟过去茫然招聘技术人员，来了改良技术，语言既不相通，人事又多隔阂，既不能和衷共济，收到通力合作之效，又不能达成改革技术的目标，当然也不能通行。"②"虽承厂当局多方维持，得以相安无事，但要改革其已深之积习，仍属势所难能，不得已单就技术方面之可改者改之，人事问题只好暂置不问。"③

在汪孚礼的帮助下，薛明剑制定了一个三年计划，在公益工商中学中加紧培训新型职员。这些新职员通过培训后，逐步被安排到各部门技术管理岗位上去。这批学生都是本地人，与工人的关系比较融洽，有"人和"之利，推行起来比"借才异地"顺当。在取得荣德生的支持后，对旧工头逐步实行自然淘汰的方式，1927年沈富生年老病倒，由资方每月给他30元津贴，退出了管理班子；王阿宝抽鸦片夜夜住堂子，权力被削弱；电气间的工头则全数留下，照发工资，但不再上工，迫使工头自动离厂。

除了人事措施之外，申新三厂在工潮之后所保留下来的"论货工资制"，也成了改革最终得以到位的重要原因。从经济学理论而言，这或许是最为关键、最为重要的因素。

早期的无锡民族工厂主要实行论工制度，即计日工资制。这种工资制度，根据不同工种的劳动难易程度和强度，以及工人受雇时间的长短，以一个工作日为单位计发工资。论工制较为简便易行，利于资方延长工人的劳动时间。但是这种

①　严中平：《中国棉纺织史稿》，第180－181页。
②　薛明剑：《我参加工业生产的回忆》，《薛明剑文集》上册，第514页
③　汪孚礼：《申新纺织公司过去的回顾和今后应取的方针》，《纺织周刊》第二卷第十期，1932年。

申新纺织公司职员养成所毕业证章

工资制度的弊端也是显而易见的，易"使勤勉诚笃之人与怠惰狡猾之辈同一报酬，遂使工人养成偷逸劣性。"① 所谓论货制度，就是计件工资制，即按生产产品的数量计付工资。这一改革意义重大，"论货之优点，在能激励劳工，增加制产，绝无偷闲之弊。"② "厂主于工资之外，可于同一之开支，得多数之制品，而单位制品之担负可轻，盖于工资之外，亦可求原价减少之道。"③

工资制度的改变，进一步减弱了工人对工头的依附，工人勿需依赖工头，其与工头关系不再影响工种及工薪标准。根据美国学者迈克尔·布若威的研究，计件工资制度带来的结果主要是"资方—工人的冲突已经减轻，而个人主义也已增加"。④ 工头制，慢慢失去了生存的"土壤"。

至1927年，申新三厂的改革终于取得了成功，工头制正式退出舞台。时人评论道："厂内工程管理，多由工程师、工务主任、公务员等任之，已无文场武场之别。权责既一，纠纷自少，虽尚未达科学管理及工作合理化之阶段，而于论工论货工资之厘订（并条、粗纱论亨司，细纱论木棍及重量计算工资），以及工人之训练考核（招募生手工，由教师就指定机台，专事训练按期考试），均有相当改进。"⑤ 在此前"半改革状况"的两年多时间里，申新三厂的生产效率仍有一定的提高。1923年每锭的日产纱量为0.75磅，1925年增至0.86磅，增长14.5%。⑥ 改革的到位，使得这一数据在二十年代末提高到一磅以上，达到日商纱厂的水平。生产每件纱的费用开支由以前的40元降低为21.16元，在申新各

① 薛明剑：《工场设计及管理》，《薛明剑文集续编》下册，凤凰出版社，2007年，第603页。

② 薛明剑：《无锡劳工概况》，《薛明剑文集》下册，第875页。又见薛明剑：《工场设计及管理》，《薛明剑文集续编》下册，第604页。

③ 薛明剑：《无锡劳工概况》，《薛明剑文集》下册，第875页。又见薛明剑：《工场设计及管理》，《薛明剑文集续编》下册，第604页。

④ 【美】迈克尔·布若威：《制造同意——垄断资本主义劳动过程的变迁》，李荣荣译，商务印书馆，2008年，第66页。

⑤ 朱仙舫：《三十年来中国之纺织工业》，《三十年来之中国工程》（上），周开发编，京华印书馆，1946年，第329页。转引自陈真编《中国近代工业史资料》第四辑，生活·读书·新知三联书店，1961年，第286页。

⑥ 许维雍、黄汉民：《荣家企业发展史》，第77页。

厂中为最优；每万纱锭配用工人由以前的 450 人减少为 270 人。① 工厂经济效益由 1923 年的亏损 23.3 万元一跃而为 1928 年、1929 年的获纯利 78.4 万元和 90.1 万元，分别占申新系统七个厂利润总和的 43.0% 和 30.2%。②

荣德生用自己的文字记下了改革给企业带来的变化，欣慰之情溢于纸表。

（申三）场中管理制度日臻完善，秩序井然，自经理、副经理、工程师、总管、副总管、双领班、单领班，以至各车间分班人员，一切分工负责，均有统系，收付皆有手续，进料、办花与售出纱、布、废花，皆有专人负责，使无流弊。申新各厂在未改进前，只想为自己打算，不知树立方针，建立制度；改进以后，有了竞争心，逐渐革新整顿，颇多仿照申三办法。③

身为荣家企业掌舵人的荣宗敬，并无受过多少近代正规教育，但通过申新的改革实践也深深体会到了推行科学管理的重要性。1931 年 4 月 18 日，中国工商管理协会召开第六次聚餐讨论会，荣宗敬在讲演中大声疾呼："纺织、面粉两业，关系我国社会经济至巨，年来与日、英、加拿大诸国竞争，日见剧烈，艰难备尝。推其原因，则税项负担过重，交通梗阻，运费过昂，原料品质不佳，工厂管理不合科学方法，实最为重要。挽救之策，端在改良棉产，减轻捐税及运费，并励行科学管理数端。"④

## 永泰迁锡

1925 年，身在上海的薛南溟也不得不面临一个新的抉择：迁，还是不迁？

起因是永泰丝厂同陆姓所订的土地租赁契约即将三十年满期，而陆姓要求收回土地，自建市房出租。同时，上海工部局又禁止在租界热闹地区开设丝厂。永泰丝厂该往何处去？是留在上海？还是另择厂址？薛南溟左右为难，一时坐立不安。

考虑再三，薛南溟还是决定将永泰迁回家乡无锡。这一年冬天，他在无锡南门外日晖桥永泰隆茧行内划出一部分空地，再在毗邻购进一部分土地，共计 20 余亩，开始建筑厂房。第二年 5 月，厂房建成，永泰丝厂的全部机器设备拆迁无锡。

---

① 许维雍：《略谈旧中国申新纺织公司的管理与改革》，《经济学术资料》1982 年第 5 期。
② 《荣家企业史料》上册，第 218 页。百分比为计算所得。
③ 荣德生：《乐农自订行年记事》"1937 年条"，第 130 页。
④ 《荣家企业史料》上册，第 260 页。

在此之前，薛南溟已经在无锡有了四家"薛记"缫丝厂：锦记、隆昌、永盛、永吉。1912年租下无锡西门的锡经丝厂，改名锦记丝厂。第一次世界大战期间的1916年，薛南溟出资5.2万两买进在亭子桥的隆昌丝厂，1918年又出资5万两在亭子桥建造永盛丝厂，两年后又出资4.8万两在永盛丝厂旁建造永吉丝厂。其中，隆昌、永盛、永吉三家丝厂为出租给别人经营的"营业厂"，专收车租。随着永泰的迁回，薛南溟一跃成为无锡地区缫丝业的"执牛耳"者。

对于永泰迁锡，并非薛南溟的一时心血来潮。目光深邃的他对于工厂迁回无锡的"利好"完全了然于胸。

无锡是蚕茧的优质高产地区之一，"每岁蚕茧产量，甲于东南"①。无锡不仅产茧量高，而且蚕茧品种优良。工厂使用改良种茧每担生丝仅需用茧400斤，比土种茧可节省用料100 - 200斤。更为重要的是，无锡又是华东地区蚕茧集散中心地和最大的干茧市场。"自铁路通轨以来，如江阴、宜兴、靖江、武进各路干茧，无不堆存锡地应市求售。"② 二十年代后期，无锡茧栈约有十三至十五家，储量达35万包（每包60斤），相当于江苏全省的年产茧量。③ "今则不特无锡之余茧一概堆在无锡茧栈，即宜兴、溧阳、常州、江阴等处之干茧，亦大半寄存锡栈，故无锡丝厂可以在锡随时向囤户购进，而上海厂商反将来锡办货矣。"④ "每年茧期，特别是六七月份，本县农村和全省各地，乃于浙北、皖南、山东等地运锡干茧合计达二十万担，其中又有约十万担运往上海。"⑤ 地处蚕茧市场，原料取给方便，丝厂比上海的丝厂可早收到蚕茧半月至一个月，这段时间差对于竞争性和投机性都很强烈的缫丝工业来说，其意义不同寻常。同时，无锡丝厂还可以在每年春、夏、秋三季新茧上市时，将鲜茧略烘三四个小时，制成"半烘茧"，随即上车缫丝，这种茧子出丝量比一般干茧可多出4%—5%，这也是远离产茧地的丝厂所无法享受到的利益。

无锡丝厂的税负、运输费用也较上海为轻。据1924年的调查，无锡地方政府规定，干茧一担征厘金税8元。如以生丝为准交纳厘金，则按干茧460斤制成生丝一担的标准纳税，折算下来一担厂丝运往上海只要交厘金36.8元。当时缫制厂丝一担约需干茧600斤左右，如果把制成一担生丝所需的干茧运往上海则需

---

① 《工商半月刊》第一卷第十八号，1929年9月。
② 《锡报》1923年4月1日。
③ 高景岳、严学熙编：《近代无锡蚕丝业资料选辑》，江苏人民出版社、江苏古籍出版社，1987年，第53页。
④ 高景岳、严学熙编：《近代无锡蚕丝业资料选辑》，第108页。
⑤ 高景岳、严学熙编：《近代无锡蚕丝业资料选辑》，第94页。

纳厘金 48 元。仅此一项，无锡丝厂的生产成本就比上海降低 11 元。这项成本差到 1928 年又扩大到了 16.93 两。[1] 再如，就运输费用来看，由于蚕茧体积远远大于生丝的体积，运送生丝的费用比运茧低得多。据估计，仅这一项就使无锡丝厂的成本每担比上海丝厂少 30 两。[2]

早期丝厂均靠手工操作，而无锡当地劳动力的价格较为低廉，丝厂女工来源较广，工资也比上海要低。据 1920 年《新青年》月刊五月号"劳动调查"记载：无锡丝厂日工资很低，清丝工四角八分，缫丝工三角八分，打盒工工资最低仅八分，女工每天工作时间为十三小时。而且丝厂工人住在城里或近郊，上工方便，出勤率高，可以减少空车，增加产量。无怪乎有人指出：在无锡办厂"人工较低廉"，由此"所占格外利益，驾乎上海之上。"[3]

另外，无锡地区水源丰富，太湖水质优良，适宜缫丝之用。上海丝厂距河道太远，且受潮水影响，河水浑浊，不堪应用。使用自来水，自然增加生产成本。

永泰丝厂顺利迁回无锡，对于时年 64 岁的薛南溟而言，选择接班人又已然迫在眉睫。

薛南溟生有三个儿子：育津、汇东、寿萱。1924 年薛南溟在无锡南门外芦村一带购地 200 余亩，与北洋政府要人周自齐、周学熙等合资 300 万元，向德商西门子洋行赊购机器，筹建无锡太湖水泥公司。具体的事务落实到长子薛育津身上。机器运锡后，除薛氏拿出部分股金以及向银行借款购地造屋外，北洋政府的主要股东却因当时政界风云骤变，均未缴纳股金，而钱庄又纷纷追索欠款，水泥公司被迫停顿"搁浅"。

薛南溟一时捉襟见肘，唯恐永泰受到牵连，乞求意国领事馆庇护，将永泰改为永泰公记丝厂，挂上意大利国旗，并请意大利商人阿米大理（阿米达纳）任挂名经理，月支高薪几百元，不问厂务。最终，还是亲家荣宗敬出面联络，将水泥公司所购机器转售他人，才勉强渡过了难关。不过，这一折腾让薛氏损失不小。永泰丝厂的最大功臣徐锦荣惊恐不已，恐累及自身利益，即要求拆伙，除仅保留一万元左右外，其余绝大部分的股金、盈余所得以及存款八万余元均被提走。1925 年 9 月，徐锦荣在上海病故，永泰、锦记两厂经理都由薛润培担任。

太湖水泥公司投资失败，让薛南溟对长子失去了信任。再看其他两个儿子，

① 蚕丝业同业组合中央会著：《支那蚕丝业大观》，东京，冈田日荣堂，1929 年。转引自单强著《工业化与社会变迁——近代南通与无锡发展的比较研究》，中国商业出版社，1997 年，第 213 页。

② 蚕丝业同业组合中央会著：《支那蚕丝业大观》，东京，冈田日荣堂，1929 年，第 366 页。转引自《工业化与社会变迁——近代南通与无锡发展的比较研究》，第 213 页。

③ 汪敬虞：《中国近代工业史资料》第二辑下册，科学出版社，1957 年，第 689 页。

永泰丝厂厂门

次子薛汇东热衷于体育事业，无意于工商，只有三子薛寿萱是理想的接班人。薛寿萱是荣宗敬的女婿，早年就读于苏州东吴大学附中，1925年刚从美国伊利诺伊州州立大学毕业回国。在美期间，薛寿萱系统地学习了西方现代管理理论，成了乃父眼中唯一可信托的继承者。

1926年永泰丝厂迁锡时，薛南溟即以熟悉业务为名，让薛寿萱到厂问事。在永泰迁厂工作完成后不久，薛寿萱正式担任永泰及锦记等厂的协理。此后，薛南溟不再直接过问厂事，直至1929年1月6日因病逝世。

这是受过西方教育、综合素质迥异于上辈的一代人。薛寿萱接手之时，永泰因有名牌生丝开路，销路不错，利润也丰厚，在国内同行业中一骑绝尘，在国际上也享有盛誉。在永泰丝厂迁回无锡的前几年，也就是1921年冬，江、浙、皖丝茧总会委派永泰丝厂经理徐锦荣等14人，包括无锡锦记丝厂三名青年女工代表中国丝业界携带蚕种、蚕茧、生丝等样品，到美国纽约参加第一届万国博览会。中国缫丝女工在纽约当众技术操作表演七天，受到欧美各国与会者的一致好评，"金双鹿"丝还获得博览会金象奖。1923年9月出版的《江苏实业月志》第54期上记载：第一次丝赛，凡中国与赛代表，即缫丝女工，美商欢迎之意，日商诚未可相提并论。1926年4月5日出版的《无锡杂志》（蚕业号）也记载："五年前，纽约举行万国博览会时，吾江、浙、皖丝茧总会曾派代表，携带出品到会陈列，并令女工亲往表演缫丝工作，颇受彼邦人士欢迎，并谅解某国人从前宣传我国蚕丝工程恶劣之不确。"

但是，放眼望去，永泰丝厂隐忧同样存在：设备陈旧，管理不及日本企业，虽然能生产高级名牌丝，但不是靠先进的设备和技

青年薛寿萱与夫人及长子

术，而主要靠牺牲"缫折"和加强劳动强度，这些强制措施很容易面临极限，无法扩大产量。而主要的竞争对手日本尽管机械缫丝比中国晚上四年，但由于政府的鼓励和经营者的努力，不断地改进蚕桑和缫丝的技术，生丝的产量质量与日俱增。第一次世界大战后，美国成为世界上最大的生丝消费国，对生丝的匀度要求甚高，日本已按匀度要求对生丝标准做了改进，而中国生丝仍旧以纤度为主，所以只适销欧洲，难以进入美国市场。如果不能迅速向先进水平靠拢，那么永泰在国际上的竞争力终将逐步丧失，薛寿萱清晰地认识到了这一点。

这也许就是古人所说的"居安思危"或"未雨绸缪"吧。在花团锦簇背后寻觅到笼罩着企业的阴影，对薛寿萱这位新潮人物来说，不但难能可贵，而且为日后的纵横创业找准了突破口。

## "西装取代马褂"

庆丰刚刚开张三个月，唐保谦就迎来了人生的一大打击——长子肇农不幸病逝。唐保谦生有三子：长子肇农、次子星海、三子晔如，其中次子唐星海早年过继给了早夭的四弟。虽然依旧生活在同一个大家族中，但按照乡村规矩，唐星海也可以说已经不再是唐保谦的直系财产继承人。也正因为这一点，为唐保谦一系日后家族财产管理与分配带来无穷困扰。三子之中，唐保谦最喜欢也最器重的是长子唐肇农。唐肇农精明持重，又善交际，但谁也没有想到，年纪轻轻的他却不幸死于伤寒。沉重的打击，几乎使唐保谦难以自持，可工厂总不能放下，只得召回在外读书的两个儿子。

这两封电报的内容意味深长，打给在上海读书的唐晔如，让其"立即弃学返锡"，而唐星海此时正在美国，他接到的电报是"学成之后立即回国"。很明显，前者急切，后者相对舒缓。当时，唐晔如正在上海大同大学读书，本科尚未毕业。而唐星海从清华学校毕业后，来到美国麻省理工学院已经三年，学业接近完成。

爷奶疼长孙，父母爱小儿，唐保谦也没有例外。对于一直在自己身边长大，几乎没有远离过家乡的小儿晔如，唐保谦有一种发自内心的溺爱。

在清华学校读书时受政治因素的影响，唐星海热衷于学生运动。在五四运动期间，作为北京学生代表参加了学生联合会的成立大会。知子莫如父，唐保谦去信对他进行了严厉告诫："你为人太冲，太过自信，不是做官的料。做官的人得八面玲珑，还要难得糊涂，你怎么做得来？日后不许你从政为官，只一心从商，从这方面去承继祖业吧！"

话虽严厉，护犊之情也溢于言表。1920 年，在老父的安排下，唐星海远渡重洋，来到美国进入麻省理工学院就读。

到美国麻省理工学院后的唐星海，少了外界世事的纷扰，开始静心钻研西方现代知识。他不但把枯燥的机械制造学得生动有趣，听说家里的纱厂投入生产，他又主动攻读第二学位企业管理。当时，泰勒管理思想在美国问世不久，主要内容和方法包括劳动方法标准化、制订标准时间、有差别的计件工资、挑选和培训工人、管理和分工。通过反复琢磨，唐星海认定这是增加产量、提高效率的科学方法。

1923 年 10 月的一天，学成的唐星海乘海轮启程回国。

唐星海是满怀激情回国的。他自信，只要一到工厂，父亲就会很重视他。谁知，父亲有父亲的标准，有他自己的打算，只是让他接替去世的长兄肇农总稽查之职，协助六叔纪云和三弟晔如管理庆丰。

唐星海上任伊始，就发现工厂存在不少问题：工头个个拖着长长的辫子，一律长袍马褂疙瘩帽，在办公室抽水烟筒；厂里没有生产技术管理方面的规章制度，车间现场管理松弛、混乱，技术员无权处理技术问题，有关权力都掌握在不懂技术的工头手里；机器设备安装后一直运转到损坏为止，其间从没有维修保养程序……

老牛，破车。这就是庆丰留给唐星海的第一印象。

唐星海

不久，董事会召开。董事长薛南溟对美国留学归来的"世侄"唐星海颇为看重，建议大家听听他对厂子的印象。唐星海直言不讳地指出了这些缺点，并强调庆丰厂 16000 枚纱锭，230 台布机，有 3310 名工人，而在美国同样规模的工厂只需 1000 多人就足够了。

这些话引得董事们议论纷纷，主持厂务的六叔唐纪云尤为反感，但开明的董事会最终作出决议：划出一个车间给唐星海作试验，让他负责改进技术管理，为期一年。

唐星海一头扎在车间，按照在美国学到的泰勒管理管理思想，仔细分析每个熟练工人的动作，将之量化为标准化操作；又优化了生产工艺流程，让整个生产线更加流畅；接着对部分生产设备进行改造，提高运转效率；最后，他亲自进行技术指导，将本车间大部分工人都培训成熟手。这样一番整顿后，唐星海麾下的这个车间，很快形成良性循环，开始高效运转。

一年后，结果出来了：

实验前，纺部车间纺 20 支前罗拉速度为每分钟 156 转；实验后，速度提高为 180 转，棉纱出率相应提高，成本降低。

实验前，织布每个工人只能挡一台布机；实验后，每个工人已能挡四台布机。

实验前，每件棉纱最高只能卖到 180 元；实验后，由于质量提高每件纱可以卖到 180 元以上。

无论是单人、单机的效率，还是单件的价格，都远远超过其他车间。合计下来，全厂数百台布机，近万件纱，效益的提高是不言而喻的。

董事们对试验结果大为满意，把唐星海从总稽查升为副总管兼任纺部工程师。第二年，唐纪云因与唐星海意见不合而主动辞职。临走，他赌了一口气，嘱咐子女："我家日后不得从事棉纺，欲继祖业，唯以毛纺！"

这样一个在怡然自得、小农经济的自给自足思维占据的工厂里，弥漫着封闭保守的气息，忽然闯进了一位对现代管理学有所长、习有所成、锐意进取的青年，其间的不协调是那么明显，碰撞势在必然，而且很猛烈。

西装取代马褂。"海归"唐星海踌躇满志，准备大干一场。

这一回，唐星海面对的不是一个车间，而是整个纱厂。如果说，上一次"新"与"旧"的竞赛，有点像灵活取巧的游击战，那么，这一次，掌握全厂实权的他，需要的是死拼硬打的阵地战，要有敢啃硬骨头的胆魄，还要有把控全局的战略眼光与宽广胸怀。

"忠实勤奋，励精图治。"上任伊始，唐星海就确立了这八字厂训，这不仅流露出他为人处世的原则，也表明了他走马上任后厉行改革的决心。

他首先"大修"了这台"老牛破车"，取消了稽查处，代之以工程师为核心的工务处；取消了总管督办制，而代之以厂长领导制，并自任厂长。下设工务、事务两处，分领三部六科，建立了符合现代企业管理特点的组织架构。

"车"已修饰一新，就需要换"牛"为骏马了。在这方面，唐星海可以说不遗余力、不惜重金。数年间，他以月薪 500 元聘用获美国麻省理工学院硕士学位的骆仰止任纺织总工程师，负责全厂工务；聘用美国科罗拉多矿冶大学学士、麻省理工学院硕士薛桂轮为电气工程师，范谷泉为电机工程师，日商内外棉厂厂长魏亦久任副厂长兼总工程师；聘用东吴大学毕业的吴敬人担任养成所教育长等。当时庆丰厂厂长月底薪500元，而新聘工程师的月底薪迟470－600元。其中，"挖"来魏亦久的代价是10根金条和一栋洋房。唐星海对所聘人员中贡献卓著者，予以重奖鼓励。他就曾送给总工程师骆仰止一幢洋房别墅。[1]

对庆丰旧员，唐星海也不是一概排斥，而是量才使用。对那些经验丰富而又勤恳踏实的人，不仅挽留，而且重用。有一个叫陶心华的，原来只是庆丰的一个普通职员，唐星海发现此人业务熟练，为人忠厚，安排他做了分管财务的副厂长。

同时，唐星海几乎将庆丰以往的规章制度全部推倒重来，制订了一整套非常细密的规章制度，对厂里所有工种的操作以及职工的衣食住行等都作了明确的规定，包括车间机器的保全保养检修维护制度，对各工种工人的操作规定，本厂职员规则，膳厅规则，宿舍规则，工卡制度，请假规定，奖惩制度等。

破"车"修好了，"老牛"换成了"骏马"，还要"笼""套"兼备，驾驭得法，方能快驰远奔。

这"笼""套"就是各种有效可行的制度，至于"驾驭"术，自是科学的、先进的管理方法，在这几方面，唐星海同样倾注了不少心血。他订下了大量的具体细微、切实可行的工厂制度，囊括生产、生活甚至员工们衣食住行的各个方面，其中检查制度尤为严格。由于年深日久，许多具体内容已然缺失。根据有关书籍的整理记载，这些制度有：

"本厂职工规则"。可据实的内容为"应忠实勤恳，操作严谨，摒弃恶习，遵循本厂一切规则。""进出签到时间，送厂长查阅，察其勤惰。""各职员应力戒五点：不许调戏女工，不许吸食鸦片，不许赌博，不许酗酒，不许斗殴"。

"膳厅规则"。强调"一粥一饭来之不易"，对饮食、环境卫生和节约都作了规定。

有关宿舍规则。规定每室须选一名室长，以便管理，各室间有比赛性条款。对女工宿舍另有具体规定，如要求整个宿舍整洁美观，室内包括床上不许堆放杂物，凡暂不用的东西（包括衣物）都须交宿舍管理员统一分别保存于固定的储藏室中，床上的被褥须折叠、摆放得和军营一样整齐雅观。

有关工卡制度。特从美国购进并安装子母钟、计时钟与更钟，要求员工上班时必须"打卡"，即使迟到几分，甚至几秒，也会准确无误地反映出来，与以往

---

① 严克勤、汤可可等著：《无锡近代企业和企业家研究》，黑龙江人民出版社，第177页。

到工房签到，不仅省时省事得多，而且可靠度也大大增强。至于更表的作用，几乎等于几个最忠于职守的监督岗。依规定，厂内巡警夜间巡逻时务须在几个设在厂内偏僻处的更表上打下到达时间，而更表又是装在上了锁的更箱里的，锁上的钥匙都不相同，一锁一个专用，既不得由他人代替，也无一次打好的可能，因此巡警们想偷一点懒也是办不到的。

有关请假制度。此项对职员工人，男、女工都分门别类做了具体规定，如病假，无论职员还是工人请准病假后都有享受工资待遇的权利，但具体职务不同待遇标准也就因之不同；对事假的天数也有各自不同的规定。

"没有规矩，不成方圆"。有了规章制度的明文约束，关键还在于执行，不偏不倚，持之以恒。唐星海经常亲自下厂督促检查各项制度、规则执行情况，几乎成了他每日必行的管理内容。就是后来企业扩大常驻上海，也是不时地亲回庆丰检查。而且严格依规考核，有了成绩，除奖励本人外，对其直接的上司也一并予奖励；对违反制度者，也责问责任者之上司。他情况谙熟于胸，目力又过人，一走一过，或一瞥之间便能察明情况，抓住问题。如果被他发现哪一处不整洁，甚至哪个职员的抽屉零乱，他当即批评，严令整理，触违制度者，则依制处理。而且一个机器的很微小的差异音，哪怕纺纱机有没有落上绒花，一个职员的微小疏忽，都逃不过他的眼睛。

据有关文章记述：

在一次巡视中，一眼发现有个技术员正在车间里背着手悠闲地漫步，他就叫住了这个新来的尚为陌生的人，问过姓名之后又问："你是干什么的？"

回答说："保全保养。"

他就叫那保全保养工把手伸出来给他看看，待看到那是一双雪白的手后，他不高兴地说：

"保全保养要采取跟进式检查，这点你该是学过的。也订有制度。跟进就难免不时地触摸机器，否则不及时发现障碍，等到致使停机，不但会造成机器磨损，而且会影响纺织进度，这些你难道不知道么？"

不知道，这些人怎么能做庆丰的保全保养技工？那人当然回答"知道"。唐星海就语转严厉地说：

"你看看你那双手，像是常触摸机器的样子么？你哪儿像个做保全的！"①

"有什么样的工人，就能纺出什么样的纱，织出什么样的布。"唐星海一向

---

① 《唐星海和"保丰"、"庆丰"》，《中国百年商业巨子》（下卷），柳渝主编，东北师范大学出版社，1997年，第189页。

这样认为，要想纺出好纱，织出好布，制度建立了，还必须有好工人。1930年，他在广勤二支路设立私立无锡纺织人员养成所，专门培训纺织工人。养成所招生对象为高中毕业生，经考试及格后，每个学生还必须有两名铺保（担保人），才能被录取，并须缴纳保证金50银元，毕业后要为庆丰服务满三年才无息发还，其目的在于防止学生毕业后"跳厂"。尽管条件苛刻，但报名者十分踊跃。第一期招考时言明只收36人，因为毕业生在厂里待遇很高，报名者竟然不下千人。养成所聘请当时的纺织、电气工程师以及大学教授授课，设数、理、纺织、印染、电气和企业管理等课程，学制三年。从1930年至1937年八年内，庆丰先后开办了三届棉纺织班，一届漂染班和一期财会训练班（未毕业），共培养150多名技术管理人才，加上多期艺徒训练班培养的人员，为庆丰厂的技术改造提供了大批有用人才。唐星海还在毕业生中选拔了一些人，如陶之谦、关振民等，赴日本留学深造，为庆丰培养高一级的技术人才。又选派过雅言赴上海实习漂染管理，回厂任漂染部主任。后人如此评价："在培养管理和技术人员方面成就最大者当推庆丰纺织厂"，[1] 并把唐星海誉为"泰勒管理思想在中国的最早实践者之一"[2]。

由于唐星海对员工管理严格，加之严格的教育培训，当时无锡普遍流传着这样一句话："庆丰出来的人，无论走到哪里，都不愁没有饭吃。"

对于唐保谦来说，庆丰经营权的更替，似乎有些身不由己。因为性格不同、履历各异等因素的影响，他与儿子唐星海对工厂发展方向、管理模式有着不同的理解，甚至经常争辩。唐星海在经营中的特立独行，导致与叔、弟不和，直至产生牴牾，整个家族因此备受纷扰。但是，唐星海以他的独立果断、讲究效率的办事风格，把庆丰纱厂推向了一个新的高度，这才是家族最大利益。这一切，又令他感到几分欣慰。

当唐保谦顺利完成换代难题之时，周氏企业在两三年前就已经由"少主"接班。

周氏企业的"换代"，来得有些突然，却又是如此的必然。

1923年7月20日夜晚，无锡城南周新镇幽静的小巷，突然在一阵不安中慌乱起来。在这晚，71岁的周舜卿因为肺炎走到了人生尽头。

周舜卿去世后，留给了后人一个庞大的资本集团。他旗下所有商号总资金已在30万元以上，年销售额在100万元以上。拥有的丝车数，在无锡占比为17%，

---

① 严克勤、汤可可等著：《无锡近代企业和企业家研究》，黑龙江人民出版社，第188页。
② 唐齐千：《泰勒管理思想在中国的实践者唐星海》，《世纪》2004年第1期。

仅次于薛南溟父子的永泰企业。

辛亥革命的爆发，让周舜卿没了往日的风光，也让他的裕昌丝厂陷入困顿。他不得不把丝厂出租他人经营。1914 年一次世界大战爆发，中国出口的生丝在国际市场上供不应求，周舜卿见状将丝厂收回，自己经营，历年都有盈余，平均年获利两三万元，1922 年盈利高达 15 万元。在此期间，周氏对丝厂多次增资，裕昌丝厂丝车由 96 台增至 380 台。1920 年，垂垂老矣的周舜卿还投资 4.2 万两，在无锡南门外金钩桥塊开办慎昌丝厂，置有丝车 272 台，商标沿用裕昌丝厂的"锡山"、"金鱼"商标。同期，他还投资五万元在东垟开办筒管厂，以供纺织厂使用。

十年磨一剑，周氏企业终于恢复了昔日的辉煌。

周舜卿病故之后，周氏企业一度仍有所发展。1925 年，周家投资 5000 元开设裕昌米厂。1928 年，长子周肇甫投资五万元，委托慎昌丝厂协理钱凤高在古运河畔通扬桥购地 40 亩，开设鼎昌丝厂。鼎昌丝厂共有意大利式缫丝车 256 台（以后增至 512 部），职工 1280 多名，年产生丝 450 担，在周氏集团内与裕昌丝厂、慎昌丝厂形成鼎足

**鼎昌缫丝厂厂房**

之势。鼎昌丝厂的开设，也提高了周氏企业在无锡缫丝行业的比重。到 1930 年，周氏资本在无锡缫丝行业总资本中虽然仍次于薛氏企业，但占比已经提升到 40%。

这一切，看上去是如此美好，充满着让人兴奋的希望。然而，时势的变化，又让人有些难以预测和设想。

周舜卿创办裕昌丝厂后，长期以张湛华为经理。张湛华虽不是很精明的经营人才，但管理企业兢兢业业，经营以稳健著称。周舜卿去世后，裕昌丝厂仍由张湛华管理。但是，张湛华毕竟年事已高，便将厂中一部分业务交由协理钱凤高协助处理。

三十年代初，资本主义世界爆发了空前的经济危机，国际市场生丝滞销，无锡的丝厂纷纷破产倒闭，周氏经营的丝厂勉力维持，但亏蚀了 400 余万元。

面对突如其来的危机，周肇甫束手无策，自甘沉沦，一味吃喝嫖赌，又染上

鼎昌缫丝厂女工在缫丝

了鸦片毒瘾。每当要花钱时，就以少东家的名义到厂中支取，有一次取款遭到张湛华的拒绝，便破口辱骂，并打了张的耳光。张湛华一气之下辞去经理职务，第二年（1932年）即忧郁而死。

1935年，周肇甫不得不将丝厂抵押给金融机构。1936年1月，又将鼎昌丝厂租给薛寿萱发起组建的丝业联盟——兴业制丝股份有限公司。后来，裕昌、慎昌两厂因抵押期满，周氏无力赎回，被债权团拍卖给他人。

在此前后，钱凤高又在企业抵押借款和赎还的过程中上下其手，把鼎昌丝厂攫为己有。当时同行中流传一句话："老板亏本，伙计发财"，说的是周家企业。抗战爆发，无锡沦陷。裕昌遭日军烧毁，慎昌被拆光，周氏企业从此逐渐消失。

回顾历史，周舜卿从一介草民成为煤铁大王，继而创建丝业王国，用了超过五十年的时间。而他一手创建的丝业王国，在其后人手中由盛转衰，最终沦于灭亡，只历时短短的二十年。二十年，在民族工商业发展史上仅是一瞬之间，真可谓"昙花一现"。古来对一个政权的兴亡常有"其兴也忽，其亡也勃"的感叹，借用来形容周舜卿家族的兴亡史，也是很确切的。

之所以造成这个结果，有社会、个人和企业经营管理等多方面的原因，而周舜卿缺乏现代企业家的眼光，没有及时着力培养自己的子弟成为一流的经营人才，应该是其中的一个着实重要的因素。"马褂"老去，接替的仍然是"马褂"。相较于唐保谦，这或许是周舜卿最大的悲哀。

1933年，正值周舜卿逝世十年。年仅23岁的曹禺完成了处女作——多幕剧《雷雨》。《雷雨》一发表，社会上就流传着这样的传说：剧中"老爷"周朴园的原型，就是当时上海富商周舜卿。剧中周朴园说过"无锡是个好地方"，似乎让人们的推测有了佐证。

事实上，周朴园和周舜卿之间确有许多相似之处。最主要的是周朴园是煤矿董事长，周舜卿是上海"煤铁大王"；周朴园念经吃素，周舜卿晚年信佛吃斋……

二十世纪八十年代，有无锡人士致信曹禺请教这一传闻是否确切。曹禺回信的开头就十分明确地写道，"你所提到的周某人，我一无所知，当时发表这篇剧作我是 23 岁，而你所讲的周某人早在 1923 年就去世，那时我才 13 岁"。关于那句"无锡是个好地方"，曹禺解释说，当时天津有一份《大公报》，每年春天无锡的旅行社都在上面刊登一个月的广告，广告语就叫："请到无锡来，无锡是个好地方"。

或许，周舜卿只是曹禺写作时参照的众多"模特"中的一位。不过，今天的人们仍然喜欢把周朴园和周舜卿联系在一起。因为只有这样的重量级人物，才够得上小市民们茶余饭后的谈资。

但是，当人们津津乐道于坊间传说之时，对周舜卿的真实经历，以及他对民族工商业曾经有过的贡献，却似乎被遗忘了。

大河滔滔，有人诞生，有人死亡；有人登台，有人谢幕。历史就是如此矛盾，人们一面评判，一面却怀念其中的某些细节。而蓦然回首中，周舜卿的身影，竟然只是光阴齿轮摩擦撞击出来的点滴碎片。

## 【锡商人物】

　　薛寿萱（1900-1972），名学濂，以字行，薛南溟第三子，永泰丝厂厂主，江南"丝茧大王"。早年肄业东吴大学，后赴美国伊里诺思州立大学学铁路管理和经济管理，1925年毕业回国。次年永泰丝厂由沪迁锡，任永泰和锦记等丝厂协理，即赴日考察蚕丝业，1928年又赴美国参加万国生丝质量检验标准会议，1929年10月，任中国丝业代表团主席率团赴美国纽约出席国际生丝会议。1930年发起组成通运生丝股份贸易公司，被推为董事长。1933年派薛祖康在纽约开办永泰公司，直接外销生丝。1935年担任永泰丝厂总管理处经理，1936年联合无锡36家较大的丝厂，发起组织兴业制丝股份有限公司，自任经理。至此，已形成以永泰为中心的丝茧垄断集团，生丝总产量约占无锡丝厂业的60%以上，出口生丝占当时上海出口总数的50%，被誉为江南"丝茧大王"。1938年1月携眷去港，后赴美定居，为纽约证券交易所经纪人。并任美国惠立斯汽车公司董事。1972年因患肺癌在美国纽约病逝。

激荡岁月

锡商1895—1956

第三部分
崛起与沉沦（1927－1937）

# 1927 年："蜜月期" 的失望

　　旧秩序的颠覆者骑着高头大马来了，抱着天真幻想的商人们忽然亢奋起来，有力的出力，有钱的出钱。

　　本该春暖花开的新时代，然而商人们如何不会料想到，曾经的蜜月期最终会演变成一张吞没一切的大网，荣宗敬因不支持政府筹款而被通缉。

　　旧秩序的颠覆者用势不可挡的思潮，将大势已去的旧世界一刀两断，也将商人们狠狠打落在地。与征服者难以抗衡的商人们，通过各式商会组织"抱团"延续着自己的力量。

## 征服

1927 年 4 月 4 日，美国《时代》杂志的封面人物是一位中国人——蒋介石。

　　在这幅正面肖像画中，光头蒋介石眉头紧锁，表情冷峻，炯炯有神的眼睛鹰一般死死盯着前方，衣服的扣子扣得严严实实，有一种威慑的气势。

　　封面下方只有简单说明——

GENERAL CHIANGKAI – SHEK（蒋介石将军）

……Rose out of the Sun set（在孙陨落之后升起）

这里，Sun 既是指孙中山，又可能是指太阳。因此，这句也可译为"在日落之后升起"。

　　1926 年 7 月，国民革命军从广州起兵，开始北伐，旨在武力统一中国。北伐大军势如破竹，接连击溃了盘踞两湖的军阀吴佩孚和江浙的孙传芳。11 月，北伐大军已经控制了长江流域。12 月 9 日，国民政府从广州迁至武汉。

　　北伐大军在军事上节节胜利的时候，起初左右摇摆的上海工商界对北伐的态度明显趋向于支持。1926 年 11 月，当北伐军攻占南昌之后，上海工商界头面人

《时代》封面

物虞洽卿专程到南昌，与北伐军总司令蒋介石进行了密谈。虞洽卿回沪以后，即以所谓"为维护各业安全起见"、"对外应时势之需要，对内谋自身之保障"的目的，撇开与北洋军阀孙传芳有密切关系的傅筱庵任会长的上海总商会，另行组织了包括上海县商会、闸北商会、银行公会、钱业公会、交易所联合会、纱厂联合会等60多个团体的上海商业联合会，并自任会长。

1927年3月22日，北伐军东路军进入上海。3月26日，蒋介石抵达上海，虞洽卿当晚就去晋见。3月29日，虞洽卿、荣宗敬、吴蕴斋、王晓籁等九名"大佬"又再次前往"谒见"。蒋介石明确表示："此次革命成功，商界暗中助力，大非浅鲜，此后仍以协助为期。至劳资问题，在南昌时已议有办法。所有保商惠工各种条例，不日当可颁布，决不使上海有武汉态度。"① 在了解了蒋介石的态度之后，这些代表当场表示愿意"认捐五百万元，即继续输将，亦商界所愿，借款可另案办理"。②

4月1日，上海商业联合会垫付300万元（银行公会200万元，钱业公会100万元），慰劳北伐大军。但这300万元远不够蒋介石的庞大军费支出，未几天，银钱业乃于4月25日又续垫300万元。4月底，张光权的中国银行上海分行垫款1000万元。

身为上海棉纱联合会主席、面粉公会会长的荣宗敬，当时也表现出了积极的态度。据王晓籁回忆，上海商业联合会筹备阶段，荣宗敬就拍拍胸脯说："要铜钱用，我有，做事体请洽卿、晓籁两位老哥，（钱）要多少，我出多少。"③

上海工商界素有自治的传统，在历次军阀混战中往往不偏不倚，然而在此次政治风云变幻之际却迅速向蒋介石靠拢。原因何在？

其间原因，与两年来风起云涌的工人运动有着某种关联。两年前，五卅运动在上海爆发，并很快席卷全国。在运动期间，中国共产党领导并组建了上海总工

---

① 《一九二七年的上海商业联合会》，上海市档案馆编，上海人民出版社，1983年，第48页。

② 《时报》1927年3月30日。

③ 上海市工商业联合会档案室史料，卷146。转引自黄逸平《江浙"财团"析》，《经济学探索的丰硕成果——上海市经济学会1979—1985年获奖论文选》，上海社会科学院出版社，1988年，第112页。

会，从此工人阶级作为一支重要力量开始出现在中国的政治舞台。上海工人以众多的工会组织和强大的工人武装为后盾，不断向厂方提出缩短工时、增加工资、改善待遇的要求。北伐战争兴起，上海的工人运动再次出现高潮。据统计，从1926年6月到9月，上海全市发生112次工潮，参加罢工的人数累积超过20万。时人写道："沪埠几全变为工人世界。唯同情工人者可以存在，稍露反对，即锡以反动之佳名，或发生意外之危险。"①《中国劳工运动史》称："十六年（按：1927年）革命革命军尚未到达上海，而黄浦江上狂风暴雨，已成排山倒海之势，人心动摇，市场骚动，实上海开埠以来所仅见之恐怖现象也。……控制一切者，则为上海总工会。"②

为了响应北伐，自1926年10月到1927年3月不到半年的时间内，上海工人举行了三次武装起义。1927年3月21日，上海80万工人实行总罢工并立即转入第三次武装起义。经过30个小时的浴血奋战，于22日6时占领了除租界以外的上海市区，并建立起一支2700人的工人纠察队。正是有了工人武装起义的响应，北伐军东路军得以顺利进驻上海。

在五四运动、五卅运动中，与工人、学生并肩抵御外来侵略的上海资产阶级，对于如此激烈的工人运动产生了"恐惧感"。1926年冬，北伐军攻克武汉，武汉的工人运动蓬勃发展。据英国报人鲍威尔报道："为了考察红色地区的实际状况，上海地区的银行家和企业家组织了许多代表团前往汉口、江西和湖南等地考察。不幸的是，这些代表团到达当地以后，均被扣押审讯，揪到乡下游行示众，并在他们的衣服后背写上帝国主义走狗的字样。当这些代表逃回到上海，汉口和其他地区的恐怖的红色统治，已深深地印在他们的脑海中。于是他们立即采取措施，防止在上海地区发生这样的事情。"③

在此前提下，一向保守的上海资产阶级迅速向蒋介石靠拢。这完全是出于自身利益考虑，希望蒋介石和国民革命能在一个较短的时间内消弭工潮，并结束国家分裂、实现关税自主，营造一个有利于资本主义发展的社会环境。25年之后，上海商业储蓄银行（简称上海银行）的陈光甫谈及他在这一事件中所起的作用时说，"我当时主要的想法是要推翻军阀的统治……。我相信国民党能够带来和

---

① 裕孙：《实业界呻吟之声》，《银行周报》第十一卷四十号，1927年4月。
② 马超俊：《中国劳工运动史》，商务印书馆，1942年，第113页。
③ 【美】鲍威尔：《鲍威尔对华回忆录》，邢建榕、薛明扬、徐跃译，知识出版社，1994年，第144页。

平和国家的繁荣……。我的观点反映了当时上海实业界的看法。"①

3月23日，也就是北伐军进占上海的第二天，上海总商会召集上海县商会、闸北商会、银行、钱业两公会暨入会各业团体召开联席会议，议决向北伐军交涉，要求东路军总指挥白崇禧"发布统一命令，解决工潮，收回枪械，以保治安"。据当时的会议纪录载：

荣宗敬（纱厂联合会代表）："工潮不决，纷扰无已。根本解决，须请白总指挥（按：白崇禧）发统一命令解决工潮，乃可复工。工人手内一有枪械（按：武装工人纠察队），闻者寒心，务须收回枪械以维治安。"

主席（傅筱庵）："……荣君之主张甚是，如欲致函白总指挥，鄙意由三商会（按：总商会与南、北市商会）及银钱两公会出面最好。"

陈良玉："有关系之厂家最好亦加入具名。"

主席："不若今日到会各团体一并具名，以厚势力。"

徐春荣："对于请求复工，不若径函总工会要求，以免误会。"

黄播臣（丝茧总公所代表）："应先决定是否承认总工会，如承认，再行去函。"

荣宗敬："公司内有第三者出面干涉，事不易办。请函白总指挥要求总工会负责以后工人不带枪械，则开工后纠纷自无。"

沈田莘："荣君主张扼要。致函时应由总商会单独出面，且须迅速进行。"

主席："……照刻下情形，总工会似须承认。致函时照潮流所趋，今日到会各团体共同具名最好。"②

对工人运动感到"恐惧"的上海工商界，其实不知道此时的蒋介石等国民党右派也已经把共产党视为"心头大患"了。在他们看来，共产党人在国民党内部势力日益膨胀，"党中有党"，如不早日翦除今后会更难控制。

3月24日，北伐军中路军攻下南京。蒋介石频频动作，着手实施"清党"、"分共"。到了4月11日，蒋介石在南京密令"已光复的各省，一致实行清党"。4月12日凌晨，上海帮派分子向上海总工会纠察队发起攻击。之后，蒋介石下令国民革命军第26军借口"工人内讧"对工人纠察队强行缴械，造成300余人伤亡。这一事件，史称"四一二政变"。

4月18日，南京国民政府宣告成立，出现"宁汉分裂"的局面。到了7月，

---

① 【法】白吉尔：《中国资产阶级的黄金时代（1911－1937）》，张富强、许世芬译，上海人民出版社，1994年，第259页。

② 《荣家企业史料》上册，上海人民出版社，1980年，第192页。

武汉国民政府也通过"取缔共产党议案"，进行所谓"和平分共"。8月1日，中国共产党以"南昌起义"进行全面摊牌。第一次国共合作彻底破裂，自此国共两党开始了长达十多年的兵戎相见。

1927年，是"国共分裂"一年，从某种意义上讲实际就是前几年"工商分家"的延续。辛亥革命前，中国近代产业工人约50万至60万，而到1919年五四运动前夕，人数已达200万。但是，当时工人阶层从来没有被看成是一支完整而独立的力量，即使是关系最为"密切"的工商业主阶层对他们也并不重视。工商业主热衷于成立大大小小的商会，结成利益同盟，推进地方事业，根本不会弯下腰与衣衫褴褛的劳工们进行平等的对话，真正把工人当成一股重要力量来倚重的是新成立的中国共产党。1921年8月，组党刚一个月的中国共产党就在上海成立了领导工人运动的机关——中国劳动组合书记部；到了1924年2月，铁路工人在北京秘密召开全国铁路工人代表大会，正式成立全国铁路总工会；1925年5月，上海总工会成立，不久中华全国总工会在广州成立。工人阶层作为一个独立的阶级出现了，工人运动随之日趋高涨发展，而且日益具有鲜明的政治斗争性质，表明了中国无产阶级正在逐步成熟，开始从一个自在的阶段走向自为的阶段，并在后来影响并最终决定了中国政局和整个社会的走向。

"没有永远的敌人，没有永远的朋友，只有永远的利益"。"蜜月期"往往是短暂的，很快上海工商界与蒋介石的联盟归于解体。

5月1日，经蒋介石授意、并由上海工商界头面人物组成的江苏兼上海财政委员会，根据南京政府命令发行江海关二五附税国库券（简称"二五库券"）3000万元，由中国银行、交通银行经销，收入作军需之用。由于时局不稳，难以在更大社会面募集，此券款额只能向上海银钱业、商业联合会、两淮盐商及江苏、浙江两省摊派。

短短两三个月，无休止的索取和摊派，已经让上海工商界不堪重负，不仅中小资本怨声载道，连上层代表人物也持抵触和不愿承购的态度。

荣宗敬所在的华商纱厂联合会被摊到了50万元的份额。由于各厂经营困难，联合会采取了"拖延"的态度。据华商纱厂联合会会议案、议事录记载：

5月2日，临时会议讨论认购库券事，主席荣宗敬交议：商业联合会函请分摊附税库券50万元，请公议案。

主席继称：查本埠会员纱厂有纱锭约60余万枚，约须每一锭子派库券八角强；倘连常、锡各厂合计，以80万锭分摊，每锭约派库券六角强。

公议：各厂营业不振，经济困难，实无力负担；然为维护政府计，惟有由会向外界借款 50 万元，并由各厂按照锭数多少分配款额担保。①

蒋介石催逼甚急，两天后的 5 月 4 日纱联会又召开紧急会议，议诀认购摊派定额的四分之一："国库券五十万元先由各厂勉认十二万五千元，请宗敬、麟书先生向福源钱庄暂挪十二万五千元缴付财政委员会，即由各厂按锭数付还。"②

50 万元库券只想认购 12.5 万元，这还了得！蒋介石闻知大怒，指使国民党御用文人在题为《江浙财界与三民主义》一文中写道：上海商业联合会"在党军当局没有向他们正式借款以前，自动提议可以募捐六百万元"，又"声明与三民主义相始终"，而今"一般眼光如豆和首鼠两端的商人"，"对于二五关税库券的承销，难免又用推诿阻挠的手段。听说上海纱业允承募四十万元，先向纱布交易所借款垫付，只因为某一理事说'孙传芳又要来了，留些钱备孙来用吧！'的一句话，而终于拒绝借款。……故江浙界是否真愿与三民主义相始终，且看他们是否除掉害群之马，努力承销二五关税库券为断。"③ 这是一篇国民党向民族资产阶级兴师问罪的檄文。文中所说的纱布交易所某理事，即指荣宗敬。蒋介石准备杀鸡儆猴，除掉这"害群之马"。

5 月 15 日，无锡县政府接蒋介石密令："以荣宗敬甘心依附孙传芳，着即查封产业，并通令各军侦缉。"④

荣宗敬甘心依附孙传芳，自属子虚乌有。不过，1925 年 12 月 16 日，荣宗敬宴请孙传芳却是事实。那时的孙传芳，势力如日中天，号称"五省联军总司令"。荣宗敬以纱联会名义在家设宴招待孙传芳，《申报》老板史量才等作陪。当夜，孙传芳就登轮去了南通，仅此而已。此事，当时的《纺织时报》有过报道。

在压力之下，荣家想到了一个人：吴稚晖。吴稚晖，名眺，后改名敬恒，字稚晖，他家在无锡与武进交界的雪堰桥，桥南属无锡，桥北属武进，吴稚晖的家在桥北，应该算是武进县人。他六岁丧母后寄居在无锡江尖外祖母家，在无锡长大，在无锡受教育，说得一口地道无锡话，所以他在多数场合自称无锡人。吴稚晖对无锡人的创业精神有个说法，无锡人富于"两发主义"：第一是"发痴"，第二是"发财"。要成一番事业，如没有发痴的坚决毅力，必致中途失败，任何

---

① 《荣家企业史料》上册，第 195 页。

② 《荣家企业史料》上册，第 195 页。

③ 《上海总商会和商界总联合会的若干活动》，上海市工商业联合会档案室史料，卷一四四。转引自黄逸平《江浙"财团"析》，《经济学探索的丰硕成果——上海市经济学会 1979—1985 年获奖论文选》，第 114 页。

④ 《荣家企业史料》上册，第 196 页。

事业不抱有"发财"希望，缺乏做事激情，也难以为继。①

吴稚晖是国民党的元老，当时任国民党中央监察委员兼东路军总政治部主任，党内地位不低，一言九鼎，说话颇有份量。他和李石曾、张静江、蔡元培、陈果夫等五位监察委员在4月初提出了"弹劾共党案"，为蒋介石"清党反共"铺平了道路，被称为南京国民政府的"接生婆"。

吴稚晖

吴稚晖极重乡谊，面对荣氏兄弟的请求，5月19日在上海致电蒋介石，略谓："无锡富商荣宗敬，乡评极佳，并无为富不仁之事，近年来敬恒个人亦未闻彼曾比附孙传芳。……乡之公正士民，环来请求转达钧听，望更饬查昭雪，免予查封。"当蒋介石从南京来到上海之时，吴稚晖还拉上蔡元培、张静江、李石曾一起去面见蒋介石，为荣宗敬说项。

荣宗敬所在的纱联会也作了"让步"，就"通缉案"召开临时会议，作出议决如下：（1）电致蒋总司令为会长（按：荣宗教）解释误会；（2）库券案，决由各厂勉力担任，余数如不足额，再设法筹措，但须由会长交付。也就是说，除已由各厂认缴四分之一外，其余四分之三计37.5万元，由荣宗敬交付。

当华商纱厂联合会的款项入库之后，蒋介石才"明令无锡县长启封在籍财产，并令各路总指挥转饬所属，免予缉办。"②

不仅荣宗敬，当时的上海工商界对"二五库券"大多采取了推诿、拖延的态度。对上海工商界的吝啬表现，国民党先是对之进行谴责与鞭打，后来又把原先对付工会和共产党的恐怖措施也转向了工商界。5月14日，住在法租界的商人席宝顺（音）的儿子以反革命罪名被捕，席氏知其意图，答应"捐赠"两万元后儿子获释。5月16日，酒商赵继镛（音）被捕，据说在他答应捐赠20万元后才获得释放。南京路先施公司的经理欧炳光（音）的三岁儿子被绑架，后以50万元赎金生还。棉纺厂主许宝箴的儿子以共产党的罪名而被捕，后也以67万

---

① 薛明剑：《参加京口两会记杂》，《薛明剑文集续编》下册，凤凰出版社，2007年，第958页。

② 《申报》1957年6月4日。

元赎回。① 上海总商会会长傅筱庵，因不允募集 1000 万元贷款被下令逮捕，并要没收其财产，傅氏逃往大连，最后向"国库交了一大笔捐款"了事。

再如，蒋介石曾强行指派银钱业分垫 800 万元盐余库券，除中交两行认垫三分之一外，其余由银钱两业各垫三分之一，浙江兴业银行被指派借垫 40 万元，董事长叶揆初申言无力认垫此数，执意只认 25 万元。国民党财政当局认为浙兴有意作难，不愿帮助政府克服困难，顿时谣言四起，对浙兴施加压力。经人上门规劝，叶揆初加了五万元，认垫 30 万元。财政当局一面命令交行将 30 万元退还浙兴，一面禀报蒋介石。蒋知道后极为恼火，拍案骂娘说，它不帮我，我请它关门。后来，经好友多方劝解，陈光甫上门劝说，浙兴才不得不暂时屈服。②

向商人勒索钱财的另一工具是从 1927 年 6 月开始的抵制日货运动。日本由于害怕北伐军到达山东后会使其利益受到损害，因此决定派遣关东军的部队进入山东。这个行动激起了国内许多城市的群众性示威和抵制日货运动。国民党上海市党部组织了抵制日货联盟，指派一些检查员到中国店铺中去检查日货。运用这种检查的权力，"它便向上海所有商界人士进行敲诈、强索罚款——不论是百万富翁还是小商店业主，统统被裁决为'支持日本帝国主义者'的罪名。"为了要恫吓住在公共租界的商人，便在租界的边沿放置了一些囚笼，标明"专给洋奴租用"。③

据统计，仅 1927 年的绑架案中的七起绑架案，国民党当局共勒索赎金 212 万元。④

正如当时美国驻上海领事克宁翰称："几乎每天都有人被捕，他们被迫捐赠一定数目的现款而先后被释放。"这种以逮捕和威胁逮捕的手段来向商人、公务员勒索钱财的最后结果"就是对有钱阶级的名副其实的恐怖统治"。⑤ 美国新闻记者索克思写道："借口搜捕共产党，使用了各种形式的迫害。人们被绑架了去以索取沉重的赎金充作军费……近来没有什么还比这种所谓反对共产党的恐怖，

① 以上参见【美】帕克斯·M·小科布尔著《上海资本家与国民政府（1927－1937）》，杨希孟、武莲珍译，中国社会科学出版社，1988 年，第 39－40 页。
② 盛慕杰、朱镇华：《浙江兴业银行的盛衰》，《旧上海的金融界》（《上海文史资料选辑》第 60 辑），上海人民出版社，1988 年，第 112 页。
③ 《克宁翰致马克谟的报告》（1927 年 7 月 30 日），转引自【美】帕克斯·M·小科布尔著《上海资本家与国民政府（1927－1937）》，第 40 页。
④ 虞宝棠：《国民政府与民国经济》，华东师范大学出版社，1998 年，第 73 页。
⑤ 《克宁翰致马克谟的报告》（1927 年 7 月 30 日），转引自【美】帕克斯·M·小科布尔著《上海资本家与国民政府（1927－1937）》，第 40 页。

使上海和江苏的人民更为害怕了。"① 澳大利亚记者温·查普曼也报道说："有钱的中国人可能会突然在家被捕，或者在街上神秘地失踪……百万富翁却以共产党的罪名被逮捕。"查普曼又说："蒋介石凭借这种恐怖手段搜刮的钱财，估计达到五千万美元。"②

上海工商界对蒋介石的失望到了极点。陈光甫在 1927 年 6 月 11 日的日记中把蒋与东北军阀张作霖作对比，认为"蒋之政府成立时间尚早，不觉已有七成张作霖之办法"。在陈光甫看来，蒋氏所谓的"办法"为："一、不顾商情，硬向中国银行提款一千万元；二、以党为本位，只知代国民党谋天下，并不以天下为公；三、引用一班无政府党之信徒扰乱政治。"在财政治理方面，他则抱怨政府只知任用党徒而不信专业人士，"财政等事，古（古应芬）、钱（钱永铭）毫无权柄，全凭张静江，此人为半残废之人，令其主张财政，则前途可想而知矣。如照此办法，不出二三年，江浙又要出事矣。"③ "国民党为人民之指导者，而一入政治舞台，贪钱买法不知廉耻，大言不惭，自私自利，较之前人更坏，此无他，乃穷化恶化之出产品也。"④ 他更发出了"蒋介石胃口太大，寡人不堪重负"的感叹。⑤ 在发行蒋介石所要求的 3000 万元公债之后，陈光甫就停止了与国民党政府的来往。⑥ 中国银行的张公权也责怪蒋介石"靡费过巨"，讽刺主管财政的宋子文"少不更事"。⑦ 他在日记中写道"南京政府压迫中行第一次"，批评蒋介石"军人不明财政，处处干涉财政，前途悲观在此"。⑧ 1928 年 9 月张公权与蒋介石发生公开争执，蒋介石怒不可遏，竟以将其投入监狱相威胁。⑨ 10 月 14 日，上海商业联合会召开会议，虞洽卿、叶惠钧等"大佬"不由哀叹："商民最初希望国民政府者，未获达到相当程度，反受无穷隐痛……近来失望太多，营业萧

① 《字林西报》，1927 年 8 月 9 日，第 11 页。转引自【美】帕克斯·M·小科布尔著《上海资本家与国民政府（1927－1937）》，第 36 页。

② 【澳】查普曼：《中国的革命，1926—1927》（伦敦 1928），第 232 页，转引自【美】帕克斯·M·小科布尔著《上海资本家与国民政府（1927－1937）》，第 40 页。

③ 上海市档案馆编：《陈光甫日记》，上海书店出版社，2002 年，第 57 页。

④ 上海市档案馆编：《陈光甫日记》，第 11 页。

⑤ 高继仁编著：《中国工业经济史》，河南大学出版社，1992 年，第 99 页。

⑥ 《陈光甫回忆录》，第 64－65 页。转引自【法】白吉尔著《中国资产阶级的黄金时代（1911－1937）》，第 260 页。

⑦ 谟研：《四一二政变与资产阶级》，《历史研究》1977 年第 2 期。

⑧ 张嘉璈 1927 年 6 月 10 日日记，上海图书馆藏残本。

⑨ 《张嘉璈自传》，第 55－57 页。转引自【法】白吉尔著《中国资产阶级的黄金时代（1911－1937）》，第 260 页。

条，率相观望。"① 就连宋子文私下承认："在战争时期，我们也许曾被迫采用极端手段来筹集资金。"②

回想当年，先是借助信成银行之类民间"提款机"之力，革命党人得以推翻专制皇权，后来又靠江浙财团及时"输血"，北伐新贵才能再度坐稳江山。但事成之后，上海工商界只能默默为自己竭尽心力的付出买单。真的是此一时也，彼一时也。

上海工商界对蒋介石的各项摊派虚与委蛇，竭力推托，实在是因当时的政局而起。

虽然"二五库券"条件诱人，但是在1927年5月间那个时候，在上海工商界看来，它必然是一项很不可靠的投资。因为南京政府政权未稳，蒋介石在党内斗争也屡现危象。如果蒋介石一旦下台，"二五库券"极有可能血本无归。陈光甫就在日记中如此记："商人心理因当时北伐尚未成功，故对南京政府难免有疑虑之处，至欲避免借款，亦人情之常耳。"③

美国作家小科布尔专题研究过上海工商业阶层与国民党政府的关系，他在题为《上海资本家与国民政府1927-1937》一书中指出：

对上海资本家来说，国民党在上海第一年的统治几乎是一场灾难……作为中国最有力的经济集团的上海资产阶级，企图把他们的经济力量转变为政治权力的打算，已经是落空了。上海资本家在1927年以前十年所享有的政治自由突然结束，而坠入到"恐怖政治"之下了。④

法国学者白吉尔也把上海工商业阶层这一时期的失败，称为"一个不自由年代中自由主义的失败"。她评论说："资产阶级的作为，通常显得模棱两可，缺乏条理和毫无效力，在某种程度上，是由于它所处的政治的性质不那么明确的缘故。"⑤ 的确，纵观清末民初到二十世纪的二十年代，上海工商业阶层的自治与参与政治的轨迹，表明他们的行动无不以阶级的利益为中心。无论与什么样的政治势力打交道，上海工商业阶层首要考虑的问题在于是否能够维护自己的利益。他们因多次与各派政治势力周旋，而形成了见风使舵、随机应变的政治手腕。但

---

① 上海市工商业联合会档案室史料，卷号144。转引自转引自黄逸平《江浙"财团"析》，《经济学探索的丰硕成果——上海市经济学会1979—1985年获奖论文选》，第114页。
② 【美】易劳逸：《流产的革命：1927-1937年国民党统治下的中国》，陈谦平、陈红民等译，中国青年出版社，1992年，第279页。
③ 上海市档案馆编：《陈光甫日记》，第48页。
④ 【美】帕克斯·M·小科布尔著：《上海资本家与国民政府（1927-1937）》，第53页。
⑤ 【法】白吉尔著：《中国资产阶级的黄金时代（1911-1937）》，第239页。

是，近现代的政治斗争都是通过政党来进行的。早在 1841 年，司汤达在《红与黑》一书中写过："金钱，名誉，地位……一切都好，但是你必须参加政党。"上海工商业阶层没有建立自己的政党，只有准政党性质的上海总商会，只能走向失败。

面对"党国"，上海工商业阶层简直不堪一击。1927 年，随着北伐大军的进驻，武汉、九江都收回了租界，上海也一时盛行收回租界之论。经受"党国"的种种打击后，上海工商业阶层忽然发现，租界在洋人手里也有点好处，他们有自主经商、自治市政的可能。心生"悔意"的他们竭力维护租界现状，再不参加收回租界的"大合唱"了。

那期以蒋介石为封面人物《时代》杂志，还刊发了介绍蒋介石的文章，小标题只用了一个词——征服者。

在 1927 年前后，被他"征服"的岂止是"敌人"北洋军阀，还有曾给他莫大帮助的上海工商界。

这里，再探究一个问题：荣宗敬认购的"二五库券"，最终到底给荣家带来了什么？

据荣德其 1959 年回忆："最后承购 50 万元，实支四十七八万元，购下后，陆续卖掉，共蚀去 10 多万，对工部局方面也用去不少钱。"[1] 荣毅仁曾回忆说："父亲一辈曾经把希望寄托给北伐后的国民

1928 年的上海外滩

党政府，可是蒋介石上台后的第一手，却无端借口通缉我的伯父荣宗敬，敲诈了 10 万银元。"[2]

但是，同样有资料表明，当荣宗敬"服软"认购"二五库券"之时，其实蒋介石也作了让步，允诺政府将归还华商纱厂联合会购买的 50 万元的"二五库券"，外加 8.4% 的利息，并给予华商纱厂税收优惠。在此后的两年半时间，国民政府果真归还了这笔借款，而申新纱厂在 1927 年 6 月比其他纱厂更早地得到

---

① 荣德其在申新史料座谈会上的发言（1959 年 6 月 21 日），《荣家企业史料》上册，第 199 页。

② 徐中尼：《访荣毅仁》，《人民日报》，1956 年 1 月 20 日。

了税收优惠。①

还有资料显示，上海银行业在交易的过程中也获取了更多的暴利。"二五库券"发行时，经过讨价还价，最后商定六折抵押，七折上市，续发的"二五库券"竟然以五五折抵押，六五折上市。此后，南京政府又发行了一批公债，这些公债实际入库仅为发行总额的一半，其余的都成为银行的利润。据统计，1927至1931年国民政府共发行10亿元公债，承销银行所得的实际利益往往达到年息三四分。由于可观的利润的刺激，在国民政府成立以后的几年，银行业得到了相当迅速的发展，1926年全国重要银行的存款合计为9.3亿元，1931年增加为18.6亿元。1914到1921年共成立银行42家，1927至1931年新创60多家。1931年29家主要银行的资产总计比1921年增加两倍多。银行实收股本和本年的纯利分别增加三分之二和二分之一。②

## 换届风波

1928年底，改组后的无锡县商会正式宣告成立，钱孙卿当选为执行委员会主席（会长），杨翰西当选为监察委员会主席。谁知，钱孙卿这位新科主席，很快遭受到了一场意想不到的"下马威"。

半年后的1929年6月9日，国民党无锡第一区党部举行党员大会，通过了一项决议，把斗争的矛头直指县商会，"呈请县党部转呈中央，取消反动集团之商会"。7月4日，县党部召开执委会议，讨论了第一区党部提出的"呈请迅予拿办反动分子钱孙卿、陈湛如案"，并在报纸发出消息。无奈之下，钱、陈两人分别以"任职以来无功有咎"和"脑病时发，医嘱休养"为由提出辞职。

自从周舜卿1905年设立锡金商务分会至此，无锡县商会已经进入了第25个年头。商会作为工商业主的利益团体，其主旨首先是维护和争取工商业主的经济利益，这是当初工商业者成立商会组织的初衷所在，也在商会的实践中清晰地得到体现。维护和争取工商业主的权益，又集中体现在反对政府的苛捐杂税和税外勒索，并努力争取裁厘减税。

向政府交纳税收，是工商业主和商民必须承担的义务。商会对于协助政府征

---

① 【美】理查德·布什：《国民党中国时期棉纺织业中的政治1927-1937》，纽约，盖仑德，第111-113页。转引自【美】高家龙著《大公司与关系网：中国境内的西方、日本和华商大企业（1880-1937）》，程麟苏译，上海社会科学院出版社，2002年，第175页。

② 巴图著：《民国金融帝国》，群众出版社，2001年，第32页。

税派捐起着不可替代的作用。在当时的情况下，无论是常年税捐的组织交纳，还是新增税捐说服商民接受认缴，以及各项公债的劝募，如果没有商会的支持、配合，是难以如数完成的。据不完全统计，1912年至1926年，在无锡，经商会协助组织的新开征税种就有25项，还不包括已有税种扩大征缴范围（如印花税）、提高税率、加成征收（如货物税），以及各项杂捐摊派。其中除1918年的遗产税因故未实行，1921年的花边税在商会及同业组织反对下被迫取消外，其他各项均在商会配合下得到执行。

就工商业主和商民来说，在依法承担纳税义务的同时，希望不受到额外的勒索、侵占，这也需要商会组织的折冲调和。商会为了维护工商业主的利益，也常常在税收问题上与政府当局发生冲突。在商会的抵制下，政府有时会被迫作出让步，取消或暂缓新增税收项目，降低税率或税额。进入民国后，厘卡改为税务分所，厘金改为货物过境税，对过往商品名为"照票"，实际是勒索私费，朋分中饱。1924年5月，无锡黄埠墩分卡加征入境米税，引起米业强烈不满；6月，又因勒索茧船导致冲突，发生扣押和殴打船户的事件，触动商民公愤。为此商会召开会董会议，提出将肇事卡员撤职、税务所长亲自登门道歉、严厉约束各卡不得浮收勒索、除客籼外不加征米税、茧捐由丝茧业派员办理等五条处理意见，迫使税务所长让步并全部接受。

晚清以来，抵制洋货运动每隔三年至五年就会大规模地爆发一次，这构成了百年中国企业史上一个十分显著的特点。商会组织往往是这些抵制洋货运动的幕后指挥者和组织者。无锡县商会成立伊始的1905年，就爆发了抵制美货运动，1914年又爆发了针对袁世凯准备接受"二十一条"的"救国储金"运动，此时无锡县商会力量相对微弱，主要是响应上海和京师商务总会的倡议，表明态度。但是，到了

无锡县商会会址旧影

1919年五四运动中的罢市停税，则展现了无锡工商企业家的力量和作用。爱国热潮传播到全国各地时，当时县商会主持会务的旧派绅商采取观望态度。5月11日起，薛寿萱、荣德生等新兴的工商企业家，以及棉纱、绸布、京广货等业公会

纷纷发出公函，对商会部分会董的暧昧态度提出批评，指出："青岛问题举国震惊……北京学界声讨于前，各地继起于后。无锡素为开通之区，学界已经游行表示，独我商界领袖置之不问，吾实耻之。"[1] 呼吁商会迅速召集各业开会，筹议抵制日货办法。6月8日上午，无锡工商界群情激愤，集合300多人到县商会请愿，并由各业推举组成"救国十人团"，主持召开大会，讨论罢市停税。至下午4时，到会者达到千余人，北塘一带商业街区率先宣布罢市，连夜举行游行，散发传单。于是，商会作出决议，通告全体商民："自即日起应纳税所之各项货税停纳，税款如数交存各业公所，函告本会转致税所记账放行"，"俟北京请求之目的完全达到，然后照旧完税"。显然，在这场轰轰烈烈的运动中，新兴工商企业家对推动商会突破犹豫动摇心态，把外争国权、内保商利真正付诸行动，起了决定性作用。

与抵制洋货互为表里的是提倡和推广国货。早在1914年5月，无锡就征集地方产品900多件，经过县、省两级预展评审，参加1915年10月在巴拿马举行的国际出品赛会，其中48个品种在赛会上获奖。1917年7月、1921年10月和1924年11月，江苏省三次举办地方物品展览会，无锡在提供展品的数量、质量方面，均领先省内各县。其中第二次国货展览，无锡设立征集事务所，由县商会总其事。征集物品在送省展出前，首先在无锡陈列展出。展览会于9月5日在县商会商品陈列所开幕，共设农产、饮食、纺织染、机械、化学工业、杂工业、美术等七个部和临时商场。展览会展出五天，参观人数达到5.1万人。后经过评审，共选出2104件商品参加省展会，其中获奖项目达160多个。

此后，无锡县商会还曾组织工业产品参加西湖博览会（1929年10月杭州）、江苏省物品展览会（1934年11月镇江）、全国手工艺品展览会（1937年5月南京）等。值得一说的是，无锡县商会曾以"提倡国货、挽回利权、振兴实业"为宗旨，先后在无锡组织举办无锡国货展览会（1929年）和江苏省八县市地方物产展览会（1930年）。当时正值经济危机席卷全球之际，由无锡牵头的这两次倡导国货活动，盛况空前，影响广泛，有利于推动民族工商业走出困境。

值得注意的是，无锡县商会从成立伊始就积极投身于社会活动。晚清时期，无锡城乡社会公共事务主要由恒善堂主持。随着无锡县商会以及无锡县农会、教育会的成立，恒善堂在社会事务的组织功能逐步向这三个团体转移。1908年，商、农、教三团体合组绅商学会。1909年1月，清政府颁布《城镇乡地方自治章程》，在全国推行城、镇、乡的自治。1910年，经过选举，无锡城厢议事会成

---

[1] 《锡报》1919年5月11日。

立，随即由城厢议事会选举董事会，绅商学会正式改组为锡金城厢自治公所，商会总理薛南溟先后被推为学会和公所的总董。

这个新机构刚刚破土而出，辛亥革命发生了。1911 年 11 月，江苏省临时参议会制定了《江苏暂行市乡制》。这一法令基本沿袭了清末的旧制，只是将清旧制中的城镇统称为市；规定了市的组织由立法机关、行政机关组成及相应的选举办法。正是从这一刻起，"无锡市"这个词诞生了。无锡城厢自治公所由此更名为无锡市公所，继续管理无锡城市公共事务。1914 年，北洋政府下令停止地方自治活动，解散各地市议事会，市自治公所改名为市董事事务公所（仍简称市公所），但商会的势力仍继续得到一定的发展，在重大历史事件和政局变动面前，其态度和行动显得更为积极活跃，发表通电，组织集会，提出主张，表达自己的某种政治态度。故而时论有称："无锡商会有隐然领袖各县之概，虽曰地方发达使然，果亦预议者应付有方之所致也。"①

清朝末年，因为外来的冲击，传统社会构架的基础摇动，产生剧烈的震荡和分化，而现代社会因素的生长，又使城市社会公共事业得到发展。而这一时期，政府对社会变革创新反应迟钝、功能脆弱，对迅速扩展的社会公共领域无能为力，这就需要社会在变革中形成新的协调和重组能力，商会等民间新式社团应运而生，登上了历史舞台，并且以自治的名义取得了一部分社会权力。进入民国以后，商会延续了这一传统，并与其他众多民间社团组织相互联结渗透，较多地担负起了转型时期的社会整合职能，形成一种对社会公共设施和公共事务进行管理的非政府的社会力量。

但是，这种情况到1927 年以后就发生了转折性的变化。在建立南京国民政府之后，对于经济发达的江浙沪地区，国民党从一开始起就试图建立一种高度集权的政治社会体制，"着意加强归于一统的各级政府，却无意（甚至害怕）扶植各种社会团体的独立、健康发展。"② 以商民协会取代商会，是国民党加强对商民团体政治控制的一项重要举措。3 月 27 日，国民革命军进驻无锡刚满一周，无锡县商民协会正式成立。商民协会作为商民组织的法定团体，与商会有着明显的不同之处：一、会员对象不限于工商业主，"不论店主、店员，肩挑负贩，年在十六岁以上者，均可入会为会员。"③ 二、取消会长制、会董制，改执行委员

①　《最近一年间之县商会》，《锡报》1921 年 1 月 2 日。

②　虞和平：《商会与中国早期现代化》，上海人民出版社，1993 年，序言。

③　吴叔敷整理：《无锡县商民协会》，《无锡地方资料汇编》第五期，无锡地方志、无锡县志编纂委员会办公室编，1985 年，第 78 页。

会和监察委员会制。

按照国民党的意图，商民协会原本应该打造成为一个"革命性"的团体，因而在章程中明文规定"军阀走狗、洋行买办、教堂牧师、反革命分子不得入会"，但是商民协会的主持人仍是商会的"原班人马"，在办事宗旨、风格等方面都沿袭了商会的固有传统。成立伊始，商民协会发表宣言，在维护实业、保障商旅之外，提出要"废除一切苛税"，"取消不平等条约"，以打倒军阀、打倒贪官污吏、打倒土豪劣绅、打倒帝国主义作为协会的政治主张和基本任务。1928年3月，无锡县商民协会发起在无锡召开各县商民协会联合会议，这是"民十六后商人团体自动集会之始"①。这次会议决定筹备组织江苏省商民协会，促进全省商民组织扩大发展。这一举动显然超越了当局利用商民协会控制商界事务的企图。同年7月，无锡县党务指导委员会根据省党部的通令，发出训令，要求无锡县商民协会立即停止活动，等待派员接收。其理由是"非法成立"省商民协会筹备委员会，"一再违令活动"。1928年底，改组后的县商会宣告成立，逐步接手商民协会各项事务。

商会改组恢复后，仍然按照以往在地方事务中争取商民自治自决的一贯方针开展活动，并且因为无锡县商会的实力和地位，对苏南各县商会活动的开展有很大影响，又引起正在强化"党治"的当局的疑忌。于是，就有了前文所提及的"钱孙卿、陈湛如案"。此时的县商会威力仍在，立即召开执监委员联席会议，分别致函县党部和第一区党部，要求"提出反动证据"，以便查究；请求县政府立即派员进行彻查，作出结论，但同时声明："苟无确证，应依照反革命治罪条例，追究提案人责任。"在这一问题上，县商会采取了前所未有的强硬态度："在前项反动嫌疑尚未查明昭雪以前，所有奉命劝募库券等事，拟即停止进行，应请官厅径向各业办理。"以后商会监察委员会又具呈县政府，列陈钱、陈两位"历在社会服务，向著公正之誉"，"未见其有何反动"，要求对县党部的提案"实究虚坐"，洗明冤诬，而对诬告者治罪。而区党部也多次开会，指责商会"不明党义，蔑视本党"，要求县党部严厉查处，"停止该反动商会之活动，积极改组，以维商运而重党权"。但省级党政机关始终未表态，未对商会加以任何处分。钱、陈两人在会员的劝慰敦促之下，不久就到会复职视事，商会各项活动照常进行。

这场所谓的"被诬反动案"，实际上是国民党当局对无锡县商会的一个政治

---

① 钱基厚：《孙庵老人自订五十以前年谱（卷下）》，《北京图书馆藏珍本年谱丛刊》第200册，北京图书馆出版社，第321页。

警告。关于商会合法地位的争论，以及由此引发的冲突，是这一时期国民党当局加强对工商界政治控制的核心问题之一。美国学者约瑟夫·弗·史密斯以上海商会对党治的抗争和妥协为观照，悲观指出："开放的和具有竞争性的共同利益组织与利益表达的短暂时代结束了"。他又说："对党的权威的最后阉割与把商业组织合并到改组后的商会中去，从而造就了一个共同利益组织的单一而又无竞争的等级结构。它一方面高度自治（显然不受党部的任何直接干涉），另一方面又屈从于当局（这种局面实际上是由当局造成的）。……这种趋势至少是本世纪以来上海商人团体发展的典型特征。"①

到了 1931 年 12 月，无锡县商会换届改选时，争端再起。无锡县党部以商会未将会员名册及选举规则正式呈报为由，指令县政府转饬商会暂缓选举，"静候省令办理"。但商会认为自己是依法改选，有关手续均符合规范，并且先期呈请党政机关派员指导监督，但党部临时托故不到，属于"有意留难"。12 月 10 日，商会不顾党部的制止，在党政机关未派员到场的情况下，"依照各界民众采取自决手段，仍行按期投票"，投票后将票箱封存，听候省令处理。同时分别致电南京中央党部执行委员会和镇江江苏省党部，说明详情，并声明：届时如因党政机关拖延开票而致使选举无效，则本届执监委职权到期自行中止，"将来会务中断之责，应请党政机关完全负之"。商会的强硬态度，迫使县党部、县政府不得不于 12 月 25 日到场开票。表面看来只是操作问题的"改选风波"，实际上同样蕴含着控制与反控制的斗争。国民党党部要挫灭商会的独立倾向，而商会则要摆脱党部的箝制。商会固然做到了"自决"投票，但最后开票、监票仍需通过党政当局，实际上已一步一步被排除在地方行政决策之外。可以说，这时商会的"独立组织已经被迫屈从于国民党的统治"。② 在以后的岁月里，"商会还在历史舞台上演出过许多活剧，但是叱咤风云的精彩场面则再也看不到了。"③

最为典型的是这一时期商团的改编和最终结局。无锡县商会成立后的第一件事就是筹建商团。1906 年，商团的前身——锡金钱业体育会成立。体育会在组织操练的同时，很快向有关部门呈文立案，申请购买枪支弹药的护照。在辛亥革命期间，钱业、米业、商业三个体育会合组为商团，并很快由三个支队发展为八

---

① 【美】约瑟夫·弗·史密斯：《商民协会的瓦解与党治的失败》，《国外中国近代史研究》第20辑，中国社会科学出版社，1992 年，第 176－177 页。

② 【美】帕克斯·M·小科布尔：《江浙财阀与国民政府》，蔡静仪译，南开大学出版社，1987 年，第 39 页。

③ 徐鼎新、钱小明：《上海总商会史（1902－1929）》，上海社会科学院出版社，1991 年，第 401 页。

个支队，300多人，成为一支准军事武装。二次革命失败后，袁世凯下令对商团缴械，勒令解散，无锡商团在压制下停止活动。袁世凯死后，自1916年冬起，乡区基层商团为维持地方治安陆续恢复，城区商团也在五四运动期间重新成立，全县城乡发展为30多个支队，1000多名团员。商团公会会长杨翰西通过北洋军阀冯国璋的关系，获得一批新式枪炮武器，使无锡商团成为实力雄厚、装备精良、在沪宁沿线首屈一指的商团武装。1924年底前后，两次齐卢之战风云骤起，苏军、浙军、直军、奉军相继兵临城下，商团承担了巡防护城、制止溃兵抢掠的城防事务，发挥了重要作用。国民党掌握国家政权后，当然不能容忍这样的武装组织存在。1929年，江苏省通令撤销商团。无锡县商会多次提议暂时维持原状，或意欲采用"变通"手法保留商团组织，延至1936年5月，已经"不耐烦"的政府断然行动，接收商团枪械、人员，改组为壮丁义勇队。这样一来，无锡县商团在存世近三十年后最终归于解散。

近代地方商会从诞生之日起，与地方政府存在何种关系？商会最终走向如何？回顾无锡县商会所走过的历程，完全可以一见端倪。

近代商会作为工商界的社会自治组织，起初由政府倡导设立，并依附于政府，后来发展为具有相对独立的组织机构和职能的社会团体，其间经历了曲折的发展过程。在这个过程的各个阶段，商会与政府的关系并不是始终如一的。

在晚清兴办地方自治的过程中，商会与政府的关系是一种分工互补的关系。清政府颁布的《城镇乡地方自治章程》开宗明义第一条即规定："地方自治以专办地方公益事宜，辅佐官治为主。按照定章，由地方公选合格绅民，受地方监督办理"。从事自治的商会和绅商也抱着这样的基本认识："既称自治，究非离官治而独立。……辅佐官治，就是委任的自治。地方公益，要大家出些力，分些劳，尽个义务，受了官长的委任，方始对得起官长。"① 在北洋政府时期，由于各地实际处于割据状态，中央政府的政令难以贯彻到地方，各地军阀也无意于地方公共事务，因而商会与政府之间在公共领域没有发生多少直接的冲突。相反，这一时期双方在公共设施建设和公共事务管理方面的合作相当普遍。

到了南京国民政府时期，中央政府出于对地方的有效管控，通过一系列法令法规加强对地方政府的垂直领导，又通过地方政府加强对社会经济事务的重新控制，并以各种方式加强对商会的监督。商会的职能主要限制在经济事务协调和行业组织自律的范围之内，原有的会审、发照、协税（捐）等职能、权限也相继被剥离，商界人士被逐步排挤出公共管理领域。由于越来越多地遇到来自体制和

---

① 徐秀丽：《中国近代乡村自治法规选编》，中华书局，2004年，第3页。

意识形态的摩擦，商会与政府之间的矛盾冲突一度十分尖锐，并走向表面化。在政治上，商会为谋求自身的独立发展，与当局带有强权性的管制，表现为控制与反控制的角力。

一言以蔽之，近代商会与政府的关系，不只是一般意义上的官商关系、官民关系，而是一个居于重要地位、有着特殊功能的社会团体与国家政权的关系。作为一种有组织的社会力量，商会在一个区域乃至中国的现代化历史进程中扮演着重要角色。但商会作用的发挥，不仅仅取决于自身力量的状况和组织程度，而且与政府功能的发挥，以及政府赋予其社会管理职能的情况密切相关。如无锡县商会这样的地方商会，无论是其宗旨还是实际行为，都并不与国家权力相对抗，而只是对民间与官方可能出现的不协调和冲突起着某种调谐作用。在社会公共领域，在政府作用难以施达或相对弱化的时候，商会的功能就相应增强；相反，在政府职能加强的情况下，商会的功能就相应收缩。

有学者将商会与政府的关系，比之为无线电电路中的推挽结构。这两个组织相互并行但位相相反，必须协调、匹配才能发挥放大电信号的作用。在电路工作时，其中一个部分的输出幅度减弱，另一个部分就会起到一定的代偿作用；同样，其中一个部分的输出幅度显著增强，另一个部分便受到抑制。两个组织的正常运行都需要有自己的输入输出线路和接口，并通过一定的方式相联结，从而引导电流并保持电荷、电压的平衡。[①]

## "商民保姆"

说起钱孙卿，今天的人们已经淡忘了，但在民国时期他可称得上是无锡绅商界领袖，雄踞地方三十年，对无锡的经济发展、社会治理都有相当多的贡献。

1912 年，25 岁的中学教师钱孙卿在薛南溟的荐举下走上政治舞台，担任县教育会会长和县公署第三科科长。在任科长八年间，无锡学校数量迅猛增长，质量直线上升，中小学教育在全国处于领跑位置。

1924 年 11 月，从绅商学会起掌管无锡市政长达 16 年的薛南溟因年老体弱，从市公所总董职位告退，无锡市议事会选举 37 岁的钱孙卿继任。刚刚履新第二个月，江苏齐燮元与浙江卢永祥部军阀之争的战火就烧到了无锡。支持卢永祥的奉系军阀从山东进军江苏，齐燮元部节节败退，在无锡城西发生激战。钱孙卿与

---

① 蒋伟新、汤可可：《推挽结构：近代地方商会与政府的关系——以无锡为例》，《近代史学刊》第一辑，华中师范大学出版社，2001 年 12 月。

杨翰西率领商团守城七昼夜，将无锡遭受的战事损失减到最小。钱孙卿出任无锡市总董仅一年，当时的舆论对他已是赞誉有加。当时报纸撰文指出："钱董莅任，百废俱举，有胆识有毅力，众所归往，有口皆碑。"① "北城门口被拆房屋至今日而始告一段落，于交通上开一新纪元。市总董不畏强御，而聿观厥成，毅力至堪钦佩。"②

1925年11月，市总董任期届满，钱孙卿请求辞职，社会各界一致挽留。钱孙卿在地方上的权威与声望日隆，开始成为无锡地方政治人物的后起之秀。

随着北伐大军的到来，"各地方的绅士阶级，在高呼打倒土豪劣绅的浪潮中，一度几乎全部销声匿迹；党的力量，在短期内成为左右地方的新兴力量。"③ 为避锋芒，钱孙卿一度离锡去沪。后因工商界的一致推举，方回故里就任无锡县商民协会主席，并于1928年底当选为改组后的无锡县商会主席。从1930年起，他又开始担任市公款公产管理处主任。在其管理期间，公款公产账目一清二楚，每月公布。而与此形成鲜明对比的是，1927年3月至1930年这几年，在由政府掌控的市政厅、市政局与市政筹备处管理期间，账目不清，资产流失，社会上怨声载道。"在前市行政局时代，设市产保管委员会。惟只有保管之名，而无负责之实。故市产之被占为私产者，往往有之。"④ 继后的市政筹备处时期，"屡经变更，支用浩繁，财政尤不可爬梳。"⑤

钱孙卿当选无锡县商会主席，以宏观角度视之，存在着某种必然性，体现出商会灵魂人物的时代更替。

在此以前，无锡县商会基本上由老一代传统绅士主持会务，活动偏于守旧，在抵制洋货、裁厘减税以及与官府的关系上，注重讲究名节，讲究乡谊。随着近代工商企业家群体的形成，一些新兴的社会精英开始进入商会，并逐步在领导层占据主导地位。他们没有或极少有直接的商业投资，没有显赫的家族背景，不拥有科举功名，也不担任官职，但他们具备敏锐的思想、高超的组织协调才能和更强的现代社会政治活动能力，在政府和商界之间扮演特定的中介角色，并得到政府和商界双方的信赖和倚重，成为工商实业家在社会政治上的头脑及喉舌。钱孙

① 一鸣：《市政之缺点》，《无锡新闻》1925年11月4日。

② 一鸣：《北城门口幸告解决矣》，《无锡新闻》1925年12月20日。

③ 无锡县政府、无锡市政筹备处编：《无锡年鉴（第一回）》，1930年。见《民国时期无锡年鉴资料选编》，无锡市地方志办公室、无锡市图书馆编，广陵书社，2009年，第40页。

④ 圣胄：《无锡纵横谈》，《人报》1947年2月17日。

⑤ 钱基厚：《孙庵老人自订五十以前年谱（卷下）》，《北京图书馆藏珍本年谱丛刊》第200册，第475页。

卿就具备了以上这些特性，他在商会的"出世"正顺应了这一趋势。

在国民党集权统治日益加强的情况下，商会的地位、作用和影响已经不复往日的辉煌，但在钱孙卿的掌管下，无锡县商会委曲求全，折冲呼吁，在联络和组织工商企业、协助企业开拓市场、协调维护地方经济秩序等方面，仍有许多"可圈可点"的作为，最大限度地维护了商民的权益。

1928 年 7 月，国民政府召开全国财政会议，商民呼吁、讨论了数十年之久的裁撤厘金，终于被提上议事日程，但厘金尚未裁去，开征营业税的办法却首先出台。消息一经传出，无锡县商会立即通过公函、代电，与镇江、南通等地商会联络，商讨对策。并发起召集各县商会代表会议，向省府和国府财政部发出呼吁，要求确保在裁撤厘金后再开征营业税，营业税实行后原有屠宰税等与营业税性质相同的捐税应予归并而废止。此后，无锡县商会又就取消营业税登记费、反对营业所得税与营业贩卖税重复征收、停办江苏省特种营业产销税（对丝、茧、茶、棉等货物征收）等，接连致电、致函国民政府财政部、省财政厅，并组织请愿，通过报刊广泛呼吁，据理力争。所有这些主张，经过沪、苏各地商会的共同努力，反复申述，多次往返交涉，最终取得了圆满的结果。1934 年，江苏省颁行《城市地价申报办法》，拟在无锡、南通二地征收地价税和土地增值税。但工商业区的土地房产大部分为地方绅商所有，征税自然触及其切身利益，于是由商会出面，由钱孙卿"约集地方，呈请中央予以纠正。后来经过行政院加以审查，令饬苏省不得遽行征收。"[1] 第二年，江苏省又计划开征房捐，"不论自产租屋、店铺住房一律征收"，又是"县商会和县款产处通电国、省当局，据理力争，竟得缓办。"[2]

这些成功的案例，大大提升了商会的声望。一时间，无锡众多的同业工会、自治组织，皆以商会为中心，"商会在中国各地方的人民团体中，一向都占着特殊的优势，这是因为商会的会员，在社会握有经济的力量，而他们和旧绅士阶级，又传统地有着较密切关系，他在旧绅士阶级得势的期间，一向保持压倒一切人民团体的气焰，战前的无锡商会也非例外。"[3]

无锡县商会的灵魂人物，自然非钱孙卿莫属。"自从民国二十年（按：1931年）之后，便始终没有脱离过商会，每次改选终是和杨翰西君互为主席和监委，

---

[1] 江苏省工业协会编印：《无锡工商大全》，上海印书馆，1948 年，第 3 页。

[2] 钱基厚：《孙庵老人自订五十以前年谱（卷上）》，《北京图书馆藏珍本年谱丛刊》第 200 册，第 324－325 页。

[3] 圣胃：《无锡纵横谈》，《人报》1947 年 2 月 17 日。

名义上虽有变更，职权上实际没有变动。那时更有硕德望重的蔡兼三，运筹帷幄的陈湛如和善于应付的程敬堂等几位先生襄助，形成了商会的全盛时代，实际上成了地方士绅的集团，对地方庶政很能表现力量，一直维持到民国二十六年（按：1937 年）抗战发生、锡地沦陷之前。"① 与有着巨大声望，长期扎根地方，

钱孙卿

在地方有着强大基础的钱孙卿相比，行政长官来去匆匆，得不到地方的认同，因此他们施政时不得不寻求钱的支持。"凡地方大利害，主者有所设施，不知于地方人士意如何，必曰以咨钱某。地方人士于主者有所建白，亦必曰且以语钱某。绾官民交通之枢，宣主者意而导地方人士之隐，实惟吾孙卿是赖。"②

抗战期间，钱孙卿避居上海租界。战后，回到无锡的钱孙卿继任县商会主席，一如既往尽力维护商民利益。据地方媒体载，他"处事从容，考审缜详；发言若洪钟，精神矍铄；衡事精当，有过人之见。终日坐镇商会掌理公务，如遇侵害商界法益时，手执卷宗带看带说，逐于典坟与人折论，辄引经据书，千语一泻，势若堤决，必要时会写骂的文章，作惊人的'狮子吼'。当政府征兵征粮大选的关头，他写过牢骚的文章，使小市民阶级读得摇头三叹、拍案叫绝。一贯作风是老辣，特别努力于保护商人利益，因此在商人的目光中都认定他是无锡最理想的商会主席。"③

1948 年 3 月上海中国印书馆出版了一本《无锡工商大集》，在介绍无锡 11 位知名地方人士中，这样描述钱孙卿："孙卿先生并不是一个长袖善舞的商人，所以他除了祖遗的一所典当以外，并不经营任何商业，更不会投机囤积而拥资自肥。他有清晰的头脑和犀利的笔锋，他能根据法理替大多数的人说话，他能牺牲一己为着地方福利和人民服务，因此往往为少数的官吏所侧目，而获得多数商人或民众的信仰和拥护，实在是商民的保姆。""因为他始终没有离开过无锡的岗位，所以无锡人几乎没有一个不知道钱孙卿先生的。"④

---

① 圣胃：《无锡纵横谈》，《人报》1947 年 2 月 17 日。

② 钱基厚：《孙庵老人自订五十以前年谱（卷上）》，《北京图书馆藏珍本年谱丛刊》第 200 册，第 344 页。

③ 钱基厚：《孙庵私乘·附录》，铅印本，出版年代不详，第 64 页。

④ 江苏省工业协会编印：《无锡工商大集》，上海印书馆，1948 年，第 2 页。

## 【锡 商 人 物】

　　钱孙卿（1887 – 1975），名基厚，以字行，别号孙庵老人，无锡城内七尺场人。1911 年肄业于南京两江法政学堂。1912 年被推任无锡市（为当时无锡县 17 市乡之一）教育会会长和共和党无锡支部长。1914 年出任无锡县公署学务科（第三科）科长。1921 年被推选为无锡县自治促进会副会长，又当选为江苏省议会议员。1924 年应荣德生之聘，任公益工商中学校长。是年 8 月江浙战争爆发，无锡告急，地方会议组织临时维持会，推举他为会长。11 月当选为市公所总董。1928 年底当选为无锡县商会主席。1930 年任无锡市公款公产委员会主席。全面抗战爆发后，避居上海租界。1944 年 4 月，当选为无锡旅沪同乡会理事长。抗战胜利后继任无锡县商会主席（后改称理事长），并发起筹建无锡县银行，任董事长。1948 年 12 月，国民党政权崩溃在即，他发起成立无锡县人民公私社团联合会作为应变机构，自任第一召集人。翌年 2 月，委派次子钱钟汉等三人代表他和荣德生前往苏北解放区与中共有关方面联系，迎接解放。为支援解放军南下，他发动全市工商界筹措 10 万石军粮。新中国成立后，历任无锡市各界人民代表会议协商委员会副主席、苏南行署副主任、江苏省人民政府委员、江苏省政协副主席、江苏省民建副主任委员、江苏省工商联主任委员等职务。1954 年当选为第一届全国人大代表。1955 年当选为民建中央委员。1957 年，被错划为右派。"文化大革命"期间，他身心受到严重摧残，于 1975 年去世。

# 1930 年：蝶变

人生是个大舞台，每个人都在这个舞台上尽情挥洒、演绎着自己的故事，都要经历蜕变，在痛苦的挣扎中摆脱羁绊和束缚。正如蝴蝶，只有破茧蜕变，才能张开美丽的翅膀去飞翔。

"海归"薛寿萱延聘人才，改良蚕种、技术和设施，建造华新制丝养成所，促进了缫丝工业质的飞跃。

长袖善舞的荣氏兄弟，在上海滩的扩张旋风依然猛烈，当年的勃勃雄心正在接近实现。

唐家延续三代数十年的赈灾救荒之举，看似单纯的行动其实回味无穷，散发着一种简单明了的逻辑：当财富和慈善逐渐融合，并沉淀为一种精神之时，新生的商人已成为推动社会进步的重要力量。

## 蝶变的力量

三十年代初，意气风发的荣家企业，已经到了蛹化成蝶的前夕。

相较于直接投资自建工厂，荣宗敬对收买旧厂、实行并购更是情有独钟。收买旧厂的投资比新建厂便宜得多，厂房、设备，甚至连职员、工人都是现成的，只要稍加整理，即可投入生产，产出快，见效快。工厂亏损，业主无心恋战，只愿早日脱手即可，价格并不敏感。多一个厂，总公司只需添一本账簿，不必专设新的经营管理机构。最重要的是，并购一家纱厂，就减少一个竞争对手，而在申新方面却增强了一份竞争实力。

1929 年初，就有一条"大鱼"送上门来。这条"大鱼"正是英商东方纱厂。东方纱厂原名瑞记纱厂，原为德国商人 1896 年在香港创办的瑞记纱厂，一战后由英商安利洋行接手经管，迁到上海，改称东方纱厂。该厂占地 68 余亩，共有纱锭 53844 枚，布机 455 台，但因经营不善，连年亏损，定价 175 万两（约合 250 万银元）标售。

东方纱厂在杨树浦路上，前临马路，后通黄浦江，大小船只可以停靠栈房码头，交通极为便利。时任中央银行董事的叶琢堂跑上门来兜售。荣宗敬有意购买，而荣德生这次与兄长有了不同的意见，"力阻购买此老厂"，认为"地段不合工厂，工人难立脚，开支必大，出品不出色，销路难去"。① 荣宗敬叫侄儿伟仁陪同去看厂，荣德生不赞成，不许伟仁陪去，弄得伟仁左右为难，只能偷偷陪伯伯去。最后，荣德生还是听从了兄长的意见，与叶琢堂父子联手出资以 170 万两购进东方纱厂，改为申新七厂。荣氏兄弟以价值 500 万元的地契、房屋、机械等固定资产作抵押，从汇丰银行借款 200 万元，贷款周期五年，年息八厘。在总股本中，荣氏兄弟各占两成，叶琢堂占四成，其子叶达明任经理，荣伟仁调任申新七厂做副厂长，厂长为技术人员出身的朱仙舫。购下后第二天就开始整理，前后仅用了一个星期就开工。不久，叶达明遭绑架遇害，叶琢堂退股，所占股份由申新总公司分期付还。

申新七厂被荣家购进后，进行了大规模的工务改革，日出 16 支纱由东方纱厂的 80 件增至 120 件，同时改造原有纱机，增纺 32 支、42 支细纱，又增添双线机，日产 42 支双线 20 余件。一家破破烂烂连年亏损的老厂，到荣宗敬手里不到两年，已成为拥有纱锭 56284 锭、线锭 8400 锭、布机 448 台的焕然一新的大企业。

在上海滩，荣氏兄弟购下东方纱厂此举，是民族资本收购外资纱厂的第一起，一时引起了轰动。"现全国三百六十余万锭，上海约占一百九十余万，此中华商仅有七十七万余，喧宾夺主，可为痛心。盖从来只见华厂出售于外人，未有华商收买大规模之洋厂者，有之，实以本厂为嚆矢！"②

不过，荣德生的"地段好无用，还须人事好"这句话，还在是申新七厂得到了应验。十数年后的 1945 年，抗战胜利，申新各厂纷纷复产，利润丰厚，但申新七厂"则十余年来迄未上轨，仍无得可分，至为可惜"。年已七旬的荣德生

上海申新七厂

① 荣德生：《乐农自订行年记事》"1929 年条"，上海古籍出版社，2002 年，第 105 页。

② 《申新第七厂创办及其布置概略》，《荣德生与企业经营管理》上册，上海古籍出版社，2004 年，第 377 页。

不禁感叹："若但逞己意，作伪蒙蔽，不思企业前途，不顾股东利益，终归失败，无益也。"①

1930 年，荣氏的申新系统再添新成员——申新八厂。不过，这家工厂不是收购来的旧厂，而是荣家用真金白银新建的企业。申新八厂的正式投产，一偿荣宗敬心中多年的夙愿。造一座"全上海全中国最漂亮最先进的纱厂"，已经萦绕在他心头有一段时间了。口号亮出去了，但做来却不易。先是觅地困难，不是地段不合，就是要价太高，最后决定在申新一厂旁建屋，拆去申一布机和部分地面建筑，建设新厂，到1930年7月正式落成投产。其新厂房为两层钢筋混凝土结构，装置英制细纱机四万锭，仅购机一项就投入资本234万元。这批设备为当时世界纺纱机改进后的最新款式，"各处重要传动均采钢珠培令，粗纱机为双铁炮式，三道粗纱升降度加长为八寸，细纱机升降度为五寸半。"② 申新八厂以生产细纱为主，每24小时产量可达20支纱1.1磅，16支纱1.35磅，这一生产率不仅为申新各厂之冠，就是与日商在华纱厂比较也不相上下。因此，申新八厂时有"新厂房、新机器、新人才、新产品"之美称。申新八厂与申新一厂不仅厂房在一起，资本、管理、行政等各方面也都统一。到1932年时，申新一厂、八厂共拥有纱锭72476锭，布机1111台。

不过，这一年，世界经济大危机的爆发，让荣宗敬也感觉到了从西方吹来的阵阵寒风。1930年，在美国最先爆发的股市危机，开始迅速蔓延，波及到整个资本主义世界，成为一场全球性的经济大危机。这场危机一直持续到1933年，整个资本主义世界工业生产大幅急剧下降，世界贸易更是整整后退了十余年。中国民族工商业进入了开创以来最为冷酷的"严冬"，物价跌落、贸易停滞、市场萧条、工厂停工减产，以致整个社会经济跌入了谷底，动荡不安。1930年，茂、福、申新总公司共亏损516万元，向银钱业借债总额已达2822万元。这两个破记录数字是警报，放在别人身上早就瘫软无法动弹了。但荣宗敬却毫不在乎，"欠债越多越风凉"是句戏言，"我的锭子不怕你的银子"却是真话。八家纱厂、12家粉厂全都在运行，总公司脉管里的血液流通顺畅，机体是健康的，这就是荣宗敬的力量。他一面奔走呼吁叫苦求助，一面在雄心勃勃积蓄力量，静候时机的再次到来。

1931 年一开春，荣氏兄弟就"吞"下了上海滩民族棉纱业的"老祖宗"三新纱厂。三新纱厂，是李鸿章于1882年奏准设立的第一家中国纱厂，当时叫上

---

① 荣德生：《乐农自订行年记事》"1945年条"，第180页。
② 《荣家企业史料》上册，上海人民出版社，1980年，第221页

海机器织布局。1890 年正式开工投产，拥有纺机 35000 锭，布机 530 台，日产棉纱 50 包。1893 年 10 月，上海机器织布局毁于大火。当时主持局务的正是无锡人杨宗瀚。1894 年秋，盛宣怀集资于织布局原址改建华盛纺织总局。此后又数易其名：集成纱厂、又新纱厂，辛亥革命后改名为三新纱厂，资本为银 150 万两，有纱机 69000 锭，线机 600 锭，布机 1000 台，当时规模之大国内无出其右。盛宣怀死后，小辈无意经营，就将三新以 80 万两押给汇丰银行，但仍租与盛氏开车。

三新纱厂有地 240 亩，濒临黄浦江。美商大来洋行为扩大营业，拟在上海建造船坞，看中了三新这块地皮。这消息被浙江第一商业银行的李馥荪等人得悉，以 120 万两从汇丰银行将三新产权赎出，再以每亩三万两转售给大来洋行，发了一笔财。大来洋行只要地皮，不要房屋机器，李馥荪对外以 40 万两廉价寻找买主。

荣氏兄弟做了笔无本生意，以 40 万两低价购下机器设备，并商定只要先付佣金五万两，其余价款暂欠，言明三年内迁移，空出地皮。1931 年 4 月 21 日，荣家接收三新纱厂。一星期后，纱机布机全部开齐。"未及一月，纱布厂即已开齐，整理亦日见进步"①，荣氏又创造了一个新记录。

三新纱厂被荣家接收后，成为申新系中的申新九厂，所出纱布较三新时代为好，栈无积货，售价也逐渐提高。是年，申九又添置英制纺锭 5000 枚，日制织机 200 台，织造出了由日本纱厂所独有的 32 支印花坯布和 12 磅细布、10 磅市布，填补了申新产品的一项空白。至此，申九已拥有纺锭 75000 枚，布机 1200 台，规模已可与申一、申三并驾齐驱了。

当年机器织布局失火被焚，杨宗瀚因而被撤职，壮志未酬。四十年后世事变迁，工厂居然归于"小同乡"荣氏兄弟之手，枯木逢春，再创辉煌。倘若地下有知，杨宗瀚应该生发几分欣慰之情吧。

刚过去半年时间，1931 年 10 月，上海厚生纱厂又被荣氏"纳"入申新系，改建为申新六厂。

厚生纱厂由穆藕初于 1918 年创办，位于杨树浦，有纱锭六万余枚，线锭一万枚，布机 920 台，曾经被国人视为兴办新纱厂的标准。在经济危机的冲击下，这家工厂也跌入低谷，穆藕初本欲以股东增资的办法渡过难关，但遭到董事会的反对，只得辞去总经理之职，由合伙人薛宝润苦苦经营。延宕了一段时间后，面对债主的苦苦相逼，薛宝润只能把工厂挂牌出售。薛宝润不愿让工厂落入虎视眈

---

① 《荣家企业史料》上册，第 249 页。

眈的日商之手，亲自出马登门拜望荣宗敬，商请荣家帮他脱掉这件"湿布衫"。其条件是帮助还清 340 万两欠款，工厂就转让给申新。

340 万两，也就是 480 万元，连厂房地皮在内，不算贵也并不便宜。而且，厚生纱厂"机器之新"仅逊于新建的申新八厂，有"沙谷洛威最新式单程清花机五套，尚为中国纱厂所仅见。又全部精纺机，均为四线罗拉之大牵伸式，在申新各厂中，亦为特色。至于废纺部，钢丝精纺，机器崭新，价值颇巨，精纺机且系走锭，尤足开申新之新纪元。"① 但当时荣家接连举债扩充，一时已无资金可以腾挪，但又不愿轻易放弃。这难不倒长袖善舞的荣宗敬，他心中盘算：只须与各行庄商妥，把厚生的欠款划到申新户头就可以了。钱庄全是人精，他们不相信厚生，催讨薛宝润的欠款，却能信任荣氏兄弟，于是同意了转账的请求。所以，收购厚生此举，荣氏兄弟实际上并未付出一分现钱。买下厚生，还可了却荣宗敬一个心愿：租办的常州申六已使用六年，原厂主要收回自办，九厂缺一，厚生纱厂正好补足，连职员都是现成的。

申新六厂的开工准备，总工程师汪孚礼曾在《纺织周刊》上写过一篇《申新第六纺织公司开工杂记》，其中写道："……于是督率车间各部，一面揩扫，一面运转。同时由外面招致男女工人，终日成群而至，即登记，即工作。有几何花卷，即开几何钢丝；有几何棉条，即开几何并条粗纱；有几何粗纱，即开几何细纱；近而至于摇纱打包，无一不是如此，从未有中遭停顿者，真所谓水到渠成，不费几何工夫。甫一星期，全厂开出，未到正式接收之日，袭用旧日商标之欢喜纱，已到市上销售矣。出货如此之速，用户均为之惊异不已。"②

世俗所谓的危机，在少数人眼中也许是难寻的机遇。行业萧条之际，惯常做法是停产自保，荣氏则反其道而行，四处寻求收购。那一阵子，荣宗敬可能是上海滩最忙碌的人。一天到晚，他不是勘测厂址、与中外人士谈判，就是与银行、钱庄打交道。在高背靠椅上一坐下来，也闲不住，一边的接电话一边打算盘……

在申新六厂开工之际，荣宗敬特意办了一场酒宴，宴请申新六厂的职员。餐厅里最醒目的不是银餐具和法国大菜，而是高挂在壁上的一张图。吴淞江和黄浦江在外白渡桥汇合，总公司的大楼几乎雄峙在两江交叉点上。沿着蜿蜒的吴淞江也即苏州河，排列着福一、福二、福三、福四、福六、福七和福八七家粉厂和申一、申二、申四和申八四家纱厂；在巨蟒似的黄浦江边，也已有申五、申六、申七和申九四家纱厂。这庞大企业集群，是从无锡乡下来的一对兄弟开辟的。当年

---

① 《荣家企业史料》上册，第 255－256 页。
② 《荣家企业史料》上册，第 254－255 页。

钱庄小学徒的勃勃雄心，已经演绎成壮美的经济图景。

上海申新六厂

## 丝业"刷新"

相较于荣宗敬的大开大合，女婿薛寿萱的每一招每一步，并不显得波澜壮阔、风起云涌，而是静中有动、由浅及深，稳健而又扎实。

1929 年 10 月 15 日至 11 月 8 日，薛寿萱率领五名业内人士代表中国出席了在美国纽约召开的万国生丝博览会。

这是第几次出国考察蚕丝业，连他自己都有些记不清了。1926 年永泰丝厂迁锡以后，他就与唐星海结伴东渡日本考察蚕丝业，参观了东京、横滨、甲府等地的蚕丝业教育、管理机构和工厂。1928 年，薛寿萱又与他人赴美国参加第二届万国生丝质量检验标准会议，乘机调查生丝在美国的供需情况。返国时途经日本，又考察了日本的蚕丝事业。每次考察美、日蚕丝市场，所见所闻，总是喜忧参半。喜的是，"国外需要生丝甚广"，华丝销售前景看好；忧的是，"日丝优于华丝"，作为最大生丝消费市场的美国市场，几为日丝所独占。美国最大经营生丝的公司乾利公司，一年销生丝 15 万包，但日丝占了 13 万包。[①]

永泰，已经到了非改不可的时候。可是，环顾厂内，实权全操父辈老人之手。这些人有经验，但因循保守，墨守成规，被暂时的畅销和厚利挡住了视线。总账房薛嘉乐就说："新法新法，老法还不是一样赚钱！新法只会化钱。"[②] 如此情形，若强行改革，必遇阻力，甚至失败。

尽管接受了多年的西方教育，但薛寿萱在厂里用起了我国传统的"攻心之术"。永泰、锦记两厂经理薛润培，在永泰老职员和工人中有较高的威信，如能改变他的思想，由他引领改革，必能顺利开展。于是，他极力劝说薛润培到外面"走一走"、"看一看"。1929 年秋，薛润培在东京高等蚕桑学校毕业生邹景衡的陪同下赴日本考察。在 20 余天时间里，遍观制丝所、生丝检验所、生丝交易所、

---

① 薛寿萱：《在无锡丝厂协会欢迎会上的报告》，《锡报》1929 年 12 月 19 日。

② 无锡市政协文史资料研究委员会整理：《无锡永泰丝厂史料片断》，《无锡文史资料》第二辑，1981 年，第 59 页。

试验场、烘茧处、贮茧仓库等。薛润培在他的自述里这样写道："民国十八年秋节，我同邹景衡到日本考察蚕桑事业，经过长崎、神户到东京，参观了制丝所二十余处。种种设备奇巧，真是从未见过。"① 日本先进的生产技术和管理制度，极大地触动了薛润培，"乃知我国工厂机械陈旧，不适现代之用"，也使他对薛寿萱进行的企业改革发出了一种不自觉的认同。

薛寿萱趁热打铁，花重金聘请一批留学归国、并有实践经验的管理、技术人才，委以重任。这正是"海归"薛寿萱的过人之处。他所招聘的第一个专家就是邹景衡。薛寿萱对邹景衡的延请，可谓诚恳至极。1926 年，邹景衡留学日本尚未毕业，时在日本考察实业的薛寿萱就恳请他毕业后务必加盟永泰丝厂。薛寿萱说，"欲期振兴中国蚕丝业，人才当为首务。汝若能来，我即另设新厂，以供吾兄一展抱负。否则我将任此旧厂旧人，拖延时日，早晚必致闭歇。"② 1927 年，邹回国休假时，薛又亲上码头迎接，走时又亲送至上海。邹"深感其诚"，答应加盟永泰丝厂。1929 年，邹景衡毕业回国，谢绝了其师赴日商青岛制丝厂之邀及苏州瑞丰丝厂之请，来到永泰丝厂。第二年便正式担任了永泰丝厂技师。永泰的许多改革措施都出自他的提议，如设立蚕种制造场、永泰蚕事部，引进和改造机器设备，创设试验工场等。他的弟弟邹泰仁曾在日本学缫丝，回国后进入华新制丝养成所，负责煮茧。兄弟俩，一学制丝，一学制种，相得益彰。

1929 年秋，美国麻省理工学院硕士、浙江大学工科教授薛祖康又被聘请到永泰丝厂，负责研究改良机械事宜和企业管理，后又任华新制丝养成所所长。同年，留学日本归国任江苏省立女子蚕业学校推广部主任的费达生（女），也应聘到永泰丝厂负责女工管理和生产技术指导。接着，留学日本的张娴（女）被聘任永盛丝厂厂长，又聘留美哥伦比亚大学的诸珏宝（女）负责工人管理。

这样一来，在薛寿萱的身边形成了一个以技术专家为主的核心团队，确保了各项改革措施的落实。

改良烘茧技术是保证永泰原料干茧质量的重要措施。鲜茧杀蛹烘干过程中，旧式烘茧灶不易掌握火候，或过或不足，都会影响茧质，造成严重损失。1929 年春，薛寿萱向日华株式会社苏州瑞丰丝厂购入一台"带川三光火热式烘茧机"，安装在寺头公泰隆茧行，10 昼夜可烘鲜茧 4500 担，最高可达 7000 担。同年秋，薛寿萱命自家的无锡工艺铁工厂仿制了四台烘茧机，工效与日制烘茧机相似，全部安装在城郊的华新茧行。在优质茧产地金坛县，薛寿萱利用自身雄厚的

① 转引自《公私合营前的永泰丝厂》，《无锡地方资料汇编》第七辑，1986 年，第 87 页。
② 转引自邹景衡《我与永泰丝厂》，《丝绸史研究》1990 年第 3 期。

经济实力以及与地方势力的关系，关闭了二三十家旧式土灶茧行，由永泰投资购买日本今井式干茧机四台，开设四家机灶茧行，从而垄断了全县的茧源。当时，金坛县蚕农中流传着一首民谣："走穿脚底跟，跑不出薛家门。"[①]

1929年薛润培、邹景衡从日本考察回国时，在日商增泽商店购进长工式煮茧机一台，装在永泰丝厂试用，并聘请日本人田中太郎担任煮茧技师，"是为锡邑煮茧采用机械之始"[②]。煮茧实现机械化后，缫折可比人工煮茧减少30斤以上。据说购买这架长工式煮茧机花了一万多元，不到一年就收回了全部投资。后来，薛寿萱又从日本购进千叶式煮茧机，由永泰机修车间加以仿制，在永泰、锦记两厂先后装用，大大改善了熟茧的"解舒"，提高了生丝的"净洁度"。

对缫丝车的改造，是薛寿萱改造永泰丝厂的最大手笔。十九世纪六十年代初中国出现机器缫丝工业，采用意大利、法国制造的直缫式缫丝车。过了七八十年，至二十世纪二十年代中期，包括永泰系各丝厂在内的民族缫丝工业，缫丝车全无改进。用此类缫丝车所缫之丝容易形成粘结，织绸厂使用时易拉断丝头，需预先整理后才能上机使用。1929年，由邹景衡设计，薛祖康监工，并请江苏省立女子蚕业学校的专家进行技术指导，将永泰丝厂96台意大利式的直缫机全部改为新式复摇机，在永泰丝厂进行了第一步丝车改造。此类机械的运用，能将缫出的生丝通过扬返机进行复摇加工，编织整齐，减少落绪，消除类节，以适应绸厂工艺上的需要。

在此期间，一种更先进的御法川式多绪立缫式丝车在日本研制成功，但为了垄断技术，这类立缫式丝车被日本方面严禁出口。1930年，邹景衡从画报上得到了这类立缫车的图样，薛寿萱聘请刚从日本考察机械回来的王左泉等人，开设试验部进行技术攻关。邹景衡、王左泉等人经过反复摸索，终于于当年冬自行设计、制造出了中国第一台多绪立缫车，称为"永泰式"立缫车。最早的是三十二绪的立缫样车，后在生产实践中又进一步作了改进、完善，定型为二十绪缫机，并投入批量生产。第二步的丝车改造由此展开。

承担设备仿制、改造任务是薛家的工艺铁工厂，这家工厂的前身是薛南溟开办的"工艺传习所"。1919年，薛南溟在无锡东门亭子桥埂开办工艺传习所，招收农家子女，传授缫丝机械修配技术，并生产缫丝机零件，供丝厂修车之用。薛寿萱投资两万元，购买二十多台生产设备，将其改建成工艺铁工厂，专门负责永泰系统各厂的设备维修和改造。先购买引进样机，然后组织专家按样模仿复制，

---

① 《无锡永泰丝厂史料片断》，《无锡文史资料》第二辑，1981年。
② 钱耀兴主编：《无锡市丝绸工业志》，上海人民出版社，1990年，第381页。

再由无锡工艺铁工厂批量制造。这种方式，在知识产权尚未形成概念的时代，可以节省大量的设备投资。

永泰丝厂试制成功立缫车，引起同城丝厂业主的重视。不过，出于对保持竞争优势的考虑，薛寿萱对国内同行严格保密，就连曾经协助研发的费达生带领女蚕校师生前往参观，也遭到拒绝。有鉴于此，地处北乡玉祁的无锡瑞纶丝厂厂主吴申伯特聘费达生等人再次进行研制。

玉祁的瑞纶丝厂是一个有 260 台丝车的中型丝厂。在无锡合众铁工厂与上海环球铁工厂的配合下，于 1933 年冬试制成功新的多绪立缫车，这种新型丝车被称为"女蚕式"立缫车。费达生分两期将瑞纶丝厂的机器设备全部替换更新。与此相配套，对煮茧机、剥茧机、复摇车等各道工序的机械和工艺也进行了改革。为了提高生丝品质，费达生特意加大缫折，降低出率，生产成本相应增大，一度引起吴申伯的疑虑。费达生抓住关键技术环节，逐步提高回转速度，并在选茧、剥茧、煮茧等各个环节相应加以改进，不到一个月即见成效，不仅出率增加、成本降低，生丝质量也大幅提升，该厂"金锚牌"生丝在国际市场上赢得好评。

瑞纶丝厂后改名为"玉祁制丝所"，它的改革成功在江浙一带丝厂中具有典型示范意义，得到社会各界的赞誉，女蚕校校长郑辟疆评价"这证明技术力量之伟大"。①

在永泰、瑞纶丝厂的影响下，无锡"各丝厂群谋刷新"。接着，振艺、民丰、瑞昌等丝厂，在费达生的指导下都先后置办新式缫丝设备。乾甡丝厂从美国购入检验生丝质量（均匀、清洁、净度）的黑板机，从日本购入煮茧机。到 1936 年，先进的日本式多条缫丝机和煮缫兼业式缫丝机的数量，已经占到无锡缫丝工业丝车总数的 15%，远远走在了国内其他地区缫丝业的前面。

民族缫丝业普遍使用的旧式意大利坐缫车

1930 年，薛寿萱以永泰丝厂名义，出资 40 万元在薛家没有办成的无锡南门外太湖水泥厂原址（占地 150 亩），建造华新制丝养成所。

薛寿萱开办制丝养成所背后，是无锡近代民族缫丝工业的风起云涌。整个二十年代，无锡缫丝工业年年都有新投资，年年都建新丝厂，年年都添新设备。对于新建丝

---

① 高景岳、严学熙编：《近代无锡蚕丝业资料选辑》，江苏人民出版社，1987 年，第 332 页。

厂来说，在短时间内招收或培养一大批熟练工人和管理人员，成为突出的矛盾之一。当时报上经常载有"新丝厂风起云涌，女工甚感缺少"的消息，丝厂业主"深恐女工不易招致，遂由各管车四处勾摘"。薛润培在其《六十寿言录》中记述，当时为了争夺缫丝工人，"新厂明勾暗诱，莫不极尽其能。"

薛寿萱开办华新制丝养成所，很大程度上正是为了从源头上培养一支既有良好技术素质、又对厂方忠诚的工人队伍。在开办制丝所之前，他已经在厂内开办了多期"练习班"，对新工人进行短期培训。"练习班"设有数学、国文、工厂管理、制丝等课程。为了学习日本蚕丝业的先进技术，还专门聘请专人教日文。"练习班"学员在接受基础理论学习的同时，在工厂进行实地实习。学制实为两年，前以学习为主，后以实习为主。"练习班"共办八期，每期招生 30 人左右。学员学成后大部分充实到永泰系各丝厂生产第一线，对于其中的优秀学员，薛寿萱还专门"资遣赴日留学"[①]，分别进入日本上田蚕丝专门学校、东京高等蚕桑学校学习技术。

经过近一年时间的筹备，华新制丝养成所于 1931 年正式开业。所内装置最新式的 292 台二十绪立缫机，由无锡工艺铁工厂批量仿制。"其设备之新式，不独为锡地空前未有，即全中国亦只有该所一家。"[②] 养成所大门仿照清华大学校门修建，按照

华新制丝养成所

学校的方式对养成工进行培训和管理。被称为"学员"的女工，外出时则必须着规定的统一服饰——灰布上衣、黑裙、白袜。这种着装要求，一度让人们将养成所的女工误以为是女学生。养成工膳宿由厂方供给，食堂桌椅齐全，一次能容纳 500 人就餐。养成所内设惠工处，专管工人宿舍、膳食等生活福利事业。学员统一住宿，厂内建有三层楼宿舍，床位、被褥、面盆、毛巾等物都统一编号，按规定放置。被褥等物由厂内供给，衣服至少半月换洗一次。厨房门窗用铁纱制成，饭菜出入另用抽屉输送，防止有蝇飞入。浴室有浴池、盆汤两种，装有冷热

---

① 《薛润培六十寿言录》，1939 年。

② 《锡报》1932 年 6 月 14 日。

水龙头；厕所有新式的抽水马桶。所内还有图书馆、篮球场、乒乓室等活动场所，每周还由厂方免费放映电影。每逢年关例假，对家住在宜兴等外地的工人，由厂方派专船接送。地方报纸称赞养成工的"衣食住行之生活舒适，胜于中人之家"。①

由于华新制丝养成所条件好，前往报名者十分踊跃。薛氏在招收养成工时，条件也十分苛严，当时有"八要、八不要"之说，凡五官不正，手指粗笨、视力不好、身体矮小、有病、牙齿不齐、没有一定文化基础的均不能录取。养成工每期训练期为六个月。未满三个月的，厂方每月仅发给膳费4.5元，不给其他津贴；三个月以上的每月有两元钱津贴。训练期间自动退出的，收回饭钱，以赔偿工厂损失。实际上，养成工训练半个月后就能上车。一个月后技术已粗可熟练。六个月后升为预备工，工资低于正式工人。第七届学员薛杏生回忆说，"我学了半年后，老板就把我当一个全日定员使用，我被派到合股经营的永昌新丝厂去工作，薪水照职员待遇开给老板，但我还是拿六分六一天，即使学习期满后，薪水也只能六元、八元慢慢升。而厂内一般职员薪水每月起码二十七元，外加饭钱。"② 有人据此测算，华新养成所开办的五至六年内，仅养成工培训期内提供的无偿劳动，就相当于支付1500个工人三年的工资。③ 不过，华新制丝养成所在国内丝厂业中率先实行两班制，每班九小时，比其他厂少一到两个小时，劳动强度有所减轻。

华新制丝养成所的女工在缫丝

华新制丝养成所，名为"养成所"，但正如日本专家所言的那样，实际上是"当时中国设备最先进的缫丝工厂"、"中国缫丝工业的示范型企业"。④ 1935年出版的《申报年鉴》对全国各地丝厂进行调查比较后，称华新制丝养成所"设备系最新式，管理之合法，可为全国之冠。"⑤ 而且烘茧煮茧，缫丝、复

① 《锡报》1932年6月14日。

② 《公私合营前的永泰丝厂》，《无锡地方资料汇编》第七辑，第88页。

③ 《无锡永泰丝厂史料片断》，《无锡文史资料》第二辑，第63页。

④ 小野忍：《无锡之制丝业》，《满铁调查月报》第二十一卷第十期，1941年。转引自王翔著《近代中国传统丝绸业转型研究》，南开大学出版社，2005年，第234页。

⑤ 《申报年鉴》1935年，第544页。

摇、打包等整个工艺过程完备，加之对工人们的技术要求较严格，所缫制的高匀度丝，"其丝之均匀，达 90 分以上，比之日本之最优等丝，绝无逊色"①，成为国际市场上的抢手货。当时《申报》和《新闻报》上的市场消息栏内每日均有"金双鹿"成交的价格，并以此作为外贸洋丝的价格标准，永泰丝厂已为国内外丝业界所瞩目。

至抗战爆发前，华新制丝养成所养成所一共办了六年，培养了 3000 多名养成工。同时永泰系的永盛丝厂四年里也培训了 2000 多新式工人。这无疑为永泰下一步的扩张储备了大量高素质的劳动力资源。

对于养成教育，时人多有称颂。"职工教育者，对于职工而施之以教育之谓也。言其利益，共有五端……可使职工脱离旧习而驯化于新法；可使职工无须时常监督；可使职工不致有浪费原料、损坏机械之事；可使职工能使用精巧之机械；可使职工谨慎勤实以任工作。"② 寥寥数语，道尽了养成教育的种种益处。特别需要指出的是，养成教育培养出来的新型职工，对工厂都有着较高的归属感、荣誉感和忠诚度，这对以家族经营为主的民族工商业来说，自然为厂方所乐见。

回顾永泰丝厂以及随后各厂所实施的养成教育，从宏观而言，起因正来自于日益加剧的外来挤压和国内同行业之间的激烈竞争。养成教育的兴起，与这一阶段各厂所实施的技术改造相辅相成，相互促进，从而重新调整和优化了经济组织和人们之间的经济关系，或多或少扫除了那些旧有的传统的不合理的因素，初步建立起近代化的管理模式，从而形成了不可逆转的新的时代潮流。

薛氏对蚕桑业的技术改良，并不囿于生产环节，还向上延伸到蚕茧的改良。薛寿萱认为："若茧质恶劣，则制丝家纵有精巧之技术及经营管理上之得法，其制成之丝，亦不能迎合消费者。"③ 为此，他一再呼吁："蚕品种之改良，是其第一要务。"④"改革华丝，根本须谋改进蚕桑。"⑤

薛寿萱专门设立了永泰蚕事部，负责指导蚕桑改进事宜，这个机构初期就设于前西溪薛氏宅内，可见薛氏对蚕桑改良事业的重视。

1926 年，薛寿萱贷款 3000 元帮助永泰技术员陆子容创办"三五馆"蚕种制造场，并由永泰年包购改良蚕种 3000 张。到了 1929 年，薛寿萱与薛润培合资 30

---

① 广东省建设厅蚕丝改良局编：《江浙蚕丝织绸业调查报告》，《广东蚕丝复兴运动专刊》，1933 年。

② 《申报》1923 年 9 月 18 日

③ 《锡报》1929 年 12 月 19 日。

④ 《无锡杂志》蚕业号，1926 年 4 月。

⑤ 《锡报》1929 年 12 月 19 日。

万元（一说 10 万元），在镇江桥头镇购地一千多亩，垦地栽桑，创办永泰第一制种场，每年春秋两季制种约 13 万张。翌年下半年，薛寿萱又以其妻名义出资三万元，在无锡钱桥创办永泰第二制种场，每年制种 2.5 万张。接着又由第二制种场拨款一万元在无锡荣巷创办第三制种场，每年制种 7000 张。所产"永"字改良蚕种，均由制种场"赠送"或"低价"售给蚕农，换回并销毁土种。

薛寿萱还借鉴日本经验，借助蚕农合作社的力量推广新型蚕茧。蚕农合作社是蚕桑生产集约化和适度规模经营的初级形式，以一个村或几个村为单位，由蚕农和当地茧行组成。永泰蚕事部向蚕农合作社派出蚕桑指导员，指导推广改良蚕种，试验蚕种共同催青，建立稚蚕共育室，等蚕体壮实后，再分给蚕户分散饲养。为了吸引蚕农加入合作社，薛寿萱还规定了一些优惠条件，蚕农可得到低于市价 20 - 30% 的改良蚕种，又以高于市场鲜茧价 3 - 5% 的价格再把蚕茧从农民手中买回来。

这种类似今天所倡导的"公司 + 农户"的农业经营模式，客观上使得蚕农从中获得了比以往更多的收益。据经济史学家姜铎回忆：

记得在二十年代中期，家乡家家户户都栽桑养蚕。一到鲜茧上市，散在各乡镇上的茧行，由无锡、上海等地丝厂或丝商，派员驻行开秤收茧，烘干运走制丝，其中就听说有永泰丝厂。每家茧行收购鲜茧量，少则 500 - 600 担，多达千担以上，时间集中在一个星期左右，收茧款一律现洋，由各丝厂用小火轮派兵护送运来。当时鲜茧市价每百斤在 100 银元左右，蚕农产茧，每户少则百余斤，多达 300 - 500 斤，也就是说，每户蚕农售茧所得，少则百余银元，多达 300 - 500 银元，这是一笔不小的收入。当时稻价每百斤只两块银元左右，收入 100 银元的茧价，等于 50 担左右的稻价，要相当于 10 亩稻田的收入（当时每亩约产稻 5 担左右）。每户茧农在不到一个月的短时间内，骤然获得一百银元以上的收入，农村经济顿时出现短暂繁荣景象。凡是设有茧行的乡镇，百市兴旺，茶馆、酒店、饭店、京南货店，到处挤满了手头持有售茧现洋的蚕农。在我的记忆里，那是江南农村最美好的年景。①

蚕农合作社的建立与发展，保证了永泰丝厂能够稳定得到优质原料茧。自从采取改良种共同催青、稚蚕共育后，蚕体强壮，茧型整齐，茧层厚，茧丝长，茧色白，纤维粗，匀度好，解舒良。丝厂缫折小，成本低，生丝质量明显提高。当时一般土茧要 300 斤鲜茧才能烘成 100 斤干茧，500 斤干茧缫成一担生丝。改良

---

① 姜铎：《从无锡薛家谈到旧中国民族资本》，《姜铎文存》，吉林人民出版社，1996 年，第 497 - 498 页。

蚕种茧，只要 280 斤鲜茧就能烘成 100 斤干茧，380 斤干茧能缫成一担生丝，而且丝质好，售价高（比中等丝高 10%－20%）。仅在茧价成本上，即可比原来降低 30% 左右。据永泰第二制种分场的经理潘家槐估算，薛寿萱用于制种场的投资，只需三个茧汛，即可全部收回。

无锡其他一些实力较大的丝厂也积极参与对蚕桑的改良。乾牲丝厂程炳若协助浒墅关蚕业学校等集资创建大有制作场，开办蚕业合作社技术员养成所；裕昌丝厂增设裕昌蚕种制造所；民丰丝厂也办了两个蚕种制造场。1930 年，无锡经江苏省相关部门批准核定的制种场有 33 所，占江苏全省的三分之一。1928 年时无锡改良茧占 39%，此后逐步提升，到 1934 年在国内第一个在全县境内淘汰了土种茧。

随着缫丝技术的改进，生丝外销日趋兴盛，对原茧的争购也日趋激烈。无锡每家丝厂都控制着一定数量的茧行，或自设或承租或包烘等。当时一般惯例，厂商租用茧行多以一季或一年为期。为了防止丝厂同业哄抬茧价，1930 年永泰、乾牲两厂邀集泰丰、民丰、鼎昌等实力较大的丝厂达成协议，联合成立大公公司，订立合同，规定各厂遵守议价，不放价，不抢购，不虚秤，各自在自家茧行收茧，如收数不足，可向大公公司调剂。但在当年收茧时，民丰丝厂率先破坏协议，抬价争购。次年春茧开秤前，这五家公司再行协议，另组大发公司，约定仍按上年办法收茧，但违约现象仍有发生。作为发起人的永泰丝厂未便擅自违约，因此在收购数量上大打折扣。在收购秋茧时，薛寿萱也抬价抢购，竟将茧价从每担七、八十元，抬到一百十元以上，创造了前所未有的高峰，借以垄断收茧，排斥同业。

值得注意的是，相较于棉纱、面粉业，缫丝业的兴衰与无锡每户农家的经济收入有着更为密切的联系。二十世纪二十年代前后，无锡的蚕茧产量已为"各省之冠"。① 到了三十年代中期，"近因丝厂发达，农民见蚕桑之利胜于稻麦，于种植农作物外，更从事蚕桑矣。……于是栽桑育蚕之家，年年增加，几家家载桑，户户育蚕矣。"② "养蚕的农户渐多，种桑面积也跟着扩展开来。我们看到江苏常（州）、（无）锡一带，桑树那样多，也都是民国以来种起来的，茧价愈涨，种桑愈多。"即便如此，"桑叶亦依然供不应求而腾贵，一年生枝条连梗带叶，每百斤要四元，于是农民更大批地栽种，尽心地培养。桑树又是那样容易栽培的东

---

① 《苏省茧市之状况》，《农商公报》第 36 期，1917 年 7 月。
② 卢冠英：《江苏无锡二十年来之丝业观》，《农商公报》第 85 期，1921 年 8 月。

西，他们还竟叫'黄金树'。"① 有学者算过这样一本账：在丝厂成本中，原料茧和职工工资约占70%左右。1928年无锡丝厂上述两项支出约2100万元，这是投入无锡城乡的一笔巨款。同年无锡产茧16万担，价值700－1000万元（每担作45－60元计算），每一蚕户（全县养蚕户142005户）平均收入现金约50－70元。1920年到1930年间，每年流入农村的茧款约1000万元左右。② 时人评论："无锡地方，养蚕连熟三年，人人可富。"③ "农村经济之宽紧，商业之荣枯，均视茧收为转移。"④

"静水深流"，这句话或许最能概括带动无锡丝业全面"刷新"的薛寿萱。在静美的水面上，你看不到波浪的动，但在水的深处，它奔涌如潮。

## 豫西大赈灾

1930年前后，地处中原豫、晋、陕三省交界处的河南陕州地区（今三门峡市陕县一带）连年大旱，继而爆发蝗灾，波及之处粮食被啃食殆尽，颗粒无收。据当时报纸报道，洛阳、开封等城市聚集灾民约10万人，而陕县、灵宝等地因交通阻塞，更有数百万人坐困待毙。

灾情传到千里之外的无锡，立即引起无锡民间慈善团体的关注。一方面派专人前往灾区调查灾情，一方面由无锡中国银行堆栈经理施襄臣主持，统筹策划募捐赈灾方案，向工商界和社会各界募集赈灾资金，组织力量分赴陕州各处设粥厂救灾。

陕州赈灾前后持续三个年头，自1929年初夏起，无锡慈善团体先后派出数批人员，在陕县南关、灵宝、渑池等地设立粥厂数十处，面向灾民施赈。1930年秋冬，针对蝗灾肆虐，无锡慈善团体又一次组织陕州救灾，遇到蒋介石、冯玉祥、阎锡山中原大战战火逼近才被迫撤回。第二年，赈灾人员再次来到陕县调查灾情，发现仍有"迫饥寒者近五万人"需要救济，于是"立募巨万"，开设粥厂五处，"就食者三万余人"，直到新麦登场，民食接上，粥厂方告结束。

豫西大赈灾，是无锡工商实业家跨地区赈灾中规模最大、效果最显著、影响最广泛的一次。整个救灾活动救活的灾民数以十万计，留下了许多难忘的故事。

---

① 焦龙华：《我国蚕丝业之回顾与前瞻》，《农村经济》第一卷第十二期，1934年。
② 钱耀兴主编：《无锡市丝绸工业志》，第421页。
③ 高景岳、严学熙：《近代无锡蚕丝业资料选辑》，第90页。
④ 高景岳、严学熙：《近代无锡蚕丝业资料选辑》，第93页。

赈灾刚启动时，主持赈灾的施襄臣大病初愈，身体虚弱，但仍然毅然前往，在灾区奔波，不畏艰险，布置一切。刚到灾区，棘手的问题接踵而来。战争时期，不时发生抢劫物资的事件。为了保证赈灾粮食的安全，施赈者把粮食集中到当地的土地庙中，并婉言谢绝了村民劝其住进家里的邀请。天寒地冻，大家就在地上铺满稻草，席地而眠。当时许多过路的部队经常借"施粥"的名义强拉壮丁，使得百姓听到赈灾的消息都不敢前来。于是，他们先挨家挨户地赠予食物，广而告之，后来领粥的饥民越来越多，粥施完时，他们会给一小碗大米，保证不让见到的人饿死一个。

施赈者之一过智修，为申新三厂供应科会计。他忠厚朴实，待人和善，又能吃苦耐劳，随队到达陕州后，不知疲倦地忙碌在救灾第一线。1931年初夏，负责处理扫尾事宜的过智修，在最后撤出灵宝时，因军阀混战、交通阻断，滞留于洛阳旅店，结果急病去世，年仅35岁。过智修家中上有年迈婆母，下有11岁的儿子和3岁的女儿，妻子又身怀六甲。行前，过智修为即将出生的宝宝起了名字："生男叫瑞生，生女叫毓华。"不料，一别竟成永诀，小女儿从未见到这位大爱无疆的父亲。

无锡的实业家不但拿出钱粮救助百姓，而且还帮助恢复被毁坏的名胜古迹。施襄臣在赈灾之余，慕名前去祭祀陕州著名的邵公祠时，却发现邵公祠毁于战火，"墙倾栋摧，上无盖障"，于是"醵资鸠工"，重新修葺。事毕，请近代著名学者、时任无锡国学专修学校校长的唐文治撰写《陕州召公甘棠庙碑》。文中不仅记叙了陕州赈灾和重新修葺召公祠之事，而且倡导陕州人民发扬召公敬德保民精神，不贪财物，不作盗贼，努力耕作，再歌甘棠。陕县也立《无锡各善团春赈纪念碑》，碑文曰："陕人感之，乃于古召公祠建功德林，以崇德报功也。"

《函关秋赈图》

关于这段赈灾历史，《陕县志》如此记载："民国二十年三月，无锡红卍字会、溥仁慈善会、公济会三团体，派过子怡、华博臣、李世德及曾在县施赈之何维周来县调查灾情，先申汇来赈洋一万元。在县境南关设粥厂一处，无锡各慈善团体派施襄臣、惠子刚携款增加县南关粥厂小米一百九十五包，并陆续施洋三百余元。此外，七区观音堂、二区会兴镇、四区张茅镇、五区菜园镇，复以五千元，就近购买小米，分设粥厂四处。"[1]

施襄臣回到无锡后，画家诸健秋被赈灾义举所感动，专门绘制了《函关秋赈图》。党政要人、社会名流纷纷题辞予以褒扬。宋子文题"函谷生春"；于右任以诗作题，"河岳声凄夜哭哀、遗黎百万苦成灾，雄关晓日迎秋爽，为报施翁放赈来。"国民政府河南省主席刘峙题的是"境称慈父"，题字上方还盖有红色的省府大印。

陕州一带正是国内重要的产棉基地，这里的民众知恩图报，此后所产棉花优先供应唐氏的庆丰、丽新工厂，而且价格优惠。这样一来，无锡唐氏基本垄断了陕州棉花的收购市场。

这次陕州赈灾，一个名叫"溥仁慈善会"的团体在其间出力最多，作用最大。"溥仁慈善会"成立于1922年初，由唐保谦、唐申伯、孙鹤卿等倡导设立。"窃维天灾人祸之烈至今日而极矣，盗贼刀兵，所在皆是，水旱疾疫，靡岁不兴，灾害并至，劫运难逃。……爰集同志组织溥仁慈善会，专办各种慈善事业。""以实行慈善事业、增进地方公益为宗旨。对于实事政治概不与问。"在简章中把所办事业分为四类：（甲）经常事业：凡施医赠药、发粟施衣、给借助殓等事皆在此类之内；（乙）临时事业：凡筹办水旱饥荒之义赈，救护意外被难之灾黎等事皆在此类之内；（丙）补助教育：凡设立义务学校及露天宣讲等事皆在此类之内；（丁）维持生计：凡无力营生，酌借小本等事，本会当量力措办。"[2] 该会的设立，有着浓厚的佛教博施济众的思想，包括了传统的社会公益救助如施棺、给药、义赈等，但是有关补助教育的内容却富有近代社会改良的特色。

溥仁慈善会的义赈，一直持续到抗战全面爆发之时，持续了近30年时间。除了1930年陕州旱灾，此后1934年溧阳旱灾、1935年济宁、崇明水灾，都有溥仁慈善会赈灾人员的身影。

在溥仁慈善会中，身为实业家的唐保谦在钱物方面给予了大力支持。"无岁

---

[1] 《陕县志》，（台北）成文出版社，1968年，第70页。

[2] 《江苏省各地组织善堂、慈善会请备案有关文件·准咨无锡县溥仁慈善会请立案等因除备案外咨行查照由》（1923年1月25日－2月3日），中国第二历史档案馆藏档，档号：1001－1783。

**1930 年无锡赈灾人员在陕州**

不灾，君无岁不赈。吾锡溥仁慈善会爰请君为常务委员，主任其事。君慨然博济，退然不敢居功。"① "凡有募施皆出己赀，尤尽心于救荒，自邑里以推之大江南北、楚豫陕直，远而至于黑龙江，蠲助辄巨万。"②

唐保谦一生自奉简约，晚年之时立下家训："世之困厄乏绝者夥矣，宁损一己之有余，以赡他人之不足，余垂老矣，生勿称庆，死勿糜丧，作为家箴。" 70岁时，他把家中准备祝寿的钱全部捐出，用于赈灾，再次设立慈善基金，"将岁息之半永作义举"。③ 1936 年底，唐保谦逝世，丧事极简。唐文治饮泣不止，祭曰："倘能人人取法，则世界自然大同。"④

在唐保谦兄弟中排行第五的唐申伯，同样热心于慈善。每逢腊月岁末，他必微服探访贫苦人家，托词赠送钱物，从不留名。1937 年春，他已双目失明，卧病在床，听说 1930 年赈灾过的陕县又发生奇荒，立即召集家人并组织和动员溥仁慈善会、无锡红卍字会共同捐款，筹得五万元赈灾款。当赈灾者妥善处理好陕县之事回锡禀告时，他已奄奄一息，说："幸闻陕县赈灾告成，我死也可以闭目了。"唐文治也为他撰写了墓志铭，赞扬说："呜呼！仁人之言，足以感天地泣鬼神矣！"⑤

说起唐家的灾赈行为，今天的人们已经知晓甚少。实际上，从晚清一直延续到二十世纪三四十年代，唐家的灾赈行为有着集中和连续的表现，甚至形成家族效应，两个房支约三代人均在其中发挥重要作用。

这里就不得不提到一个人：唐锡晋。唐锡晋，字桐卿，与唐保谦、申伯兄弟

① 唐文治：《宗弟保谦家传》，《茹经堂文集》四编卷七。
② 钱基博：《唐保谦先生墓志铭》，《新无锡》1937 年 1 月 13 日。
③ 唐文治：《宗弟保谦家传》，《茹经堂文集》四编卷七。
④ 唐文治：《宗弟保谦家传》，《茹经堂文集》四编卷七。
⑤ 唐文治：《宗弟申伯墓志铭》，《茹经堂文集》四编卷八。

之父唐子良（洪培），共为无锡唐氏东门支第十七世孙。唐锡晋生于 1847 年，比唐子良整整小 10 岁。1888 年，唐锡晋授安东县（按：江苏省涟水县）教谕。17 年后，他又被授予长洲县（按：江苏省吴县）教谕。在此前后的数十年间，他连年奔波于南北义赈，利用所能支配的血缘关系、地缘关系以及职业关系为义赈营造了一张颇为快捷有效的关系网络，赢得了义赈的最高荣誉。

对于唐锡晋的义赈成就，《清史稿》是这样说的："锡晋治赈，自乙亥（按：1875 年）至辛亥（按：1911 年）凡三十有七年，其赈地为行省八：山西、河南、江苏、山东以及陕西、湖南，东至吉林，西至甘肃；其赈款过百万以上。义赈之远且久，无过锡晋。"[1]《毗陵唐氏家谱》中对于唐锡晋的义赈成就有更进一步的记载："所赈灾区为行省者八。山西、河南、江苏、山东、陕西、湖南则躬亲之，甘肃、吉林道绝远，则以资界人往。凡为州县五十有一，为里万千百有奇。所赈食物及钱折以银为两无虑三五百万，所活之人数亦如之。"[2]

从光绪初年义赈兴起，到大清灭亡这三十七年中，义赈的领袖此伏彼起。但唐锡晋的义赈行动最为长久，贯穿了晚清义赈的全过程。近代名人冯煦这样评价唐锡晋在晚清义赈中的地位："丹徒严佑之、无锡唐桐卿实为之魁"，另一位近代名人马其昶也有相似的看法，"当是时为义赈者，丹徒严作霖、吴江施善昌暨锡晋，此三人者名最著，天下有水旱无不望此三人，此三人闻之无不遄往者。"[3]

1912 年，唐锡晋去世。两年后，北洋政府准许在无锡及受赈各省自行建设专祠，并着清史馆为之立传。大总统袁世凯还遣专员致祭。[4] 1919 年，唐锡晋在无锡的专祠建成，唐锡晋曾任职和施赈的涟水也为他建造了专祠。唐锡晋获得了国家给予义赈的最为隆重的褒奖，而且是在易代之后，足见他在清末义赈中地位之重要，影响之广泛。

唐锡晋去世后，他的儿子唐宗愈、唐宗郭兄弟全面继承衣钵，成为民国时期义赈活动的代表人物。唐宗愈，1879 年生，后来步入政界，在金融界、司法界均有任职。从成年之时起，唐宗愈就协助父亲办理义赈事业。如果说唐锡晋是总策划者，其子唐宗愈则是最得力的助手和参谋，父子两人或在灾区召集人员、调查灾情，或回家乡筹集款项及物资，或不辞艰辛运送米粮钱物，形成一个能够高效灵活运转的义赈中枢。从几次义赈行动的细节看，唐锡晋能够成为晚清著名的

---

① 《清史稿》第二六四卷。

② 屠寄：《唐桐卿祠堂记》，《毗陵唐氏家谱》，唐肯纂修，1948 年铅印本。

③ 马其昶：《长洲县教谕唐君传》，《毗陵唐氏家谱》，唐肯纂修，1948 年铅印本。

④ 《大总统颁给祭文》，《毗陵唐氏家谱》，唐肯纂修，1948 年铅印本。

义赈领袖，与其长子唐宗愈的鼎力支持有直接关系。父亲去世后，唐宗愈联合志同道合者，在北京成立以唐锡晋本名唐孝惠命名的"孝惠学社"，尊"义赈学说"为社旨，立下严格规约和章程，设查放局、留养所和积谷仓，制定标准格式的布告、赈票等，继续发扬唐锡晋行善入微的义赈作风。袁世凯复辟失败之后，他绝意政治，创立中国义赈会，把主要精力放在义赈及其他社会改良事业上。

民国建立后，唐氏家族参与义赈的血脉得到了垂直传递，其间的脉络有迹可寻——

1914 年，苏北二十余县遭遇旱灾、蝗灾，继遭水灾，灾情之重数十年来所未有。江浙士绅盛宣怀、冯煦等发起由官绅共同实施的灾赈活动。这一年，唐郅郑、唐宗郭大部分时间都在苏北忙于义赈。

1915 年冬春之际，黑龙江发生水灾，时任黑龙江财政厅长的唐宗愈主持了这次义赈。

1917 年，直隶霸县、沧县等处惨遭水灾，时任国务院秘书的唐郅郑和唐宗愈主持或协助这次义赈，出力甚大。

1919 年，湖北火灾，唐保谦长子唐肇农担任义赈会放赈员，支持过冬棉衣六千余件。

对于唐家的义赈，时人如此总结：（唐宗愈）"自民国三年以来，水旱灾浸各地流行，公世倡义赈，随时捐募，闻灾奔赴。"[1]"施赈区域为省凡十有一，为县凡百余，所全活以百。"[2]

民国时期上海临时义赈会出版的《义赈汇编》序中曾写到，赈务有两难："得款难，得人尤难"，而唐氏家族的义赈活动鲜受这两个难题困扰，正是源于无锡民族工商业的日益发达，特别是处于上升期的唐子良一支在其中给予了鼎力支持。

在晚清之时，唐锡晋所主持的其它几次义赈，唐子良及其诸子就已经参与其间。"江淮之灾，命子明镇躬其事；关陇之旱，命子浩镇董其役。他如豫灾、顺直灾，无赈不与，不求人知亦无有知之而奖及之者，务其实而无为名也。"[3]

这里提到明镇、浩镇都是唐子良的儿子，唐保谦之兄弟。其中的唐浩镇，字郅郑，排行老大。早年就学于江阴南菁书院，光绪十九年（1893）恩科举人，历官工部郎中、商部郎中、邮传部邮政司司长，1916 年任国务院秘书。1921 年他

---

①　朱庆澜：《中国义赈会会长无锡唐公墓碑铭》，《毗陵唐氏家谱》，唐肯纂修，1948 年铅印本。。

②　孙雄：《唐君慕潮墓志铭》，《毗陵唐氏家谱》，唐肯纂修，1948 年铅印本。

③　陆润庠：《诰封光禄大夫唐公墓志铭》，《毗陵唐氏家谱》，唐肯纂修，1948 年铅印本。

唐郅郑

死后也获得民国政府准许在原籍建立专祠的殊荣。①

1917年，唐宗愈在霸县赈灾之时，得到唐郅郑拨济棉衣3000件，粮800石。而唐保谦的九丰面粉厂在上海的批发处则成为物资中转站。这从当时他们之间所通电函可见一斑。

当年1月，唐宗愈致从兄唐郅郑电："上海宁波路九丰批发处转唐郅郑哥鉴勘：函悉京属水灾，宝坻、霸县为最惨，施子英先生认办宝坻，弟拟往赈霸县。兄哀念灾黎，情词恺恻，感佩无既，携带棉衣面粉若干，何日到津，电示，弟当赴津面谈。"②

1月9日，唐郅郑回函："慕潮（按：唐宗愈）老弟左右：顷得九丰寄来尊电，籍悉各节。兄近募得新花新布棉衣万套，计值洋二万八千元。在申日久，费尽心力，督率三百余女工日夕从事，始得此数。惟弟既往赈霸县，彼此事同一律。弟棉衣只有三千，兄谓大水以后室家荡然，棉衣为最。一俟后批到津埠，当移赈千套新衣，兄处不过取印收耳。"③

由此观之，唐氏在义赈中每每联络同门兄弟联手行动，使得义赈行为具有明显的家族倾向。

1920年华北五省大旱之后，北洋政府于1921年成立全国防灾委员会，唐宗愈、唐宗郅兄弟分别担任"主任"、"总调查"之职，负责具体事务。第二年，无锡溥仁慈善会成立，显然是受了他们的影响。该会具名者共57人，唐氏家族人数最多。

晚清时期，开始兴起一种"民捐民办"的跨区域赈灾活动，这种赈济行为相对于官方的赈灾，称为"义赈"。自古以来，我国就存在民间主动捐赈、救济灾荒的义举。但是，晚清的民间义赈，相较以往的救灾义举，范围大为扩大，多为跨区域进行，甚至在全国展开，而且突破了以往民间"捐"、政府代行"放赈"的模式，民间力量贯穿于从"捐"到"赈"的全过程，民间自行组织劝

---

① 《总统府已故秘书唐浩镇建祠给匾有关文书》（1922年9月），中国第二历史档案馆藏档，档号：1001-49960。

② 《致郅郑从兄电》（26），唐宗愈、唐宗郅辑《赈灾书牍五六合辑》，1918年，铅印本。

③ 《郅郑从兄来函》（37），唐宗愈、唐宗郅辑《赈灾书牍五六合辑》，1918年，铅印本。

捐、自行募集经费，并自行向灾民直接散发救灾物资。此外，义赈活动基本由民间管理，设立相应的组织机构，独立于政府管理体系。晚清及民国时期义赈成绩显著，在一定程度上弥补了政府救助的不足，成为当时不可或缺的救灾手段。而民间救助活动的勃兴，也从一个侧面反映了社会的进步与发展。

义赈精神、办赈人员、物质资源是义赈能否进行的三个关键因素，缺一不可，而无锡唐氏家族在近代义赈行动中南北跋涉奔波逾半个多世纪，其主要原因就是获得了这三个因素的强有力的支撑。唐氏家族血缘关系把这三个因素牢牢地联结在一起。由于血缘关系这个核心的存在，使影响义赈的关键因素能够长期保持稳定和平衡，对于其他义赈团体来说具有明显的比较优势。由唐锡晋倡导并传递下来的义赈精神，是义赈存在的思想依据。义赈精神实际上是士大夫阶层的经世思想在传统社会风雨飘摇时的一种表现形态，他们把义赈当成实现人生价值和政治抱负的宏大舞台。这种义赈精神的养成，正是家族文化传统长期熏陶的结果。唐氏族人的社会改良思想，虽有佛教和西方的色彩，但其根基还是在中国的传统文化，具体说来在于家族历史和文化的长期滋养。

说起义赈，不得不提起另一位重要的无锡籍人物——李金镛。李金镛，字秋亭，无锡县孟里人氏，成年后投效淮军。1876 年，苏北地区大旱，加之蝗灾同行，成千上万的饥民被迫离乡南渡。而政府救济迟迟不到，灾情愈演愈重。李金镛首倡义举，与浙江富商胡光墉等，发书江、浙、闽、粤等地，广为募捐，共筹得白银 10 余万两，驰赴灾区，放粮放款，大批灾民因而获救。他们的这次"义赈"活动，被誉为"开千古未有之风气"[①]，当政者也将此称作"义赈之始"。[②]它不仅改变了自古以来官赈一统天下的局面，也为百弊丛生的传统救荒体制带来了新鲜气息，使中国的赈灾事业进入新的阶段。正因为义赈有功，李金镛被擢升，后又远赴吉林任职。自 1889 年起，受李鸿章委派筹办漠河金矿历时十六年，成为晚清洋务运动中一位有名的"红顶商人"。

有资料显示，时年 29 岁的唐锡晋也参与了光绪初年的赈灾，从而开始了他一生救灾济荒、热心慈善的人生之路。

---

① 虞和平：《经元善集》，华中师范大学出版社，1998 年，第 119 页。

② 赵尔巽：《李金镛传》，《清史稿》第五一卷。

## 【锡 商 人 物】

薛祖康（1899－1983），无锡城内留芳声巷人。1921年9月由清华学校官费保送赴美国麻省理工学院学习，兼读机械工程和工程管理两个四年制系科。1925年回国，先后在东南大学和浙江大学担任教职。1929年，被薛寿萱延入永泰丝厂协助经营，在国内同业中率先开办培养缫丝人才的练习班和制丝养成所，率先研制成功先进的立缫机，并从日本引进先进的煮茧设备，在英、美、法、澳大利亚等国直接设立销售机构，组建农工贸一体化的缫丝企业集团，对制种、养蚕、缫丝、外销实行一条龙管理。抗日战争全面爆发后，薛寿萱移居美国，委托薛祖康全权处理永泰事务。抗日战争胜利后，永泰丝厂开工复业，薛祖康任协理兼厂长。1947年8月，他专程赴美敦请薛寿萱回国主持厂务，历时4个月之久，未能如愿。1954年11月，永泰丝厂实现公私合营。1956年调任江苏省缫丝工业局高级工程师，后又在无锡市机械工业局、无锡压缩机厂等任高级工程师、总工程师等职。

邹景衡（1901－1992），无锡县后宅人。1922年夏毕业于天津棉业专科学校植棉科，是年冬去北京中央农业试验场任职。1924年2月，东渡日本，就读于神田东亚预备学校和东京高等蚕桑学校制丝科。1929年毕业后进入永泰丝厂任缫丝技师，配合薛寿萱实施干茧、煮茧、缫丝等机械设备的改造，推进了缫丝业的创新。1935年春，永泰成立总管理处，邹景衡任总技师。抗战爆发，邹景衡在永泰申账房协助，待抗战结束，离开永泰进入中国蚕丝公司任技术处长。1948年冬去往台湾。

吴申伯（生卒年不详），浙江湖州人。其祖父吴少卿原为无锡陈顺泰丝栈通事，后进入上海德商瑞记洋行任买办。1894年，联合他人在上海创办瑞纶丝厂，逐渐扩建发展。吴申伯从圣约翰大学毕业后继承祖业经营瑞纶丝厂，所产金锚牌生丝行销法国，为各厂冠，工厂一度成为上海缫丝领头企业。1926年，吴申伯与他人集资在无锡北乡玉祁建造新纶丝厂。1928年，由吴申伯独资经营，改名瑞纶丝厂。1934年，瑞纶丝厂更名为玉祁制丝所，聘费达生任经理，更新设备，改进工艺，经营甚有成效。无锡沦陷后，玉祁制丝所被日军焚毁。1948年10月，吴申伯在玉祁旧址重建丝厂，定名瑞纶成记丝厂。1950年，该厂租赁给上海乾森丝业公司经营，更名为乾森丝厂。1954年，因茧源不足，为保证城市工厂生产，无锡农村地区仅保留乾森丝厂。同年12月，乾森丝厂被批准公私合营。1961年，乾森丝厂关闭。

# 1932 年："王者"

三十年代初的锡商，有了些风云际会的味道，渗透着个人英雄主义的气息，充斥着无度的亢奋与少有的气势磅礴。

经过三十年的拼搏，荣氏兄弟的实业终于跃上了巅峰，面粉、棉纱产量分别占到全国总量的三分之一和五分之一，无可争议地摘取了"面粉大王"、"棉纱大王"的桂冠。

唐家的庆丰、丽新，走的是一条与荣家不尽相同的发展之路。他们恪守主业，稳扎稳打，上下延伸，成为织染、纺纱的全能企业。殊途同归，也成就了一段传奇。

匡仲谋、丁熊照、陈梅芳等一批沪上锡商，在各自擅长的领域里纵横驰骋，成为一方大商。

那是一个使人激奋、令人回忆的时代，资本涌动，群雄辈出，风云迭起。

## 王者，舍我其谁?

1932 年，荣宗敬六十寿辰。

这一年的 9 月 2 日，农历八月初二，荣家在无锡梅园、锦园和荣巷家宅设寿堂，开宴称庆。一时间，从沪宁各地和无锡本地前来祝寿者多达数千人。在贺寿堂会上，荣宗敬兴奋地对济济一堂的宾客说："如今中国人，有一半是穿我的、吃我的。"堂下，一片欢腾喝彩声。

当荣宗敬发出如此豪言之时，在他的身后，茂新、福新和申新三大系统已然崛起，改写了中国经济的版图。

1922 至 1932 年十年间，茂新、福新系没有增加粉厂，在"持盈守成，徐图扩充"的方针下，不断更新设备，购置新机，使 12 家粉厂拥有粉磨 347 台，较 1922 年 318 台增加 9.1%。面粉年生产能力从 1922 年的 2490 万包，增至 1932

年的 2895 万包①，荣氏稳坐"面粉大王"的宝座。

在这十年间，申新系统全力开拓，举债扩充，兼并老厂四家，建造新厂一家。1932 年底，纱锭数由 1922 年的 134907 锭增加至 521552 锭，布机数由 1922 年的 1615 台增加到 5357 台，棉纱产量从 359530 匹增至 2798486 匹。纱锭超过国内其他任何民族纱厂，布机仅次于在华的日资钟渊纱厂。②"如开足马力生产，每日可产纱 1000 包、产布 15000 疋，用棉 3200 担"③，按其生产能力，每日夜可出纱 1000 件，出布一万四五千匹，消耗棉花 3200 担。在申新工作的职工有三四万人，加上家属和运输、营业等间接靠申新生活的，大约在十几万人以上。每天交税万元以上，仅三年半就已超过 1000 万元。研究荣家企业的陈文源算过一笔账，1932 年荣家九个纺织厂织出来的布有 1.0236 亿米，可以绕地球赤道 2.55 圈。④虽然未能完全实现荣宗敬 60 岁 60 万锭的夙愿，但这已经足够了，他和弟弟荣德生已经摘得了中国"棉纱大王"的桂冠。

荣家企业这一时期的发展速度，与第一次世界大战及战后初期比较，是大为减缓了。茂、福新面粉系统，以 1922 至 1932 年的发展速度与 1915 至 1922 年比较，面粉的生产能力年平均增长率从 29.1% 下降为 1.5%。申新纺织系统的下降幅度比面粉系统要小得多，纱锭年平均增长率从 1916 至 1922 年的 47.8% 下降为 14.5%，布机年平均增长率从 1917 至 1922 年的 35.8% 降为 12.7%，棉纱产量年平均增长率从 1917 至 1922 年的 52.6% 下降到 14.3%，棉布产量年平均增长率也由同期的 65.4% 下降到 22.8%。虽然申新系统的发展速度降低了，但从纱锭增长速度来看，仍大大地超过了全国民族资本纱厂和日商在华纱厂的发展速度。申新系统纱锭数，1932 年比 1922 年增长 286.6%，全国民族资本纱厂则从 1506634 锭增至 2625413 锭，仅增长 74.3%，即申新系统的发展速度较全国民族资本纱厂约快三倍。同期布机的增长速度也超过全国民族资本纱厂，申新系统的布机数增长 231.7%，全国民族资本纱厂则从 6767 台增至 19081 台，增长 182%。⑤

从荣家企业在全国（东北除外）纱、粉工业中的地位来看，1932 年申新纺织系统在全国民族资本纺织业中的比重是：纱锭数占 19.9%，线锭数占 29.5%，布机数占 28.1%，棉纱产量占 18.4%，棉布产量占 29.3%，工人数占 17.5%。

---

① 许维雍、黄汉民：《荣家企业发展史》，人民出版社，1985 年，第 83 页。
② 《荣家企业史料》上册，上海人民出版社，1980 年，第 281 页。
③ 谷正纲：《从申新七厂事件说到中国的纱业》，《纺织周刊》第三卷第五期，1935 年 2 月。
④ 傅国涌著：《大商人——追寻企业家的本土传统》，五洲传播出版社，2011 年，第 87 页。
⑤ 许维雍、黄汉民：《荣家企业发展史》，第 83 页。全国民族资本纱厂和日商在华纱厂数字，见严中平《中国棉纺织史稿》，第 163、174、355 页。

茂、福新面粉系统在全国民族资本面粉厂中的比重是：粉磨数占 30.7%，面粉生产能力占 31.9%，当年实际面粉产量占 30.7%，工人数占 23.4%。[1]

再从茂、福、申新系统拥有的股本额来看，1932 年共有 1927.4 万元[2]，较 1922 年股本额 983.5 万元增长 96.0%，平均每年增长率为 7.0%，与 1903 至 1922 年的年平均增长率 32.5% 相比，大幅降低了，但与 1903 年初创茂新时的五万元股本额相比，即 1903 至 1932 年平均每年的增长率为 22.8%，这个积累速度还是相当快的。[3]

中国棉纱业最主要的对手是日本纱厂。民国以来，有这样一个经济现象，中日之间一旦爆发政治矛盾，国内民众群情激愤，抵制日货，日本在华资本趋于萎缩，但政治形势趋缓，日本势力就会卷土重来，往复循环，屡试不爽。

五四运动的爆发，民族工商业迎来了难得的"黄金时代"，但这个"黄金时代"是短暂的，日商很快卷土重来，1921 至 1922 年再次掀起投资热潮。除新设厂外，还通过借款方式打入华资纱厂，进而吞噬。日人得意洋洋地宣称：这是"日本内地纺织公司进行在华设厂策略之新纪元"。[4] 到 1925 年日商在华纱厂的纱锭从 621828 锭增至 1790748 锭，增长 188.0%，发展速度大大超过整个民族纱厂 74.3% 的发展速度。纱锭总量相当于民族资本纱锭总数的 70%，是申新系统的三倍半。而且，申新的布机增长速度也赶不上日商在华纱厂的发展速度。申新系统的布机数增长了 231.7%，而日商在华纱厂却从 2986 台增至 17592 台，增加 489.1%。[5]

不过，荣氏兄弟并不怕在平等条件下与日商竞争。随着设备的更新，管理的到位，申新纱厂产品的质量逐步超越日商纱厂。荣德生在接受地方报纸采访时就颇有几分自豪地指出："从前余常感出品难与日本竞争，盖最初出品，成品以纱而论，每件最少常较日货高 6－7 元，无法与之竞争，最近已较日货减少 1－2 元。"[6]

在抓住时机大举"攻城掠地"的同时，荣氏兄弟并没有放松对现在工厂的"内部之刷新"和"设备之完善"。

---

[1] 许维雍、黄汉民：《荣家企业发展史》，第 83 页。

[2] 股本额中未包括申新二、五厂，因该两厂未设定股本，系由总公司垫借基金。

[3] 许维雍、黄汉民：《荣家企业发展史》，第 83－84 页。

[4] 陈真、姚洛等合编：《中国近代工业史资料》第二辑，生活·读书·新知三联书店，1958 年，第 578 页。

[5] 许维雍、黄汉民：《荣家企业发展史》，第 83 页。

[6] 《锡报》1932 年 9 月 3 日。

1929 年，申新二厂就将原有的细纱机一律改为大牵伸，随后各厂相继进行。大牵伸是纺织机器中细纱机的主要构造部分，即将纱机的牵伸部分加重，速度加快，使棉纱拉长倍数随之增加，此项技术在 1923 年时由西班牙的专家首先试验成功。申新系引进这项先进技术后，增加了纱锭的出纱量。如申新一厂细纱机在改装大牵伸之前，纺 16 支纱时前罗拉每小时转速是 110 转，改装后纺 20 支纱就提高到了 220 转。① 1933 年，申新四厂厂房失火，损失严重，于秋后重建，全部改用英式纺机。在无锡的申新三厂连年保持或多或少的盈利，不间断添机扩产，扩股增资为 700 万元。时人称赞："其规模之宏大，设施之完备，非其他锡厂所能望其项背，实为锡邑纺织工业中抵制外货之惟一生力军也。"②

1932 年，由于申新九厂地主催促搬迁，荣氏兄弟只得再次负债在澳门路福新二厂旁 60 亩地上建设新厂，将工厂整体西迁。第二年 6 月，新厂房完工，旧厂边拆迁边生产，新厂边安装边开工，仅花了三个月时间。搬迁新址后，加紧改造充实，增添新机，到 1934 年，全厂拥有纱锭 8 万多枚，线锭 5000 余枚，布机 500 多台，规模为申新之冠。

上海申新九厂

从十九世纪末民族棉纺织业发轫算起，到 1932 年整整走过了三十多个年头。这三十多年，有过奋斗，有过成功，也更多的是悲情，是挫折。时人在回顾这段历程时，不由深切陈述："棉纺业之困苦颠连，乃为各界所仅见，其不幸而牺牲固可悲痛，其幸而存者，日处于惊风骇浪之中。"这篇文章对荣宗敬极为推崇，指出："在我国纺织界中，要以申新之规模为最巨。而在我国纺织史中，亦以（荣宗敬）先生为历经艰阻终告成功之第一人也。"③ 对于兄长，荣德生同样满怀敬重之情。在兄长六十寿辰之际，荣德生亲撰《家兄嫂六秩征文事略》，深情写道："家兄一生营业，非恃有充实之资本，乃恃有充实之精神。精神为立业之本。"④

① 许维雍、黄汉民：《荣家企业发展史》，第 79 页。
② 《中行月刊》第七卷第四期，1933 年 10 月。
③ 张则民：《三十年来之中国纺织业》，《湖南实业杂志》第 145、146 期，1929 年 11—12 月。
④ 荣德生：《家兄嫂六秩征文事略》，《荣德生文集》，上海古籍出版社，2002 年，第 295 页。

这一年，荣宗敬被推选为华商纱厂联合会主席委员。老友都已经离去，唯有他还在坚持。

可又有谁料想，发生在那些老友身上的凶险景象，很快会在荣宗敬这里重现。

## 大商如云

在上海除了人们熟知的"面粉大王"和"棉纱大王"荣氏兄弟、"煤铁大王"周舜卿、"电器大王"祝兰舫外，无锡还有一批大商巨子，如蓬莱国货市场投资者匡仲谋、"电池大王"丁熊照、"呢绒大王"陈梅芳、"桐油大王"沈瑞洲、"钢铁大王"朱恒清、"养蜂大王"华绎之、"烟草大王"丁厚卿、颜料大亨荣云汉、荣梅莘父子等。

SHOPPINGMALL，是当今国际盛行的主流零售业态。在一个毗邻的建筑群中或一个大型建筑物中，林林总总的零售商店、服务机构聚焦一起，不仅规模庞大，集合了百货店、超市、大卖场、专卖店、大型专业店等各种零售业态，而且有各式快餐店、小吃店和特色餐馆，电影院、儿童乐园、健身中心等各种休闲娱乐设施。其实，在二十世纪三十年代的上海，就有类似商业业态的存在，这就是匡仲谋创办的蓬莱国货市场。

匡仲谋，名启埔，无锡县杨墅园人。二十世纪二十年代闯荡上海滩，独资开设亚东棉业公司；与人合股开设宝成纱厂，任董事长；合作创办天原化工厂，任董事。同时在上海创办永宁地产公司，在无锡开设三乡垦牧公司，最多时拥有地产 1200 余亩。

匡仲谋在沪创业三十年，积累了巨额资金，也饱尝了宝成纱厂被日商低价收购的苦果。他深知民族工商业成长的艰辛，决心为各家著名厂商提供产品集中展销的场所，以抵制国外经济势力的冲击。1929 年 1 月，匡仲谋在上海南市蓬莱路中华路口兴建国货市场。国货市场占地 24 亩，主体建筑共计房屋 150 间，呈回字井字形，门楣窗栏设计为清代宫殿式，富丽堂皇，绚烂夺目，四周出入口均设置美轮美奂的牌坊。

蓬莱市场建成后，著名国货品牌纷纷入驻设店，有冠生园食品公司、大中华橡胶厂、美亚丝绸厂、亚浦耳电器厂、中华珐琅厂、五洲大药房、三友实业社、家庭工业社、张小泉杭剪店、上海土布商店、明星内衣公司等。市场规定场内商店不能经营劣货，所有商品都须标明价格，实行不二价，一改讨价还价的习气。

蓬莱国货市场

减价时也实行统一，非减价时期不得任意减价。二十世纪二三十年代，中国国货运动风起云涌，1933 年"国货年"，1934 年"妇女国货年"，1935 年"学生国货年"，掀起国货运动的大潮。作为"国货大本营"的蓬莱市场也举办过多次国货展览。1932 年 6 月"土布运动大会"曾引起广泛关注，轰动一时。开幕式上，胡蝶、陈玉梅、高倩萍、夏佩珍等十余名影星，身穿场内商家精心裁制的土布旗袍，一起登场亮相。这个土布运动很快就扩展到江浙等省，杭州、嘉兴、无锡、苏州等地相继仿效，社会影响巨大，为国货运动壮大了声势。

为吸引更多顾客，除大大小小国货品牌外，蓬莱市场还有集贤楼酒菜馆、迎宾馆、茶楼、书场、天乐窝剧场等，南面有跑驴场、锦秀阁，东部有蓬莱大戏院、蓬莱照相馆、青年弹子房。为了统筹资金，匡仲谋自己在市场内开设蓬莱银号，自任总经理。

蓬莱市场既是一个完整的购物场所，又是上海老城厢的娱乐中心。开业以来，各店生意兴隆，原本冷落的南市繁荣起来了。

"八一三"淞沪会战期间，蓬莱市场遭日军战火，中央商场全部被焚，市场内各厂商损失惨重，据统计总值相当于 2500 根金条。唯市场东南角的蓬莱大戏院幸免于难，但不久被日军强行占据。

蓬莱市场开业十多年间，一直生意兴隆，匡仲谋成为一位可以周转数百万银两的殷实大户。在无锡形成与荣家对峙之势，一度流传过"南荣北匡"的说法。

在兴办实业的同时，他热心资助教育事业。1906年，匡仲谋在家乡创办匡村小学堂，以后又开设匡村中学，1941年增开高中部。这所学校历经百年，现在是著名的江苏省锡山高级中学。

正当蓬莱市场劲吹"国货"暖风之时，在电池行业，丁熊照也打赢了一场漂亮的洋货阻击战。

电池，这个并不起眼、有着近百年历史的小商品，在现代科学技术快速发展的今天，不但没有被淘汰，应用范围反而越来越广泛。

在我国电池工业的发展历史上，国货电池从诞生的那一刻起，便与外国洋货电池产品形成了激烈的市场竞争场面。在二十世纪二十年代至四十年代，以"大无畏"牌电池为代表的一大批国货品牌，曾与美商"永备"牌、"悦华"牌等电池产品开展了激烈的市场竞争。"大无畏"牌电池的创始人，正是无锡籍工商人士丁熊照。

1925年秋，丁熊照与在他人集资800元建成汇明电池厂，以"鸡"为电池商标。后来，丁熊照又将"鸡"牌商标改称"大无畏"牌商标。由他主持设计使用的"大无畏"商标图样，也很有时代特色，将一个"大"字设计成一种圆形，中间左右一半是运用篆体字半圆形的"无"、"畏"两字。"大无畏"三个字以此组成一个圆球体。

在创立"大无畏"牌商标之后，丁熊照又在上海南市中华路独资创建与电池业相关的永明电筒厂。一年多时间之后，丁熊照将自己创办的汇明电池厂与永明电筒厂进行资产合并，组建上海汇明电池电筒厂。新厂占地35亩，新建厂房10000余平方米，添置最新的机器设备，职工由最初的六人增加到500余人。之后，丁熊照又先

"大无畏"牌电池、电筒广告

后创办了永明炭棒厂、和明炭精厂、保久小灯泡厂等，形成了一套完整的与电池、电筒配套的生产体系。

以"大无畏"作为商标名称，正是为了让工厂每位员工树立锐意进取、奋发向上的创业精神，在与外国洋货洋牌的市场激烈竞争中，更确立一种藐视之心

态、无畏之精神。当"大无畏"牌电池面世之时，受到了美货"永备"牌电池的打压。美商公司联合广州的一家电器制造厂，使用中国原料，降低包装成本，减少装运费用，代为生产美货"永备"副牌廉价电池，一举取得了价格优势，一些国产电池工厂被迫停产歇业。丁熊照聘请上海电池行业的高级技师，投入巨资对电池进行重大技术革新，最终研制成功新的电池，不仅质量与美货相当，而且市场售价只有"永备"牌电池一半。价廉物美的国产"大无畏"牌电池一经上市，立刻受到国内用户的欢迎。至 1935 年，汇明电筒电池厂日产干电池已高达 7000 打，电筒达 800 打。在上海市场上，美货"永备"牌已基本被国货"大无畏"牌所替代。之后，国货"大无畏"牌电池还通过沪宁和沪杭铁路等，销往全国各地。另外，"大无畏"牌电池还通过香港市场，销往东南亚的菲律宾、马来西亚、新加坡及南美、非洲等国家和地区。

在二三十年代的上海，骆驼绒是属于新兴产品，中上阶层的男男女女都以能穿毛料袍子或西服为气派。在上海延安东路至福州路带的"棋盘街"，是上海呢绒的总汇。这里集中了几十家呢绒店，其中尤以华新呢绒店、福新呢绒店实力最为雄厚。华新呢绒店占四开间门面，福新呢绒店一开间门面，实行独立核算，对内则是华新的一个分店。棋盘街上经营呢绒的大多是宁波人，仅华新、福新两家的店主是无锡人，名叫陈梅芳。由于当时呢绒是进口商品，而华新实力雄厚，直接由怡和洋行等外国商号进口或专利销售，故外地及上海的同行都到华新来进货。陈梅芳一本万利，资本大量积累，在香港、台湾、大连等地设立了分店或办事处。陈梅芳除了华新和福新呢绒店以外，还独资办过华新毛纺厂，在宁波路河南路口开办大康银行，还参股投资上海大成橡胶厂、大光明毛纺厂、元成钱庄等。

晚清时期，无锡人赴沪习商，多集中煤铁、"船作"行业，从事冶铸、船舶修理行业。经营五金的"无锡铁行帮"一时负有盛名。在上海浦东就有一家名叫"沈元吉冶坊"的老字号，主人名叫沈和生（又名映泉），无锡县雪浪方桥人，早年闯荡上海谋生。除了冶坊之外，沈和生还开设有沈元来桐油号，专营苎麻、桐油产品。王禹卿早年就曾在这家沈元来桐油号"打工"，负责销售。到了1919 年，年届五旬的沈和生皈依佛门，无意商海，店务全部交与次子沈瑞洲掌管。沈瑞洲主持店务不久，矢志开拓市场，亲自去浙江、湖南、湖北、苏北等地组织货源，并在浙江种植油桐，加工提炼。由于货源供不应求，沈瑞洲一再扩大种植面积。而桐油、麻丝是造船业必用材料，沈瑞洲又跑遍苏北扬州、兴化、启东、大丰及浙江宁波等地造船行业，又得悉江阴、阳沙（按：江苏省张家港市）

等地造船厂急需用桐油，眼光独到的他把这里的桐油业务全部包揽了下来。一时间，江浙两省桐油市场全部被沈瑞洲桐油号所占领。

当时，上海洋行林立，沈瑞洲桐油号常有洋行买办来批量购买桐油。为扩大出口，沈瑞洲扩建容量50吨的圆形铁柜，进口了带有内层盘香式铜管及蒸气加热设施的最新炼油设备，使桐油溶化，水分蒸发，凝结沉淀杂质。这样炼出的桐油，油质净纯、油色金黄透明，颇受好评。后来，沈瑞洲还特意注册了"顺风牌"商标，注明包退包换。从此"顺风牌"桐油，畅销长江两岸及山东、河北、天津等地全国各地，出口欧美南洋各国，驰誉海内外。1934年起，沈瑞洲桐油号不再经洋行而直接办理出口业务，首次将桐油出口英国推销成功，而后欧美外商竞相争购。中国桐油首次走出国门，令其商誉大振。沈瑞洲还扩建了大生榨油二厂，开设沈瑞洲薄荷工厂，业务迅速发展，成为桐油、榨油、薄荷行业巨子。

在今天的上海徐汇区，有一条幽静的小马路——五原路。它的东段，如同上海无数的普通小马路一样，满眼是市井生活的场景。在它的西段，则是许多追求情调的人眼中充满趣味的"雅路"，这里云集了许多民国时期的名人"老洋房"。其中就有昔日"钢铁大王"朱恒清的私宅。

朱恒清，祖辈居住于无锡荣巷镇朱祥巷，家道比较殷实。与荣氏兄弟一样，太平天国时一场大火，使得朱家从此败落。祖父朱士川在朱恒清七八岁的时候，到上海来谋生。1920年，朱恒清也到了上海，在源椿号里当学徒。十年后，朱恒清在北苏州路开了恒馀铁号，生意越做越大。到1940年，朱恒清感到单纯经营铁号总是要仰人鼻息，看外国人脸色吃饭。于是，他联合了几十家大小铁号，在长寿路成立了茂兴钢铁股份有限公司。钢厂以轧铁、生产竹节钢为主，雇佣工人90余名，月生产量300余吨，主要客户为交通部属下津浦、京沪、浙赣等铁路局、江苏省工部局，还有一些大的建筑公司、纱厂和各个五金铁号。茂兴发展得很快，不久二厂又投入了生产。随着朱恒清地位的逐渐稳固，他开始从各个小股东手里买下他们的股份，最后他手中的股份达到近90%，茂兴这个当时上海最大的私有钢厂终于归到他的名下。

有了资金实力以后，朱恒清喜欢买卖地皮，认为金条、美元都不如地皮保险。1946年，他花巨资购下五原路的墨西哥驻沪领事馆（一说"意大利俱乐部"），重新翻造，建成四层楼高、钢筋混凝土结构的独立式花园洋房。

就这样，朱恒清身后留下了这幢花园洋房，以及发生在里面的无数故事。

在我国近代的科学养蜂史上，华绎之是一个不能忘却的人物。荡口华氏，是无锡地区的名门望族。1893年7月，华绎之就出生于这一家族。

1918 年，他东渡日本考察养蜂及其它农副业，回国后在上海创办华绎之蜂蜡公司，养蜂场设在荡口，后在昆山、苏州、松江、丹阳等地设养蜂分场，采用转地饲养法。华绎之蜂蜡公司除出售蜂产品外，还经营养蜂工具，同时传授科学养蜂方法。从此，科学养蜂渐被国人所注意，华绎之因而被誉为"养蜂大王"。

除了养蜂事业，华绎之一生在荡口、无锡、上海等地经营着许多工厂、典当、堆栈等。如独资开设宏余丝厂、宏绪丝厂、宏泰茧栈。并投资申新纱厂、庆丰纺织厂、太湖面粉厂。全盛时资产在百万以上，人称无锡第一隐富。

1920 年，由荣宗敬倡导设立的上海面粉交易所成立之时，登记为第一号经纪人的也是一位无锡人，名叫丁厚卿。丁厚卿，无锡城郊河埒口大丁巷人。1926 年，他独资接盘原江苏烟厂，改设福新烟草公司。创立初期，由于成本高昂，盈余甚微，一年后资本亏折。再投入资本 20 万元，转而扭亏为盈。1932 年购地筹建新厂，资本增至约 50 万元。主要厂房面积约 8800 平方米，系四层钢筋水泥建筑。由于经营得当，月销量最高达 6000 箱，故而丁厚卿也有上海"香烟大王"之称。

自晚清以来，荣巷外出经营风气日炽。荣云汉（月槎）成年后闯荡上海滩，白手创业，创设了"新康盛"及"新康源"两家颜料行，代理德国及英国洋行靛青的经销，以此致富。次子荣梅莘继承父业，在继续经营国外颜料的同时，自办工厂生产"熊虎牌"颜料及硫化元等产品凡三十余种，遍销全国各地，开辟了华商自制化工颜料的新局面。他还在上海、香港、南京、芜湖、合肥等地设有十一家颜料分号，成为上海滩一代颜料巨商。

民国初期在上海较有名的无锡企业业主还有上海市铁业公会会长陆培之、上海市旅社业同业公会理事长徐孟园、"徐福记百货"大老板徐宝富等。

陆培之，无锡市河埒乡龙山村陆井人，开办恒丰铁号、大有油厂、经纬纱厂等，并与周舜卿、祝兰舫等合资创办恒昌源纱厂。曾任上海市铁业公会会长。

徐孟园，1900 年去沪，以做漆匠、鞋帮谋生。1912 年在湖北路、九江路口合股创办孟渊旅社，任董事长兼经理。并与人合伙开设上海新旅社、东方旅社、苏州新世界饭店、无锡中国饭店。抗战初又在上海西藏中路合资创办豪华的东方饭店。

"徐福记百货"老板徐宝富，又名徐云章，无锡蠡园乡徐祥巷村人。11 岁时去上海盖万兴铁铺做学徒，当过小贩，曾以挑水为生，开过水果店，后打拼成为闻名上海的鞋、袜、帽行"徐福记百货"的大老板，开设有上海福利帽厂、南昌电机针织厂、大陆橡胶厂、无锡南桥袜厂、长沙长福制帽厂、杭州大福南百货店等。

二三十年代，在上海滩上还有更多的无锡籍商人，虽然没能"称王称霸"，但在各自领域里也都取得了不俗的业绩。

1926 年，无锡人秦福荣在满庭坊月桂里 49 号创办泰福兴五金号，推销进口轴承。1929 年开设工场间，进行旧轴承修配业务。1937 年，制造成功国内第一套 SRF 牌号的 1308 双列调心球轴承。

1926 年，原在英商瑞熔船厂打铁间当领班的无锡人王升山，用 1000 多两银子买进一台德国 125 公斤空气锤，创办了王长记铁厂，是上海第一家民营机器锻造厂。

1931 年，无锡人荣锡九、荣容葆、吴耀明合资在胶州路创办上海大通五金钢管厂，用进口带钢加工电线套管，产品外销南洋地区，成为上海市第一家钢材出口企业。

1933 年，东门唐氏后人唐宝昌开办中国轧钢厂。其父唐晋斋 1890 年在上海开设怡昌铁号，曾投资钱庄业和房地产业，对无锡庆丰纺织厂、镇江贻成面粉厂也有投资。

……

## 并蒂花开

二十世纪三十年代初，荣氏兄弟经过 20 余年的拼搏，终于赢得了面粉和棉纱业"双料大王"桂冠。同样，在无锡，唐氏兄弟也都分别步入了自己事业的巅峰。

1931 年，唐骧廷、唐君远父子的丽新厂添设棉纺工场，一举购置纱锭设备 16400 枚，线锭 6400 枚。

尽管投资额并不大，只有 100 万元，但却使丽新厂发生了质的变化，由一家普通的染织厂发展成为全国唯一的纺、织、染、整俱备的全能性生产企业。厂名改为"丽新纺织印染整理股份有限公司"，企业组织从合伙制改为股份有限公司，唐骧廷任董事长，程敬堂任经理，吴仲炳、唐君远任协理。

此后的几年间，丽新添置、更新设备的步伐一直没有停顿。1934 年，又购置 2000 千瓦发电机及两只德国锅炉，增设原动部；购置了印花机，增设印花部，并增加纱锭 18000 枚。此后，又不断增加纱锭、线锭，并引进浆纱机、精梳机、拉幅机、四色和六色印花机、烘干机、折布机、府绸整理机，以及日产三吨色布

**丽新布厂全景**

的英国法玛诺顿全套染整设备、瑞典双叶汽轮发电机、德国自动锅炉等先进设备。此时的丽新，已经一改设厂初期那种"因陋就简"的理念和做法，在引进设备上屡现大手笔，引进的设备在国内属数一数二水平。这些先进设备的引进，对于丽新厂改善产品质量，增加花色品种，充实竞争力量起着重要作用。以 1936 年与正式开工时期相比，布机仅增加一倍多，日产量却由 200 匹增至 2000 多匹（创办时系一班制，1936 年开二班）。每台布机同样时间的产量增加了一倍多，而且产品质量显著提高，这就是丽新厂更新完善设备所带来的最直接效果。

在丽新不断壮大的同时，丽华布厂也继续发展，丽华一厂的设备逐年得到改造，到 1930 年已有电力织布机 50 台，木机 145 台。1933 年，唐、程又创办丽华三厂，设新式布机 120 台。到 1933 年，唐程已拥有丽华系统三个布厂和丽新纺织印染厂，资本额约为 200 万元，抗日战争爆发前夕的 1936 年，唐程集团进入了发展的鼎盛期。到这一年底，资本增加到 400 万元，职工增至 2940 人，日产细纱 40 余件，坯布 2000 多匹，印染整理色布 3000 至 5000 匹（坯布除丽新厂生产外，由申新三厂提供）。在短短七八年中，设备、资本、职工人数及产量都翻了三四倍，人们说"一个丽新厂变成三、四个丽新厂"。

组成纺、织、染、整俱备的联合企业后，丽新减少了对外厂的依赖，降低了生产成本，而且在市场严峻之时，内部可以彼此补救亏损。1932 年初，一·二八事变爆发，上海棉纱因交通梗阻一时不能运锡，本地原料恐慌，丽新幸好设有纺织部而未受波及。1936 年纱贵布贱，织布厂又遭打击，丽新又幸能自纺细纱，加之库存原棉价廉，仍能得利不小。在丽新董事会报告中也声称"自纺纱织布，成本减轻，而以前购买他厂棉纱时所不能仿造者，均能次第制造，解决困难不少。"[1] 在后加工中，丽新以无疵坯布漂白或印染浅色布，而把有疵坯布印染深色布，并能掺用黄棉，有自我掩盖、综合利用之长处。当时申新三厂购进一批黄棉，因无漂染设备，织成坯布因布面发黄而销售不动，丽新廉价购进，染成深色布，不仅外观良好，而且手感柔软，卖了好价钱。为了增加竞争能力，丽新积极

---

[1] 无锡国棉三厂编史组：《三十年代的无锡丽新布厂》，《江苏近现代经济史文集》，自印本，1983 年，第 129 页。

开发细纱产品，纺出42支、60支、80支、100支及23支、34支等独特的高档或冷门纱支，织出各种各样的府绸、麻纱或其它提花织物。这些产品为当时国内所少有，有的在日本也属罕见。

　　早在建厂之初，丽新就十分注意搜罗和培养专业人才。在设立漂染部时候，丽新在向祥兴洋行订购机器时，该洋行介绍英国工程师汤麦斯到厂主持，其全年工资6280元，而这一年丽新厂全部职工包括经理在内等的工资，共仅4999元。唐、程咬紧牙关挺了过去，同时雇请北京高等工专毕业生张佩苍等两人为汤麦斯助理，以尽快培养替代人才。

　　1930年，唐君远在丽新厂组设工务处，建立以技术为中心的分层管理制度，对工程师委以全权，工程师对主管部门的人事、工艺等管理业务有权支配一切。每年年终，根据其工作好坏，奖以股票红利。如工程师张佩苍当年就奖到股票2000元，到1931年可从已得股票和工程师红利中获利4500元。

　　丽新厂依赖这些技术人员和全能优势，开发出许多独树一帜的产品。织部工程师张炳春解剖外国映条织物，用"正反手纱"交织"鸳鸯府绸"，在海内外成为热销货；印花工程师冷光等利用烧碱会使布面起皱的原理，研制成功"泡泡纱"，为工厂创造了巨额利润。据丽新老职员回忆，丽新每翻一只花色品种，从纺纱到印染，只需几天时间，即可做出产品供应市场。丽新全盛时期品种多达100多种，"九美府绸"、"鲤星提花布"、"长胜王精元布"等产品名噪一时。

　　为了控制货源，丽新还采用了一种叫"吃包盘"的经营模式。每年上半年招收客户付款定货，规定

丽新纺织印染整理公司厂房（上）和仓库（下）

下半年交货时，对照市场布价，涨价不增，降价照赔，客户有赚无亏。这样做，一来可以垄断市场，二来可以套用货款先向农户花行定购棉花。

　　由于唐骧廷长期经营绸布，程敬堂虽系木商出身，但也做过一个时期的绸布

生意，他们对绸布市场十分熟悉，所以丽新产品在适应市场要求方面，比其他工厂显得"棋高一着"。在江南一带，人们对布料的要求一般是质地比较柔软、外观比较光洁、花色比较素雅。丽新针对这一要求，生产了鸳鸯府绸、条子漂布。在我国北方，人们对布料要求质地厚实耐穿，花色绚丽多彩，丽新为此生产了印花哔叽、印花直贡呢等布料。在气候比较炎热的广东、香港和南洋等地，则要求布料质地薄软、柔滑，花色浅淡，丽新就生产了印花麻纱等薄型布料等等。此外，丽新还根据季节不同，调节产品生产。往往在元旦后就织浅色品种，以备夏令之需；在夏至后就开始生产深色产品，以备冬令供应。

　　人事上的配合恰当是丽新获得发展的主要因素。总经理唐骧廷、经理程敬堂、厂长唐君远，这三人性情各异，作风不同，然而经营企业的目标则完全一致。唐骧廷性格温和，沉默寡言。因为他耐心，平时无疾言厉色，别人给他起了个别号叫做"唐菩萨"。程敬堂精明干练，善于抓紧时机处理事物，洞中窥要。因为他是红脸，人家唤他"关老爷"。唐君远年轻时代出国留学，回国后对企业有一整套的改革管理计划，比较精细能干。企业中事无巨细，用人行政，都由程敬堂总负全责，唐骧廷只过问大事，厂里工作则由唐君远负责管理。有人就他们三位的性格特点编了几句顺口溜：唐骧廷"泰山坐镇"，程敬堂"大刀阔斧"，唐君远"心细如发"。又说他们的经营作风是：唐骧廷"稳扎稳打"，程敬堂"长袖善舞"，唐君远"刻意经营"。

**晚年程敬堂**

　　丽新和洋商的关系也十分微妙。他们千方百计笼络洋行，与英商信昌洋行、德商德孚洋行关系十分密切。华商向洋行订货，按惯例要支付一批"回佣"（回扣）。丽新每月要耗费3000担染料、每天用30吨液碱，都需从洋行进货，这笔"回佣"十分可观。那些洋行商人自然心中有数，投桃报李，一有新设备、新品种问世，就先通知丽新。例如，丽新引进的一系列先进设备，就是由洋行提供信息，然后唐君远两次去日本了解使用状况，经过比较，最后购进。

　　再如，当时的蓝布一般会褪色，德孚洋行向丽新通报德国最新研制成功不褪色的"海昌蓝"染料，丽新厂立即在国内率先使用，生产的"丽新海昌蓝不褪色布"，成为风行一时的热销产品。

又如，德国新发明"增白剂"，只要在漂白粉液中加少许"增白剂"，就可使布质格外洁白光亮，当第一批两担"增白剂"刚到香港时，洋行将这个消息透露给丽新，丽新立即全部买了下来，试用效果很好，随即大量投产。这种"增白细布"售价每匹增加两元，但实际每匹所用增白剂成本只增加一角几分。等到国内其他厂家开始使用，丽新已经获得了大量盈利。

然而，在和洋货的竞争中，他们却针锋相对，毫不怯懦。英制的夏令条府绸一向热销，丽新以质量相当的浅色条府绸，在夏季到来前就低价涌入市场，大大削弱了英国府绸的市场优势。再如日货"司马相如"牌直贡呢，简称"司马呢"，是多年来市场上的抢手货。于是丽新的直贡呢，注册为"司马光"商标，也简称"司马呢"上市供应。虽然此"司马"不是彼"司马"，但消费者总是乐意买质量不差但价格便宜的丽新产品，哪会管你是"司马相如"还是"司马光"？几年角逐，多场鏖战，丽新的"长胜王"精元华达呢，战胜了上海日商内外棉织厂的"四君子"华达呢，丽新的"九美图"、"鸳鸯府绸"战胜了德国府绸。

这样一来，丽新很快打开了市场，压过了日本货，成为当时国内市场的热销货，甚至外销南洋一带。1933 年日本《朝日新闻》惊呼丽新是"日本棉纺织工业的劲敌"。①

丽新厂的发展，足以让唐氏父子感到欣慰：除去最初的几年，从 1925 年起每年都有盈余，1925 年营业额 81.83 万元，毛利润 9.2 万元。1929 年营业额 234.33 万元，盈净利 28.45 万元。1935 年，营业额和净利分别增至 525.56 万元和 54.77 万元，翌年积余 86.41 万元。② 1936 年，丽新的资本额从创办时的 30 万元增至 400 万元，年盈利 190 万元，利润率为 47.5%。③

就在丽新生产蒸蒸日上的时候，唐君远又把他的视线放到我国正在起步的毛纺工业。当时，国内只有上海章华、北京清河、天津东亚三家毛纺织厂，规模都不大，并且这几家厂只能生产粗呢，不能生产精纺呢绒。谁能将这缺门补上，谁就能在中国的毛纺织业

唐君远

① 参见朱龙湛《抗战前无锡棉纺工业概况》，《无锡文史资料》第七辑，1984 年，第 74 页。

② 《无锡市志》，江苏人民出版社，1995 年，第 889 页。

③ 《无锡市志》，第 882 页。

占一席之地，何况空白之地大有文章可做，独此一家，就可以独领风骚，何乐而不为呢！

恰巧，此时唐纪云和唐星海闹翻，激动之下发誓再也不搞纺织业，而有志于毛纺织业，其子唐熊源从美国罗宛尔大学纺织专科毕业后，应岳父荣德生之邀在申新三厂任协理。唐君远与唐纪云父子联系，邀请他们一同投资毛纺织业。唐熊源还拉来了荣德生作为发起人之一，投资入股。

1934年初，申新三厂、庆丰纺织厂、丽新纺织厂发起筹办毛纺织厂，号召力甚大，集资进展十分顺利，不久就已集得资金20万元。至于厂名，因为是几个厂协作筹办的，因此取名"协新毛纺织染股份有限公司"。"协新"，表示三方协力同心、协力维新。

由于荣德生、唐骧廷等都已进入老年，主张让年轻人多干些实事，于是推举唐君远为协新毛纺织染股份有限公司经理，推举唐熊源为公司协理兼协新毛纺织染厂的厂长，而唐骧廷、唐纪云则不愿太多出头露面，只担任常务董事。

协新毛纺织染厂在邻近丽新的五河浜购地30亩用于建造厂房，并通过上海信昌洋行订购纺织设备。洋行的英国商人认为当时呢绒市场并不景气，日本呢绒又降价20%向中国倾销，因此建议唐君远放弃原来计划，改办绒线厂。唐君远经过测算发现，当时呢绒进口税率为30%，而进口散毛或毛条税率仅5%，如果采用进口毛条作原料，既可省去散毛制成毛条的一道工序，又节省制条工序的机器设备投资。出产的高档呢绒即便售价低于日本呢绒，但仍可取得利润。

1935年12月，协新正式投产，有精梳毛纺1800锭，粗梳毛纺400锭，织呢机40台及染整机全套，均为英国及德国制造。这是中国第一家自纺、自织、自染、自整理的全能型精纺呢绒厂。

协新的发展，印证了唐君远的决策是完全正确的。1936年2月10日无锡协新毛纺织厂资料显示，该厂每码包销价格单为：马裤呢为5.2元，薄花呢为4.8元，人字花呢为5.2元，啥咪呢为5.2元，华达呢为3.2元。以该厂成本计，每码原料费约2元，制造费用约7.6角，除华达呢以外，一般利润在一元以上。投产后的第一年就生产精纺呢绒22.7万米，粗纺呢绒9.7万米，产品在国内外市场颇为热销。建厂两年，获利22万元，一举收回了首期投资。

呢绒服装最大的问题是容易遭虫蛀。唐君远在大学学的是化工，从瑞士购进一种名叫"灭蠹"的羊毛不蛀粉，亲自和技术人员一起反复试验，终于研制成功了不蛀呢绒。唐君远立即与瑞士嘉基颜料厂签订了为期七年的合同，买断了在中国独家使用该厂羊毛不蛀粉的权利。一时间，国内呢绒市场没有不知道协新不蛀呢绒的。如今的上海河南路在二十世纪三十年代是著名的"呢绒一条街"，协新的"不蛀呢绒"是那里最受欢迎的产品。

唐君远并未沉醉于成功的喜悦中，又将目光瞄准了工厂的扩大再生产。受三十年代世界经济危机的影响，欧美市场凋零，纺织机械无人问津，各地洋行纷纷谋求低价出

协新毛纺织染厂厂房

手，且付款期极为宽松，毋需一次付清。董事会采纳唐君远的建议，迅速增资30万元，向英商信昌洋行、德商谦信洋行订购毛纺2600锭、织机28台。待安装投产，产品供不应求，机器款未付清已获利不少。1936年时协新资本已扩至50万元，1937年再度增资，资本总额达80万元。

与唐、程集团的丽新一样，唐、蔡集团的庆丰最终也发展成为纺织印染全能厂，可是它的发展过程与丽新恰恰相反。丽新先从小型布厂做起，发展成为中型布厂，而后添置印染整理设备，最后才扩建纺织厂而成为全能厂。庆丰则是先纺棉纱，而后发展布机，再扩充漂染整理，再进一步添印花设备而成为全能厂。也就是说：丽新是先发展织染，后发展纺纱，庆丰是先发展纺纱，后发展织染。

唐星海

庆丰建厂的最初几年，几乎没有增加设备。直到1928年才增添100台布机。唐星海主持厂务之后，庆丰开始大量引进添置新设备。1929年增添纺锭11600枚；至1930年，庆丰第一工场已发展到纱锭32000枚，布机400台，发电能力2600千瓦。从1930年起，唐星海又增资250万元筹建第二工场，由留英专家总工程师骆仰之进行整体设计。1932年投产，有纱锭31000枚，布机420台，连同第一工场全公司共有纱锭65000枚，布机820台。同时增加安装2000千瓦发电机两组，连同原有2600千瓦，达到4600千瓦。电力成本每度0.16元，仅及戚墅堰电厂每度价格的1/3，还有剩余电力可供应九丰面粉厂磨粉和益源堆栈碾米之用。

创设第二工场，是唐保谦生前的夙愿。据唐氏家属哀启中指出："先严谓空言抵制虽力竭声嘶，无稗实际，非创办代用国货不可，因规拓庆丰第二工场纺制精细棉纱。"① 唐星海建成第二工场，也算是对老父最大的报答。

在筹建第二工场的同时，唐星海还从丽新那里看到了新的发展契机，那就是开发生产漂染布。漂染布以日货为佳，而国内的多数厂家因出于漂染手段差，无力与日货匹敌，均不以生产此种布为主。唯有一家丽新印染厂，因系专营，即产即销，此刻竟已供不应求，竟致将库存一销成空！唐星海虽早有预料，怎奈本厂由于设备不全，且多陈旧，生产能力甚小，他就当即两手并施：委托代印，同时自筹设备。他与丽新签约，约定丽新每月为庆丰漂染白坯布 2000 尺，并委托了代印。但他深知市场需求量将日益增大，这种委托不过是权宜之计，要利及长远，还得自家具备漂染能力。

雷厉风行，是唐星海的办事风格。他当即行动，投资 20 万元增辟漂染工场，从英国购回设备，又扩建了基地，装备整理、漂白、染色的成套设备，具备日漂染坯布 3000 匹的能力。漂染工场 1933 年施工，1934 年上半年投产。不出所料，几个月后漂染市场需求激增，丽新以"业务繁忙，无力承受"为由，终止了委托代印之约。由于准备充分，行动迅速，没几个月的功夫，庆丰自己的漂染能力已大大增加，不仅生产能力提到提升，而且工艺之完备，技术之高超已鲜有人敌。1935 年庆丰即盈利 30 万元，一举收回了投资。② 大批量带有"决胜图"、"香妃图"、"庆丰图"等商标的淡士林、深士林、黑布、漂白布交映成辉，泛着炫人眼目的色彩，源源不断流入市场，很快就占领了无锡漂染布的大半市场，而且行销沪宁一线。

随着设备的不断增加，庆丰的机器设备原值实现了"三级跳"：从 1922 年到 105.18 万元增加到 1930 年的 160.98 万元，增长 53%；第二工场投产后，机器设备原值增加到 1933 年的 289.40 万元，比 1930 年增长 79.85%；增建漂染车间后，又增加到 1936 年的 386.99 万元，比 1933 年增长 33.7%。③

至此，庆丰也如丽新一样，成为了同样的工艺完整的纺织印染全能工厂，形成日产棉纱 177 件、棉布 900 余匹、漂染布 3000 匹的生产能力，年产值达到

---

① 黄厚基：《唐保谦》，《无锡历史名人传》第二辑，王赓唐主编，1989 年，第 103 页。
② 《无锡市志》，第 889 页。
③ 顾纪瑞：《无锡庆丰早期运行模式研究》，江苏省中国经济史学会年会（南京大学）材料，2014 年 12 月。

1143 万元①，每年需吃进棉花近 20 万担，成为无锡乃至江南一带著名的大型纺织企业。

当时各厂机械设备的订购，大多必须经过上海洋行这一中间环节。唐星海清楚认识到其中的弊端，在订购第二工场设备之时，唐星海"跳"过洋行，亲赴英国考察，经过比较，决定引进当时工艺先进的英制纱锭和狄更生织机。转年又购得日商织机，再亲赴瑞士购买了一套发电机，备足了"粮草"。机器购定后，还专门派人员到国外检查验收，完全符合要求再装箱启运。② 这一举措，降低了设备价格，而且机械质量也有了保证。

第二工场厂房工程开工时，恰值纺织养成所首批 36 名学生毕业，唐星海便将这批经严格训练的学生全部派往工地，对施工进行有效监督。等到工场投产，这些养成所毕业学员全部转为车间技术员。第二工场纱、布的产量、质量，大大超过第一工场。在第二工场取得成效以后，唐星海再抽调力量，回头把新制度新方法移植到老厂内，骨干力量也都从养成所学员中选拔，从此全厂的技术大权都掌握在技术人员手中。这正是唐星海从进入庆丰那一刻起就热切期盼的结果。

很快，庆丰纺织厂就得到了丰厚的回报。到 1932 年，双鱼牌被推为无锡的标准纱，各厂的纱价都看着"双鱼"而起落。不妨比较一下 1932 年 5 月的 16 支纱的纱价：庆丰的双鱼为 229.1 元，比振新厂的织女牌纱高 3.9 元，比申新三厂人钟牌纱高出 13.6 元。"其所出之双鱼棉纱，价格高昂，实为锡地各厂之冠也。"③

庆丰纺织厂办公大楼

自唐星海 1924 年主持厂务起经过十年的奋力经营，庆丰不但在企业面貌与管理上已大大改观，尽洗了昔日尘埃，而且规模与质量、产值、利润各方面的指标几乎跳跃着上升，绝不可与昔日同日而语了。1934 年《新无锡》报专门对庆丰的发展作了详细报道，主标题是"华纱商不景气声中，庆丰力谋扩展"，副标

① 钱钟汉：《抗战前无锡六个民族工业系统的原始资本积累及其发展变化》，《江苏近现代经济史文集》，自印本，1983 年，第 106 页。

② 王敏毅、尤兴宝：《无锡庆丰纺织厂 30 年代企业管理的改革》，《无锡近代经济发展史论》，企业管理出版社，1988 年，第 113 页。

③ 《中行月刊》第七卷第四期，1933 年 10 月。

题是"机械新颖,出品优良,管理纪律化"。文章先综述了近年来国内,特别是省、县内华商的经营情况,指出了普遍不景气的概况,再指出庆丰一枝独秀,然后报道说:"锡山通讯社记者昨日赴该厂参观,始知该厂又在力谋扩充,此际纱界不景气声中,该厂独谋积极发展,此诚本邑实业界之好消息也。……其第二工场清花机为最新单程式,系英国道勃生厂出品;粗细纱机为英国好华特及立达厂出品;棉条机有电气制止运动;细纱机用车头马达。各机排列适合科学管理,出货之效率,出品之优良,人工之节省,迥非旧式机械所能企及……"1935年《新无锡》报更赞誉说:"自第二工场开幕以来,其鹿鹤同春商标虽不及双鱼吉庆商标有悠久历史,然其产品特优,行销至广,各式花线及42支以上各种股线尤脍炙人口。"

到1936年底,庆丰纺织厂的资本,已由原来集资的82.89万元,激增至流动资金300万元,固定资产570万元。拥有纱锭6.48万枚,线锭4120锭,布机917台和全套漂染设备,日产棉纱177件,棉布900匹,漂染坯布3000匹,总资金已是原投资的十倍左右。当年年产值1143万元,盈利110万元,利润率为44%,达到建厂历史上的最高水平。经营范围也得以大大拓宽,东达上海,西至临潼,北接徐泗,南到广粤,经营网络灵活而有致,增设上海、临潼、徐州、广州代营机构、办事处或营业所。上海的办事处升格为总公司,唐星海也转至上海,坐镇总公司指挥调度。

今天,在探究庆丰成功的奥秘之时,有一个因素必须引起重视,那就是九丰面粉厂对庆丰纺织厂的资金支持。当年,唐保谦、蔡缄三创办庆丰纺织厂,大部分资金正是来源于九丰面粉厂的盈余。当庆丰纺织厂1922年投产之时,恰好进入棉纺织业的萧条期,银根奇紧,产销困难。而股本金82.89万元,仅地基、厂房、机器三项已用去147.56万元;采购原料物料又开支156万余元,加上工资、开办费共达180余万元,资金缺口高达245万元。[①] 幸好,九丰面粉厂仍然有着良好的利润。唐保谦、蔡缄三只能"以粉保纱",从九丰调度巨额资金注入庆丰公司,才得以渡过最初难关。此后,到了唐星海时期,尽管九丰面粉厂已为股东邹氏兄弟所掌控,但仍然常年有巨款存入庆丰纺织厂,成为庆丰经营的"镇海神针"。据1922至1933年间(缺1929、1931、1932年)账略显示,九丰每年都在庆丰存有巨款,占该厂所有存款的比重在50%以上,最高的是1927年的72.3%。从1933年起,这一比重略有所降低,至1936年为40.9%,为历年最

---

① 顾纪瑞:《无锡庆丰早期运行模式研究》,江苏省中国经济史学会年会(南京大学)材料,2014年12月。

低。但该年度九丰在庆丰的存款绝对额仍达到 252 万元。[1]

正是在这种"以粉保纱"经营思想的指导下，庆丰十多年间不铺新摊子、不盲目对外贷款，走出了一条与荣家企业不同的稳健发展之路，并赢得了丰厚的利润。据庆丰 1922 年至 1933 年间（缺 1929、1931、1932 年）账略显示，庆丰创办以后每年都有盈余，没有亏损年份。在 1930 年之前的八个年份，四个年份每年盈余 7－8 万元，一个年份盈余两万元，还有三年分别盈余 18.3 万、31.9 万和 43.6 万元。据今天的学者对这十二本账略的科目按现今会计学科进行重新计算，12 年间工厂的全部利润为 649.97 万元，发给股东的官利、股息、红利、零星积余，合计 196.61 万元。[2]

二十世纪三十年代，由于受到西方经济危机的影响，民族棉纺织业哀鸿一片，陷入低谷。1935 年，由盐业银行、金城银行、大陆银行、中南银行组成的"北四行"调查部，历时四个多月，对沪苏两地 40 家纺织厂进行实地调查，包括了荣氏在上海、无锡的所有纺织厂，以及无锡庆丰、丽新、振新、豫康、业勤和广勤纱厂。这次调查，除了对数据的统计外，还依据所见所闻，分别对各厂的生产经营诸情况开出评语。庆丰和丽新在诸多方面位居前列。关于机械状况，丽新的评语为"甚佳"，庆丰为"机械状况良好，保全得法"。关于产品质量，庆丰"优等，绒布为国内名品"，丽新"优等，条干极为均匀"。关于人事管理，丽新"极为周密、又颇得法。"对庆丰赞赏有加："有人事课专司其事，各种工人均有统计及考察表格，极有条理。工人工作精神，职员服务之努力，为华商纱厂中巨擘。"关于工人生活，庆丰"工人宿舍、浴室、俱乐部均备，又有教育运动、娱乐、卫生、医疗室、合作社等。"丽新有"饭堂、夜校、工人宿舍、托儿所等，颇觉完善。"据今天的学者对这 36 家纱厂之间进行综合比较，认为庆丰和丽新的生产经营状况在全国华商纱厂中位居前列，大体上在第四位至第六位之间。[3]

庆丰、丽新，从无锡严家桥这个小小市镇所生发出的这两枝并蒂之花，经历了西风掠地，经历了风霜雨雪，终于在初春岁月竞相开放，交相辉映。

---

① 顾纪瑞：《无锡庆丰早期运行模式研究》，江苏省中国经济史学会年会（南京大学）材料，2014 年 12 月。

② 顾纪瑞：《无锡庆丰早期运行模式研究》，江苏省中国经济史学会年会（南京大学）材料，2014 年 12 月。

③ 杨天亮：《视角与评估——解读北四行调查部的调查纺织厂统计表》，上海档案信息网，2012 年 12 月 7 日。

## 【锡 商 人 物】

　　唐星海（1900-1969），名炳源，以字行，唐保谦次子，无锡庆丰纺织厂主要创建人。1919 年毕业于清华学校，后入美国麻省理工学院攻读纺织专业。1923 年毕业回国，任无锡庆丰纺织厂副总管兼纺织部工程师，后任厂长。创办庆丰纺织养成所，培养纺织、印染等专业人才，在庆丰推行"泰罗制"，以提高劳动生产率。1936 年 12 月接替其父任庆丰纺织公司总经理。引进先进设备，扩建庆丰第二工场，增辟漂染车间，所产"双鱼吉庆"牌纱成为无锡地区标准纱。无锡沦陷后，在上海租界创办保丰纺织厂，以后又在常熟、太仓农村建立小型纱厂。1943 年 11 月收回无锡庆丰纺织厂并复工。在此期间，曾投资马迪汽车公司、通惠冷气公司，与人合办公永纱厂，与建安实业公司合作开办庆源、大华、利达花纱布庄、宝丰堆栈、北新隆农场及无锡永新化工厂、昆山永润油厂等企业。1948 年底，抽调庆丰纺织厂部分资金和设备到香港集资创办南海纱厂。

　　匡仲谋（1877-1956），名启塘，以字行，无锡县杨墅园匡村人。成年后至上海大成纱布号当学徒，业余自学外文。1905 年在杨墅园筹建亨吉利织造厂，为无锡第一家机器织布厂。后在上海与人合股开设宝成纱厂、天原化工厂。同时在沪锡两地自设永宁地产公司、三乡垦牧公司，收购地产约 1200 多亩。1925 年以后，在上海南市蓬莱路创设蓬莱国货市场，占地 24 亩，建造店面楼房 144 间，主体工程于 1929 年竣工。他率先经营蓬莱电影院，还开设蓬莱银号，发放低息贷款，对蓬莱市场的商店给予扶持。日军侵占上海时，蓬莱市场的中央商场全部被毁。他热心资助教育事业，1906 年在家乡创办匡村小学，以后又开设匡村中学，为今天国家级重点中学江苏省锡山高级中学的前身。

　　陈梅芳（1880-1968），字萼仙，无锡西郊青祁乡人，上海滩"呢绒大王"。幼时因家境贫困，十几岁时即去上海当学徒，闯荡几年后在河南中路以呢绒摆摊谋生。略有积余后，开办华新呢绒店和福新呢绒店。并在上海投资创办大康银行、大成橡胶厂、大光明毛纺厂等企业。在无锡与人合资经营泰山饭店。1930 年，陈梅芳在蠡园西面建造园林，取名"渔庄"，又名"赛蠡园"。抗战胜利后，又在家乡扩建扬名中学。1951 年赴香港定居。

丁厚卿（1887－1964），无锡城郊河塍口大丁巷人，上海滩"香烟大王"。出身养鱼世家。早年赴沪习粮食业，后自设面粉号，并为上海面粉交易所第一号经纪人。1926年在上海创立中国福新烟草公司，任董事长兼总经理。1932年在沪西另建福新新厂，一跃而成为著名烟厂。全面抗战爆发后后，由于烟厂设于租界，未遭兵燹，形成独家生产局面，获利甚厚。抗日战争胜利后，福新烟草公司年产卷烟继续居上海民族资本烟厂之首，至1949年已拥有上海、青岛、天津等三家卷烟厂。在无锡，从三十年代起先后创办泰丰堆栈、华新面粉厂、无锡水泥厂、天华面粉厂。1945年12月，无锡筹备县银行，他捐助200万元作为无锡县政府官方股本，被选为县银行官股董事（董事长为钱孙卿）。1946年底去香港开设福新烟厂驻港办事处。1952年举家迁居巴西。

华绎之（1893－1956），名士巽，以字行，无锡县荡口镇人。出身望族，祖父华鸿模拥有典当及堆栈多处。华绎之继业后，又独资开设宏余丝厂、宏绪丝厂、宏太茧栈。并投资申新纱厂、庆丰纺织厂、太湖面粉厂。1921年在上海开设养蜂公司，蜂场设于荡口，并在苏南各地设分场，为我国科学养蜂业之始，被誉为"养蜂大王"。他注重家乡教育事业，创办荡口果育学堂及鹅湖女学。无锡沦陷后蛰居上海，收集古书画。1948年前往台湾。

丁熊照（1903－1976），字耀周，无锡县洛社下祁人。早年丧父，为谋生计，在上海一家绸缎庄当学徒。1925年投资1000多元自办汇明电池厂，生产"大无畏"牌电池，与日、美厂商生产的电池展开竞争。经过几年努力，"大无畏"电池成为中国名牌产品。1930年，研制成功糊式电池，为国内首创。1948年，丁熊照往香港主持开达实业有限公司。生产的塑料玩具产品不仅风靡香港市场，而且行销欧美各地，使开达成为国际塑料玩具业中的有名厂家之一。此外，他还在香港创办明达电池厂、精达金属制品有限公司、义达毛纺织有限公司、安兴企业有限公司等10多家企业，在台湾开设开达实业有限公司台湾分厂，在美国创办地产公司，在日本开办开明伸铜株式会社等。

# 1933 年：惠工厚生

何谓管理？把企业的每一个人都动员起来，让他飙飞，让他行动，让他激情澎湃，投入自己的工作，这就是管理。

儒家"仁爱"、"德治"思想，被荣德生、薛明剑创造性地应用到改革企业管理制度的过程中，创设申新三厂"劳工自治区"，培训一代新型工人，满足工人社会需求，拉近劳资双方的距离。

荣德生是一位巨商，更是一位儒者，内心深处蕴含着兼济天下的浓烈思想。"千桥会"应势而生，修路造桥，至今留下了串串足印。

实业救国，慈善公益，成为锡商群体两条清晰的红线。

## 职工养成

跨出隆隆机声的厂门，突然到了别有洞天的自治区境界，整齐清洁，和路旁种的花草树木菜蔬，养的鸡鸽兔鱼，都是表露着一种生气。这并不另外有专人负责，都是工人自己布置整理的。我也到了不少的工人住居区域，除了有一、二处差强人意外，这里不能不说是特殊的。如果不说明这是劳工自治区，总以为这是谁家的园庭了。①

这是中华职业教育社工农服务处处长姚惠泉在 1935 年所写的一段文字。他所赞誉的"别有洞天"的地方，正是申新三厂的劳工自治区。

申新三厂办理劳工自治，几乎是与废除"工头制"改革同步开始，但直到 1933 年才步入良性发展的轨道，短短两年时间就取得了令人瞩目的成就。

早在 1924 年，薛明剑就"招同事郑翔德、谈家桢商量，决定全力以赴。"②但是因为工潮的爆发，"劳工自治"事业不得不停顿下来。但"劳工自治"这个

---

① 姚惠泉：《介绍一个劳工自治区》，《荣德生与企业经营管理》下册，上海古籍出版社，2004 年，第 769 页。
② 薛明剑：《五五纪事》，《薛明剑文集》上册，当代中国出版社，2005 年，第 28 页。

想法如星星之火，一旦燃起就难被扑灭。

到了 1926 年，劳工自治事业终于正式"起航"，"目的在谋劳工福利事业之进展，不及其他。"①

当时各工厂招收的劳工，来自四郊八乡，有的来自邻近县市，甚至还有来自苏北以至外省。工厂就在附近建造了一些工房，或腾出一些空余不用的厂房租给工人，作为工人宿舍。这些工人宿舍平时无人管理，男工宿舍与女工宿舍、单身职工宿舍与家属宿舍混杂，秩序混乱。更有甚者，工厂将一宅或一幢房屋出租后，入住的工人将剩余部分转租别人，当起了从中谋利的"二房东"。这样一来，弊端丛生，"房东""除租与工人每月收取房租外，其他毫不顾问，以致此项工房几成藏垢纳污之所，凡社会一切非法情形，均由此而造成。"②

推行劳工自治区计划，最为关键的一项措施是将部分工人宿舍划为劳工自治区，整理分区，并派专人管理，"怡悦性情"，"便利职工"，"利于管理"。③ 但是，大部分普通工人来自农村，有很深的家族、家庭观念，习惯于合家男女老幼同处一宅。有人"多方造谣，不愿女工分居，女工亦恐不得自由，不愿就范，稍加强逼，反都迁出厂中宿舍"。④ "自治"尚未开始，秩序已经大乱了，"非特不能了解，转滋误会，办理半年，未见成效"。⑤

对于实施之初的矛盾和曲折，薛明剑曾专门撰写长文，对此作了详细的阐述：

甲、习惯上的问题。我国旧社会的组织，素重家属制度，工人习惯上对家属观念也极深刻。旧式工厂设备的工人宿舍，完全采取合家男女老幼一宅，我们初拟使他或她的未成婚者分区居住，以便灌输教育。但有部分的人，喜欢男女杂居。还有非嫡系亲属，也会起来反对（凡嫡系亲属的子女，原准许其可以同住一宅），他（她）的理由不是寄亲，即是受其家长委托。

乙、二房东的关系。旧式各厂的工房，总是将一宅或一幢房屋，租给一个工人。如遇这一工人不需完全住宿这项房屋时，准许他（或她）将一部分余屋转租与别人居住，这种人就称为"二房东"。各厂工房中这类"二房东"很多，很有一些人专赖这项转租余屋的利润，做他（她）的谋利和生活依靠。一旦变更方法，彼辈惟恐失去赚钱的机会，当然不会赞成。

---

① 薛明剑：《五五纪事》，《薛明剑文集》上册，第 30 页。
② 薛明剑：《无锡劳工概况调查》，《薛明剑文集》下册，当代中国出版社，2005 年，第 885 页。
③ 薛明剑：《申新第三纺织公司劳工自治区概况》，《薛明剑文集》下册，第 897 页。
④ 薛明剑：《申新第三纺织公司劳工自治区概况》，《薛明剑文集》下册，第 890 页。
⑤ 薛明剑：《申新第三纺织公司劳工自治区概况》，《薛明剑文集》下册，第 890 页。

丙、行为浪漫者的反对。旧式工房男女杂居，一二狡猾的人，往往喜欢结识异性朋友。有个别坏者，甚至有结识数个异性朋友，久则取其工资，供其挥霍和日常生活。目见有的年轻女子，立志不坚，遇到这种人的引诱，每易失足。我们着手举办申三劳工事业的时候，最先决定设立单身女子区时，首先遇到这种人的反对和反宣传，考其目的，即由于上述的原因。无知女子受其反宣传后，往往裹足不前，厂方稍施强制，若辈竟会在夜间乘着女管理员酣睡着的时候，相约逃出宿舍，予以解释也无用。……

丁、大小工头的反对。旧式工厂雇佣男女工头，来帮助职员做管理工作。一部分工头往往以克扣幼小工人的工资为能事，甚或强迫工人按时酬报。就是好一些的，也会招收女工寄居其家，收取重租，还可随时供其差遣，视若应尽义务。此项陋规，办理劳工自治区成功以后，必然不能存在。此辈不能表同情于你者，也在情理中事。

戊、股东和职员的不了解。各厂的股东往往只顾目前权利，不顾将来利害，况且好静不好动，是年事高者应有的态度。倘若在营业困难的时候，固然没有闲钱来办理，在营业发达时，更要畏首畏尾，得过且过，不愿意无事生非。其他年长而持重的工场管理人员，亦会同此态度。这些都是办理劳工事业的阻力。……

己、邻近商店的反对。工厂邻近的商店，大都靠着工人来生活。将来工厂的工人，在自治和合作的事业发达后，对附近商店一部分生意的影响，当然不能避免。故在我们办理劳工自治区的时候，附近商店也会起来反对，寄匿名信、造谣言、说歹话、集体请愿等，都曾发生过。……[1]

所幸的是，荣氏对劳工自治计划甚为热心。1931 年，"荣二代"荣伟仁、李国伟、荣尔仁等赴日本考察，总结日本纺织事业能与欧美抗衡的原因，在于"技术精良，管理合法而已"[2]，而"我国工人之生活状态及知识程度，不及他国"，"驱乌合之众以事生产，欲其出数增加、成本减低，将安可得？"[3] 为缓和矛盾，荣氏主张先从建设子弟小学、加强职工培训入手，培训大批技术熟练、且具有较高忠诚度的新型职工，以逐步替代原有工人。同时大力举办职工医疗卫生、储蓄保险、副业等福利，融洽资方与职工的情感，等待时机的到来。

这样，职员养成所、机工养成所和女工养成所，在申新三厂逐步建立起来。

1928 年秋，申三设立职员养成所，邀聘留学英、日学习纺织的沈泮元担任

---

① 薛明剑：《我参加工业生产的回忆》，《薛明剑文集》上册，第 515－517 页。
② 荣伟仁：《考察日本纺织厂记略》，《荣德生与企业经营管理》下册，第 1224 页。
③ 薛明剑：《申新第三纺织公司劳工自治区概况》，《薛明剑文集》下册，第 889 页。

主任。该所学生主要由招考录取，也有部分是老职员的子弟。所中教学严谨，监督严格。学生半天在校学习力学、机械学、数学等基础知识，半天赴工厂实习。职员养成所的教师基本由申三的新派职员担任。唐熊源、荣尔仁亲自用英语讲授纺织学，采纳美式教学法，每节课之前都有考试，且时常抽查笔记。张棨（申三职员养成所 1934 年学生）谈到："郑翔德老师的工厂实习，一定要描绘机械草图，详记笔记。"①

职员养成所的学生待遇良好。据张棨回忆：

我们第一年月薪八元，另加下脚费六成，即四元八角，每年端午节、中秋节加薪一月，年终加薪二月，即于下脚费内支付，所以每月平均所得为十二元八角。……第二年每月十元，另收下脚费六成，即每月十六元。第三年每月十二元，加下脚费共十九元二角。当时一般月入十五元（如小学教师），即可为小家庭养家活口，故待遇可称不恶。南通纺织学院毕业生初来申新工作者，月薪仅十五元。纱厂领班约二十至三十元而已（未计下脚费）。故按当年标准衡量，我等所得，不可称少。②

职员养成所教学水平类似于今天的大专，最初的四班招录高中毕业生，之后开始招收初中毕业生。自 1928 年至 1940 年仅在上海、无锡就培训 250 人，③ 成为申新系统技术、管理人员的输送基地。荣德生颇为自得，称："毕业后派各厂录用，颇得力，争相邀请。"④ "养成所毕业生，后日大多出任各厂高级人员，声誉四播，始信'种瓜得瓜，种豆得豆'此言非虚。"⑤

1929 年 9 月，申三又设立机工养成所，"着力培养具有新技术的一线工人"⑥。养成工每班 20 名，以六个月为期，毕业则送各厂试用半年后决定去留。为避免工人借助复杂的社会关系煽动工潮，申三尤为鼓励工人子弟报名。

机工养成工在养成期间内学膳费均免，每月还发放一元津贴。机工养成所相当于今天的初级机械职业学校，主要课程包含国文、算术、修身、机械大意、规章、各种机械实习等。虽然厂方为养成工支付大量培训成本，但回报甚好。"养成工招收单纯淳朴、综合一定条件的青少年，从头加以训练，不仅易于控制，而且技术提高快，有利于加强劳动管理和推广新技术。况且养成工不发工资，预备

① 张棨：《回忆申新职员养成所》，《荣德生与企业经营管理》下册，第 808 页。
② 张棨：《回忆申新职员养成所》，《荣德生与企业经营管理》下册，第 808 页。
③ 许维雍、黄汉民：《荣家企业发展史》，人民出版社，1985 年，第 243 页。
④ 荣德生：《乐农自订行年纪事》"1920 年条"，上海古籍出版社，2001 年，第 88 页。
⑤ 荣德生：《乐农自订行年纪事》"1937 年条"，第 130 页。
⑥ 《申新第三纺织厂大事记》，《荣德生与企业经营管理》下册，第 895 页。

工工资通常比正式工人低 15% 左右，但几乎都是顶岗生产，因而直接给资本家带来额外好处。"①

女工是纺织业工人的主体，以申新三厂为例，1935 年有男工 700 人，女工 2150 人，童工 150 人。② 管理好女工，即管理好企业。为此，1932 年申新三厂又设立女工养成所，"招收远道生手女工，授以教育技术等训练，逐步替代原有工人。"③

女工养成所招收身体健康、品性温和之人，要求"思虑清楚"，"举动灵敏，更以读书二年至四年者为最易。"④ 招考科目包括持久性、记忆力、触觉、辨别、目力、体格检查、谈话等，读过两年书者，则加考语文和数学。考试题目设计科学，有着较强的针对性。如手指测验，在固定模具中将五种大小薄厚不同的数十片铜片插入，"此种试验，非目力锐利与手腕敏捷相策应者，须时必多。"⑤ 养成工招录后，根据文化水平分成高级班和初级班两种，都由纺织业专职教师授课，以实习纺织技术为主，普通科目仅在实习之余学习，实习最初每天约六小时，以后逐渐增加，学程三个月。养成期间不收膳食费，并酌给零用。养成毕业后，按技能发给工资，从轻缴纳膳食费。女养成工住集体宿舍，"空气流通，光线充足，窗户、地板皆涂以油漆，清洁雅致，颇为美观"⑥。此外，厂方还提供食堂、娱乐室、调养室、盥洗室、运动场等设施。

以往学界认为，养成工制度是资方剥削工人的一种重要手段，甚至认为资方利用政府力量强征未成年者为养成工。但实际上申三对女养成工的挑选极为严格，且是双向选择，同机工养成所一样，厂方要求有保人，要求家长的同意及保证书，学员进入女工养成所，五日内如果反悔，可清算膳食费回家，留下来的则需严守规定。据薛明剑调查，无锡各纺织厂早期贫穷者居多，稍有家产的家庭都不会将子女送入纺织厂，后经过科学化管理改革，不少家庭愿意子女从事纺织事业，申三女工养成所工人家庭状况比较良好，其中小康家庭达到 32%，清贫者占 39%，贫者 19%，极贫者仅 10%。⑦

各类养成工正值人生观、价值观的形成阶段，厂方采取直接灌输的手段，对

---

① 汤可可：《近代企业管理体制的演进——无锡民族资本企业发展历程中的变革性转折》，《中国经济史研究》1994 年第 3 期。

② 《无锡纺织业工厂概况》，《江苏建设月刊》第二卷第五期，1935 年 5 月。

③ 薛明剑：《申新第三纺织公司劳工自治区概况》，《薛明剑文集》下册，第 890 页。

④ 薛明剑：《申新第三纺织公司劳工自治区概况》，《薛明剑文集》下册，第 901 页。

⑤ 陆涵若：《申新三厂考试女工养成所新生志》，《荣德生与企业经营管理》下册，第 816 页。

⑥ 陆涵若：《申新三厂考试女工养成所新生志》，《荣德生与企业经营管理》下册，第 818 页。

⑦ 薛明剑：《申新第三纺织公司劳工自治区概况》，《薛明剑文集》下册，第 904 页。

养成工进行"内在强制"。汤普森认为："如果没有内在的强制，就是计件工资或其他的刺激手段也会最终失去效力，农民赚到了足够的钱，就会离开工业，返回自己的村庄，手工业者则去饮酒作乐，反过来用低工资作为纪律的约束也是无效的。"①

申新女工养成所的养成工

在通过创办养成所"制造"工人的同时，申三还十分重视对现有劳工的教育。1932 年秋，创设申新晨夜校，要求工人入校上课，并承担教学费用，旨在"普及工人教育，增加工人知识，提高工人道德"②。开课时间根据工友上工时间而定，每日 1－2 小时，学程两周到一年。依据学生的文化程度，分设识字训练班、公民训练班、技能训练班。识字、公民班教授语文、数学、体育、音乐、艺术和公民课；技能班开设缝纫、刺绣、造花、机械学等课程。学校所设课目，均各有意图。技能课既为工人退休提供良好的退路，也可帮助工人从事副业，增加收入，音乐、艺术课可使劳工在工余有正当的娱乐消遣，体育课"以锻炼劳工们的身体，振作劳工们的精神"③。为解劳工后顾之忧，申三还办起了初级托儿所，负责三岁以下孩童保姆哺乳；又设中级班，对三岁至五岁子弟进行教养。1931 年兴办申新小学，免费接纳本厂职工子弟，"培养儿童知识、德性"，以及"健康的体魄、劳动的身手、科学的头脑、艺术的兴趣、改造社会的精神"④。还要求每个寝室或每组推举一识字之人为"小导师"，负责教授"老工人"读写，"各宿舍里工人的文字程度，竟有蒸蒸日上的情势"⑤。

此外，申三还建立图书馆、编辑处。图书馆藏有劳工应用书籍数百种，每日早晚开放，方便工人阅读；编辑处出版《申三近讯》、《劳工区概况》、《人钟月刊》等刊物。

从托儿所到小学，再到养成所、劳工补习教育，申三的教育颇成体系，一方面可以解决工人子弟受教育的问题，另一方面培养出忠实于工厂的新型工人，自

---

① 【英】E·P·汤普森：《英国工人阶级的形成》，钱乘旦等译，译林出版社，2001 年，第 412 页。
② 薛明剑：《申新第三纺织公司劳工自治区概况》，《薛明剑文集》下册，第 900 页。
③ 薛明剑：《工厂注重劳工事业与本身之关系》，《薛明剑文集》下册，第 931 页。
④ 薛明剑：《申新第三纺织公司劳工自治区概况》，《薛明剑文集》下册，第 900 页。
⑤ 姚惠泉：《介绍一个劳工自治区》，《荣德生与企业经营管理》下册，第 772 页。

觉服从管理，将注意力集中于通过提高个人能力来提高待遇之上，而非通过帮派、闹事等方法达到目的。诚如美国社会学家布若威所言："内部劳动市场的另一个特征是岗位培训，这将瓦解以熟练技能为基础的群体的集体性，并促进个体自主性……资历的回报——更好的工作岗位、改善了的附加福利、工作保障、社会地位等等——产生了对企业及其存亡的一种承诺。"① 对工人来说，留在申新，努力工作，才是最好的人生选择。"申新职员出去后，反过来与申新唱对台戏，对申新不利的情形，没有发生过。"②

## 劳工自治

到了 1933 年，搁置多年的改良宿舍时机已经成熟，男工、女工、工人家属和职员家属宿舍区分别建成。

女工宿舍区共分八村，每村 14 室至 26 室，每室住 8 至 12 人，并有各种公共设备。单身男工宿舍，在职员宿舍南面，"待遇、组织均与女子区同"。工人家属宿舍在女子区南，分为四村，每三幢为一组，每组住 10 户，每户住四人为标准，"厨房、客厅、晾台、公共储藏室一应俱备，待遇与女子区略同。"③

劳工自治区宿舍实行严格的纪律约束，在作息管理上，诸如起床、扫除、早膳、上工点名、夜课、娱乐，均规定具体时间。④ 还订立了各种"公约"，如《膳室公约》规定："膳室有定时，一闻铃声，即当入席，依次坐定，同桌齐集，然后举箸；饭菜不准向厨房自由添换；用膳时不得掷骨壳于地上，并不准高声谈笑；膳室不得提早，过时不得另开，倘有特别事故，当禀告村长，向管理员接洽，静候办理；就食时，偶有不慎破坏碗碟，应照价赔偿。"还有《寝室公约》规定："室内床铺衣箱均有定位，不得自行迁移；各人床位及衣橱，一经指定，不得自行更动；储藏室衣橱中藏纳衣服，未经许可前不得移入卧室；室内电灯光度与开关时刻均有规定，不得自由变更；不得私点灯烛；睡眠均须依照规定时刻，不得变更；睡眠后不得谈笑喧哗；起床后立即整理被褥及扫地；日间须开窗

---

① 【美】迈克尔·布若威：《制造同意——垄断资本主义劳动过程的变迁》，李荣荣译，商务印书馆，2008 年，第 110 页。
② 《荣家史料座谈会》，上海社会科学院企业史资料中心 1959 年编印。转引自《家族企业现代管理思想演进研究——以荣氏企业为中心》，赵波著，经济管理出版社，2011 年，第 132 页。
③ 薛明剑：《申新第三纺织公司劳工自治区概况》，《薛明剑文集》下册，第 893–900 页。
④ 薛明剑：《申新第三纺织公司劳工自治区概况》，《薛明剑文集》下册，第 895 页。

户，以通空气；开窗扫地，每日由各人轮值之；被褥要常保清洁整齐；地板床架衣橱窗户门槛等处，每逢休息日，均宜水揩一次，由全室分任之；室内举止宜轻缓；室长督率全室居民整洁事宜；厕所便桶，不得任意携入卧室。"①

　　劳工自治区设有"工人自治法庭"，由工人推出五个裁判委员，解决相互之间的纠纷。隔壁有个"尊贤堂"，供奉关羽、岳飞、戚继光等历史人物，遇到工人发生纠纷或不听厂方劝告时，厂方往往责其入内去反省。另有一个"功德祠"，因公受伤殒命或在申新三厂服务十年以上而有功绩于工厂的，可以入祠，接受全厂的公祭和观摩。这些举措，带有明显的中国儒家思想成份，有利于激励工人的工作热情与荣誉感，强化对厂方的认同归属感。

申新三厂劳工自治区主要建筑（上左为男工宿舍，上右为大礼堂，
下左为医院，下右为女工宿舍）

---

① 薛明剑：《申新第三纺织公司劳工自治区概况》，《薛明剑文集》下册，第895－896页。

根据福柯的观点，纪律约束首先需要"规定出一个与众不同的、自我封闭的场所，这是贯彻纪律的保护区"①。工厂的职工宿舍便是这样的封闭区，从住宿，到起居、饮食，以及工作之外的闲暇生活，无一不被纳入制度管理的范畴。工人在这样的封闭空间里可以互相交流，增进彼此感情，在工作时能和衷共济。同时对于厂方来说，封闭的空间也便于他们监视、管理工人，灌输教育，掌握工人的动向，防止发生工潮。诚如薛明剑所说的那样，设立劳工自治区的宗旨是"改善区民生活，培养良好工友"②。

各种制度、规则的制订，其实际作用在于约束，可谓立"威"。但在立"威"之外，还必须辅之以"恩"，这就是兴办与员工切身利益有关的福利事业。申三劳工自治区所兴办的员工福利事业，在当时来说可谓"全方位"的，除了浴室、医疗、学校、宿舍，还有医疗卫生、储蓄保险、福利等劳动保障事业。

1933 年夏，厂方正式开办职工医院，聘请两位医师，设内科、外科、咽喉科、口腔及齿科、眼科、耳科、鼻科等，职工免收药费，家属收取半价药费。公伤者住院治疗。每年疫季前，医院为工人注射防疫针和种痘。据记载，1936 年医院为职工诊治共 2030 次，注射预防针 1831 次。③ 1936 年，申三医院进一步扩展，引进 X 光机、解剖台等设备。《新无锡》评价"实为全国劳工界独一无二之设备云"。

同荣氏其他企业一样，申新三厂也有同仁储蓄部，相当于企业银行，开设定期、活期、零存整取、零存定期、定期取息等存款，保障劳工生活，同时也为厂方提供了一笔不小的流动资金。

申三劳工自治区仿照欧美社会保险办法设保，包括死亡、衰老、残废、疾病保险等，职工自愿投保，以每月工资的 1% 作为保费，基金由厂方补助。

在福利方面，申三也形成了一系列制度，包括发放生活补贴，工人上班期间免费在厂就餐；统一为工人制作服装、被褥，垫支服装费用，分期扣款；每人每月放假三天，假内放电影、演戏等；实行类似的带薪年假制度，职工服务满一年可以休息两星期，服务满 10 年可以休息三星期，休息期间工资照发。妇女的产假、职工的生老病死、因公致残或致死抚恤费等都有明文规定。

为丰富区民生活、增加劳工收入，自治区还开展合作社和副业事业。薛明剑

---

① 【法】米歇尔·福柯：《规训与惩罚》，刘北成、杨远婴译，生活·读书·新知三联书店，1999年，第 160 页。

② 薛明剑：《申新第三纺织公司劳工自治区概况》，《薛明剑文集》下册，第 891 页。

③ 《无锡申新三厂劳工自治区念四年概况》，《荣德生与企业经营管理》下册，第 781 页。

认为消费合作社"可以养成工人的合作精神和团体生活"①。合作社包括杂货部、日用品和膳食部，生活所需要的油盐酱醋、衣帽鞋袜、化妆品等一应俱全。商店主要有柴行、热水店、膳食、点心店、裁缝店、理发店、洗衣店、鞋店、临时菜场等，副业有花园和养鸡、鸽、羊、兔场及农场等。据薛明剑计算，劳工自治区的居民人均每月进款约 20 元，消费约 7.78 元，包括膳食 5 元（最贵的伙食）、房租 0.3 元、工会费 0.18 元……，余额为 12.22 元。② 工人从最初观望到后来积极参与合作事业，厂方成功吸引劳方支持管理，双方之间的关系更趋和睦，均与这笔可观的收入密切相关。

实行改革，落实劳工自治方案，建设一些基本设施，需要花费相当一部分资金，因此经费问题就成了设立劳工自治区面临的最大困难。厂方与职工秉承"劳资合作"的精神，共同解决自治区建设的资金问题，资金主要来源于举债、副业与下脚料的收入、罚工款与没收的工人保证金、生产竞赛的奖金、工会会费、志愿捐助。此外，工人每人每月贡献一天或半天加班工资。

对于厂方来说，尽管在启动初期投入了少量的资金，但随着劳工自治区渐入佳境，经费也实现了良性循环。《无锡申新三厂劳工自治区念四年概况》记："经费状况，全区旧时房租收入仅二百五十元，今已增加至九百余元，经营事业之盈余，尚不在内，故刻下每月教育、医院等各项经常费，除工会津贴外，增加之数，已足自给而有余。"③ 另据陆诒在《参观申新三厂的劳工自治区》记："现在，厂方对自治区方面，除每月供给事业费一百元外，其余的经费，都是由工会和自治区内工人膳宿费及其他生产收入项下拨付。"④ 到了 1936 年，申三兴建大礼堂，"耗资数虽近万，然皆出自全厂职工之自愿自助。其或贫无力者，则皆躬亲奋锤，以代偿其所捐。"⑤

到 1936 年，申三劳工自治区的各项设施已经基本建成，"凡工人自出生至老死，均已顾及。设有医院、学校、剧场、运动场、健身房、尊贤堂、功德祠以至公墓。平时更有图书馆、茶馆、裁判所、托儿所、各级夜校以及养鸡、养兔、养蛙、种菰、照相、酿造等副业、训练二十二种，任凭工友工余之选习。并有机工、女工、职员等三种养成所、大礼堂及新医院等设备。"⑥ 投入了全部热忱的

①　薛明剑：《工厂注重劳工事业与本身之关系》，《薛明剑文集》下册，第 932 页。
②　薛明剑：《申新第三纺织公司劳工自治区概况》，《薛明剑文集》下册，第 897 页。
③　《无锡申新三厂劳工自治区念四年概况》，《荣德生与企业经营管理》下册，第 782 页。
④　陆诒：《参观申新三厂的劳工自治区》，《荣德生与企业经营管理》下册，第 779 页。
⑤　薛明剑：《五五纪事》，《薛明剑文集》上册，第 56－57 页。
⑥　薛明剑：《五五纪事》，《薛明剑文集》上册，第 56 页。

薛明剑，此时的欣喜是可以想象的，他说："我们在这个时间内，颇有胜过日本在华各厂福利事业的感觉。"[1]

劳工自治的推行，自然离不开荣氏兄弟的支持。荣宗敬到无锡，鼓励薛明剑"快些大力扩充为第一"，又说"我弟不肯用的钱，付在我私人账户内好了"。[2]荣德生在《乐农自订行年纪事》中对此项事业给予了极大的关注，屡有记载："余素主实际，不尚空谈。三场对职员，主教以实习，对工人，主恩威并用，兼顾其自治及子女教养，有出路，待遇适合。平心和气，不加压力，又留心卫生，居住适宜，与学校无异。一经进厂，又不愿他去之概。"（1928年）[3]"余在三厂所经营，所请人非专家，以有诚心、管人不严、以德服人，顾其对家、对子女，使其对工作不生心存意外，即算自治有效，自信可以教范围内各厂仿行。"（1931年）[4]"厂中研究工人待遇，自治设备日臻完备。进厂先教识字，落工习副业，非实习不能派事，女工非由养成班学过不能工作，班班皆教导，宿舍亦有室长，办理渐有声誉。"（1932年）[5]"申三厂自治区，日见完备。副产研究，如养兔之类；单身女工工房，可住至一千余。"（1933年）[6]"申三自治区办得好，声誉四播。……所办识字班已有一千六七百人，医院、礼堂、子弟小学、幼儿园、托儿所、公共花园、合作社、合作饭店等等，应有尽有；工余还有副业，如养鸡、养兔等。"（1936年）[7]

劳工自治声名鹊起，"各处学校、工商界来参观者不少，政府要人亦来参观，颇加称道。"[8]据统计，仅1935年一年，团体到区参观者71批次，个人到区参观者314人。这些参观者感慨于自治区内整洁有序的生活："踏进劳工进膳的场所，桌凳碗箸，都放得一丝不苟，好像比有的大中学校的膳堂高明多了……里边放着上下层的小铁床，铺着洁白的床单，温软的被褥，这都是厂方供给的，工人每月每人只须纳费四角。楼板上竟是纤尘不染，你如果赤着脚跑，决不会污秽你的脚底！就是床底下，墙面上，门窗上，都是干净得异乎寻常！尤其是几间模范室，我想可以叫一班少爷小姐见之而红脸。"[9]"我们置身其间，如像在达官巨富

---

① 薛明剑：《我参加工业生产的回忆》，《薛明剑文集》上册，第524页。
② 薛明剑：《协助荣德生办理申新三厂的回忆》，《薛明剑文集》上册，第554页。
③ 荣德生：《乐农自订行年纪事》"1928年条"，第103页。
④ 荣德生：《乐农自订行年纪事》"1931年条"，第108页。
⑤ 荣德生：《乐农自订行年纪事》"1932年条"，第112页。
⑥ 荣德生：《乐农自订行年纪事》"1933年条"，第114页。
⑦ 荣德生：《乐农自订行年纪事》"1936年条"，第125页。
⑧ 荣德生：《乐农自订行年纪事》"1936年条"，第125页。
⑨ 丁宜生：《名不虚传的申三劳工自治区》，《荣德生与企业经营管理》下册，第802页。

的庭园中，决不会想像到，这原来是工人的居住区域。"① 更惊异于工人们振作的精神风貌："在这种优良的环境之下，工人身心大见不同，和他或她谈话，终是笑嘻嘻的，大多数人的脸上，表现着健康之征。"② 三十年代中期，上海申新系因债务危机而"搁浅"，度日如年，"北四行"调查部对国内各大民族纱厂进行实地调查，对上海申新各厂的评价颇有微词，但对申新三厂却依然褒奖连连："管理严密，工作颇见优良"、"颇见注意，秩序井然不紊"、"工人医院、工人学校、工人子弟学校、运动场、娱乐处、女子宿舍居处清洁，管理周到"。③ 地方报纸对劳工自治区的报道，更是不惜褒扬之词，把它誉为"劳动界仅见之成就"，"无处不是为职工着想，恐怕在中国的工厂中，象这样的设备很少吧。"④

就连国际劳工局特派员伊士曼对申新三厂的"劳工自治区"也是赞赏有加。1936 年 6 月，伊士曼来厂视察。在离锡之前，致书申新厂方，谓："贵厂规模宏大，组织完善，尤以关于工人福利事业之自治区，足树国内工业界之模范。"⑤ 申新三厂"劳工自治"的实践，也得到了国民政府的肯定。中央工厂检查处会同省建设厅向厂部发函："深望供诸全国工厂，使彼等有所观摩，如此不仅造福全国工人，间接影响了国家前途，诚非浅鲜。"⑥

国民党元老李石曾介绍家乡河北高阳的两位实业家苏秉璋、李福田到江南考察实业。在参观劳工自治区后，他们在日记中写道："劳工自治区，称得起组织周详，管理得法，俨然是超出现社会的一个优良小社会，所以该厂职工都能安其居，乐其业。"抱着取经、学习心态前来的他们感慨："无论哪一种企业的成功，必须先从加惠工人着手。因为工人是工厂的基本势力，也就是工厂的生命线，要使他们的精神有寄托，能安居乐业，事业方面自然随之改进。反之未有不失败者。"⑦

外来的参观者看到的只是表象变化，对于荣氏来说，他们感受到的是由此带来的实实在在的经济效益。有资料显示，1928 年和 1929 年，申新三厂的利润率分别为 39.2% 及 30%，同期上海申新一厂和八厂仅 8.3%、16.9%。1931 年，申新三厂股本额为 300 万元，而固定资产已达 706 万元。据薛明剑文章称："在

---

① 姚惠泉：《介绍一个劳工自治区》，《荣德生与企业经营管理》下册，第 771 页。

② 姚惠泉：《介绍一个劳工自治区》，《荣德生与企业经营管理》下册，第 775 页。

③ 杨天亮：《视角与评估——解读北四行调查部的调查纺织厂统计表》，上海档案信息网，2012 年 12 月 7 日。

④ 《锡报》1936 年 5 月 12 日。

⑤ 《新无锡》1936 年 7 月 23 日。转引自《薛明剑文集》下册，第 1174 页。

⑥ 薛禹言：《薛明剑先生创新事略》，《薛明剑文集》下册，第 1174 页。

⑦ 苏秉璋、李福田著：《江南实业参观记》，同和织染工厂编印，1936 年，第 48－50 页。

929 年 1 月 12 日，荣德生（前右二）、薛明剑（前左一）与前来申新三厂检查
企业卫生工作的卫生部、内政部官员等合影

纱厂方面，与一九三三年初办时相比，每一纱锭的生产量逐年增加，由每锭产
0.8 磅增加到 1.1 磅；至在开支方面，反逐年减省了十一万元至三十万元有零。
在布厂方面，也是出数增加，开支减轻。这种成绩，虽不能说是完全归功于办理
劳工事业的结果，但是因为厂方注意了劳工事业，劳方由于生活改善，心情舒
畅，才能安心工作，而使生产效率逐步获得了提高。""在一九三三年前，每万
锭需雇用工人四百五十余人，一九三四年初减至二百九十七人，继又减至二百七
十人，一九三七年抗战爆发前且已减至二百五十人。在布厂方面，从前每人管织
机两台，后来改为四台，一九三七年更增管至六台和八台。更就每一个工人而
论，上一年全厂每人每日平均工资仅得三角七分，一九三六年初即增至四角五分
九厘，尚在不断提高中。因此，在厂方每一件纱的成本减少了，而每一个工人的
收入都增加了。"①

三十年代初的荣家企业，正深陷债务的泥淖不能自拔，申三的劳工自治事
业，可谓是一片阴霾中的一抹亮色。诚如薛明剑总结的那样："申新三厂在前两
年艰难困苦的环境中，人家停办的停办，出售的出售，我们总算出了官利，年有
若干万元的折旧和盈余。我们究其原因，不得不归功于安定劳工生活和改进劳工
技能的效果。"②

申新三厂劳工自治事业，改善劳资关系，着眼之大之远，在整个中国企业史
上都是一个创举，一次极为有益的探索。

① 薛明剑：《我参加工业生产的回忆》，《薛明剑文集》上册，第 532－533 页。
② 薛明剑：《我参加工业生产的回忆》，《薛明剑文集》上册，第 533 页。

申新三厂的劳工自治，在荣氏集团引起了"共鸣"，其他工厂纷纷效仿。"大儿、二儿受兄命，先后到申助理各厂，亦从自治入手。厂以五、六先仿，鄂生先生常州已先试行，次及申一，大、二两儿先后主办。云程入内，照新方针同做。"① "申新各厂在未改进前，只想为自己打算，不知树立方针，建立制度；改进以后，有了竞争心，逐渐革新整顿，颇多仿照申三办法。……余虽非工程师，然理想所及，实行后颇有效验。"② 汉口申新四厂的改变最为明显，让荣德生赞赏不已："工人工作专心，与前大不相同，四周看完，并无一个工人如从前之探头探脑、擘擘拍拍做在人前，故献殷勤之态……全厂人人上正轨，从事业务，无一游荡者。"③ 正是得益于此，申四"产量竟加出四分之一，每日可出一百二十余件，利润既优，欠款可以不愁"。④

申三的实践，也为中国民族企业树立了榜样。"远地各省新创纺织厂，常有派人前来观摩学习，或在我厂调去职工指导者甚多。"⑤ "在汉口，在上海，在常州，在无锡，有很多的工厂，均已循着申三的足迹前进。"⑥

申新三厂之所以注重惠工事业，专设劳工自治区，原因何在？薛明剑在《申新第三纺织公司劳工自治区概况》一文中写道：

"我国工人之生活状态及知识程度，不及他国，苟厂方再无相当之设施，驱乌合之众，以事生产，欲其出数增加，成本减低，将安可得？故从我国民族工业方面着想，不得不从事于劳工事业之设施者，一也。环视我国同胞，饥寒贫苦，类多失业，虽一厂之力，不克全数拯救，惟为工厂职责计，更何忍其继续以前之腐败生活而不与以种种之援助？此为我国社会着想，又不得不从事于劳工事业之设施者，二也。"⑦ 有此二因，改革势在必行。

申新三厂建设劳工自治区，与当时国民党推行"惠工政策"也有着密切的联系。三十年代，社会学家吴至信曾写过《中国惠工事业》一文，言："中国国民党在民国十六年以前之劳工政策，是绝对的扶助劳工，以改善其生活，提高其待遇。故于惠工之范围与标准，决未闻加以限制。殆及'清党'以后，迄于今日，一贯之政策，乃在促进或不妨碍生产条件之下，提倡惠工……而惠工设施，

① 荣德生：《乐农自订行年纪事》"1931年条"，第108页。
② 荣德生：《乐农自订行年纪事》"1937年条"，第130页。
③ 荣德生：《乐农自订行年纪事》"1936年条"，第127页。
④ 荣德生：《乐农自订行年纪事》"1938年条"，第138页。
⑤ 荣德生：《乐农自订行年纪事》"1937年条"，第130页。
⑥ 丁宜生：《名不虚传的申三劳工自治区》，《荣德生与企业经营管理》下册，第802页。
⑦ 薛明剑：《申新第三纺织公司劳工自治区概况》，《薛明剑文集》下册，第889页。

则非雇主先有诚意，无由以收实效也。"[1] 从这段文字可见，政府仅仅是提倡，惠工与否，完全取决于厂方。在这样的背景之下，申新三厂的改革，更显得难能可贵，具有开创性的意义。

## "千桥会"

对于申三的劳工自治事业，荣德生自始至终给予了极大的关注。其中缘由何在？不仅是因为此项事业的经济利益，更为重要的是缘自他内心那一份兼济天下的慈悲情怀。

1934 年农历正月十六日，荣德生迎来了六十寿辰。

与两年前兄长荣宗敬的寿辰相比，他的寿庆活动显得相对低调，但更显得实在许多。荣德生捐出了亲友馈赠的全部寿礼，打算在五里湖畔宝界山麓修筑一座大桥，以贯通太湖南北两岸。

花甲之年的荣德生亲率工匠技师，实地踏勘，实施测流、探土、桩基试验。8 月 11 日，大桥合龙通车。工程整整耗资 10 万元，除了六万元寿礼外，荣德生个人还捐资四万元。荣德生亲书"宝界桥"镌刻于大桥东西两侧。宝界桥长 375 米、宽 5.6 米，当时堪称"江南第一长桥"。大桥的 60 个桥孔，则象征着荣德生的六十寿辰。

自此，一桥飞架，将名动天下的太湖美景与城区联结在了一起：桥东浩渺蠡湖，桥西参差人家；桥南峰翠峦秀，桥北花红柳绿。无锡百姓得以"舍舟渡而畅运，弃绕径以直达"，游湖朝发夕归。

说起无锡民国时期的名桥，还必须提到横跨京杭大运河的吴桥。吴桥桥身的造型酷似上海苏州河的外白渡桥，只是体量小了一点，成为当年无锡"小上海"美誉的标志性建筑。

捐资造桥的，也是一位商人：吴子敬。生于 1874 年的吴子敬祖籍安徽黟县，自幼家贫，早年至上海南翔镇一家布庄学业，继为英商依和洋行丝栈职员，后升买办。与他人合作开办多家丝厂，得以取得不菲资产。1909 年，与顾敬斋、祝兰舫等人在无锡惠山浜口开办源康丝厂。每年茧汛时，他专程来无锡购茧，兼理源康丝厂业务。源康丝厂位于运河南岸，行人来往都赖渡船，落水丧生之事时有发生，他萌发了在运河上建桥的设想。1915 年 9 月，吴子敬与无锡市公所总董薛

---

[1] 吴至信：《中国惠工事业》，转引自李文海主编《民国时期社会调查丛编：社会保障卷》，福建教育出版社，2004 年，第 124 页。

南溟合议，决定雇工建桥。10 月
13 日，他与上海求新制造机器船
厂正式签署造桥合同，桥址选在黄
埠墩以西。1916 年春破土动工，造
价为银洋 32324 元，全部由吴子敬
支付。可惜，吴子敬却未能见到大
桥最终落成，他在当年 11 月病逝
于上海，年仅 42 岁。为了纪念这
位慷慨好义的外地商人，大桥以其
姓氏命名吴桥。吴桥是无锡最早的
钢铁衍架结构的公路大桥。它的建
成，直接沟通了火车站至惠山的
通路。

宝界桥（上图为 1934 年旧照，下图为 2001 年所摄）

　　无锡是典型的江南水乡：京杭
大运河贯穿河道纵横、湖滨港汊的市区，交通甚为不便。加之古来修筑的桥梁多
有倒塌毁坏，交通状况更是雪上加霜。因此，荣德生一直视修桥为公益事业的重
中之重、是最积公德的大事。

　　荣德生的造桥大业，都是通过一个名为"千桥会"的组织完成的。这是一
个致力于地方桥梁建设的松散公益组织，发起人除了荣德生，还有同为锡商领袖
人物的陆培之、薛南溟、祝兰舫等加盟，计划为无锡及其邻近地区造桥 100 座。

　　"千桥会"从 1929 年起，一直运作到 1937 年，因抗战爆发才被迫中止。在
这八年，共建成大小桥梁 88 座，其中超过半数座落在无锡，蠡桥、鸿桥、申新
桥、大公桥等，均为跨越梁溪河或古运河的大桥。"都次第设法为之修筑，务在
实利，而不求虚名。"[1] "比岁以来，筑桥都八十余所，乡人之被其惠益者，不可
计数。"[2]

　　除了建桥梁，荣德生还不惜巨资为家乡修起了多条公路，进行了河道疏浚。
1914 年，他联络地方人士，发起修筑了自梅园至西门迎龙桥的开原路，全长九
公里，路面宽九米，是无锡西郊的第一条大马路。1918 年，荣德生又领头捐资
辟建了从无锡火车站至惠山的通惠路，并从惠山修路至河埒口，与开原路相连
接，成为北郊对外联络的重要通道。此外，申新路、德溪路等，也都由他倡议和

　① 钱天达：《千桥建筑处记》，《荣德生与社会公益事业》，上海古籍出版社，2004 年，第 385 页。
　② 朱镜清：《宝界桥落成记》，《荣德生与社会公益事业》，第 393 页。

吴桥

出资修筑。至 1929 年，"先后已成者，共有八十余里"[1]，近代无锡的路网骨架，至此成型。水上交通在无锡交通运输业中占有重要地位，但是，许多河道由于年久失修，淤积严重，1929 年荣德生发起并资助疏通梁溪河，使太湖沟通运河的这一黄金水道重新畅通无阻。

建设太湖风景区，荣德生是最早的倡导者之一。他说："余初尝发愿建筑太湖风景区，拟在湖边山水之间，建无量殿、水属池、博物馆、大会堂，屋顶均盖各色琉璃瓦，点缀环湖景色，筑路植树，并将其它园林联络一气，藉以吸引游客，为地方增加财富。"[2] 1912 年，荣德生在太湖东山、浒山一带购山地 150 亩，开始兴建梅园，向游人免费开放，成为无锡历史上兴筑近代园林、开发太湖风景资源之先导。二十多年间，荣德生广收碑刻、湖石、奇花、名木，逐步充入园内，并大量植梅，兴建香雪海、诵豳堂、豁然洞、念劬塔等景点数十处，成为江南的赏梅胜地。1929 年，荣宗敬在小箕山建造了锦园。梅园依山绵延，锦园濒临湖畔，湖光山色，交相辉映，是太湖风景区内两颗璀璨夺目的明珠。此外，荣德生还先后出资修复南禅寺妙光塔，捐资造开原寺，资助修复宜兴善卷洞、庚桑（张公）洞，建造通往两溶洞的公路。

荣德生于无锡这座城市的贡献，远不止是造桥修路、开发风景，他还关注教育、赈灾、城市规划……乃至这座城市的方方面面。

荣德生对教育事业的关注和投入，更值得今人称颂。荣德生在兴办实业的过程中，深感提倡新学的重要性。他在 1928 年写的《追述工商中学始末》一文中自述道："余多年经商，读书无多，后置身事业，职务繁冗，深感学识困乏之痛苦，渐悟教育实业之可贵。"[3] 他始终认为"事业之成，必以人才为始基也。"[4]而中国"但所以贫弱，所以无新事业发展，则缺乏人才启发之故耳。"[5]"吾国人

① 薛明剑：《实业家荣丈昆仲创业史》，《薛明剑文集》下册，第 808 页。
② 荣德生：《乐农自订行年纪事》"1936 年条"，第 126－127 页。
③ 荣德生：《追述工商中学始末》，《荣德生文集》，上海古籍出版社，2002 年，第 264 页。
④ 荣德生：《乐农自订行年纪事》"1948 年条"，第 211 页。
⑤ 荣德生：《乐农自订行年纪事》"1946 年条"，第 183 页。

才不多，实由教育之不普及故。"① 早在 1904 年，荣氏兄弟的事业才刚刚起步时，就已经办起家族的私塾。到 1906 年，荣家把私塾扩建成公益小学。随着实业的发展，荣氏家族的办学规模也越来越大，到 1915 年共建公益小学四所，竞业女子小学三所。1919 年，荣氏家族资助设立公益中学，此学校建立初衷是为工厂培养大批合格的专业人才。学校分为工业和商业两个专业，一年预科，三年本科，前后办了 10 年，一共培养了 200 多名技术人才。1927 年，公益工商中学因北伐学潮而停顿。荣德生在自家设立梅园读书处，也叫豁然洞读书处，一共招生 100 多人。还在申新三厂劳工自治区办起了工人晨夜校和工人养成所。荣家"前后办学二十四年，在校受教育者，合计共有数万人。"②

据荣德生自述："余历年所办学校，以工商中学得人为盛，次则梅园读书专修班，造就亦多。工商毕业（生）都能学得实用技术，今日各工厂、各企业任技术员、工程师、厂长者不少，尤以纺织界为最多。"③ 二十年代以后在崇明大通纱厂、无锡豫康纱厂主持技术工作的邹春座，在裕大华纺织集团从事管理工作的厉无咎皆为公益工商中学毕业生。据荣得其回忆："申新技工跳到别厂去做工程师，申新从不阻拦，我曾到外地去，碰到很多人是申新的技工跳出去当工程师的。"④

荣德生喜欢读书，早在 1912 年就有意创办图书馆。他说："外人不明此意，以为粉厂要如许书籍何用？不知购存为大众计也！"⑤ 第二年，他开始购书，先在上海买《图书集成》一部一万卷；各种诗文集约万余卷。至第三年，已购书五万余卷。随后购地 2.8 亩，除留建筑女校基地外，划出建馆。1915 年，图书馆动工，造新式房四十方、二进。图书馆建成开放，取名"大公"。大公图书馆是当时无锡地区最大的私立图书馆，至抗战前夕藏书已达 18 万卷，尚不包括中外杂志、报章和外文图书。上海商务印书馆早期著名编审孙毓修评价说："我国乡村之有图书馆，且有书目，则以大公为始矣。"⑥

薛明剑曾这样总结荣德生的公益活动："居停德生先生，当经营实业之余，尝思国家之富强，事业之发展，全恃乎教育。因办工商中学，先后用去念五万

---

① 荣德生：《乐农自订行年纪事》"1942 年条"，第 156 页。
② 薛明剑：《实业家荣丈昆仲创业史》，《薛明剑文集》下册，第 808 页。
③ 荣德生：《乐农自订行年纪事续编》"1948 年条"，第 212 页。
④ 上海社科院中国企业史资料研究中心抄件《申新史料座谈会综合整理》，1959 年 6 月 21 日，第 4 页。
⑤ 荣德生：《乐农自订行年纪事续编》"1913 年条"，第 67 页。
⑥ 《无锡大公图书馆藏书目录序》，《孙毓修评传》，柳和城著，上海人民出版社，2011 年，第 387 页。

金；又设公益、竞化等男女学校十所，前年鉴于学校教育之未惬人意，更设梅园
豁然洞读书处。前后办学二十四年，受教育者达数千人。并设大公图书馆，藏书
十一万卷，以便学子之浏览。更开辟东、浒两山而为梅园，以补社会教育之不
足。……皆足表示其服务社会之盛意。"[1] 对于荣德生热心公益之举，时人赞誉
有加："邑人荣德生君，为我国实业界巨子，手创事业以面粉、纺织等厂遍设国
内，其生平尤热心公益事业，创学校，辟公路，建桥梁，造福地方，阖邑
称颂。"[2]

荣德生一生投身民族工商业，同时又始终如一地谋划着无锡的城市化、近代
化发展，并按其蓝图着手做了力所能及的种种社会事业。兴实业、办公益，构成
贯穿其生命历程的两条红线。荣德生热心社会事业，始于1904年他30岁时。
"因思古人云'三十而立'，吾人须对社会地方稍尽公益义务之责。"[3] 半个世纪，
荣氏在无锡的社会事业建设，始终贯穿而不辍，并随资本实业的由小至大、由弱
变强而对其投入也渐次加强，领域渐次扩展。荣德生十分看重自己兴办的社会事
业，当看到亲手办成的学校、图书馆被侵华日军摧残时，长叹道："此种文化上
之损失，实较企业上之损失更严重也。"[4]

荣氏之热心公益，或缘于其少年时深受儒家传统思想的浸淫。稍长些，父亲
荣熙泰又经常劝导儿子："以一身之余，即顾一家；一家之余，顾一族一乡，推
而一县一府，皆所应为。"[5] 另一令其终身热切公益的动力，则是与其奋斗一生
的"实业报国"思想有着密切的联系。张謇在南通以企业入手，带动经济、教
育、文化和社会的全面发展，吸收了所有的劳动力，开创了一种新的中国地方治
理模式，这深深地影响了荣德生。他说："余以为创办工业，积德胜于善举。慈
善机关周恤贫困，尚是消极救济，不如积极办厂兴业，一人进厂则举家可无冻
馁，一地有厂则各业皆能兴旺。余以后对社会尽义务，决定注重设厂兴业。"[6]
并且荣德生反复强调说自己"一味专心事业，为社会造福，非为自己享福"。[7]

看似极为朴实的话语，却道出"兼济天下"的思想。这种思想，早已是无
锡当地文化中非常重要的组成，随着锡商在二十世纪初迅速崛起，这种思想有了

① 薛明剑：《人道须知序》，《荣德生与社会公益事业》，第126页。
② 《荣德生称觞速写》，《人报》1934年3月2日。
③ 荣德生：《乐农自订行年纪事》"1904年条"，第43-44页。
④ 荣德生：《乐农自订行年纪事》"1945年条"，第179页。
⑤ 荣德生：《乐农自订行年纪事》"1896年条"，第22页。
⑥ 荣德生：《乐农自订行年纪事》"1944年条"，第167页。
⑦ 荣德生：《乐农自订行年纪事》"1919年条"，第86页。

一次最为集中的体现。匡仲谋兴办匡村中学，沈瑞洲办沈氏小学和锡南中学，胡壹修、胡雨人兄弟创办胡氏公学，祝兰舫在其老家创办大椿小学，浦文汀办雅言小学，陆培之办培之小学，华绎之将祖父创办的果育学堂改为私立鸿模高等小学校……到二十世纪二十年代，无锡的新式学堂已从清末的 120 所迅速增加至 380 所，形成初等、中等、职业教育相并举的格局。抗战前各类学校为 454 所，学龄前儿童入学率领先于国内各县，办学盛况令人瞩目。无锡籍历史学家钱穆曾这样描述当时锡商们的办学热情："晚清以下，群呼教育救国，无锡一县最先起。"[1]"凡属无锡人，在上海设厂，经营获利，必在其家乡设立一私立学校，以助地方教育之发展。"[2]

仔细观察，不难发现，以荣氏兄弟为代表的无锡近代工商业界倾注大量心血，志在改造无锡，使无锡能够适宜工业资本的发展，社会城市化能够跟上城市工业化的步伐，于是呈现出民族工商资本与无锡城市化发展的融合现象。对此，白吉尔阐释道："随着这些本地城市社会精英人数的增多，他们承担的社会公益活动也日趋多样化。这些活动包括：发展慈善事业，维护社会治安，疏通河道，修筑堤坝，促进城市建设，加紧港口整治，以及推动实业的兴办。……地方精英阶层所以承担起社会公益事务的责任，是出于社会开放和现代化的强烈愿望。"[3]

---

[1] 钱穆：《八十忆双亲·师友杂忆》，生活·读书·新知三联书店，1998 年，第 270 页。

[2] 钱穆：《八十忆双亲·师友杂忆》，第 268 页。

[3] 【法】白吉尔著：《中国资产阶级的黄金时代（1911－1937）》，上海人民出版社，1994 年，第 55 页。

## 【锡 商 人 物】

薛明剑（1895－1980），初名萼培，后易名明剑，无锡县玉祁人。1911年起先后在多所小学执教或任校长。1917年任江苏省立女子蚕业学校教员，后任省育蚕试验所事务部主任、县立公共体育场场长。1920年起，任无锡申新第三纺织厂总管，主持劳工自治等变革。1923年创立无锡杂志社，历年编印《无锡杂志》和《无锡指南》。同时先后创办允利石灰厂、无锡养鸡场等企业，成立允利化学工业公司，与人合股创设上海保安公司。无锡沦陷，携家入川，筹集资金创办允利实业公司，先后办有化工、酿造、机械、碾米、面粉、纺纱、锯木、营造等20家中小型工厂。他参与发起组织中国全国工业协会，又任江苏省国货工厂联系会理事长。抗战胜利后，任"国大代表"，继续兴办允利系小型工厂。1950年移居上海，1952年任苏南文物保管委员会委员，1956年任上海文史馆馆员。

吴子敬（1874－1916），又名梓敬，祖籍安徽黟县，自幼家贫，早年至上海南翔镇布庄学业，继为英商依和洋行丝栈职员，后升买办。与吕镜生合资在上海合股创设协和丝厂，以后又与他人开办协安、吴翁等丝厂。10年之后，拥有资本40余万两银。1909年，与何梦连、祝大椿在无锡惠山浜口开办源康丝厂。源康丝厂位于运河南岸，行人来往都赖渡船，落水丧生之事时有发生。1915年，吴子敬与无锡市公所总董薛南溟、副总董钱镜生合议，决定雇工建桥，桥址选在黄埠墩以西。1916年春破土动工，翌年3月告竣，造价为银洋32324元，全部由吴子敬支付，故以其姓氏命名为"吴桥"。吴桥是无锡最早的钢铁衍架结构的公路大桥，建成后直接沟通了火车站至惠山的通路。他平生慷慨好义，在上海还独资创办了救火会、孤儿院、贫民小学等慈善事业。1916年11月病逝于上海，终年42岁。

# 1934 年：申新"搁浅"

　　谁也不会料想，刚刚跃上巅峰的申新因为无力偿还区区 500 万元的银行到期贷款，无奈宣告"搁浅"。

　　"曾经沧海难为水，除却巫山不是云。"冷漠的政府未伸援手，反以"整理"为名，觊觎荣氏数千万元的资产。

　　魑魅魍魉，粉墨登场，攫夺与反攫夺之争，堪称民国时期一出最为别致的经济大剧，一波三折，跌宕起伏。

　　近代锡商采用无限公司形式的并非荣氏一家，其成败得失，至今值得品味。

　　意气的荣氏，侥幸过关，但终究敌不过"意气"的时代。不知这是时势的"英明"，还是荣氏的可悲。

## 申新"搁浅"

　　1934 年，荣德生的四子荣毅仁只有 18 岁，在上海圣约翰大学读书。7 月 4 日那一天，他象往常一样打开当天的报纸，报上四个大大的黑字——"申新搁浅"，一下子让他呆住了。

　　那一天，是荣氏创业史上最暗淡的日子。那一天的惊诧感，让荣毅仁终生难忘。

　　所谓"搁浅"，即"停业清理"。申新并不是一夜之间突然"搁浅"的，当前几年申新系还在"攻城掠地"、大肆收购之际，种种不祥之兆已经显示出来了。用荣德生自己的话，就是："外力日涨，内力日亏，欠款日巨，收税日加，盈余难望"[1]，"税重市坏，花小不足，纱小更甚，无利可图"[2]，"外汇缩，还款

---

[1]　荣德生：《乐农自订行年纪事》"1932 年条"，上海古籍出版社，2001 年，第 110 页。
[2]　荣德生：《乐农自订行年纪事》"1932 年条"，第 111 页。

加重，拆息大，日积月累，常欠押款及票头，已逾千万"。①

申新的"搁浅"，探究发生的根源，其实有着其深远的时代因素，与当时席卷全球的资本主义经济危机有着密切的关系。

二十世纪三十年代初，一场空前的经济危机席卷资本主义世界，西方国家的经济陷入了严重的动荡，随后又继之以长期的萧条。中国生产力较低且关税不能自主，被西方国家视为最佳的危机转嫁场所。以棉纱业为例，当时民族纱厂主要面临日本纱厂的竞争。"近代中国人自办之工业，首推纱业，而中日工业竞争最烈者，亦莫如纱业"②。由于在华日商纱厂技术先进，资金实力雄厚，加上治外法权的庇护，即使市面不景气，由于生产成本低，仍有微利，但民族纱厂却饱受摧残。即使作为民族纱厂的"龙头"，申新系统在绩效方面仍与日商纱厂存在一定差距。1934年4月申新系统20支纱每件工缴费用（不包括原料成本和统税）为41.43元，日厂为25.20元；利息支出申新为16.25元，日厂仅3.42元。③ 更让人担忧的是，由于气候原因，连续几年棉花歉收，棉花价格上涨，而日商的争购，更推高了棉花价格。国内的民族纺织业不得不面临"花贵纱贱"的困境，"一方面因棉花供给不足，同时美棉又告涨价，而一方面，纱价因现纱销路呆滞而大减，棉花与棉纱之间二者形成剪形之差率，致纱业濒于一蹶不振之境，一方面又受日商纱厂之压迫，亦为一特殊重要之原因。"④

经济学家马寅初对"花贵纱贱"如此解释：花贵是因为国产棉花不足，纱贱是因为日本棉纱倾销。

荣宗敬浸淫实业多年，对企业所处困境自是了然在胸。自1932年开始，他就开始了漫长的"自救"之路。这一年，荣宗敬参与组织中国经济信托公司，申新、茂新和福新计划向该公司借银3000万元，以备购买美棉、美麦之用，但最终也没有成功。⑤ 同年10月，他用自己的私人票据和工厂押契作担保，向美国金融复兴公司借一笔可以购买一亿包棉花和一亿蒲式耳小麦的三年期贷款。只是由于美方要价过高，很快陷于流产。⑥ 他还要求政府用现货借款引进棉花，引进40万至60万包美国棉花，先付40%的现金，剩下的三年后还清，年利为

---

① 荣德生：《乐农自订行年纪事》"1932年条"，第112页。

② 陈真、姚洛合编：《中国近代工业史资料》第一辑，生活·读书·新知三联书店，1957年，第59页。

③ 许维雍、黄汉民：《荣家企业发展史》，人民出版社，1985年，第93页。

④ 参见朱光昭《金融业恐慌之由来》，《申报》1935年2月25日。

⑤ 《荣家企业史料》上册，第385页。

⑥ 高家龙：《企业、政府与中国战争》，《巨大的转变：美国与东亚1931-1937》，【美】入江昭、孔华润编，复旦大学出版社，1991年，第112页。

4%，由政府提供担保。① 但是这一计划因上海市商会、上海中华棉业联合会等商人团体的反对，未能实现。② 到了 1933 年 4 月，全国华商纱厂联合会召开紧急会议，决定每星期六、星期日停工两天，或减工 23%，以免生产过剩，维持营业。但这些措施，自然无法从根本上改变棉纱业滑入亏损深渊的命运。至 1934年，全国 92 家纱厂中，"每日亏本约六万元之巨，全年合计当在 2500 万元之巨"③，估计每个开工的纱厂平均"每年要赔蚀资本的四分之一"④。荣家企业的"人钟"牌标准纱也不例外，上下落差如同波峰波谷。1931 年 16 支人钟纱每件批发价为 237.60 元，1933 年为 188.77 元，1934 年 6 月竟跌至 173.13 元，三年间下跌了 27%。⑤ 据上海银行调查，以 1933 年 4 月申新出产的 20 支"人钟"牌纱为例，每件成本 218.33 元，市场价却只有 204 元，每生产一件就要亏折 14.33元。⑥ 估计 1930 年度总公司亏损 516 多万元，1931 年亏损 493 多万元，1932 年亏损 246 多万元，1933 年亏损 141 多万元，到这一年年底，三年累计亏损共计1318 多万元。⑦ 荣氏纺织工厂处于空前的产销逆境，从极盛时期的高峰走向低谷。荣宗敬执意购进的申新七厂也未带来好的收益，200 万银元借款，年息八厘，每年利息 16 万元。1934 年上半年申七亏损 19 万元，申新系统共九个工厂，申七亏损额位居第二。

荣宗敬沮丧地感叹：板贵棺材贱。不大动笔的他写下《纺织业与金融业》一文说："无日不在愁城惨雾之中，花贵纱贱，不敷成本；织纱成布，布价亦仅及纱价；销路不动，存货山积。昔日市况不振之际，稍肯牺牲，犹可活动，今则纱布愈贱，愈无销路，乃至于无可牺牲。……盖自办纱厂以来，未有如今年之痛苦者也。"⑧

还有一个深层次的原因，不知荣宗敬有没有意识到，或者是被荣宗敬故意忽视的，那就是荣家企业的大肆举债扩张。

荣宗敬曾说，"多买一只锭子，就像多得一支枪。"⑨ 他发展工业的目的，乃

---

① 《荣家企业史料》上册，第 385 – 386 页。

② 中国第二历史档案馆编：《中华民国史档案资料汇编》第五辑第一编"财政经济"（一），江苏古籍出版社，1991 年，第 233 – 236 页。

③ 陈真编：《中国近代工业史资料》第四辑，生活·读书·新知三联书店，1961 年，第 222 页。

④ 方显廷：《中国棉纺织业之危机》，《纺织周刊》第三卷第二十期，1933 年 5 月。

⑤ 《荣家企业史料》上册，上海人民出版社，1980 年，第 452 页。百分比为计算所得。

⑥ 许维雍、黄汉民：《荣家企业发展史》，第 93 页。

⑦ 《荣家企业史料》上册，第 398 页。

⑧ 《荣家企业史料》上册，第 363 页。

⑨ 薛明剑：《协助荣德生办理申新三厂的回忆》，《薛明剑文集》上册，当代中国出版社，2005 年，第 553 页。

为"杜侵略、抵外货"①。所以,不管宏观形势是"东风"还是"西风",荣氏始终没有放弃对外扩张的步伐。"欠入赚下还钱"、"租地租屋欠机",不断建厂扩展。1925至1931年间,荣氏兄弟在市场竞争中趁机兼并,利用抵押贷款新增五个厂。但财务危机的阴影已经笼罩到这个"巨人"身上,1929年收买东方纱厂,申新其实并无现钱,只能在收买之时立即向汇丰银行抵押借款,建成了申新七厂;1931年春,收买三新纱厂,资金更是捉襟见肘,甚至连佣金五万两也是向他的亲家、荣鸿元的岳丈孙直斋(汇丰钱庄和惠中旅馆老板)借来的。同年以340万元收买厚生纱厂,即向厚生纱厂原债权银团抵押借款,也就是调换了一个债务人,接着又向第二债权团抵押借款140万元用于恢复生产;1932年申新九厂地基租期届满,原主逼迁,只得向英商麦加利银行借款520万元,在上海澳门路另建新厂;1933年申新四厂厂房失火,损失严重,于秋后重建,又贷款200余万元。债上加债,越拖越重。

申新"搁浅",引发舆论哗然,人们纷纷探究背后的深层原因,国民政府的无所作为,甚至对民族工商业的冷漠,被人们所诟病。被誉为"民国四大经济学家"之一的方显廷就总结,当时中国棉纺织业不振的最大外因"是国家无上轨道之政治、没有政府的保护"②。他的这一观点,同样得到外国学者的赞同。美国汉学家费维恺分析中国新式企业发展面临的主要障碍来自五个方面,包括"外资的竞争、政府的软弱、资本的不足、技术的落后和动力的缺乏"③。法国学者白吉尔指出,国民政府的主要目的"并不在于创立一种更加有利于私人企业发展的体制格局","对于发展私人企业的态度是相当冷漠的"④。美国学者易劳逸也有同感,认为国民党的政策,"相比之下对华人所有工厂的生产有阻碍作用"⑤。美国学者帕克斯·M·小科布尔更是将批评的矛头直指国民党的一党训政的专制统治,批评在经济危机刚刚显露之际,国民政府为维持和满足既得利益集团的欲望,不愿为濒临绝境的中国资产阶级提供任何支持,"不顾中国工商业家的需要",有时为了追逐眼前利益,甚至"不惜政府为之付出高昂代价,并常常叫外

① 荣宗敬:《振兴实业发展经济以惠民生计划书》,《中国民族工业先驱荣宗敬生平史料选编》,第58页。

② 方显廷:《中国棉纺织业之危机》,《纺织周刊》第三卷第二十期,1933年5月。

③ 【美】费维恺:《中国早期工业化》,虞和平译,中国社会科学出版社,1990年,第335页。

④ 【法】白吉尔:《中国资产阶级的黄金时代(1911-1937)》,张富强、许世芬译,上海人民出版社,1994年,第325页。

⑤ 【美】易劳逸:《流产的革命:1927-1937年国民党统治下的中国》,陈谦平、陈红民等译,中国青年出版社,1992年,第290页。

国人占了便宜"①。

　　事实的确如此，当时国民政府的关税政策对于民族工商业的保护效果就"十分有限"②。1928年，南京政府开征特税，特税规定每袋面粉征统税一角，而未实行特税的地方，每袋只征6.7分。但特税开征后，各地仍巧立名目，加税、加捐的情况不断发生，反而加重了工厂的负担。荣德生在《乐农自订行年纪事》写及1930年，一开头就道："正月，各厂开齐。政府有意加纱、布、面粉统税，各同业请减，不允。粉税（每袋）由四分加至一角，纱税由一元五角包税加至八元以上。吾各厂全年增加税额五百万元以上。"③ 1931年，国民政府于改革税制，改特税为统税，货物销售一物一税，统征一次，通行全国，不再重征。棉纱税率以粗纱与细纱分为两级，细纱统税负担较粗纱为轻，而日商纱厂生产的棉纱大多为32支以上的细纱，华商纱厂多生产16支以下的粗纱。因此，华商纱厂的统税负担较日商纱厂为重。而面粉业呢，全国未能划一税负，且仍有巧立名目加税加捐的情况，如面粉已征收统税，面粉袋却还要另外征税。荣家工厂每年支付的捐税，1929年为2.52万元，1931年跃升为33.67万元，1932年达到88.49万元，1933、1934年保持在80万元左右的水平。④ 荣德生哀叹："加税三年，约已经抽去增税一千五百余万元，政府毫不觉其多，商已受苦难言。"⑤ 1934年7月，国民政府实行新关税政策，提高原料棉花和纺织机器的税率，对进口的棉产品反而减税，以致日货在中国大量倾销，国产纱价更加低落。10月，国民政府又开始加征棉纱统税，民营工厂被逼入更困苦的境地。

　　荣宗敬不得不把很大精力用在奔走呼吁，请求政府扶助上。他致函宋子文、面谒孔祥熙，要求体恤商艰，减轻税务，实行弛禁；他以上海面粉公会和华商纱联合名义多次致函国民政府和工商部、特税局，要求电令各地税局取消重征落地税；他向全国工商会议提出"制服应采用国货案"和"缓行棉花特税案"；他致函行政院政务处长彭学沛要求减低利息；致函戴明德、荣子青等请求切实劝导采用国货，勿假外货摧残实业……荣宗敬写信给上海银行陈光甫说，我国实业尚在萌芽时代，受时局影响，纺织业更是岌岌可危，希望他们能呼吁政府减税或免

---

　　① 【美】帕克斯·M·小科布尔：《江浙财阀与国民政府》，蔡静仪译，南开大学出版社，1987年，第185页。

　　② 【日】久保亨：《走向自立之路：两次世界大战之间中国的关税通货政策和经济发展》，王小嘉译，中国社会科学出版社，2004年，第211页。

　　③ 荣德生：《乐农自订行年纪事》"1930年条"，第106页。

　　④ 《荣家企业史料》上册，第400页。

　　⑤ 荣德生：《乐农自订行年纪事》"1934年条"，第115页。

税，如果再不体恤商艰，多方剥削，只有停机歇业，坐以待毙。[①] 然而，当局仍是官说官话，不予理会。主持汉口申四福五的李国伟记得，当上海、武汉的纱厂向财政部长孔祥熙提出新税加重工厂困难时，他开口就骂纱厂捣蛋："有困难，你们为什么不想法子克服？成本高了，你们为什么不让它降低？"[②]

荣宗敬还直接向蒋介石上"折子"，请求维护业界权利。1931 年，身为全国经济委员会委员的他，应国民政府之邀请，伏案多天，制定了一份《振兴实业发展经济以惠民生计划书》。折子上达后，即获批准执行，折子封面批有一行端正的文字："此件如能实行甚好，交实业部切实筹办，商有端绪后即照执行。"署名"中正"。看来，他与蒋介石之间的芥蒂是一笑而泯了，但他的请求仍如泥牛入水。

1934 年 6 月底，一笔价值 500 万元的到期账单摆到荣宗敬案头。当务之急是清偿债务，荣宗敬想到了向银行"押款"。但是，他忽然发现，申新再无资产抵押，"申新一至九无不抵押，茂新一、二、四亦押款，申三为总公司押出。"[③] 他几乎跑遍了所有可能筹集到资金的银行、钱庄，无不空手而归。

荣宗敬急得像热锅上的蚂蚁，作为申新"大债主"的银行家们也跟着犯愁。在"搁浅"的前几天，上海银行的陈光甫、中国银行上海分行的宋汉章在荣宅陪他坐等天明。

荣氏创业以来已历经几次危机，这些危机几乎均由荣宗敬投机引发。1910年，荣宗敬投机橡胶股票，恰逢"橡皮风潮"，荣家企业险些倾覆；1921 年，上海爆发"信交风潮"，荣宗敬投机失败欠下 300 万元债务，遭遇逼债风波，不得不接受苛刻条件，以申新一、二、四厂全部财产为抵押品，以高于正常水平近四倍的年利息一分一厘半，向日本东亚兴业会社贷款 350 万日元还债。

每次工厂危机，荣宗敬信誉均折损大半，最终由荣德生出来收场。此次申新遇困，荣宗敬再遭质疑，信用几无，金融界的债主们呼吁有信用者出面担保。

王禹卿的才干在上海有目共睹，他不仅是茂新功臣，也是福新元老级股东，时任福新七厂经理兼三新总公司面粉营业部主任，是仅次于荣宗敬的实权人物，统领福新面粉系。不过，荣氏崇尚负债发展，王氏做事则按部就班，两人在经营思路、经营方法方面格格不入。荣宗敬迫于压力，不得不求援于王禹卿。荣宗敬

---

① 转引自傅国涌著《大商人——追寻企业家的本土传统》，五洲传播出版社，2011 年，第 56 页。
② 李国伟：《荣家经营纺织和制粉企业六十年概述》，《文史资料选辑》第七辑，中华书局，1960年，第 38 页。
③ 荣德生：《乐农自订行年纪事》"1933 年条"，第 113 页。

希望在总公司内进行资金调剂，以面粉业的盈余资金来填补棉纱业的亏欠，这不失为一种应急的办法。但是，这时粉厂的业务除订购外麦，财务除每月结算月报外，实际都已移归王禹卿掌管。此一时，彼一时。过去"三姓六兄弟"亲密合作的景象，已经不复存在。王禹卿不但拒绝提供帮助，还指责荣鸿元在购买北美小麦时所作的错误判断，导致了福新的严重损失。荣宗敬很是着急，时人回忆："一天深夜四点钟，睡在申九厂俱乐部楼上的吴厂长（按：吴昆生），忽然听到下面礼堂里有人哭，下去一看，原来是荣宗敬。"①

无奈之下，荣宗敬只能以自己从总公司辞职为代价缓冲危机。6月14日，荣宗敬复函王禹卿，说："本公司总经理一职，非台端莫属，弟退职休养早具决心。福二、四、八厂在总经理统治之下，银团到期继续问题，应请台端全权处理。"② 并分别向王禹卿、棉业统副委员会常务委员李升伯送达聘任书，聘王禹卿为茂、福、申新总公司总经理，李升伯为申新纺织公司经理，并敦请他们"即日就职"。

这位李升伯，早年留美攻读纺织工程，回国后追随张謇创业，担任大生纱厂总经理，在业内有很高声望。另外，李升伯之父乃荣丰钱庄老板，正是申新债权人之一。

6月28日，坐落在江西路的茂、福、申新总公司内气氛紧张，债权人一串串像长蛇阵一样等候坐索，通宵不散。

荣德生长子荣伟仁连夜赶回荣巷老家，乞求父亲带上全部有价证券到上海救急。荣伟仁的话说得很坚决，"否则有今日无明日，事业若倒，身家亦去"。荣德生一面聆听，一面喝茶，心想："譬若茗壶，一经碎裂，虽执半壶于手，亦复何用？"③

荣德生彻夜未眠，与上海银行界通了11次长途电话，得到的回话是"有物可商量"，于是决定到上海助兄长一臂之力。荣德生带上所有证券，乘坐凌晨4点的火车赶赴上海，三个小时后，抵达上海。上午9点多，荣德生赶到中国银行点交抵押，立约签字。由于荣德生的周旋，并将私蓄作担保，中国、上海两银行接受以申三、申七两厂押款之产余600万以及茂、福、申新股票和存折等有价证券1100万元，押款500万元。至此，云集总公司一夜未离之债权人，始行散去。

此情此景，荣德生在他的《乐农自订行年纪事》中有着比较详细的记载：

① 《荣家企业史料》上册，第409页。
② 《荣家企业史料》上册，第409－410页。
③ 荣德生：《乐农自订行年纪事》"1939年条"，第146页。

六月二十八日将晚，大儿回来云："到期款五百万，非有现款数二、三百万不能解除。"曾记宋先生（按：宋汉章）云："如果有物，必设法救，空言无效。"余即电申问情形，决定补救。托宋先生向（张）公权处商量，回云："有物可商量"，答云："有物若干。"宋先生候公权至午夜未见。但云："决照此办。"通夜共打十一次电话，说明一切，一面将份内存各处物件拿到，晨四点上车，与大儿同去申，已七时。知宋先生已与公权商明，中、上共做，押款五百万元，一切票面照兑。即关照总公司照常收解，人心为之大安。九时，将有价证券携至中行点交，立契签字。说明由王先生（按：王禹卿）经手签字付出。"①

事态渐趋平稳，但让人意料不到的是，没过几天，又突生变故。李升伯表示不能遵就申新之职，王禹卿见申新实难维持，恐怕连累自己，也萌生去意。为此，荣、王两人在总公司吵了起来，吵到后来，愤怒的荣宗敬手击桌子，击碎了玻璃台板。

此时，中国、上海两银行对申新付款已至 280 万元。对于申新开出来的支票，银行方面一定要有王禹卿签字才肯认账，王禹卿拒绝签发支票，其余的贷款就此止付。两行"以李氏未能正式就职为辞，对于押款余额二百二十万，拒绝支付；以致申新所出支票，俱遭退票，陷入停顿状态之中。"②

这一天就是 1934 年 7 月 4 日，申新终于"搁浅"。

为了维持申新，荣宗敬于 7 月 13 日正式登报退职，请王禹卿为总经理，李升伯主持纺织部事宜，陆辅臣主持面粉部事宜，"以后关于敝公司一切业务，希与王、李、陆三君接洽。"③ 但是，7 月 18 日，李升伯随即发布启事，以"原任职务繁剧，不克兼顾"为由不肯就职，同时声言"代表棉统会协助办理申新整理工作，仍照常进行"。④ 次日，王禹卿则以"事前绝无闻知，殊深骇怪"为由，表示不愿出任总经理之职，只是为"顾全大局计"，才"为申新事，一月来四出奔走，心力交瘁……效未稍见，病已随之……自前日起，身热腮胀，至今杜门，尚难外出"⑤，托词辞职。荣宗敬只能再次复职，致函各银行、钱庄，声明"对于前欠款项不论抵押、信用，自当一律负责偿还，不分轩轾。"⑥

王禹卿的拒不就职，是对荣氏的背叛呢？还是另一种忠诚？社会舆论众说纷

① 荣德生：《乐农自订行年纪事》"1934 年条"，第 117 页。
② 震初：《申新事变始末记》，《国货月报》第一卷第十期，1934 年 10 月。
③ 《新闻报》，1934 年 7 月 13 日。
④ 《新闻报》，1934 年 7 月 18 日。
⑤ 《荣家企业史料》上册，第 421 页。
⑥ 《荣家企业史料》上册，第 423 页。

纭，而荣德生却是以宽宏和谅解的态度看待的，他在《乐农自订行年纪事》中回顾说："王先生申言不负调度责任，余因其不熟此中得失，听之。"[1]

若干年后，王禹卿也用文字记下了那段惊心动魄的经历。他写道："是时申新纱厂金融起剧变，因全局负债达四千五百万元。所有动产不动产悉抵押于中国、上海两银行及各钱庄，绝无经济流动余地，岌岌可危。宗（按：荣宗敬）力不能支，再四强余代之为总理。余审知其内容虚空，无基础，无组织。且己之精力日颓，不胜兼顾繁剧之任，坚辞弗获，乃登报声明以谢绝之。然仍为之肩任向中国、上海两银行担保二百八十万元之债务，而福新二厂被宗押卖于英商麦加利银行二百二十万元之债务，亦由余负责为之担保。辗转贷偿，使福新二厂遂得开机，以尽股东之天职。迨大局敉定，而个人之心力已交瘁矣。窃尝观宗之待人，无善恶，无赏罚。某也，年为获利数百万而不之赏；某也，间或侵款数十万而亦不之罚。善者不能知而用，恶者不能察而去，此其所以败乎。"[2] 虽已时隔多年，但王禹卿对荣宗敬的所作所为仍颇有啧言。

王禹卿控制福新系统近 30 年之久，到了晚年体衰之时更把福新事务交由荣德生之子荣毅仁处理，与荣氏兄弟的关系算得善始善终。荣德生在家乡依山建了梅园，王禹卿也在家乡临水构建了蠡园。朋友问他为什么，王禹卿笑答："仁者乐山，智者乐水。"

## "整理"风波

在申新"搁浅"前的几天，也就是 6 月 28 日，荣宗敬直接致函实业部、财政部和棉业统制委员会，请求救济。他历数申新发展历程，言辞切切之际，不忘强调"国计民生"，要求准予申新发行 500 万元公司债，由政府保息。

7 月 4 日，申新"搁浅"。荣宗敬迫于无奈，再次向实业部呈文求救。实业部在致行政院的临时提案中认为"不予救济，恐有倒闭之虞"，"一旦停工，不独影响新兴工业，全国骤增十余万失业工人，即其债额亦足牵动金融，紊乱市面，事态严重，政府亟应设法维持"。[3] 全国经济委员会按照行政院的函令，由

---

① 荣德生：《乐农自订行年纪事》"1934 年条"，第 117 页。

② 王禹卿：《六十年来之自述》，《商界奇才王禹卿》，王渊远、宋路霞著，上海科学技术出版社，2011 年，第 217—218 页。

③ 《全国经济委员会等办理关于调查救济申新纺织公司一案有关文件（1934 年 7 月—10 月）》，《中华民国史档案资料汇编》第五辑第一编"财政经济"（六），中国第二历史档案馆编，江苏古籍出版社，2000 年，第 59—60 页。

其下属的棉业统制委员会派员与财政部、实业部派员会同清查估计，并由申新公司主管人员同时在场，共同拟具根本救济方案。

7月8日，财政部、实业部、税务署、棉统会的代表来到上海，同往申新"清查"，并很快提出了一份《申新纺织公司调查报告书》。

这份报告书正是由李升伯执笔起草，所书内容对荣家很不利，甚至可以说是致命的。报告书称：申新全部资产估值5903万元，负债总额6376万元，资不抵债；而且组织不良，经营管理毫无系统，属于无组织无管理状态。据此，得出结论："该公司资力人力，俱不足以经营此大规模之工业，以致累及方面甚多。长此以往，为害更烈。"报告书提出三条应对方法：（一）由政府责成该公司速行清理，以六个月为限，倘若清理不成，由政府派员清理。（二）由政府召集债权人，组织临时管理委员会，经营该公司各厂，至多以六个月为限；六个月后，依公司法成立新公司。（三）在临时管理委员会经营期内，政府应借给三百万元为营运资本。结束时遇有亏损，由政府担任，倘有盈余，代公司偿债，以示政府体恤工业之至意。该报告书最后称："目前形势之最急者，非申新本身，而为受累之债权及蒙其不良经营影响之国内同业。……非速采'清理债务'与'改换经营组织'之方针不可也。"①

而且，"整理"的范围还不限于上海申新各厂，福新、茂新和无锡申新三厂也在此列。7月24日，棉统会制造课童润夫针对申新三厂股东反对'整理'一事写给陈光甫的信中说："无锡申新三厂……执照为'无锡申新第三纺织无限公司'。惟与其他申新各厂之股东相同者为多，而又均属负有无限责任。如依法清理，不仅申新三厂应并入申新公司办理，即荣氏昆仲等有关之福新、茂新等面粉公司亦可加以相当处分。"②

这些解决办法，否定了荣氏提出的发行公司债券的请求，以"整理"为名，企图以300万元为代价，攫夺荣氏数千万元的资产。

消息传出，荣氏家族气愤难忍，更加恐慌异常。荣宗敬表示："实业部想拿三百万元来夺取我八、九千万元的基业，我拼死也要同他们弄个明白。"③

由谁来化解这一矛盾？荣氏兄弟想到了一个人，他就是在"二五库券"风波中给予荣氏莫大帮助的国民党元老吴稚晖。

7月12日，吴稚晖接到荣氏的告急文书后，立即给蒋介石、汪精卫、陈公

---

① 《荣德生与企业经营管理》上册，上海古籍出版社，2004年，第452-453页。
② 《荣家企业史料》上册，第436页。
③ 《荣家企业史料》上册，第417页。

博分别写去了信函。在致汪、陈函中，吴稚晖为荣氏集团所请陈述理由，认为政府批准公司发行企业债券已有先例："前年为维持丝业，曾借公债一千万元。言性质之重要，棉业尤重于丝业，实际丝业皆为小商，故厂家至数十家之多，而今日荣先生之棉业亦关系至十余厂；且彼丝厂皆止十万、二十万元资本者，此皆数百万。今借五百万维持一部分之棉业，并非维持荣先生私人也。"[1] 吴稚晖深知蒋介石与汪精卫、陈公博"在政治上有心中虽水火、口中不能不亲之势"，因此在致蒋函中说："适荣宗锦（敬）、德生先生昆仲嘱代上请求借款书，曾述歉忱。……荣先生之事，渠等又嘱向汪（精卫）、陈（公博）两先生同样请求，弟为致两先生书，谨录副并备参考。"[2] 他特意将致汪、陈的信函抄录在报上公开发表，并副本送蒋介石，以期利用蒋汪矛盾来达到自己的目的。

汪精卫对吴稚晖有些发怵，7月13日即有复函，但用吴稚晖的话说"无非一派空话"。[3] 18日，正在庐山牯岭避暑的蒋介石也复电吴稚晖，内称："于维持荣氏兄弟实业事，前经电知孔部长（按：孔祥熙），兹接复称荣宗敬事极表同情、自当设法维持等语，特转察照。"[4] 对蒋来电，吴稚晖得意非常，18、19日，连续给荣氏去了两封信，称孔祥熙对荣氏"极表同情"，当比陈公博想攫取为好，说明蒋、孔无攫取申新的意思。"世事洞明"的吴稚晖还从蒋、汪电函中看到陈公博攫取申新的企图不可能成功，但同时政府批准发行企业债券予以维持的可能性亦很小，因而他建议荣氏"低首下心，耐着一时之气，仰银行家的鼻息，为此事最便宜的办法"。[5]

吴稚晖向荣氏家族发出解除警报的信号，陈公博却反其道而行之。他在复吴稚晖的函中，明确提出"维持荣氏为事，而维持申新之事业又为一事"，"倘以荣氏为中心，则恐又蹈无组织无管理之覆辙，而债权终于无着"，坚持"只有政府组织整理委员会，委以专门之人，如李升伯之流，授以全权，根本整理。"陈公博还散布债权人的口号"不难维持，最怕复辟"，意为申新不能再由荣氏家族所有，攫夺之意咄咄逼人。[6]

陈公博的态度，让吴稚晖甚为恼怒。7月20日，他在给薛明剑的信中说："陈公博甚可恶，简直好像申新是买空卖空的倒了，他是来处分的，不是来维护

---

① 《荣家企业史料》上册，第416页。
② 《荣家企业史料》上册，第416页。
③ 《荣家企业史料》上册，第417页。
④ 《荣家企业史料》上册，第419页。
⑤ 《荣家企业史料》上册，第418页。
⑥ 《荣家企业史料》上册，第419－420页。

的",认为陈进行的是"恶意的调查",目的是"一即存心挤倒申新;二则就要拾便宜货,他们去享用"。他授意薛明剑在报上公开他给陈公博的信,"叫社会上知道,在他身上是没有什么希望助力的",公开出陈公博的丑。①

接着,吴稚晖给陈公博写了长信,痛斥其所谓"不难维持,最怕复辟"和"以荣氏为中心,又恐蹈无组织无管理之覆辙"的论点。他说:"富翁财主式之资本家,无疑地应当马上打倒,至少亦当不久打倒。总理(按:孙中山)不愿骤废资本家,即指事业家之资本家,彼实为进化之过渡物,非但不应马上打倒,目前且应相对的奖励。""说荣先生无组织无管理,是太过份的话,我是决不相信。"荣氏对于工厂的组织管理"并不松懈,而且运用存乎一心","极均合中国情形,改良了,还值得保留。""因为不是他有他的组织,他的管理,何以事业会膨胀到如此!何以外人看了,如同眼中之钉,转转弯弯必愿倒之而后快!"至于所谓复辟,"实在整脚得尤可笑。这不是江山,有什么辟,讲什么复与不复?!"②

但吴稚晖对圆满处理此事也感到有心无力。在荣宗敬的一再催促下,他甚至有点不耐烦,7月24日在回薛明剑的信中写道,"如果你要我告诉蒋介石'看我面上,你帮帮荣先生罢',这句话,非但弟开不出口,亦必被人付诸一笑,视为疯子……所以还有什么话再可说,否则,止有说:'你看在我面,帮帮我罢,汪、陈等有野心要夺,不许让他夺。'这算什么话!"③多说哀求的话,"必反被老蒋看不起,于事亦无济"。吴稚晖为荣氏方面着想,认为不必再给蒋介石写信,可给汪精卫、孔祥熙写。26日,吴稚晖再致薛明剑函,附上致汪、孔的两封信,并叮咛这两封信"不必再登报",恐"生起他方面之反感,于我们甚不利也"。④

在致汪精卫、孔祥熙的信中,吴稚晖充分发挥他的理论特长。他紧紧抓住陈公博的实业部指责荣氏管理不善、申新须由国营的观点,指出:"市场之不景气有时如潮流之相迫而来,决非仅仅如何科学管理所能完全抵抗";国营也不是好办法,一是政府经济能力有限,"迄未能有此大规模之计划",二是"今日之所谓专家,尚多出于书本上之知识,缺乏经验",加之商人为自己的私人商业,"比较精神饱满,为公家事业无心的,比较松懈"。吴稚晖并以国民党政府官营的招商局与日本的私人垄断资本三菱公司的比较为例,得出"国营之事业,世界各国皆不能无所怀疑者"的结论,否定了陈公博的国营主张。同时,吴稚晖反复

---

① 《荣家企业史料》上册,第419页。
② 《人报》1934年7月26日。
③ 《荣家企业史料》上册,第432页。
④ 《荣家企业史料》上册,第433页。

说明荣宗敬是非寻常之人才，此次申新"搁浅""不过商业常态"。"救济为各国通行"，只要政府给予贷款支持，必能安然度讨。吴稚晖要政府负起扶持民族资本的责任，并一再强调："谓申新之事，重心在维持荣先生"，"非谓维持个人产业，乃维持有为之人物而已"。①

见此情景，7 月下旬，荣宗敬亲自上书蒋介石、孔祥熙。在致蒋介石的信中，指摘实业部"不言救济而言整理，估计申新财产，不言调查而言估计，此中消息，实足令人寒栗"，并恳求蒋介石"赐予亮察，俯加援济"，"拯实业于水火"。② 在致孔祥熙的信函中，荣宗敬利用财政部和实业部的矛盾，指责实业部"非惟对钧部越俎代庖，抑且对民商为滥用职权。"他哀叹道："民商何罪，申新何辜，而乃三十年辛苦之经营，竟隳之乎盛治？"③

在这场群氓犬牙交错的盛宴中，荣宗敬充当着尴尬而艰难的角色。他只能焦急而又无奈地等待着对自己命运的宣判。

由于蒋介石、孔祥熙与汪精卫、陈公博有派系矛盾，在处置申新问题上财政部、实业部未达成一致意见，甚至"实业部内工业司和商业司之间意见也不一致"④，陈公博攫夺申新的方案无法实行。7 月 27 日，陈公博又致吴稚晖函，换了一副面孔，极力称赞荣宗敬"冒险精神颇有过人之处"，与自己相同，大有英雄惜英雄之意。陈公博耍个滑头，在函中称"要救济荣氏，实部只具此心，而财部始有此力"⑤，把"球"踢给孔祥熙。当日，吴稚晖致信薛明剑，附上陈公博函，说明"十分来破坏，或已过去"⑥，再次向荣氏集团发出解除警报的信号。吴在信中提出要再复陈公博一书，对陈的"三百万之迷梦"痛加讽刺挖苦。说做就做，吴稚晖当即复函陈公博：

中国吃豆腐者多，故冒险者少……先生大划，无一能达，弟等亦尝叹惜，故先生之于荣先生，英雄惜英雄，特别能惜爱耳。今日所谓专家皆书生童騃，先生前示荣借五百万，顷刻而尽，而今调查书之结论，乃曰政府借三百万整理之，则如汤沃雪矣。正所谓操一豚蹄，酒一盂，而视满沟满车者。然非彼等之愚，实彼等虽属专家，而生性吃豆腐，又阻于吃豆腐之环境，恐开口大遭笑斥耳。⑦

---

① 《荣家企业史料》上册，第 430－431 页。
② 《荣家企业史料》上册，第 428－429 页。
③ 《荣家企业史料》上册，第 429 页。
④ 参见许维雍、黄汉民著《荣家企业发展史》，第 100 页。
⑤ 《荣家企业史料》上册，第 439 页。
⑥ 《荣家企业史料》上册，第 438 页。
⑦ 《荣家企业史料》上册，第 439－440 页。

陈公博对申新的所谓"整理",在整个民族工商业中也引起了强烈的不满。7月18日,申三股东通电汪、孔、陈:"申新各厂,无论沪锡,均系商人经营,而一、三、四、八等厂尤各个独立,系股份无限公司,均经呈部注册,给有执照为凭。论股东所负责任,自应以各厂为限。至就无锡而论,历年营业有盈无绌,并未闻有亏累,自更毋庸整理。如以上海各厂牵动整理及于无锡,是以整理为名而行摧残之实,实开公司恶例,试问谁敢投资?"① 7月29日,无锡纺织厂联合会致函全国纺织同行,直指实业部的估价"令人不安":"以新造甫经一年之厂,而所估只一对折,其他数厂,每一纱锭购价至少在三十元以上,而现在只估价十七元,尤属骇人听闻。"如全国纱厂,均以十七元之标价估计,"则当无一厂不破产,无一厂不需要收归官有矣"。最后,愤愤不平地指出,"以其毕生精力惨淡经营之实业,历经二三十年,而政府却乘其疲惫之时,收归国有,这不明明是对其宰割攘夺吗?""于法于理,能不令民心寒?""而今后又有谁人斗胆,再投资于实业呢?"② 签名的有广勤杨翰西、庆丰蔡缄三、振新蒋哲卿、丽新程敬堂、豫康周继美、复兴杨伯庚等人。纺织业同行眼看硕大的申新集团将有被侵吞、颠覆的危险,感到不寒而栗,都有兔死狐悲之感,从而奋起声援。

7月31日,汪精卫主持南京政府行政院会议,作出决议:"目前该厂虽稍有困难,然既由荣氏本人大加整理",并表示"此后如有需要政府予以协助,自当格外设法,以资维持"。③ 至于实业部所拟之整理方案,也就从此不再提起。

这正式宣告由陈公博等人掀起的"整理"危机已经过去。

事后,实业部商业司司长张翼给薛明剑写来了一封信:"申新事起于同行之相妒,财阀之相逼,政客之出风头,官僚之无常识,可怜大王几被一班小鬼扛到麦田里去。上周空气非常恶劣,幸有稚老(按:吴稚晖)大吹大擂,仗义执言,稍寒鬼胆,而财孔(按:孔祥熙)亦尚明白,未为小鬼利用,故上星期实业部之议案,本星期已无形打销。"最妙的是,这位实业部的官员向申新所提出的新建议,第一条竟是"切勿迷信政府,望其救济,尤须与实部力避接触(实部无实力,多妄想,无常识,易上当,其地位然也)。"④

申新侥幸过关,但是大厦将倾的风险仍然存在。

上海《新闻报》主笔陈达哉在给薛明剑的一封信中,曾对申新面临的形势

---

① 《荣家企业史料》上册,第435-436页。
② 《荣家企业史料》上册,第432-434页。
③ 李国伟:《荣家经营纺织和制粉企业六十年概述》,《文史资料选辑》第七辑,中华书局,1960年,第41页。
④ 《荣家企业史料》上册,第438页。

作出分析："今者，行政院已将整理之议中搁……，外侮之来，或可暂告段落矣；然根本之病源不去，则苟安旦夕，仍无以幸存，未可安枕也。"陈达哉认为病源第一为债务，"六千余万元之债务则为事实。以最低利息八厘计之，年须负息五百万金以上，即于种种开支以外（除资本官利），能得盈余五百万，仅克支持，而危险犹未去也。以今日纱花之价核之，每包厂缴只在四五十元之间，是能不亏，已属上上，何况盈余，而出品滞销之损失，犹不在计算之中也。然则将何道以处之？此点苟不解决，则纵令官方绝无觊觎之心，债权不作逼迫之举，于申新方面仍无昭苏之望也。若待时机，其来不知何日；苟其不来，宁非愈陷愈深！弗审当局于此有无妙策？"[1]

陈达哉是位名记者，一个清醒的局外人。他对申新的前途相当悲观，但分析却相当透彻。荣氏兄弟在陷阱中愈陷愈深，转机复苏的希望十分渺茫。

1934 年 8 月 15 日，荣家在万般无奈下，只得与主要债权人中国、上海两银行暂订补充营运借款合同，由银行组织银团来管理申新一、二、五、八厂。合同规定：一、各厂的会计、出纳、管栈员均由银团选定指派，其薪金膳宿由厂支付；二、各厂买卖花、纱、布和添置五金物料及其他应需各件，均须事先与银团商量并征得同意，由双方共同签字盖章方能成交；三、各厂对外发出的一切单据，必须用营运借款银团的名义进行；四、各厂营业亏损如超出限额，由厂方立即以现款补足，否则银团即停止垫款；五、各厂技术及工作上如认为不必要改善革新，银团得代为承办，费用则由厂方担负；六、各厂门首及各栈房门首均一律悬挂有银团名义的标记。合同暂以六个月为期，至 1935 年 2 月 15 日止。从合同内容看，银团从人、财、物各个方面加强了对申新各厂的控制，而损益则归申新负担。倔强的荣宗敬不得不服下这剂慢性毒药。

半年后，补充营运借款合同到期，银团等借机拒绝荣氏继续维持的请求，提出由银行团作为主体管理工厂。荣宗敬极不情愿，认为银行团只能监督财务，不能过问厂方的生产。双方僵持不下，后来取得折衷办法：银团继续按原合同垫资营运申新一厂、八厂，申新二厂、五厂暂时停工。申新二、五厂的停工，造成5000 余工人失业、生活无着。不久，申新七厂又由钱庄组织银团管理，申新六厂归东莱银行及数家钱庄垫款营运，申新九厂则由交通银行垫款营运，债权银行和钱庄派员监督财务。至此，除无锡申三、汉口申四外，申新系在上海的七家纱厂已都由银团管理，荣宗敬已大权旁落了。

对于荣宗敬来说，十多年前张謇的大生纱厂因资不抵债不得不接受银团管理

---

[1] 《荣家企业史料》上册，第 446 页。

的往事还历历在目，如今这一厄运却降临到了自己的头上。这对自尊心极强的他而言是一件十分痛苦的事。二十年代初，张謇一手创办的大生企业集团达到了巅峰，自有资本高达3448.6万元。正如繁华过后难免苍凉，而顶峰则意味着下滑的开始。也正是从这一刻开始，大生企业集团走上下行之路，短短数年时间，就到了必须到处求援借债，以求苟延残喘的地步。1925年，单单大生一厂的债务已高达906.9万两白银以上，为资本总额350.705万两的258.89%。7月，上海、金城等四家银行组织财团到南通查账，接管了工厂资产。张謇经营了30年的实业，最终宣告破产。次年，张謇在抑郁中去世，一代"东南实业领袖"就这样黯然下场。

张謇

在中国近代企业辛酸而艰难的成长史上，留下了一批首先吃螃蟹之勇敢者的名字。这些人数不多的近代企业家，以高瞻远瞩的见地和捷足先登的行动，奠定了中国民族工商业的基础。张謇，就是这批吃螃蟹之勇者中最为响亮的一个名字。

很难用"实业家"这样一个单纯的名字来概括张謇的一生。张謇在年逾不惑之时状元及第后，对甲午战败、马关遭辱之事深受刺激，耿耿难忘，立志以实业和教育来救国。他曾把自己的理想一言以蔽之，曰"棉铁主义"，企图通过建立庞大而独立自主的轻重工业体系来战胜外国资本。在发展实业的同时，他自力更生，脚踏实地，在故乡南通开辟了自己独特的现代化试验。随着大生企业系统内部总危机的爆发，地方事业的"南通模式"也遭到了全面的冲击，再也难以为继。

张謇，无意中扮演了堂吉诃德的角色——单枪匹马创造一个"新新世界"。但是，张謇和他的地方事业对当时和后世所产生的影响，不会因大生集团的遇挫、张謇的谢世而湮没无踪，也不会随岁月流逝而销蚀，相反却越加显得光彩夺目。胡适评价张謇是"近代中国史上一个很伟大的失败的英雄"，"他独立开辟了无数新路，做了三十年的开路先锋，养活了几百万人，造福于一方，而影响及于全国。"[1] 多年后的1956年，毛泽东在谈到中国经济现代化的历史时说道：

---

[1] 胡适：《南通张季直先生传记序》，《南通张季直先生传记》，上海中华书局，1931年，第5页。

"讲到中国的民族工业，有四个人不能忘记：讲到重工业，不能忘记张之洞；讲到轻工业，不能忘记张謇；讲到化学工业，不能忘记范旭东；讲到交通运输业，不能忘记卢作孚。"① 其实，张謇应该被记住的，何止"轻工业"。

荣德生平生最推崇的就是张謇，在他亲撰的《乐农自订行年纪事》中多处写到了对张謇的敬仰之情。荣德生执衷于地方事业，多半是受到张謇的影响。他笔述："昔南通因有张四先生，致地方事业大兴，号称'模范县'。如各县都能有张四先生其人。则国家不患不兴。余以一介平民，何敢谋国，只能就家乡做起，逐步推广耳。"② 唐保谦同样受张謇的影响很大，"如（张謇）1895 年创办了大生纱厂……给青年时代的唐保谦受到了巨大影响……决心创办工商业。"③

大生的殷鉴不远，今天的申新又负债累累，被银行控制，漫漫长夜看不到一点曙光，困难的形势迫使荣宗敬非实行大刀阔斧的改革不可了。

1934 年 8 月 1 日，申新成立改进委员会，由各厂经理、厂长、总工程师等15 人组成，荣伟仁任主席委员，下设业务、厂务、总务三组，担负起了"由荣氏本人大加整理"的责任。"改进委员会主要任务是：重整组织、业务合理化、厂务合理化、整理各厂机械设备、自创机件制配所等。"④ 为节减开支，荣宗敬决定从第二年起各厂编制开支预算表，按月核算；各厂机械移动、改换、一切加装等，如增加费用，一律停止；检验各厂产品质量，规定各厂产品分立商标，使各厂加强责任，完善管理体制，提高产品质量。这一系列的改良措施取得了一定的效果，每年可节省费用 470 多万元，但这对于整个申新系而言无疑仍然"杯水车薪"，申新依然笼罩在亏损的阴影之下。

为了摆脱银团的控制，荣宗敬继续向国民政府频频上书，向各方呼吁，要求救济。8 月 16 日，他再次致函蒋介石："……申新营业困于金融，重劳钧座垂念，至为感谢。现营业照常，金融依然枯竭，维持救济之声流播社会，按诸实际，徒托空言，转瞬新花上市，需款甚殷，勉力支撑，异常焦急"，希望"晋谒崇阶，面陈一切"。⑤

荣宗敬所企望的"崇阶面呈"，没有得到蒋介石的响应。他又致函孔祥熙："实部维持，只见方案，银团接济，亦托空言。按诸实际，则敝公司数千万之事

① 毛泽东：《张敬礼同志谈话记录》，《大生纺织公司年鉴》，江苏人民版社，1998 年，第 407 页。
② 荣德生：《乐农自订行年纪事》"1948 年条"，第 208 页。
③ 马俊亚：《规模经济与区域发展——近代江南地区企业经营现代化研究》，南京大学出版社，1999 年，第 194 页。
④ 许维雍、黄汉民：《荣家企业发展史》，第 109 页。
⑤ 《荣家企业史料》上册，第 454 页。

业，只须筹垫三百万便可渡此难关。我公主持全国财政，定能设援助。"① 这位"孔老伯"虽然"爱护之心溢于言表"，但仅此而已，300 万元营运资金依然是奔走无门，"云霓在望，未沛甘霖"，荣宗敬束手无策了。

## "无限"的得与失

申新"搁浅"，究其原因，固然客观上正处于市场危机的大背景之中，工厂面临的问题错综复杂，但总公司所采取的无限责任公司体制，不能不认为是一个重要因素。

回溯荣氏的创业史，早年创办振新纱厂时，采取了有限公司的组织形式。但荣氏兄弟以盈利谋求扩大工厂规模的想法，遭到了多数股东的反对，最后导致双方矛盾激化。于是，两兄弟从振新折股退出，自己创办纱厂。

"没有全权就办不好事"②，经过这一事件，荣氏兄弟认识到"有限公司不可为"③，从而在以后创办的工厂中"均采取无限公司组织"④。在这些无限公司的股本构成上，荣氏兄弟所占股份基本上都占绝对优势，拥有对公司的控股权。即使工厂在获利升股后股资比重发生变化，也仍要保持荣家资本的控股权。如福新面粉公司创办时，由荣氏与浦氏、王氏"三姓六兄弟"合伙投资，总资本四万元，股权比例为 5：3：2。1917 年福新以红利升股，资本增为 15 万元，其中 14 万元是原来的五个股东按比例增股，另外一万元是王尧臣以红利升股后的新增股本。荣氏兄弟的资本在总股本中的比例有所下降，未达到创办时 50% 股权的比例。为此，福新股东会专门作出决议："此次王尧臣君加进之股份洋一万元，其红利官利与创办股份一体办理，惟议事取决权则仍照原数股份取决之。因原议有不添外股之条分，所以，但能让红利不能动摇根本，为此决议表明。"⑤ 这一决议保证了荣氏兄弟仍对工厂拥有绝对控制权。到了 1932 年，荣氏兄弟在茂、福、申新系统的投资共计 1391.6 万元，占全部股本额的 72.7%。这时若与兄弟俩投资茂新时的两万元相比，增长了 694.8 倍，平均每年增长 25.3%，即高于全系统股本额的增长率。⑥

---

① 《荣家企业史料》上册，第 455 页。
② 《荣家企业史料》上册，第 55 页。
③ 荣德生：《乐农自订行年纪事》"1915 年条"，第 72 页。
④ 《荣家企业史料》上册，第 54 页。
⑤ 《荣家企业史料》上册，第 45 页。
⑥ 许维雍、黄汉民：《荣家企业发展史》，第 85 页。

与坚持荣氏家族资本占有绝对的控股权相对应，荣家企业的中高级管理人员绝大部分由本家族或是联姻家族中的成员出任，以家族式的网络结构形式牢固掌握企业的经营管理权。"申新采取无限公司形式，既无董事会，股东会也无大权，总经理掌握全权，一切集中于

申新一厂集股合同

荣宗敬。"① 总公司"分庶务、文牍、会计、粉麦、花纱、五金、电气、运输各部……概由总经理总其成。"② 而且，"很少见其（按：荣宗敬）静坐写字台前批阅文件或静思默想。更未闻其召集重要职员，开会商讨业务……所有重要会议均于其家中，而非办公室内举行。"③ 各厂经理、厂长只对本厂的生产负责，而原材料的采购、供应、产品销售、资金周转、人事安排等皆由总公司集中管理，统筹规划。荣宗敬一人同时担任了茂新、福新共 19 家工厂的总经理。总经理以下的经理、副经理也几乎是清一色的荣家兄弟子侄、儿女亲家等等。荣德生曾颇为自得地说："此时昔年相从老友，都为经理。"④ 1928 年，申新系统各厂职员共483 人，其中无锡人273 人，约占申新职员总数的56.52%，其中荣姓38 人，约占无锡人的13.92%。在总公司各厂任职的职员共957 人，其中无锡人617 人，约占64.5%，荣姓又约占无锡人的12.2%。⑤ 美国学者高家龙的研究也指出，荣氏兄弟一方面任命家族成员为公司的经理，一方面又利用社会关系网任用同乡、同族为公司的职员，"塑造成了组织完善、联系密切的管理等级制……将其企业联为一体"。⑥

家族经营作为一定历史条件下的企业制度形式，就其本身而言，不存在合理不合理、或者先进还是落后的问题。荣氏兄弟经营的茂、福、申新企业，正是在无限公司、家族经营的体制下，取得了异乎寻常的发展速度。

无限公司、家庭经营的组织形式，有利于企业扩大再生产。无限公司是一种

---

① 《荣家企业史料》上册，第 55 页。

② 《荣家企业史料》上册，第 96 页。

③ 姚崧龄：《中行服务记》，（台北）传记文学出版社，1968 年，第 19 页。

④ 荣德生：《乐农自订行年纪事》"1917 年条"，第 79 页。

⑤ 《荣家企业史料》上册，第 289 页。

⑥ 【美】高家龙：《大公司与关系网—中国境内的西方、日本和华商大企业（1880－1937）》，程麟荪译，上海社会科学院出版社，2002 年，第 153 页。

典型的人合公司，内部股东人数较少，便于统一意见，把企业利润用以投资。福新一厂在开办之初就议定，各股东分得的红利，三年内不得提取，以厚资力。后来，福新系统各厂均照此执行。在创建新厂、扩建老厂时，往往不通过集股而由各厂盈余直接调拨垫付。申新公司职员回忆："申新除发股息外，一般不发红利给股东，盈利不断滚下去，用来扩大再生产；如象烧肉，老汁永远不倒出来。"①这种高资本积累使荣家企业的自有资本得到飞速的膨胀。如福新一、三两厂，原始资本实际只有五万元，仅在1913至1920年这八年中，两厂就共获纯利190余万元，全部用于再生产投资，使两厂的总资本迅速接近其原始资本的40倍。福新七厂开办时，计划资本定为30万元，而实际仅兴建厂房和购置机器就开支了160余万元，全部由福新一、三两厂盈利中拨付。福新八厂筹办时资本定为60万元，实际大部分开办费用还是由福新二厂提拨。而申新系统各厂积累率更高，盈余主要用于扩大企业。如申新纺织第一厂原定资本30万元，由于当时民族企业兴旺繁荣，企业赢利颇多，该厂除将部分盈余分派股息外，大部作为股本，投入再生产，从1919年起累计增加股本230万元，皆为企业盈余。短短几年间，申新一厂资本增加十倍，达到300余万元。

同时代其他的有限公司则不同，很多工厂迫于股东们的压力，不得不将盈余分红，而当工厂出现资金周转困难时，就难以站稳脚跟。南通大生纱厂就是一个明例。大生纱厂本身获利甚丰，但张謇在股东会的压力下被迫"得利全分"，其分红率之高，有的年份竟达骇人听闻的100%，甚至对于推迟红利发放，股东们都表示出强烈不满。

无限公司、家庭经营的组织形式，有利于工厂筹措资金。无限公司股东对公司债务承担无限责任，当公司财产不足清偿债务时，股东间都负有连带清偿全部债务之无限责任。无限公司经营风险大，但其信誉比有限责任公司好。以牺牲一定的风险和责任来换取一定的资本信用，在特殊环境下能够更为方便地为工厂筹集资金。最为典型的事例是1932年兼并厚生纱厂时，荣氏并未支付现金，只是由银行、钱庄将厚生所欠债务转到申新账上而已。钱庄相信申新老板不相信厚生，因为申新规模大，有好几家工厂，而且这些工厂之间存在连带的债务关系。"怕小厂倒，不怕荣家倒"，是那些银行、钱庄的普遍心态。1922年"信交风潮"期间，荣家工厂由于资金短缺，拖款累累，而金融界受交易所股票失败影响，大多格外小心，不肯放款。荣家不得已接受日本东亚兴业会社苛刻条件，举借巨

---

① 《荣家企业史料》上册，第111页。

债。在借款合同中第十七条日方就强调"借主所属各公司对于贷主应负连带责任"。① 可见，正是因为荣家工厂对其债务承担无限责任，才使得日本商人愿意出借巨额款项给荣家工厂。

无限公司、家庭经营的组织形式，有利于集中管理和高效率运作。在无限公司中，因股东人数少，权力集中，便于强权人物集权管理，就为公司的集中管理和高效率运作提供了方便，且节省管理费用。这在公司初创或者发展的早期尤其明显。荣家企业跨粉、纱两个行业，各拥有多家工厂，且分布于各地，但公司在大权独揽的家长式管理之下，在原料供给上能以中枢权力调控各厂联合采购，统一调度，确保用量和品种搭配，在产品销售上分工协作，联合开拓销路，对员工特别是技术工人和技术管理人员，则互相调配。

从荣氏兄弟的领导能力看，也特别适合于这种无限公司、家庭经营的组织形式。荣宗敬敢于大胆开拓进取，魄力很大。而荣德生魄力虽不如其兄长，但其稳健经营则非其兄所能及。对于荣氏兄弟来说，只要赋以工厂经营大权，必定能够做出一番事业。相反，如果对他们的权力限制太多，令其束手束脚，就很难发挥他们的才干。

当然，这种以家族独揽大权为主要特征的组织形式，并不是个别现象，几乎是近代中国民族工商业早期发展阶段的一种群体行为。事实上，不仅中国，西方世界也是如此，家族经营是公司制度发展中的一个必然要经历的阶段，这一点正如白吉尔所说的那样："作为一种制度，家族制度并不一定会是企业衰败的原因；而且正是这样一种管理方式，为中国企业家提供了可以不必打破社会传统就能够真正地适应现代经济环境的可能性。"②

在近代锡商群体中，采取无限公司、家庭经营体制的工厂并非荣氏一家，邹成泰碾米厂也是一家比较具有代表性的工厂。

邹成泰的创始人邹海洲，自小父母双亡，由舅家抚养长大。他有三个儿子，长子邹福威在厂里负责对外业务联系，次子邹颂范负责经营业务，三子邹继康负责工厂会计。

邹海洲先是在江尖地区开设邹成泰臼坊，以代客加工为主，兼营门售，后见生意良好，就向上海新昌机器厂购进铁辊碾米机四台以及配套的引擎、锅炉。1910年，邹颂范接手，将缸臼改装为碾米机，正式成立邹成泰机器碾米厂，每

---

① 《荣家企业史料》上册，第93页。

② 【法】白吉尔：《中国资产阶级的黄金时代（1911-1937）》，张富强、许世芬译，上海人民出版社，1994年，第179页。

天生产白米约 240 石。1927 年，邹成泰改装马达，在无锡碾米业中率先改用电力生产，成本更低，赢利更为丰厚。经营碾米厂小有所成，邹成泰开始盘算着更大更快的发展。1932 年，邹颂范参观杭州万国博览会，会上有德国展品双连中型"巴基筛"一台，即自动筛。大会闭幕后，该筛由邹颂范购回，装置使用后效果很好，可省七八个筛米工人。邹成泰将该筛拆开仿制，根据机筛的原理改变外型，制成轻小型自动筛，以较低的造价打开了市场。1943 年，邹成泰又制成谷米分离筛，推进了碾米工业的自动化进程。①

除了邹成泰碾米厂，从 1914 年开始，邹氏家族成员还陆续开设了邹成茂油饼厂、信泰碾米厂、邹成泰堆栈、邹成泰石粉厂、邹成泰橡胶辊筒厂等企业，并参股投资于面粉厂、纱厂、水泥厂等多家企业，其中石粉厂、橡胶厂都是为碾米产生生产配套产品的。

不过，家庭经营模式，让邹成泰取得飞速发展的同时，也因发展决策失误而深受其害。1929 年，上海大量进口洋米，并抛售期货，邹成泰大量购进洋米运锡，次年适逢洪水，农业遭灾，米价飞涨，邹成泰大大赚了一票，据说年终结算时获利达五万元。初战告捷，邹成泰继续大量进货。到 1932 年时米价开始走低，邹成泰为摊低单价，只得继续吃进，结果累计共进洋米四万多石。不料当年新谷登场米价大跌，三个月即跌去 47%，邹成泰巨亏 20 万元，发生资金周转困难，还被人以诈骗罪告上法庭，财产被暂时扣押。后经向苏州高院上诉，并托请上海大亨黄金荣等出面调解，才算度过了难关，但米厂就此大伤了元气，一直出租给他人经营，直至 1956 年转为公私合营。

此外，在无锡，还有一类企业的产权和组织制度比较特殊，即由无限责任股东和有限责任股东联合组成的"两合公司"。进入企业经营层的大股东，即无限责任股东，对公司债务负连带无限清偿责任；一般不参与企业经营管理的小股东，即有限责任股东，对公司债务只以其出资额为限负有限清偿责任。这样既有利于限定一般股东的投资风险，又能达到大股东兼经理人集中控制企业的目的。朱光华的新毅公司和强锡麟的华丰染织厂曾采取这种形式。

朱光华，在无锡被人称为"小荣宗敬"。其创办的新毅公司模仿荣家企业的经营方式，以无限公司和两合公司的组织形式，举债扩充，迅速扩张，在短短 10 年中，从一家小布厂发展为拥有纺、织、染、修造等七个工厂和一家银行。朱光华原在无锡九盛绸缎庄任职，因抗日战争爆发失业。为求生计，他与同事周雅峰商议合伙办厂。适逢无锡东亭镇新塘桥的新艺布厂无人经营，便筹集了 6000

---

① 参见朱培荣《邹成泰企业发展简史》，《无锡文史资料》第 12 辑，1985 年，第 91－104 页。

元股本，接盘了这家有 20 台脚踏机、98 台残缺不全的手拉织机的手工工厂，更名为新毅布厂。1940 年初迁往无锡城中熙春街，逐步淘汰旧机，购置新机，增添配套设备，定名新毅染织厂。1940 年，他以五万元的低廉代价购并常州振威布厂，拆迁至无锡，淘汰原有的脚踏铁木织机，全部使用以电力为动力的铁织机。1942 年又接盘南京一新洗染厂，进行整修，添置设备，次年 4 月又扩建有54 台织机的织布车间，有织有染，工厂命名为新毅第二染织厂。1943 年秋，收买常州冠华布厂，接盘了上海大新刮绒厂。为避日伪政府统制，化整为零，在苏州与常州开设新毅三厂及四厂。1944 年又从上海新生纱厂购买 856 锭纺机及配套设备，在无锡南门开办新中纱厂，同年又在无锡开设建新银行。1945 年 2 月，将附设于无锡一厂的修机间，迁移到南门，扩建成大毅铁工厂，生产纺纱、织布和染整设备，供新毅各厂发展生产。加上其间兼并上海圆圆印染厂，经过改造，印染能力扩大为日产 1500 米。新毅公司成为一家东起上海、西至南京，集纺、织、染于一体的全能型纺织企业，有纱锭 1.37 万枚，布机 340 台，卷染机 20 台，并有生产一万锭全套设备的机械制造厂。①

　　1942 年，朱光华、周雅峰成立了独特的新毅两合股份公司，两人为无限责任股东，对公司负有无限责任，其余为有限责任股东。届时公司总资本 120 万元，而周、朱两人占 40 万元，其余 80 万元分 8000 股缴纳。据该厂的经营者回忆："新毅厂在扩充机器问题上，完全仿效申新厂资本家的手段。看到别的厂办不下去时，不论机器陈旧与否，出价比他人高些，只要分期付款。用闪电方式接收，或就地生产，或搬运本厂生产，到陆续付款时，早已赚钱不少了。"②

　　采取类似经营方法的还有强锡麟和他的华丰染织厂。强锡麟，又名粹君，早年投考无锡丽新纺织厂为练习生，后由该厂派至上海批发所担任推销员。1928年，强锡麟辞去丽新推销员工作，在南市租得亭子间，开始自主经营棉布批发业务。逾年，迁至宁波路，建立"华丰厂布批发所"，正式挂牌营业。1930 年，华丰厂布批发所改名为华丰染织厂，以工厂名义注册了"美亭"、"学生"、"美球"等商标。随着资金的宽裕，扩大了业务范围，除继续经营色织布之外，还买进白坯布，委托染厂代为加工，染成各种色布销售。业务范围扩大后，人员增加，房屋不敷使用，随即迁到天津路一间两楼两底的房屋营业。

　　1931 年，强锡麟吸收新股东，组成华丰染织厂股份两合公司，扩大经营范

　　① 尤兴宝、张小纲：《朱光华新毅公司的经营特色》，《无锡近代经济发展史论》，企业管理出版社，1988 年，第 95－96 页。徐金元：《新毅公司的创业之道》，《中国近代纺织史》1998 年第 9 期。
　　② 无锡市政协：《征集新毅资料第二次座谈会整理记录》，1966 年 6 月 6 日手稿本，第 21 页。

围，股本总额为五万元，强锡麟投资两万元，为无限责任股东，并担任经理，其他新股东为有限责任股东。在南市斜土路购地三亩建设厂房，陆续安装织机 100 台，办起了织布厂，同时委托他厂加工染色。

由于色布畅销，供不应求，1933 年，强锡麟以历年积累在南市大桥路购地创办光明染厂。开办时股本五万元，以后增至八万元。每年获得的盈利，基本上用来扩大再生产，股东仅分少量红利。1936 年，工厂年产量达到 15 万匹，成为名副其实的自织自染的工厂。[①] 全面抗战爆发后，他在租界内开办德华染织厂，后改名富中染织厂。抗战胜利后，在富中染织厂复工的同时，又在斜土路原织布厂厂址办起力生自动织机制造厂。1947 年，强锡麟在军工路购地 200 亩，筹建更大规模的华丰纺织厂，除装备 1000 台自动换梭机外，还向英国定购纺纱机三万锭以及比较先进的电气设备，又向美国定购高速准备机械及测试设备。

任何事物都有两面性，无限公司、家庭经营的组织形式，也不可避免地具有体制上的严重缺陷。随着工厂规模迅速扩展，市场环境日益险恶，一人独揽大权的弊端越来越凸现，以致对工厂带来变幻莫测的巨大风险。

对此，荣氏自身也有清醒的认识。荣伟仁在《申新改进委员会一年来工作报告书》中指出，申新"各厂厂务向由厂长秉承总经理之意实行，但各厂环境与习惯之不同颇多出入。"[②] 因此各厂机械与技术之效能，产品质量之检验，人事之设施等等厂务，不仅未能统一，也不符合现代工厂合理化之要求。后来，申新接受银行团管理以后，中国银行和上海银行派驻的稽核员在调查中指出，各厂组织"极不划一"，"不独人数不同，即名称与权限亦无一定标准"，各厂各自为政，"实于管理上、考成上、效率上障碍甚多"[③]。

"搁浅"前两年的 1932 年 6 月，向外商银行所借到期应还款约 500 万元，荣家企业实已陷入困顿境界。中国银行与上海银行向申新二、五两厂贷款 900 万元，银行方面认为申新经营管理过于守旧，派姚崧龄驻总公司充任稽核，有意促使公司改进内部组织，推行标准工作法，并在会计方面引导采用近代化制度，但效果并不明显，各厂"各行其是，还谈不到有趋向一致的可能"。在生产管理方面，各厂"公用的'人钟'商标，竟没有严格规定的标准，吩咐各厂去照做"，

---

① 吴赞廷：《强锡麟与华丰染织厂》，《近代中国工商人物志》第二册，寿充一等编，中国文史出版社，1995 年，第 572－574 页。

② 《申新改进委员会一年来工作报告书》（1935 年 6 月），《荣德生与企业经营管理》上册，第 539 页。

③ 《姚崧龄、沈维经呈张公权、陈光甫的报告》（1934 年 10 月 19 日），上海市档案馆藏档，档号：Q275－1－576。

以致各厂"人钟"纱质量不一，即使同一厂内，各季度也不一样。[①] 而且"由于总公司对各厂所纺之棉纱支数，未作缜密研究，也未作严格的规定，因此出现了许多混乱情况，有的厂只能专纺细支纱，却常受命纺粗支纱，有的厂只能纺粗支纱，也间或加纺细支纱。"[②] 从而造成"人钟"纱"色暗太紧，客人不乐用"[③]，"销路迫蹙，价格贬落，甚或妨及其他商标信誉"[④]，终于在 1934 年 2 月被华商纱布交易所取消了标准纱的资格。在实业部的《申新纺织公司调查报告书》中也提到，"查该各厂配棉之主权，大体操于总公司，各厂经理只能略为上下，但终不克超轶其范围。……往往以不适宜之棉，责令纺成意欲之纱。甚至某一纱支，数日即易原棉之配合。该各厂违则来源不济，从则工作困难……以致同一纱牌，今昨异其品质。一厂如斯，遑论九厂。"[⑤]

在财务管理制度方面，更是漏洞频频。"发出票据，并不经负责人员签字，而收入票据则经职员私行兑取，存入私折，事过月余，方经发觉者有之；因职员疏忽将收入票据扔入废纸篓中者亦有之……该公司支用浩繁，然从无一预算制度"[⑥]，"申新以如此大规模之企业，成立至今十有余载，不独各厂未经施行一种适当之成本会计制度，即总公司之财务会计制度亦极不健全。……至于各厂之会计制度，均各自为政，极不整齐，会计科目亦不统一。对于出品因无确实之成本计算，故全由估计，而估计时又乏标准，咸以意为之。如遇淡月，则将存货价格提高，如遇旺月，则将存货价值减低。固定资产之折旧，向未计入成本中，是以各厂之盈亏殊不准确。"[⑦] 出现这种弊端，荣宗敬责任难免。据申总会计许叔娱回忆："总经理对会计部门的设立，则视作银行利息的附加，还比钱庄利息合算也。又常听到荣宗敬先生说'从来旧学为体，新学为用，最合时宜。我不采用银行的纯新式，我们是旧账新表，中外咸宜。'"[⑧]

在总经理的人治管理之下，必要的监督制度往往缺失，从而为腐败行为开了方便之门。申新的产品销售"向由售货员秉承总经理意旨，出外兜销"，出售产

① 汪孚礼：《申新纺织公司过去的回顾和今后应取的方针》，《纺织周刊》第二卷第十期，1932 年 3 月。

② 沈祖炜：《近代中国企业：制度和发展》，上海社会科学学院出版社，1999 年，第 157 页。

③ 荣德生：《乐农自订行年纪事》"1933 年条"，第 113 页。

④ 《申新改进委员会一年来工作报告书》（1935 年 6 月），《荣德生与企业经营管理》上册，第 533 页。

⑤ 实业部：《申新纺织公司调查报告》（1934 年 7 月），《荣德生与企业经营管理》上册，第 430 页。

⑥ 《荣家企业史料》上册，第 290－291 页。

⑦ 《荣家企业史料》上册，第 291 页。

⑧ 《荣家企业史料》上册，第 291 页。

品以后，售货员一般"以便条通知记账员录册"，"成交手续过简，复不订立正式契约"，因此往往在市价下挫时擅自中止定货客户，另行"更换牌号，浮开新户"，从中牟取私利。① 中国、上海两银行的稽核员还披露了申新在期货交易市场买进卖出，更因缺乏监督机制而铸成大祸。他们指出：申新"棉纱布三者时向交易所抛出，时又向交易所买进，致本身之产销事业反置之脑后。盖公司当局之见地，以为正式营业所入有限，投机则获利独厚也。因此之故，往往将已成之纱布囤而不售，以待善价而沽，卒致市价日跌而大蒙损失。有时纱布尚未制出而早已抛售，每因花价高涨，事先又未套进，亦常蒙亏折。""应交割时不交割，虽有利因而获得利，然究非经营所宜然。"② 据统计，1930 至 1933 年间，申新总公司在国内交易所花纱套做、在国外市场外棉买卖及外汇套利等投机性商业活动失利，亏蚀巨金，加上荣宗敬父子投机亏损在工厂的宕账，总数高达 1200 万元。③这对已陷入困境的申新总公司来说是雪上加霜。

对于申新经营存在的种种弊端，中国、上海两银行的稽核员总结罗列了八点原因，并尖锐指出："其症结所在，由于环境造成者十之三，由于人谋不诚者十之七。""此种结果，固世界经济衰落，国内秩序不宁、农村经济崩溃及外货跌价倾销，然亦由于申新本身之缺点太多造成。"④ 申新"搁浅"，让陈光甫的上海银行深受牵连。15 年后，陈光甫在谈及上海银行与申新企业的合作时，不无后悔地说："荣宗敬的申新企业是全国纺织企业中最大的，为了增加银行存款，巩固我们的地位，我们乐意与他合作，而他当时急需资金来更新扩大，自然也希望与我们合作。结果，没有充分调查他的实际需要和个人性格，我们就提供了大笔贷款给他，导致我们资金周转困难，甚至影响了活期存款的运行。"⑤

申新总公司会计部有个职员陈述昆，经常与《申报》老板史量才一起看戏，算是戏友。荣宗敬就让他找史量才，想通过史量才向金城银行等"北五行"借款。史量才打电话和金城银行经理吴蕴斋商量。过几天，史量才约荣宗敬去家里

---

① 《申新改进委员会一年来工作报告书》（1935 年 6 月），《荣德生与企业经营管理》上册，第 534 页。

② 《姚崧龄、沈维经呈张公权、陈光甫的报告》（1934 年 10 月 19 日），上海市档案馆藏档，档号：Q275 - 1 - 576。

③ 许维雍、黄汉民：《荣家企业发展史》，第 95 页。

④ 《姚崧龄、沈维经呈张公权、陈光甫的报告》（1934 年 10 月 19 日），上海市档案馆藏档，档号：Q275 - 1 - 576。

⑤ 汤萌：《陈光甫私人文件》八卷，九号，"合作"（1949 年 3 月 16 日）。英文原作转引自李培德《膨胀与收缩》，《纪念荣德生诞辰一百三十周年国际学术研讨会论文集》，上海古籍出版社，2005 年，第 517 页。

谈，提出资金由他和中国银行、上海银行及"北五行"协商解决，但申新得在组织上彻底改组，废除总经理，改设董事会，荣宗敬为董事长，上述银行及各钱庄各推一个常务董事，共同处理日常重要事务，其他一般董事由申新股东及各债权行庄推选。厂务方面物色一个总工程师来统一领导，做到统一品质、降低成本。他还劝说荣宗敬让两个儿子出国深造。史量才说："企业如果不是公私分明，破除面情，困难就难以彻底解决。"事后，史量才对陈述昆说："荣宗敬的家族观念很深，没有革除旧一套的决心，所以要求北五行支援资金也没有成为事实。"①

对于荣家企业为什么不能改组为有限责任公司，荣伟仁的一席话，可以代表整个荣氏家族的观点。他对银团稽核员姚崧龄说：申新之所以有今天，全靠荣氏兄弟声誉，才有号召力量，如果改组为有限公司，荣氏不能整个负责，申新对外信用，不免减色。②

在近代中国企业经营管理文化落后这样的大背景下，荣家企业家族经营特征其实是中国近现代民族企业发展的一个缩影。家族经营与近代企业制度相结合，在一定时期一定程度上促进了企业的产生、发展，但是随着社会经济的发展，"现代机器大工业及其技术进步所要求的社会化的市场构造和企业组织管理制度，必然会与中国传统企业文化，这里主要是指制度层面发生冲撞。"③ 申新"搁浅"，正是这种"冲撞"到最终阶段的显化表现。

---

① 《荣家企业史料》上册，第 424 页。
② 姚崧龄：《中行服务记》，第 19 页。
③ 王赓唐、汤可可等著：《荣氏家族与经营文化》，世界图书出版公司，1999 年，第 91 页。

# 【锡 商 人 物】

邹颂范（1894－1963），无锡城内江尖人。出身望族，其父邹海洲以米店、白坊起家。邹颂范继业后，以此为基础创办邹成泰碾米厂，为无锡最早的机器碾米厂之一。率先应用电力，革新机筛，带动了无锡碾米工业的技术改造。后又与兄弟邹复成、邹继康合办邹成茂油饼厂、信泰碾米厂、邹成泰石粉厂、橡胶辊筒厂，并投资宝新米厂、益新米厂、泰丰面粉厂、泰记纱厂等企业。1943年，泰记纱厂迁往嘉定与嘉新纱厂合并，任副经理，主持厂务。1956年实行公私合营，又与嘉丰纱厂合并，任副厂长。

朱光华（1913－1977），又名朱楞，无锡城北东北塘人。原在无锡九盛绸缎庄任职，因抗战爆发失业。为求生计，与同事周雅峰（1905－1975）集资接盘无锡东亭镇新塘桥的新艺布厂，更名为新毅布厂，后迁往无锡城中熙春街。1940年购并常州振威布厂，拆迁至无锡。1942年接盘南京一新洗染厂，扩建织布车间，命名为新毅第二染织厂。1943年秋，收买常州冠华布厂，化整为零，在苏州与常州开设新毅三厂及四厂。1944年又从上海新生纱厂购买纺机及配套设备，在无锡南门开办新中纱厂。加上其间兼并上海圆圆印染厂，扩建大毅铁工厂，短短10年间，新毅公司从一家小布厂发展为拥有纺、织、染、修造等七个工厂和一家银行。

强锡麟（1903－1996），字粹君，无锡县华庄人。1922年投考无锡丽新纺织厂为练习生，后由该厂派至上海批发所担任推销员。1928年，自主经营棉布批发业务。1931年创办华丰染织厂，后又创办光明染厂，实现自织自染业务配套。抗战爆发后，在租界内开办德华染织厂，后改名富中染织厂。抗战胜利后，又创设力生铁工厂和华丰纺织厂。曾任上海机器业公会理事、上海染织业公会常务理事。新中国成立后，历任上海染织业公会副主任委员、上海市工商联执行委员、上海市人民代表、上海印染工业公司经理、上海市政协委员、中国民主建国会上海市委会顾问、中华全国工商联执行委员等职。

# 1935 年："申七拍卖案"

多事之秋，大王如蚁。

当"搁浅"的申新还在亏损的深渊里苦苦挣扎之时，荣氏却再遇风潮，汇丰银行罔顾中国法律，强行拍卖申新七厂。

与企业休戚相关的华资银行界出于自身利益袖手旁观、唯求自保；国民政府迁延不决，一度将申七推向危险的边缘；最后，在民族主义浪潮下，申新七厂暂时逃出虎口，得以保全。

国民政府借力打力，展开了对国内银行业的彻底"收编"，成为这一事件的最大赢家。

## "申七拍卖案"

1935 年 2 月 26 日下午 3 点半，上海北京路鲁意斯摩洋行人潮如涌，一场拍卖会在这里进行。

这场拍卖引起了世人的广泛关注，因为委托拍卖方是汇丰银行，而拍卖的标的物正是荣氏申新七厂的厂基以及房屋、机器等。到现场的共有 200 多人，不过多数人是看热闹，因此拍卖并不激烈。当拍卖员报出 225 万元的起拍价时，坐在台下的日本律师应声而起，竞得申新七厂。

这位日本律师其实只是前台代理，虽然对于真正买家"未便宣布"，但沪上记者经过调查，很快就知道了背后的竞标得主是日商丰田纺织株式会社。消息传出，舆论顿时一片哗然。

这就是中国近代经济史上一桩轰动全国、影响巨大的社会事件——申新七厂拍卖案。

申七立厂之初就与汇丰银行结下不解之缘。申新七厂原为英商东方纱厂，1928 年夏荣氏兄弟从汇丰银行借款 200 万元购进。申七开工后，以产品销售的利润分批偿还银行。这种负债扩充的经营方式使申新企业一度得到飞速发展，但其前提是工厂必须运转顺利，否则就会陷入难以为继的窘境。而不期而至的世界性经济危机，让荣家企业的资金链断裂，负债累累，不得不在上一年宣告"搁浅"。此时，汇丰银行的贷款到期，荣氏根本无力偿还，只得请求转期。

日商丰田纱厂见有机可乘，怂恿汇丰银行强行拍卖申七，"私拟归其接受，几次议定假拍卖"。① 对于丰田纱厂，荣氏兄弟并不陌生，它坐落在上海杨树浦路黄浦码头，东边紧邻申新七厂。该厂意欲扩建码头，早就对申七流露觊觎之心，如今借汇丰拍卖之机，意欲侵吞申七厂基，达到扩张地盘的目的。

而汇丰银行呢，见申新连年亏损，为避免坏账损失，对荣氏请求转期的要求置之不顾，执意根据契约实行拍卖。2月24日，汇丰银行在《申报》登出拍卖公告，定于两天后拍卖申七所属"坐落本埠东区贵重地产六十八亩，兼该地上所建房屋以及屋内机器"，"限价银洋二百廿五万元，若出价不到此数者，则不予考虑……凡出价最高者即为买主"。②

郁积已久的荣宗敬闻此恶讯，不禁悲愤长叹："上天不令中国人做第一等人。"他立即延请律师在《申报》连续三日发表紧急通告，反对汇丰银行的拍卖意图，认为此举"有意侵害本厂法益，绝对不能承认"，"无论何人买受该产，当不能取得合法所有权。请各界幸勿受愚，致启纠纷"。③

同时，为防万一，荣氏想出一个巧妙办法，与申七的第二大债权人中国银行、上海银行商议对策。上一年申新"搁浅"之际，荣氏兄弟又向中国、上海两家银行抵押500万元（实际上只付了280万元），申新七厂抵押后的剩余资产也抵押在内。因此，申新七厂先后有两个债权人：第一债权人为汇丰银行，第二债权人为中国、上海银行。于是，中行、上行联名向法院申请以"假扣押"。上海第一特区地方法院根据两行所请，发表布告："裁定假扣押申新纺织公司第七厂财产……非经本院核准，不得有任何私擅行为"。④ 汇丰银行抢先采取行动，在申七厂门贴上封条，但上海法院在汇丰银行的封条上再加封条。

1934年荣氏在和汇丰续订抵押借贷时约定：如借款人对本银200万银元或利息不能支付时，贷款人有权暂时占有被抵押的产业，不需事先请示法院。贷款人可以不经过法院，或经拍卖方式，或经私人契约方式出卖该产业。最后还特别强

① 荣德生：《乐农自订行年纪事》"1935年条"，上海古籍出版社，2001年，第121页。
② 参见《拍卖：鲁意斯摩洋行》，《申报》1935年2月24日。
③ 《过守一律师代表申新纺织第七厂反对汇丰银行委托鲁意师摩洋行拍卖申新纺织第七厂房屋地基及机器紧要通告》，《申报》1935年2月26、27、28日。
④ 《上海第一特区地方法院假扣押申新纺织公司第七厂财产之布告》，《申报》1935年2月26日。

调，"所有关于本抵押借款所发生的问题，均应照大英帝国法律解决。"① 这样的条文，明显不利于借款方荣氏。但是，在荣氏兄弟眼中，原有契约"内容太简单，是债权人乘债务人处境困难，乘机侵占对方权益，使债务人不能获得应有的保障，因此没有法律根据。"② 所以，在申七被强行拍卖后，申新纺织总公司马上致函上海律师公会，痛斥汇丰银行不经法律手续强行拍卖，并强调"查吾国纺织业已濒于破产，何堪再受意外之摧残"，请"迅予讨论，以资补救"。③

当时，《中华民国民法典》"债权篇"对债权债务的处置有这样的规定：抵押权人于债权已届清偿期而未受清偿者，得申请法院拍卖抵押物。又根据该条第二项规定，"双方约定于债权已届清偿而未为清偿时，抵押物之所有物权移转于抵押权人者，其约定为无效。"④ 汇丰银行设在中国，应受中国法律约束，而按中国民法规定，申新七厂无力偿还汇丰银行的债务，作为债权人的汇丰银行必须经过起诉手续，由法院判决后，才能处分抵押物。也就是说，因此，汇丰银行强行拍卖申七资产，以中国民法条款观之，无疑是"非法""无效"的。而且，申新七厂已将第一次抵押后的余产押给了以中国、上海两行为首的银团，现在汇丰要拍卖申七全部资产，这就侵犯了第二债权人的利益，又构成了第二层违法行为。

申新纺织公司是当时中国纺织工业的巨擘，被拍卖的申新七厂就有 56000 余纱锭，7100 余线锭，共有 4600 余工人依此为生。对此，国民政府自然不能"坐视不管"。

2 月 26 日下午，在拍卖的前一刻，行政院长汪精卫急电上海市长吴铁城，表示"申新纱厂为吾国新兴工业之一，政府夙素爱护，今遭

英商汇丰银行

此挫折，廑念至深……"⑤，令其就近劝告汇丰银行停止拍卖。秘书长俞鸿钧受命赶到汇丰交涉，但不料拍卖已完成。次日上午，俞鸿钧访晤汇丰银行大班赫区门，又无功而返。

① 《上海申新第七棉纺织厂向汇丰银行抵押借款合同》，上海市档案馆藏档，档号：Q193－1－531。
② 《荣家企业史料》上册，上海人民出版社，1980 年，第 471 页。
③ 《申新函请律师公会讨论》，《申报》1935 年 2 月 28 日。
④ 《中华民国法规大全》第一册，商务印书馆，1936 年，第 75 页。
⑤ 参见窦培恩《从申新七厂被拍卖说到中国棉纱业的危机》，《四十年代》第五卷第三期，1935 年。

行政院得知申七拍卖消息时正在开例会，遂当场讨论，决定由财、实两部计划救济办理，除由汪电告吴铁城就近劝止外，实业部长陈公博当晚搭夜车赴沪，"向各方接洽一切"。2月27日下午，汪精卫电话约财政部长孔祥熙至行政院面商挽救方法。中央社专电透露，闻"财部决在可能范围内予以协助救济"，而财政部表示"与实部正商讨中"。①

2月28日晨，陈公博抵达上海，与吴铁城约银行界洽谈未果。② 当日上午，陈公博有一长电呈行政院，对最近情形及俞鸿钧访赫区门谈话经过，均有详细报告。下午，行政院复电，令陈公博对有关各点"再作详询"。同日，南京方面还有一专电，表示"申新七厂拍卖案，实业财政两部定一日开会讨论，拟由政府出资偿还汇丰欠款"，因申新"负债总额在二千万元以上，七厂为日商购买，则对于全部借款，均有问题，而尤影响于政府统税之收入"。③

可见，国民政府最关心的是企业的税收。申新纺织公司为业中巨擘，产销量及利润均为同业之翘楚，其缴纳的统税数额自也高昂。据统计，1931—1934年，荣氏纺织企业被政府抽税捐1500余万元。④ 到1935年时，申新公司每日所纳棉纱统税约在两万元以上，"今仅以七厂计，每日亦缴四千元，月达十二万元……"为此，社会普遍认为，"中央及本市政府对申新第七厂拍卖事，均应出全力，筹妥善方法以救济之也。"⑤

汪精卫的态度似乎十分积极，不过，当时汪的行政院"是一个被架空了的、徒有其名的机构"，同一派系的陈公博的实业部"自然也是无事可干"。⑥ 能真正挽救申七的，只有最高的统治者蒋介石。

3月初，身为财政部长兼中央银行总裁的孔祥熙与宋子文联袂前往汉口谒见蒋介石，然后孔祥熙经南京来到上海，召集上海各界头面人物会商救济办法，主张"各界应努力设法自救，同时政府方面亦当竭力赞助进行"，认为"只要力持镇静团结应付，则难关极易解决、毫无问题"。⑦ 外交、司法等政府部门纷纷表态："为维持本国工业计，决本过去救济该厂之初衷，以政治外交经济各方面之力量，设法挽救"。⑧ 国民党上海市党部也电呈中央请示救济办法，不过，国民

---

① 参见《申新七厂拍卖事，政府妥筹救济，财实两部商讨中》，《申报》1935年2月28日。
② 《陈公博昨来沪谋救申新七厂》，《申报》1935年3月1日。
③ 《申新七厂拍卖事，政府妥筹救济，财实两部商讨中》，《申报》1935年2月28日。
④ 参见马学强、宋钻友著《上海史话》，社会科学文献出版社，2000年，第141页。
⑤ 冻也：《申新第七厂拍卖事件》，《社会半月刊》第一卷第十三期，1935年3月。
⑥ 参见闻少华著《陈公博传》，东方出版社，1994年，第140-141页。
⑦ 《孔部长昨召集各界领袖，会商救济市面办法》，《申报》1935年3月10日。
⑧ 《申新七厂拍卖事件》，《银行周报》第十九卷第八期，1935年3月。

党中央并没有对此做出明确回复。可见，当时国民政府对申七事件虽然不是无动于衷，却一直延宕不决，未能做出经济上的实质援助。

与政府部门的"疲软"表现相比，吴稚晖个人对荣氏真可谓尽心尽力，这是他自1927年以来第三次力助荣氏渡过难关。吴在致薛明剑的信函中说："申新之事已动公愤……此真是亡国之兆，不惟私人亡产耳！"① 表明他对申七被拍卖一事已由怜悯同乡的地缘情感，上升到国难层面的义愤。吴稚晖向全国经济委员会提出意见：（1）由政府联络金融界，使之与全国纱厂互相提携，并实行低利贷款，以济其资本之不足；（2）于可能范围内，酌量提高入口关税，并减低对内税则；（3）由政府实行统制为有组织之生产与推销；（4）全国纱厂设置地点，须分配适当，管理及生产方面，须实行科学化与合理化。② 很显然，吴稚晖试图通过救济全国纱厂的提案达成最终挽救申新七厂的目的。

不过，平心论之，当时国民政府实际上处于两难境地：不采取积极行动，难逃社会舆论谴责；采取行动，不论是救济或是整理，都需要财力支撑。可是，国民党政权"只把城市经济看作一个财源，很少为经济发展问题花费精力"，其领导人"将它最高的优先权放在国家的军事和政治统一上"。③ 由于对新军阀的连年征战及对红军的多次围剿追堵耗费甚巨，又未对发展国民经济做出适当的全盘筹划，国民政府在经济上委实已是山穷水尽，唯盼在对外交涉方面有所作为。老练的吴稚晖看出了其中的关窍，"政府止是尽面子，外交趋势如何，先生亦深察之"，"看公愤极有力，然关键还在银行团。彼等无意救助，恐无实力。"④

吴稚晖认为，如若要挽回申七被拍卖的既成事实，须依赖银行团的经济奥援。但是，华资银行方面态度究竟如何，能否如其所愿呢？

当初申新七厂除向汇丰银行押借外，还以"产余"向中国、上海银行借款，所以，"万一申新七厂被汇丰银行低价拍卖，则敝行等之第二债权势将无着"⑤，中国、上海银行在事件肇始即积极应对，聘请律师阻止拍卖。

随着事态的发展，北四行之首金城银行总经理周作民致函陈公博："年来，棉业衰敝已成为国民经济问题，此次申新纱厂之不振，其真相渐次暴露，整理尤

① 《荣家企业史料》上册，第478页。
② 《全国经济委员会棉业统制委员会关于办理国民党四届五中全会吴敬恒等提请政府切实设法救济全国纱厂案的具体办法（抄件）》（1935年），《中华民国史档案资料汇编》第五辑第一编"财政经济"（六），中国第二历史档案馆编，江苏古籍出版社，1994年，第79－87页。
③ 【美】易劳逸：《流产的革命：1927－1937年国民党统治下的中国》，陈谦平、陈仁民等译，中国青年出版社，1992年，第277页。
④ 《荣家企业史料》上册，第478页。
⑤ 《荣家企业史料》上册，第470页。

为当务之急。诚能善为整顿，国家财政社会经济胥有所裨。"① 但对于如何挽救申新，周作民并无提出实质举措，只是说"或由政府乘此所机统盘规划，及时树立棉业统制之始基，或仅就该厂加专整理，以免范围扩大"，并提出由陈公博"拨冗躬莅沪上，督率关系方面协办调查实况，以凭决定方案"。②

周作民提请政府出面，其实无疑是想置身事外。而交通银行接到荣宗敬的求助申请后，总经理唐寿民派人进行调查，发现该厂实力的确不虚，只是资金周转不灵才发生暂时困难，于是对外宣称申七"所欠各行押款，如各行无意继续经营，则交行愿意接做"。③ 但交通银行也没有真正拨款救助，属于口惠而实不至。

中央银行则欲积极插手此事。2 月 28 日，中央银行副总裁陈行打电报给总裁孔祥熙说："已与汇丰接洽，如政府愿以等值之债券代为偿还，则汇丰可交回原抵押品，但请求于一星期内正式答复。经详细研讨，似尚可行。拟请由财政部筹拨债券面额 300 万元，向汇丰赎回押品，交与棉业统制会设计整理或处分。"④ 中央银行本质上是财政部的外库，此议显然是为迎合政府部门的整理政策而提出。3 月 5 日，陈行召见荣宗敬，在对其的严厉谈话中，"大有今后荣氏无权过问之意"，荣氏当即与之辩论，最后毫无结果而散。⑤

3 月 3 日，财政部再派代表拜访上海银行界负责人张公权、钱新之、陈光甫等，"商贷款救济申新七厂事"。⑥ 250 万元，对于银行而言，并不算一个难以承受的数字。况且，申七的实力不虚，仅厂基就有 60 余亩。但是，中国银行和上海银行在申新处呆账已多，申七前途难卜，而且中、上两行及同属银行团的十几家汇划钱庄，此时都已深陷于申新与汇丰的债务纠纷中，第二债权难保。所以，这些银行出于对自身利益的考虑，当然不会再冒险资援。因"银行放款，当以安全为前提，际此金融恐慌之秋，必令各银行自身入于危险之途，以救济垂亡之事业，此种从井救人之筹划，决为稳健之企业家所不为，且亦不当为也。"⑦ 这一态度，显然与一年前申新"搁浅"时一致。

---

① 《周作民关于整理棉业救济申新纱厂事致陈公博函》（1935 年），上海市档案馆藏档，档号：Q264 -1-1263-32。

② 《周作民关于整理棉业救济申新纱厂事致陈公博函》（1935 年），上海市档案馆藏档，档号：Q264 -1-1263-32。

③ 邢建榕：《民国银行家唐寿民的一生》（上），《档案与史学》2003 年第 1 期。

④ 《荣家企业史料》上册，第 476 页。

⑤ 参见《上海商业储蓄银行史料》，中国人民银行上海市分行金融研究所编，上海人民出版社，1990 年，第 538 页。

⑥ 《商讨申新厂案》，《申报》1935 年 3 月 5 日。

⑦ 张毓珊：《申新七厂拍卖事件》，《正论》1935 年第 18 期。

对此，吴稚晖则很感慨地说："实际六十余亩好地，止合三万元余一亩，银行团竟尔放弃，亦极愚昧可叹！"① 无奈之情，表露无遗。

在通货紧缩情形下，行庄对地产的兴趣减弱，是自然而然的。对行庄来说，因以厂产抵押的贷款不能转变为有价票据，如贷款企业的营业状况毫无起色，而其负债却又膨胀到接近资产总值时，行庄就必须接收工厂，双方之间借贷关系有可能成为投资关系。"有许多纱厂在这一年中从企业家的手里移到了银行家的手里，而且这现象还有继续展开的趋势。从前银行家和企业家只是债权者和债务者的关系，银行家对于纱厂的经济关系，只是'放款'而已，现在银行家自身被逼着做了纱厂的'东家'，同时他们对于纱厂的经济上的关系也由放款而变为投资。"② 有人估计，1935 年银行贷款与纱厂的资金约有一万万元左右无法收回。经营抵押放款的银行家们"深刻地感觉到债权终于无着之威胁而有谈虎色变之势"。③ 这对于行庄来说绝不是一个好的结果，因为他们不可能为了工厂的生存而放弃甚或牺牲自己的利益。"即使像荣家在中国、上海两银行有着相当的投资，也不会例外。"④

事实上，上海银行界的日子也并不好过。从 1931 年起，英、日、美、法等国先后宣布放弃金本位制，任由货币贬值。1933 年 6 月，美国国会又通过《白银购买法案》，美国政府开始收购白银，世界银价因此飞涨，中国白银大量外流，直接破坏了金融基础。到 1935 年 1 月间，上海市面竟然到了"几乎是无论出多大利息也借不到钱"的地步。⑤ 经济危机期间，上海滩倒闭的工商企业有 1065 家⑥，而同期倒闭和停业的民族资本银行有 12 家，占当时上海民族资本银行总数 67 家的 17.91%。⑦

## 拯救

申七拍卖案发后，"实业界即兔死狐悲，一般人士奔走呼号，已经不安的市面，格外加重了不安的程度，工商界人心依然惶惶，好像大难临头，形成'山雨

---

① 《荣家企业史料》上册，第 478 页。

② 王子建：《民国二十三年的中国棉纺织业》，《东方杂志》第三十二卷第七号，1935 年 4 月。

③ 李紫翔：《恐慌深化中之中国棉纺织业》，《申报月刊》第三卷第九号，1934 年 9 月。

④ 许维雍、黄汉民：《荣家企业发展史》，人民出版社，1985 年，第 96 页。

⑤ 【美】阿瑟·恩·杨格：《1927－1937 年中国财政经济情况》，陈泽宪、陈霞飞译，中国社会科学出版社，1981 年，第 244 页。

⑥ 参见《上海金融史话》，上海人民出版社，1978 年，第 124 页。

⑦ 参见《上海金融史话》，第 126 页。

欲来风满楼’的悲相。"①

最先作出反应的社会团体是上海华商纱厂联合会。该会经过临时紧急会议讨论，作出五项决议：（1）通电全市国产厂商，即日起与外商银行断绝往来；（2）原存外商银行的存款，即日提出，转存入本国银行；（3）今后存款永远不再存入外商银行；（4）拒用外商银行的汇票和钞票；（5）不向外商银行做押汇。② 并致函棉统会，提出"事关整个棉业前途，群情惶骇，恳请钧座迅筹善策，以保主权，毋任屏营待命之至"，③ 一面又急电国民党中央党部、国民政府行政院、外交部、财政部及实业部等，请求制止汇丰银行的非法行为。

其他社会团体也纷起响应。南京市商会电呈行政院、全国经济委员会，对申七拍卖事请求"迅予依法制止，并拨款救济，以维实业"。④ 28 日又呈行政院，谓"似此非法专横，制止无效，不惟我国现代实业至可痛心，而法律尊严亦为之扫地以尽"，指出其潜在危害，"以此事对于实业前途，影响甚巨，且国体攸关，决不能认非法拍卖为有效"，并恳求"非由政府严重交涉，并一方面拨款协济，不足以维实业，而复主权"⑤。同日，上海市地方协会召集全市各团体及全体理事开会，认为"我国实业原极不振，兹复横遭摧残，影响非细"⑥，讨论切实应付办法。国货工厂联合会的援助动作则显得更大，召集中华工业联合总会、上海市民提倡国货会、中华国货维持会、总工会、市商会、市民联合会、中华国产厂联会等三十余团体作出决议：1、由各团体联名呈请政府向英领事严重交涉；2、联名致函汇丰银行加以警告，须依照所在国法律办理；3、联名致函银钱两业，要求为申新经济上之后盾；4、推举代表向市政府请愿；5、电请政府，在棉花统税项下拨付 225 万元，以便偿还汇丰，如不能达到目的时，由各厂扣抵。⑦中华国产厂商联合会分函国货厂商："即日起，对外商银行实行断绝往来各在案。凡吾国货商人，务须以身作则，切实履行。"⑧

申新七厂遭拍卖事件也得到了普通民众的关注和同情。人们纷纷投稿沪上报

---

① 《复兴上海市面问题》，《银行周报》第十九卷第九期，1935 年 3 月。
② 蒋宪基：《一场与日、英帝国主义的生死搏斗——记申新七厂几乎被拍卖的过程》，《无锡文史资料》第二辑，1981 年，第 100 页。
③ 《荣家企业史料》上册，第 482 页。
④ 《申新七厂拍卖事，南京市商会改组委员会》，《申报》1935 年 2 月 28 日。
⑤ 《申新七厂事件、两部筹商补救》，《申报》1935 年 3 月 1 日。
⑥ 中国第二历史档案馆编：《中华民国史史料长编》第 36 册，南京大学出版社，1993 年，第 175 - 176 页。
⑦ 《各界会议援助办法》，《申报》1935 年 2 月 28 日。
⑧ 《纺织周刊》第五卷第八期，1935 年 3 月。

刊，表达对这一事件的不同观感，"不仅激起我国政府当局及金融实业各界人士一绝大冲动，舆论界亦一致加以声援。"① 据事件亲历者、荣氏女婿李国伟回忆，"各报社论，一致谴责汇丰非法行为，各社会团体激起公愤，热烈声援。"②

有人认为，"申新七厂不幸入外人之手，吾人已觉遗憾；但于吾国整个之棉纺织业，再不作有效之处置，则此项民族工业之前途，更不堪设想矣。"③ 此事"全为帝国主义者有意摧残我国民族工业"，并善意地提醒民族资本家"今后求助外资者，宜知审慎矣"。④

有人认为，申新七厂的被拍卖"显然是汇丰银行的试验事件，因为汇丰与其他中国公司及个人订有同样合同，如不能偿付债务，势将援例，因此对这案件的重要性，必须引起当局的特别注意"⑤，表露出对汇丰这种做法继续蔓延的担心。当时中国各项产业，抵押于外商银行者实不止一家，此风一长，则日后到期而因特殊原因不及偿还者，将一一被交于拍卖行拍卖。

也有人认为，外国银行摧残我国生产机关之手段太辣，给我国经济金融界造成很多不利影响："一、本埠之企业家借汇丰款项或其他外商银行款项而以地皮或其他生产工具作抵者，不知若干家，决不止申新七厂一家。其到期不赎，在停滞中者，亦决不止申新七厂一家，自此次申新七厂拍卖后，上海生产界必将大受震动，而金融状况愈益不安。二、日人正高唱中日经济提携之际，于是国人之寡廉鲜耻者，不得志于英转而向日，于是日人乘此机会，插足本埠金融界。"⑥

而申七的拍得者是日本企业，更令舆论关注。有人认为，申七事件说明"帝国主义已经到了用直接的武装来占领和拍卖中国民族工业的地步"，"这是表示民族工业真正的末路"。⑦ 更有人说，申新七厂"不过经济战争中牺牲之先驱而已"。⑧

在表达英、日两方的愤慨和对申七的同情之余，舆论也对国内金融业见死不救的做法提出了尖锐的批评。有人指出：中国的金融资本"异常畸形"，"不按正常的轨道前进，向生产的工业部门投资"，"却用于不生产甚且破坏生产的公

---

① 《申新七厂拍卖事件》，《银行周报》第十九卷第八期，1935 年 2 月。

② 《荣家企业史料》上册，第 483 页。

③ 张毓珊：《申新七厂拍卖事件》，《正论》1935 年第 18 期。

④ 《非法拍卖申新七厂事件》，《新中华》第三卷第六期，1935 年 3 月。

⑤ 《申新第七纺织厂以厂产向英商汇丰银行抵押借款 200 万元到期、汇丰不顾法律人情悍然公开拍卖有关文件》（1936 年 2 月），上海市档案馆藏档，档号：Q193－1－2944。

⑥ 宇：《申新第七厂被汇丰拍卖之检讨》，《钱业月报》第十五卷第三期，1935 年。

⑦ 中共中央党校党史教研室编：《中国近代经济史资料选编》，1985 年，第 295 页。

⑧ 汪中：《汇丰拍卖申新七厂事件》，《钱业月报》第十五卷第三期，1935 年。

债买卖及其他投机事业"。① "我金融业者于此似亦应有相当之准备,设我银钱两业,一味兢兢于实力之保持,而无具体之对策,窃恐今后民族工业将益少保障矣。"② 有人对各方发出了言辞激烈的谴责之声:"1、政府漠视。……不能不说当局太不关心国家的实业了,否则,以二百万之数,难道不能令政府之中央银行及其他有关各银行设法急救吗?2、银界旁观。实业有关国家,申新有关我国实业,这是谁都知道了的,然而此次申新七厂紧急关头,以各银行凑二百万是轻而易举的事;然而各行竟坐视'人溺而不救'。3、富人该死。我国虽说国弱民贫,然而尽有许多大资本家、大富人,他们尽有巨款存在银行,甚至大都存在外商银行。他们甘心给外人做资本营业,而吸收我国金钱,不知道做些有益国家同胞的事。像申新七厂的事,竟没有一个起来援手,真正该死!"③

更有人将汇丰此举联系到英国的对华政策,认为"含有严重之意义","实为贯彻其最近对华策略之必经阶段。其目的所在,或非仅申新七厂一户而已,而不幸之'申七'竟牺牲于彼辈牛刀初试之下"。④ 同时对国民政府对英、日的外交态度提出尖锐批评,"俯首帖耳降服于大英帝国金镑势力之下,作其奴隶而不知悔,或摇尾乞怜于日本帝国金元引诱之下、为虎作伥而不知羞,则中华民族不可救药矣,尚何金融之可言,尚何企业之可言。"⑤

在舆论强大压力之下,国民政府方面不得不进一步介入。3月3日,上海市长吴铁城亲自出马,邀赫区门会商申新七厂欠债分期拨还办法,提出"积欠利息尾数25万元提前拨还,余款分四次全部偿清"。⑥

此时,眼见一次"排英运动"在全国范围内逐步形成,汇丰方面已萌怯让之意,态度转为和缓,明确表示:"如申新方面有办法,业已成立之拍卖契约,亦可设法撤销"⑦,并将责任推卸给承购之日人。尽管汇丰"始知舆论可畏,转商前途"⑧,但问题解决之焦点,在于分期归还还是一齐归还,"汇丰始终坚持,不允分期拨还"⑨,因此一直未能满意解决。至于日本方面,对舆论宣传申新七

① 窦培恩:《从申新七厂被拍卖说到中国棉纱业的危机》,《四十年代》第五卷第三期,1935年。
② 彦:《申新七厂拍卖事件》,《申报》1935年2月27日。
③ 丁丁:《申新七厂被拍卖的检讨和我们今后应有的工作》,《纺织周刊》第五卷第七期,1935年2月。
④ 彦:《申新七厂拍卖事件》,《申报》1935年2月27日。
⑤ 宇:《申新第七厂被汇丰拍卖之检讨》,《钱业月报》第十五卷第三期,1935年。
⑥ 朱汉国主编:《南京国民政府纪实》,安徽人民出版社,1993年,第419页;《申新七厂事周内可望解决》,《申报》1935年3月4日。
⑦ 《汇丰银行已有明白表示》,《申报》1935年3月3日。
⑧ 荣德生:《乐农自订行年纪事》"1935年条",第122页。
⑨ 《申新七厂事件,购方缴款之谜》,《申报》1935年3月15日。

厂被日商购买一事并没作什么表示。到 2 月 28 日，日本领事署才发出声明："申新纺织工厂拍卖问题，一部人宣传其买主为日商，然本领事调查日纱厂及各公司之结果，已经明白买主全非日人云云。"① 而承购日商向某日侨透露，如"对方不肯移交，则此间自亦不允付款"，"言下似无必欲购得之意"，"至于承购者究属何人，日人方面，对华文报纸所载丰田、大连汽船公司、满铁及日本纺织业联合会，均声明否认。虽各方承认出资之三井洋行，亦避免表示，惟系日商合资承购之消息，尚属可靠云。"②

在政府部门对外交涉的同时，荣氏也利用私交渠道多方面积极沟通。上海华商纱厂联合会直接派代表谒见英国商会会长马锡尔，请求出面斡旋。荣伟仁在致薛明剑函中提到，他曾委托通和洋行与汇丰银行方面接洽，"据云，倘将利息还去，以后利息银行担保，空地脱售，仍有转圜余地。所忧中、上两行不知能谅解否。能避政府救济，总为上策。"③ 此外，荣宗敬也托祥茂洋行大班勃格尔与赫区门商洽，要求"先还 16 万元利息，其余押款，则展期一年偿还"。④

更为值得注意的是，在申七拍卖事件的持续发酵中，申新公司的职工一方面出于对生存需要的实际考虑，另一方面出于朴素的民族感情，对英、日的强行拍卖行为奋起反击，于挽救申七的大计起到了一定作用。

在得知汇丰强行拍卖的消息后，荣宗敬颇为痛心地对记者说："中国实业在此地步，前途实不堪设想。……荣氏一人损失之事小，而于该厂工人及我国实业界之前途则影响殊大。"⑤ 受拍卖直接影响最大的，当然是赖以为生的生产工人。申新七厂职工集会发表宣言，誓与工厂共存亡，宣言云："国势颠危，外侮侵凌，覆巢之下，宁有完卵？……无如近来日货大量倾销，奸商为虎作伥，又以花贵纱贱，市面不景气，华商力竭声嘶，政府未予援手。彼帝国主义者，伺隙商动，久欲摧毁我整个实业而甘心，不幸本厂首当其冲……职工等生命所系，利害切肤……群情愤激，一致议决：在该行未遵我国法律取消违法拍卖以前，职工等一息尚存，誓死反对。"同时向政府及各界呼吁求助，"伏冀我政府诸公迅予交涉，各公团速起援助，以保我国实业，借维我三千余人职工生计。临书悲愤，谨此宣

---

① 参见《非法拍卖申新七厂事件》，《新中华》第三卷第六期，1935 年 3 月。

② 《日商似无必欲购得趋势》，《申报》1935 年 3 月 1 日。

③ 《荣家企业史料》上册，第 482 页。

④ 《荣宗敬向汇丰商申新七厂事》，《申报》1935 年 3 月 6 日；《申新七厂事件在研讨中》，《银行周报》第十九卷第九期，1935 年。

⑤ 《纺织周刊》第五卷第七期，1935 年 2 月。

言。"① 对于汇丰和日商的做法，职工们痛加揭露，"居心摧毁吾实业、操纵吾市场，已无疑义"；日本人"固早具经济侵略之野心，满拟将华商纱厂全部颠覆，目的既达，然后居奇垄断、为所欲为"，"其受拍申新七厂，乃更进一步之侵略手段。他日类此之事必多。"②

为了避免拍卖成为事实，申七工人于 2 月 28 日晨 8 时召开紧急会议，"全场对汇丰非法经济压迫，异常愤慨，并表示厂存与存，厂亡与亡，不惜任何牺牲。"③ 可见工人护厂的决心之大。另据申七栈房工人杨阿祥回忆，"当时情况是很紧急的。资方叫人把新厂机器拆下来，不让外国人拿去……为了抵制日本人来接收申七，工人方面也做了一切准备。粗纱车加油工人林文玉来栈房，关照我们：这几天内不能歇工。一旦日本人来接收，车间里开红灯，工人就一齐出来，用自来水龙头冲，不让他们接收。大家的情绪很激动。"④

申新所属的其它各厂也没有袖手旁观。2 月 27 日，申新各厂职员联合会九百余人致全国国货工厂联合会代电："据闻敝公司第七厂，以汇丰银行债款，于 26 日被该行非法拍卖于日人，乍听之下，无任骇异。""乃该行不追索于数年前营业发达之时，而拍卖于华商纱厂危殆之秋，置吾法院布告于不顾，廉价卖与日人，显见心怀叵测，蔑视吾主权，摧毁吾实业，断绝职工生计，危害社会安宁。"明确表明工人们的态度，"同人等目怵心惊，难安缄默。对该行违法拍卖，誓不承认。一息尚存，愿与吾七厂永共生死，任何牺牲，在所不惜。"最后呼吁："贵会为吾国货生产集团中心，务恳仗义执辞，誓死力争，不胜迫切感祷之至。"⑤

最终，汇丰和日本迫于社会舆论的巨大压力，为其在华长久利益考虑，不得不改变态度，"解除拍卖，改为正式押款。"⑥

3 月 14 日，荣宗敬对记者表示，"拍卖问题，业已过去，望国人不必再谈。"同时又提出，"只望将来全国同胞努力服用国货，绝对不买洋货；一方面希望政府实行复兴农村，使全国棉产渐渐增加，则华商纱厂亦不必购买外棉。诚如此，则纱业前途当可安定。"至于所欠汇丰之款，"将先还一部分利息，本钱仍以厂

---

① 《申新七厂被拍卖后，全体职工发表宣言》，《申报》1935 年 2 月 28 日。
② 《申新七厂拍卖事件》，《银行周报》第十九卷第八期，1935 年 2 月。
③ 《纱业代表昨赴市府请愿职工紧急会》，《申报》1935 年 3 月 1 日。
④ 《荣家企业史料》上册，第 480 页。
⑤ 《纺织周刊》第五卷第八期，1935 年 3 月。
⑥ 荣德生：《乐农自订行年纪事》"1935 年条"，第 122 页。

地及生财抵押。"①

申七拍卖案终于尘埃落定，但申七与汇丰的"恩怨"仍在继续，余意不断。

1936 年 12 月 14 日，荣宗敬与汇丰银行订立新的抵押合同，汇丰同意申新偿还本金法币 200 万元延长到 1940 年 12 月 31 日；1936 年 9 月 30 日起，利息改以年息七厘计算（原为八厘），以全部土地房屋建筑及机器作为抵押品。至于偿还欠息办法，规定 1937 年 1 月 1 日偿还法币六万元，9 月 30 日偿还三万元，以后每季度底偿还三万元，直至全部欠息法币 485223.32 元还清为止。② 但到 1937 年底，申七仍无法偿还债务，致函汇丰要求以仓存纱布作为担保品延期还款。此时，上海已经沦陷，申新七厂因战事被迫停产，并在不久强行"委托"日商钟渊公大实业公司经营。汇丰见状不断催促还款，而申七一时无力还款。一时，双方书函频繁往来，商议还款方法。延至 1939 年底，申新同意汇丰银行指派管理人员接管申七。第二年，日军对申七的强行接管，才使汇丰与申七之间的"恩怨"划上了句号。当然，这是后话。

拍卖风波过后，申新并未真正走出危机，反而因为生产困难陷入极端危险的境地。1935 年，申新纺织公司除一、三、八厂略有盈余外，其余各厂仍是亏本运行，公司全年亏损 1271 万元。是年 4 月的统计数字，申新全部资产总额下降为 62196 万元，而负债总额上升为 65273 万元，真正是资负倒挂了。

荣宗敬再次向刚刚履任中国银行董事长的宋子文面陈利害，请求救济，不料身兼中国棉业公司董事长的宋子文却不冷不热地说："申新这么困难，你就不要管了，你家里每月 2000 元的开销，由我负责。"

按照宋氏意思，申新改组成有限公司，增加资本，然后发行公司债，旧债以债券来还。他事先事无巨细地将公债分为五等：营运借款为一等，不动产抵押其次，钱庄无抵押借款居三等，第四等是个人储蓄存款，荣氏及其他股东存款为末。以上债务，按照等级依次偿还，银行可将利息从一分降至五厘。宋子文胸有成竹，甚至当面向荣宗敬表态，将任命中国银行高管霍宝树为申新总经理。

荣宗敬不敢当面拒绝，但对宋氏的方案又心有不甘。1936 年 2 月 11 日，荣伟仁写给李国伟的信中很担心："政商合办之事，在中国从未做好，且商人无政治能力策应，必至前功尽弃。事关股东血本，生死问题，非努力理争不可。"③

---

① 《申新七厂事件，购方缴款之谜》，《申报》1935 年 3 月 15 日。

② 上海申新纺织印染厂总管理处：《申新七厂向汇丰银行抵押借款，汇丰不断胁迫催还有关文件》，上海市档案馆藏档，档号：Q193－1－2943。

③ 《荣家企业史料》上册，第 510 页。

同一天，荣宗敬给宋子文写信，婉转拒绝了宋氏的方案："弟于一、三、四、八等厂，因系股份公司，未经适当手续，似难一时独断。其余各厂系弟个人事业，并无股东关系，自宜酌听尊裁，不敢多持成见。"①

宋子文想鲸吞申新的打算是确实的，但制约因素很多，身为申新债权人的上海银行就坚决反对。最后，就是靠着陈光甫的仗义，荣家才逃过此劫。据上海银行副行长李芸侯回忆：

宋子文曾同陈光甫谈这个问题，陈光甫当面不便反对。回行后同我商量，我说："我们行里负担客户存款为年息八厘，借给申新一千几百万元，利息是年息一分，如果减为五厘，则我行非亏本不可，计每年要亏五十万到六十万元。这是不能接受的。"陈光甫说："我没有办法反对宋子文，你负业务上的责任。明天宋子文在他家开会，你代我出席应付，他问起我，说我有病好了。"

第二天下午两点钟，我到宋家出席会议。参加会议的一共只有五个人：宋子文，浙江兴业银行总经理徐新六，中国银行汪楞伯、霍宝树，我代表上海银行。

会上，宋子文叫霍宝树把打印好的英文文件逐段念，念一段问大家有没有意见。最后，我发言说："这个办法，敝行不能同意。"宋惊问："光甫已同意了！"我说："这笔款子是我放的，所以归我负责。照这办法，我行肯定要亏本，还望宋部长大力帮助我们渡过难关。"宋说："那么如何办呢？中国银行也是同意的。"我说："或者把上海商业储蓄银行借给申新的款项转给中国银行，中国银行是发行银行，问题不大，我们行就承担不了。"大家听了我的话，脸色都变了。宋说："这样就不能再谈下去了。"结果弄得不欢而散，桌上的蛋糕也没有人敢碰。②

就年龄而言，荣宗敬比宋子文年长21岁。他拖着老病之躯向宋氏请求救济，或许已经遗忘了两人之间的恩怨，但宋子文却没有忘记。

1932年1月，宋子文再次出任行政院副院长兼财政部长。时年38岁的他踌躇满志，极希望能干出一番大事，而荣宗敬有关购买美棉美麦的提议，颇合其意。1933年春季，两人会晤，荣宗敬"力陈美国棉麦借款将有利于中国企业，并能打击日本的竞争对手"。1933年5月，宋子文访问美国，与美方商议借款事宜。荣宗敬就公开宣称："宋部长当未出国前，对于此事审慎至再。本人也对此事与宋部长进行过讨论，表示赞成。"③

---

① 《荣家企业史料》上册，第512页。
② 1959年2月李芸侯访问记录，《荣家企业史料》上册，第514-515页。
③ 《大公报》1933年7月17日。

在借款谈判过程中，宋子文一直与荣宗敬保持联络，与其商讨借款具体事宜。宋子文最初拟议的计划是借棉花和小麦各 500 万美元，但是，美方提出向中国提供一笔可用于购买价值 4000 万美元棉花和 1000 万美元小麦的借款的反建议。宋子文要求国内方面询问荣宗敬如此巨额的棉花是否浪费。财政部在咨询荣宗敬后，回电称中国目前库存棉花"仅足供一月之用"，一年棉花需求总量即达到 60 万包。① 得到这样的答复，宋子文接受了美方提出的借贷数额，签订了《中美棉麦借款协定》。其主要内容有：美国财政善后银公司借给南京国民政府5000 万美金，合 2 亿元法币；不支付现金，而是用此款购买美棉与美麦，其中五分之四用于购美棉，五分之一购美麦。② 这笔借款被称为"棉麦借款"。棉麦借款合同消息披露后，立即在国内引起极大震动，有赞成者，亦有反对者，众说纷纭。荣宗敬致函行政院政务处长彭学沛，对中美棉麦借款极表赞同，并称："以后复兴农村及关于建设事项皆可次第实施，其为福利岂有涯矣，不特纺织业感纫已也。"③

棉麦借款达成后，由于政府没有明确规定借款的用途，而是急于将棉麦兑现为现金，导致纱厂与政府之间产生矛盾。包括荣氏企业在内的纱厂、粉厂希望政府直接提供美棉和美麦，以减轻企业在流动资金上的压力。他们提出的方式包括以下两种：一是政府向企业转借美棉、美麦，形成企业对政府的负债，进而不必向国内银行或钱庄借款获得流动资金。二是低价获得美棉、美麦，减轻流动资金的负担。6 月 7 日，荣宗敬对该项借款发表自己乐观的期望："第一批美棉月内可抵沪，华商纱厂联合会会员皆可以廉价购得之。"④ 10 日，华资纱厂联合会发表声明认为："中美借款成立，有益于华纱，原料价较低，华纱有复兴之象。"⑤基于上述愿望，上海的华资纱厂进行了积极的呼吁，试图分润这笔巨额借款。9月，在纱联会第九次执委会上，荣宗敬报告与宋子文接洽经过，再次表达了乐观的判断，即政府对于棉价"或可减让若干"。对于棉麦的销售价格，荣宗敬要求

---

① 参考宋子文在 1934 年 3 月 26 日全国经济委员会第二次全体会议上的讲话内容，载《中国农民问题研究资料汇编》第一卷下册，中国农业出版社，2007 年，第 979－980 页。

② 复旦大学历史系中国近代史教研组：《中国近代对外关系史资料选辑 1940－1949》下册第一分册，上海人民出版社，1977 年，第 190－192 页。

③ 《荣家企业史料》上册，第 389 页。

④ 荣宗敬：《对中美借款表示赞同》，《大公报》1933 年 6 月 8 日。

⑤ 《借款与纱业，纱界认有复兴望》，《大公报》1933 年 6 月 11 日。

美棉按优惠 30% 以上的价格销售,①后来,他甚至还要求把借款棉花价格优惠 50%。②从自己的企业利益考虑,荣氏还主张按生产规模即锭数来分配美棉。"至于将来借棉分配之法,是由当局筹划,或按锭分配,或按用数分配,惟按锭分配较按用数分配为公正耳。"③同时,荣宗敬还希望政府能给予补贴,"各厂商类多现款向外购货借以接济资源,既辄感不敷,现金更不时外溢。……政府当局,即以此项货品,售诸国内厂商,而稍予贴补,较诸发行公债亦属合算多多也。惟政府对于厂商,如何贴补办法,须待宋财长返沪而后,再行商洽。"④他的这一主张代表了多数纱厂的诉求,即希图通过政府救助,渡过难关,并非荣氏企业一家单独希望的。

然而,国民政府的用意却并不在此。虽然深知棉业的危机,但国民政府更迫切希望用棉麦借款的现金来补充财政,它只能从"补充财政的单纯商业目的"出发制定棉花的销售政策。事实上,当时大多数人都知道,这笔外国借款是中国政府在避免债务浮动的情况下筹集资金的唯一办法。⑤政府并没有把救助棉纺业作为明确目标,只是想利用华商纱厂存在着对美棉需求的这一契机而已。⑥在这样的背景下,财政部与华资纱厂虽数次讨论棉麦借款问题,却始终未能达成一致。

最终,国民政府在处理美棉现货时,主要通过专业性的贸易公司进行销售,政府自身并不介入销售过程。由于销售价格只略低于市价,身处亏损困境的华资纱厂资金短缺,甚至纷纷倒闭,自然无力购棉。华资纱厂由此纷纷指责棉麦借款不过是"以救济棉业为借口来补充财政的诡计"而已。⑦而且,此次借款合同的签订正值日本加紧侵华之日,借款不同于一般的商业往来,在一定程度上反映了南京国民政府与罗斯福政府联合"经济抗日"的战略考虑,其政治外交意义远大于经济意义。对此,日本政府有所察觉,明确要求在华日资纺织厂一律不得购买美棉。这样一来,使得源源不断来华的美棉销售不畅,出现大量积压。在内外压力之下,宋子文被迫于 1933 年 11 月再次辞去财政部长和行政院副院长职务,

① 荣宗敬:《拟借美棉之羡余以补华棉之不足节略》,《农村复兴委员会会报》第六号,1933 年 6 月。
② 《新闻报》1933 年 8 月 16 日。
③ 荣德生:《亟买美棉麦之我见》,《纺织周刊》第三卷第二十八期,1933 年 7 月。
④ 《荣家企业史料》上册,第 389 页。
⑤ 侯哲葵:《中美棉麦借款与农村复兴》,《东方杂志》第三十卷第十八号,1933 年。
⑥ 【日】诚山智子著,孟凡礼、尚国敏译:《大萧条时期的中国:市场、国家与世界经济(1920—1937)》,江苏人民出版社,2010 年,第 166 页。
⑦ 《申报》1933 年 8 月 6 日。

均由孔祥熙接任。日本学者细谷千博认为，棉麦借款原为"策划促进加强两国之间关系的美中借款协定，到头来却是怂恿了日本政府对中国的事务的干涉"，"棉麦借款不能说对中国的经济毫无裨益，但却使日本的态度变得强硬起来。"①

1934 年 1 月 23 日，根据借款合同，全部借款应支用完毕。"惟国内销路呆滞，未能尽量购销"。1934 年 2 月，国民政府与美方商妥将债额 5000 万美元减至 2000 万美元，其中棉花减为 1000 万美元。1000 万美元的棉花相当于 15 万包，其中 5 万包已被销售出去。但至 1934 年 8 月底，陆续售出 56600 包外，积存未售之货仍多达 102936 包。② 1934 年 9 月，国民政府通过中国棉业公司总经理张公权同日本在华纺织厂交涉，日本政府认为阻止棉麦借款实施的目的已经达到，这才同意日商在消费美棉的问题上与中国合作，这才打开了美棉的销售渠道。至 1935 年，15 万多包美棉才销售完毕。棉麦销售的受阻，让"宋子文开始隐约意识到他所作的借贷棉花的外交决定过分偏信了商人荣宗敬"，从而对荣宗敬有了不满。③

据统计，共获得美棉销售收入 9980896.68 美元，连同美麦、美粉的销售收入，总计达到 17086282.48 美元。④ 这笔棉麦款项，据研究者统计，用于统制全国金融的数目约占 40%，直接用于反共军事占 36% 强，而真正用于国内经济建设的极为有限⑤，这可能是荣宗敬所始料未及的。

有了这样的隔阂，宋子文不肯援救申新，反起鲸吞之意，也就不难理解了。

陈光甫的仗义"相救"，使得宋子文一时不敢妄动。僵持到 1936 年秋天，局势突然扭转。各地棉花丰收，供应充足，收购价直线下降，同时消费市场渐趋活跃，棉纱、布价格开始上扬。持续四年之久的"棉贵纱贱"困境随之消解。市场反映获得立竿见影的效果，申新各厂境况好转，申新二、五两厂停工一年多以后，也于 1936 年 10 月正式复工。整个申新系统财务状况开始扭亏为盈，这一年各厂盈利 308.4 万元，扣除总公司亏损 163.7 万元，实盈 144.7 万元。荣德生高兴地写下了这样的文字："我处从改进以后，开支省，出品好，销路广，因此货

① 细谷千博：《30 年代中国的美国和东亚——棉麦借款》，《巨大的转变：美国与东亚 1931－1937》，【美】入江昭、孔华润编，复旦大学出版社，1991 年，第 88 页。

② 财政科学研究所、中国第二历史档案馆编：《民国外债档案史料》（十），档案出版社，1992 年，第 146 页。

③ 高家龙：《企业、政府与中国战争》，《巨大的转变：美国与东亚 1931－1937》，第 114 页。

④ 中国第二历史档案馆编：《中华民国史档案资料汇编》第五辑第一辑"财政经济"（三），上海古籍出版社，1991 年，第 272 页。

⑤ 陆仰渊、方庆秋：《民国社会经济史》，中国经济出版社，1991 年，第 265 页。

无存积，申新一、三、五厂且已客等货矣。各厂余利颇优。"①

申新纺织公司在低谷中苦苦挣扎了数年，终于出现了否极泰来的趋势。可是，一场空前的大劫难又日渐临近了！

## 最后的"赢家"

谁也没有料想到，申七拍卖案的最终走向，国民政府竟成了最后"赢家"。国民政府正是通过这一事件，"正大光明"地实现了对银行业的改组，跨出了其在经济国有化道路最为重要的一步。

二十世纪三十年代上半期，中国民族经济饱受世界经济危机冲击，但同时现代财政、金融、货币制度在艰难跋涉中逐步建立。自1912年以来的十多年间，北洋政府发行了27种公债库券，发行总额为6.12亿元，而国民政府在1927至1931年短短四年时间内又发行了30种公债库券，发行总额高达10.58亿元。1931年九一八事变爆发，东北沦陷。12月，蒋介石被迫下野，改由林森出任国民政府主席，孙科出任行政院长。孙科上任之时，国民政府财政状况已经到了山穷水尽的地步。情急之下，孙科主张停付公债库券本息，挪用国债基金3400万元作为政府开支，期限六个月。消息不胫而走，引发社会恐慌，"公债风潮"由此而起。转过年来的1932年1月5日，上海的华商证券交易所开市，公债库券价格跌停，乏人问津。1月12日，上海银行界向南京国民政府提出强烈抗议，认为停付公债库券本息是"自害害民、自杀杀人之举"。自1月15日起，上海的证券交易所已不敢开市。面对咄咄逼人的上海银行界，孙科当局被迫作出让步，明确表示："现政府决定维持公债库券信用，并无停付本息之事……"至此，"公债风潮"方才平息。四面楚歌、脸面丢尽的孙科不久以后下台，由汪精卫继任行政院长，宋子文任副院长兼财政部长，蒋介石重新出山掌握实权。2月，国民政府对公债库券进行整理，延长还本期限，降低利息，以减轻政府负担，并竭力继续维持公债库券的信誉和还本付息，维护证券市场的稳定。

到了1933年，国民政府又推行以"废两改元"为主要内容的货币制度改革。民国成立后，北洋政府虽然颁布了《国币条例》，实行银本位，银元也逐渐趋向统一，但银两制度并没有被废除，银两银元并行流通的局面没有改变，给商品交易和货币流通带来很大的不便。1933年3月起，由宋子文主导的"废两改元"正式在上海实行，而后苏州等地也相继实行。这一政策实施后，国内币制得以统

① 荣德生：《乐农自订行年纪事》"1936年条"，第129页。

一，中央政府掌握了国内货币铸造发行权，进一步强化国民政府对整个金融业的控制，并为最终的集中发行权、统制全国金融埋下伏笔。

回顾民国成立以来银行与政府的关系，不难发现：南京国民政府成立后，取得金融界的合作是其一项关键举措，"不特筹措军费政费容易，且获增加人民拥护政府之热忱"①。华资银行业一度被要求提供资金支持，同时也从大量购买政府公债中获利。但以后，国民政府一直试图加强对银行的控制，使之纳入国民经济管理的范畴，但银行在业务经营上仍希望走独立发展道路，这为当权者所不悦，导致两者在 1932 年的"公债风潮"中交恶，并促使政府进行公债整理。在1934 至 1935 年经济衰落、金融恐慌时，孔祥熙不仅未向工商企业多拨一分贷款予以救济，反而操纵实业家和商人，成功地"把他们的不满转向银行家发泄"。如此做的目的，是煽动工商企业家与银行家之间的矛盾，以此压迫银行并最后控制之，从而建立全国范围内的垄断金融体系。此次荣氏对银行的不满和舆论对银行的问责，提供了一次难得的契机。

在 1935 年 3 月初孔祥熙来沪会商救济办法之前，曾与宋子文联袂赴汉口谒见蒋介石。此行之目的，据事后宋子文对外宣称，是"商议 1935 年度预算，已大致就绪"。②但据学者研究，正是在此次谒蒋时，孔、宋两人提出了吞并中交两行的意见和办法，早对银行界不满的蒋氏极为赞成。经济学家千家驹认为，这一计划甚至可能是蒋"自己最先提出的"。③

3 月 20 日，国民党中央政治会议以救济金融为名，通过发行一亿元公债的决议。22 日，蒋介石给孔祥熙发来密电："国家社会皆濒破产，致此之由，其结症乃在金融币制与发行之不能统一……只有使三行（指中央、中国、交通三家银行）绝对听命于中央，彻底合作，乃为国家民族唯一之生路。"④ 23 日，孔氏认为时机成熟，利用银行未响应负责贷款救济窘困商业这一藉口，以一亿元金融公债作为官股，分别拨充中央、中国、交通三家银行，使政府取得绝对控股地位，巧取了中国、交通两家银行的控制权力。接着，中央银行团购买了三家重要商业银行——中国通商、四明和中国实业等银行的大量银行券，然后突然要求这些银行兑现。当这些银行无法兑现时，就只能乖乖听命于官方银行团的控制。在此前后，南京国民政府也通过几乎同样的手法，将河南、湖北、安徽以及江西四省农

① 姚崧龄编：《张公权先生年谱初稿》，（台北）传记文学出版社，1982 年，第 78 页。
② 《国闻周报》第十二卷第九期，1935 年 3 月。
③ 千家驹：《旧中国发行公债史的研究》，《历史研究》1955 年第 2 期。
④ 中国银行、中国第二历史档案馆：《中国银行行史资料汇编》上编，档案出版社，1991 年，第385 页。

民银行以注入官股的形式，改组成了受政府控制的中国农民银行；并且也先后改组了中央信托局和邮政储蓄金汇业局两个金融机构。国有经济政策在国家金融体系中得到了完整的体现。

这样，政府很快取得对银行业的完全支配权，掌握国家全部银行资本的大约70%。[①] 有的研究在将国家行、局、省、市银行的资产统计运算后，得出官僚金融资本占到全部银行业资产的74%的结论。[②] 此后，华资银行业与国民政府的关系，由以往武力潜威胁之下的平等合作，渐变为政府掌控的官令商从的上下级关系。

然而，政府掌控三大银行的目的，是为了"用他们的资财弥补政府的亏空，并不是为困窘的工商业扩增贷款"[③]。国民政府接管三行后，"中央银行团仍然没有像孔氏原来许诺的那样，对银行界发放补助性贷款"，这"最具有讽刺意味"。[④] 延至6月上旬，在对华资银行业彻底改组后，财政部才向上海金融业拨出国库凭证2000万元，作为救济工商业放款的保证。[⑤] 此时，距申七危机过去已近三个月。

## 事件之外

申七拍卖案，原本只是荣氏与汇丰之间的一个经济纠纷。汇丰方面，无力还贷就拍卖抵押品，这种想法并无大错，只是不经法院而擅自拍卖，实属狂悖无理；在荣氏方面，认为借贷好商量，做生意也要讲人情。然而，在特殊的时代背景之下，决定企业命运的往往是更复杂的社会经济因素，从中凸显出企业、政府、银行三者之间错综复杂的利益纠葛关系。

整个二三十年代，申新纺织系统实现了大规模的扩张，但这一扩张是以兼并形式为主的资本集中和生产集中，具体做法是主要采取租办和收买的方式。至1932年，申新系共增加纱锭3.2万锭，其中三分之二以上是以兼并、收买其它纱厂而来的。若按历年收买和租用部分的比重来看，1922至1924年，收买和租

---

[①] 【美】易劳逸：《流产的革命：1927—1937年国民党统治下的中国》，第282页。

[②] 参见许涤新、吴承明主编《中国资本主义发展史》第三卷《新民主主义革命时期的中国资本主义》，人民出版社，2003年，第85页。

[③] 【美】帕克斯·M·小科布尔：《江浙财阀与国民政府》，第130页。

[④] 【美】易劳逸：《流产的革命：1927—1937年国民党统治下的中国》，第283页。

[⑤] 《财政部致上海钱业同业公会训令（沪钱字第34号）》（1935年6月8日），上海市档案馆藏档，档号：S174－1－62。

用部分平均每年仅占总数的 6.8%；1925 至 1928 年，平均每年所占比重增至 26.3%；1929 至 1930 年再增至 34.2%；1931 年高达 50.4%。由于大规模的兼并扩充，到 1932 年，申新系统借入资金为 4374.1 万元，较 1923 年的 1166.5 万元增加 2.75 倍；同期，自有资本为 1802.2 万元，较 1923 年的 656.3 万元，增加 1.75 倍。1932 年借入资本对自有资本的比例，由 1923 年的 177.7% 增至 1932 年的 242.7%。[1] 很显然要维持这些工厂的运行，依靠其自身的资本积聚是远远不够的，唯有大举借债。

荣氏兄弟以开钱庄起家，深谙银钱业门道，所以当他们经营工厂时，对于运用金融资本杠杆自然得心应手，从中占了不少便利。除向日本东亚兴业会社、英商汇丰银行等作抵押借款外，荣家企业与中国银行、上海银行都有密切关系。荣家以申新纺织总公司的名义在上述两家银行中都有很多的投资，投资于中国银行的有 25 万元，投资于上海银行的则更多。1919 年，上海银行资本总额 100 万元，荣家就投资 20 万元，占总额 20%，以后又增加到 45 万元，是上海银行的大股东。此外，荣宗敬个人在 1931 至 1932 年两年间投资行庄 11 家，股金从两万元至六万余元不等。

荣宗敬说过，对行庄"我搭上一万股子，就可以用他们十万、二十万的资金。"[2] 荣宗敬为什么敢于向行庄大事借款，不怕债累倒闭呢？他借款用于扩大企业，有把握清偿债务。退一万步，正如荣宗敬曾对银钱界人士说过："你有银子，我有锭子，我的锭子不怕你的银子。"[3] 他还说，"真要倒，别人都要陪你倒，也决不让你倒，也就永远倒不掉。"[4] 到 1931 年底，茂、福、申新总公司向上海银行借款余额为 536.1 万元，占行庄借款总余额的 16.7%；向中国银行借款余额为 434.7 万元，占行庄借款总余额的 13.5%。[5] 上海银行对纱厂贷款总额，一半以上给了申新企业。

由此可见，申新扩展的基础并不巩固的，"在资金、技术、原料等方面离不开对政府和银行的依赖"，在发展过程中"又始终摆脱不掉被压迫被束缚的地位；而企业本身的盲目扩充，又加深了这种恶性循环的处境"。[6] 申七被汇丰银

---

[1]　许维雍、黄汉民：《荣家企业发展史》，第 87 页。

[2]　1959 年 1 月原申新总公司法律顾问过守一访问记录，《荣家企业史料》上册，第 553 页。

[3]　许维雍、黄汉民：《荣家企业发展史》，第 86 页。

[4]　参见钱钟汉《民族资本家——荣宗敬、荣德生》，《江苏文史资料选辑》第二辑，江苏人民出版社，1963 年，第 136 页。

[5]　许维雍、黄汉民：《荣家企业发展史》，第 86 页。

[6]　许维雍、黄汉民：《荣家企业发展史》，第 312 页。

行拍卖事件，即是此种矛盾的集中爆发。

不仅是荣家企业，不少民族企业都遭遇了类似的悲惨命运。据统计，1932至1936年，中国民族纱厂发生出租、改组、拍卖者达34家次。[①] 启东大生二厂共欠中国、交通、上海三银行借款110万余元，1936年共举行拍卖四次，始终无人投标，最后为防日人插手，只得由主要债权人中国、交通两银行接受。"在纺纱业中，北方的华新系统，也和南方的大生系统有同样的遭遇。"[②] 周学熙、杨味云创办的华新津厂所负债务竟达全部资本的62%以上，[③] 几经挣扎，于1936年被迫以120万元售与日商钟渊公司，改为"公大七厂"。华新津厂总技师桂步骢（季桓）说："曾向京棉统会求救济要求五十万加入股份被拒绝，向银行贷款亦无望，社会局虽调查劝勿卖日人，但亦无法援助！"[④] 已经退隐的创厂元老杨味云得知这一消息后，极感愤慨，向全国经济委员会棉业统制会呼吁制止，未果，无奈只能以新闻采访方式在沪登报，表明反对态度。[⑤] 同年冬，唐山华新纱厂也被迫与日本东洋株式会社商洽"合办"；"后来日军进入河南，卫辉华新纱厂也被迫与日商'合作'"。"华北微弱的棉纺织业遂被一网打尽"。[⑥]

在"申七拍卖案"事件发生前后，企业固然有经营方法失当以至于资金链断裂的缺陷，银行固然因为过于保守而应受到一定程度的批评，却不能对其过多谴责，应追问的是掌握整个社会政治经济发展的政府部门的义务和责任。

当时就有人指出："当申新七厂被汇丰拍卖之初，社会固亦一度震惊，政府当局及金融界亦纷言救济矣，乃事过境迁，所谓救济云者何有？援助者又何有？亡羊既不补牢，临渴何从掘井，此后纱厂之停工及倒闭，乃踵相接，此时社会既熟视无睹，政府亦无暇顾及，健忘心理，令人悖然。"[⑦] 当申七拍卖案尘埃落定以后，荣宗敬不由感叹："实业部救济高唱已届三年，而于事实则百无一补。"[⑧] 民族企业是中国国民经济的希望所系，同时也是虎视眈眈的外国资本处心积虑打压的对象，但正是由于政府没有对社会经济发展做出科学合理的长远规划，而只

---

① 严中平：《中国棉纺织史稿》，科学出版社，1963年，第231页。

② 汪敬虞：《第二次国内革命战争时期的中国民族工业》，《新建设》1953年第12期。

③ 严中平：《中国棉纺织史稿》，第232页。

④ 陈真编：《中国近代工业史资料》第四辑，生活·读书·新知三联书店，1961年，第233页。

⑤ 杨通谊：《无锡杨氏与中国棉纺业的关系》，《双松百年》，杨世纯、杨世缄主编，中国社会出版社，2006年，第275页。

⑥ 周志俊：《青岛华新纱厂概况和华北棉纺业一瞥》，《工商经济史料丛刊》第一辑，文史资料出版社，1983年，第23页。

⑦ 《今年纱厂停工之总清算》，《大美晚报》1935年8月4日。

⑧ 上海《中华日报》1936年7月10日。

是临时性的救济整理甚或置若罔闻，结果在1931至1936年间，"日本在华或吞并华厂，或积极扩张，五年内在上海、天津、青岛三个最大的棉纺织中心，日本都已取得了或强化了超越华商的优势地位"。[①] 特别是在上海，经过近半个世纪的苦心经营，日本形成了庞大的经济势力，到1936年底总投资达到46838万日元[②]，占日本在华（不含东北）资本的51%。[③]

不过，从深层次探究，无论是1934年陈公博执意"整理"申新，还是1935年"申七拍卖案"国民政府未施援手，除却国民党要人攫取申新资产、以图私利的原因之外，其实这也由当时国民党的国有政策有着密切的联系。

南京政府国有经济政策的形成，最早可溯源自孙中山"三民主义"中的民生主义理论。在民生主义基本思想中，孙中山非常明确地提出了发展国有经济的思想，"一面图国家富强，一面当防资本家垄断之流弊。"[④] 早在1912年孙中山在上海会见外国记者时就明确提出："铁道国有、运河国有、航路国有以及大商业国有各制"[⑤]，则必须而且也一定能行之于中国。在以后的一系列文章、谈话、演讲中，他又多次强调，"中国今日单是节制资本，仍恐不足以解决民生问题，必要加以制造国家资本，才可解决之。何谓制造国家资本呢？就是发展国家实业。"[⑥] 从以上的论述中可以看出，民生主义的核心思想之一就是"节制私人资本，发达国家资本"。所谓既要节制私人资本，又要发达国家资本，是孙中山看到了西方资本主义在其发展过程中，一方面造就了人类社会前所未有的繁荣，但另一方面也带来了贫富分化、私人大资本垄断等社会问题，因此他想通过国家的作用，通过建立国家资本主义，达到既发展现代经济，但又避免各种弊病发生的基本目的。

二十世纪三十年代，在经历了财政的整顿建设以及国有金融体系的建立之后，同时也在当时国内外现实形势变化发展的推动下，南京政府经济政策的重心开始转向建立以基础工业和资源工业为中心的国有交通、工矿企业的建设上。1928年8月，工商部长孔祥熙在国民党二届五中全会上就提出兴办国家资本工业的方针，把钢铁、机器、水电、纺织、化工、制盐、造纸等工业列入了由政府投

---

① 严中平：《中国棉纺织史稿》，第223页。
② 吴承明：《帝国主义在旧中国的投资》，人民出版社，1955年，第157页。
③ 张肖梅：《日本对沪投资》序，1937年，第6－7页。
④ 王耿雄编：《孙中山史事详录（1911－1913）》，天津人民出版社，1986年，第250页。
⑤ 《西报记者记孙逸仙之革命谈》，《时报》1912年4月5日。
⑥ 孙中山：《国民党恳亲大会纪念册序》，《民国日报》1921年3月19日；孙中山：《中国实业如何能发展》，《孙中山全集》第五卷，中华书局，1985年，第135页。

资创办的范围。这是执政后的国民党对建立国有工业政策的最初设想。同年 11 月 7 日，国民党中央政治会议原则通过了由孙科提出的《建设大纲草案》。在战前南京国民政府的经济政策文献中，这是一个十分重要的文件。其中有关国有经济政策方面的内容主要体现在下列三个方面：第一是"凡关系全国之交通事业，如铁路、国道、电报、电话、无线电等；有独占性质之公用事业，如水电、商港、市街、城市公用事业等；关系国家之前途之基本工业，如钢铁业、基本化学工业、大煤矿等，悉由国家经营之"；第二是"国营事业（国有产业）中有属于地方性质者，国民政府得委诸地方政府经营管理之"；第三是"国营事业（国有产业）在可能范围内应尽量采用公司管理制"。[1] 值得指出的是，此后，在历次有关讨论经济建设方针的国民党的重要会议上，以及会议的有关决议案中，国有经济政策始终成为其中一项不可或缺的重要内容。

说起民国经济，宋子文绝对是一个绕不过去的人物。民国时期的财税、金融乃至整个国民经济体系的形成，他都担当了一个类似于"创建者"的重要角色。他早年曾留学美国，获得哥伦比亚大学经济学博士学位，一度是自由主义经济的尊崇者，但是自 1928 年 1 月首次出任财政部长后，面临中国严峻的经济形势，他对自由主义经济模式产生了动摇。九一八事变后，随着日军侵略的加剧，宋子文的经济思想逐步转向统制经济，他更加认为"要发展中国的经济，抵御日本的入侵，中央政府必须要有一个统一的组织和规划"。[2]

1933 年宋子文参加完世界经济会议后进行了一次欧美之旅行，美国当时实施的罗斯福新政让他倍加推崇，更加坚定了其实行统制经济的计划。宋子文认为："厉行统制经济，近世经济趋势均有此倾向。我国现时经济疲敝，都市虽似乎繁荣，农村则日有破产之虞，欲图复兴，务使各生产部门均能作有计划之生产，非统制不足收合作之效。"[3]

1933 年 11 月宋子文辞职后，改为主持全国经济委员会。他力图将其变成为一个"统筹全国经济事业的总机关"，继续实践其统制经济的思想。1934 年 5 月成立了中国建设银公司，1935 年又担任中国银行董事长。他利用工商业贷款来支配企业，夺取企业的经营管理权。促使宋子文意欲侵吞申新，他与荣宗敬间的私人怨恨只是其中一个动因，更为重要的原因是宋子文将此举作为实践其统制经济

　① 孙科：《建设大纲草案及其说明》，《革命文献》第二十二辑，（台北）中央文物供应社，1960 年，第 368 页。

　② 郑会欣：《战前统制经济学说的讨论及其实践》，《南京大学学报》，2006 年第 1 期。

　③ 转引自李菊时《统制经济之理论与实践》，上海新中国建设学会，1934 年，第 596 页。

思想的一个步骤。宋子文的野心不止是鲸吞申新，同一年陷入困境的永安纱厂也遭到宋子文的觊觎。1937 年宋子文掌控的纺织厂达 15 个，共有 35 万纺锭，占全国民族纺织资本的 13% 。

上海银行的反对在破坏宋子文攫取申新计划的过程中起了至关重要的作用。上海银行是由陈光甫创设的完全没有官股的私营商业银行。上海银行成立于 1915 年，起初只有资本 10 万元，被称为“小小银行”。这间起初只有七名职员的“小小银行”在陈光甫的领导下，以“辅助工商，服务社会”为方针，发展成为著名的南三行之一。陈光甫的上海银行曾经常借款给孔祥熙和宋子文买卖股票，又是南京政府公债的主要承购者之一，并经常放款给政府，因此陈光甫与南京政府关系密切。1927 年 3 月，陈光甫受邀任江苏兼上海财政委员会主任，南京政府成立后又任中央银行董事、中国银行常务董事、上海市临时参议员等。1932 年 10 月宋子文在全国经济委员会下设立了棉业统制委员会，这是中国第一个冠以“统制”之名的机构，陈光甫应宋子文之邀担任该委员会主任。这样的身份使陈光甫能够有力量与宋子文抗衡。

陈光甫之所以反对宋子文，一方面出于与荣宗敬的交情而帮助申新，另一方面如果按照宋子文的计划，与申新关系紧密的上海银行将损失颇大。从更深层次而言，陈光甫是统制经济的反对者，他主张政府不干涉的自由经济模型，他认为官僚主义和政府干预都不利于自由竞争，不利于商业资本的发展，他曾经这样评价罗斯福新政：“自由竞争，优胜劣败，乃天地之法则。政府横加干涉，则违反自然。罗斯福搞‘新政’，是不得人心的，虽然他也是不得己而为之。”[1] 1935 年，中国银行改组，南京政府对银行的政策逐步由不干涉政策转向统制主义，中国银行的改组预示着统制主义时代的到来，陈光甫曾对此表示感叹：“政府已自不干涉状态，进而为统制主义”。陈光甫强大的人脉关系及对政府统制经济政策的敏感，是其能够识破宋子文攫取申新计划并成功阻止的重要原因之一。[2]

不可否认，自从南京政府成立起，中国迎来了一个高速增长的阶段。1927 年至 1936 年间，中国工业（除东北外）以年率 6.7% 的速度增长，发电量增加了一倍。特别是 1930 年至 1936 年间，中国工业增长率达到 7.7% 以上。1937 年全国主要工业品的产量为：电力 153.3 万度，煤 2 万吨，净钨砂 11926 吨，锑

---

[1]　杨桂和：《金融企业家陈光甫》，《文史资料选编》第 29 辑，北京出版社，1986 年，第 131 页。

[2]　菊池敏夫：《20 世纪 30 年代的金融危机与申新纺织公司》，《上海——多层性的网络组织》，日本上海史研究会编，汲古书院，2000 年，第 179 页。

14597 吨，精铜 9 吨，铁砂 6313 吨，电讯机 425 具。[1] 这十年，工农业总产值达到民国肇建以来的最高水平，工业生产在跌宕起伏中有所发展，发轫于二十世纪二十年代的针织、丝织、染织、印染、毛纺织等工业长足发展，而且产生了一批新兴行业，如电器用具工业、电机工业、染料工业、酒精工业、酸碱工业等。相比之下，美国等西方主要资本主义国家经济滑坡，在经济大萧条中苦苦挣扎。有史学家把这十年称为"黄金十年"。

不过，这十年又是国家强力干预经济的十年，是统制经济的十年，是民族资本饱受压抑的十年。随着越来越多工厂投入政府怀抱，国民政府萌生了成立大批专业公司来实施统制经济的意图。尽管这一计划虽因抗战爆发而未及全面实施，但却为抗战时期国家迅速进入战时状态并进而实施全面统制经济做出了必要的准备，国有经济也随之越来越膨胀。据许涤新、吴承明在《中国资本主义发展史》一书中的研究，到1936年，中央政府控制的国营工业资本总额达到 1.16 亿元，地方政府所经营的工矿业资本总额为 1.13 亿元。[2]

有研究者认为，国民政府一直谋求的是国家对经济生活的垄断，"旧中国国家垄断资本主义的发生，显然不是民族资本主义经济发展所提出的历史要求，它的发生恰恰打断了民族资本主义向上的、合乎规律的发展，强行将后者全面控制起来，使之成为国民党政权的依附物。"[3] 从这个角度而言，申七事件"是官僚资本利用纺织业大萧条的机会……对民族资本的棉纺织厂进行兼并"。[4] 从另一层面而言，国民政府统制全国经济统制早在 1932 年就萌生，申七风潮无意中成为事实上的导火索，"虽然未及全面实施，但却为抗战爆发后国家迅速进入战时状态并进而实施全面统制经济做出了必要的准备，向时它更为加强国家对全国财经命脉的全面掌控以及国家资本的进一步扩大与垄断奠定了基础"[5]。抗战胜利后，统制经济的全面实施，更成了民族工商业的噩梦。

---

[1] 冯精志编著：《辛亥百年图志》上册，二十一世纪出版社，2011 年，第 214－215 页。

[2] 许涤新、吴承明：《中国资本主义发展史》第三卷，人民出版社，1993 年，第 748 页。

[3] 参见杜恂诚著《民族资本主义与旧中国政府（1840－1937）》，上海社会科学院出版社，1991 年，第 276 页。

[4] 参见陈耀廷《从申新七厂拍卖事件说起》，《中国近代纺织史研究资料汇编》第八辑，1990 年，第 39 页。

[5] 郑会欣：《战前"统制经济"学说的讨论及其实践》，《南京大学学报》2006 年第 1 期。

# 1936 年：背负枷锁的奔跑

　　世界经济危机的暴风雨袭来，民族工商业哀鸿一片。在无锡，雄居产业之首的缫丝业盛极而衰，更是损失惨重。

　　薛寿萱和他的薛氏企业迎风而上，摆脱洋行控制，对外开展直接贸易，产品成功地登陆美国本土，进而将市场扩张到欧洲，成就了一段当时中国企业界绝无仅有的传奇故事。

　　四周漆黑，乌云压顶。普通人在窒息下苟活，勇敢者则选择背负枷锁的奔跑，尽管是在漫漫黑夜。

　　小小锡城，正因为有了这样一批勇敢者，近代工业开拓前进，逆势上扬，成为中国经济的一道亮丽风景线。

## 巅峰时期的不祥气息

当荣氏兄弟在上海为化解申新债务问题而四处奔走之际，在他们的故乡无锡，民族工商业在经济危机的冲击下，同样是哀鸿一片。特别是雄居产业之首的缫丝业，更是损失惨重。

无锡的近代工业发轫于十九世纪末，到民国成立后，纺织、缫丝、面粉三大产业格局已基本形成，并一直延续到三十年代。缫丝业的发展更为迅速，在三十年代初进入发展巅峰。"缫丝工厂迩年来风起云涌，纷纷设立。计无锡现已成立缫丝工厂四十五处，而正在鸠工建筑者，尚甚多多也。"① 据 1930 年 4 月出版的《无锡年鉴》记载：1929 年，无锡全县有丝厂 45 家，丝车总数 12706 台，年产生丝 21210 担，总值 2201 万两。② 无锡由此成为全国重要的缫丝行业集聚地和生

---

①　无锡县政府、无锡市政筹备处编：《无锡年鉴（第一回）》，1930 年。见《民国时期无锡年鉴资料选编》，无锡市地方志办公室、无锡市图书馆编，广陵书社，2009 年，第 222 页。

②　无锡县政府、无锡市政筹备处编：《无锡年鉴（第一回）》，1930 年。见《民国时期无锡年鉴资料选编》，第 227－228 页。

丝出口品加工基地之一，在全国缫丝工业中占有举足轻重的地位，被誉为中国的"丝都"。

1930 年，无锡缫丝业步上巅峰时期，但当时的报道却灵敏地嗅到了其间的不祥气息，预测它已面临"盛极而衰"的局面。①

这一预测，无疑是有相当预见性的，乌云压城，暴风雨即将来临。1929 年秋，美国爆发了经济危机，并向各国蔓延，国际市场丝价剧烈跌落。在美国市场，1928 年每磅华丝价格为 5.03 美元，1929 年跌落为 4.56 美元，1930 年后的几年中，丝价持续下泻，跌落的幅度日益扩大，到 1934 年最低时只有 1.21 美元，仅及 1928 年丝价的 24%。② 与此同时，国际市场生丝需求量急剧减少，兼以 1929 年以后主要资本主义国家相继高筑关税壁垒，对进口商品征收高额进口税。如原来生丝进口免税的美国，这时也开始征收 25% 以上的蚕丝进口税，这对华丝输出无异雪上加霜。中国生丝出口在 1929 年达最高峰，为 189980 海关担，此后逐年下降，1930 年为 151429 海关担，1931 年为 136186 海关担，到 1931、1932 年更降到 8 万海关担以下。③

面对这样倾泻不已的世界丝价冲击，资本不足、器械不良的民族缫丝工业立即陷入手足无措的境地，出现厂丝售价反低于生产成本的反常现象。无锡的缫丝工业，迅速被不景气现象所笼罩。1929 年全县共有缫丝厂 45 家，丝车 12706 部，产丝 26666 担，价值 3733.34 万元，全县共有养蚕户 161809 家，桑田 251037 亩，产茧 240000 担，价值 1200 万元。1930 年初结账后，全县"不待年终已停工者有德盛、标农、天成、纬成等五家。"④"因丝价低落，各丝厂能获盈余者如凤毛麟角，但因亏蚀过甚而提前停业者，则有三四家之多。"⑤

1930 年 3 月以后，丝市下跌之势凶猛，大有江河日下、一泻千里之概。丝厂业"外感欧美市场之猛跌，日丝竞销之影响，内受茧产之薄弱，成本之高昂，处处牵制，步步打击，致厂不论新旧，范围不论大小，莫不焦头烂额"⑥。据当年10 月间有关记载：无锡全县开工生产的 48 家丝厂，平均每家约须亏蚀二三百金；丝厂资本总额约共 250 万元，仅经五六个月的剧烈亏蚀，各厂消耗总额已达 400

---

① 《锡报》1930 年 1 月 18 日。
② 资料来源：《十年来之蚕丝事业》，《十年来之中国经济》上册，南京古旧书店 1990 年影印版，第C3 页。
③ 高景岳、严学熙编：《近代无锡蚕丝业资料选辑》，江苏人民出版社、江苏古籍出版社，1987 年，第 220 页。
④ 《锡报》1930 年 1 月 18 日。
⑤ 《锡报》1930 年 1 月 30 日。
⑥ 《锡报》1930 年 11 月 3 日。

万元以上，超出资本总额几及一倍半。① 连做余茧在内，亏折额达到 600 万元之巨。② 丝厂停工接踵而至，厂主惶惶不可终日，振艺、协记兼协胜丝厂经理许受益对《锡报》记者说："此次丝市之不景气，实为数十年来所未有，考其惨落原因，实系全世界经济之同样恐慌所致。因欧美各国均感生产过剩，物价低落，而美国失业工人已达五百万之多。丝绸厂所出之绸，销路大减，遂纷纷倒闭。于是新大陆市场，进口毫无，此为丝市惨落之大原因。""外感欧美市场之猛跌，日丝竞销之影响；内受茧产之薄弱，成本之高昂，处处牵制，步步打击。致使厂不论新旧，范围不论大小，莫不焦头烂额。"③

1931 年的情况仍然是险象丛生。"自去年以来，停闭之丝厂已有瑞丰、永恒丰、德大裕、锦泰、大丰、德丰等十五六家，现存者仅三十余家，失业工人已达二万余人。"④ 32 家丝厂的营业资本总共不过 141 万两，而亏损额合计却达 176 万两。⑤ 现存的丝厂营业更趋困顿，时开时歇，当年能长期维持开工的丝厂只剩有 13 家。⑥

为了拯救濒临破产的缫丝工业，国民政府财政部在这一年初批准了江浙沪丝商的请求，发行厂丝公债 800 万元，从中提出 200 万元作为治本基金，即作为江浙两省改良蚕种之用。剩下 600 万元扣除公债券印刷费 20 万之后，余下 580 万元即分配给江浙沪三地缫丝厂，每部车大约可摊到公债 140 元。⑦ 1932 年，国民政府又允许推销陈厂丝每包补助银 100 两，并免征出口税和特捐。不过，外销疲滞，虽有救济，也难奏实效。纽约市场 B 级白厂丝价格只合华银 445 两，里昂、伦敦 A 级厂丝也不满 600 两，而工厂生产成本须 1000 两左右，⑧ 厂丝成本与售价的差额扩大到 400 两左右。

1932 年，在无锡，"至春茧上市前，勉强开工的亦仅永泰、华新、乾牲三厂"。⑨稍后因欧洲市场略现松动，开工丝厂陆续增至 21 家，但大多是代人缫制

---

① 《工商半月刊》第二卷第二十期，1930 年 10 月。

② 《锡报》1931 年 1 月 8 日。

③ 《锡报》1930 年 11 月 3 日。

④ 《锡报》1931 年 6 月 15 日。

⑤ 《无锡丝厂调查册》（民国二十年七月），转引自张国辉《甲午战后四十年间中国现代缫丝工业的发展和不发展》，《中国经济史研究》1989 年第 1 期。

⑥ 《江苏全省缫丝业之鸟瞰》，《国际贸易导报》第四卷第八号，1933 年 1 月。

⑦ 《锡报》1931 年 1 月 9 日。《新无锡》报 1931 年 1 月 26 日。

⑧ 《上海丝业同业公会呈上海市党部文》（1932 年 7 月 6 日），《纺织周刊》第二卷第二十一期，1932 年 6 月。

⑨ 《工商半月刊》第五卷第一号，1933 年 1 月。

陈丝、陈茧，一待茧尽，仍归于停歇。① 据 1932 年 11 月国民政府实业部调查，"无锡 49 家丝厂中，停业者却占 32 家，开业者 17 家。""无锡开工之 17 家丝厂，其资本总额共计 41.63 万元，丝车 6104 部，工人共计 15288 名。"②

进入 1933 年以后，国际市场丝价毫无转机，再见跌落，其售价之低为历史上所未有，每磅华丝仅值一美元多。上海丝价因之较前一年平均又降落 37%。③1934 年厂丝出口竟降至 5.4 万担，成为历史上我国生丝出口量最低的年头。④ 无锡缫丝工业几乎濒临全面破产，1933 年全县 50 家丝厂开工 35 家，丝车 10727 部，没有开工的为 15 家，占总数的 30%，关闭丝车 3996 部，占全县缫车总数的 20.72%。⑤ "迨秋茧上市之际，丝价益形不振，冬间更一落千丈，每担合华币五百余元，为从来未有之低价，各厂本属风雨飘摇，经此惨跌，安能维持。纷纷宣告闭歇者二十余家，目下勉强工作各厂，亦皆岌岌可危。"⑥ 到 1934 年，春秋两季收到的茧子仅五万多担，只有以前的四分之一，到这时"丝业勉强支持者只十三、四家了"。⑦

在这场全球性经济大危机的冲击下，无锡缫丝工业或"搁浅"，或停车，有些丝厂主甚至倾家荡产。无锡地方报纸上迭有记载——

振艺丝厂许稻荪在经济危机来临前夕，有存丝 320 担。当时上海洋行开价每担生丝 1980 两纹银，他执意要卖 2000 两银子，结果没有成交。后来，国际生丝市场丝价惨跌至 360 两左右。振艺丝厂蚀本甚巨，不久即倒闭。

梨花庄德沅丝厂倒闭后，拖欠工人工资，厂主李云初不得不用槐树巷私人住宅向元昌钱庄抵押借得白银 5000 两发放欠资。泰新丝厂倒闭后，亏欠工资 4450元，经理只能出售周山浜私人住宅以清付工资、煤款及零星茧款。

1933 年 11 月，惠生丝厂厂主兼经理奚惠安破产潜逃，所欠债款及工资无法清理，工人生活无着，聚众索取。最后以奚在惠昌丝厂的股本 2500 元拆出，再由惠昌丝厂垫借 500 元，才解决工资和零星茧款。同年 12 月，庆昌丝厂又倒闭，全厂职工都告失业。

---

① 《纺织周刊》第二卷第三十四期，1932 年 9 月；《工商半月刊》第四卷第十九期，1932 年 10 月。
② 钱耀兴主编：《无锡市丝绸工业志》，上海人民出版社，1990 年，第 412 页。
③ 中国银行总管理处：《中国银行民国二十三年度营业报告》，1935 年，第 36 页。
④ 张国辉：《甲午战后四十年间中国现代缫丝工业的发展和不发展》，《中国经济史研究》1989 年第 1 期。
⑤ 王赓唐、章振华：《1929—1933 年世界经济危机冲击下的无锡缫丝工业》，《江苏省中国现代史学会 1982 年学术讨论会论文选》，江苏省中国现代史学会编，江苏人民出版社，第 20 页。
⑥ 《锡报》1934 年 1 月 1 日。
⑦ 《锡报》1935 年 1 月 1 日。

缫丝业的衰落，也严重影响到普通民众赖以生计的蚕茧业。1927 年无锡全县桑田约有 37.8 万亩，1930 年约 25.1 万亩，1931 年减至 15 万亩，1932 年只剩 8.4 万亩，只相当于 1927 年的 22%。另有专家估计，三十年代蚕业危机期间无锡桑田面积大约减少一半。① 同样，当危机来临时，向丝厂提供营运资本贷款的钱庄业也受到冲击，当时无锡 16 家钱庄，因丝业惨败而倒闭的有 10 家之多。②

## 背负枷锁的奔跑

那么，在这场覆顶之灾之前，作为无锡缫丝工业"龙头大哥"的永泰丝厂，又是怎样的情形呢？

其实，当这次危机刚刚蔓延到我国之时，永泰丝厂同样没有察觉到"危机"两字背后强大的破坏力。1930 年，永泰丝厂争购秋茧时，把鲜茧抬高到每担 100 至 110 元，统扯每担 80 元以上。收进秋茧后不久，危机袭来，丝价大跌，永泰大亏其本。经理薛润培忧心忡忡地说："把现金全都蚀光了"。薛寿萱有点措手不及，无奈之下只得暂时关闭永泰、锦记丝厂，收缩华新制丝养成所业务，职工工资实行七五折发放。永泰蚕事部也宣告结束。

不过，多年改革的功效很快就显现出来，永泰丝厂迅速恢复了元气，并成功地抵御住了经济危机的冲击，形成了众枯独荣的局面。

1932 年春，无锡全县 500 余家茧行，仅有 15 家还在开秤收茧。茧价也只有每担 20 元左右，不及 1929 年的三成，可谓惨跌。由于茧价之低空前，永泰丝厂抓住机遇，大胆出手，以厂基和薛家田单等向银钱业押款，在无锡、溧阳、湖州、嘉兴、常州、宜兴等地低价收茧六七万担。同年秋茧后，国际生丝市场出现暂时性的松动，国际生丝市场略有回升，丝价从春天每担 500 两左右，回升到 600 至 700 两之间，抢先一步取得廉价原料的永泰丝厂从中取得了独好的利润。而且，当年秋茧后，华新制丝养成所又得到了全国经济委员会的批准，为其代缫包销所征收的全部秋茧，取得了优厚的利润。

即使面临重重经济危机，薛寿萱始终没有放弃对生产设备的改造与更新。就是在这一年，向农本局借得 15 万元，将永吉、永盛两丝厂 492 台坐缫车改装为多绪立缫车，并将两厂合并为一个厂。至此，永泰系已拥有多绪立缫车 864 台，同时变传统丝厂单班制生产为两班制，即形成了相当于 1728 台多绪立缫丝车开

① 《江苏建设月刊》第四卷第二期，1937 年 2 月。
② 钱耀兴主编：《无锡市丝绸工业志》，第 413 页。

单班的生产能力。而且，每车由五绪增至二十绪，生产能力又提高四倍。这样一来，864 台立缲车相当于 6912 台复摇坐缲车开单班的生产能力。

在随后的两年间，尽管经济危机仍然没有离去，但已经从危机中恢复元气的永泰丝厂，步入了正常轨道。1933 年，永泰和锦记复工。1934 年，收回隆昌、永盛，又租进了民丰，这样，永泰系丝厂又恢复到六家厂的规模，丝车增加到 2400 台，占无锡全部丝车设备的五分之一，职工五六千人，还在上海设立出口部。在无锡，在全国缲丝工业界，薛寿萱已是一骑绝尘。此后世界经济危机开始消退，全球生丝需求量开始缓慢回升，永泰丝厂扩大生丝出口。1936 至 1937 年间，永泰出口自产或代理外销的生丝总计约 25000 包，占上海口岸出口华丝总额之半。①

薛寿萱的留学经历，使他具有高于其他同业的眼光。他清晰地认识到，要想在世界经济危机中站稳脚跟，并获得稳定健康的发展，必须打破生丝间接出口的樊篱，实现产品直接运销海外。

近代中国蚕丝的输出，从起步之初就由外国洋行控制。据日本《清国蚕丝业一斑》（1911 年 3 月）统计，1909 年至 1910 年间，各国在华收购生丝的洋行有 29 家之多。生丝质量检验没有明确统一的标准，完全由洋行判定，洋行往往竭力压低生丝等级。遇到国际丝市低落，洋行百般挑剔，苛刻要求，动辄以"停收"、"退货"相要挟，压低生丝等级。华商厂丝在国外再检验时，常常出现"低级丝"质量反优于高级丝的情况。而且，收购价格同样受到洋行"箝制"。按照商业惯例，签订合同以后，无论市价涨落，洋行应以合同价格支付货款，厂方则按合同规格交货。事实上，华商丝厂到期交货，若丝价已经上涨，洋行当然并不会按新市价结算；若丝市下落，洋行便在生丝质量方面吹毛求疵，诈取"赔偿"或迫使丝厂降价出售，吃亏的始终是华商丝厂。"银货两讫"这四个字反应了贸易的一般原则，即一手交钱，一手交货。而洋行购买华丝并非如此。华商丝厂必须先向外商送交厂丝，待检验合格后再送外轮，直至外轮起锚，洋行可以做到押款，才支付货款。中外贸易之不平等程度莫甚于此。据测算，外国洋行三十年代经营华丝出口的利润率高达 11.1－34.1%。② 这还不包括克扣磅量、结汇折扣、拖延结算等巧取豪夺，以及收取检验费、外商银行、保险公司、航运公司的汇兑利息、保险费、运输费等等。

---

① 姜恒雄主编：《中国企业发展简史》上卷，西苑出版社，2001 年，第 240 页。
② 张迪恩：《外国洋行垄断生丝输出对上海地区丝厂业的影响（1894－1937）》，《中国经济史研究》1986 年第 1 期。

此外，洋行还利用单方面的保证制度和领事裁判权，公然勒索中国丝厂。1928 年，法国百利洋行囤积生丝跌价而遭受损失，借口裕昌丝厂半年前售出的生丝质量与保单不符，强行退货，并诉诸法租界法院，判处裕昌丝厂赔偿 7.4 万法郎。1930 年，福利洋行以同样的手法，拒收乾牲、源康两丝厂的生丝，不仅拒付毁约金，而且对以前收购该两厂的生丝强行索赔 1.2 万法郎。①

这样，在洋行把持生丝出口的情况下，中国的丝厂商对国际生丝市场的动态几乎一无所知，仅能从洋行的采购量和丝价的涨落来判断行情，生产带有很大的盲目性，也难于根据市场要求改进生产，提高质量。更为可怕的是，一旦危机来临，工厂就会迅速陷于困境，难以自拔。

二三十年代许多专家学者纷纷撰文，直指间接贸易对中国生丝外贸带来的严重恶果。"我国丝茧，向无海外贸易机构之组织，所有出口，多假手外国洋行，而不能直接销售于用丝之外商，因之海外情形，无由知悉。每由洋行所操纵愚弄，此实吾国丝茧在世界市场衰落的主要原因。"② 外商洋行"对于丝厂家欺压行为，那所受的有形无形的损失，更是不堪一言。……洋行家对于丝厂家，正好比地主对于佃户一样。……丝厂家在这种情况下，纵然把产品如何改良，成本如何减小，而受洋行家的轻轻数语，又那得不失败呢？"③

"世界上无论为何种贸易，均贵乎直接！"④ 也正是从这一时期开始，上海、无锡等地少数实力较为雄厚的丝厂试图摆脱洋行的控制。1930 年，国内丝厂业一下成立了通运、纬成、虎林、景星、华通等生丝出口公司，跳过洋行自主出口生丝，其中的通运生丝股份贸易公司正是由薛寿萱联合无锡、上海等地丝厂组成的，参加的有无锡永泰丝厂、乾牲丝厂、振艺丝厂和上海瑞纶丝厂。薛自任董事长，同时由美籍华人李述初为经理。这位李述初，与其父李仁佑在美国纽约开设通运公司，代理推销华丝。

参加通运公司的丝厂可将自己的生丝产品交公司直接运往外国销售。这样，产销直接见面，可以避开洋行在中间环节的盘剥，还可避开国内同行的恶性竞销，利润可增加三成左右。1913 年，"华新"外销丝的一批 300 件生丝，在外汇结算后的纯利润，相较通过洋行销售，利润竟超过一倍以上。"成绩卓著，颇为

---

① 张迪恩：《外国洋行垄断生丝输出对上海地区丝厂业的影响（1894－1937）》，《中国经济史研究》1986 年第 1 期。

② 束以范：《我国蚕丝统制管理之我见》，《工商半月刊》第六卷第二十一号，1934 年 11 月。

③ 高景岳：《中国旧式丝厂之批评》，《钱业月刊》第十二卷第六号。高景岳、严学熙编：《近代无锡蚕丝业资料选辑》，第 244 页。

④ 孙本忠：《沪苏锡各丝厂之现状改良意见》，《江苏旬刊》第八期，1928 年 10 月。

华丝争光不少"。①

当时，国民政府商品检验局生丝检验所负责人缪钟秀与薛寿萱关系密切，薛寿萱可以直接向生丝检验所领回成批的盖好印戳的检验单，由厂里自行填写，因此"永泰"生丝销路更大。在通运公司的全部外销生丝中，永泰丝厂的产品约占80%左右，这引发了合伙人的不满和争吵，也让薛寿萱萌生了"单干"的念头。

1932年，薛寿萱委派薛祖康与留学法国的费盛伯（费福焘）去美国调查生丝情况。两人到美后，接触了美国的生丝掮客，了解到美国用户对永泰产品比较欢迎，特别是华新的"金双鹿"匀度高达94分，为其他丝厂所不及，于是建议在纽约自设公司，开展直接对美销售业务。接着，薛寿萱又亲自去美考察，拜会了纽约丝业巨头，并决定通过外国掮客直接推销永泰产品。薛寿萱回国后，随即关歇了已然成为"鸡肋"的通运公司。

1933年，永泰公司在纽约东40区34街（New York 40 East 34 street）的大厦内成立，资金五万美元。薛寿萱任经理，副经理为薛祖康，并聘请了美国法学顾问两人。公司先后聘请费盛伯和留学美国的魏菊峰任推销之责。这一招果然明显奏效，尽管美国因为经济危机影响进口生丝量骤减，但永泰公司对美的生丝出口由每月800包猛增至2000包。不久，薛寿萱又出资5000美元，在纽约生丝交易所内购得经纪人座位一个，在市场自由套购外汇。1938年，永泰公司在纽约除经营生丝交易，还进入了其他物品的交易所。

与此同时，薛寿萱还派人到英国、法国、澳大利亚等国调查生丝业务，聘定了代理商。永泰系丝厂销往英国的生丝，原是通过上海英商元泰洋行。经调查，得知元泰洋行在英国还须通过辩登转手，于是，永泰丝厂直接与辩登公司订约，由其特约经销，每月销售特种条纹丝100至150包。

当美国发源的经济危机波及中国之初，薛寿萱和薛氏企业初期虽受损失，但很快度过了难关，迅速恢复元气，并摆脱洋行控制，对外开展直接贸易，产品反而成功地登陆美国本土，并进而将市场直接扩张到欧洲市场，这在当时的中国企业界是绝无仅有的传奇故事。

在竞争中兼并，在竞争中联合，是经济发展到一定阶段的必然现象。经济尚不发达的近代中国，在二十世纪二三十年代也出现了兼并和联合。

曾游学日本学习缫丝技术的高景岳，回国后在无锡乾甡系的乾泰丝厂任工务主任，"看到无锡丝厂的无政府状态，深感于国内外竞争十分不利，产生了一个

---

① 高景岳、严学熙编：《近代无锡蚕丝业资料选辑》，第82-83页。

设想，有意把无锡丝厂组成一企业，统一经营管理。"尽管他"没有开办或直接经营丝厂，没有资金，仅是一种愿望"，还是"起草了一份集资百万元，先收五十万元，组织兴业丝茧贸易公司的计划"。① 1935 年冬天，上海丝茧业界前辈莫觞清到达无锡，大谈丝厂联合的好处，触发了薛寿萱组织产业联盟的设想。

此时，全球经济开始从大萧条中渐渐恢复，缫丝业先于其他行业复苏，"百业凋敝，惟丝业则顿见畅旺之象"②。上海方面（江浙）白厂丝出口量，1932 年为 17969 包，1933 年为 24967 包，1934 年为 10958 包，1935 年增至 38143 包，而且生丝市价也随之上涨。无锡地区缫丝工厂逐次复产，上海部分丝业主来锡租厂经营的逐渐增多。眼见同业之间的恶性竞争愈演愈烈，无锡一些实力较大的丝厂纷纷希望减少竞争，限制开工厂数，以防止对蚕茧的竞购和生丝产量增加后的竞销。因此，当薛寿萱发起组建丝业联盟之时，同城的丝业厂主纷纷响应，决定共同投资建立兴业制丝股份有限公司，并商定：一、在保持各厂独立经营权的前提下，所属各厂集中统一收购蚕茧，统一分配原茧；二、把其他丝厂，包括未开工的和已开工的，只要能够租下就全部租下，或开或停都由兴业公司统一管理，需要开工的由兴业公司投资经营；三、利用永泰丝厂的海外销售机构，直接出口生丝，增强海外市场的竞争力量，免受外国洋行的操纵和本国其他厂商的竞销。

1936 年 1 月，薛寿萱向国民政府实业部领取了实业执照，2 月 9 日在《锡报》上公开刊登《兴业制丝公司招股通告》，公开招股，表明组织兴业公司的目的是"以采办蚕茧原料，制造并推销所产各种生丝暨副产品为营业宗旨"，"兴业公司拟租赁本邑各小丝厂自行营业，此为其营业大纲"。③ 公司资本额为法币 100 万元，分 10000 股，每股 100 元。先招半数 50 万元，后又减半，实收 25 万元，都由上述各厂老板以私人名义投资。公司设董事会，薛润培担任董事长，薛寿萱任经理，薛祖康任协理，总务部、工务部、茧务部等各业务部门的负责人也都由永泰丝厂的班底组成。

春茧上市前，兴业制丝股份有限公司正式运行。当时，无锡共有 50 家丝厂，兴业公司成立后，有 36 家丝厂被归入旗下，或自营，或租赁，基本上把持了无锡的缫丝工业。除了永泰系五个厂以及其它保持相对独立经营的九个厂外，薛寿萱将当时一些生丝质量低下的小丝厂租下后全部实行关闭，而对技术设备条件较好的永昌、民丰、振元、振艺等 11 个丝厂，由兴业公司开工经营。

---

① 高景岳、严学熙编：《近代无锡蚕丝业资料选辑》，第 357－358 页。
② 《工商半月刊》第七卷第二十号，1935 年 10 月。
③ 钱耀兴主编：《无锡市丝绸工业志》，第 418 页。

薛寿萱组织力量对美、欧国家的300多家用户工厂进行了详细调查，对他们各自需要的生丝等级、规格、数量等逐一建立账卡，实行以销定产，产销见面，从而在生产中对兴业公司作出相应安排，分档次组织生产。当时，华新、永盛、永泰（立缫部）生产90－94分的高级丝，永泰（坐缫部）、锦记、民丰（一、二场）生产85－87中级丝，隆昌、民丰（三工场）生产78－81分丝，由兴业公司租办的11家丝厂则生产75－83分普通丝，以满足国外用户厂商的不同需要。

为了加强对原料的垄断，兴业公司除控制了江浙两省大小茧行外，还在皖北亳县、山东周村，以及广东、湖北等省开设茧行。兴业公司所控制的茧行最多时有632家，遍布无锡、金坛、溧阳、江阴、宜兴全境以及浙西、皖南等部分地区，建立起一个稳产优质原料茧基地。每年收春茧30万担，秋茧20万担，全年合计收茧50多万担。凡兴业公司租用的各厂所需原料，均由兴业公司统一分配调度。那些虽参加兴业公司，但仍独立经营的，其原料不足部分，可在兴业公司总数中分配。

1936年终，兴业公司结算红利，共获纯利50万元，为公司联合时实收资本的二倍；加上公司所属各厂的赢利，达到224万元。同年，永泰、锦记、华新、永盛、永吉五家薛记丝厂的利润则超过100万元，进一步增强了永泰系的实力。

兴业公司名义上是一个独立的企业集团，但其产销大权集中于薛寿萱手中，实际上成为永泰系的外围组织，或者说是它的扩大。在兴业公司中，除自有的五家丝厂外，由兴业公司租用开工的11家丝厂，都由永泰系的管理人员负责采办原料茧和进行生产，统一使用永泰生丝商标，由永泰的销售机构经销。在兴业公司获实惠最大的，恰是永泰丝厂及薛寿萱本人，从而引起了合伙者不满。在无锡，由程炳若为首的乾牲丝厂系统，无论在规模和实力方面都仅次于永泰系统，还有张子振也经营着泰丰、润康两家丝厂，他们不甘居附庸，意欲逐渐摆脱兴业公司的控制。而薛寿萱呢，也试图摆脱同行的牵制和分润，擅自将兴业公司所租赁的各厂全部并入永泰系丝厂范围，在永泰后面加上"公记"两字，一律称为永泰公记丝厂。公司内部矛盾日益激烈，趋于表面化，各方争吵激烈。1937年6月，兴业公司在分拆盈余之后，宣告解体。

兴业公司解体之后，由兴业公司租用的11家丝厂仍由薛寿萱以永泰公记名义继续租用。至此，永泰系丝厂便正式扩大到16家之多，流动资金达到120万美元，约合法币450万元以上，全部丝车达6674台，每日产丝85担，生丝总产量占整个无锡丝厂业的60%以上。永泰成为当时中国规模最大、实力最为雄厚的制丝业资本集团，薛寿萱也当之无愧地获得了"丝业大王"的美称。

与荣家的姻亲关系，对永泰的发展以及荣
家企业的壮大取得了"双赢"的效果。据永泰
丝厂工程师吕焕泰叙述："永泰系薛家和申新系
荣家是亲戚，在资金方面双方都能通融。每年
五六月份新春茧登场，丝厂急需大量用款，薛
寿萱便向岳父荣宗敬借款收茧；秋后棉花上市，
荣家的申新需款正殷，适永泰货款大批到账，
荣（宗敬）可向女婿借贷。'纱布大王'与
'缫丝巨头'相互支援，岳父和女婿紧密配合，
增强了中国民族资本中两大集团的经济实力。
在 1931 年至 1935 年中国民族工业极端困难时
期，薛、荣两家的相互配合，彼此均受大益。"①

薛寿萱

在无锡缫丝业工厂中，除了薛寿萱的永泰
系外，程炳若的乾甡系实力也不容小觑。乾甡丝厂 1909 年创设于无锡工运桥，
由孙鹤卿等合伙创设，资本 10 万两银，丝车数一度达到 800 余台，为无锡缫丝
业之冠。孙鹤卿在其内侄程炳若的支持下，先后租赁经营福昌、福纶丝厂，1926
年又联合一些商业、银钱业主合资创建五丰丝厂，从而发展为联合型的丝业集
团，丝车总数达 1386 台。1927 年北伐战争后，孙鹤卿急流勇退，逐步退出股份，
由程炳若、程绍熙兄弟等人投资。1933 年在无锡北新桥增设二厂，有新丝车 272
部。乾甡丝厂在程炳若直接经营下，重视创建名牌、技术改革和科学管理，成为
无锡缫丝工业中仅次于永泰而较为成功的一个工厂。早先的 1918 年，程炳若在
上海购得一张有"三个跳舞女"的旧照片，便以此为乾甡丝厂的商标，颇负盛
誉，称为"华丝之杰"。②

法国小说家马塞尔·普鲁斯特在他的代表作《追忆似水年华》中有句话：
当现实折过来严丝合缝地贴在我们长期的梦想上时，它盖住了梦想。二十世纪三
十年代初的中国真的仿佛一个巨大的黑色空间，四周漆黑，乌云压顶。普通人在
窒息下苟活，勇敢者则选择在背负枷锁的奔跑，尽管是在漫漫黑夜。

---

① 高景岳、严学熙编：《近代无锡蚕丝业资料选辑》，第 338 页。
② 《无锡工业调查（二）》，《统计月报》第二卷第七期，1930 年。

## 亮丽风景线

1936年，薛寿萱成为"丝业大王"，此时距离他从父亲手中接班，刚刚过去十年。

而这一年，无锡民族工业的发展，自1895年广勤纱厂创办，也已经走过四十年历程。起初的"星星之火"，目前已成燎原之势。无锡，已然成为中国工业化的耀眼明星。

从1895年起，直至辛亥革命爆发的1911年，可谓无锡民族工业发展的初始阶段。在这十多年间，无锡以机器为原动力的工业生产企业从创立到初步发展，共创办16家企业，创办资本额共约150万元，年产值估计为350万元。[①] 无锡工业化前期的结构格局由此基本奠定。

随着中华民国的建立，无锡民族工业进入了稳定的发展时期。从民国初年到第一次世界大战爆发的数年时间，因为欧洲各国卷入战火，减少对中国的商品输出和资本投入，民族工商业相应得到较快发展。到1919年，无锡有工厂78家，在全国仅次于上海（491家）、大连（146家）[②]。另有当代学者根据地方志书资料统计，到1919年无锡共有工厂90家，资本额1585万元，2.86万工人，总产值达4128万元。[③] 整个二十年代，是无锡工业发展的鼎盛期。据1930年编撰的《无锡年鉴》反映：1929年底无锡已经拥有208家工厂，资金1177万元，年产值近亿元（98829000元）。[④] 而据当代学者统计，到1929年无锡共有工厂253家，资本额2940万元，6.12万工人，总产值达10472万元。10年间平均每年新设工业企业达16.3家。[⑤] 在这阶段，不仅棉纺织、缫丝、粮食加工三大行业迅速壮大，机械、建材、化工和其他轻工行业，也有不同程度的发展。进入三十年代后，受世界经济大危机的影响，无锡民族工业的发展遇到了前所未有的困难，但仍持续发展。这一时期平均每年新设工业企业7.6家，到1936年工厂总数为294家，资本额3860万元，产业工人6.44万人，总产值达13550万元。[⑥]

---

① 严克勤、汤可可等著：《无锡近代企业和企业家研究》，黑龙江人民出版社，2003年，第4-5页。
② 数据来源：沈家五编《北洋时期工商企业统计表》附表二，《近代史资料》第58号，中国社会科学出版社，1985年，第285-289页。
③ 严克勤、汤可可等著：《无锡近代企业和企业家研究》，第6页。
④ 无锡县政府、无锡市政筹备处编：《无锡年鉴（第一回）》，1930年。见《民国时期无锡年鉴资料选编》，第234页。
⑤ 严克勤、汤可可等著：《无锡近代企业和企业家研究》，第6页。
⑥ 严克勤、汤可可等著：《无锡近代企业和企业家研究》，第6页。

自从有了民族工业，无锡在全国工业城市中一直居于前列。1913 至 1933 年的 20 年间，无锡工业资本额增长 12.9 倍，平均每年递增 13.7％，大大高于全国平均不到 8％的速度。同期，全国每百元民族资本平均年产值为 286 元，上海、天津、武汉、广州、青岛、无锡六大工业城市平均为 385.3 元，而无锡却高达 549.1 元。① 据国民政府军事委员会发表的《中国工业调查报告》统计资料，1936 年底，无锡有工厂 315 家，占全国总量的 1.7％；资本额 1407 万元，占全国总量的 2.9％。这两项指标，在上海、天津、武汉、广州、青岛和无锡这六大工业城市，都仅次于上海，位列第二。当年实现总产值 7726 万元，占全国总量的 4.8％，超过天津、武汉、青岛，排名第三；产业工人 63760 人，占全国总量的 8.1％，居上海之后排第二。② 抗战前的日本十分注重收集中国的经济情报，据他们的调查，到 1936 年底无锡拥有各类工厂 315 家，资本额近 1400 万元。③

特别令人瞩目的是，在数十年的发展过程中，少数骨干企业通过联合兼并、技术改造，生产经营规模壮大，经济实力增强，成为无锡经济发展的重要支撑，形成了荣氏、周氏、杨氏、薛氏、唐程、唐蔡六大资本系统。1935 年，无锡 193 个达到注册登记标准的企业，其资本总额为 1820 万元，而六大资本系统直接掌握的资本总额为 1320 万元，占全部工业资本的 72.5％。这六大资本系统主要集中于棉纺织、粮食加工（米、粉、油）和缫丝业三大产业。在这三大产业的资本额中，六大系统分别占 76.8％、95.4％和 38.1％。六大资本系统投入三大产业的资本总额达到 1517.4 万元，占六大系统资本总额的 98.8％，占三大产业资本总额的 83.2％。④

无锡民族工商业，自诞生之日起就以市场为依托，以市场为中心，一头向棉花、蚕茧、粮食原料产地伸展，控制原料的供给和质量、价格；一头向更广阔的国内、国际市场拓展，抢占市场份额，提升经营效益。由此，相对集中的工业企业，连同配套的内外贸易、仓储、运输等行业，相互依存，共繁共荣，集聚起具有一定规模和产业关联度的产业集群，形成棉纺织业、缫丝业、粮食加工业等主导无锡经济发展的三大支柱产业。

棉纺织工业，是无锡、江南乃至中国近代民族工商业的重心所在。1895 年，杨宗濂、杨宗翰兄弟开设的业勤纱厂，是无锡第一家近代棉纺企业，也是无锡近

① 《无锡市志》，江苏人民出版社，1995 年，第 855 页。
② 转引自严克勤、汤可可等著《无锡近代企业和企业家研究》，第 6 页。
③ 日本兴亚院政务书：《无锡工业实态报告书》，1940 年，第 16－19 页。
④ 严克勤、汤可可等著：《无锡近代企业和企业家研究》，第 137 页。

代民族工商业的开端。在二十世纪三十年代前，又有振新、广勤、申新三厂、豫康、庆丰、丽新等纺织工厂陆续成立，无锡遂成为除上海而外的中国南方最大的棉纺织工业中心。而且，无锡近代棉纺织业的门类比较齐全，包括棉纺、白织、色织、针织、印染五个行业，相互联结，互为支撑，形成较大规模的产业群，体现了前向和后向的带动效应，加工程度和技术构成一直处于较高的水平。

1913 年，全国华商纱厂共有纱锭 484192 枚，其中无锡 34092 枚，占 7%。在上海、青岛、武汉、天津、无锡和南通六大纺织工业城市中，无锡的纱锭数名列第四。[①] 1923 年，无锡棉纺织工厂发展到七家，纱锭 143990 枚。当时全国共有纺织厂 73 家，纱锭 2066582 枚，无锡分别占 8.2% 和 7%。[②] 此后十数年间，无锡纺织业的纱锭数稳步增长。到 1936 年时达到 237664 枚，同期全国华商纱厂钞锭 2746392 枚，无锡的占比为 8.7%，相较 1923 年上升近两个百分点，这一比重在六大纺织工业城市中居上海、武汉之后排行第三。[③]

在棉纺业发展过程中，业勤、振新、广勤、申三、庆丰、豫康、丽新七大棉纺织工厂在二十年代即已"定型"。至 1937 年，这七家棉纺织工厂共有纱锭 26.56 万枚，布机 3819 台，16401 工人，总资本额已达 1913 万元。[④] 1936 年，七大棉纺织工厂共生产棉纱 11.6 万件，棉布 115.2 万匹，包括印染在内的总产值 3376 万元，占当年无锡 15 个工业行业产值的 43.7%。[⑤] 其中申新三厂至 1936 年已有纱锭 7 万枚，线锭 4192 枚，布机 1478 台，发电量 7200 千瓦，工人 4000 多人。资本已由 150 万元增至 500 万元，为开创时的三倍多，达到该厂的全盛时期，也位居七大棉纺织工厂之首。[⑥]

同样成为无锡支柱产业的面粉业，数十年间的发展一直比较平稳。自 1902 年保兴面粉厂投产到全面抗战爆发前，无锡共创办七家面粉厂。尽管工厂数不多，但面粉业的资本、生产规模在国内同行中一直名列前茅。1913 年，无锡有机器面粉工厂四家，占全国民族机器面粉厂总数 57 家的 7.01%；资本额为 74.9 万元，占全国民族资本总额的 8.05%；日生产能力 10400 包，占全国日生产总能

---

① 严中平等编：《中国近代经济史统计资料选辑》，科学出版社，1955 年，第 108 页。占比为计算所得。

② 《无锡实业现状调查》，1923 年油印本。

③ 严中平等编：《中国近代经济史统计资料选辑》，第 109 页。

④ 王赓唐、汤可可主编：《无锡近代经济史》，学苑出版社，1993 年，第 68 页。

⑤ 王赓唐、汤可可主编：《无锡近代经济史》，第 101 页。

⑥ 钱大江：《无锡七大棉纺织厂的形成和发展》，《无锡近代经济发展史论》，茅家琦、李祖法主编，企业管理出版社，1988 年，第 106 页。

力的 13.78%。① 至 1936 年，无锡机器面粉工厂数七家，占全国民族机器面粉厂总数的 4.60%；资本额为 342 万元，占全国民族资本总额的 6.47%，日生产能力 36100 包，占全国日生产总能力的 7.98%。② 在无锡的面粉业，荣家无疑又是"执牛耳"者。茂新三家工厂 1936 年股本额 168.4 万元，粉磨 54 台，每日产粉能力 1.8 万包，全年实际产粉 153.3 万包，全年实际用麦超过 86 万担。③

无锡的缫丝工业，建厂虽迟于当地棉纺业和面粉业，但从 1904 年开办第一家丝厂起算，30 年间其发展速度远远超过了棉纺业和面粉业。

1910 年，据日本生丝检验所的调查，无锡有五家缫丝厂，有丝车 1982 台，在江苏省（包括上海）占 8%，不包括上海则占到 50%。④ 1913 年有七家丝厂，共有资本 62.3 万元，占同期包括上海在内的江浙地区丝厂新投资的 14%。⑤ 1914 年无锡缫丝业产丝 7700 司马担，价值 563.4 万两白银。⑥ 1919 年，无锡有缫丝企业 11 家，共计拥有丝车 3620 余台，原始投资纹银 73.4 万两，年产生丝 7700 司马担，年产值 563.4 万两白银。⑦

进入二十年代，无锡缫丝工业年年都有新投资，年年都建新丝厂，年年都添新设备。特别是在 1923 年，日本发生大地震，日丝减产，华丝狂涨，丝厂获厚利，这是丝厂业的第二个"黄金时代"，建厂出租的实业老板、租厂生产的营业老板等风起云涌。⑧ 1920 年，无锡有丝厂 14 家，丝车 4444 部。到 1930 年无锡丝厂达 49 家，丝车 14368 台，工人总数 42104 人，占全国生丝工人总数的 29%，占当年无锡各业工人总数的 63%。⑨ 其中从 1928 年到 1930 年仅三年时间，无锡就新增 26 家丝厂，增加丝车 7458 台。

缫丝业无疑是无锡民族工商业发展最快的一个产业，资本总量、生产总值都跃居三大行业的首位。据 1930 年《无锡年鉴》调查，无锡 12 类主要工业的投资总额为 1177.144 万元。其中纱厂的投资为 616 万元，占总投资额的 52.33%；缫

---

① 根据《中国近代面粉工业史》第 33 页表计算。

② 上海社会科学院经济所编：《中国近代面粉工业史》，中华书局，1988 年，第 66 页。百分比为计算所得。

③ 《荣家企业史料》上册，第 551 页。

④ 转引自段本洛主编《苏南近代社会经济史》，中国商业出版社，1997 年，第 391 页。

⑤ 杜恂诚：《民族资本主义与旧中国政府（1840－1937）》，上海社会科学院出版社，1991 年，"附录"第 327－331 页。

⑥ 《无锡市志》，第 954 页。

⑦ 《无锡市志》，第 954 页。

⑧ 《无锡永泰丝厂史料片断》，《无锡文史资料》第二辑，1981 年，第 56 页。

⑨ 《无锡市志》，第 954 页。

丝厂的投资为 238.8 万元，占总投资额的 20.29%。① 同样据 1930 年《无锡年鉴》调查，当时无锡丝厂营业额 5408.4 万元，占 12 种工业总营业额（9882.901万元）的 54.77%，同期纱厂和面粉厂的营业额加在一起，也只有 2928.95 万元，仅仅是缫丝行业营业额的 54.16%。② 从国内各城市而言，无锡已在江浙地区缫丝工业中占据了仅次于上海的重要地位。

无锡近代缫丝工业的迅速兴起，使之很快在中国的生丝出口中占据了相当份额。早期的数字无从查考，1928 年，无锡出产厂丝 21210 担，1929 年上升为26666 担，分别占当年全国生丝（包括厂丝和土丝）出口量的 11.7% 和11.04%。③ 当时，中国输出生丝有白厂丝、黄厂经、灰经等十余种，以白厂丝为最多，价格也最高。二十年代中期以后，土丝已在无锡绝迹，所产生丝均为白厂丝，除极少量内销外，全供出口。故无锡的白厂丝产量即输出量，仅与当年全国白厂丝出口量相比，则所占份额更高。以 1928 年、1929 年为例，这一比重分别为 17.22% 和 21.67%。④

相较于棉纺业和面粉业，缫丝工业在无锡近代经济史上所占地位更高。它所容纳的工人也远远超过纱厂和面粉厂。1930 年《无锡年鉴》统计，无锡丝厂共有工人 29423 人，女工占大多数，为 21563 人，其中本籍女工占 79.19%；职员1661 人，63.28% 是无锡本地人。⑤《中国劳动年鉴》报告，1930 年九省 29 个城市共有工厂工人 120.43 万人，其中江苏省（上海、南京除外）为 108020 人，其间纺织业工人为 34809 人，丝业工人为 37759 人。无锡纺织业工人为 10368 人，丝业工人为 31541 人，分别约占全省的 29.8% 和 83.5%。⑥

全球经济危机的爆发，给无锡缫丝工业带来了严重的冲击，但无意中提升了无锡缫丝工业在全国的地位。从 1935 年开始，各地缫丝工业渐趋复苏，当年无锡开工丝厂 38 家，丝车 11396 台，生产白厂丝 15000 余担，且多经上海港运销欧美各国。⑦ 1936 年，无锡有丝厂 51 家，拥有丝车 15832 台，当年经上海港输

---

① 无锡县政府、无锡市政筹备处编：《无锡年鉴（第一回）》，1930 年。见《民国时期无锡年鉴资料选编》，第 234 页。百分比为计算所得。
② 无锡县政府、无锡市政筹备处编：《无锡年鉴（第一回）》，1930 年。见《民国时期无锡年鉴资料选编》，第 234 页。百分比为计算所得。
③ 高景岳、严学熙编：《近代无锡蚕丝业资料选辑》，第 63 页。
④《Synopsis of the External Trade of China, 1882—1931》，《第五次海关十年报告》附录，第 191 页。转引自《近代无锡蚕丝业资料选辑》，第 380 页。
⑤ 无锡县政府、无锡市政筹备处编：《无锡年鉴（第一回）》，1930 年。见《民国时期无锡年鉴资料选编》，第 228 页。
⑥《第二次中国劳动年鉴》上册，1932 年 10 月，第 3 页、第 11 页、第 26 页，百分比为计算所得。
⑦ 钱耀兴主编：《无锡市丝绸工业志》，第 417 页。

出白厂丝约 25793 担，约占全国厂丝输出总数的 54.6%，为全国之冠。① 开工的丝厂数恢复到 1931 年的高峰期，运转的丝车则更比 1931 年增长了 6.7%。② 无锡缫丝业的复兴速度明显超过其他地区，1934 年无锡丝厂数为 50 家，丝车数 14623 台，其中全年开工的有 12 家，③ 同期上海丝厂仅存 23 家，广东顺德也只剩下 24 家。④ 无锡，已经成为全国最大的缫丝业生产基地和出口城市。

除了棉纺织、面粉及缫丝业三大支柱产业，其他工业行业的发展并不逊色。特别是代表一个地方工业化程度的机械工业，依托三大支柱产业也得到了迅速发展。1930 年，无锡已有大小机械厂 67 家，翻砂木模厂 23 家，五金电焊厂 10 家，资本共 39.5 万元，职工共 1300 多名。据《中国工业调查报告》，无锡机械工业的总产值仅次于上海、广州，居全国第三位，成为近代民族机械工业比较发达的地区之一。

无锡民族工业的发展，引来了社会广泛的关注。国民政府实业部就有这样的评介："凡我国内地主要工业，莫不以无锡为先导，及沪宁铁路告成，交通日形便利，工业更有起色。欧战发生以后……一时纱厂、面粉、丝厂等遂风起云涌，建设扩充。复经邑人之提倡及经营，事业愈有猛晋之势，已成为我国内地工业之中心。"⑤ 在总量扩大、比重提升的同时，更为人们津津乐道的是工业的内涵和质量。正如薛明剑所写的那样："我国市场之有名者，若上海、天津、汉口等，皆为外人所经营，非我市民所自办。近虽有广州新市场之突起，然亦赖陈炯明、孙科等官吏助成之，不若今日之吾邑，纯粹出于地方人士之自动也。"⑥

民族工业的发展，促进了区域就业结构的改变。甲午战前，"全邑劳工亦仅以扛运肩夫（是时更盛行轿行）之小工（苦力）居多数，即有艺工，亦仅属于农闲时之家庭手工，无所谓劳方资方之显然分别。"⑦ 战后，无锡近代产业工人队伍出现，并呈现出由小到大、由少到多的成长态势。十九世纪末二十世纪初，无锡产业工人仅千人左右，1919 年超过四万人，1929 年达到七万人，占全县人口 8%、城区人口 1/3 强、城区劳动力的 60－70%。⑧ 而且，民族工业的发展，打破了狭隘的地区分界，在更广大的地域范围内吸附劳动力。1929 年，仅荣家

---

① 钱耀兴主编：《无锡市丝绸工业志》，第 422 页。
② 王翔：《中国近代手工业史稿》，上海人民出版社，2012 年，第 280 页。
③ 钱耀兴主编：《无锡市丝绸工业志》，第 417 页。
④ 钱耀兴主编：《无锡市丝绸工业志》，第 422 页。
⑤ 《中国实业志·江苏省》第四篇第四章，实业部国际贸易局，1933 年 2 月，第 20 页。
⑥ 薛明剑：《吾邑开辟商埠之私议》，《薛明剑文集》下册，当代中国出版社，2005 年，第 626 页。
⑦ 薛明剑：《无锡劳工概况调查》，《薛明剑文集》下册，第 858 页。
⑧ 工商部：《全国工人生活概况调查统计》，《统计周报》第二卷第十一期，1930 年 11 月。

无锡各厂职工就有 7000 多人，主要来自本地和苏北、浙、皖等地农村。大批农村人口的流入，使无锡城区居民急速增长。据 1928 年统计，无锡产业工人及其家属中，本地人只占 54.2%，本省其他县市人占 32.1%，外省人占 13.7%。①1935 年，城区居民已占到城乡总人口的 25%。②

民族工业的发展，也刺激了商业服务行业的兴盛，为城市发展注入了新的生机。无锡是全国四大米市之首，又有布码头、丝码头、钱码头之誉。但明清时期的无锡城仅是面积约 2.25 平方公里的袖珍小城，城内河道纵横，街巷壅塞，房屋低矮破旧，卫生和环境状况极差。民族工商业的迅速成长导致城区人口急剧膨胀，使旧城难以负荷，"旧城厢快要胀破了！"客观上要求打破城墙的禁锢；同时，绝大部分工厂都建在城外，沿河而设，在事实上扩大了城市规模。据统计，1930 年，无锡市区已扩展到 10 平方公里，全县人口 94 万多，其中城区人口加上近郊人口，总数已达 24 万以上。1911 年至 1937 年，无锡城新建各类建筑达 120 万平方米以上，其中 55 万平方米为工业建筑，占 46% 左右。③

民国时期的无锡，有北门、通运路、南门、城中崇安寺、西门等多个商业中心。外地人从火车站、汽车站或是工运桥轮船码头下客出站，过工运桥即是著名的新世界旅店，上有屋顶花园。接着是通运路，又称"马路上"，各种商店、旅店鳞次栉比。此路与汉昌路、光复路等相接，是当时入城的主要路线。经通运路转入通汇桥，到达北大街、北塘大街、三里桥米市、江阴巷商业区；从吉祥桥往西可经光复门、公园路、盛巷到城中崇安寺、观前街等热闹之处。一路走来，到处是商市林立，一片繁华。据统计，1929 至 1930 年间，无锡城区已有各种商业行业 30 个，商店超过 1000 家。④ 三十年代又有较大发展，据 1935 年统计，无锡全县共有工商各业达 164 个行业，6797 个单位，而且还不包括茧行、水果、金融和典当等 400 多个单位。⑤ 文化娱乐业和旅游业也同步兴起。自清末以后，无锡就有戏馆、书场等设施，民国后更为豪华的电影院、剧场越来越多，京剧、昆曲、锡剧流行。至 1937 年抗战爆发前夕，无锡城有 14 家影院、三家游艺场，近万个座位，另有 28 家书场。随着梅园、鼋头渚、蠡园等园林建设的发展，文人墨客郭沫若、郁达夫，政要冯玉祥、阎锡山、蒋介石，社会名流康有为、柳亚子

---

① 工商部：《全国工人生活概况调查统计》，《统计周报》第二卷第十一期，1930 年 11 月。
② 工商部：《全国工人生活概况调查统计》，《统计周报》第二卷第十一期，1930 年 11 月。
③ 《无锡的住宅建设与房地产管理》，《无锡地方资料汇编》第四期，无锡地方志、无锡县志编纂委员会办公室编，1985 年，第 97－98 页。
④ 参见《民国时期无锡年鉴资料选编》第 236—270 页。
⑤ 钱公冶：《无锡区汇览》，苏州东吴书局，1937 年。

等各界名人都曾到无锡游览观光。

正因为工业发达，商业繁荣，近代城市发展，无锡很早就以"小上海"享誉国内。1917 年 7 月 20 日《申报》有一则报道如此写道："近年无锡社会踵事奢靡，摹仿海上繁华，色色俱备，时有'小上海'之目。"这是《申报》中第一次明确地将整个无锡称作"小上海"。1918 年 5 月 3 日《申报》又有新闻指出："锡邑商务发达，地方日见繁盛……，故有小上海之名。"1919 年，薛明剑编辑《无锡指南》，在叙言中写道："吾无锡虽非通商大邑，然自汽舟通，旅客渐多；汽车通，旅客益多。光复以还，地方改观，建马路，兴人力车，辟游戏场，旅客数倍于前，其惠然而来者，莫不交口称誉，曰无锡风土何一变至是，仿佛一'小上海'矣，足征地方人士竞进之速也。"到了 1929 年 12 月，曾留学日本的城建专家王伯秋在无锡县政府演讲《我对于无锡建市的感想》，说："讲到无锡这个地方，大家都知道他是一个工业发达的都市，近代式的工场，完全由无锡人集资兴办的，大小各种不下一百六七十所，从事于工场劳动的男女工人，不下十万人，大家看了这种新兴的气象，所以给他一个'小上海'的徽号。"当王伯秋站在县图书馆钟楼顶上观看无锡城市景象之后，对陪同的无锡县长说："贵市岂仅是'小上海'，依着这样的趋势，只要市民不断的努力，改造环境，不多几年功夫，简直要变成'小伦敦'了。"①

不仅如此，无锡因工业发达，在二十年代中期还有"中国的匹兹堡"之称。1925 年 11 月 1 日《密勒氏评论报》（The China Weekly Review）上就刊登了题为《Wusih——The Pittsburg of China》（《无锡——中国的匹兹堡》）的署名文章，以六页的大篇幅全面报道了无锡工业发展状况，还配发了一张无锡工业地图，标出了无锡 31 家工业企业和厂家的位置，涵盖了棉纺织、面粉、缫丝等无锡主要的工业类型。《密勒氏评论报》创办于上海，全英文，一半以上的发行量在海外，无锡"中国的匹兹堡"之称由此走向了世界！

---

① 王伯秋：《我对于无锡建市之感想》，《无锡市政》1929 年第 3 期。

【锡 商 人 物】

程炳若（生卒年不详），孙鹤卿内侄。南洋公学中院毕业后，在翼中女校任英文教师。后进入孙鹤卿创办的乾甡丝厂任职。1917年，程炳若正式担任乾甡丝厂经理，孙鹤卿为总理。在此前后，乾甡丝厂先后租赁经营福昌、福纶丝厂，1926年又联合一些商业、银钱业资本家合资创建五丰丝厂。1927年北伐战争后，孙鹤卿急流勇退，逐步退出股份，由程炳若、程绍熙兄弟等人投资。1929年，程炳若资助扩建江苏省立女蚕校的"大有蚕种场"，改为股份有限公司，推进科学育蚕。1933年在无锡北新桥增设乾甡二厂，有新丝车272部。乾甡丝厂在程炳若直接经营下，重视创建名牌、技术革新和科学管理，成为无锡缲丝工业中仅次于永泰而经营成功的一个工厂。

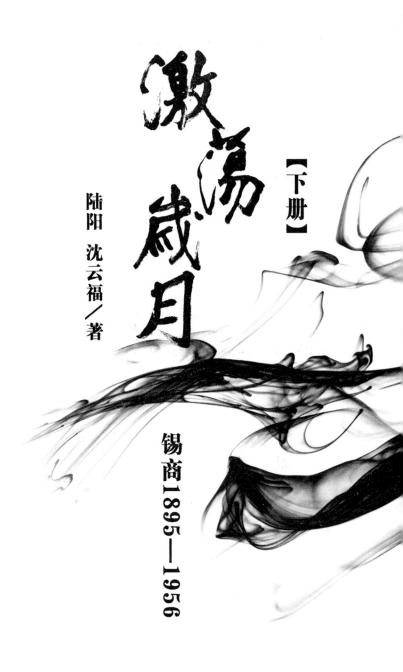

激荡岁月

【下册】

陆阳 沈云福／著

锡商1895—1956

团结出版社

图书在版编目（CIP）数据

激荡岁月 ：锡商 ：1895～1956 / 陆阳，沈云福著
. -- 北京 ：团结出版社，2015.7
　ISBN 978-7-5126-3716-0

Ⅰ．①激… Ⅱ．①陆… ②沈… Ⅲ．①商业史－无锡
市－1895～1956 Ⅳ．① F729

中国版本图书馆 CIP 数据核字 (2015) 第 172508 号

**激荡岁月 : 锡商 : 1895 ～ 1956**

| | | |
|---|---|---|
| 出版发行 ： | 团结出版社 | |
| | （北京市东城区东皇城根南街 84 号 邮编 ： 100006） | |
| 电　话 ： | （010）65228880　　65244790 | |
| 网　址 ： | http : //www. tjpress. com | |
| E - mail : | 65244790@163.com | |
| 经　销 ： | 全国新华书店 | |
| 印　刷 ： | 北京兴湘印务有限公司 | |
| 开　本 ： | 170×240　　1/16 | |
| 印　张 ： | 40 | |
| 字　数 ： | 530 千 | |
| 版　次 ： | 2015 年 7 月第 1 版 | |
| 印　次 ： | 2015 年 7 月第 1 次印刷 | |
| 书　号 ： | 978-7-5126-3716-0 | |
| 总　价 ： | 80.00 元（全二册） | |

# 目　录

## CONTENTS

【第四部分　艰难图存（1937－1945）】

此时的故事，渗透着浓重的悲壮气息，侵略者的战火和硝烟四处弥漫，民族工商业遭受空前浩劫。

此时的故事，又充斥着无度的焦虑，刺刀的威逼，"发还"的利诱，地处沦陷区的民族工商业苦苦挣扎，艰难持守。

不过，谁也不能否认，此时的故事，又澎湃着几多血性和激情。李国伟、薛明剑、杨琳等，在大后方延续着民族工商业的生机。

中日对决中的严峻商战，考验着商人的志节和毅力，也关乎抗战的前途。无论黑夜多么沉重，但总有一种力量让人肃然起敬。

## 【第五部分　家国梦难圆（1945－1949）】

复兴、沉沦，成了这个时代的代名词。

所有的一切在光荣中开始，却在混乱中结束。其间惊鸿无数，却又藩篱丛生。

那个原本应该带来无限希望的政权，却成了一切苦难的源头。一群具体的经济人，在一个困顿落后的经济环境中苦苦挣扎。

时代的列车，已不可避免地到了变轨的时刻。

## 【第六部分 大变局（1949－1956）

又一个陌生的新时代到来了，有人走了，有人留下了。

当固有的商业传统与全新时代相碰撞时，总会有阵痛，这是进步所不得不付出的代价。

民族工商业最终全面公私合营，实现了体制的变迁，也走完了在中国历史长河中的最后一程。

不过，民族工商业曾经创造的辉煌，却以另一种途径和方式延续并光大着。日后改变中国经济版图的乡镇企业这一全新的经济业态，又在悄然萌生。

第四部分
**艰难图存（1937－1945）**

激荡岁月 锡商1895—1956

# 1937 年：铁蹄蹂躏下的抗争

在残酷的战争中，民族工商业的命运是如此脆弱，如同蚕丝在大风中飘荡，无所归依。

哪里有压迫，哪里就有反抗。李国伟、薛明剑等人冒着炮火，分别率领工厂内迁大后方；而更多的商人，则把上海租界作为创业的新起点。

在国家生死存亡的历史时期，大大小小的商人们与那个时代中的每一位中国人一样，突然间与民族命运这个大道义站在了一起。

即使是在凛冽的寒冬，同样有着含苞怒放、香气迷人的艳艳腊梅。

## 战火的荼毒

1936 年以后，随着整个社会经济的复苏，荣家企业一扫前几年的阴霾。至 1937 年，景况更佳，荣德生回忆说：

本年营业，承上年之后，纱销俏利，价渐高，好牌子已逾三百元大关。花价未涨，扯四十元之谱，各厂有利，气象极佳。……此时我各厂营业日佳，出品有利，每件可余七八十元，为历年所无。原料、物料，积存充足，纱、布销路甚好，纱改大盘头、大筒子，布则坯布，均系实销。铁工厂尤好，订购络绎，人人欢迎，工作分日夜两班，并已添建公事房、工场、打样间、翻砂间、工人宿舍、教室、饭厅、平车间等屋，准备开始翻制细纱、粗纱、钢丝、清花等机，预计每月可出纱锭五千枚。[1]

可是，中日之间全面战争的爆发，让荣氏的美好前景成了泡影，也改变了整个民族工商业的走向。

1937 年 7 月 7 日，驻华日军在卢沟桥附近演习时借口士兵"失踪"，要求进

---

[1] 荣德生：《乐农自订行年纪事》"1937 年条"，上海古籍出版社，2001 年，第 130–131 页。

入宛平县城搜查。其无理要求遭到中国守军严词拒绝，日军悍然向中国守军开枪射击，炮轰宛平城，制造了震惊中外的"七七事变"，又称"卢沟桥事变"。

战争的损失是触目惊心的，但也蕴含着无形的机遇。在此前的近半个世纪时间里，"战争"一直都是荣家企业发展大事记中一个不可忽视的词语。

1900年6月，八国联军攻陷天津，使得北方粮食急缺，华北及东北到上海采购小麦的金额直线上升，荣宗敬当时在沪经营的广生钱庄因而汇兑业务繁忙之至，盈利大增，这为一年后保兴面粉厂的兴建打下了资金基础。

1904年2月，日俄战争打响，使得茂新面粉厂积压烟台的21万包面粉在不到一个月的时间里销售一空，兵船面粉在北方的销路由此打开。

1914年秋在欧洲爆发的第一次世界大战，又将大量的面粉订单送到了荣氏兄弟手中，两人乘机大力扩充事业，把面粉产量扩张到了当时全国总数的29%。与此同时，申新纱厂刚刚建成，就实现了产销齐增、量价日涨。荣家企业至此在中国牢牢站住了脚跟。

回顾民国以来的历史，中日两国在中国土地上的冲突已经不是一二起了。当时有不少人认为这又是日军蚕食中国的惯用伎俩，其结果至多是局部战争。荣氏兄弟希望卢沟桥的烽烟能够早日熄灭，趁着这一年产销趋旺的势头，抓紧生产，以期望在年底能够还清债务。荣德生在《乐农自订行年纪事》中记述：

至七月七日卢沟桥事变猝起，当时江南尚称安定，无锡各业照常，惟北方阻断，面粉堆积，无法销运。茂新至八月底已代福新做存麦。申三则纱价步涨，达三百二十余元，估计若至年终，余额必巨，可代总公司还去本厂押款矣。当时职员也多抱很大希望，年终分红不在少数，皆提起精神，努力工作，出数激增。[1]

然而，时局的发展往往不以人们的意志为转移。七七事变后，日军叫嚣三个月灭亡中国，中日之间的全面战争由此爆发。7月底，北平、天津即告失守。面对日军的大举进攻，已经不容再有任何幻想的余地，中国只有奋起反击，进行一场反侵略的民族战争，才能挽救民族危亡。8月13日，日军进袭上海，中国守军奋起反抗，淞沪会战旋即爆发。

近代中国的工商业主要集中在沿海各城市。根据1937年国民政府实业部的统计，当时全国已登记工厂3849家，集中在沿海地区的超过了3300家。而作为中国最大的工业城市，上海登记的工厂有1297家，工人有11万多人，占全国总数的31%以上。[2] 淞沪会战中，中日双方军队投入了巨大的兵力和重型武器，上

---

① 荣德生：《乐农自订行年纪事》"1937年条"，第132页。
② 中央研究院近代史研究所编：《林继庸先生访问记录》口述历史丛书（2），1984年，第23页。

海人民和民族工商业自然也首当其冲成为战争直接的受害者。

战事伊始，地处战区的申新五厂、六厂和七厂就被迫停产，疏散工人。但荣氏兄弟仍希望"战事早平，顾全信用"，这样他们可以尽快还清欠款。荣德生表示："或有劝余何弗将款结存外汇，余深不以为然，决以还清欠款为上策。"①

但是，战局的发展又一次无情地粉碎了他们的梦想。随着战事趋紧，情势变得愈加危急。此刻，申新一、八两厂仍然坚持生产，大难也就在这时降临了。

10月27日清晨，天空呈现出蔚蓝的颜色，能见度极好，是一个秋高气爽的好天气。早上8时40分左右，日军巨型轰炸机以三架为一队，共分三队，飞临厂区上空，向申八投下了大约十八九枚重磅炸弹。申八中弹后顿时烈火腾腾，浓烟滚滚。厂里的人们四处逃窜，哭声、喊声响成了一片。谁知，日军的战斗机继之而来，又用轻型机关枪丧心病狂地向地上的人群扫射。很多人中弹倒地，血流如注，申八成了一片火海。

申八的旁边是申一，日军的飞机立刻又对申一发起了一阵狂轰滥炸。从南向东，由东而南，无论是布机间、细纱间，还是钢丝、清花等车间，都被日军投下了一颗颗的重磅炸弹……

这场浩劫，申新一、八两厂当场死亡70余人，受伤急送医院的有350余人。厂区方面，申八全部被毁，申一北工场、布厂的半部以及办公室、工人宿舍、饭厅、货栈、物料间等悉数被炸毁。两厂合计各项损失高达500余万元法币。②

日军飞机轰炸之后，对申新早已怀恨在心的日商丰田纱厂派出一些浪人和流氓冲进申八废墟，将幸存的百余台精纺机用重磅榔头逐台敲碎，连车头马达油箱及尚未完全损坏的机器也全部捣毁，无一幸免。

荣德生听到消息后，捶胸顿足，欲哭无泪：

申一、八已隔断在火线中，申五、申六、申七在杨树浦，适在战线，无人看守，在闸北地区之福新各厂亦同。如何结局，不能预料。至此，惟有听天由命而已。③

在孙子荣智权的记忆里，爷爷荣宗敬是一个"拿得起，放得下"的人，"虽然很忙，事很多，但是他睡觉的时候，很快就能睡着。不象有些人有很多烦恼的事，就容易睡眠不好。"④ 但真正大难临头，他也未必能安睡。在废墟和灰烬中，

---

① 荣德生：《乐农自订行年纪事》"1937年条"，第133页。
② 《荣家企业史料》下册，上海人民出版社，1980年，第4页。
③ 荣德生：《乐农自订行年纪事》"1937年条"，第135页。
④ 上海文广新闻传媒集团纪实领道、上海三盛宏业文化传播发展有限公司编写：《百年商海》，上海人民出版社，2006年，第108页。

他悲愤交加，有一天读着弟弟从无锡寄来的信，他突然脑溢血倒下，幸亏挡车工出身的三太太处理得当，侥幸脱险。一醒过来，他就马上派人到日占区查看厂房、机器设备的受损情况。

11月12日，中国军队被迫全线西撤，上海沦陷。申新、福新的大部分工厂被日军占领，重要机件被拆运，成品、原料被劫走，栈房及公事房、宿舍、工房被损毁。"重要机件已被拆卸偷运甚多，损失重大，确数不详。"①

所谓祸不单行，地处无锡的荣家企业也未能逃脱日军飞机的轰炸。

战争伊始，上海战事日益激烈，无锡成为后方重镇，又是中国第三战区司令部所在地，10月6日以后，日机几乎无日不来轰炸。豫康、广勤、业勤纱厂和协新厂先后被炸，损失惨重。业勤，这一在近代中国棉纺工业史上首开其端的企业，就此消失得无影无踪，为后人所不知不晓，诚为可惜！但是，业勤纱厂开了无锡地区近代工业的先河，产生和培育了无锡最早的一批纺织工人和技术人员，对当时重商风气和氛围的形成起到了引路作用。从这一意义上讲，业勤纱厂的功绩将永载史册，垂之于久远。

除了战争的直接损失，与日本军事进攻结伴而行的是野蛮、无偿的剥夺。11月25日，日军攻陷无锡。在淞沪会战爆发初期，荣德生率先响应号召，捐赠一万包面粉；时隔数日，又先后两次再赠面粉两万包。他组织申新三厂加班为抗战将士制造军布军服。公益铁工厂还响应配合政府号召，停止制造纺织、面粉机器，专门生产手榴弹、地雷等军需品，支援前线。于是，这些工厂成为日军破坏的主要目标。申新三厂有四万枚纱锭、1000台以上布机被毁，所存4.8万多担棉花、6.4万多匹棉布、3400多件棉纱均被烧毁或劫走。除了纺纱工场因系钢骨水泥建筑未曾全毁外，其余纺布工场和561间厂房都被夷为平地。茂新一厂四万多包面粉被抢，厂房机器被放火烧毁，大火一直烧到月底，全厂变成一片瓦砾场。其他工厂也难逃厄运。永泰丝厂留存的两万包干茧、600担生丝，大都被毁被抢；庆丰厂漂染整理部全部焚毁；丽新损失纺部50%，织部70%，染部30%。②"各布厂留放布匹，各商店所存货物，各旅社家具均被抢掠一空。典当什物，任恣携取。各纱厂、铁厂五金机器等物，重要者均已掠去。其余封存，行将运往日本。丽新、振新、申新、福新、茂新各厂房屋被改充敌军野战修理厂。"③

① 《荣家企业史料》下册，第10页。
② 《丽新、协新走上新路——唐程资本集团在无锡企业社会主义改造纪略》，《中国资本主义工商业的社会主义改造江苏卷》（下册），中共党史出版社，1992年，第46页。
③ 《新华日报》1948年2月16日。

命运多舛的缫丝业，刚刚从经济大危机中有所恢复，就迎来了这场新的浩劫，从此"星光不再"。据中国科学院经济研究所藏日文档案《江浙制丝工厂被害状况调查书》（1938年4月调查）所记，"无锡方面被害丝厂亦多，四十一厂中，残存者仅十四厂"。日本兴亚院华中联络部次长楠木实隆编写的《无锡工业实态调查》也承认："无锡城镇在战火中烧毁房屋三万一千余间，损失额达二亿元。"实际上丝厂被日军破坏的情况，比日本调查公布的要严重得多。据不完全统计，当年开工的42家丝厂，丝车12656台，破坏较轻的只有12家，丝车3280台。机械设备拆除的厂9家，丝车2438台。厂房设备大部破坏的厂14家，丝车4500台。全部焚毁的厂有七家，丝车2434台。还有当年尚未开工的丝厂，计丝车724台，也被日军炮火全部烧毁。也就是说，无锡城乡丝车设备被日军损毁数量达70%左右。[①]

已经抵达汉口的荣德生，时时关注着家乡沦陷后的消息。但得到的消息无一不让他忧心如焚，他记下了无锡工业受劫后的惨况：

十二月八日后，天天有消息，报纸亦有登载，无锡北门一带市房全被焚毁，豫康、广勤、业勤皆烧去。十二日后，茂新一厂烧，振新老厂砖木建筑亦烧，新厂则因水泥建筑无法烧也；申三栈房、轧厂、布厂、摇纱间均被烧，粗、细纱间及电机间均留，亦因水泥建筑故也，厂中房屋已所存无几。……报载沪、锡一带，被毁纱锭有六十万枚。[②]

至此，荣氏所拥有的21家面粉、棉纺厂，除了在汉口的申四、福五及上海租界内的一些工厂得以幸免，其余地处上海华界、无锡和济南的14家工厂，悉数被日军损毁。

腥风烈烟，裹卷大街小巷。无锡经历了千年不遇的浩劫，一时成了死城！

那么，荣家企业的战争损失又有多少呢？

受到轰炸的申新一、八厂损失自然最为严重。申新总公司于1938年10月委托斯班脱（Graham

申新三厂织布车间被日军焚毁后的景象

---

①　转引自《中国近代手工业史资料（1840－1949）》第四卷，彭泽益编，中华书局，1962年，第65页。

②　荣德生：《乐农自订行年纪事》"1937年条"，第135页。

Spainter, Ltd.）进行恢复旧观的调查设计，据该报告显示，两厂损失固定资产 383 万元法币、1009 英镑和 1961 美元，各项物资的损失，如原棉、纱布、在制品、机物料等，当时估价达 134 万元。两项合计约 500 万余元法币。[①] 申新五、六、七厂原料机器被动劫掠，损失也很惨重。其中申新五厂损失约 198 万元法币；六、七厂除了厂房、机器被毁被劫外，货物损失就分别达到 205 万元和 713 万元。[②]

茂新、福新、申新三大系统的损失，据抗战胜利前夕荣尔仁向国民政府经济部的呈文，高达 5281 万元之巨。[③]

那一年的正月初一，相信命理之说的荣德生曾扶乩请仙。乩示云："三年内还清，且可有余。"[④] 但在隆隆的炮声中，他生平第一次对神仙的指示产生了怀疑！

## 内迁悲歌

在七七事变爆发之初，东南沿海部分工厂开始筹划向内地迁移。8 月 10 日，国民政府行政院通过了资源委员会提出的有关上海工厂内迁的议案，"严厉监督，克日迁移"。11 日上海民营工厂的代表组成上海工厂迁移监督委员会，12 日又成立上海工厂联合迁移委员会，具体负责迁移工作，确定上海工厂内迁的第一目的地为武昌，开始实施工厂内迁。

此时的局势已是十分危急，13 日，日军就发起了向上海的全面进攻。国民政府认识到仅靠民营工厂自行组织是不能完成内迁重任的，在 9 月 23 日正式成立军事委员会工矿调整委员会，负全国厂矿事业调整促进之责，到 11 月 12 日下设厂矿迁移监督委员会，全面负责厂矿迁移工作。

工厂要不要内迁？纠缠了荣氏兄弟整整几个月。他们不得不考虑着这样两个问题：第一，工厂拆迁内运，是一件经济上耗费甚大、技术上又很复杂而困难的事情。荣氏有众多工厂，要迁移那么多笨重的机器，有不少问题难以解决。第二，内迁到何处，对企业经营是否有利，也难以预料。相反，如果留在上海，有外国租界的保护，未必不比内地安全。更何况，当时上海与内地、东南沿海的交

---

① 《荣家企业史料》下册，第 4 页。
② 《荣家企业史料》下册，第 5 - 8 页。
③ 《荣家企业史料》下册，第 184 页。
④ 荣德生：《乐农自订行年纪事》"1937 年条"，第 129 页。

通依然畅通，估计工厂生产业务所受影响不会太大。因此，荣氏兄弟决定暂时不把工厂内迁，以便抓住战时有利时机，多获取利润。结果，淞沪会战激战三个月，荣氏兄弟在观望中没有从上海迁出一部粉磨和一只纱锭，只从战区的福新一、三、六厂抢出了部分小麦和面粉，申新一、八厂搬出了十卡车的棉花和纱布。

上海沦陷后，大规模的工厂内迁戛然而止。据统计，从8月12日上海工厂联合迁移委员会成立至此，自上海迁出的民营工厂共计146家，其机器材料安全抵达武汉的共计14600余吨，技术工人2500余名。[1]但是，在日军炮火的威胁下，工厂内迁没有实现预期目标，迁出工厂数，与核准迁移工厂数（224个）相比只占65%。[2]

在中日双方激战之际，工矿调整委员会与江苏省政府迅速拟定了各地28家工厂为迁移对象。在无锡，纺织业的申新三厂、庆丰、丽新、广勤、豫康、协新、赓豫，针织业的中华针织厂，缫丝业的华新、永泰，造纸业的利用造纸，机器制造业的公益铁工厂、公艺机器厂、广勤机器厂、震旦机器厂都被列为内迁对象。

但是，随着战事的急转直下，工厂内迁计划多数未及实施。至1937年底止，无锡仅有公益铁工厂、震旦机器厂、合众铁工厂等少数几家实现了部分内迁。

9月，申新三厂迁出第一批旧粗纱机三部和新购买的布机200台，准备装船沿长江转运汉口。10月中旬，又迁出第二批40台布机以及部分棉花、纱布。然而，这两批设备、物资运至镇江后，均遭镇江海关的刁难，坚持要见到资源委员会开具的内迁证明后才予放行。如此一来，两批机件被迫滞泊于长江，寸步难行。日军飞机天天进行轰炸，继续停泊长江风险极大，申新三厂不得不将这批机件卸落于附近农村。后来，申三又抢运出一部分重要机件和物资藏匿于四郊乡间。无锡沦陷后，这些纱布及机件悉数被日军劫走。

在荣家企业中，无锡公益铁工厂走上了西迁的道路。该厂"专为荣氏申新、茂新等及对外制造零件及修理机械之需，独立经营"[3]，抗战爆发前"有制造母

---

[1] 林继庸：《民营厂矿内迁纪略》，《工商经济史料丛刊》第二辑，文史资料出版社，1983年，第123页。齐植璐：《抗战时期工矿内迁与官僚资本的掠夺》，同上书，第69页。

[2] 核准迁移工厂数，见上海工厂迁移委员会编《上海工厂迁移委员会核准迁移工厂名单》（1937年12月）。

[3] 薛明剑：《公益机器厂之内迁》，《荣德生与企业经营管理》上册，上海古籍出版社，2004年，第552页。

机百余部"，"每日能出新式布机八台"①，上海沦陷后，该厂仓促内迁，将70余吨轻型机器拆卸后装船西运，途中复遭日机轰炸，不少物资散落，最终到达重庆的只有一小部分工作母机、几十名工人及技术人员。1938年6月，该厂在重庆菜园坝租地建厂，定名复兴铁工厂，以生产手榴弹、地雷等军工产品为主。

震旦机器铁工厂的内迁，同样经历了一段曲折艰难的历程，损失不小。这家工厂是民国时期我国消防器材生产的支柱工厂，不仅率先在国内生产药剂泡沫灭火机，还改装了我国第一辆以内燃机为动力的泵浦消防车。分别在上海和无锡有两家工厂，并在汉口、南京、杭州开设分公司。淞沪会战期间，厂主薛震祥将无锡工厂设备分装五艘船只，计划通过长江水运内迁重庆。不料，船到南京浦口附近遭遇日本飞机轰炸，两艘被炸沉，其余三艘到第二年才抵达重庆。到达重庆后，在上庆寺设厂恢复灭火器和手抬式、拖曳式消防泵的生产，并着手开发研制消防水带。

无锡公益铁工厂

在工厂内迁的洪流中，谈家骏的无锡合众铁工厂的内迁比较顺利。连工人、家属带设备分装六辆卡车，由无锡北上，辗转到达南京，再从南京乘船，溯长江而上，至湖南岳阳上岸，再经长沙到湘潭金凤庙，建厂生产。随着战事变化，又先后转至广西全州，以生产汽车零件和部分军工产品为主，取名陆军第五军修造厂。1940年以后，原合众铁工厂的人员、设备，逐渐脱离第五军修造厂，先后在衡阳创办立达机器厂，生产造纸机械及龙门刨、牛头刨等机床；在桂林、重庆建立循规机器厂，生产汽车活塞环等零配件。

穆漪君的兴业染织厂，则经历了"去而复回"的曲折过程。原为绸布庄的职员穆漪君，看到丽新、丽华等纺织厂、布厂都是由绸布行业的从业人员集资创办，获利颇丰，心生羡慕，于是与他人集资两万元在梁溪河畔创办兴业染织厂。结果，工厂设备尚未全部投产，八一三事变发生，穆漪君不得不叫停工厂，将成品绒布装运汉口，剩余坯布运往苏北。由于在汉口销售绒布时发生纠纷，穆漪君再次回到无锡，整理设备，复业生产。由于其他染织厂受损严重，该厂在抗战期

① 《荣家企业史料》上册，第224页。

间得到一定发展。

薛寿萱的永泰丝厂，按照国民政府的计划也在内迁之列。但是，永泰丝厂最终也没能迁走一部丝机一包丝茧。兴业公司解散时，日军已有南下之势。薛寿萱虽也看到了这一点，但仍然冒险以60元的牌价大量收进鲜茧。为此，薛寿萱以厂房、机器设备向农本局押款100万元，又以干茧向多家银行、钱庄押款。七七事变的炮声，将他的计划全盘打乱。

化为泡影的，还有薛寿萱"建厂制丝"的设想。二十世纪二三十年代，人造丝兴起，这是丝绸业生产原料在厂丝替代土丝之后的第二次新陈代谢。1937年初，薛寿萱向国民政府实业部申请，并经核准，计划筹设人造丝股份有限公司，并取得了在苏皖两省享专利权五年的权利。[1]当时，苏州《明报》还对此作过专门报道："据记者探悉，我国人造丝厂即将筹建，已于无锡太湖湖滨购地四十亩，预定资本四百万元，一百万元业已认齐。"[2]

薛寿萱

薛寿萱全家携资迁居上海，又经香港转避美国。当时永泰的流动资金有170多万美元，薛寿萱带走了100多万美元。薛祖康留在上海，维持残局，把一些干茧运到上海，委托上海丝厂代缫后分批运往美国销售。虽然永泰没有正式宣布解散，但机器被拆，人员星散，只坚持了三个月的生产。

迁居美国的薛寿萱，直至逝世，三十年多间再也没有回过故国。何以如此毅然决然？当事人已逝，这恐怕将成为一个永远的谜团。

## 荣宗敬之逝

民族工商业的内迁，以其悲壮的历程和闪光的精神永载史册，而荣宗敬晚年终能不受日寇威胁，避地远引，同样体现了一种民族志节。

上海沦陷后，滞留的荣宗敬环顾四周，他以一生心血创办的实业，除去申二、申九两厂虎口余生外，其他各厂都不在自家名下了。

---

①《申报》1937年3月4日。

②《明报》1937年3月6日。

工厂，是生命，是儿子。荣宗敬这时的心情，正象一个母亲看自己的儿子横遭戕害，明知危险，还是不顾一切地扑上去抢救。12月下旬，日方物色上海滩一批有名望的商绅成立"上海市民协会"，声称其目的一为"救济难民，俾彼等得返故乡，重理旧业"，一为"重新开启战区内之工厂"。这一说法，颇对荣宗敬的思路，他说："我的事业这么多，而且大部分在战区，我不出来维持叫谁维持"，还向记者表明心迹："余个人并不属任何党派，纯系一商人。"①

然而上海舆论并不这样看。各界爱国人士集会声讨"上海市民协会"，并忠告"协会"成员"切莫自绝国人，自毁人格"。几天后，协会会长、南市电力公司总经理陆伯鸿被地下抗日分子暗杀。接着，"米大王"顾馨一的住宅天井"被人投入了一颗手榴弹"。……荣宗敬住宅的周围，也出现一些形迹可疑的人。

1938年1月4日夜间，月黑风高，在英商通和洋行经理薛克的安排下，荣宗敬与长子荣鸿元从边门离开西摩路186号公馆，乘上轿车飞驶黄浦江码头，搭乘意大利邮轮，远走香港，向社会表白了他不从伪命的晚节。年逾花甲的荣宗敬身居异地，心境甚为抑郁，念及被毁的事业，不禁黯然泪下。"诸友毕集，应酬纷烦，所闻言语，间有杂以诽谤者，心中大为不快。"② 竟然一病不起，2月10日，也就在避居香港一个月零六天后，一代实业巨子荣宗敬，在国仇家恨中含泪离开了这个曾经带给他无限荣光、又给他造成无尽悲痛的世界，终年65岁。

临殁之际，气息喘急，其声唏嘘，仍以实业救国为念，除了交代工厂的安排，对于家事无一语道及。他对家人说："余手创各厂为国家社会服务，非以之自私自利，汝等善守即为尽孝，余亦瞑目。"③ 在那个黄钟毁弃、瓦釜雷鸣的时代，他的这番遗言掷地有声。

消息传出，远在汉口的荣德生悲痛万分，他遥望南天，焚香祝拜，祈祷兄长灵魂早日安息，并高度评价了荣宗敬对企业的巨大贡献："（吾荣家）事业之大，实由兄主持，才有此成就也。"④

荣宗敬逝世五天后的2月17日，已经退往重庆的国民政府行政院举行第350次会议，议决案共30余条，位于首条的正是通过褒扬荣宗敬的提议。两天后，各大报于头版刊出了这一褒扬文字："荣宗敬兴办实业，历数十年，功效昭彰，民生利赖，此次日军侵入淞沪，复能不受威胁，避地远引，志节凛然，尤堪嘉

---

① 许维雍、黄汉民：《荣家企业发展史》，人民出版社，1985年，第140页。
② 荣德生：《乐农自订行年纪事》"1937年条"，第136页。
③ 薛尔康：《巨子的诞生——荣氏实业王国的缔造》，文汇出版社，2013年，第16页。
④ 荣德生：《先兄宗敬纪事述略》，《荣德生文集》，上海古籍出版社，2002年，第317页。

尚。兹闻溘逝，悼惜殊深，应予明令褒扬，用昭激励。"①

当荣宗敬含泪离开这个纷扰不已的世界之时，在上海，在无锡，他手创的那些实业虽然遍受战争破坏和劫掠摧残，却又一次遭受到新的厄运，被日军套上了"军管理"和"委托管理"的枷锁。

在申新系工厂中，申新六厂在战火中受损最轻，保存了一批较为完整的机器设备，"且栈有花纱布物资甚多"，"易于修复开工"，"开工最为有利"②，首先被日军实行军管理。3月27日，申新六厂门口挂上了"上海纺绩株式会社管理所"的牌子，几天后干脆又换上"海陆军特务部指定日商上海纺绩株式会社经理"的牌子。"自日厂管理后，即利用厂存原棉开始招工开车，一面并将存纱布陆续运出销售，无法制止。"③

荣宗敬在香港留下了他最后的足迹

接着，申新一厂、八厂被日军委托给东洋纺织会社丰田纱厂经营，申新五厂落入了裕丰纺织株式会社之手，申新七厂由钟渊公大实业公司"委托经营"。福新六厂、三厂、一厂，被日军部"占用"后，"委托"给日商三兴面粉公司"代为经营"，先后改为三兴一厂、二厂、四厂。在无锡，申新三厂和振新纱厂被上海纺绩株式会社接管；丽新纺织印染厂、庆丰纱厂，同时被日商大康纱厂"强占"；饱受战火严重摧残的茂新二厂仍有生产能力，由日商华裕制粉公司据为己有，并改名为华裕第二厂；日商华裕制粉公司还"抢"得了无锡的九丰面粉厂、广丰面粉厂，分别改名为华裕第一厂、第三厂，泰隆面粉厂也落入日商手中。④

据统计，1938年初，上海租界外被日军强占的棉纺织厂达12家，纱锭

---

① 上海商业储蓄银行文教基金会编：《中国民族工业先驱荣宗敬生平史料选编》，广陵书社，2013年，第348页。

② 《荣家企业史料》下册，第37页。

③ 《荣家企业史料》下册，第36页。

④ 参见杨立、柯绛《1942年前日本在中国沦陷区掠夺公私工矿业经营及收益调查》，《民国档案》1992年4月。

455136 枚，占原有华商纱厂和纺锭数的 40%、80%。① 上海 12 家面粉厂有六家在占领区内，除中华面粉厂在战火中厂房、机器被毁殆尽外，其余五家面粉厂悉为日军占领。② 在无锡，有 24 家工厂被"军管理"。③ 就全国而言，受日方"委托经营"的华资棉纺织厂共有 50 家，154.76 万锭，15280 台织机；仍由国人经营的约 120 万锭，其中开工不足 100 万锭。④

这是空前大规模的抢劫行为，而日本却无耻宣布：军管理与委任经营是依照所谓"国际公法"或"战时法规"没收"敌人官产"，是为防止"不逞之徒"破坏私人企业而"代为经营"。事实上，中方原业主作为原经营者，对此种"委任"根本无权过问，企业的所有权和经营权被强行无偿剥夺。

日商接管这些工厂之后，并未添置一只纱锭一部粉磨，就立即利用各厂生产能力和厂存原料开始招工生产，"获得了超额的利润"⑤。民族工商业辛辛苦苦创办的工厂，每个纱锭、每部粉磨，都凝聚着创业者们的心血和汗水。纱锭又转动了，粉磨又转动了，但产品、利润已不属民族工商业主所有了。

如果在天有灵，荣宗敬见此情景，心头不知又该流多少血？"好"在他永远看不到了。

荣宗敬的灵柩从香港运回上海，暂厝荣公馆的偏宅。几年后，又运回家乡下葬。在无锡路过日军炮楼时，日军全体士兵竟然整队肃立，持枪致敬。原来，日本人曾视荣宗敬为楷模，将他的事迹编入课本，借以激励本民族的进取精神。⑥

这一天是 1943 年 9 月 14 日，临近中午。

仰惟苍天白云，俯有海潮往来。身为荣家企业的肇始者，荣宗敬一生筚路蓝缕，实业兴国之梦始终支撑内心。虽未像孙中山、黄兴那样呼啸而起，但荣宗敬的所作所为同样艰难顿挫，为谋取国富民强矢志奋斗。人虽逝，但光芒仍在，即使是敌人也必须敬畏。

## 到大后方去

工厂停了，工人散了，妻儿也被安排去了莫干山避居，该做的事都做了，荣

---

① 《事变后之上海工业》，金城银行上海总行编印，1939 年，第 6 页。转引自《日军在上海的罪行与统治》，张铨等著，上海人民出版社，2000 年，第 243 页。
② 《事变后之上海工业》，第 11 页。转引自《日军在上海的罪行与统治》，第 240 - 241 页。
③ 《抗日战争时期无锡大事选（1937 - 1945）》，《无锡地方资料汇编》第五辑，1985 年，第 182 页。
④ 《中国近代纺织史 1840 - 1949》（上卷），中国纺织出版社，1997 年，第 42 页。
⑤ 《荣家企业史料》下册，第 37 页。
⑥ 参见薛尔康著《巨子的诞生——荣氏实业王国的缔造》，第 17 页。

德生现在只有"每日赴梅园与朱梦华先生品茶清谈"①了。但他哪里清闲得下来！迟迟不离开无锡，在等什么吗？这连他自己也说不清楚。荣德生不习惯在外地久居，无锡是他的家乡，有他的家，有他辛苦创设的实业，有他亲手建造的梅园和锦园，是能够拍拍屁股一走了事的吗？

1937年11月14日晨，炮声已经隐约可闻，无锡万难再留。一身布长衫布袜布鞋的荣德生，由六女婿杨通谊开车，踏上了西去的路程。他们取道长兴至湖州，又辗转抵达芜湖，换乘长江轮船西去。16日晨，荣德生到达汉口，被大女婿李国伟迎进了申四公司营业部。

到武汉不久，就接到了日军占领无锡、荣家企业连遭劫掠破坏的消息，不久又接到了胞兄病逝香港的噩耗，这对于荣家来说无疑是屋漏偏逢连夜雨。荣德生欲哭无泪，身心受到沉重的打击，渐渐积郁成疾，右手麻木，难以抬举……

不过，申四福五的形势，多少让避居汉口的荣德生感到几分欣慰。他在《自订行年纪事》如此写道：

汉则福五照开，利厚；申四亦开，出数增加，花价三十五元，纱售二百四十余元，尚在看涨。余对厂中同仁屡讲做法，三儿（按：荣伊仁）亦将三厂心得一一指导演习，产量竟加出四分之一，每日可出一百二十余件，利润既优，欠款可以不愁，心中为之一宽。②

"八一三"沪战爆发后，沪宁沿线众多工矿企业纷纷迁往武汉重建开工，武汉一时出现了特殊的战时繁荣景象，尤其是棉纺织业更为兴旺，申四福五迎来了建厂以来最好一个时期。申新四厂五万纱锭、800多台布机全部开足，日出棉纱120件，每件棉纱的利润从战前的二三十元增至100元，每匹棉布的利润从战前的一二元增至三四元。申新四厂历年来是亏多盈少，1936年才第一次出现50万元盈利，1937年全年获利高达185.5万元，为上一年的3.8倍。所得利润用以抵补历年亏损、上缴所得税后，股东净得红利97.6万元，绝大部分利润则转作投资，扩大再生产。申四股本1938年时达到了300万元，两年前这一数据还只有92万元。

然而，战局的不利，又让荣德生不禁愁绪丛生。1938年5月19日，日军攻占徐州，打通了津浦线，又调集兵力，沿陇海线西进。同时，日军又在长江下游地区集结重兵，溯江西上，摆出了进攻武汉的新架势。

武汉，已呈危卵之势。国民政府不得不再次下达迁厂令，下令武汉的所有工厂企业全部内迁至川、陕、湘、滇等地。那么，申四、福五到底要不要迁？荣德

①　荣德生：《乐农自订行年纪事》"1937年条"，第133页。
②　荣德生：《乐农自订行年纪事》"1938年条"，第138页。

生与掌管申四福五的李国伟之间产生了争论。

汉口申新四厂前门

1918 年冬，李国伟按岳父荣德生意愿，辞去陇海铁路徐州段副工程师职务，举家迁往武汉，在福新五厂任协理兼总工程师，负责厂房设计与机器安装；后又在妻伯父荣宗敬的授意下，在汉口筹建申新四厂，兼任协理。二十年代末，李国伟升任申四、福五两厂的经理。

此次，在迁与不迁的争论中，李国伟和他的表弟、纱厂厂长章剑慧等一批"少壮派"，坚持要把工厂从汉口迁往内地。他们认为，南京沦陷之后，武汉实际上已无安全之感，目前的繁荣只能维持一时。但是，内迁计划不但遭到上海大股东的极力反对，甚至荣德生本人也不表同意。荣德生目睹两厂所获战时利润甚丰，不想轻易放过这个机会，在万不得已之前不作内迁的打算。而且，无锡申新三厂和公益铁工厂的惨痛内迁经历，荣德生仍然记忆犹新，申四福五两厂如果迁往内地，路途遥远，又处战乱之中，免不了在内迁途中蒙受损失。所以，荣德生认为"汉口守不住，内迁也没有办法"，主张按照上海方面的办法，将申四福五两厂"出租"给美商，以求庇护。

个性执拗的李国伟把岳丈的意见置于脑后，紧锣密鼓地进行内迁的准备。1937 年年底，他派人赴四川了解情况，规划内迁事宜。1938 年 1 月，李国伟派人作为申四福五的代表前往重庆，与 10 多家工厂代表共同筹组"迁川工厂联合会"。4 月，他又和内弟荣伊仁前往四川重庆、成都等地视察选购厂基，计划在重庆南岸猫背沱购进约一百亩土地。

此时，时局急转直下。6 月 6 日，日军侵占开封。6 月 9 日，国民政府下令在河南赵口和花园口扒开黄河大堤以水代兵，阻挡日军进犯。眼看武汉没法留居，荣德生取道香港回到上海，这让李国伟有了施展手脚的机会。他随即拆迁2300 余纱锭，包下怡和公司嘉和轮直运重庆。

这一年，一个全称叫中国工业合作协会的组织在武汉挂牌成立。该组织当时的任务就是动员战区的工厂内迁，并把内迁的重点定在西北。该组织推举行政院院长孔祥熙为理事长、宋美龄为名誉会长。8 月初的一天，宋美龄和顾问端纳来到申新四厂，督促工厂内迁。据章剑慧日后回忆：

某一天早晨7时，我尚未到办公室，有门卫来报告："有一批客人，包括男女多人及外国人一人，仅说是政府派来的，未得允许，已直进车间参观了。"我亦急进入车间，遇到了他们即自述身份并予以招待（因我一看即知是蒋夫人宋美龄）。参观毕找我谈话。我即延请他们同往我厂旁的厂长住宅客厅内。此时方知内有外籍顾问端纳及"新生活运动"总会的四、五位负责人员。其中有一位女的，系前南京某大学校长，邑人唐蔚芝之长媳俞庆棠，其正在负责发展手摇纺织机，称为"七七纺纱机"。蒋夫人问了我厂的范围及生产量后，即对随来人员讲："你们七七纺纱机，千辛万苦地发展了十万个厂，还不能抵这一个厂。所以为供应抗战后方衣被所需，这个厂是非迁不可的。"我就提出抗战最后根据地是何处，应该搬到什么地方去？并报告我们这个厂有五万纱锭，一千台布机，一个染厂。机器装箱，就要木箱二多只，运输吨位要达到一万吨，没有政府力量是不可能的。她听了未予置答，立刻就走。待中午12时，吴市长国桢来电召我开会。到会场时，武汉有名的纺织面粉界老板20余人均已在场。吴大发雷霆，他说："我很久催你们迁厂，为什么你们至今不理？现在已有蒋委员长命令下来，如再不迁厂，你们都要作通敌论罪。"回头再问我："是不是你请蒋夫人去看纱厂的？"①

章剑慧回厂后向李国伟作了汇报。武汉方面立即向上海总公司拍发电报："申、福两厂限令非拆即毁，不许留汉，无法挽救，企业事难生效，尊处宗旨盼复。"② 同时，出租给美商的计划也遭到了国民政府的断然拒绝，"所报出租美商事，未便照准"。③

李国传立即动身，再次亲赴陕西宝鸡踏勘。他发现宝鸡与重庆相比，拆迁费用便宜，且宝鸡地处八百里秦川西部边缘，是陕、甘、川三省物资集散地，交通运输相对便捷，又靠近陕甘棉花产地，原料取给较便，对建设纱厂极为有利，于是决心将申四福五分迁四川与陕西。在宝鸡城东斗鸡台，李国伟一举购买了400余亩土地，作为办厂基地。

李国伟将当地的地形绘成草图，连同建厂计划寄给上海的荣德生。此时的荣德生，思想有了转变，觉得迁厂势在必行，仔细研究后复信指出若干重要的关节点：一是"建筑要从轻入手"，以便减少耗费，及早完工，二是为防日机突袭，

---

① 章剑慧：《雪泥杂记——我的创业生涯》，《文史资料选辑》第22辑，中华书局，1962年，第94－95页。

② 《荣家企业史料》下册，第61页。

③ 《荣家企业史料》下册，第59页。

厂房"分开造，使不延及"，以减少损失；三是建议在工厂附近建造一街镇，"使往来花纱有一小市场可以站脚"。①

8月，武汉工矿企业的内迁进入高潮。申四福五的内迁运输分水路和铁路两路进行。水路运输，分装轮船木船向四川进发；铁路运输，经平汉路转陇海路向陕西进发。往四川方向，从8月20日起，先将8000纱锭以及大批机物料棉布运到宜昌。到达宜昌后，却又一时雇不到船只，只得由重庆雇木船下放至宜昌，前后共达36艘，分批接运器材。由于川江水急滩多，船舶拥塞，途中又有敌机轰炸，一路上迁延耽搁，运输十分困难、缓慢，以致人早已到达重庆，而机器尚在江河途中。最后，耗时半年才运至重庆。最后抵达重庆的机件计有一万纱锭、80台布机、整理机、漂染机和一套日产500包面粉的设备。往陕西方向，于8月31日出发，李国伟搭车同行。到9月10日，申四运到宝鸡的机器达到60车皮，计有纱机两万纱锭、400台布机、一套日产3000包面粉的设备与一组3000千瓦的发电机及一些建筑材料。

10月22日，留守的章剑慧乘坐最后一班飞机飞往成都转重庆。四天后，汉口沦陷。

由于战局紧张，两厂在内迁途中的损失极其严重。其中有一部分机器装船后在长江上航行时因遇飓风而翻船沉没，又有一部分机器装上火车计划北上，却因为信阳失守又不得不折返武汉，孰料在途中竟被日军掠走。据统计，申四福五两厂在内迁途中共计损失两万枚纱锭、690台布机、一套日出粉上万包的粉机以及70%的漂染整理机、全套1000千瓦发电机，还有800余马力电动机等。

对于申四、福五的内迁，荣德生事后回忆说：

申四、福五奉命撤退，指定重庆、宝鸡两地，一再电商当局，非拆不可，否则炸毁。于是遵令一部分装渝，一部分迁陕西之宝鸡。在宝圈地四百余亩，迁去纱锭两万枚，布机四百台，粉机约合出粉三千包，电力三千启罗瓦特。②

包括申四福五在内的武汉工矿企业内迁，是抗战初期沿海工业内迁运动的继续，构成了中国工业史上的一次规模宏伟的大迁徙运动。刚刚从沿海地区迁来武汉的工厂，以及武汉本地的工矿企业，不得不再次向四川、广西、陕西等更深的腹地迁移。至1940年底，历时三年多的工厂内迁基本结束。据经济部统计，由政府促助迁移的工厂共452家（另据估计，包括自行迁移的全部内迁工厂共约

---

① 王赓唐、汤可可等著：《荣氏家族与经营文化》，世界图书出版公司，1999年，第56页。
② 荣德生：《乐农自订行年纪事》"1938年条"，第142－143页。

600 家），其中机器设备约重 12 万吨，技工 1．2 万人。① 加上百万民众内迁，成为中国抗战时期的战略大转移。申新四厂的内迁，对武汉工矿企业的迁移起到了重要的带头作用，有资料记载："申新的内迁，使汉口的内迁蔚为风气，故后方的厂矿十九来自武汉，这股潜流，是申新无意中发动了的。"② 作为亲历者，著名平民教育家晏阳初最早将这次工厂内迁比作"敦刻尔克大撤退"，他充满感情地说："这是中国实业史上的敦刻尔克，在中外战争史上，这样的撤退只此一例。"③

1940 年 5 月，希特勒入侵法国，将英法联军围困到法国的海滨城市敦刻尔克。英国海军调动所有船只，用九昼夜时间，将被围困的 33 万英法联军和装备，通过英吉利海峡全部抢运到了英国。这次撤退，即世界战争史上著名的敦刻尔克大撤退。

不过，英法联军的敦刻尔克撤退，指挥者是军事将领，被指挥者是有严格纪律的士兵，使用的运输工具是先进的军事舰艇。而中国民族工商业内迁的指挥者是没有参加过战争的企业家，被指挥者都是工厂的工程技术人员和普通工人，使用的船只吨位很低。因此，抗战胜利后《大公报》名记者徐盈回顾这段历史时指出："中国的'敦刻尔克大撤退'的紧张程度与英国在敦刻尔克的撤退并没有两样，或者我们比他们还要艰苦些。"④

敦刻尔克大撤退，使英法联军安全撤到了英国，从而保存了英法两国军队的实力，为以后的大反攻创造了有利条件。而中国民族工商业大撤退的成功，对中国的抗日战争胜利也具有相似的重大意义。大量战略物资器材设备被安全转运后方，保存了中国工业基础，为战时支援抗战和后方建设作出了巨大贡献，为四川、重庆的工业发展奠定了基础，促进了重庆成为长江上游的经济中心。

1938 年 10 月，申四福五的内迁工作基本完成，李国伟立即赴上海向股东会报告。股东们因怕内迁企业亏本受累，且担忧日本人为难，于是决定内迁工厂不用申四福五牌子，另行成立庆新股份有限公司，下设庆新纱厂和庆新面粉厂，以申四福五的设备出租给庆新收取租金。

11 月，李国伟离开上海，取道香港前往重庆，不料在香港失足滑倒，跌折右腿主骺骨，无法行走，先后在港、沪治疗养伤。一年间，在他的遥控指挥下，重庆庆新公司的建设按计划推进。1939 年 1 月 12 日，庆新纱厂在迁渝工厂中率

---

① 徐建生著：《民族工业发展史话》，社会科学文献出版社，2011 年，第 135 页。

② 平亦：《民族工业家章剑慧》，《经济导报》（港）第 47 期，1947 年 11 月 20 日。

③ 《抗战档案》上，中央文献出版社，2005 年，第 262 页。

④ 徐盈：《当代中国实业人物志》，1948 年，第 21 页。

先开出 2000 锭，从建厂到开工生产仅六个月，创造了大型民营工厂迅速复工生产的奇迹。经济部长翁文灏对此十分高兴，邀请大批国内外记者进行密集宣传，轰动后方工业界。第二批 8000 锭陆续到渝，随到随装。当时采取边生产、边建厂的措施，因陋就简，先行建筑生产车间，职员办公及居住都在临时竹棚中，至 8 月已开出 5000 纱锭，月出棉纱 220 件（每件 430 磅）。由于武汉沦陷后，后方纱布存底枯竭，军需民用毫无着落，不得不依靠土纱土布维持，所以庆新所产棉布一面世就供不应求。随后庆新面粉厂也于 1939 年 5 月 1 日建成投产，日产面粉 500 包，销路同样畅旺。翁文灏希望申新迁陕西宝鸡的两万纺锭

李国伟

也能迅速开工，给主持复产的章剑慧下了一道"即赴宝鸡筹备开工"的指令。[1]

事过境迁，中日战事逐渐明朗，加之庆新公司开工后营业顺利，上海总公司要求恢复申新名义，并退回新进股份。1939 年 11 月，李国伟伤愈后从香港飞往重庆，对庆新进行了股份调整，规定凡属申四福五的新职工，在庆新的股份仍可转作申四股份。凡属当地新收的外股，全部退股，发给 50% 的利润。庆新纱厂改为申新第四纺织厂重庆分厂，福五重庆分厂则设在申四重庆厂内，除生产和会计核算分开外，其余行政管理和申四合并。

恢复申四名号之后的 1940 年初，李国伟又在厂后二里许的苏家湾，另建第二工场，将未及安装的 4500 枚纱锭疏散至此，至 8 月竣工。至此，申四共有纱锭将近一万锭。

---

① 张守广著：《抗战大后方工业研究》，重庆出版社，2012 年，第 261 页。

# 【锡 商 人 物】

　　荣宗敬（1873－1938），名宗锦，以字行，无锡城西荣巷人，荣家企业的创始人。1887 年到上海源豫钱庄习业，1896 年与父荣熙泰、弟荣德生等合资开设上海广生钱庄。1901 年与弟德生等人集股在无锡合办保兴面粉厂，任批发经理。1905 年，兄弟俩又与荣瑞馨等七人集股在无锡创办振新纱厂，1909 年任该厂董事长。1912 年，荣氏兄弟与王尧臣、王禹卿，浦文渭、浦文汀兄弟等人集股在沪创办福新面粉厂，荣宗敬任总经理。1915 年兄弟俩退出振新纱厂，在沪招股创建申新纺织厂，荣宗敬自任总经理。此后，荣氏兄弟又先后在上海、无锡、汉口创设申新二至九厂。并在沪设立茂新、福新、申新总公司，自任总经理。至1931 年，荣氏兄弟共拥有面粉厂 12 家、纱厂 9 家，分别约占全国民族资本面粉总产量的 1/3，纱布总产量的 1/5，被称为中国"面粉大王"、"纱布大王"。在实业有成的同时，荣氏兄弟致力于家乡教育、公益事业，先后在锡创办了公益小学、竞化女子小学、公益工商中学（后改为公益中学）、大公图书馆，还集资在无锡和常州共建造大小桥梁 88 座。1926 年后历任南京国民政府工商部参议、中央银行理事、全国经济委员会委员等职。抗战爆发不久即移居香港。1938 年 2 月10 日在香港病逝。

　　薛震祥（1890－1985），无锡北乡礼社（一说洛社）人。家境贫困，早年在法商上海百司洋行当练习生，后转到石赉洋行当业务员，后任华籍经理。1917年与人合伙开设震旦水电工程公司，专营水电安装和凿井工程。1926 年又在无锡扩建震旦机器铁工厂，从事柴油机和抽水机的制造。1927 年，试制泡沫灭火机成功，生产鸡球牌泡沫灭火机，产品在国内畅销，并远销东南亚地区。1931年仿造英美规格的汽油引擎和特拉海式救火车。抗日战争开始，无锡震旦机器厂内迁到达重庆，安装生产。抗战胜利后回沪，工厂重获发展，主要生产灭火机。1955 年工厂公私合营，薛震祥任第一副经理。虽年事已过花甲，仍一心钻研技术，1959 年试制成功植物性蛋白空气泡沫液灭火机，专供油田火灾灭火用。

# 1939 年：痛苦的蛰伏

国运衰微，世事动荡。人之命运，企业之走势，随政局之起伏，颠簸于潮流，百转千回，令人看不清方向。

在拥挤不堪的租界"孤岛"，民族工商业意外迎来了难得的繁荣；太平洋战争爆发后，日军进占租界，在刺刀的威逼下，"发还"闹剧粉墨登场，民族气节凛然不可压制；恶性的通货膨胀，不经意间砸碎了困扰荣家多年的债务桎梏；在"统制"高压之下，民族工商业再次滑向存亡边缘。

在风雨飘摇、前景晦暗的岁月里，卑微与高贵并存，绝望与希望交替，人们在努力挣脱梦魇的折磨。冬天远未过去，依然看不到春天要来的迹象。

## 避难"孤岛"

1938 年的上海被称为"孤岛"，这是一个十分贴切的隐喻。

上海是当时世界上的第七大城市，人口仅次于柏林、伦敦、莫斯科、纽约、巴黎和东京，人称"远东第一现代大都会"。在淞沪会战中，城市遭到了毁灭性的重创。美国历史学家魏斐德在《上海歹土——战时恐怖活动和城市犯罪 1937—1941》一书中写道：

上海乃是二次大战中第一个被摧毁的世界大都会，其工业所受的损失达到 5.6 亿元。大片居民区遭到破坏，数十万人无家可归。九百家工厂、工场和作坊的设备被毁坏，另有一千个设施被日军摧毁或占领。若将华人区所受的损失都计算在内，则该城市丧失了 70% 的工业潜力，上海及其相邻工业区的 60 万人失去了工作。战争损失估计达到 10 亿、20 亿乃至 30 多亿元。中国损失了 8 亿多美元的国外投资，此前集中于上海，并在 1937 年初显示良好前景的中国经济复苏，就这样被战争扼杀了，全国倒退数十年。①

1937 年 11 月，日军占领上海。因为英、美、法等西方国家表示中立，黄浦江沿岸的公共租界和法租界因而得以保留，市政之权仍操在租界的工部局手中，遂成一特殊的"孤岛"。这两个租界地，东起黄浦江，西南至徐家汇、北至虹口公园，东北达杨树浦，面积 33 平方公里，占上海总面积（527.5 平方公里）的 6.26%。战前上海两租界人口 170 万人，其中公共租界人口约 122 万，法租界约 48 万。②

在上海，租界内外因战争成了截然不同的两个世界。《劫后的上海》一书中这样形容道："一线之隔，一边是天堂，一边是地狱。地狱里面的人饥寒交迫，天天幻想着天堂。"③很快，1938 年的春天到了，这一年与往常并无二致。浮云苍苍、尘世茫茫，空气中满是潮湿气味，著名歌星白虹、周璇那艳丽、暧昧的嗓音在上海租界内飘荡，掩饰着战争的伤痛。

然而，申新总公司内却是一派肃杀之气。荣宗敬逝世后，在上海的荣家企业处于群龙无首的状态。信康等 16 家钱庄生怕债务失着，相继向法院起诉，要求拍卖总公司的财产，咄咄逼人。

这一切，都需要有个新的总经理出来主持。"老臣"王禹卿、吴昆生等人对荣鸿元不放心，联名致电在汉口避难的荣德生："令兄去世，纠纷日多，穷于应付。总经理一席，内外一致认为非公莫属。股东谒盼早日莅申，借以安定人心，主持一切。"④

荣德生与兄长情谊颇笃，在生产经营中"无一不推兄为先，由兄总揽全局"。⑤ 但荣德生却因为总公司债务纠纷正炽，不愿立即到沪，使了个"缓兵之计"，回信作出了这样的人事安排："……总经理已去世，新总经理未接事，以协理为妥，所以注明暂以二协理二襄理。侄（按：荣鸿元、荣宗敬长子）为协理，伟仁（按：荣德生长子）同；鸿三侄（按：荣宗敬次子）为襄理，尔仁（按：荣德生次子）同，取其系统也。……叔（按：荣德生自称）通盘计划及复兴程度，俟大局安定，即到申料理，然办事必归尔等兄弟四人。粉部由二王老伯

---

① 【美】魏斐德：《上海歹土——战时恐怖活动和城市犯罪 1937—1941》，芮传明译，上海古籍出版社，2003 年，第 1－2 页

② 《上海全书》，学林出版社，1989 年，第 11 页。

③ 王芸生等：《劫后的上海》，上海战时出版社，1938 年。

④ 《荣家企业史料》下册，上海人民出版社，1980 年，第 25－26 页。

⑤ 荣德生：《乐农自订行年纪事》"1941 年条"，上海古籍出版社，2001 年，第 152 页。

（按：王尧臣、王禹卿）支持之。"①

荣德生的这个人事安排，是煞费苦心的。他虽然没有明确谁继任总经理，但实际上已表明自己要接任总经理职，以防他人对总经理职再存"非分之想"，同时又避免了立即到沪接职陷入困境。安排二子二侄分任协理、襄理，既防止大权旁落，又按家族辈份分掌各权，协调家族内部大房、二房之间的关系。他反复叮咛荣鸿元等子侄辈，要"待人客气，对内严密"，"要事谨慎"，"防有奸谋"，精诚团结，以防外人乘隙。同时，他又表示了维持先兄在世时王氏兄弟拥有的权力和势力，以笼络"老臣"，防止他变。

后经上海总公司一再函催，荣德生于6月3日乘机飞香港，19日搭乘邮船，于21日抵上海。第二天，他就来到总公司，"同仁及诸友毕集，年余未见，倍形客气。深觉沪上一切无异往日，惟事权全非，远异吾兄在日，心中暗觉神伤。"②

当时，钱庄讼事尚未解决，等待荣德生决定方针。租界内福新二、八、七厂及申新二、九厂均开工获利，对清偿债务极有希望。荣德生与银团商定，每月盈余分为三成，一成还银团，一成还讼事和解的钱庄欠款，一成还无抵押的零星欠款及维持总公司开支。总公司内部也做了协调，福新归还粉厂押款，申二归还钱庄欠款，其余债款除了申四归还一部分外，大部分由申九归还。经过多方努力，债务诉讼逐一了结和解。几个月后，15件讼案全部审判终结或调停和解，诸事渐渐步上了正规。

荣德生来到上海，恰好申四在抗战前向信昌洋行订购的19000纱锭也运抵上海。西运之路阻隔，洋行欲令退货，荣德生与李国伟商议后，果断地决定将其中15000锭装在申九，其余4000锭交给三儿荣伊仁，创设合丰公司棉纺织厂，不久也投入生产。合丰公司是抗战时期荣家在上海唯一的新建企业，是由申新三厂和茂新股东职工集资10万元创办，后扩股增资至20万元，包括纱厂、布厂、铁工厂及丝厂四个工厂。

为了躲避日方的骚扰，不少工厂挂上了外商牌号，荣家也不例外。申新二厂与美国企业公司订立租赁合同，为期五年，工厂的管理与经营权依然在荣家手中，申九随后也采取了这种方法将工厂过户给了英商通和洋行。"福七为了达到这个目的，送了巨额的股资（六万元）给通和洋行经理薛克，向英国办理注册。"③ 新设的合丰公司同样向美国注册。

---

① 荣德生致荣鸿元函（1938年4月3日），《荣家企业史料》下册，第25－26页。
② 荣德生：《乐农自订行年纪事》"1938年条"，第141页。
③ 《荣家企业史料》下册，第46－47页。

荣家企业在租界内的工厂悬挂"洋旗"，投向外商寻求庇护，尽管付出了巨大代价，但毕竟为企业的生存觅到了暂时庇护，也为企业运营带来了便利。企业"过户"基本上是第二代大房的荣鸿元、二房的荣尔仁等人谋划和操办。荣氏后人已经不再满足于长辈创办的"大灶"，而是各自建起了自己的"小灶"。

丽新的"少当家"唐君远也来到了"孤岛"。他在抗战爆发后一段时期的经历，完全可以用"凶险"两字来形容。他直接受到了来自日军的人身威胁。有学者用略有文学化的笔调记下了当时的全过程：

日军占领无锡后，早就把丽新作为劲敌的日本棉纺织商人，迫不及待地通过日军在无锡司令部向丽新张开侵吞的血口。日军驻无锡司令部找来了唐君远，以日方控股51%的条件提出与丽新合作经营的要求，唐君远知道，这名为合作，实为吞并。当即回答，此事个人不能决定，需经董事会讨论。

在董事会上，唐君远报告了这一情况，并表明自己的态度，认为断然不能同意，并激愤地提出"宁为玉碎，不为瓦全"。董事会讨论，一致意见予以拒绝。

日军驻无锡司令部得到丽新的拒绝合作经营答复后，恼羞成怒，下令将唐君远关押，威吓说，如再不答应，当以破坏日中亲善、破坏"大东亚共荣圈"治罪。唐君远不为所动。日军将唐君远关押半月，唐君远仍拒不接受日方要求。

这时，唐骧廷、程敬堂通过有过生意往来的日本洋行中的日商出面，将唐君远保释出狱。[①]

唐君远出狱后，立即避去上海。经与在沪的丽新、协新厂的董事、监事商议，决定在上海公共租界创办新厂。

战前协新向洋行订购250台织机，此时恰好运至上海，同时在上海也有部分货物。于是，唐氏以这些作为资本和设备在上海租界内复产。1938年夏，先租赁小沙渡路英商别发印刷所三楼，安装近1700枚精纺机、十余台织机。为避纠缠，借用英商信昌洋行的牌号更名为信昌毛纺织厂，10月间开工。同年又在戈登路购地数亩，自建厂房，安装1600枚法式精纺锭、40余台织机及染整机全套，1939年夏天恢复生产。到1940年，产量达到145万米，盈利近130万元。

丽新又向英商信昌洋行建议，以丽新尚欠信昌机器货款未曾付清为借口，由信昌出面到日军占领下的无锡拆迁纱锭两万枚到上海。丽新即以这批机器的一部分作为资本，与信昌集资50万元开设昌兴纺织印染公司，议定丽新投资90%，信昌投资10%，挂英商招牌，在香港注册，分设纺、织、印染三个部分。其中织部在思南路租地建厂，安装织机250台；印染设备在江宁路购地安装，1939年

---

①　顾一群：《唐君远先生传略》，《无锡文史资料》第44辑，2000年，第28－29页。

开工；棉纺部分则在长寿路，装置纱锭11400枚，1940年正式开工。

淞沪抗战爆发之际，唐星海正在欧洲考察。听闻消息，身在异国的唐星海忧心如焚，急匆匆地乘机赶回了上海。

唐星海刚下飞机，董事们迫不及待地上门询问应急对策。危急时刻，唐星海自有主张：第一、尽可能多地筹措资金，换成外汇贮备起来，以便将来复兴时添置机件；第二、迅速处理工厂的棉纱棉布、原棉半成品等存货，降低销售，来不及销售的分散运至外乡外埠储藏起来；第三、对无锡的工厂抓紧拆机装箱，从速运往内地。

会刚开完，长江已遭封锁，沪宁陆路也断了火车。唐星海放心不下无锡的工厂，乘上小车赶回无锡，部署工厂拆运事宜。到9月18日止，在两个多月时间里一共拆卸纱锭6100多枚，分批运往上海。

1938年8月，唐星海向中华劝工银行租借延丰路申园跑狗场原址30亩，利用无锡庆丰纺织厂转运出来的一部分机器设备及原料，再加上筹集的一部分资金，办起了保丰纺织漂染整理厂。"保丰"，有保续"庆丰"之意，也有保证能够丰收之意。保丰纱厂有27140枚纱锭、768枚线锭、768台布机。为了避免日军的干扰，工厂聘请一位美商担任挂名董事，挂起了美国招牌。经过近一年时间的筹建，1939年4月保丰正式开机，日产棉布800匹、棉纱35件、漂染布2000余匹。1940年，唐星海又与上海源兴昌机器厂的老板合作，创办源丰机器厂，制造纺织机械和漂染设备。

弟弟唐晔如也到了上海租界，投资80万元在槟榔路创设元丰毛纺织厂，占地7.19亩，购置1000枚英式纺锭、20台毛织机和一套简易染整设备。1940年10月正式开工，生产精、粗纺呢绒和绒线。

荣家"老臣"王禹卿原先曾在光复西路集资创办正明棉毛织厂，有棉织机150台。该厂曾向国外添购2000枚精纺锭、数十台毛织机及染整机器全套，因在淞沪会战中厂房受损，建厂工作停止。向国外所购的毛织机纷纷运到，于是另租得东京路福新四厂的新仓库安装新机，并改变原来以棉纺为主的业务方针，卖出织布机，专事毛纺织。1938年上半年，纺锭和染整机也陆续到齐，成为一个全能的精纺专业工厂。资本由50万元增至80万元，更名为寅丰毛纺织染厂。

蔡缄三的两个儿子蔡漱岑、蔡稚岑兄弟也来到了上海。兄弟俩1935年与他人在苏州创办太白面粉厂，经营甚利，不料开业一年，即遇"八一三"抗战，苏州、无锡相继沦陷，蔡氏兄弟即在沪创办安利织袜厂。

杨翰西之子杨蔚章收拾广勤纱厂剩余机件，搬到上海，在马自路另建肇新纱厂，1939 年 6 月开工，共有 17000 枚纱锭、126 台布机。

日军轰炸上海，"桐油大王"沈瑞洲在南市的店房、仓库、房产被毁殆尽，他将沈元来桐油号迁至租界经营，又创办大生榨油厂。

乾昶丝厂厂主王化南携眷定居上海后，加入荣氏创办的合丰企业公司，分管合丰丝厂。1944 年，他在上海筹组美新丝业公司。

恒德油厂厂主浦文汀避居上海、苏州。其孙浦正勤与他人合作在无锡圆通路创办正德袜厂，后又在北塘沿河开设同记五洋号，经营日用百货。

唐骧廷的女婿夏铁樵父子原先在无锡周山浜筹资建设维新织漂染股份有限公司，股本 50 万元，1937 年厂房基本竣工，机器安装结束，但因日军侵占无锡而未能投产。此时，夏氏父子也来到上海，依靠维新织漂染股份有限公司的设备，做生意维生。

二十年代末从上海迁来的俞宝昌机器厂，由无锡回迁上海，生产小型柴油引擎和戽水机、轧米机等机械。

投资规模不大的人余、中华袜厂，也迁到上海租界组成家庭作坊开工。

到 1939 年底，在战火中迁徙离散的锡商企业，去向已经定局：除了一些留在无锡勉强维持的工厂外，一部分分散到城郊农村办起了家庭制丝社、小棉纺、小面粉工场，在经济统制的缝隙中谋求生存；一部分跋山涉水，迁往西部内地，在大后方延续着民族工商业的生机；一部分辗转将资金、设备转向上海租界，利用"孤岛"的特殊条件进行经营。

残酷的战争，给民族工商业带来了深重的灾难，但只要精神不灭，即使是在凛冽的寒冬，同样能开出鲜艳的花朵。

## 畸形繁荣

出乎很多人的猜想，"孤岛"时期的上海工商经济并不是一片萧条、满目疮痍，反而很快就进入了一个少有的繁荣时期。

租界这一弹丸之地的繁荣，自然事出有因——

上海沦陷后，大量的人口、资金，甚至江浙等地的工商界都纷纷涌入租界避难。租界人口激增，总人口达到 400 万之众[1]。至 1940 年初，人口最多时一度超过 500 万。[2] 这数百万人的吃、穿、用，就是一项巨大的消费，市场顿显活跃；

---

[1] 《新闻报》1938 年 10 月 18 日。

[2] 《申报》1940 年 3 月 28 日。

与此同时，人口集中又为租界工业提供了充足的廉价劳动力。而生产规模的扩大，反过来又使生产资料市场得到刺激。如此循环往复，上海租界很快就从战争的废墟上"复活"。

这是最为显性的原因，而其更深层的原因，则完全与亚洲乃至全球政局变幻有着密切的关联。

就中国国内形势而言，随着东南沿海各地相继沦陷，人口迅速向后方迁徙。据统计，1938 年 12 月，由沦陷区迁入西南、西北地区的人口有 1000 万，其中仅四川就有 700 万。[①] 至 1940 年，大后方的人口总数已由战前的 18000 万增至23000 万，约占全国人口的一半。[②] 人口激增，对生活消费品包括机制日用品的需求就相应增多。但战前全国工业布局极不平衡，重心集中在东南沿海地区，西南、西北地区则相当薄弱。据经济部统计处调查，1937 年底，全国符合工厂法的工厂总数为 3935 家，其中后方各省仅占 19% 左右。[③] 而且由于抗战的特殊需要，战时西南后方工业建设以重工业为主，民生工业相对薄弱。以棉纺织业为例，即使在发展高峰的 1943 年，大后方实际运转的纱锭也只有 17.5 万枚。而按照战前消费水平估算，大后方各省所需棉纱须有 160 万枚纱锭开工生产。[④] 正是在这种大背景下，国民政府在上海沦陷后当即颁布《禁运资敌物品条例》，将沦陷区货物出口"概以仇货论"，对国统区物资运沪也予以严格限制。但是，这一政策很快转向，对凡沦陷区内未受日方利用或控制之出品，如上海租界区域内各国货工厂之出品不能算做日货，仍应准其运销各地。偏居重庆之后，国民政府在上海专设国货运输管理处，主持贸易事宜，并继续对租界供应外汇，继续支持"孤岛"的外汇交易。

出于自身的需要，日方对租界经济也持"放松"态度。日本是一个战争资源基本不能自给的国家，其重工业所需的石油、铁砂、铜等全数依赖进口，即使棉花、木浆、硫酸等工业原料也大多需要进口。不仅如此，战争的扩大还使得其原有贸易市场相继遭到各国的封锁或抵制，日本战时物资的补给越来越困难。如南洋各地战前平均每年吸收日本出口货物的 12%，战争爆发后，"各项中国货运往南洋各处销售，虽价格较日货为贵，但一般侨胞均愿舍贱求贵。"[⑤] 在此情况下，日本就有在租界市场以其相对过剩商品换取其急需的战略物资的企图；同时

① 四川省中国经济史学会编：《抗战时期的大后方经济》，四川大学出版社，1989 年，第 108 页。
② 张公权：《中国通货膨胀史》，文史资料出版社，1986 年，第 9—10 页。
③ 陈真、姚洛合编：《中国近代工业史资料》第一辑，三联书店，1957 年，第 89 页。
④ 刘汉堃：《当前之棉纺织业》，《西南实业通讯》第八卷第六期，1943 年。
⑤ 《商业月报》第十九卷第一号，1939 年 11 月。

从打击中国抗战实力的角度出发，日本也欲利用上海市场套取外汇及劫取国统区物资。上海"孤岛"成为日本获取、转运战略物资以及套取外汇的中转市场。据统计，二十世纪三十年代，上海拥有 24% 的在华日资，占有 30% 以上的中日贸易总额。① 日军对租界实行的是"和平封锁"，即只禁止中国船舶的海上交通运输，对第三国船只虽时有阻拦，但并不完全禁止进出。在太平洋战争爆发前，进出上海港的轮船吨位中有将近六成属于中日以外的第三国。当然，日本人也知道其中有相当部分是挂着外国国旗的中国船只。

上海历来是西方各国在华经济势力的重心所在，战时更是其在华利益的据点。随着欧洲局势的紧张，各国均在某种程度上对进出口贸易实行了统制政策，敌对国之间更是开展了经济战。特别是 1939 年第二次世界大战爆发后，德国对英国海上运输线处处加以破坏，而且对中立国船只进入英伦三岛进行严密封锁。相应地，英法集团及北欧诸国也对德国进行了贸易封锁或限制。在这种博弈中，英国将"孤岛"上海当成远东地区的商品交易中心；而德国也借道西伯利亚铁路，将颜料药品、五金机械、化学产品等商品运送到沪，以换取其急需物资。因此，在 1942 年之前，上海仍保有英国在华企业投资总额的 72.6%，美国投资总额的 64.9%。②

正是因为这种微妙而独特的因缘际会，"孤岛"被容忍存在。就在 1937 年底，各欧美轮船已经恢复了南北洋和长江航线的航运，到第二年的 6 月，上海重开至伦敦、马赛等欧洲城市的直达班轮，至 10 月基本恢复至战前水平，国内航线也相继重新开通。上海很快恢复了全国贸易中心的地位。有资料表明：在进口方面，1937 年上海的进口总值为 5.08 亿元，1938 年因战争降至 3.76 亿元，但随即很快大幅度回升，其后三年分别达到 14 亿、29.76 亿元和 34.1 亿元；出口的数字也类似，1937 年为 4.04 亿元，1938 年降至 2.22 亿元，其后三年上升为 3.92 亿元、13.67 亿元和 19.29 亿元。战后出口在全国所占比重已高于战前。③

战争的硝烟刚刚消散半年，沪上各大报刊就遍布招工广告。繁荣，就这样不经意间到来了。

至 1938 年底，租界内开工的工厂从 1937 年底的 442 家，猛增至 4707 家，超

---

① 【日】高纲博文：《在上海的日本人》，《上海研究论丛》第八辑，俞克明主编，上海书店出版社，2010 年，第 337－338 页。

② 《财政评论》第五卷第二期，1941 年 2 月。

③ 朱斯煌主编：《上海之战时工业》，银行学会，1948 年，第 475 页。

过了战前的 3801 家①。1939 年起新建工厂达 1705 家。② 租界内各类工业产值，若以 1936 年为 100，到 1939 年，棉纺织业为 164.8，缫丝和丝织业为 116.8，面粉业为 112.1，毛纺织业为 164.8。③ 在这些行业中，棉纺织业的增长无疑最为迅猛。战前租界内共有纱厂 19 家，纱锭 72 万枚，其中华资纱厂九家，有纱锭 34 万余枚、线锭 5 万余枚、布机 1700 台。到 1940 年华资纱厂净增加 11 家，增加纱锭 23.68 万枚、布机 2920 台，达到 20 个厂，65.72 万枚纱锭和 4760 张布机，纱锭数增长 93.33%，布机增长 1.8 倍。④ 缫丝工厂不到一年时间也由八家激增至 36 家，丝车 6293 部。⑤

机不可失，时不再来。荣家企业紧紧抓住了这一"黄金"的机遇，充分利用实力雄厚的有利条件，调动一切手段扩大生产能力。到 1941 年太平洋战争爆发前，申九连同申二，以及新开设的合丰厂，荣家企业开工的纱锭近 20 万锭，年产棉纱达 13 万件，均占当时上海商纱厂总数的三分之一。

上海租界工厂所生产的棉纱和棉布，通过香港等地转口，一部分销往大后方，一部分销往南洋诸国。当时大后方"每年缺少棉纱 12 万件，棉布 400 万担，大都依赖于上海方面供给。因此上海的纱市价，比较日（本）纱要高出两成，获利更丰。"⑥ 受爱国心的驱使，内地各省和南洋华侨坚决拒用日货，这也使华商纱厂生产的纱布获得极大的竞争优势。"民国二十七八年间，是上海纺织业空前繁荣的时期，所有开工商场全都获利极丰。租界内的华商纱厂因为上海租界内与内地各省织布业排斥日纱，这些地区成为华商纱厂的独占市场。"⑦ "虽然日本纱厂的产品质量比国产的好，价格也比较便宜，但是华侨爱国，他们不愿购买日商产品而买申九出品的金双马；所以申二、九厂营业极好，利润很大。"⑧ 1937 至 1939 年间，申新二、九厂的纱布产量逐年增长，1939 年的棉纱线产量达 133277 件，比 1937 年产量 90215.59 件增长 47.7%；申九 1939 年的棉布产量达 2153.52 万米，比 1937 年年产 1306.58 万米增长了 64.8%⑨。

---

① 《新华日报》1940 年 3 月 11 日。《新闻报》1938 年 4 月 10 日及 5 月 5 日。
② 朱斯煌主编：《民国经济史》，银行学会，1948 年，第 476 页。
③ 朱斯煌主编：《民国经济史》，第 476 页。
④ 张朴：《战时中国棉纺织业的演变》，《工商天地》第三卷二、三期合刊，1948 年 6 月。
⑤ 上海社会科学院经济研究所、上海市丝绸进出口公司编：《中国近代缫丝工业史》，上海人民出版社，1990 年，第 388、389 页。
⑥ 聂光池：《战时我之棉纺业》，《申报》1911 年 4 月 14 日。
⑦ 张朴：《战时中国棉纺织业的演变》，《工商天地》第三卷第五期，1948 年 8 月 5 日。
⑧ 《荣家企业史料》下册，第 68 页。
⑨ 许维雍、黄汉民：《荣家企业发展史》，人民出版社，1985 年，第 147 页。

有资料表明，在上海租界，棉纱 1936 年平均价格为每包 220.7 元，此后逐年上涨。到 1940 年时达到每包 473.9 元，1941 年为 758.5 元。棉布 1936 年时每匹 7.5 元，紧随棉纱同步上涨，到 1940 年时，达到每匹 29.6 元，1941 年为 51.3 元。棉纱上涨了 6.5 倍以上，棉布上涨了 5.8 倍以上。虽然棉花也有涨价，但在五年中只上涨了 4.6 倍，可见纺织品所获的利润是极高的。①

1939 年是"孤岛"时期各厂获利最高的一年，华商各纱厂年盈余额一般均达 200 万元到 400 万元，申九则更高达 1000 万元以上。即使在 1940 至 1941 年间，租界内的申新各厂产量锐减，却仍因囤有大量外棉而继续获有厚利。据统计，1938 至 1941 年间，申新二、九两厂的账面盈余总计 5666 万余元，按历年时价折合黄金总计 15.5 万两。②

主营面粉业的"福新"系同样在"孤岛"迎来短暂的高速发展期。战争时期，难民不断增加，导致面粉供不应求。虽然日方统制小麦，小麦来源出现枯竭，但各大工厂以进口小麦满足需求，"粉厂原料发生恐慌，乃不得不向澳洲、加拿大、美国等处订购大量洋麦。"③ 福新二、八和七厂的面粉产量，1939 年达到 855 万袋，比 1937 年年产 594.6 万袋增长 43.6%④。就利润而言，在 1937 年共亏损 35.4 万元，1938 年时已成功扭亏为盈；一年后盈利额已高达 344 万元。1938 至 1940 年间的账面盈余亦达 800 万余元，按历年时价折合黄金总计 2.45 万两。⑤

二十世纪三四十年代的上海，是"冒险家的乐园"，这个城市的躯体里流淌的是投机的血液。投机，离不开巨额的资金。在天津、广州和香港失陷后，大量游资汇入上海租界内的外国银行，而且国民政府为维持法币和外币的比价，通过国营银行办事处在上海租界内投入大量资金，这为进口商不受外汇配给的限制、自由进口紧缺物资以谋利大开了方便之门。这样一来，各路资金会聚上海，租界内的游资由 1938 年的 25 亿元左右，到 1940 年迅速增加到 50 亿元以上。⑥

纱布、粮食和股票，自然是最主要的投机物品。棉纱价格朝夕变动，更是成为"炙手可热"的"抢手货"。不少商人套购棉纱后，囤积起来，等待涨价后销

①　资料来源：陈真编《中国近代工业史资料》第四辑，生活·读书·新知三联书店，1961 年，第 240 页。

②　《荣家企业史料》下册，第 74 页。

③　《新闻报》1939 年 3 月 11 日。

④　《荣家企业史料》下册，第 76 页。

⑤　《荣家企业史料》下册，第 79 页。

⑥　重庆《大公报》1940 年 8 月 12 日。

售。据 1939 年统计，这年 1 月份成交的 36710 件棉纱中，实际交易量为 13725 件，其中 22976 件为投机交易，占 62.59%。2 月份成交的 37478 件棉纱中，实销 12276 件，投机交易量为 25202 件，占 67.24%。1941 年 1 月成交的 47100 件棉纱中，有 21720 件实交，其中 25380 件是投机交易，占 53.88%。[1] 上海各月棉纱交易中大体上有 60% 以上属投机交易。

荣鸿元就是这样的一位投机者。当时，申九的"双马"栈单是投机市场的交易筹码，荣鸿元就利用"双马"栈单左右市场的流通量，假借各种堂名户记，趁高出笼，逢低补进，在投机市价的涨落倏忽中猎取暴利。到底赚了多少钱，外界不得而知。他事实上成了那时上海滩上公认的大富翁之一。1940 年，荣伊仁和唐熊源等设大新贸易有限公司，资本 12.5 万元，主要业务就是进行商业投机，除买卖花、纱、布等外，还经营美国股票和华商股票，也获得了不菲的盈利。对于纱厂重商轻工的弊病，汪孚礼在战前就曾有分析："我国之办厂者，每视从工务中所得之利既苦而微，不惜以一厂之资本，专注于营业方面，甚至逸出常轨而经营投机事业者亦有之"，"以此风气而办厂，欲求工务之进步其可得乎。工务既无进步之可言，倘营业有失败之时，则其厂非宣告出售，即须出租或改组矣。"[2]

投机可以获利一变而为暴发户，也可以转瞬间倾家荡产，人财两亡。合丰纱厂的经理荣伊仁和营业主任丁春舫（荣德生的内侄），也合伙进行买卖外棉的投机。合丰是荣氏向美国注册的纱厂，美国洋行对于美商企业的订货可以免缴保证金，荣伊仁、丁春舫两人就利用这个便利，经常向美国洋行签订购棉合同，而棉货运抵上海后，他们再又转手倒卖。这样投机，两个人确实也赚了不少钱，对此，丁春舫每每乐不可支。

1940 年春间，上海的纱价续涨不停，丁春舫以为有利可图，又向美国洋行签订一批购棉合同。可是，过了几个月当这批订货运到时，由于

荣鸿元

滇越铁路被封锁，日军又禁止其占领区内的物资内运，沪上各货积压如山，物价频频下跌，其中尤以棉纱价格跌价最甚。5 月份 20 支双马棉纱最高市价每件曾

① 《纱价高涨与投机》，《商业月报》第二十卷第二号，1940 年 2 月。
② 汪孚礼：《我国纱厂未上轨道之实例》，《纺织周刊》第一卷第十九期，1931 年 8 月。

达 1775 元，6 月份的行市就直线下坠，至下旬已猛跌至 800 元。此时租界内纱号倒闭者达百余家，多头投机者破产自尽者时有所闻。丁春舫亏本很大，包括荣伊仁在内，亏损约有 70 万元左右。丁春舫无法交代，一时惶急，服毒自尽。市场变化多端，等到丁春舫下葬的那天，纱价又突然回升。

荣德生则是一位稳重人，过去对兄长从事投机生意颇有异议，如今对子侄辈热心投机更是持反对态度。为了扭转这一局面，他打算仿效日本三井、三菱集团的做法，自办工业，自营商业，自设银行，使自己的企业自成体系，摆脱银行、钱庄对工厂的箝制。为此，他于 1939 年发起组织广新银公司，专门经营银行业务。广新银公司资本为 100 万元，荣德生出资 70 万元，荣鸿元、荣伊仁、杨通谊等共同出资 30 万元。

谁知广新银公司刚成立不久，一件伤心事又向荣德生袭来。1938 年 6 月，主持申九厂务的长子荣伟仁，一病不起。一年后的 7 月 20 日，荣伟仁亡故，年仅 35 岁，丢下三子四女。长子英年早逝，荣德生悲痛欲绝，申九厂务只好由荣家助手吴昆生主持。

多事之秋，一波才平，一波又起。1940 年夏，荣家又发生了一件事，使荣德生始料不及。一天早上，荣尔仁乘自备汽车去申新二厂，途中突然被几个匪徒强行挟持而去。荣尔仁是荣德生的次子，先在申新三厂锻炼，后来到上海主持申新二、五两厂。最后经他人与匪徒交涉，匪徒要价相当高，赎票的金额为法币 50 万元，约合美元三万元左右。这时，申二还在银团管理之下，哪能为营救私人出账？荣德生无法可想，急得直搓手，正在为难之际，幸好侄儿荣鸿元代为出钱赎回荣尔仁。荣尔仁被绑匪关押了整整 58 天，当九死一生脱险归来后，"面色已不如往日，憔悴不堪，静养月余，始渐复元。"[1]

乱世风雨中，国事纷烦扰人，家事也陷入不顺的漩涡。

家事不顺的，还有唐星海。跟日本人软磨硬抗，还不是最痛苦的，最难受的是兄弟阋墙，亲痛仇快。

唐星海与弟弟唐晔如的矛盾，早在 1936 年年底父亲去世时就已埋下种子。

1936 年 12 月 9 日，唐保谦在无锡严家桥老家溘然长逝，享年 70 岁。庆丰纺织厂是他以两千大洋的本钱，费尽心血创起的基业。当自知时日不多时，他叮嘱家人办好庆丰："空言抵制，虽力竭声嘶，亦无稗实际，非创办国货以代不可，故尔等定要办好庆丰，并逐步规拓发展。""公"事已了，才嘱"私"事。他摒开家人，单召五弟申伯、六弟纪云来榻前叮嘱："星海刚愎自用，心胸狭窄，晔

---

① 荣德生：《乐农自订行年纪事》"1940 年条"，第 148 页。

如年幼经验不足，非其敌手，我终不放心，我亡之后，两弟要多加照顾晔如！"

临死之际，一向开明的老父，何以如此袒护小儿，又何以作出如此评判？他难道不知道，如此的安排将会给他的实业带来怎样的后果？

客观地说，农民出身的唐保谦，虽然早就进城经商，创下偌大家业，但内心深处其实没能摆脱小农思维的藩篱。因此，其为人处世，当然还是按传统的思维来评判一个人、一件事。而唐星海，从小就接受新式教育，青年时代更是在美国待过多年，受到西方文化的熏陶，说起话来往往不留情面，做起事来更是雷厉风行。这样的人，放在美国社会，讲效率，遵守游戏规则，但在小农思想普遍的中国社会，就显得很另类、不和谐。

这一偏见严重的遗嘱，让兄弟俩顿生隔阂。起初，兄弟两人尚只是有些意见相左，后来渐渐无话可说，终至公开场合直接争吵。兄弟阋墙之战的引爆点，就是有关唐星海私吞公款的传闻。

无锡沦陷之前，唐星海依托外商，大量套购外汇。不仅庆丰、九丰的公款，就连两家工厂里的所有私人存款，都被他全部套购外汇。这样一来，致使公私不分，账目不清。当存户要求提款时，他以无锡工厂沦陷、经济困难为借口左右推托，引起众多存户的愤恨，家族内部以及部分股东对他更是大为不满。特别是唐晔如，因唐星海一向独揽大权，早已不睦，这次宿怨表面化，导致兄弟间爆发了一场激烈的冲突，并最终决裂。

著名作家海笑曾用文学化的笔调记叙了兄弟决裂的来龙去脉，他写道：

1940年4月5日下午二点十分，在上海保丰纺织厂内，临时召集了一次紧急董事会议，出席的有唐晔如、唐纪云、唐宝昌（唐晋斋之子）、唐淞源（唐申伯之子）、华俊民（华淑琴之子）、唐瑞千、唐凤岱、蔡松如等人，大家公推蔡松如为会议主席，原记录为谢友庵，而谢友庵为避免矛盾并未出席会议，大家便改推唐淞源任记录。唐星海、蔡漱岑（蔡缄三之子）、薛汇东（薛南溟之子）等三人迟迟未到，唐晔如便打电话催请他们赶快到会。

待到二点三刻，蔡漱岑来到会场，会议便正式开始。

及至三点，唐星海及薛汇东两人才姗姗来到。唐星海一走进会场便责问道："我们还没到会，你们为啥开会？"

唐晔如说："通知你二点开会，你为何三点才来？"

薛汇东走上前去把记录抢到手，说："我们未到会，你们怎能讨论问题，拿过来给我们看看！"

唐晔如说："多数董事都已来了，难道还不能开会？"

唐星海说："我们没有来，你们就是不能开会！"

这话当然说得十分武断。

唐晔如内火攻心，一阵激动，不能自持，拔出手枪拍在桌上："今天我们已经开会了，你敢拿我们怎么样？"

唐星海说："你背着我们几个人开会，到底想搞什么名堂？"

唐晔如端出老父的遗言进行反击，说："难怪老父说你刚愎自用、心胸狭窄，你这人只能一切由着你的性子办，别人半个不字也不能说，照这样下去，大家还怎么合作？算了，从今以后，我决不参加由你主持的董事会了！"说完，拂袖而去。其他的人也不欢而散。①

俗话说，创业难，守业更难。此非虚言！唐星海自继承父业后，殚精竭虑谋划扩展唐氏家业，其间，既有过成功的喜悦，也有挫折和受阻的苦恼。不如意的事常有八九，有的事，非个人所能规避，更非个人所能左右的。

## 劫难与持守

时间很快就到了1941年。这一年12月7日，日本对美军基地珍珠港不宣而战，太平洋战争爆发。次日凌晨，日军车辆和步兵列队进入了美国、英国控制的上海公共租界，不久又接管了法租界，整个上海变成了沦陷区。

成为上海租界"新主人"的日军，在大肆劫夺英美在沪企业之时，也掀起了新一轮的恣意劫夺行动。原来悬挂英商或美商招牌的申新二厂、九厂和合丰纱厂，以及永安三厂、安达、保丰、德丰等七家华商纱厂，也都被日军视作"敌产"，由日军指派日商纱厂的会计人员分驻各厂任"监督官"，实行"军管"。日军当局下令这些工厂一律停工，厂内一切事务以及货物进出、发放工资等等，都须经日方"监督官"的签证认可。华商纱厂的命运，无疑完全被敌人所控制。

对于荣氏的申新二厂、九厂，日商觊觎已久。为了得到这两家工厂，日商的手段可谓无所不用其极，甚至动用了特务机关。

事件的原委是这样的——

在太平洋战争爆发前的半年，也就是1941年7月10日，身为总经理的荣鸿元忽然收到了汪伪政府的一道命令："申新纺织第二厂及第九厂，实为旧政府所办，合行接收归为国营。"试图借口申二、申九属国民政府所办侵吞两厂，限令

---

① 海笑：《东南纺织巨龙唐星海》，《中国大资本家传》第十卷，时代文艺出版社，1994年，第118－119页。

于 7 月 31 日前"造具清册，办理移交"，并且威胁"如有隐蔽……必予究办。"[1] 在荣家的请求下，英美两国领事馆马上发表声明："英美两国决心保卫在上海之利益，任何人有企图破坏者，决以严厉手段对付之。"[2] 驻沪美军第四联队还派出士兵驻防申二、申九，荷枪实弹守卫大门。汪伪政府的驻沪办事处主任不得不登报发表谈话："工商部并无接收该两厂之意，且现政府亦并无所谓'申新纺织第二、第九厂接收委员会'之组织。"[3] 由于英、美的干涉，汪伪政府伸向申新二、九厂的魔手暂时缩回了。

然而，没过几天，7 月 27 日深夜，日本宪兵司令部的一伙便衣突然闯进了位于法租界内吴宅，把申九经理吴昆生和他的儿子吴中一扣押而去。吴氏父子在法租界卢家湾捕房关了约两个多星期，后来又被"引渡"到虹口日本宪兵队司令部。指控的罪名很滑稽，说吴家父子"指使暗杀捕房高级负责人日本人赤木"。经荣家多方设法，最后通过贿赂汪伪"76 号魔窟"特务头目吴世宝，花了 3000 多件棉纱方才赎出来。申新九厂不得不召开特别股东大会，决定结束英商名义，转请汪伪工商部出面"维护"，此事才算告一段落。

这次，随着太平洋战争的爆发，英、美与日本相互宣战，英美在华资产成了日本可以肆意劫掠的"敌产"，申新二、九厂"在劫难逃"。

荣氏兄弟奋斗了数十年所积攒下的资产，走到这一步，除了内迁的申四、福五以外，竟然全部换了主人。荣家上下非常惶急，但一时却又束手无策。

转机，很快就来了。转机，正来自日本发动的太平洋战争。随着战事的深入，日本的战线拉长，国内财力和资源日趋涸竭。为了维持战争需要，日本当局对华资产业一改过去赤裸裸的劫掠方式，开始注意"进行适合当地的中国化管理"[4]，以图"以战养战""以华治华"。因此，对上海租界内的所谓"新敌产"，日方宣称只要中方业主拿出"非敌性"的证据，可考虑发还。

被日军"军管理"的七家华商纱厂，同病相怜，联合起来，共同奔走敌伪门路，设法解除"军管理"，收回自营。经多方联络奔走，最后求到日本右翼团体"神武会"首领大川周明。大川在日本军人中有势力，不少将级军官都是他的学生。他的出面斡旋，使驻沪日本军部同意"发还"七家华商纱厂。日本军部同意"发还"，但是，日本在华纱厂联合会又从中作梗，不同意"发还"，向

---

① 《新申报》1941 年 7 月 13 日。
② 《中美日报》1941 年 7 月 16 日。
③ 《平报》1941 年 7 月 15 日。
④ 《上海日本经济会议所秘报告》（1943 年 3 月），《日本帝国主义侵略上海罪行史料汇编》下册，上海市档案馆编，上海人民出版社，1997 年，第 148、149 页。

军部提出要求，坚持把华商纱厂的经营管理权"委托"给日商纱厂。

"发还"搁浅，七家纱厂只能联合派申九襄理蒋君辉特地去东京请大川周明出马。这个大川周明倒也讲义气，专门来到上海，同日本军部和日本在华纱厂联合会打招呼。经过一个多月的时间，日方终于同意"发还"申二、九等七家华商纱厂，条件是华商纱厂的产销活动必须服从日伪的统管，保证完成日军需要的纱、布、军毯等军工生产任务。

1942 年 5 月 22 日，日军当局煞有介事地在虹口举行了"发还典礼"，借此宣扬"中日亲善"。七家纱厂都有代表出席，荣尔仁和吴昆生代表申二、九厂到场，汪伪政府实业部长梅思平也到场参加，并主持仪式。

出于同样的"以战养战""以华治华"目的，日本对沦陷区内实施"军管理"的工厂也逐步"返还"给原业主经营。早在 1940 年 3 月 18 日，日军在华派遣军总司令西尾寿造发表声明，宣称："我军拟以从来代管之华方财产，尽速移交与中国政府（按：南京汪伪政府），由中国政府交还于合法之所有者"①。这个声明，只是表明"姿态"，"发还"并没有立即兑现。嗣后，日军与汪伪政府议订所谓《中日两国基本关系条约》，其中对华商工厂的"发还"，规定"除有敌性者及有关军事上必要等不得已之特殊理由者外"，将"军管理"工厂企业"移归华方管理"。

有一线希望，人们也会尽十分的努力去争取实现。

1942 年 3 月 20 日，荣鸿元呈文伪国民政府实业部长梅思平，请求"发还"在战争之初就沦于日商之手的申一、五、六、七、八等纱厂，无锡申新三厂也同样提出了"发还"自营的申请。

但呈文递上去了，却不见"发还"的动静，只见"受委托"经营的日本厂家，大肆将申新厂内的机器设备拆卸后搬入日商工厂。申新五、六厂的机器，多被搬入日商上海印染厂及上海纱厂，而申新三厂的设备则被搬入振新纱厂。申新一、八厂"被日军当局搬去纱锭七万八千枚，计重二八二一吨"。②

荣家指定各厂专人对外交涉，四面呼吁，八方奔走。日方军部敷衍同意"发还"，日方"代营"厂家却提出以"合作"为"发还"的条件，不办理交接，一拖再拖，企图吞并各厂。

面对日商的无理要求，荣家各企业或是加以婉拒，或是未予理睬。日商裕丰纱厂还约请申新五厂经理荣尔仁面谈，说：裕丰代管的华商各厂，大多均已采取

---

① 转引自王逸宗《八年来上海工业的总清算》，《经济周报》第一卷第六期。
② 《荣家企业史料》下册，第 116 页。

"合作"方式，且其中的上海印染厂与申新五厂为毗邻，两厂现已打通，合成一片，故"合并经营较为便利"。日商还诡称申五机件在"申新诸厂中为最不堪用者"，无意留恋此厂。对于申新三厂的"发还"，日商也曾数度派人接洽，进行"合作"利诱。但荣德生未曾屈服，他说："宁可毁灭搬空，决不'合作'。"①

"合作"不成，日本又使出"租借"的招数，以此作为解除申新各厂"军管理"的条件。1942年4月，福新一、三、六厂与日商三兴面粉厂订立了为期三年的租赁合同（1945年4月期满后又续订租约两年），无锡茂新面粉厂也同样被迫"出租"给日商华裕面粉公司。日方在取得了"租赁合同"之后，于8月宣布"发还"上述各厂。

但是，荣家基业所在的申新各厂却迟迟没有"发还"，心急如焚的荣德生、荣鸿元等认识到，不做出较大的牺牲，看来申新系一个工厂也收不回来。1942年12月24日，申新七厂与日商公大纱厂订立租约，20天后宣布解除"军管理"。

但是，荣家的这一"牺牲"并没有达到预想的目的，仍然没有等来申新其他厂的"发还"，等来的却是日商丰田纱厂的一纸清单。丰田纱厂声称在1939年6月至1941年11月"代管"期间，共化去各项修理复旧费用计法币700万余元，占全部资产四分之三，因此提出强制收买申新一、八厂。

消息传来，申新一、八厂召开股东会议，一致议决："继续交涉，达到收回目的；无论如何，不能出让。"② 同时致函汪伪政府实业部诉说苦衷，请求"主持公道"，保住工厂。一时，汪伪实业部也认为申新一、八厂为商民荣家所有，愿意从中"折冲"调停。③

此时，日本大使馆出面向汪伪政府施压，两度致函"实业部"，称："收买申新一、八两厂，系因该厂破毁甚重，受托经营人所投修理复旧费用，占全部资产之四分之三之故。"同时提议，申新一、八两厂全部资产暂行移交汪伪政府管理，再由汪伪政府以日方估定之价格，售让给丰田纱厂。

日本方面更是通过搁置原定其他华商工厂的方式向荣氏施压，"声明发还之二十四工厂遂即搁压不予发还，双方坚持不下。惟查此二十四厂中部分均已订契约，圆满解决，现在因发还迟延之故，民间所受损失甚大，纷纷前来请予急济。又查军管理工厂中尚有江北地方大生纱厂等十二厂，日方原定候此次各厂发还后

---

① 许维雍、黄汉民：《荣家企业发展史》，第160页。
② 《荣家企业史料》下册，第125页。
③ 《荣家企业史料》下册，第127页。

即继续协商解除军管，亦因申新一、八两厂问题未获解决，不愿继续从事谈判。"

在重重压力之下，荣鸿元惶恐不已，只能再度呈文梅思平，称："申新一、六两厂原为国内纱锭最多之厂，关系我国棉纱生产量甚巨，今幸我国府努力折冲，得有收回之机，商民等方深庆幸，以为在政府指导下从此可以协力于增产工作。""果如所闻，该两厂归丰田收买，则不但国内仅有之生产事业蒙受打击，全国人民亦将同感失望。""该两厂在事变前原有纱锭十二万枚，兵燹后仅存完者四万五千枚，商民等损失业已甚巨，如再强令出售，无异铲绝根株，突出意外。"再次恳求"迅赐严令据理交涉，免于强迫收买，仍赐早日发还，工商幸甚"。

日本"主子"发了话，"实业部"放弃原先的调停立场，转而向荣家施压：对于申新三、五、六厂，则"如申新一、八厂不愿卖（丰田纺绩株式会社），则悉数移交政府管理。"言下之意，如果荣家执意要求收回申新一、八厂，那么申新三、五、六厂也别指望"发还"。同时对荣鸿元进行敦敦"劝导"："盖就申新本身利益言，申新此次解除军管理者，除一、八两厂外，尚有三、五、六三厂，而该三厂系无条件发还原业主自行经营者，查一、八两厂之纱锭不过三万二千余枚，而三、五、六三厂之纱锭则共有十六万五千余枚，约达五倍以上，今为一、八两厂之故遂一并牺牲其大者，亦觉得不偿失。"

在荣家为"发还"之事孤立无援之时，"出租"合约墨迹未干的申新七厂又出了状况。1943年3月，日本海军武官通告荣鸿元，日本海军拟"收买"申新七厂全部厂基、房屋及机器，以改建造船厂。申七自从1935年差点被汇丰强行拍卖以后，一直是荣家挥之不去的"心痛"。由于一时难以偿还欠款，申七在1939年底被汇丰银行派员管理。日本军方频频与汇丰银行的管理人员利克斯接洽，威胁汇丰出让申七债权，欲图接管申七。1940年7月，日本宪兵一位少校军官与利克斯会谈，下出最后通牒：如汇丰不接受日本方面"赎买"要求，一星期后日军将进占工厂，届时银行方面将"一无所得"。当利克斯与日军少校刚刚分手，就连续接到电话，被告知日军已经进驻工厂。无奈之下的汇丰银行只能致函申新，称："日军宪兵司令部正式通知英领事，申七被正式接收。在目下情况，只能接受日军所付支票近289万元，同时将抵押合同移交日方，附上草拟为主同意函稿，交申新签署。"① 数天后的8月1日，汇丰与日商公大一厂签订转让证明书，把过去与荣家签订合同的一切权利转移给公大一厂。

---

① 上海申新纺织印染厂总管理处：《申新七厂向汇丰银行抵押借款，汇丰不断胁迫催还有关文件》，上海市档案馆藏档，档号：Q193－1－2943。

申七虽已"出租"给日商，但仍存有抗战胜利后收回的一丝希望，如若被日本海军"征购"，命运则更惨，一旦改成造船厂，申七将永远不复存在。荣鸿元闻悉之下，极为骇异，通过汪伪政府实业部向日方提出了严重交涉，说：申七系华商私人产业，"岂容日方任意收买"，"万不能以造船为名……毁坏华商固有之实业"①。但是，在日军的刺刀威胁之下，不容荣家不低头。4月16日，无奈之下的荣鸿元致函日本大使馆上海事务所，提出："贵当局所需要敝七厂基地设置造船之用及敝三厂发电机移供炼铁厂之用，敝公司亦极愿协力赞助。希望贵当局关于敝公司所属各厂同时全部予以解决，俾得早日收回整理。"② 荣家仍然想以局部牺牲换回大部分工厂的回归。

不过，丰田纱厂却并不"领情"，执意收买申新一、八厂。此举引发了国内同行的愤慨之情。"全国纱厂联合会"致电实业部，要求将申新一、八厂发还荣氏。"全国纱厂联合会"职员童侣青以个人名义致函梅思平，逐一驳斥日方提出的收购理由，称"申新一、八两厂于事变时被毁甚重，原有纱锭十二万余枚，至今仅余三万余枚，论牺牲还较丰田纱厂为巨。""日方开明申新一、八两厂现在评价额二百五十二万四千五百三十八日元，实与现在一般物价比例相差远甚，且四分之三之说尤属不解。""申新一、八两厂与丰田纱厂地位相等，实无抑此扬彼之理，申新一、八两厂更无补偿损失之必要。""申新一、八两厂与丰田纱厂以过去及目前关系而论，只有谋双方账目上之清算，万无强制收买、雀巢鸠居之理由。""至将申新一、八两厂暂行移交国民政府管理，然后以日方估定价格售让丰田纱厂，已与国府参战中日共存荣共谋产业发展之原则相背，其方式尤属矛盾。"

所述理由条条在理，掷地有声，但仰人鼻息的"国民政府"自然不会理会，仍然坚持将申新一、八厂售予日商，并致函荣鸿元，"因一、八两厂毁损过甚，受托人以巨款修复，无异新创，表示愿以价买，希望业主让售，自属不无理由。""亟盼该业主顾全大局及受托人数年代管经营之苦心，予以考虑。"

此时，距离荣家提出申请已经过去一年半时间了，但工厂的发还仍然遥遥无期。1943年7月10日，荣鸿元不由得心情焦灼，再次呈文"实业部"，陈述理由，作最后的努力。称："敝总公司频年来旦夕馨祷以蕲致者，端在谋原有事业之恢复，以期有所贡献于我国家，其唯一始基，又胥赖此烬余之厂产，实为最后一线之生机。""若受托人……必欲价买一、八两厂，以补偿己身之损毁，是何

① 《荣家企业史料》下册，第119页。
② 《荣家企业史料》下册，第120页。

异刻人之肉，补己之疮。"　"今受托人仅凭片面之词，辗转欲达到价买一、八两厂之目的，对于友邦政府所昭示军管理工厂全部发还之举，未免有失真义。其影响所及，将予社会人士以莫大疑虑，而为两国经济提携前途一大翳障。"① 愤懑和失望之情，溢于纸表。

7月下旬，日军部终于宣布上海申新一厂、八厂、五厂、六厂及无锡申新三厂等"五工厂"解除"军管"，"交还中国自行管理"。② 对于申新一、八厂，系"友邦因处理方针既经决定坚不让步而业主又不愿出面签约者"，称："本厂日方坚持既定方针收买，业主回称愿赠予政府听凭处置，政府为顾全整个利益，决予售让，应由政府代表签订契约。"语气十分"霸道"。10月，"实业部"与日方签订了包括申新一、八厂在内的五家工厂的解除"军管"证书暨卖买租赁等契约。申新一、八厂，还是没能逃脱被政府售与丰田纺织厂的命运，厂产全部售价法币1700万元（306万日元）。在中国第二历史档案馆所藏的申新一、八厂相关证书上，申新方面无人签字。

在太平洋战争发生之后，荣家企业中除已经焚毁的无锡茂新一、三厂外，算上发还自营开工的福新二、八、七厂和一度被"军管"后发还的申新二、九厂和合丰纱厂，以及于1943年底"发还"的申新三、五、六厂，其余各厂仍被日商以各种形式继续霸占。

当然，荣家"收回"这些工厂是付出了代价的。如申新五厂，"受托人"日商裕丰纱厂经营五年多的全部利润归日方外，申新方面"正当权利人"另付给"受托人"21万多日元的"投资费"，方才完成"清算"。申新三厂被迫将厂内两部1600千瓦发电机按日方规定的低价卖给日本制铁会社，转到日方控制的淮南和繁昌煤矿。

而那些历尽劫难回到业主手中的工厂，不是破损不堪修复困难，就是因原料不足、动力缺乏而处于停顿状态之中。申新二厂战前有纺锭56744枚，1943年仅剩19016枚，仅及战前的三分之一左右，织锭战前有7980枚，而此时则完全停闭不开。申新五、六厂收回后，因无原料，无法开工生产，只派人看守，招集部分职工进行修理和整理工作。无锡申新三厂也只修复极少量的5600锭，权当"看守"工厂。

申新七厂"出让"给日商后，因局势变化，日本海军修建船厂计划未能实施，仍由公大纱厂"租用"，厂内大部分机器均被搬走。直到1944年12月底，

---

① 《荣家企业史料》下册，第131页。

② 《新闻报》1943年7月24日。

公大纱厂才同意提前停止租约，把工厂交还荣家。申七收回以后，因为没有原料，也没有开工生产。

在"发还"闹剧中，荣德生"民族气节上坚持原则，不肯随人俯仰"的凛然正气，让时任申新总公司秘书的朱龙湛深受震动。多年以后，他对此仍有着十分清晰的记忆：

……不久就由汪伪实业部通知申新，并谓敦睦中日邦交，必须顾全大局，同意让售。同时由伪市社会局派要员前来联系，实际则来催促，并暗示价格方面可以从容磋商。荣德生先生对来人十分愤慨地说："丰田如需继续占用，何需申新让售？我是中国人，决不把中国产业卖给外国人的。"当时我在一边听得清清楚楚。王禹卿在隔壁办公室也闻悉此事，要我去传言荣氏，是否推说召开股东会后再决定，这样可以"留有余地"。结果，荣德生毫不动摇，仍对来人继续诉说创办时如何历尽艰难，抗战中损失何等惨重等等，毫不松口。事后，荣对我说："按照公司法的规定，无限公司任何契约，只要一个股东不同意，就不能生效，何况我是申一大股东，何必留有余地。"接着，他要我立即起草抗议驳复。在商量对策时，我向他请示最后宗旨。他斩钉截铁地说："宁可玉碎，不欲瓦全。"驳复理由：（一）丰田在事变时的损失，现已全部恢复收回；并且这笔账不应算在申一头上。至于损毁，申一、八的牺牲，远较丰田为巨。（二）所开评价，毫无依据。且申一剩余设备，仅修复四分之一，丰田经营数年，获利无算，反要收取巨额复旧费，殊不合理。（三）申一是荣氏兄弟共同所创，今兄长荣宗敬已因战事亡故，若让产于异国，何以对先兄在天之灵。

驳复送出后，日方仍坚持必须收买，但知道单靠压力还不行，需要软硬兼施。一九四二年夏，伪商统会理事长、纱厂联合会理事长、副理事长都来到申新总公司二楼拜访荣德生。荣已知来意，没有见面，由我支应婉辞。隔天又来，恰在电梯上碰到，荣只能招呼至写字间。坐定后，对方才开口谈了几句，荣就起身以"如厕"为由，从后扶梯溜出乘车回去。彼等待有半小时，我装作出去找寻，回来搪塞，说荣临时因身体不舒已归家，不及面辞，十分抱歉。他们自然也明白荣的意思。几天后，荣的老友钱某来访。钱本是常州巨绅，与荣交好，当然不能不见。经钱说明来意，并劝荣要明哲保身，万一惹怒了日方不好办；工厂又非个人产业。收回代价，不妨另谋创设。即使不愿让售，也可谈合作。这些意见都被荣正言驳复，钱再三劝说，荣坚拒不纳。这席话谈了三个小时，结果钱只得悻悻而去。

荣德生经过几次折磨，心中不快，痰火上升。他在战事初起时，听到各厂严重损毁，忧郁成疾，遽患左臂难举之症，后经推拿渐愈。至此旧恙复发，几乎不能举动。①

日方为了达到霸占的目标，手段可谓"无所不用其极"，一手引诱威逼，一手通过分化内部，制造纠纷的阴谋来达到他们的目的。再看朱龙湛的回忆：

申一系集股组织，股东之中，意见必有分歧。当时部分小股东从南市避难迁居租界，手头拮据，日方就设法啖以厚利，唆使一部分股东以查账为名，要求召开申一、八厂股东会。在会上对荣大加诘责。借口事变后，申一、八厂股息全无（事实上厂已为日方占领，何来股息），以控告荣氏侵占股权来进行威胁；并对申一、八厂出让问题提出不同的看法。荣坚不为动，晓之以爱国大义，动之以个人利害。最后那些小股东迫于正义，终于以"争取收回，反对出卖"，通过决议。

事情并不就此结束。对方一计不成，又生一计。部分股东又提出什么"申新是无限公司组织的企业，总经理一职，不能由一家父子兄弟来世袭"；又借口荣鸿元以前做美麦投机，致企业吃了大亏，不能出任总经理。他们私自预先拟定了总经理、各厂经理、厂长等名单，企图推翻荣氏，掌握申新经营管理大权。至此，荣和他侄子荣鸿元等就声明退席，离开会场。会议成了单方意见，自然不能生效。

部分小股东声势汹汹，决定要法律解决，和过守一律师商量，要求提出诉讼。过是无锡人，也是申新、福新的常年法律顾问，他觉得控告荣氏不是办法，对这笔讼案不拟接受。事为荣所闻悉，却要我面劝过律师接受这一讼案。我领会了他的意思，连夜走访过律师，劝令接受，但要尽量用拖的方法，推迟这一案件的审理。过当然照办。这一着棋，后来却成为消弭本案于无形的关键所在。

事隔半个多月，申新总公司经理部门忽接国际饭店打来电话，说是外交部长褚民谊要荣德生、荣鸿元叔侄约期到国际饭店面谈。当时的褚民谊正是汪伪政权下炙手可热的人，怎敢违抗不去？可是荣德生早已杜门不出，年老体衰，访问、约会一概谢绝，就由次子荣尔仁代表与荣鸿元一起前往。见面后，褚就使用怀柔的手段进行说服，并提出他的看法：第一，申新是全国著名的大企业，如果发生内部股权纠葛，必然会引起社会舆论，影响国家声誉。而产生内部分歧的原因，则在申一、八厂产权的出让问题。不如要求日方增加买价。这个厂已经毁损得破碎不堪，而日方却因邻近丰田而迫切需要，我们正可居为奇货，以高价出售（这点正是部分小股东所坚持的理由）。这样就于己、于人、于国都有好处，你们何

---

① 朱龙湛：《抗战时期的荣德生》，《江苏文史资料选辑》第17辑，江苏省暨南京市委员会文史资料研究委员会编，江苏人民出版社，1986年，第83－84页。

乐而不为？第二，日本人把中国的半壁江山也拿去了，何患你这个小小的申新厂！不要"敬酒不吃吃罚酒"，他们可以把你们现在开工生产的厂也封闭了，到那时悔之晚矣！荣鸿元、荣尔仁听了面面相觑，诿说回去与荣老和全体股东商议后才能决定。

褚民谊这番话真是极尽"威胁利诱"之能事。他知道小股东志在厚利，则以"奇货得善价"为诱饵。事实上也确是如此，这个厂那时卖给别人是不会出什么高价的。小股东目的是在现金，即使收回了厂也没有流动资金，怎能开工生产？所以这一点就大大打动了小股东的心。同时，褚又知道此时荣氏在"孤岛"上还能挺得起背脊，主要依靠申新二、九两厂还能开工生产，天女纱、双马纱风行一时，且是市场交易的"筹码"。如果营业发生故障，则申新二、九厂的股东也会群起责怪荣，从而施加压力。这一威胁，使当时的申新大楼人心惶惶，不可终日。有些人进谏面劝荣，不要因小失大；有些人背后纷纷议论。荣老心中非常气愤，但是不动声色，终日在室内来回踱步。一次，他走到我的写字台前，忧郁地对我说："前次所说'玉碎'，此其时矣！"我知他已抱着最大决心，可是我还是安慰他说："推迟一些时间，可能会有转机。"这句话，触动了他的思路，即命我与过律师商量，是否用"釜底抽薪"的办法，先把小股东稳定下来，再徐图良策。

当时与过守一律师商定的办法，是先与小股东协议，酌给他们贴费，按股权各升股四成，并由总公司发给现款中储券一千三百八十五万元，按股分派，使他们得以应付生活。这时，小股东也发觉褚民谊别有野心，并非真为小股东着想。于是即在一九四四年一月五日取得协议，并应允他们在申新公司四楼划出一间房子，作为查账室，让他们安心查账，藉以拖延时日。……直到胜利，日本投降，这桩收买案也就自行宣告结束了。①

可以说，正是在荣德生浩然正气的带动下，荣家企业中没有一个厂同日伪"合作"，亲属子侄中没有一个人向日伪屈服。

在民族劫难面前，以"大无畏"作为商标名称的丁熊照，同样体现了宁可玉碎的可贵气节。当初，丁熊照以"无畏"为商标，是在阅读《左传》时生发的灵感。《左传》有"畏首畏尾，身其余几"之语，丁熊照以其反意为产品取定"无畏"商标，包含"强悍、勇敢"的意思。至1935年，丁熊照旗下的工厂日产干电池已高达7000打，电筒达800打。"大无畏"牌电池、电筒的产销量，均居国内同行业之首。

---

① 朱龙湛：《抗战时期的荣德生》，《江苏文史资料选辑》第17辑，第85－87页。

1937 年 8 月上海沦陷后，当时日商松下电池株式会社依仗日军的武力，假惺惺地以"技术交流"、"合作生产"等名义，多次上门与丁熊照商谈，"合作"生产"大无畏"牌电池，均被丁熊照拒绝。日商多次引诱洽谈"合作"不成后，便恼羞成怒，搬出日军宪兵队用武力威胁。丁熊照仍不为所屈，并数次义正词严地回绝日军说："你们是日本人，我是中国人。中日两国正在打仗，我怎么能与你们进行技术合作？"

抗战时期，租界不少工厂悬挂起英国国旗或美国国旗，而丁熊照则不然。他多次对自己的员工说：我们是中国人，在中国的国土上就是要挂中国旗帜。我们要以"大无畏"牌产品商标所表现出来的这种精神，与日本军国主义势不两立。当时，丁熊照的言行一度遭到日本商人的嫉恨，并处心积虑伺机对他人身和工厂进行报复。1945 年夏，日伪以所谓"制造日本战败谣言"为罪名，宣布逮捕丁熊照，并将他关进贝当路日本宪兵队所在地。在日伪政府的软硬兼施面前，他不作任何供词。直至抗战胜利后，丁熊照才重获自由。

## 巨石下的小草

从 1939 年前后开始"发还"军管理工厂，至 1943 年 7 月，日方宣布"旧敌产 140 家工厂已一并予以归还"。① 其实，这些"发还"的工厂，无一不是与申新各厂有着类似的遭遇。在 140 家工厂中，处于"非运营状态"的就有 51 家，而"正在运营中"的 89 家工厂，"实际上仍在日方手中的仍达 57 家，为实际已归还中方工厂的二倍。"② 即便如此，实际的"发还"过程并不顺利，日军当局及受托经营的日商企业往往多方设法阻挠。"发还之工厂，大都先经日军迫使我方商民与日商订立契约后，始举行发还仪式。所有出售、出租或合办之契约，皆成立于枪杆之下，而主要工厂如纱厂之类，则迟迟不肯办理发还手续。"③ 兼任"接受日军管理工厂委员会"委员长的梅思平也不得不承认："当时调查上海以及苏、浙、皖各埠为日军占领之各种工厂共达 130 余所之多，十之八九均为民有。最初数月，因中国业主畏葸，不前来提出证据，申请发还者甚属寥寥。至二十九年（按：1930 年）秋冬间，申请者方逐渐踊跃，但日军则多方失信，枝节

---

① 《日本帝国主义侵略上海罪行史料汇编》下册，第 194 页。
② 《日本帝国主义侵略上海罪行史料汇编》下册，第 195 页。
③ 袁愈诠：《自白书》，《审讯汪伪汉奸笔录》下册，南京市档案馆编，凤凰出版社，2004 年，第 1025 页。

横生：有要求原业主与日商合办者，有要求由日商收买者，亦有要求修理费、估价甚不合理者，与原来约定皆不符合。而日军占管期内所得之利益又欲全数收回，不肯给中国业主以应得之成数，任意刁难，不一而足。……日军又往往利用翻译、密探等对业主加以恐吓，或制造谣言……（收回工厂）一再拖延，直至三十二年（按：指1943年）五月方得办理结束，但完全发还业主之厂不及半数。其余或与日商合办，或租予日商，业主无不忍痛签约，（伪）政府亦力竭声嘶矣。"① 这些"发还"的工厂"虽解除军管理，而敌产性质依然存在"②，在表面上已不受日军的"军管理"统制，但统制权实际仍掌握在日商或日军指定的原委托管理者手中。因此有人说，这种"发还"的做法，对日方而言"实在是解脱一种束缚，而决不是放弃一部资产"。③

1943年5月，在无锡的庆丰纺织厂也进入了"发还"程序。对于庆丰的"发还"，日方称"本厂业主对中日两政府态度为非协力，故以示惩，应由政府签约接收。"然后，由政府再发还原业主。结果，庆丰的"发还"，又引发了唐氏兄弟之间一场新的纷争。

无锡沦陷以后，庆丰由日商大康纱厂接管经营，经过修理于1939年5月开工生产。当时投入运转的约计纱锭28000枚，布机300台，雇佣职工1000余人。后因棉花、燃煤等原材料供应不足，生产规模有所缩减。加之在厂职工的消极抵抗，磨洋工，开空车，以致工厂亏本很大，难以继续经营。太平洋战争爆发以后，大康纱厂经理大和藤七写信给身在租界的唐星海，诱骗"合办营业"，称"敝厂有流动资金出资营运"，"一切修理费用应由贵厂负担"，"进益则由双方均分"，措辞虽然委婉，但实则绵里藏针。接信后的唐星海，召集董事商议，以一个不软不硬的"暂缓讨论"回复了日商。

到了庆丰发还之时，代表唐家接收的是唐晔如。但是，交到唐晔如手中的庆丰实际上是一个烂摊子，而且日方要求偿还"复旧费"112多万日元，合中储券623万元。唐晔如急得一筹莫展，现在连流动资金都困难，哪来这笔钱赔偿大和藤七呢！

闻此消息，唐星海走了汪伪南京政府的路子，把庆丰接了过去。有资料表明：唐星海为此全额支付了大康纱厂提出的所谓"复旧费"。

① 梅思平：《和平运动始末记》（1945年12月15日），《审讯汪伪汉奸笔录》上册，第418页。
② 中国第二历史档案馆编：《中华民国史档案资料汇编》第五辑第二编附录（下），江苏古籍出版社，1998年，第1161页。
③ 许涤新：《现代中国经济教程》，新知书店，1947年，第78页。转引自许维雍、黄汉民《荣家企业发展史》，第159页。

庆丰回归后，唐星海立志放手大干一番事业。以高薪聘请戚墅堰机车厂经理吴玉麟任厂长，聘请南通纺院高材生王方揆任副厂长兼总工程师。同时，为了便于与日本人打交道，又雇佣了日本人菊池忠荣为医务员。但由于原料、资金缺乏以及纱锭损伤严重等因素，庆丰纱厂直到1944年秋才得以开车复工。这时已是胜利的前夜了。

在筹备庆丰纺织厂复产过程中，唐星海又与浙江兴业银行经理竺森生，以及上海银行经理朱茹唐三人合办起建安实业公司。接着，唐星海与建安实业公司合作，分别在常熟、太仓办起家庭纺织工业社。

性格决定命运。终其一生，唐星海都算得上一个特立独行的人。虽然随着年龄的增长有所收敛，但直至辞世，他依然没有改变独立、果断、讲究效率的性格特征。也正是这种性格，让他在乱世中，在最重要的转折关头，作出了最符合家族利益的选择。

世上有些事，祸福成败真是难以预料。在战争初期企业遭受严重破坏的情况下，申新总公司却在几年内一举把战前所欠的陈年旧债还清了。1936年底，总公司及各厂负债总额达法币8000万元。从1938年6月起，开工各厂以盈余分期摊还银行债务。经过其后各年的偿还，至1942年5月前尚欠法币约2000万元。

这时，汪伪政府公布《整理旧法币条例》，实行币制改革，以中储券与法币1：2的比率收兑法币，以期用金融战来压垮重庆国民政府，消除重庆国民政府在沦陷区的经济影响。据此，荣家企业尚未清偿的2000万元法币欠款，折合成中储券为1000万元。2000万元法币战前折合黄金174000两，而此时1000万元伪币只能折合黄金7936两。这最后的2000万元实际只有战前币值的4.56%。荣家乘机一举还清了陈年积欠，同时登报公告，宣布长达八年之久的银团管理"办理结束"。

"积年陈欠，至此全扫，可谓无债一身轻矣。"[1] 荣德生不由神清气爽，想起了1937年正月初"三年内还清，且可有余"的乩示，当时他将信将疑，不料真的实现了。事实又一次证明"神仙"的指示是无往不灵的。

战争使人破产，战争也可使人发财。荣家两者皆有，不幸前者却是主要的和根本的。

工厂"交还"了，但厄运随之到来。

1943年春，汪伪国民政府在上海成立了规模庞大的"全国商业统制总会"，宣布实行经济统制。"商统会"下设米粮、棉业、粉麦、油料、日用品五个分

---

① 荣德生：《乐农自订行年纪事》"1942年条"，第154页。

支，所列"统制"物资包括一切与军工资源和军事有关的交通、通讯、公用事业，"统制"以外如纺织、面粉、烟草、火柴等一般轻工业，则由日商企业控制。

此时，日军在战场的败相已露。统制政策推出后，日军在我国沦陷区进行大规模的强制性的计划干预和掠夺，以弥补其国内生产原料的缺乏，维持战争开支需求。实行统制的结果，沦陷区的经济由此迅速殖民地化，民族工商业也被逼进了死胡同。

棉花原料来源枯竭，是棉纺织厂面临绝境的首要问题。用棉来源趋绝，固然是由于太平洋战争之后海运被封，外棉无货进口，更重要的还是由于敌人大肆搜括中国的棉花所造成的。据估计，1943年敌伪统制机构收购的棉花，供其军用及输往日本的就占有60%，其余按各厂纱锭数分配，其中在华日商纱厂及"军管"厂又占去了30%，而华商自营的纱厂仅占10%。申新九厂是荣家战时开工时间最长、运转率最高的一个厂，但它所得到的纺纱用棉量也少得可怜，1942年用棉量为12050担，仅及战前1936年用棉量的6.2%，1945年更萎缩至4.1%。[1] 由于棉花原料配给甚少，电力又受控制，申新二、九厂每月平均运转的纱锭数自1942年下半年的49000余锭下降至1943年下半年的32000余锭，运转率自21%下降为16%。[2] 这个运转率与上海棉纺业的平均运转率相比还要高得多，这是因为申新二、九厂可以动用前几年库存积余的棉花。纵然这样，自1944年之后，申新二、九厂同样地陷入了凄惨境地，其中申二终因原料无着，连仅有转动的数千纱锭也无法维持而停产。申新九厂自1941年以来的产量大幅度下降。1942年棉纱线的年产量为4622件，仅及1936年的7.4%，1945年更下降至2537件，仅及1936年的4%，棉布的年产量同样显著衰退，1942、1945年都只有1936年的2%，年产量只有25万米左右。[3]

除了主要工业原料，产品出口也受到了严厉的"统制"。1943年8月9日，汪伪政府通过了《收买棉纱，棉布实施要纲》和《收买棉纱、棉布暂行条例》，规定：上海市内现存棉纱、棉布，由汪伪政府标价收买。"棉纱，棉布之所有人或占有人未经主管官署核准，对于棉纱、棉布不得移动、隐匿数量或变更权利关系"，违者"处一年以上三年以下有期徒刑，得并科三万元以下罚金。""棉纱，棉布之所有人或占有人拒绝或妨碍收买时，处一年以上五年以下有期徒刑，得并

---

① 《荣家企业史料》下册，第189页。
② 许维雍、黄汉民：《荣家企业发展史》，第165页。
③ 《荣家企业史料》下册，第189页。

科五万元以下罚金"①。所规定的"收买"价格是：棉纱以20支纱每包10000元为标准，棉布以龙头细布每匹375元为标准。实际上，当年7月份的上海市价20支纱为每包35075元，12磅龙头细布每匹974.8元。这样算来，汪伪政权规定的收购价棉纱仅及市价的28.5%，棉布仅及市价的38.1%。随着物价的飞涨，差价更甚，到1944年6月，收买价只相当于市价的6－7%。这哪儿是什么"收买"，分明是"掠夺"。连"商统会"第一任会长唐寿民也不得不承认，此举"使纱布厂号及以纱布为原料之其他工厂均陷绝境"。民营厂商深受其害，"敌伪政府收买纱布条例公布之日，震动四方。业中人欲哭无泪，欲逃无方。只能听其宰割捆载以去。……存有纱布者稍有留延，则侦骑立至，敌伪军宪及经济保安队又到处以调查纱布为名，明劫暗榨，借端骚扰，经其蹂躏者，什九不能幸免。"②据测算，上海棉纺业有9.5万件棉纱、670万匹棉布被掠夺，仅棉布遭受的损失高达中储券693873.1万元，如按当时市价折合黄金达867346两。即便如此，"半买半抢"的货款还分期付款，一半付"标金"，分两次一年付清，一半付中储券，分六次三年付清。直到日本投降时，还有四分之一货款未曾付清。

面对破损的厂产和严厉的经济统制，荣氏各厂的困境愈陷愈深。1942年，"申二、申九奉准开锭三成，原棉配给品种甚差，通市一律，幸底子尚好，勉可敷衍。"③ 1943年以后，情况更为严重。当年"茂新部分或出租，或停办，无营业；福新部分一、三出租，二、七军管理，其余在内地；申新部分一、三、五、七厂或停或租出，申三试开一部分，申二原料限制，不能做；申九亦同。"④ 1944年，"本年各厂，茂一毁，茂二出租，茂四停；福新一、三、六出租，福五内迁，福二、八自营，时开时停，福七停多开少；申一仍为丰田所占，申二、五停顿，陆续售些物资，藉顾全局开支；申三开一小部分，幸存有材料，以物价高涨，颇有润色，股东得有生活；申四内迁，申六停，勉开部分下脚机，借资开支；申七出租如上年，申八毁，申九开一部分，并代人织袜，略得余润，然内中存货逐渐枯竭矣。"⑤

如此衰落的景象出现在荣家企业，那么，其它民族工厂的惨状就更不待方了。1942年5月，上海公共租界西区的工厂尚有2166家，到了年底就只剩下

---

① 《商业统制会会刊》第三期，1943年12月。
② 黄逸峰等著：《旧中国民族资产阶级》，江苏古籍出版社，1990年，第505页。
③ 荣德生：《乐农自订行年纪事》"1942年条"，第158页。
④ 荣德生：《乐农自订行年纪事》"1943年条"，第166页。
⑤ 荣德生：《乐农自订行年纪事》"1944年条"，第171页。

1208 家了。以上各厂过去雇工 109454 人，到 1942 年底减至 45135 人。[1] 上海的工业耗电量指数若以 1936 年为 100，1942 年和 1943 年分别为 50 和 40。[2] 1943 年，全市华商工厂约倒闭三分之二，仅剩 1145 家。1944 年底以后，日本败局已定，大部分中国厂主拒绝与日本合作。到 1945 年，上海华商工厂的生产实际上已经停顿，日资工厂的开工率估计也仅为战前生产能力的 20－25％。[3]

在那个岁月，民族工商业像巨石重压下的一株小草，只能弯弯曲曲地从夹缝中寻觅生机，从事"统制"范围以外极其狭小的经营活动。

---

[1] 中国人民大学经济系国民经济史教研室编：《中国近代国民经济史讲义》，中国人民出版社，1962 年，第 345 页。

[2] 郑友揆、程麟苏著：《中国的对外贸易和工业发展 1840－1948 年史实的综合分析》，上海社会科学院出版社，1984 年，第 150 页。

[3] 苏智良：《日本在近代上海的经济侵略活动初探》，《上海师范大学学报》1987 年第 1 期。

# 【锡 商 人 物】

吴昆生（1885－?），无锡西乡人，荣家企业重要骨干。1905年无锡振新纱厂开办时任该厂栈房管理员。振新纱厂董事会与荣德生在发展生产上意见相左时，吴昆生支持荣氏意见。1915年上海申新一厂开办，他转入该厂工作。1931年上海申新九厂创办，被任命为经理。申新九厂后发展成为申新系统最大的工厂。抗战期间，由于申新九厂地处租界，未受到损失，帮助荣家企业还清了积年陈欠。抗战胜利后，申新九厂以其财力和物力支持上海其它申新厂复工。新中国成立前夕，与陆辅仁合资在香港开设纬纶纱厂。

唐君远（1901－1992），名增源，以字行，唐骧廷之子，无锡丽新、协新企业创办人。肄业于沪江大学、苏州东吴大学化学系。1920年，参加丽新布厂的筹建工作，1925年任厂长。经过20年的精心经营，丽新从一个厂发展为四个厂，成为印染漂整设备齐全的大型纺织印染全能厂。1934年，丽新、庆丰、申新三厂合资创办协新毛纺织染股份有限公司，唐君远任经理。无锡沦陷后，在上海租地建办昌兴纺织印染股份有限公司。抗战胜利后，继续维持无锡、上海两地"丽新"、"协新"生产。解放后任上海市毛纺织同业公会主任委员。1955年，任公私合营上海协新毛纺织厂经理，后任上海市毛麻纺织工业公司副经理。1980年，嘱其在香港的儿子唐翔千创办沪港合资联合毛纺织有限公司。1981年任上海市投资信托公司副董事长。1990年，创设唐君远奖学金。

唐晔如（1908－1986），名煜源，以字行，唐保谦三子。1922年起协助父辈创办无锡庆丰纺织厂。抗日战争爆发后迁居上海，创办元丰毛纺织厂，后又创办兆丰纱厂、晋丰毛纺厂、长丰纱厂，在上海纺织工业界享有盛名。1949年举家移居香港，翌年迁居巴西。先在圣保罗开办特菲亚毛纺厂，后于亚马逊河畔建立占地2400公顷的农场，成为巴西最大的小麦农场主。

沈瑞洲（1897－1968），无锡方桥人，上海滩"桐油大王"。父沈和生在沪创设沈元来桐油行及沈源吉冶坊。1920年，他继业经营，添置最新炼油设备，所产"顺风牌"桐油畅销国内。1934年起，开拓出口贸易，经营棉花、杂粮，出口欧洲。被誉为"桐油大王"。1937年8月日军轰炸上海，所经营的产业被毁殆尽，他将沈元来桐油号迁至租界经营，又创办大生榨油厂。抗战胜利后，扩建大生榨油二厂，开设沈元来薄荷厂。1955年将桐油号全部资金转入公私合营统益棉纺织厂，并投资公私合营安徽第一棉纺厂。

# 1942 年：在后方

云山苍苍，江水泱泱，在僻远险恶的西南、西北之地，民族工厂的身姿挺拔而又坚强。

身为荣氏后起之秀的李国伟，惨淡经营、拮据捋茶，在烽火硝烟间，建起一个横跨四川、陕西、甘肃三省的企业帝国，其气魄、其作为，毫不逊色于当年的荣氏兄弟；特别是宝鸡"窑洞工厂"，堪称奇迹。薛明剑白手起家，以"职工合资"的方式，办起了系列小型工厂。

这些工厂经受着狂风暴雨的煎熬，吸收死者的血、生者的汗，生根发芽，生长出鲜艳的花果，生生地维护和延续着民族工商业的血脉和根基。

在香港，一家小小的"联和行"，一批肩负特殊任务的潜伏者，中国共产党领导的海外经济工作在这里起步。

## 薛明剑的担当

1942 年元旦，在大后方的陪都重庆，有一个名叫"迁川工厂出品展览会"的展览会隆重开幕了。

参加这次展出的厂矿共有 200 多家，产品遍及各行各业，凡属国计民生所需物品，无不具备。这是抗战全面爆发以来，重庆乃到整个大后方的一件盛事。在 15 天的展览期间，有超过 12 万的民众前来参观，盛况空前。国民党军政要员林森、冯玉祥、居正、于右任、孙科、何应钦等，共产党驻渝代表周恩来、邓颖超、董必武，各国驻华大使以及各界知名人士都前往参观，交口称赞，并题词勉励。重庆各报也纷纷以大量篇幅介绍展览会盛况并发表评论。《新华日报》在社论中强调指出："这个出品展览会就是厂家和职员工人四年来奋斗的成果，就是他们用血汗滋培出来的好花。"①

全面抗战爆发短短四年时间，又是在战时的困难条件下，这个展览会的举办实在是个奇迹，使人看到了我国民族工商业所蕴藏的巨大潜力，对坚持抗战救国的全体人民是一大鼓舞。为此，国民政府经济部还举行了专门的表彰大会。在获奖的工厂中，就有薛明剑所创办的允利万县、白沙两面粉厂及重庆机器厂。

薛明剑，抗战前一直是"东家"荣德生身边重要的智囊和助手。精力过人的薛明剑，除了服务申新三厂外，自己也亲身参与创办实业，最为有名的即是允利化工公司。

1927年，薛明剑在荣德生的支持下，在申新三厂内集资8000元，在陆道不便但水路距申新很近的大帝巷创办无锡第一石灰厂，以现代方法煅烧石灰，每月产石灰三四万担，兼产砖瓦、纸筋、麻筋、草纸等建筑材料。1932年10月，向政府注册立案定名为允利化学工业公司，并向德国订购机器，开始生产碳酸钙、碳酸镁等产品。

允利化工公司是那么的不起眼，但却是国内第一家碳酸钙厂，也是无锡市最早的化工企业之一。今天看来那么不起眼的一家小厂，当时竟引起日本人的高度关注。允利的照片，1934年就上了东京的《每日新闻》。该厂的产品在上海露脸时，日货立刻降价20%打压国货。不得已，薛明剑以允利碳酸厂名义，与专业生产"无敌牌"牙粉的家庭工业社进行合作，为牙粉提供原料。

淞沪会战爆发后，薛明剑应第三战区司令长官冯玉祥将军之邀，担任无锡办事处处长，负责为参战的中国军队征募十万套棉衣、棉裤和粮草，接待从前线转运下来的伤病员。直到11月19日，无锡沦陷在即，薛明剑才带上家人与同仁往大后方撤退。

战争，给薛明剑以及他所服务的申新三厂带来了无尽的伤痛，但同时，他的命运却因战争而改变，一条崭新的"自我创业"之路在他面前逐渐展开。

战事伊始，江浙人士蜂拥入川，对当地麻辣的饮食口味自然不习惯。薛明剑就与中央工业试验所的无锡老乡顾毓琇、毓珍兄弟创办了同心酿造厂，制造南方口味调料，以供应入川的江浙人。到了1939年9月，家乡流亡四川的人越来越多，薛明剑以有利抗战和容纳江浙人士为旨，集资10余万元，恢复允利公司，并亲任总经理，派人到无锡、上海一带抢购物资、招揽技术人员。允利公司的资金来源，一则为由沪迁港的保安公司的股本分红，二则为冯玉祥以及部分同乡和四川省实业家的赞助，此外还得到了国民政府经济部门的赞助。

---

① 转引自胡厥文著、胡世华等整理《胡厥文回忆录》，中国文史出版社，1994年，第62页。

同一年秋，薛明剑又在至诚巷创办允利重庆化工厂，在南岸野猫溪设立允利重庆碾米厂，在雅安创设允利雅安化工厂，利用本地资源生产肥皂。其中允利碾米厂是该地区首家机器碾米厂。

1940 年，在奉节设在允利铁工厂，锻炼生铁及创造铁钉，在江北设立允利第二碾米厂；在万县设立碾米厂、面粉厂。其中万县面粉厂的创办，可谓一波三折。先拟利用白水溪溪水为动力，但由于水源大小不易调节，以致困难重重，无法投产。后迁至大桥溪，并改用电力，又因电力不敷供应，改用煤气引擎，直至1943 年始才正常出粉。

1941 年，设立长寿米厂，在弹子石设立第三碾米厂，在江津设立白沙面粉厂，在高塘利用水力设立允利纺织厂，还在野猫溪创办允利第一机器厂，为内地新创的工厂创造整套面粉机器，效能与欧美进口机器无异。

1942 年，在野猫溪设立允利第二机器厂，制造大小各式自动铁锤，由各机厂及各兵工厂采用；迁建万县面粉厂；设允利第三机器厂，以自动汽锤煅铁；创办允利机器模型制造厂，批量生产车床、龙门刨等母机，向大后方各工厂提供装备。还发起组织面粉工程服务社，为新建面粉厂提供计划、采购、安装、改造、咨询、介绍工程技术人员和技术工人等各种帮助。

1943 年，设立允利营造厂，在涪陵设立碾米面粉厂。还创办中国面粉技术管理人员训练所，亲任所长，培养制造面粉专业人才，到 1945 年前后共招收三期学生，每期训练时间为一年。

到了 1943 年，允字号共有化学、机器制造，面粉、碾米等工厂 20 家，遍布重庆、长寿、涪陵、万县、奉节、江津、白沙、北碚以及西康、昆明等地。资本也从十万元增长到一百万元——这仅是总公司的集资，不包括各厂自筹股本在内。

创立允利系列企业的意义何在？目的何在？

这可以从薛明剑亲自订立的允利公司《事业纲要》中找到答案。在文中，薛明剑这样写道：

（甲）发动力量，谋事业之普遍。……只求有利于后方生产，并不限于一地一事，更不限于地界人界。凡有利于抗战生产之事业，莫不从事提倡而完成之，以补政府经营之不足。……

（乙）领导前进，谋生产之发展。后方生产与前方抗战，直接间接均有关系。本公司既以领导自设之工厂、与各方合办之工厂为职责，凡有利于抗战建国之生产，自应不计利害，力谋发展。……

（丙）供给材料，谋技术之进步。"不进即退"，古有明训。本公司同人无日不在督导各厂同人，于艰难困苦中谋改良，仍恐能力有限，求知不足。除与中央工业试验所等联络外，复与研究机关合设工厂，以资实验；并聘各专家为顾问，以便随时就教。复于本公司及各厂盈余项下，规定研究事业经费，为备将来专设研究机关，以谋各个技术之进步。……

（丁）集中精神，谋建设之完成。……一俟战事结束，即当将本公司事业逐渐推广，至于全球。最后希望，能于五大洲每一国内设一总厂，于每一省、市设一分厂，更于其各县设一支厂。……即各地各厂之名称、出品商标及制造方法，均属统一；甚至各地营业店铺之建筑装潢，莫不相同。使吾任何股东旅行至任何一地，均能见本公司之事业。在全球之任何一角，均能购到本公司之出品。股东则不问国籍，各地则供求相应，不须外求。……①

就组织形式而言，允字号企业一概采取母子公司，也即"投资公司"形式，总公司下分面粉业总管理处、碾米业总管理处、棉铁业总管理处、无锡工厂保管处、合办工厂管理处和会计稽核处等六个机构，各管理处分别管理各子公司。薛明剑有感于"私人资本有流弊"，故而"招集体基金作股份"，职员及多数工人均有股份，每个厂独立核算，自负盈亏，总公司的投资多者五成，少的只占一成。"每一单位由公司投资若干（二分之一左右）外，余由各厂实际负责的经理、厂长以迄职工，分认一半；还有几处，限定职工都须投资，几如合作社。凡加入工作即须投资，惟可分期缴纳，也可在每月应得的工资内扣除。"② 在重庆时期参与允字号工厂经营管理的长子薛禹言也谓："该公司之经营方式，采用合作社之实质，而无合作社之名称。"③

这种模式，薛明剑称之为"职工合资方式"，也即"由多方面的经营方式联合成为一个企业的方式"。他说："我自教育界转入工业生产后，虽然也经过了许多周折，终觉前途困难重重。例如：劳资间的利害矛盾，国际间的技术竞争，各方市场的争夺和工业原料的缺乏。中间又经过了一九二七年大革命，深深感觉到危机四伏，大有一触即发之势。并感非有改革，不易补救于万一，因即主张再办工厂，除由资本家出资外，必令参加生产工作的劳方，不管男女老幼，个个都要参加投资。惟每人数目不必予以限止，否则不予录用。"④

---

① 薛明剑：《五五纪年》，《薛明剑文集》上册，当代中国出版社，2005 年，第 74 - 76 页。
② 薛明剑：《我参加工业生产的回忆》，《薛明剑文集》上册，第 538 - 539 页。
③ 薛禹言：《薛明剑先生创新事略》，《薛明剑文集》下册，第 1174 页。
④ 薛明剑：《我参加工业生产的回忆》，《薛明剑文集》上册，第 534 页。

实行这种模式，在薛明剑看来，主旨在于"养成主管能力、合作精神"，"实行节制资本、平均利权"，"实践会计独立、事业统一"。① 而此后的实践，也印证了薛明剑的预想，他曾经如此总结这种模式的优点：（一）各厂均能自谋发展，不须公司过问和负担一切。（二）各厂基本上由于人人合作，从来没有发生过劳资纠纷。（三）各厂遇到困难，均能自谋克服和自求解决，因此业务进展特别快速。（四）平日工作，上下融洽，不分职别，毫不隔膜，都像家人一样，与一家人在家里处理家事相同，大有无事不可商量和合作之感。（五）遇到经济难关，也能各尽其力的无私援助。②

1938 年夏，薛明剑（右一）与家人在重庆的合影。

薛明剑曾写有一篇《允利义解》（代厂训），对这种"招集体基金作股份"的经营模式作了阐述：

允者，诚实与诚信之谓也。《书》载"惟明克允"，《诗》曰："允矣君子"，是也。又作公平与允当解，《后汉书》有"案法平允"，即是也。利者，宜也，顺利也。《易》载"利有攸往"，《晋书》曰"风利不得泊也"。又作益及富饶解，《易》有"乾始能以美利利天下"，《国策》云"西有巴蜀汉中之利"，皆是也。质言之，本公司各工厂之创设，即本此而进行，愿将各种利益公之天下，而

---

① 薛明剑：《五五纪事》，《薛明剑文集》上册，第 76－77 页。

② 薛明剑：《我参加工业生产的回忆》，《薛明剑文集》上册，第 540 页。

本厂即与有利焉。此又英哲亚丹史密司所谓"两利为利"也。凡我各厂办事同仁，皆本斯旨，认为为大众谋福利，与普通经营实业者仅谋资方个别利益，盖有间矣。特作《允利义解》，以代厂训，幸共勉焉。①

这篇宣言古今中外旁征博引，学究气很重。如果把允利的实践与申三劳工自治区的实验作对比，薛明剑的改革无疑又前进了一大步。《允利义解》不仅表达了薛明剑的实业思想，也反映了一位改良主义者的人生理想。

当然，这种发展模式，完全符合战时需求，也受到了当时"工合运动"的影响。

当薛明剑来到大后方时，"工合运动"即"工业合作社运动"正在兴起。这个运动是国际友人美国的斯诺夫妇和新西兰的路易·艾黎设想出来的。他们的建议得到国、共两党与社会各界的欢迎，英美政要罗斯福总统夫妇、雅纳尔海军上将、史汀生陆军部长等都成为赞助人。他们认为在东部沿海的工业基地相继沦入敌手后，为支持长期战争，应利用流落到后方的大批熟练劳动力，以合作社的方式，组织起遍地开花的手工业与半机械工业，大量生产小军火与军人生活用品。

薛明剑和他的搭档们所办的都是不起眼的小工厂、小作坊和小企业，产出的也大多是小商品和米、面等日用品，却在战时陪都重庆起了很好的民生效果，得到了政府和民众的双双首肯。

在重庆，在后方，还有着许多如"允利"一样的企业，在硝烟四起的烽火岁月间，经受着狂风暴雨的煎熬，吸收死者的血、生者的汗，生根发芽，生长出鲜艳的花果，延续了我国的民族工商业血脉，成为抗战大业的经济后盾。

## 窑洞里的奇迹

1939年底，伤愈回到重庆的李国伟在那里只待了两个月，马不停蹄，又匆匆赶到了宝鸡。在那里的斗鸡台上，工厂建设进展缓慢，让他心急如焚。

宝鸡斗鸡台，北依黄土高原，南沿陇海铁路，中间有片小高原，名谓"长乐原"。这里地境荒僻，人烟稀少，又没有电灯，夜间常有野兽袭人。由于当地建筑材料紧张缺乏，敌人又在关中侵扰，厂房建造一直未能启动。直到1939年4月，局势稍有和缓，宝鸡工厂的基建才正式开工。经济部工矿调整处特意支援了80万元贷款和1000桶水泥，陕西省政府也借来了50吨钢筋。

就在李国伟赶到宝鸡前的两个月，日机轰炸西安大华纱厂，纱机全被炸毁。

---

① 薛明剑：《五五纪事》，《薛明剑文集》上册，第49-50页。

为了不使未来的申新重蹈大华覆辙，李国伟察看了地形和土质，又征询了铁路工程师的意见，决定借鉴黄土高原下居民以窑洞为家的经验，在长乐原下挖窑洞建车间。

荣德生看了他报去的计划书，复函"同意照造"。但他对在土窑洞里装机器、办工厂这种闻所未闻的"创举"一直心存疑惑，不久又以股东名义发公函给李国伟，以开掘窑洞耗资费时，万一坍塌"则祸害实不堪设想"为由，要求"中止此项计划"，仍然要求"就平地上因陋就简建造临时厂房"。①

李国伟没有执行股东公函的决定，一面回函解释，一面督促加紧施工。他在厂务会议上说："环视西北半壁，纱厂寥寥无几。无论前方将士，无论后方民众，均有赖吾等接济。所以我们应从速完成建厂任务，努力增加生产。"②

然而，开挖窑洞并不简单。最初挖了七孔窑洞，有时遇到古墓群，有时遇到地下水，造成几孔窑洞同时坍塌。后来，他们终于通过随挖洞、随砌砖圈的方法，减少了塌方。

1941年2月，窑洞工厂全部竣工。全厂共有窑洞24孔，长度在60米以上的有七孔，最长的有110米，中间有六排横洞穿过联通，窑洞全长有1500米的路程，面积4847平方米，形成一个巨大的地下车间，安装了两万纱锭，清花、梳棉、并条及粗纱四个工段均设在其中。

从汉口迁来的3000千瓦的发电机及锅炉，因高度和宽度都无法在窑洞内"安身"，只能建成标准式的厂房，这容易成为日本飞机轰炸的对象，李国伟利用高耸的电厂烟囱为中心设置伪装网。由于伪装得很巧妙，粗粗看去，与有树有草的长乐原一样。之后，李国伟又在离车间较远处设置了一些假目标，同时还将平地房屋如摇纱间、织布间等也加以精心"打扮"。1941年初，发电机正式运转，全年发电1500万千瓦时，除用作本厂动力外，还供给宝鸡城内部分照明。

1941年4月19日，窑洞工厂正式运转。轰鸣的机器声驱走了荒原的寂寞，也开创了中国抗战期间的一个奇迹：像申新纺织厂这样用以安装万锭纱机进行生产的窑洞车间，在中国此前闻所未闻。

之后，宝鸡福新五厂也于1941年11月建成开工，日产面粉2000包。

窑洞车间的建设，一直面临日机轰炸的考验。1940年7月，日军对后方轰炸升级，重庆的申新工厂两次遭到空袭，全部停工。8月31日上午，敌机36架分

---

① 萧尹：《宝鸡申新纺织厂史》，陕西人民出版社，1992年，第44页。

② 萧尹：《宝鸡申新纺织厂史》，第47页。

窑洞车间以及纺纱车间（下左）、梳棉车间（下右）内景

批袭击宝鸡，对纱厂、车站等地区实施轮番轰炸。申新纱厂厂区中弹20余枚，厂内各处顿时起火燃烧，地面上建筑物和其他财产受损严重，但窑洞车间里的设备安然无恙。1941年5月22日，窑洞工厂刚刚投产一个日，八架敌机列队又进入申新上空，盘旋多次后，投下了40多枚炸弹，炸毁房屋20多间，堆放在屋外的面粉机械被炸毁，一千余包棉花被烧成灰烬，原动部和电机、锅炉，窑洞车间和纺纱机器都完好无损。

远在上海的荣德生看了李国伟发回的汇报，当即命人回复："此后无论原料制品均不宜堆置于显露之处，最好多挖窑洞，以便堆存，即使于工程上稍费，亦宜为之，且需从速进行。"① 至此，上海的股东终于明确表示支持窑洞工程。

到宝鸡申新四厂参观的人络绎不绝。1942 年 11 月，英国议会访华团来到宝鸡申新四厂，不由惊叹于一片荒凉中创造出的战时奇迹，国民党军事委员会西安办公厅为此传令嘉奖申新，称申新"厂内整洁，组织健全，对于员工福利尤能符合功令，足证该经理李国伟管理有方，勤劳服务……"。② 1944 年 5 月，20 多名中外记者前往陕北延安采访敌后抗战，路途之中到宝鸡考察了申新厂，"窑洞工厂"的厂容厂貌、生产管理等给这些记者留下了良好的印象。1945 年 11 月，河南大学经济系学生来厂参观，称赞申新"管理极合科学，组织尤称完善"。③

1943 年下半年，从美国归来的作家林语堂遍访大后方，来到宝鸡探访了申新四厂。他在演讲中赞许"窑洞工厂"生产的纺织品质量好，由此做的中式衣服保暖、舒适、简便，以后外国人也许不穿西服改穿中式服装了。后来，林语堂在美国发表了《枕戈待旦》一文，文章特别介绍这里的窑洞工场，并称"这是我所见到的中国抗战期间最伟大的奇迹之一，有力地支援了抗战"④。

由于战争造成交通阻隔，物资内运困难，内地物资价格不断上涨。以棉纱为例，1940 年一年间，"重庆纱价由以前涨到快突破五千，二十九年（按：1940年）三月一日还是 1847 元（20 支双马），二十日即达 2394 元，二十七日又涨到 3420 元，总共四星期之间，涨百分之八十二。"⑤ 申四所产棉纱呈现供不应求之势，即使价格不断上涨，也总有客户排队求购，工厂因此大获其利。1939 年，申四账面盈余 1194000 元，折成战前 1937 年上半年币值约为 926000 元，以原 220 万元资本额计算，盈利率为 42.1%。由于申四内迁纱锭、布机不足原先的 60%，如果以折后资本 132 万元计算，盈利率为 70.2%。1940 年，账面盈余略有下降，折成战前币值约为 774000 元，折后的盈利率为 58.6%。⑥ 账表资料显示：1939 至 1945 年，申四重庆厂的盈利约合战前法币 325 万元，盈利率高达 70%，而如果将暗账盈利额也计算在内的话，这两个数字则可分别达到 934 万元法币和 161%。⑦

企业获利的充实，让李国伟对外扩张有了坚实的后盾。从此，他追求实业的

---

① 萧尹：《宝鸡申新纺织厂史》，第 53 页。
② 萧尹：《宝鸡申新纺织厂史》，第 87 页。
③ 萧尹：《宝鸡申新纺织厂史》，第 86 页。
④ 萧尹：《宝鸡申新纺织厂史》，第 85 页。
⑤ 傅润华、汤约生主编：《陪都工商年鉴》第五编，文信书局，1945 年，第 14 页。
⑥ 资料来源：《荣家企业史料》下册，上海人民出版社，1980 年，第 310 页。
⑦ 《荣家企业史料》下册，第 310 页。

步伐"一发而不可收拾"。

1940年7月间，李国伟在成都市区设立办事处，作为重庆、宝鸡两厂的中转站。一次，李国伟在成都郊区躲避空袭警报，见到田间小麦粒子饱满，皮薄劲大，又调查到成都只有一家日产仅400包的面粉厂。他敏锐地察觉到了其间的商机，立即在成都东门外沙河堡大观堰购进15亩土地，集资100万元，吸收一部分外股，创设成都建成机制面粉股份有限公司，资本总额法币100万元，分做1000股，对外募资。1941年8月，成都建成面粉厂开机出粉。限于当地电力不足，日只产粉500包。但由于原料好，技术精，所产面粉粉色和经丝俱佳，很受民众欢迎。此后又增资扩产，日产面粉1000包。据重庆总公司1945年初的档案记载："建成面粉公司创立之初，每日生产五百袋左右。1943年增添设备，故目下生产能力达到一千袋左右，成为成都各粉厂之最大者。"[1]

在成都建成面粉厂出粉的同时，在三瓦窑的成都纱厂又正式动工兴建，到年底开机出纱，共有纱锭5072枚，布机36台，由陕西、重庆两厂疏散而来。所产纱布，销售于成都及邛崃、雅安等地。

到了1942年初，李国伟将福五宝鸡厂未安装的粉机迁往天水设厂，秋末开工，日出粉750包。

后方工厂的扩大，均需要大批设备和配件。1940年5月，李国伟邀请其留学归国的堂弟李统劼赴宝鸡创办铁工厂。李统劼系北京大学采冶工程科毕业，在美国学习过钢铁和水泥制造工艺，回国后任山东大学工科教授、津浦和湘桂铁路工程师。李统劼到宝鸡后，利用10台旧工作母机，在一年中自制各式车床、刨床、钻床等大小机器102台，开始制造环锭大牵伸细纺机，以及配套的前后纺机器。1941年，申四又接办了内迁重庆的公益铁工厂，改组为公益纺织面粉机器股份有限公司，同样从事纺织面粉机器制造。李国伟说："鉴于抗战以还，纺织面粉工业大部沦于战区，内迁者只及战前十分之一二，不敷后方生产需要甚大，并以国际路线运输困难，不能仰给国外机器之输入。目前衣食工业之求过于供，尤以制造纺织面粉机器、积极增加生产为当务之急，故发起组织纺织面粉机器制造有限公司，实行设厂自造。"[2] 1944年，李国伟将该厂售与新中公司经营，留下四分之一的机器设备，归入重庆申新工厂机修部，继续开展机器的修造业务。

鉴于宝鸡申新厂废花无销路，李国伟在1942年发起创办宝鸡宏文机器造纸厂。厂址在宝鸡斗鸡台车站南面，占地80亩，和申四宝鸡厂一轨之隔。1943年

---

① 《荣氏企业史料》下册，第217页。

② 《荣氏企业史料》下册，第203页。

秋，宏文机器造纸厂开始土建，至第二年4月正式开机，日产各种纸张两吨。此后，不断增加设备，日生产能力达到五吨，出品的纸为白报纸、牛皮纸、打字纸、书面纸等。当时纸张极为缺乏，因此销路畅旺，西安、宝鸡、天水、兰州各地日报，都用一色的宏文纸。李国伟在当时给章剑慧的信中得意地说："我厂之机完密新颖，可在后方列入第一等，因迁入者大部分杂凑班底，不如我之一气呵成，而产量可居后方之第五位。"[1]

为了解决宝鸡厂发电机用煤问题，李国伟于1940年6月聘请矿业专家到陕北白水县勘得上好的煤源。1943年，由申四垫款，组织宝兴煤矿公司，先后采得上等半烟煤3000余吨，但由于运输困难，最终于1944年停工。

1944年，李国伟在宏文造纸厂旁空地上，建设宝鸡陶瓷厂，运用当地的粘土，就地取材，造成各种陶瓷制品数十种。

原材料供应充足与否，历来是工厂发展的"命脉"所在。申四福五以宝鸡为中心，在陕西、四川、湖南、甘肃等省先后设庄数十处，还在西安、兰州和成都等商埠城市建立办事处。李国伟利用这些机构"织"起了一张传递市场信息的网络，藉以了解各地货源质量优劣、价格和数量，选择最佳时机进行采购和销售。

抗战时期的西南和西北地区交通十分落后，火车、汽车、船等有限的主要交通工具还经常被军队征用，交通成了很多工厂必须面对的困难。1941年，申四福五两厂成立交通运输大队，自备卡车40辆，奔驰在川陕、陕甘、渝蓉、川黔、陕豫公路上；自置骡马大车数十辆，来往于城市与乡间的小道上；还雇有十艘木船，往返于嘉陵江上。这样一来，一个水陆兼备的交通运输网络就形成了。

申四福五内迁后，在重庆、成都、宝鸡、天水各地次第设立分厂，不断对外扩张，形成了一个地跨三省（四川、陕西、甘肃）五市镇（重庆、成都、宝鸡、天水、白水），拥有11个工厂的企业群，经营范围从纺织面粉，扩展到纱布印染、机器制造、造纸、陶瓷、运输等行业，彼此相互为用，自成体系。1941年6月1日，李国伟在宝鸡成立总管理处。到了1943年1月，李国伟又对总管理处机构进行了具体化，订立了组织大纲，下设总务、计核、业务、设计、运输五组，统辖申四、福五、建成、公益、宝兴五公司。1944年，宝兴煤矿停歇后，改辖宏文。李国伟坐镇后方，牢牢掌握着荣家内迁企业的经营管理大权，在荣家企业中逐渐自成一派。

云山苍苍，江水泱泱，人迹罕至之处也掩映着厂矿挺拔坚强的身姿，成为一

---

[1] 《荣氏企业史料》下册，第222页。

个个抗战后方的资源据点。李国伟、薛明剑等许许多多企业家将一片热血倾洒在这僻远险恶的西南、西北之地，成为西部开发的先驱。正如国民政府经济部长翁文灏所说，"其惨淡经营、拮据持荼的精神，即是艰苦卓绝的民族精神之表现。"①

中国西部地区近代工业十分薄弱，更无近代工业体系可言。正由于如申四、福五、允利等一批拥有雄厚生产能力和先进生产方式内迁工厂的发展，建立起稳固的战时工业体系，成为支持抗战并获得抗战胜利的重要因素。而且，随着工厂的内迁，大批企业家、研究人员、技术人员和熟练技工汇集到了大后方，为西部地区带去了与当地经济形态本质不同的整个工业生产方式。正是这种进步的生产方式使得西部地区的经济发生了根本性的变化，为战时后方工业的建立、发展，也为战后内地工业奠定了发展的基础，这在客观上大大推进了中国内地的工业化进程。

## 特殊的"潜伏者"

1942 年 10 月的一天，在重庆的八路军办事处，来了一位风尘仆仆的年轻人。

这位年轻人名叫杨廉安，讲着一口吴侬软语的无锡方言。周恩来接见了他，听了他的汇报，并收下了他随身携带的钱款。

这位杨廉安，是香港一家商贸公司"联和行"的老板，但他的真实姓名叫秦邦礼，是中共地下党员。兄长秦邦宪（博古）在二十世纪三十年代初期曾任中共中央总负责人，当时的周恩来正是在博古的领导下工作。

秦邦礼，生于 1908 年，比兄长小一岁，兄弟两人从小就在一个班读书。1922 年，14 岁的秦邦礼放弃学业，去无锡复元钱庄作学徒，1927 年参加了无锡秋收暴动。后来，秦邦礼来到上海做店员，很快学会了经营店铺，养成了心记账目的习惯。他对数字十分敏感，几乎过目不忘。1931 年，秦邦礼加入中国共产党，"红色商人"传奇生涯由此展开。

秦邦礼参加革命，最初与顾顺章叛变事件有着关联。1931 年 4 月 25 日，中共中央最高保卫机关中央特科的第三科负责人顾顺章在武汉被捕叛变。身为中央特科负责人的周恩来采取紧急措施，立即把设在上海的三大机关——中共中央、江苏省委和共产国际远东局的机关全部转移。之后，陈云接替周恩来成为中央特科新的负责人。

---

① 翁文灏：《迈进于工业建国之途》，《西南实业通讯》第八卷第二期，1943 年 8 月。

陈云必须起用新人，23 岁的秦邦礼就在这个危机时刻走向革命。陈云交给秦邦礼两根金条，让他开店，以此筹集活动经费。于是，秦邦礼化名杨廉安在上海滩开了一家米店，把无锡的大米运到上海出售。这家店铺可以说是共产党最早的经济实体之一。米店很快就赚了钱，杨廉安又开了家具木器店，专门供地下党组织开会使用。家具是特制的，有夹层，用以藏匿党的文件和其他重要物品。杨廉安采取滚动发展的办法，在一年内又先后开设了糖坊、南货店、文具烟纸店。这些店铺既可作为联络站，又可出面"打保单"，营救那些被捕的身份没有暴露的地下党员。

不久，为了保证上海到瑞金的交通线畅通，杨廉安又受陈云指派前往汕头开办了中法药房汕头分房，这是杨廉安开办的第六家店铺。在此之前，周恩来亲自领导组建了中共中央交通局，在香港建立了华南交通总站，汕头中法药房分号的建成，同时还承担了"地下交通站"的重要任务，从而形成了一条上海—香港—汕头—潮州—大埔—青溪—永定，再进入中央苏区的秘密交通线。

从那时到中央红军长征前的整整四年时间里，杨廉安不仅要照顾上海的生意，还要经常往返于上海和汕头之间，为在上海的党中央和中央苏区传送机要文件，护送重要领导干部，为中央苏区采购、转运急需物资。他以经营店铺的方式，通过"白区"与"红区"之间的贸易，为红军一至五次"反围剿"提供各种物资，同时担当着秘密工作的特殊任务。期间多少艰难险阻多少生死坎坷，全凭他灵活的商业头脑和缜密的工作作风，出色地完成了肩负的双重任务。

抗日战争全面爆发之后，党的秘密经济工作面临新的形势、新的任务。那时，东南沿海大片国土沦陷，而作为英国殖民地的香港暂时没有受到战火波及，成为相对和平的后方，也成为大后方与海外联系最重要的通道。

到香港去，创办党的经济据点。陈云又把这一十分紧迫的任务，交给了杨廉安。那时的杨廉安在延安中央党校教务处工作。1938 年的一天，时任中央组织部长的陈云在窑洞里当面向他下达这一任务。陈云非常了解杨廉安，相信他一定能够圆满完成赴港经商的任务。

抗战爆发初期的香港，由于大批内地工商业者、文化名人和难民的涌入，制造业和商业迅速繁荣起来，一批批新的公司挂牌营业。1938 年夏秋之交，又有一家名为"联和行"（Liow&Co）的南北货商贸公司在香港铜锣湾希云街开张。与其他几乎同时期开办的同行相比，这家商贸公司门面很小，办公室是一个七八平方的小阁楼，注册资金只有区区两三万美元。

联和行的老板，正是杨廉安。在无锡方言里，"联和"与"廉安"发音相近。公司的名字与他个人的名字相关联，看上去这家公司更像一间私人公司。商行，连他在内也只有三个人，其中一女职员是美籍华人，名叫黄美娴。

就是这家当初毫不起眼、藉藉无闻的小公司，在以后六十多年的发展中显示出巨大的能量。

后来与他一同从事共产党海外经济工作的钱之光回忆说："实际上，这是我们设在香港的一个海外经济联络点。这件事知道的人很少。"①

与联和行相距几百米的香港皇后大道中18号，还有一家粤华茶叶公司。这家公司其实是八路军驻香港办事处的办公地点。

1938年初，廖承志来到香港，建立八路军驻香港办事处。日常事务负责人是连贯，潘汉年参与领导，另有19名工作人员，杨廉安就是其中的一员。香港八路军办事处的使命主要是：在海外华侨和港澳同胞中募集资金和物资，以支持八路军、新四军抗日。

为了妥善保管募集到的资金和物资，并顺利送到抗日前线，香港八路军办事处决定成立一个相对独立的合法公司，由这间公司开办银行账户，办理仓储和运输业务。于是，就有了联和行的成立。当时的秦邦礼虽然只有30岁，已经是中共经济工作的元老级人物了。

这一年6月，一个名叫"保卫中国大同盟"（简称"保盟"）的组织先后在广州和香港成立，发起人是宋庆龄。保盟"主要的任务是向各国人民和海外华侨宣传中国人民的抗日运动，募集医药和其他物资，介绍国际友人组织的医疗队到敌后抗日根据地参加战时救护工作。

据不完全统计，从1938年夏到1941年秋，在三年多的时间里，由"保盟"募集并送出120多吨药物和其他救济物资，平均每月送出三吨左右。② 《保盟两周通讯》第25期中有这样一份报道："这次的物资主要是运往五台山和陕西北部的，共有5吨医疗物资，其中包括11箱外科器械和战场手术设备、两箱麻醉剂、两箱外科手套和器材、一箱牙科材料。"③ 美国友人爱泼斯坦高度评价了当时在香港的抗日募捐活动，他写道："这是中国共产党领导的抗日根据地冲破日本和国民党的经济封锁，进行对外贸易的创始活动之一。"④

募捐活动，主要由宋庆龄出面倡议和发动，具体工作则由香港八路军办事处

---

① 王烈：《钱之光传》，中国文联出版社，1993年，第143页。

② 邓广殷：《宋庆龄在香港建立"保盟"始末》，香港《广角镜》1995年8月号。

③ 宋庆龄基金会研究主编：《保卫中国同盟新闻通讯》，中国和平出版社，1989年，第270页。

④ 伊斯雷尔·爱泼斯坦：《对八路军香港办事处与保卫中国同盟的一点回忆》，《八路军新四军驻各地办事机构（4）》，解放军出版社，1999年，第814页。

1938 年，宋庆龄和保卫中国同盟中央委员会成员合影
左起：爱泼斯坦、邓文钊、廖梦醒、宋庆龄、克拉克、法朗斯、廖承志

和"保盟"组织安排。募集到的物资先存放在"保盟"租的两个仓库里，再由联和行安排，送到武汉、重庆的八路军办事处，然后分批运往八路军、新四军的抗日前线。

但是，如何把募捐和购买的物资运出香港，并安全送到抗日前线，并不是一件容易的事。抗战初期，办事处及杨廉安等率人在香港装车北上，经广州，抵达武汉，由当地的八路军办事处接收。

1938 年 10 月 21 日，日军占领广州，由此北上之路阻隔。为了开辟新的交通运输线，周恩来派李克农到桂林建立八路军办事处，不久，贵阳交通站建成。这样，香港—（梧州）桂林—贵阳—重庆的交通线由此开辟。1939 年初，形势进一步恶化，在越南共产党的支持下，又开辟了从香港—桂林—河内（海防）—镇南关（友谊关）—南宁（桂林）—贵阳的交通线。1939 年 9 月，日军轰炸越南的河内和海防港，交通中断，廖承志和杨廉安等不得不重新策划，改变运送方式，确立了新的运输线路：从香港将货物用船运到大鹏湾，绕道缅甸，经云南，再到贵州，送往重庆。

兑汇外币，也是联和行承担的一项重要任务。国际友人和华侨汇到香港的捐款，连同香港本地民众的捐款，大部分由香港大英银行代收，存入联和行的账号。联和行把这些各式外币兑换成法币，然后送往大后方。这项工作事关重要，由杨廉安亲自负责。同时，西安、武汉、重庆等地的八路军办事处也将各自收到的捐款外币交给杨廉安，由他随身带到香港，兑换成法币，再送回后方。这段时间里，他经常往返于香港、武汉、重庆之间，有时以阔商身份出现，乘坐飞机；有时也装扮成小商小贩，挤火车、汽车。

杨廉安在自传中写道：1938年夏，我奉命到香港工作，当时的主要任务是配合宋庆龄的保卫中国同盟进行募捐工作及接收和转运海外华侨的捐款捐物；在华侨中做统一战线的工作；为八路军、新四军采购西药、无线电器材和交通器材等；还经常回重庆、西安、武汉，把各办事处得到的外币捐款随身带回香港，兑换成国币汇回国内。"①

在这段时间里，联和行还接待过许多来香港看病和养伤的爱国人士。据杨廉安的儿子和女儿回忆："那时候家里经常来人，叔叔或阿姨，用的都是化名，我们也搞不清是谁。我们知道的有刘群先，她是博古的妻子，她一来，奶奶好高兴。为了安全，她的住处是经常换的，我们几个孩子轮流陪她住，打掩护。"②1939年春季，身在延安的高士其病情恶化，中央决定派人护送他到香港治疗。在重庆转机，叶剑英和钱之光为他送行。两人把50元港币和一封信交给高士其，信正是写给廖承志和杨廉安的。接待刘群先、高士其只是联和行大量接待和掩护工作的两个例子。

杨廉安经手的款项很多，但是，他的账目很清楚，家人开销非常节俭。他们租的房子很小，三代人挤在一个单元里，沙发是两用的，每天晚上拉开沙发就是床。当时党内已逐步形成了一套比较完备的财会制度，据人回忆："1940年下半年，我到香港，查过他的账目。"③

抗日战争时期那场轰轰烈烈的、波及全世界的、长达几年的香港抗日募捐活动，宋庆龄功不可没，廖承志功不可没，杨廉安同样功不可没。

时间很快到了1941年12月，太平洋战争爆发，香港沦陷。联和行和香港八路军办事处撤到广州。1942年5月30日，廖承志等七人被捕。杨廉安只能秘密离开广州，前往重庆。日军到处烧杀抢掠，难民无数，交通中断，从广东经广西桂林等地到重庆，杨廉安辗转颠簸，足足走了近半年的时间，直到10月才到达重庆。

---

① "杨廉安自传"，华润集团档案馆藏档，转引自吴学先著《红色华润》，中华书局，2010年，第8页。
② 《红色华润》，第13页。
③ 《红色华润》，第14页。

1943 年春，在重庆八路军办事处工作了几个月的杨廉安，又接受了新任务。周恩来找他谈话，让他以侨商身份为掩护，回到华南一带继续公开经营西药、纱布、食盐、无线电器材等商品，将延安所需的物资分批运往重庆八路军办事处。周恩来指示杨廉安：“利用合法（方式），争取社会地位，积蓄力量。”①

杨廉安又悄悄潜回广东、香港，重新打出联和行的牌子，与已经成为他妻子的黄美娴一起重新雇工，做起了出口桐油、进口轮胎的生意。然后，他在曲江（按：广东韶关）开办经营纱布和食盐的庆生行，又在桂林开办苏新建筑材料厂和协成百货公司，在香港、曲江、桂林之间开展贸易、加工和零售业务。

此时，他的公开名字从杨廉安改为杨琳。杨琳这个名字成了他后半生的正式名称，一直沿用到去世。

杨琳回到桂林不久，拜见了在此避难的廖承志母亲何香凝老人。廖承志此时还在狱中，杨琳的到来，使老人家感到欣慰，欣然作画并题字：“皎洁无尘石作家，枝清叶净弃繁华。前生根种株篱下，却被人称富贵花。”这首诗看似是在赞美花，其实何尝不是对杨琳的赞誉。

1944 年 11 月间，桂林又被日军占领。杨琳带着黄美娴和几个忠实的伙计，携带协成百货公司所有的存货，疏散至广西平乐、昭平、八步一带，伺机东山再起。杨琳善于捕捉商机，发现经营汽车轮胎盈利颇丰，开始在梧州和广州间跑起单帮来。他将梧州的桐油贩到广州和香港，再将广州的轮胎、香港的百货贩回梧州。仅一年多的时间，他又积累了一定的资金，恢复了联和行的商号。

1945 年 8 月，日本无条件投降。消息传来，杨琳万分激动，两年半隐姓埋名，终于等到了胜利的这一天。

杨琳数次致电中央，汇报公司经营情况。在华润集团档案馆就有这样一封电文，日期是 1946 年 3 月 2 日。

渝周（恩来）、王（若飞）、刘（少文）：我顷抵港，前在八步、梧州寄上函电收到否？桂林沦陷时，损失甚大，和平后于梧粤仍经营业务，尚能得利。目前梧粤所存货物约值一千万元，现在业务仍在继续进行中，拟再建立一据点。今后工作方针，请速指示。杨琳②

战争年代主要是缺货，手上有货就能赚钱。1000 万元不是一个小数字。因为，内迁的申四福五 1939 至 1945 年间账面及暗账盈利也只是这个数字。

---

① “杨琳自传”，华润集团档案馆藏档，转引自《红色华润》，第 17 页。
② 华润集团档案馆藏档，转引自《红色华润》，第 19 页。

## 【锡 商 人 物】

李国伟 (1893－1978)，原名忠枢，荣德生长婿，荣家企业的开拓者。1915年毕业于唐山路矿学院土木工程科，后在陇海铁路工程局、徐州铁路分局任绘图员。1919年负责荣氏福新第五面粉厂的筹建工作，并任该厂协理兼工程师。1922年在汉口创办申新第四纺织厂，任副经理兼工程师。1929年接任申四、福五两厂经理。抗日战争爆发后，将申四、福五两厂内迁至重庆和宝鸡。1941年起，先后创建申四成都分厂、建成面粉厂和福五宝鸡分厂、天水分厂及陕西宝兴煤矿公司、宝鸡铁工厂、宏文造纸厂、重庆公益面粉纺织机器厂，同时在宝鸡成立总管理处，总揽荣家内迁和新建企业的经营管理权。抗战胜利后，先后在上海、芜湖、广州建有多家面粉厂和纺织厂。新中国成立后，从香港回到内地，继续主持总管理处所属企业。1951年提出申请将宝鸡各厂和福五天水厂改为公私合营新秦企业公司，成为解放后第一批公私合营企业之一，至1956年所属企业全部实行公私合营。

杨琳 (1908－1968)，原名秦邦礼，又名杨廉安，中共早期领导人秦邦宪（博古）之弟，无锡城内中市桥巷人，华润公司创始人。1931年到上海，在陈云领导下从事党的经济工作。同年冬加入中国共产党。1935年赴苏联列宁学院学习。1937年回国后在延安中央党校教务处工作。翌年作为八路军驻香港办事处成员，在香港创办联和行。1941年12月日军攻占香港后，杨琳在华南继续从事经济工作。1948年华润公司在香港挂牌，杨琳任总经理。1950年夏，中共中央决定成立香港贸易管理委员会，杨琳任主任，同时任华润公司董事长。1952年，中央政府组建外贸部，任综合计划局局长、三局（对外贸易局）局长。1955年驻印尼大使馆任商务参赞。50年代后期，调任中国五金矿产进出口总公司总经理。1960年筹备组建对外经济联络委员会，任常务副主任、党组书记等职。"文化大革命"初期，杨琳遭受残酷迫害，1968年12月10日因心脏病突发而去世。

激荡岁月 锡育1895—1956

第五部分
家国梦难圆 （1945－1949）

# 1945 年：复原，复元

抗战胜利，国土重光。新时代含苞待放，饱受摧残的商人，复产复业，再兴扩张，昔日风光指日可待。

荣家血脉中扩张的种子，在蛰伏多年以后蠢蠢欲动，挣扎着再次破土而出；曾经壮阔无比的商业帝国，最终化为"三驾马车"，齐头并进。庆丰和丽新、协新的复兴，同样让人振奋，令人激动，经过战火的磨练，唐家前行的步伐愈发坚定和自信。

可是，上层建筑的思想、政策对国有的偏好，没有给民族工商业留下更大的空间，反而吹来了阵阵寒意。

崛起与沉沦，伤痛与挣扎，徘徊与彷徨，在胜利之后的光影切换中交替旋转。

## 家国之梦

1945 年 8 月 15 日，日本无条件投降。中国历史上最为艰苦卓绝的反侵略斗争经历了漫长的八年时间，终于以胜利宣告结束。

消息传出，全中国人民沉浸在胜利的喜悦之中。年届古稀的荣德生迫不及待地与妻子一同走到街上，加入欢呼的人群。荣德生在自传《乐农自订行年纪事》中，用八个字形容了这一幕："爆竹腾喧，欢呼达旦"。[1]

远在重庆的薛明剑也记下了同样的情景："爆竹声遍满山城"。[2]

世事洞明的荣德生知道，正义终将战胜邪恶，胜利的这一天迟早会到来。为着这一天的到来，他已经作了充分的准备。

上一年，正是他七十寿辰。农历正月初九日，家人为荣德生祝嘏，亲朋好友

---

[1]　荣德生：《乐农自订行年纪事》"1945 年条"，上海古籍出版社，2001 年，第 175 页。

[2]　薛明剑：《五五纪年》，《薛明剑文集》上册，当代中国出版社，2005 年，第 87 页。

毕集，一时热闹异常。荣家刊印《乐农自订行年纪事》馈赠亲友。该书系由荣德生本人采用秉笔直书的手法书写，真实地记载了从自己出生至60岁的人生经历、思想变迁和事业的成功与失败。他对蛰居上海这几年的日常生活，是这样描述的：

> 余目击世途险恶，因此一切不问，每日惟收购破书旧书当作正课，此外，阅读古人格言、宋人语录，及斩五关（一种骨牌游戏），藉资消遣，以度岁月。不如此，则觉日长似年，做惯正事，一旦闲散，甚为无聊。若别图进取，则小不称，大不易，马齿渐增，非其时，非其地，且守为佳。所以，不请客，不访友，不闲游，数年如一日。所望早日和平回乡，免在是非场看机械变化。每晨但祷告阖家平安，即是福矣。①

对于搜购旧书之举，荣德生自言："余之购此，非欲附庸风雅，实鉴于战祸一起，中国古代文物必遭兵燹散佚，若不能收集保存，日后存者愈少。"②

1938年荣德生来到上海，本打算接任总经理职。但是，荣鸿元实际上继承了"父业"在执行着总经理职务，王禹卿等"元老"因筹款还债与荣德生产生分歧，也不再"敦请"他接任总经理。荣德生被尴尬地"悬在空中"，似乎成了企业系统"多余的人"。荣德生清醒地认识到，茂、福、申新总公司虽然对外还是一个整体，但内部权力已开始趋于分散；总公司统辖各厂的集权管理，由于荣宗敬的去世，在无形之中日趋减弱，"事权全非，远异吾兄在日"③，荣家企业"即另成一新时代，从前一切告一段落"。④

荣德生七十寿诞合影

"不请客，不访友，不闲游，专以收藏书画古籍自遣"⑤，荣德生的"寓公"生活看似轻松悠闲，但他的内心其实是

---

① 荣德生：《乐农自订行年纪事》"1940年条"，第148-149页。
② 荣德生：《乐农自订行年纪事》"1938年条"，第139页。
③ 荣德生：《乐农自订行年纪事》"1938年条"，第141页。
④ 荣德生：《乐农自订行年纪事》"1941年条"，第151页。
⑤ 荣德生：《乐农自订行年纪事》"1940年条"，第149页。

不平静的，无时无刻不在考虑将来工厂的新发展，渴望着和平时刻的到来。荣德生认真总结了过去几十年的经验教训。"回想先兄在日，余无一不推兄为先，由兄总揽全局，企业得有今日之扩大。"① 他对兄长的魄力和果敢精神深为钦佩，对他的巨大贡献也给予高度评价。但从内心而言，他认为兄长办事冒险有余，稳重不足。有两点尤不足为法：一是大举借债扩充，企业势必受银行、钱庄控制；二是从事投机，一旦失败势必累及事业。从几十年的惨淡经营和风风雨雨中，荣德生领悟到：在社会生活中，农业生产、工业制造和商业运销，三者缺一不可；从事实业，要不投机、不奢侈，从基础做起，步步为营；要注意培养人才和企业用人，成功了不张扬，失败了不气馁。只有这样，才能保证事业永久昌盛……在深思熟虑之后，他提出了宏大的"天元计划"、"大农计划"和"修浚黄河根治水患案"。

所谓"天元计划"，荣德生计划在不牵动茂新、福新、申新原有老股的原则下，另创一个大企业，取名天元实业公司，自任总经理，七个儿子任副经理。"天元"一词，出自《易经》，原文为"大哉乾元，万物资始，乃统天"，含义是天下万物皆赖以萌生。② 对于天元公司的发展，稳重的荣德生规定"专营实业，不可做投机买卖，立下禁例"。营业项目有：（1）属于"土"的方面，包括煤、石灰、水泥、砖瓦等类；（2）属于"金"、"木"方面，包括采矿、冶金、铸锻、铁工、化学、塑料，以至棉纺业用的筒管、棉条筒等类；（3）属于食品方面，包括面粉、饼干、点心之类；（4）属于"水"的方面，如漂粉水之类；（5）属于"火"的方面，如电气等；（6）属于纺织方面，包括棉、麻、毛、丝、人造丝、人造纤维的纺、织、印染、整理、裁制、缝纫等。他制定一条经营方针："凡事厚实则基础稳固，取巧必终致自误，可进则进，不可进则守。自己度才量力而行，如无此力，万勿猛进；否则，不但徒劳无益，且恐尽弃前功。"③

所谓"大农计划"，实际上是荣德生心目中的"理想国"，是他的社会政治经济思想的集中表现，旨在改变旧式农村经济社会格局。这一计划包罗万象，包括了行政、经济、文化等方面的内容。如在行政组织上，"每户授田五十亩，十户为一村，十村为一乡，十乡为一镇，每镇有小街市，为供应近处人民日用品之需要，及买卖交换之所。十镇为一区，区有区长，管理行政，有市街互易有无，

---

① 荣德生：《乐农自订行年纪事》"1941 年条"，第 152 页。
② 《荣家企业史料》下册，上海人民出版社，1980 年，第 178 页。
③ 荣德生：《乐农自订行年纪事》"1941 年条"，第 152 页。

有交通电讯，有学校图书馆，有工厂企业。"① 在生产方式上，荣德生主张推广机器作业，他指出："农业机械（以坎拿大式为佳），全区人民均得轮流使用耕种，毋失其时；且教之副业，如植树、育蚕、养鸡、养兔、养猪，以及西北各地所惯养之马、牛、羊之属，各择所好，分头进行。"② 在经营项目上，他突出粮食生产的重要性，提出了开荒垦殖的建议，主张："先从甘肃荒地办起，再及青海各地，择宜于耕种之荒地而施行之。每岁生产有余，则输往下游各地，无论南北，不使粮食缺乏。如此，既可解决我国积年粮荒，更可养活流离失所之贫民，不劳武力，自能措置裕如。"③ 对东南诸省农业劳动力的出路，他提出在坚持农业生产为主的前提下，"以工为辅，制造一切应用什物，以及衣、食、住、行必需品之机械，供应边区。"④ 为了加速开发农村，荣德生强调交通便利的作用，认为："'行'之关系最大，凡移民之区，由小路、公路、而至铁路，以及运货车、小铁轨，均须相互联络。沿路如有矿产，可集合投资开采。"⑤ 最后，他建议开展农村科技文化教育，要求"各县培植人才，由小学、初中、高中、而至专科、大学，总以适合当地应用为前提，高中即宜分科，毕业后，即可应用于社会。"⑥

所谓"修浚黄河根治水患案"，是荣德生在 1921 年当选为国会议员后，经多方请教、反复研究、历时两年起草的一个议案。后来国会未开，便搁置一边。抗战初期，蒋介石下令炸开郑州以北花园口的黄河大堤，企图以此阻挡日军南下，河南、安徽、江苏 40 多个县 1700 多万亩耕地受淹，90 多万人死亡，610 多万人无家可归。从此，黄河改道，水患愈加严重，而且波及到淮河、运河及长江下游地区，几千万人民生命财产的安全受到威胁。荣德生痛心疾首，重新研究了 20 多年前的旧案，把修浚黄河扩大到淮河、运河、长江，真正做到根治中国水患，并且阐述了在开封修筑黄河堤坝的意义，认为此举可避免黄河直冲山东，经河道修浚后，"使水力不容横决，通年积水，可行轮船、民船，两岸可种植树木，杂粮，则藉以保障成为平田者，何止数百万亩，下游得免水患者，更不可胜计。"⑦

荣德生规划的这三幅蓝图，"天元计划"是重中之重，也是为自己在有生之

---

① 荣德生：《乐农自订行年纪事》"1942 年条"，第 159－160 页。
② 荣德生：《乐农自订行年纪事》"1942 年条"，第 160 页。
③ 荣德生：《乐农自订行年纪事》"1942 年条"，第 160 页。
④ 荣德生：《乐农自订行年纪事》"1942 年条"，第 160 页。
⑤ 荣德生：《乐农自订行年纪事》"1942 年条"，第 160 页。
⑥ 荣德生：《乐农自订行年纪事》"1942 年条"，第 160 页。
⑦ 荣德生：《乐农自订行年纪事》"1942 年条"，第 161 页。

年制订的奋斗目标；"大农计划"和"修浚黄河根治水患案"则是他向抗战胜利后的中国政府提出的建议，其本人是没有能力、也没有办法实现的，而且其中有不少内容带有明显的理想主义色彩。这三幅蓝图的计划，生动地表明了荣德生这位饱经坎坷的实业家奋进不息的创业精神，体察人民疾苦的赤子之心，真实反映了他在抗日战争时期对家国之梦的求索。他期待着太平盛世的早日到来，能为推动我国民族工商业的发展作出新的贡献，使我们的国家和民族富强起来，不再遭受侵略和欺凌。

## 复业

1945 年 6 月，身在重庆的荣尔仁以总公司名义向国民政府经济部呈文，呈报抗战以来以来各厂损失情况，"综计各厂损失，颇有可观，即以战前原价计之，已达 5281 万余元之巨。"①当时，战事尚未完全结束，荣尔仁上报的这一数据并不准确。据后来的统计，就设备而言，荣家企业就损失纱锭 20.7 万锭，布机 3226 台，分别占全系统设备总数的 36.4%、60.8%、18.4%，金额就达 3500 万元，占全系统资产总值一亿元的 35%。②

3500 万元的损失，不可谓不小。但劫后余生的荣家企业仍有约 6500 万元的资产，而且战前总共近 8000 万元债务还清了，荣家企业的资产已是纯值。

还有，经过多年艰苦奋斗，荣氏手头还积下了一大笔资金，战后复兴有了基本的保证。内迁的申四福五 1939 至 1945 年间账面及暗账盈利折合战前币值达 995 万元；上海的申二、申九、福二、福七和福八，1937 至 1945 年间的账面盈利折合战前币值更高达 24852 万余元。除还清欠款，这巨大的盈利大多通过各种方式变成了黄金、美元和外汇。

抗战胜利，国土重光，最好的机会来了。荣氏上下，两代人马，一个个摩拳擦掌，跃跃欲试。

被日商丰田纱厂霸占了四年之久上海申新一、八厂，终于回到了荣氏手中。仅仅一个月时间的整理，到 9 月 1 日申新一厂即有两万纱锭运转，到 1946 年下半年陆续修复至五万锭，连同借进的 4000 锭，共开出 54000 锭。而布机则损坏严重，整理费用巨大，现有资本远远不够。于是，股东决议将资本总额增至三亿

① 《荣家企业史料》下册，第 184 页。
② 《荣家企业史料》下册，第 187 页。又见《中国资本主义工商业的社会主义改造（上海卷）》，中共上海市委统战部、中共上海市委党史研究室、上海市档案馆编，中共党史出版社，1993 年，第 1193 页。

元，按股东所占股份比例缴纳。由于物价上涨，需费增多，大会决定增资为 15 亿元，仍由股东分摊。申新八厂在战时全部毁坏，无法复产，只能租给刘鸿生、王云程合资创办启新纱厂，于 1948 年先开出 30400 锭。从此，工厂脱离申新控制。

在上海，同属申新总公司（荣鸿元系）的申新六厂已经停工多年。此时拆除了织机侧挂马达，改用封闭式单独马达，增添了车床等必要的设备。另向上海协兴铁工厂订购丰田式自动织机 201 台，并于 1946 年安装开工。"是年营业大为好转，颇获盈利，积极改进。"① 差点被日军改建成船厂的申新七厂纱锭缺损严重，只能勉强开出 3000 锭，后又开出 30 台布机。由吴昆生父子掌控的申新九厂，战时受损最轻，战后复产情况最好，常开 12 万枚纱锭以上，规模和生产能力居申新之首。

属于荣德生系统的工厂此时也逐渐恢复工作。申新二厂由于原棉断绝，在 1944 年时宣布停工，五厂在战时损坏严重。到 1946 年底，两厂共修复纱锭 8.5 万锭。两厂厂长都由荣尔仁一人担任。荣尔仁为此亲自赴美定购了价值 200 余万美元的设备，另外动用 100 多万美元在上海购买器材、基地。除了修复原有纱锭外，还改装了大牵伸 5.6 万锭，添购纱机 2 万锭，线锭 1.28 万锭。新添了织部，申二安装了 135 台自动或半自动布机，申五则安装了最新式针织机 10 台，设备当时在行业居于领先。据统计，申新二、五厂在战后恢复、添建的投资总额达到了 335.68 万美元。② 但是，因厂址地形限制，申新二厂发展受到制约，荣德生、荣尔仁父子分别在湖南衡阳、浦东陆家嘴、闸北潘家湾、虹桥路等地，四外购地，筹设分厂。

战时在上海设立的合丰公司，也恢复了生产。开工纱机最高峰时达一万多锭。

无锡申新三厂在抗战初期损失十分严重。荣德生对申新三厂情有独钟，不惜投入巨资进行改造扩建，修复纱机 5.6 万锭，布机 740 台，改装大牵伸 4.3 万锭。1947 年开始建造第二纺纱场，完全钢筋水泥新式楼房建筑，特派专家赴美购进纺机四万锭，线机 4400 锭。1948 年，第二工场安装完成，申三至此拥有纱机 9.5 万锭，较抗战前增加了约三万锭，并有全新的锯齿轧棉工场。关于新建厂房资金，荣德生在自传中记载："此项资金，皆由近年生产盈余，除去股息外，其余即用在再生产，修复添建，未尝由股东添资，全出同仁合力运筹之功，大部

---

① 《荣家企业史料》下册，第 418 页。
② 《荣家企业史料》下册，第 537 页。

分则为三儿（按：荣伊仁）与五婿（按：唐熊源）共商进行为多。"得此成绩，荣德生深感"欣慰"。[1]

与此同时，上海"福新系"和无锡"茂新系"工厂也逐渐归还，并很快复产。

大股东王尧臣、王禹卿兄弟实际掌握的福新面粉厂共有六家工厂，其中福新一、三、六厂，被日军侵占后由日商三兴公司"代管"，日本投降后均被收回。福新一厂机器因为设备很完好，所以略加整理，在当年11月即行复工，日产面粉5000包。福新三、六厂发还后，因为六厂机器损坏严重，所以暂时开出三厂的钢磨，且因原料不足等原因开车时间有限，日产粉7000包。福新二、八厂因代磨敌伪面粉统治会小麦的关系，胜利后一度停机，但到当年年底也先后复工，日产面粉2.5万包。福新七厂也于1945年11月复工，日产面粉1.4万包。

茂新一厂战时被日军放火焚毁，仅存断垣残壁。荣德生认为此厂"为吾局一切企业之发源"[2]，"以此厂为吾事业起点，决心复建"。[3] 1946年下半年，茂新一厂在废墟上重建六层新厂房，并订购美国最新机械。但由于订购机件迟迟未到，厂房建筑图样屡次更改等原因，直至1948年4月才建成开工，有粉磨30部，全部英国进口机器，日产面粉5000包。又建造三层楼新式麦仓，全部自动搬运，设有新式清麦机，可储小麦四万担。另造四层粉栈，可储粉3.5万包。"茂一复业后，出品精良，厂房建筑轮奂，颇得社会佳誉。"[4]

在复建茂新一厂的同时，荣德生又着手复工茂新二厂。1945年底，茂新二厂复工，效益日好。荣德生回忆说："十一月二十二日，再度返里。茂二已收回开车，八年不做，一旦复业，为之心快，出粉粉色如前，市上乐用。"[5] 荣德生还以两万包面粉的高价买进了厂旁17亩土地，以备扩展之用。

茂新三厂在抗战期间损坏殆尽，不能重新修复，于是荣家租借顺风德面粉厂改名为茂三，租办一年半后退还原主。从此，茂三不复存世。

对于申四福五在武汉的重建，主事者李国伟雄心勃勃，计划恢复内迁前的规模。1944年起开始定购设备，包括日产6000包的粉机和4000瓦的动力设备，并前后订购纱机7.5万锭。最初恢复生产的是面粉厂，因为福五战前的机器绝大部分留在汉口未搬，这些未搬的机器胜利后相继找到，重新投入生产。1946年夏

---

① 荣德生：《乐农自订行年纪事》"1947年条"，第202页。
② 荣德生：《乐农自订行年纪事》"1947年条"，第201页。
③ 荣德生：《乐农自订行年纪事》"1948年条"，第206页。
④ 荣德生：《乐农自订行年纪事》"1948年条"，第213页。
⑤ 荣德生：《乐农自订行年纪事》"1945年条"，第179页。

开始出粉，日产面粉 3000 包，后不断增添粉机，到 1948 年夏末恢复 9200 包的生产能力。但纱厂却因厂房收回受阻的因素，复工并不顺利，至 1948 年夏，两万纱锭才安装完毕，象征性地开出 5000 锭，由于各机比例不足，到 1949 年解放时只有开出 8000 锭。据统计，战后重建汉口厂所费资金达到 342 万美元。①

荣家企业的次第复工，让荣德生兴奋不已，他在《乐农自订行年纪事》中写道："是月（按：1945 年 1 月）起，福新五厂（汉口）、七厂、八厂均开；申新一至九厂次第复工（八厂被毁除外），但均开一部分，因原料缺，物价贵，熟手少，资金周转不足故也。申三增资至三亿五千万，另发付股东现金三千五百万；申九增资至五亿，原额一亿，加至四倍，发付股东现金二亿；申二、五增资至三亿，申一增资至三亿，均发股息；申六增至五亿，余为三成，并得股息，此厂十余年来从未得过利益，今亦照发股息；申四增资三亿，并发股息四分；申七则十余年来迄未上轨，仍无利可分，至为可惜。"②

申新一至九厂战前原有纱锭 57 万锭，到 1946 年底实际运转 43.6 万锭，为战前的 76.5%。1946 年产纱 19.19 万件，为战前 31.9 万件的 60%。③ 而布机实际运转 2513 台，为战前 5304 台的 47.4%；棉布产量 47 万匹，仅为战前 288 匹的 16.3%。④ 1946 年茂新福新系统日产粉能力为 6.55 万包，为战前的 67.9%。年实际出粉 811 万余包，仅为战前 1694 万包的 47.9%。⑤

胜利伊始，国民政府就成立专门机构，派出专业接收人员，负责接收沦陷区的敌伪各项事业，在确定产权后，归还或分配原有业主，抵充战时损失，并帮助恢复生产。但是，接收工作仓促上阵，加之敌伪资产面广量大，造成了多系统、多方面接收的局面，以及由此而产生的迟滞与不协调，甚至于争权夺利、贪污盗窃、背私舞弊现象屡见不鲜。关于国民党政权战后在大陆的迅速败亡，蒋介石曾这样悲叹："我们的失败，就是失败于接收。"⑥

无锡茂新二厂是茂新系唯一幸存未被战火摧毁的面粉厂，战时一直被日本人占据，战后被政府接收。荣德生对茂新二厂感情很深，抗战胜利后由他亲自出面交涉发还事务。然而接收茂新二厂，让荣德生奔走联络三个月之久。荣德生在

① 《荣家企业史料》下册，第 546 页。
② 荣德生：《乐农自订行年纪事》"1945 年条"，第 180 页。
③ 《荣家企业史料》下册，第 434 页。
④ 《荣家企业史料》下册，第 435 页。
⑤ 《荣家企业史料》下册，第 436 页。
⑥ 宋希濂：《回忆 1948 年蒋介石在南京召集的最后一次重要军事会议实况》，《文史资料选辑》第十三辑，中华书局，1961 年，第 15 页。

《乐农自订行年纪事》中说："十月二十三日，回无锡接受茂新二厂，手续之烦，过于创建。当年兴办，三言两语，即告成功。今则周折多端，来往文书，奔走联络，接受到手，时逾三月。……层层推诿，官说官活，不顾民瘼，比之日人，不相伯仲。数年之间，变质至此，大可慨叹！"① 他还感慨万千地写道："余自日本投降、吾国抗战胜利后，心怀兴奋，方期政府给予协助，庶几东山再起，复我被毁事业，不料恰恰相反，进行复业至感棘手，兴致为之减退不少。"②

福新一、三、六厂，抗战期间全被日本人占据，战后被政府接收。到1945年12月，上海粮政特派员办公处方才同意"暂行发还"经营。实际上"发还"的只有厂房，大部分公事房和粉麦栈房半年后才陆续发还，有些栈房一直被粮政部门充作粮食仓库，没有发还。至于厂内"机器上之各项机件及零碎五金物料"，则已"空无所有"，荡然无存。日商占据期间添置的厂房和机件，远远抵不上福新厂的损失，但敌伪产业处理局还是把这部分财产"充公"，经交涉同意以1.4亿元的"优惠价"售给福新。至于日商遗留下来的麦粉、麻袋、皮带、机油、机器零件、家具等物品，大多数是工厂原有物品，但粮政特派员办公处在交还工厂时，却把这些物品"收拾殆尽"，来不及运出的也全部盘存"冻结"，令福新厂代为保管。后来拍卖这些物品时，福新厂只获准有优先购买权，在价格上或多或少有些"优惠"而已。

而李国伟对申四福五的接收更显"坎坷"。汉口申新四厂原址，战时被日军占作汽车修理厂，胜利后被第六战区司令长官部当作日军产业接收，旋即移交国军后勤部，仍为汽车修理厂，照常开工，改名为联合勤务总司令部第二汽车修理厂。李国伟委派的接收人员初到武汉之时，几乎连住的地方都没有。后来，几经交涉，托人疏通，始将面粉厂房陆续归还。但纱厂厂房则因军方以汽车厂无地迁移为由，拒不交还。李国伟等人多方"烧香拜佛"，辗转托人通过宋美龄的关系，求得行政院批示后勤部限令该汽车修理厂迁让，但文件到了后勤部多日仍未有任何效果，汽车修理厂仍然拒不"迁让"。李国伟又派人前往汉口交涉，通过请客、贿赂等办法，到1946年8月底才收回申四办公楼上九间房屋，使得申四人员终有了栖身和办公之处。此后，又经过马拉松式的交涉、拖磨，厂房才陆续被收回，这直接影响到纱厂的复业复产。

收复厂房如此之难，索还散失的机器设备，更是难于上青天。申新四厂原存机器在战时全部丢失，国民政府曾许诺一切损失可以通过盟军总部向日本索偿，

---

① 荣德生：《乐农自订行年纪事》"1945年条"，第176页。
② 荣德生：《乐农自订行年纪事》"1946年条"，第181页。

李国伟信以为真，派员调查核实，开列出申四福五损失清单，并搜集了人证物证材料，提请政府帮办索偿；政府部门让申四福五多次补充材料，申四福五都按要求办理。最后，政府部门要求申四、福五提供被劫机器现在日本何地存放及拆迁机关或部队的条据等更有力的证明材料，这犹如让申四福五去"捞水中的月亮"。丢失的物，泼出去的水，收回既无可能，只好当作"身外物"了。

还有，申新一、八厂原存机器设备被日商拆装在丰田纱厂及其他纱厂，荣家收回两厂后，清点物资及机器设备，发现损失在三分之二以上，其中损失纺机81728锭，线机40%，马达339只。此时丰田已被国营的中国纺织建设公司"接收"。申新总公司于是致函中纺公司，要求准予派员到丰田纱厂认领申新一、八厂机械。中纺公司回函称："查各厂纺织机械不乏雷同，所云被攫取物件或现存丰田厂内，或散置其他敌伪厂者不在少数一节，应请提出确切证件，再凭核办，在未证实以前，所嘱准予派员认领一节，歉难照办。"[1] 申新总公司自动"降价"，由要求认领全部机械改为只要求发还100只马达，中纺公司仍然不予理睬。申总求助"中央信托局苏浙皖区敌伪产业清理处"、"处理敌伪产业审议委员会"、"苏浙皖区敌伪产业处理局"等专管处理敌伪产业的机构"主持公道"，督促发还。可是，数年时间过去，直到上海解放前夕，这些机构还在以复查"真相"相推诿，申新一、八厂连一根螺钉也未能从中纺公司手中收回。

"倒霉"的工厂自然不只荣氏一家。在战时为日军代纺代织的丽新、庆丰厂，胜利后被江苏省接管敌伪财产办事处接管，拒不交还。最后，先由程敬堂"疏通上层"，唐星海"与接受大员中某人是留美同学的关系"，他"从中斡旋，进行贿赂，几经周折，始平风波"[2]，几处被加封的场所也揭封发还了。

这一曲折，自然不会磨灭唐星海的勃勃雄心。他用庆丰被炸的照片为主要依据，取得国际救济总署四万担美棉战争补偿；接着又动用一亿余元股金，购进大批设备，充实庆丰与保丰两厂。在1945年10月13日召开的庆丰董事会上，唐星海这样阐述他的复兴计划："按照目前人力、物力、财力状况分为三期逐步整理，第一期纱锭增至3.6万锭，第二期整理至五万锭，第三期增至6.5万锭，淘汰部分陈旧过时的布机，更换精良的自动布机……一年后再求新的发展。"[3] 到1946年底，庆丰厂已有五万枚纺锭、364台布机投入生产。到1947年，唐星海

---

[1] 《荣家企业史料》下册，第415页。
[2] 《无锡第二棉纺织厂厂史》，油印本，第36页。
[3] 刘葱葱：《勇于创新的"铁腕"企业家唐星海》，《近百年无锡人物》（《江苏文史资料》第138辑，《无锡文史资料》第47辑），2001年，第117页。

的复兴计划得以实现，纱锭开至 6.92 万枚，布机 532 台，"双鱼吉庆"纱、布再现当年风采。①

庆丰的漂染部分，在抗日战争初期全部被毁。对于漂染事业，唐星海同样制订了恢弘的复兴规划，计划在无锡、上海和汉口创办四个印染厂：一、重建无锡周山浜漂染工场。二、扩建上海延平路印染工场。三、在上海西郊北新泾已购置土地，即行造厂。四、在汉口东郊觅地建厂。1947 年 7 月，唐星海特地创办印染工程训练班，在无锡庆丰一厂招考择优录取 26 人，以上海庆丰二厂为训练处所，以储备印染专业人才。

唐程集团的丽新、协新厂也逐次整理复产。到 1947 年，丽新厂恢复三万余枚纱锭、680 台布机，整染设备除印花机外大部修复，资本额调整为法币 180 亿元。1949 年，协新厂达到战后的顶峰，有粗梳精纺 408 锭，精梳精纺 1800 锭，绒线锭 240 锭，毛织机 63 台，平织机 10 台。② 丽华布厂也恢复到接近抗战前第三厂的规模。在上海，被迫停产近两年的信昌毛纺织厂，也迎来了新生，并更名为上海协新毛纺织厂。

振新纱厂 1945 年 11 月开始修复，开工纺锭不过 3000 枚，后利用盈余向瑞士订购了两万纱锭，发展速度虽不及申三、庆丰，但也"稍复旧观"。③

战前的无锡七大纺织厂，除了业勤、广勤、豫康三厂被毁没有复业外，从战火中幸存下来的申新、庆丰、丽新、振新四家工厂，到 1946 年全部开工，次年即恢复到纱锭 17.3 万枚、布机 2340 台的规模；后继续发展，直到纱锭 27 万枚、布机 6075 台的顶点，超过了战前。

到解放前夕，无锡共有纺织厂 141 家，其中棉纺厂 15 家，织布厂 74 家，印染厂 18 家，毛纺织一家，麻纺织一家，针织 25 家，其他七家，共有纱锭 277424 枚、布机 6075 台、毛纺锭 2208 枚、麻纺锭 2600 枚、织袜机 759 台。按解放初期统计，无锡纺织业共有纱锭 24 万枚，占全国（包括国营中纺公司）的 5%，在各大工业城市中少于上海、天津、青岛，位居全国第四位。④

无锡面粉业的复业复产，并不逊色于棉纱业。除了荣家的茂新系统外，在沦陷期间一直没有停工的广丰面粉厂更令人刮目相看。战前的 1936 年春，杨翰西之子杨蔚章发起筹建广丰面粉厂，原额股本 15 万元，结果实际募集 30 万元。杨

---

①　《中国近代纺织史 1840－1949》下卷，中国纺织出版社，1997 年，第 260 页。

②　《丽新、协新走上新路——唐程资本集团在无锡企业社会主义改造纪略》，《中国资本主义工商业的社会主义改造江苏卷》下册，中共党史出版社，1992 年，第 46 页。

③　《中国近代纺织史 1840－1949》下卷，第 246 页。

④　曹洪涛、刘金声著：《中国近现代城市的发展》，中国城市出版社，1998 年，第 192－193 页。

氏父子及家族成员投资约占股本总额的22%，外股占78%。厂址则选定在无锡城东北的长丰桥，利用杨翰西开办的广勤肥皂厂旧厂房，占地约10亩。购进全套米亚克制粉设备，包括钢磨、洗麦机、烘麦机、麦筛、粉筛及动力电机等，这套设备在当时无锡面粉厂同业中是最先进的，日产面粉2000包，以"顺风"为商标。就在广丰开工投产后一两个月，淞沪抗战爆发，工厂被迫停车歇业。在抗战期间，无锡地区的面粉厂或毁伤或停工，大多处于瘫痪状态。唯有广丰面粉厂挂日军第三制粉工场招牌恢复生产，因为麦价低落而粉价攀升，获得巨利，不仅一举还清战前20余万元的银行借款，还积累起雄厚财力。抗战胜利后，广丰公司由杨味云之子、荣德生之婿杨通谊出任董事长，较好地实现了与之前的切割。

抗战胜利后，无锡共有机器面粉厂14家，拥有钢磨160部，日生产能力43870包，占全国生产能力的8%。[1]

纺织、面粉、粮食加工等业有所发展，缫丝行业的恢复则命运坎坷。日本在占领时期成立了华中蚕丝株式会社（即华中蚕丝公司），对中国蚕丝业从制种、蚕茧、缫丝、销售等进行全面统制，只允许

广丰面粉厂的圆筒麦仓

办20台缫丝车以下的小厂。1945年底全城有大小丝厂140家，而丝车却只有4548台。每户拥有丝车在20台以下的厂家竟有61家，占53%，连小型厂也称不上，只是家庭制丝社。1946年6月，无锡缫丝业达到战后最高点，也仅104家厂，6348台车。其中不少工厂停业歇工或时开时关，形成战后厂数增加、厂家设备规模减少的倒挂现象。就开工的丝厂进行统计，1946年开工丝厂26家，到1947年秋，减为23家。[2]缫丝工业的复产尽管不如人意，但实力仍居全国各城市之首。

昔日的行业"龙头"永泰丝厂于1946年4月20日复业，移居美国的薛寿萱声称要购置大批新型丝车，并汇款150万美元以扶持生产，但这一计划并没有实现。在资金极度短缺的困境中，该厂只置办了312台坐缫车，终因原料奇缺，成本高昂，外销呆滞，汇率限制，不到半年就被迫停工，出租给国营的中国蚕丝公

① 曹洪涛、刘金生著：《中国近现代城市的发展》，第193页。
② 王赓唐、汤可可主编：《无锡近代经济史》，学苑出版社，1993年，第198页。

司。1947 年 6 月收回自营，薛祖康专程赴美敦请薛寿萱回国主持厂务。此时的薛寿萱，在纽约证券交易所经营美国军用企业股票等有价证券，连连得手，财产已增至两亿多美元。尽管薛祖康苦劝四个月，但薛寿萱最终没能回到故国。永泰丝厂时开时停，到 1948 年 11 月终于闭歇。

留在美国的薛寿萱，最终也没能逃脱衰败的命运。1948 年，美国举行总统选举，国民党暗中相助"亲华"的杜威，宋美龄请薛寿萱"支持"。薛寿萱"受托后大量买进与杜威有关企业的股票，促进其上涨，以抬高杜威的身价"。大选结果揭晓，却是竞争对手杜鲁门胜出，薛寿萱手握的股票一落千丈。① 朝鲜战争时期，美国当局指控薛氏有偷税漏税嫌疑，处以补税罚金 600 多万美元，冻结股票、资金、物资两年之久，薛寿萱向法院提起诉讼。在此期间，军用股票价格狂跌，薛氏由此破产。1972 年，薛寿萱患肺癌不治，病逝于美国纽约。

尽管时局不稳，产销受困，但无锡工商业的复产复业，一直保持比较良好的态势。据资料，1947、1948 年间，无锡实存工业企业 628 家，其中棉纺织 160 家，缫丝业 51 家，粮食加工业 94 家，食品工业 13 家……造纸印刷业、机械工业发展尤为迅速，分别达到 46 家和 183 家。② 1947 年，无锡上交税收总额达 2000 亿元，其中货物税一项就达一千数百万元，仅次于上海而过于武汉、北平、天津，纳税于省府的亦为数百亿元。③由于工商业的中兴，银行业开始"轧堆"无锡。除了中央银行、中国银行、交通银行、中国农民银行、中国信托局、邮政储金汇业局、中央合作金库等"四行、二局、一库"国营金融机构外，江苏省银行、江苏农业银行、无锡银行、中国通商、中国实业、浙江兴业、上海商业储蓄、金城、亚洲等商业银行纷纷来锡设立分支机构，一时共有 21 家之多。④

## 狂飙再起

自晚清以来就投身实业的荣德生，身历国家羸弱、政权动荡给工厂带来的种种痛苦，深刻体会到："今后我国欲图独立富强，非使国家社会速走向工业化不可。"⑤ 同时战后严重的通货膨胀，也迫使荣氏将财产转化为不动产以求保值增值。早已融于荣氏血脉之中的扩张基因，又一次被激活，新一轮的扩张狂飚

---

① 荣勉韧、荣翠琴、荣耀祥编著：《梁溪荣氏人物传》，中国华侨出版社，1996 年，第 225 页。
② 吴杨均著：《中国经济发展的区域研究》，上海远东出版社，1995 年，第 84 页。
③ 《无锡设市与建设问题》，《人报》1947 年 11 月 8 日。
④ 曹洪涛、刘金声著：《中国近现代城市的发展》，第 193 页。
⑤ 荣德生：《乐农自订行年纪事》"1945 年条"，第 231 页。

再起。

作为荣宗敬的长子，荣鸿元继承了其父生前一贯的扩张战略。1946 年 12 月，申新六厂以 85 万美元从中国实业银行承购了芜湖裕中纱厂。申总资料关于裕中纱厂的介绍说："1919 年皖绅江干卿、陈劭吾等集资一百万元于芜湖设纱厂，定名裕中，购英国道勃生厂细纱机一万锭，勘定陶沟旁基地七十亩建筑厂房，完成时所用费用约一百卅余元；后添置纱锭八千四百枚，厂房亦有扩充……1937 年因积欠中国实业银行押款无法偿还，乃宣告清理……两次拍卖，无人问津，遂将全部产权移归中国实业银行所有。1938 年 5 月芜湖沦陷，被日商裕丰纺织株式会社侵占。……1946 年 12 月 2 日发还原主中国实业银行。当时法令规定银行不得经营工厂，申新六厂遂正式承购。"① 裕中纱厂为申新购得后，获得了一定的发展。《纺织周刊》对此做出了描述，"本省唯一之裕中纱厂，自三十五年（按：1946 年）十二月上海申新纺织总公司所承购……业务尚称发展。兹悉该厂全部纱锭现已赓续增至两万枚，工人八百七十三人，出品二十支三多牌纱、十支四喜纱，品质精良，分量准足，产量日约四十件，除畅销本省各地外，亦为京、苏、闽、赣等地各复制业所乐用。"②

在收购裕中纱厂后，申新六厂又收购了邻近的国光印染厂，内有印花机两套及漂染、丝光、整理打包等全套设备。荣德生记述："该厂近购进国光印染厂，吾属纺织而能印染者，昔有申四，今为申六矣。"③

荣鸿元还创办了鸿丰纱厂，纱厂有两个厂址：一厂在杨家渡，二厂在陆家嘴。两厂机器多为申六、申七的旧机器。一厂纱锭 24000 枚，二厂 11000 枚。据鸿丰纱厂档案记载："一厂创办于 1946 年 1 月，是年 3 月正式开工，创办人荣鸿元、胡载之，厂务经理丁宜生。二厂创办于 1947 年 2 月，创办人与主持人同一厂。……鸿丰纱厂资本额法币七十五亿元。"④

荣鸿元又购进大中华粉厂，开办鸿丰面粉厂，日产面粉 4900 包。该厂原是华商粉厂，抗战时期售予日商华裕制粉公司，抗战胜利后由国民政府粮食部接管，1946 年 12 月被荣鸿元竞标购得。

荣鸿元所经营的新事业还有鸿丰铁厂、鸿茂仓库、打包厂、建新航业公司等，多是纯粹的个人公司。荣鸿元还出资与宋子文合买了英商的隆茂货栈，是上

---

① 《荣家企业史料》下册，第 530－531 页。
② 《荣家企业史料》下册，第 531 页。
③ 荣德生：《乐农自订行年纪事》"1947 年条"，第 196－197 页。
④ 《荣家企业史料》下册，第 533 页。

海滩上最大的一家货物堆栈。当然，这些公司多系荣鸿元出资兴办，荣家企业的老股东们不再拥有股权，荣家二房也不享有利益。

吴昆生父子掌控的申新九厂从美国进口一批车床、刨床、磨床、钻床等设备，扩充铁工部，总值超过 50 万美元。"设备之全，机器之新，较之独立经营者有过之无不及。"① 申新九厂同时还在镇江丹徒、上海真如等地购得地块，计划增设分厂。1945 年冬，申九股东吴中一（吴昆生之子）、陆菊森（陆辅臣之子）还购进旧厂，另选址江宁路建造厂房，创设中华第一棉纺针织厂，有 1.12 万纱锭。

"老骥伏枥，志在千里。"抗战胜利之时，荣德生已是古稀之年，但对实业的追求，丝毫不逊色于他的子侄。

天元麻毛棉纺织厂

创建麻纺织事业，是他酝酿已久的计划。"麻纺事业在吾国尚是新创，决定先从试验做起，然后逐渐扩大，此为余晚年唯一之理想，不足为外人道，待成功后，人人可效法继起矣。余之令二儿（按：荣尔仁）游美、七儿（按：荣鸿仁）留学，皆与此事业有关，希望得些经验。"② 在 1944 年初，荣德生就指示身在重庆的荣尔仁创办苎麻实验室，聘请纺织专家改进苎麻技术，苎麻脱胶和纺织关键技术。1947 年春，天元麻毛棉纺织厂在无锡申新三厂附近正式动工兴建，主厂房包括麻纺工场和棉纺工场两部分。10 月，麻纺工场建成开工，有麻纺锭 2400 枚，织麻布机 70 台，日产麻纱四、五件，织麻布 100余匹。第二年 4 月，棉纺工场建成开工，有纱锭 1.06 万枚。安装的均系美国最新式机器，麻纺机械兼可纺毛，而且生产率高，工人不足 500 人。"如此一厂之内，麻、毛、棉三者均可纺制……理想多年，至今实现，差堪欣幸。"③ "差幸余积年理想一一实现，人生晚年，能从事于自己所计划之事业，亦乐事也。"④ 不

① 《荣家企业史料》下册，第 535 页。
② 荣德生：《乐农自订行年纪事》"1946 年条"，第 188 页。
③ 荣德生：《乐农自订行年纪事》"1948 年条"，第 207 页。
④ 荣德生：《乐农自订行年纪事》"1947 年条"，第 197 页。

过，高昂的物价，让荣德生自感"大吃苦头"："小企业化却大资本，造成亦无大利益，若照拆息计之，大亏本矣。最不合理者，指数增，工资涨，原定预算计划一一打破。"①

中国民族工商业从产生那一天起，就存在机器设备依赖进口，仰洋人鼻息的不利境状。正如荣德生所言："我国所用机械，多系向外订购，漏卮甚大"②。抗战前，荣德生就有创办纺织机器厂的设想，把原附属公益工商中学的铁工厂独立扩大，开设了公益铁工厂。1948年4月，就在天元麻纺工场开机的同一天，开源机器工程公司在无锡破土动工。"开源"之名，取"开发我国工业之资源"之意。"计划衔接公益之后，制造纱锭及织布、磨粉等机，达到自造、自用、自修之目的。"③其选址在无锡梁溪河与苏锡公路交会处的蠡桥塘，水陆交通方便。投资总额165亿元，约合100万美元，由荣德生及其子孙三代共同投资。机器设备经向行政院申请，从联合国善后救济总署调剂的美国剩余物资中争取到46台机器，从日本赔偿物资中分得52台机床，加上自购的四台套铸锻热处理设备，以及从申三移去的四台车床和一套320匹柴油发电机组，装备水平较公益铁工厂有较大上升。令人刮目相看的是，开源公司物色了一批学有专长的高级科技人才，留德的机械工程专家孙德和博士任厂长，材料学专家周惠久教授任总工程师，这两位专家解放后都当选为中国科学院学部委员。到1948年底，部分机器到货，开始边建厂、边安装、边生产，为申二、五厂制造棉纱并条机，为申新三厂制造钢领圈。

此外，荣德生还出资在武进戚墅堰购地二百余亩，但由于极少数农户不愿出售田地，加之时局变化，这一计划最终未能成功。

李国伟统辖下的申四福五系统，在战时的大后方发展到11个企业，抗战胜利时仅美元就积存了300多万元，经济能力宽裕。因此，李国伟在积极重建的同时，四面出击，多方标购敌伪产业。

1946年11月，李国伟以法币11.08亿元购得日本三兴面粉厂，改名为建成面粉公司。该厂坐落于上海曹家渡，有基地37亩，日出面粉4800包。

1947年底，又以1.5亿元的最高价标购得重庆军政部第一纺织厂，改组为重庆渝新纺织股份有限公司。该厂前身为汉口日商泰安纱厂，抗战前夕由国民政府接管，迁至重庆，专制军用布匹。得标后，李国伟志得意满地说："过去泰安想

---

① 荣德生：《乐农自订行年纪事》"1947年条"，第200页。
② 荣德生：《乐农自订行年纪事》"1948年条"，第207页。
③ 荣德生：《乐农自订行年纪事》"1948年条"，第207页。

开源机器厂

吞并申四，如今终归申四所有。"①

由李国伟等人发起，用申四名义垫款三亿元，购进上海日商前田洋行肥皂厂，另组美华肥皂厂，以大光化学公司名义注册。

在上海龙华港口镇创设宏文造纸股份有限公司上海分厂，拥有日产纸板30吨全套纸板机等先进设备，系向美国定制。该厂所用外汇都由申四垫付，约占总管理处全部外汇的40%。该厂设备新颖，建筑宏伟，在当时全国造纸工业中罕见。因工程浩大，至解放时尚有30%的工程未完成，直至1950年3月中旬才基本完成。

此外，李国伟还购得上海纸盒厂，作为宏文上海分厂的加工车间；在芜湖租入益新面粉厂，改名福五芜湖分厂；在汉口购入一家日商制冰厂，改名汉莹冰厂。还向英国道勃生公司订购人造丝机器，计划在上海筹建人造纤维厂，但因时局变化，未能真正实施。

李国伟的计划还不止于此，雄心勃勃的他还设想在天水创办毛纺厂，在汉口建设麻纺厂，在重庆发展绢纺厂。

一时间，申四系统在上海、汉口、重庆等五个地方设立了多达16家的工厂。

百业待兴，百事待举。原料与资金不足，是荣家工厂开工之初所面临的最大

---

① 裴青：《不断向内地开拓的李国伟》，《中国企业家列传》第四册，经济日报出版社，1990年，第33页。

难题。"1945 年 10 月为恢复生产，筹开纱锭四万枚，计划每月纺 20 支以下的粗线一千六百件，约合该厂全部生产力的百分之十五，需流动资金五亿元。"① 荣家以自己"财大气粗"的优势，通过宋子文的关系，向国民政府承购各种"剩余"物资，即接收日伪产业的物资及美军遗留物资，以及国营资本企业未使用完的外购或"救济"物资，解决了一部分复工急需的机器、设备和其他物件。资金方面，除自筹资金，则向银行大举借债。1945 年底，设在重庆的"四联总处理事会"② 通过申新借款案，同意借给申新一、二、三、五、六、七厂六亿元，单独借给申九两亿元，以交通银行为代表行，月息三分六厘。③ 申新还向上海金城银行借款法币两亿元，以及向其他银行进行零星借款。

在巨额资金的"浇灌"下，荣家企业集团很快再现昔日的"荣光"。有资料表明：战前的 1936 年，申新系统共有钞锭 57 万枚；战后的 1947 年，申新八个厂（申八被毁未建）共有纱锭 52.92 万枚，为战前 1936 年 57 万枚的 92.9%。布机 3271 台，为战前 5304 台的 61.7%。1947 年，茂新、福新各厂有粉磨 285 部，为 1936 年 347 部的 82.1%；每日产粉能力 7.31 万包，为 1936 年 9.65 万包的 75.8%。④ 如果加上在各地的新设工厂，纱锭数量达到 62.53 万枚，比战前 57 万枚增长 9.7%。不过，布机数量减少 30%。⑤ 粉磨也减少 4.9%，生产能力减少更多，达 13.5%。⑥

尽管荣氏的粉、纱产业都没有完全恢复到战前的规模，但那时整个荣家企业纱厂生产的纱锭数占全国民营纱厂的 22.9%，布机达到 17.3%，面粉生产能力占全国（东北除外）粉厂总数的四分之一，在全国民营纱、粉工厂中可谓首屈一指。⑦

对纺织业来说，保证原棉供应极其关键，因为棉纺织品生产周期很短，原料必须及时进厂，否则就会出现停产现象。离上海最近的是苏、浙、皖三省，但是这三省的产棉量远远不能满足上海纺织业的整体需要。以 1946 年为例，上述地

① 《荣家企业史料》下册，第 431 页。
② 中央、中国、交通、农民四银行联合办事处，简称四联总处。抗战爆发后，国民政府为集中经济力量，以应付经济危机，于 1937 年 8 月在上海设立四行联合办事处，同年 11 月迁武汉，1938 年秋迁重庆，1939 年 10 月正式改组为四行联合办事总处。抗战胜利后回迁南京，1948 年 10 月撤消。四联总处以理事会为最高权力机关。
③ 《荣家企业史料》下册，第 432 页。
④ 《荣家企业史料》下册，第 551-552 页。
⑤ 《荣家企业史料》下册，第 556 页。
⑥ 《荣家企业史料》下册，第 557 页。
⑦ 《荣家企业史料》下册，第 557-559 页。

区产棉 444 万担，而整个上海地区需要棉量在 600 万担以上。

这时，沿海已经开放的港口起了很大作用，外棉大量进入中国。抗战胜利后，我国国内开始出现严重的通货膨胀，而造成通货膨胀的主要原因在于商品供不应求。国民政府简单地认为，只要重新开放通商口岸输入外国货物，货物充沛后，通货膨胀就会克服。基于此，政府开放了大批货物的进口，"所有被政府准许进口的货物分为三类：第一，需交 50% 关税附加税的奢侈品。第二，需取得关税许可证的商品。第三，不受进口限制的重要商品和工业原料。"① 棉花属于第三类，不受限制，价格很低，供应十分充足。有论著称：1946 至 1948 年的三年中，进口外棉总值达 35016 万美元，占全国进口总值的 20%－24%，进口外棉总量达 1372 万担，占全国总耗棉量 4296 万担的 32%，而机器棉纺织业的用棉量更是半数左右仰靠外棉。② 另有资料显示，三年中外棉进口量达 1396 万市担。③ 1946 年是外棉输入量最大的一年，这一年中国在普通贸易上从美国进口棉花 4652359 关担（合 562.7 万市担）（其中上海口岸进口 4171977 关担），价值 15000 万美元，占全国进口总值的 22.3%；加上另有联合国善后救济总署进口的棉花 1044906 关担（合 126.4 万市担）（全部在上海进口），共 570 万关担（合 690 万市担）之巨。超过了上海的公、私营棉纺厂全年 540 万担的需用量，完全排斥了国棉的市场。④

1946 年，在申新纱厂的用棉量中，外棉占总数之 88.1%，其中美棉占总用棉量的 48.1%。⑤ 低廉外棉的大量使用，摊薄了棉纱的生产成本，给了棉纺织厂巨大的盈利空间。1936 年申新一、八厂每件棉纱原料费占成本的 80.7%；1946 年，申新第一、二、五、六、七各厂 20 支纱每件成本中，棉花原料费用所占的比重从战前的 80% 普遍下降为 32－44%。⑥

大量使用美棉，对于当时的纱厂来说，除了成本低廉以外，在购棉手续上又有自由结汇、按合同先取货后付款、按取货日的兑换值结算、分期付款等种种优惠政策相辅，使纱厂既可以变相地得到一笔流动资金，又可以不受法币贬值的影响，十分有利于资金的周转和发展再生产。"以自由结汇方式向国外订购棉花原

① 王菊：《近代上海棉纺织业最后辉煌》，上海社会科学院出版社，2004 年，第 80 页。

② 郑友揆、程麟荪著：《中国的对外贸易和工业发展 1840－1948 年史实的综合分析》，上海社会科学院出版社，1984 年，第 226 页。原文棉花记数为 686 万公担，换算为 1372 万市担。

③ 资料来源：《花纱布统计资料汇编》，上海花纱布公司，1949 年 10 月。

④ 上海社会科学院经济研究所、上海市国际贸易学会学术委员会编：《上海对外贸易（1840－1949）》下册，上海社会科学院出版社，1989 年，第 170 页。

⑤ 《荣家企业史料》下册，第 562 页。

⑥ 许维雍、黄汉民：《荣家企业发展史》，人民出版社，1985 年，第 218 页。

料，供应既不虞匮乏，而一切成本又属低廉，市价亦比较稳定，此际民营纱厂确有相当盈余。"①

美棉的倾销，对棉纺织厂是重大的机遇，却打垮了国棉的生产。历经战争磨难刚能喘一口气的中国棉农，几乎遭受没顶之灾。据报道，"1946 年陕棉跌入 13 万元一担，仍无人领教，国棉价格已到成本以下。"② 各地被迫压缩播种面积，仅江苏一省，1918 年曾达 412.9 万担的高产，而 1948 年估产仅 190 万担，为 30 年前的 46%。③

在原料低廉的同时，棉纱布的市场也呈现勃勃生机。战后，日本作为战败国退出了中国乃至世界市场，欧美各国因为战争遭到巨大的伤害都忙于战后重建，无暇东顾。不仅内地的棉纱布市场象干涸的海绵一样急需充实，而且沿海的广东、香港以及东南亚的需求同样巨大。1946 年 3 月 23 日，申新派往广东的推销专员致函申九厂方："粤市纱销日有两百余件，均为实销，运至四郊及临近各县。战时九厂双马从未间断，故用户信仰甚好。"④ 4 月 19 日又致函说："广州湾及广西南部各县纱价迄今仍高，并且仍来广州办货，数量亦相当之多。该处一带商人，年来辄见好景，因马来半岛四年余无纱布去，衣着独贵，我本国禁纱出口，而印度亦然，日本纺织业已荡然，加之战后运输困难，是以该处利用山林走私贩运黄金来港粤，数量可观。……最近粤港金价比申小一成半，因来货多，纱价高，即此原因。"⑤ 6 月 23 日又致电申新六厂："粤纱布销途，近日均往南洋，如海防、西贡、新加坡一带。纱销指定要双马，别牌少去，以致双马缺货，价一度到二百万。"⑥

战后初期棉纱的巨大市场需求，以及美棉低价大量的涌入，使得中国民族棉纺织业在短时期内迅速进入了黄金时期，几乎当时所有的民族纺织工厂都获得了巨大的经济利益。据专家估计，1946 年全国棉纺织业纯益达 1.2 万亿元。⑦ 荣家作为纺织业巨头获得的利润更是十分的惊人，远超租界时期，可谓"空前绝后"。荣家企业管理人员曾如此描述当时的情景："差不多是对本对利"⑧，稍差

---

① 《联合配销政策下民营纱厂之危机》，1946 年，上海市档案馆藏档，档号：Q192－1－955。
② 《经济周报》第三卷第二十四期，1946 年 12 月。
③ 纺织工业部：《纺织工业历年统计资料汇编》，1957 年，第 134 页。
④ 《荣家企业史料》下册，第 447 页。
⑤ 《荣家企业史料》下册，第 448 页。
⑥ 《荣家企业史料》下册，第 448 页。
⑦ 《荣家企业史料》下册，第 455 页。
⑧ 《荣家企业史料》下册，第 83 页。

一点，"二件纱亦可赚到一件纱"①。同样，按当时棉纺业行内人士的说法，仅仅在 1946 年一年中，每织纱锭就赚了一只纱锭，就是说一个纱厂在当年一年间所得盈余可以买一个同样规模的厂。② 1946 年，申新一厂账面盈利 205000 万元，申新二、五厂为 81600 万元，申新四厂为 93700 万元，申新六厂为 265100 万元，申新七厂 129000 万元，申新九厂更是高达 839900 万元。赢利共计 1614300 余万元③，按当年黄金的全年平均市价计，约合黄金八万余两。其实，申新实际盈利比账面盈利要多出很多，甚至比账面盈利多出十几倍甚至几十倍。最为突出的是申新四厂，该厂 1946 年账面盈余为 93700 万元，暗账盈余高达 1531500 万元，暗账盈余对账面盈余的百分比达到了 1634.5%。④ 以申新二、五厂为例，1946 年全年实际盈利折合黄金约五万两，其中以各项提存隐蔽的就十倍于账面赢利。⑤

"为应付所得税累进关系"⑥，少纳税款，申新各厂成数倍升股扩资，而且随赚随分，多次分配红利、股息，股东都赚得盆满钵满。仅申新二、五厂在 1946 年内以及 1947 年初分的红利就有五次，各股东及高级职员所得股息、红利总额折合黄金达 14000 余两。⑦ 其中荣德生二房系统分得红利 14.58 亿元，约合黄金 5492 余两。当时，社会上流传着一个申新厂长赚了多少钱的故事。这些半真半假的传闻，自然招来了贪婪的目光。

与棉纺织业发展一样，战后面粉业也实现了新的发展，取得了丰厚的利润。

抗战胜利后，在经历了短暂的和平期以后，国共之间又起摩擦，军粮征用增多，但由于广大农村地区粮食生产有限，存底枯竭。由于国内小麦不足，全国几大粉厂改变经营策略，把主要业务转移到替"善后救济总署"代磨美麦，从中赚取劳务费。尽管无法独立自主地安排生产，一切都要听命于"行总"，但代磨业务毕竟有利可图。在代磨过程中，各厂又与"善后救济总署"串通，通过降低出粉率、用国产麦代替美麦磨粉、降低粉色等手段，从中牟利。⑧ 1945 年 11 月至 1947 年 3 月，福新一、二、三厂为"善后救济总署"共代磨 34 批 383.4 万

---

① 《荣家企业史料》下册，第 438 页。

② 王菊：《近代上海棉纺业的最后辉煌（1945－1949）》，上海社会科学院出版社，2004 年，第 130 页。

③ 《荣家企业史料》下册，第 456 页。

④ 《荣家企业史料》下册，第 456 页。

⑤ 许维雍、黄汉民：《荣家企业发展史》，第 214－215 页。

⑥ 荣德生：《乐农自订行年纪事》"1946 年条"，第 187 页。

⑦ 《荣家企业史料》下册，第 457 页。

⑧ 《荣家企业史料》下册，第 467 页。

担美麦。① 为避免账面盈余过多，各厂曾陆续将面粉余数、物料余数划拨福新总公司另设"另户"账存储。

战后仅仅一年多时间，荣家企业抓住了难得的机遇，生产规模、生产能力、产量都有了明显提升，虽未能恢复到战前水平，但获取了巨额利润，企业扩了股增了资，股东分了红，"钱包鼓鼓囊囊地涨了起来"。

## "三足鼎立"

战后兴旺的市场形势，让荣家企业早有端倪的分离趋势，无可避免地变成了现实。

抗战胜利后，由于时局的改变，荣家企业面临着重新改组的问题，可是改组的领导权与改组的方法应该由谁决定，成为了矛盾的焦点。显而易见，谁掌握了改组的领导权，谁就掌握了战后荣家企业的领导权。

当时的情况是，荣家企业以前的掌舵人即荣氏兄弟的大哥荣宗敬已经逝世，荣德生年迈，开始减少参与具体事务，荣家第二代开始走上经营第一线。那么"荣二代"中能够扛起大旗的又有那几个人呢？

"荣二代"人数众多，并在成年后相继先后进入荣家福新、申新、茂新各厂担任要职。荣宗敬有三个儿子，即荣鸿元、荣鸿三和荣鸿庆。长子荣鸿元从1927年起就进入总公司掌管花纱营业部，并先后任申新二厂副厂长、厂长等职。1938年其父荣宗敬病逝后，在荣德生的安排下，他与荣伟仁同为总公司协理，不久即实际继任总经理之职。荣德生有七个儿子，长子荣伟仁、次子荣尔仁、三子荣伊仁、四子荣毅仁、五子荣研仁、六子荣纪仁和七子荣鸿仁，其中长子荣伟仁在1939年时因病去世。荣尔仁作为荣德生的二儿子，19岁起进入申新三厂，做了三年普通职员后升任三厂厂长助理。1931年出任申新一厂厂长，1935年改任申新二、五厂厂长。当时申新二、五厂正值举步维艰的时期，荣尔仁上任后大刀阔斧，整顿改组，使企业面貌焕然一新，"都采用过汪孚礼的一套管理办法，主要措施是重用专家和技术人员，来代替亲戚故旧；开办职员养成所，培训各厂的基层职员。"② 在申新"搁浅"期间，他还开始酝酿在申新集团内部实行名为"大申新计划"的改革，由于抗战的爆发而中止。在抗战爆发后，荣尔仁控制的申新

---

① 《荣家企业史料》下册，第464页。
② 钱钟汉：《有关申新二、五厂茂新天元合丰总管理处的片断回忆》，《荣德生与企业经管管理》上册，上海古籍出版社，2004年，第569页。

二厂和由吴昆生执掌的申新九厂在租界内经营获得巨额利润并还清了债务。随着申二地位的提高，荣尔仁在荣家企业的地位日显重要。

显然，大房与二房对荣氏领导权的争夺，实际上在荣鸿元和荣尔仁之间展开。1943年，抗战形势日渐明朗，胜利指日可待。这一年年底，荣尔仁率领随员十余人经宝鸡抵达重庆，次年他以茂新、福新、申新总公司总经理的名义，向国民政府经济部登记备案取得法人资格。抗战胜利的消息刚刚宣布，荣尔仁又向重庆国民政府经济部呈文，请准自行接收光复区的工厂。荣尔仁在呈文中说："查敝公司虽设陪都，而属厂除申新第四纺织厂和福新第五面粉厂一部分迁来后方外，大部属厂多在收复区。为协助政府迅速复员、恢复生产计，拟即派

荣尔仁

员前往上海、汉口、无锡、济南等地，俾获即时遵行，毋任迫切待命之至。"① 经济部做出了同意的批复。

荣尔仁雄心勃勃，制定了两份计划：一份叫"申新各厂战后整理及建设计划"，计划在十年内将申新发展到20个厂，纱线机达200万锭，布机二万台，染整机17套。厂址除原设在上海、无锡、汉口、重庆、成都、宝鸡等六个城市外，还扩展至河南、湖南、湖北、陕西、山东等省的十一个县市。在此基础上，他还为申新系制定了详细的战后复建"三步走"计划，即："第一步以六个月为期，完成本公司原有之设备。第二步以五年为期，分三次增加纱锭696716枚，线锭65280枚，织机10980台。……第三步以五年为期，分次增加纱锭600000枚，以完成2000000纱锭为目标。"② 另一份是"茂新、福新面粉公司战后复兴计划"，打算在十年内把粉厂发展为16个厂，日产面粉22万袋，厂址遍布八个省七个城市。

荣尔仁拟定的这个大规模的复兴计划，是以申新为发展重点，不仅要把申新棉纺厂从战前的九个厂发展到二十个厂，而且还要新建申新麻、毛、废丝纺七个

---

① 《荣家企业史料》下册，第386页。

② 《荣家企业史料》下册，第284页。

厂。因此，有"大申新计划"之称。

为了实现这个计划，荣尔仁主张在企业的管理方式和组织形式方面做一些大的改革。改变现存总公司有名无实，各个企业各自为政的松散局面，建立起一个具有现代科学化制度、集中统一的管理机构，使其成为荣家企业真正的灵魂和中枢。荣尔仁的"大申新计划"得到了上海方面部分股东的关注。1945 年 11 月 5 日，股东潘戟生致电荣尔仁："兹查鸿元自任为总经理，鸿三与阁下为副经理，即非股东会合法产生，各方当不能承认。……现在沪各股东，甚盼阁下急速返申，主持正义，召开股东大会，以利事业之进行。……现沪上股东人数，已有半数以上，均愿公举阁下为总经理。以后逐步改善，庶成为合法之申新纺织无限公司也。"① 11 月 13 日荣尔仁从重庆回到上海，立即到经济部完成了战后公司注册登记手续。在登记公司时，荣尔仁提出了新的章程共 42 条。过去申新、福新、茂新虽然是一个公司，但实际上各系统都各有组织，甚至在同一个申新或福新内部都各有组织，总公司不是一个法人，而在新章程中荣尔仁把总公司作为唯一法人，负责经营管理之全责。同时，原来各公司都为无限公司，新章程则改为有限责任公司。

荣尔仁提出的"大申新"计划，早已实际行使总经理之责的大房长子荣鸿元当然是不能接受的，他心知肚明一旦施行自己将会拱手让出总公司的领导权。于是，荣鸿元也提出了"申新股份有限公司章程草案"及"新纺织公司组织规程草案"，以此相抵制。荣鸿元与荣尔仁所提出的章程共同点是都采用股份有限公司的形式，因此对改革过去无限公司两人的意见是一致的。但是两人的不同点还是居多，首先，荣尔仁计划把福、茂、申新三个公司组织起来，而荣鸿元计划先将申新统一，茂新、福新以后再谈。其次，在公司的组织规程上，荣尔仁提出的方案，不但购进原料、机物料和出售成品是总公司的职能，而且对于生产计划、技术管理等生产事宜，也由总公司管理。至于荣鸿元的方案，还是以总公司现有组织为基础，仅作部分"改良"。

荣鸿元与宋子文关系颇为密切，他每次到南京，都住在北极阁宋公馆，连子女们也经常在一起。有了这座靠山，荣鸿元虽然无力控制福、茂、申新全部企业，但抵制二房——主要是荣尔仁与李国伟咄咄逼人的声势是绰绰有余了。

撇开大房不说，荣尔仁想要重组集团，必须得到二房内部的肯定与支持，因此作为二房内部实力派的李国伟是其首要的拉拢对象。不过，李国伟对"大申新计划"同样颇有意见。因为"大申新"计划一旦施行，他不仅在申四福五"大

---

① 《荣家企业史料》下册，第 390－391 页。

权旁落"，战时积累的 150 万外汇美金也将划归总公司统一支配。相反，李国伟已经与荣家"渐行渐远"，申四福五迁入后方，他为了培植自己的势力，改变了原来的分红制度。原来荣家企业分红一直按十三成分派，十成归股东，三成归总经理、经理及其他职员，李国伟改为十四成分派，十成归股东，四成归职员。老股东怨声四起："你招了许多新股东进来，将我们的汤冲淡了。""一只桔子八瓣，从前是八个人吃，现在桔子仍旧是八瓣，要十六个人吃了。"① 对于招入新股一事，荣德生也表示反对，只赞成原有股东升股或让股。"1941 年间，李国伟与荣家对于职工入股问题争执甚剧，双方各执理由，相持不下，翁（荣德生）婿（李国伟）几至诉诸法律解决；后来经人调解折冲，重新调整申四新老股权，保持荣德生名下股权占总股额的百分之二十九，荣鸿元名下股权占总股额的百分之三十一以上，即保持荣家股权占总股额的百分之六十以上。同时，福五的股权也作相应的调整。这样，双方争执告一段落。但后来部分股东仍有意见，因此李国伟对荣家申四、福五企业渐有离心，逐渐倾向于自己独立办企业，创办宏文纸厂自谋发展。"②

李国伟也草拟了一个以申四为重心的"申新纺织公司战后复兴计划"，计划除在上海、无锡保留申新二、三、五、九厂，将在郑州、常州、汉口、济南新建申新一、六、七、八厂。而重点则是发展申四，在宝鸡、成都、重庆、襄阳设申四分厂，在株洲、赣县、沅陵、宁夏、新疆建麻纺、毛纺、人造丝分厂，完成后纱锭 71 万锭，布机 15600 台，申四在总公司整个系统中的比重将大大增加，李国伟的话语权无疑将相应加大分量。

尽管没有得到李国伟的支持，但荣尔仁没有终止这一计划，他心想只要上海方面能解决，申四福五问题不大。但是令荣尔仁万万没有想到的是，对于这个"大申新计划"，父亲荣德生也并不赞成。"福新开过股东会，荣尔仁代表荣德生出席，会上一致同意建立有限公司，并托江万平会计师办理手续。钱孙卿之子到无锡将此事告诉荣德生，荣德生来信声明未托荣尔仁代表，也不赞成组织有限公司。当时荣尔仁非常难堪，无法下台，几乎想和荣德生脱离父子关系。"③ 洞明世事的荣德生清晰地认识到，此时的荣家企业，当初打天下时期的向心力已经荡然无存，内部四分五裂，人人都有自己的打算与想法，不会也不可能会按照某个人的意图去发展。失去了荣德生的支持，荣尔仁再也无力去实施自己雄心勃勃的

---

① 《荣家企业史料》下册，第 300 页。
② 《荣家企业史料》下册，第 302 页。
③ "过守一访问纪录"（1959 年 1 月），《荣家企业史料》下册，第 395 页。

改组计划，这个计划就此流产了。

荣尔仁的计划戛然而止，那么荣鸿元的计划呢？当然也只是一个梦想，永远不可能成为现实。

**荣毅仁**

企业改组计划失败后，尽管茂新、福新、申新维持了名义上的统一局面，实际上已经分裂为三大系统。大房以荣鸿元为代表，继承总公司名义，管辖申新一、六、七、九厂以及福新一、二、三、四、六、七、八厂，二房一支以荣德生为代表，管辖申新二、三、五厂，茂新一、二、三、四厂和天元、合丰等厂，另一支在李国伟掌控之下，管辖申四、福五等厂。不过，总公司系统实际上也并没有被荣鸿元完全统一，还可分为以下几个脉络：福新公司，自1934年起即由王禹卿主持；申新九厂，由吴昆生主持，抗战胜利后独自发展，逐渐形成半独立状态；

申新一厂，由王云程（荣宗敬之婿，王尧臣之子）主持，也趋向独立发展；申新六、七厂，则始终由荣鸿元进行管理。同样，二房的各个工厂尽管都统一在荣德生的名下，但是他的几个儿子都有自己主持的企业，在无形中又分成三个支脉：在上海的荣尔仁经营申新二、五厂，荣研仁主管天元公司上海贸易部分；在无锡的荣伊仁、唐熊源主管申新三厂，以及由申三、茂新股东在上海创办的合丰企业公司；荣毅仁、荣纪仁、荣鸿仁则主持茂新各厂。这三个支脉，大体是融合的，对外保持一致。

这样，战后荣家企业"三足鼎立"的格局正式形成，从此之后再也没有形成真正的统一格局。但是，即便如此，荣家企业各个系统在战后还依然沿用原来的名称，并在一段时间内获得了快速的发展。

### "寒意"袭来

假如——仅仅是假如，在抗战胜利后，中国能有一个"和平民主新阶段"，有稳定的政局，有一个讲民主有力量的政府，荣氏分也好，合也罢，复兴计划的实施仍然是有可能的。

可是，抗战胜利后的形势走向却没有如荣氏想象的那样走向民主和开放，而是在各种看似"必然"的因素影响下，走了反面。

国营中国纺织建设总公司的成立，就让民营纱厂感到了阵阵"寒意"。

早在 1943 年 4 月 20 日，蒋介石主持召开工业建设计划会议。会上，蒋氏强调"中国非工业无以立国"，指示"工业建设须适应国防需要及经济条件，故一方面发展国营工业，同时扶掖民营工业。"① 这次会议经过商讨，形成了战后工业建设纲领的草案。8 月，国民党第五届十一中全会正式决议通过了该草案。对于纺织工业而言，经济部长翁文灏明确指出应归民营，他讲到："电力业、冶金、石油、铁钢、动力机、发电机、电讯、基本化学工业应归国营。除政府指定应归国营之工矿事业外，皆归民营，如纺织业、食品业、油脂业等多数事业，自尽其列。"② 此后，在国民党和国民政府的多次会议上，以上原则得到了坚持和强化。

1945 年 10 月 5 日，荣尔仁向行政院长宋子文提出"接收日本纱厂及人造纤维厂的建议书"，主张"在中国的日本纺织厂应予接收，同时，那些与敌人合作的中国人所经营的厂也应同样对待"，以"分配给在战时受到损失并在后方作出贡献的纱厂，按损失的程度给以赔偿。""接收区在战时受到损失的厂，亦给以赔偿，但对经济情况优越的厂，政府得酌收价款。"③ 荣尔仁并拟定了一批准备接办的日商纱厂名单，如裕丰纱厂，公大一厂，大康纱厂，上海纺绩株式会社四、五两厂，内外棉株式会社六、七厂等，纱锭总数约有 30 万锭左右。纺织界元老李升伯在致荣尔仁的信中也表达了自己对战后敌伪纱厂处理办法的意见："即以地域分组成四个公司，公平估价，由前后方各厂及纺织人士以及前方地方人士共购股票百分之七十，在公司业务稳定以前，由政府保留百分之三十。俟稳定后，再将百分之三十让给经营成绩优良者，以符'民营'之旨。"④

战后国民政府的棉业政策起初是倾向于民营的，但是由于形势的变化，以及各方利益的冲突，最终促使政策转变，并直接导致了中国纺织建设公司的设立。

1945 年两三月间，胜利的情势已经渐渐明了化，沦陷区民众对法币的信心加强，结果兑换法币的人数渐增，伪币对法币的跌价逐渐加速，当时伪币与法币的兑换率大概为 5：1。胜利的消息传出，民众恐伪币不用，纷纷在市场上购买法币，兑换价升到 120－140：1。如果根据物价水平来决定伪币与法币的兑换率，只有 60－100：1，然而政府在 9 月末公布的伪币兑换率是 200：1。所以上海以法币计算的物价，至少上涨五成或一倍方才可与折合率相平衡。⑤ 战后，法币大

---

① 《新华日报》1943 年 4 月 21 日及 4 月 23 日。

② 翁文灏：《中国工业化的轮廓》，中周出版社，1944 年 9 月，第 45－47 页。

③ 《荣家企业史料》下册，第 400 页。

④ 《荣家企业史料》下册，第 402 页。

⑤ 章榴：《收复期上海物价之体验》，《中国建设》第一卷第三号，1946 年 6 月。

量向上海集中，而且人口不断流入，导致投机狂热，加上交通困难、生产停顿等原因，刺激物价激烈上涨。上海物价在 1945 年 10 月至 11 月之间，上涨速度最快，其批发物价总指数也迅速从 1945 年 7 月的 20943 上升到了 12 月的 88544。①国民政府财政部及中央银行前顾问杨格在视察后指出："1945 年 8 月间，中国的经济状况极为严重。大多数民众均感营养不足，日常忍饥挨饿。衣着的缺乏到了可怕的程度，而尤以未遭占领的区域为甚。"②

由于物价狂涨及生活费用增加，胜利后的民众生活并没有迎来转机，反而更趋困苦、逼厄。上海连日发生工潮，特别是日伪纱厂的停工与倒闭引起了激烈的工人运动。9 月中旬，新闻报道说："自日本投降后，上海市 120 家日商工厂中，正式宣布停业者约达百分之八十。上海市的失业工人已达 50 万以上……男女工人聚集街头或工厂近区，市上到处可见三五成群的失业工人。"③ 工潮问题成为严重困扰战后恢复和建设计划实施的"绊脚石"，因此对国民政府来说，实现迅速复工、消弭工潮成为当务之急。然而，上海工厂的复工情况却始终难让人乐观。截至 1946 年 5 月，上海 4000 余家工厂中仅复工 892 家，仅占总数的 22%，其中"国营"工厂为 71 家，仅占国民党政府接收数的 11%；在号称有百万以上工人的上海，复工人数还未超过 12.8 万人。④

当时，对于没收的敌伪纺织工业，大后方纺织业界极力主张由民间接收承购，"纺织业为一轻工业，应归民营，接收之敌厂请政府予后方各厂以优先承办权。"⑤ 不过，由于战后纺织业的困境，后方纺织业界连再生产资本都十分缺乏，哪有资金优先承办、承购，所以他们优先承购的主张实际上仍然需要国民政府的贷款支持。同样处于财政困境下的国民政府，自然没有这种承担能力，后方纺织业的主张于是被弃之不顾。宋子文就曾说："日本投降时，日商纱厂共有 350 余万锭子，当时曾考虑出卖民营，但纱商无力购买，因原有纱厂亦在向四联总处借款。……政府对于接收各工厂必须立即复工，因此自急不能待。目前各地我国自办的各民营纱厂均以周转金缺乏，感觉不能维持，纷纷请求向国家银行贷款，所以即使有人承购，事实上仍须由政府予以维持，等于仍由政府自行拨款接办。"⑥

---

① 中国科学院上海经济研究所编：《上海解放前后物价资料汇编》，上海人民出版社，1958 年，附表：上海批发物价分类指数表三。
② 刘善初：《与杨格博士论中国经济建设》，《银行周报》第三十二卷第十二期，1948 年 3 月。
③ 《时代日报》1945 年 9 月 26 日及《新华日报》1945 年 9 月 28 日。
④ 《人民日报》1946 年 7 月 11 日。
⑤ 《大公报》1945 年 8 月 30 日。
⑥ 《民国日报》1946 年 1 月 23 日。

在国民党中央执行委员会的决议中也明确指出："事实上在现时紧缩工业贷款的政策下，承购者不易踊跃，购之者亦不能生产。……政府应以增加生产急于一切之原则下，决定经济金融财政之种种措置。"①

总而言之，战后在处理敌伪纱厂的问题上，国民政府有两条道路可供选择，即民营化与国营管理，救济工业与迅速复工。若考虑到战时后方纺织业对国家的贡献及做出的牺牲，把敌伪纱厂分配给后方纺织业来救济困境是有道理的，而且名正言顺。但抗战胜利后收复区的物价狂涨以及激烈工潮，促使国民政府选择了后者，以便平抑物价，救济失业，恢复生产力。换句话说，在这个问题上，国民政府并没有其他选择余地。

1945年11月27日，行政院正式通过决议，将敌伪纺织厂及其附属事业全部收归国有，并申明两年后再归民营。国营中国纺织建设公司随之正式成立。行政院长宋子文在记者招待会上阐明中纺公司成立的"积极的原因"："政府对于人民的衣食住行，必须负责改善，际此物价波动之时，政府握有此项纱锭便于控制纱布价格。"② 12月7日国民参政会上，有参政员质问经济部设立中国纺织建设公司之主旨何在时，经济部长翁文灏答称："政府接收敌伪纺织工厂甚多，为使此等纺织厂迅速复工，增加产量供应市面起见，政府特设立中国纺织建设公司总理其事。"③ 1946年3月24日的国民参政会上，翁文灏再次说明中纺设立的目的："敌伪财产必须急急开工，以救济失业工人，不得延搁。"④

荣德生是历经沧桑的实业家，从清末至民国，从北洋政府至国民政府，都亲身经历过，对于国计与民生、政权和经济的关系形成了独特的看法。他一针见血地指出："没收大批敌伪产业，原皆我国人民血汗，被敌攫去，转而向我榨取倾销，做经济侵略之资本，今我一旦获此，洵属可喜。但日本纱厂接受后，全部改为国营，亦是与民争利，以后民营纱厂恐更将不易为也。若论国家经济，统治者富有四海，只需掌握政权，人民安居乐业，民生优裕，赋税自足，制定预算，量入为出，发行通货，准备充足。如是，则威信既立，措置自裕，对内努力建设，对外争光壇坫，国家局势自有日新月异之效。若措施一差，误入歧途，虽千方百计，终难平稳。因知富强非难事，只在用人之当与不当耳。能用民力，则不必国营，国用自足；不能使用民力，虽一切皆为官办，亦是无用，因官从民出，事不

---

①　中央执行委员会秘书处：《中国国民党第六届中央执行委员会第三次全体会议宣言及重要决议案》，1947年4月，第95－96页。

②　《大公报》1946年1月27日。

③　《中央日报》1945年12月8日。

④　《中央日报》1946年3月25日。

切己，徒然增加浪费而已。"① 在重庆召开的纱厂联合会会议上，荣尔仁出发表了类似的意见："一个公司管理如斯庞大纱锭，将来成绩必不美满。"②

中国纺织建设公司成立后，大量接收及经营敌伪在中国的纺织工厂及其附属事业，先后接管日本在华经营的 85 个纺织工厂。共有纱锭数为 1757980 枚，线锭数为 348238 枚，纱线锭合计数为 2106218 枚；布机 36558 台，毛、麻、绢纺锭 4.7 万枚，毛织机 356 台，麻织机 1252 台，绢织机 363 台。纱线毛麻锭数占全国纱锭总数 490 万枚的 44% 左右；布机占全国布机总数 7 万台的 55%。估计中纺公司的总资本额价值 1.5 亿美元以上；如果按照 1945 年的法币币值计算，估计资产总额在 253 亿元左右。③ 1947 年，中纺织公司所属企业的生产能力为：棉纱 745689 件，占全国棉纱产量 183.8 万件的 40.5%；棉布 1600 万匹，占全国棉布产量的 70%；麻、毛织物 1000 万码，漂白布 80 万匹，色布 70 万匹，花布 100 余万匹。④ 中纺公司依托国有力量大肆收购并添机增产，迅速成为国内棉纱业的"巨无霸"。

抗战胜利之初，在荣尔仁的授意下，章剑慧回到上海接收了大康纱厂。李国伟也曾特地从西安飞到上海，亲自出面活动。在中纺公司成立后，荣家不得不"吐"出了大康纱厂。

除了中国纺织建设公司以外，在宋子文的主导下，还有一连串以"中国"为名号的国营垄断企业纷纷挂牌诞生：中国粮食工业公司、中国盐业公司、中国蚕丝公司、中国造纸公司……他们以划拨的方式无偿得到了数以千计的、资产质量最好的资产。中国纺织建设公司由宋子文的亲信掌控，而中国粮食工业公司则是孔祥熙的领地。

就这样，在 1945 年之后，国民政府把接收的敌产归为国有，使资本国家化，进一步充实了国家资本的力量。从产量计，国家资本从此控制了全国煤的 33%，钢铁的 90%，石油和有色金属的 100%，电力的 67%，水泥的 45%，纱锭的 37%，织布机的 60%⑤。此外，铁路和银行早已被完全掌握，一个强大而垄断国家的资本主义格局全面形成。据许涤新、吴承明统计，抗战胜利后，官僚资本借

① 荣德生：《乐农自订行年纪事》"1945 年条"，第 175 – 176 页。
② 《荣家企业史料》下册，第 403 页。
③ 《纺建所属各厂设备》，《申报》1948 年 3 月 8 日。另据顾毓琇《回忆中纺公司》一文资料核算。
④ 顾毓琇：《回忆中纺公司》，《工商经济史料丛刊》第四辑，文史资料出版社，1984 年，第 152 页。
⑤ 杨忠虎、敖海波：《中华人民共和国经济史（1949.10 – 1993）》，陕西旅游出版社，1994 年，第 12 页。

接管敌伪工矿而壮大，工业资本达战前币值 15.99 亿元；而民族工商业收拾残余，仅恢复到 1936 年的 78.6%，即 14.85 亿元。就整个产业资本说，由于外国资本的大量消失，在 1947－1948 年，民族资本在全部产业资本的比重由 1936 年的 20.50% 增为战后的 24.66%，但它同官僚资本相比，则由 1936 年的 50.7：49.3 改变为战后的 27.8：72.2（1936 年不计东北）了。①

当代经济学家杨小凯在他的经济史笔记里评论说："不幸的是，抗战胜利后，这些日本私人资本大多被转化为中国的官僚资本，不但在接收过程中因贪污和不同单位争夺资产而受损，而且以后成为官商不分、制度化国家机会主义的工具……这个国营化也是中国后来制度化国家机会主义的基础，它成为经济发展的主要制度障碍之一。"②

---

① 许涤新、吴承明主编：《中国资本主义发展史》第三卷《新民主主义革命时期的中国资本主义》，人民出版社，2003 年，第 745 页。

② 杨小凯：《民国经济史（1912－1949）》，《经济管理文摘》2005 年第 11 期。

【锡 商 人 物】

荣尔仁（1908－?），荣德生次子。毕业于交通大学。先在申新三厂任工务员、厂长助理，1931年任上海申新一厂厂长襄理。1936年后历任申新二、五厂厂长、总经理和申新二、三、五、合丰总管理处总经理。1939年去重庆，规划战后复兴计划并创办公益工商研究所。抗战胜利后协助荣德生在无锡创设天元麻毛棉纺织厂。1948年初南下创办广州第二纺织厂。新中国成立后，曾经暂回到大陆，后定居巴西经营面粉、纺织工业。

杨蔚章（1895－1941），名景焕，又名庆颐，以字行，杨翰西长子。早年就读于同济学堂，1915年辍学回乡参与筹建广勤纱厂，任董事。1920年起赴德留学，次年冬回国就任广勤纱厂协理。1922年在惠山创办新式锯木厂和啤酒厂。不久赴山东财政厅任科长。1929年再赴郑州任陇海铁路总收支处处长。1930年山东威海与英国交涉收回租界，应邀任专员公署秘书兼财政科长。1931年筹设中国实业银行威海分行，任行长。1932年任中国实业银行无锡分行行长。1934年被推举为无锡银行公会会长。1935年，建成广丰面粉制造有限公司，兼任经理。抗战爆发后，收拾广勤纺织厂残余机器在上海设立肇新纱厂，恢复纱布生产。1941年突发高血压症去世。

杨通谊（1907－2000），杨味云次子，荣德生六婿。1927年留学美国麻省理工学院，获电机工程学和工程管理学科硕士学位。1932年回国，任茂新面粉公司协理。1934年任协新毛纺织染股份有限公司董事。抗战爆发后，任荣家合丰企业公司董事、广新银业公司常务董事兼总经理，同时在南京创办广业裕民纺织公司。抗战胜利后，任无锡广丰面粉公司董事长、广勤纺织公司董事。工厂公私合营后，任上海市纺织局及棉纺工业公司工程师。改革开放后，在上海交大、复旦、同济大学等高校任教，并被麻省理工学院聘为终身荣誉院士。

# 1946 年：风雨如晦

　　国运有起有伏，人事可大可小。国运如海，看似深邃，说穿了，尽是人事。无数故事串联成国运沉浮不定的曲线。灾难，似乎是是波浪线上不可避免的归宿。

　　为了拯救经济、平抑物价，政府对经济的管制严密而又凶狠，不意成了扼杀民族工商业的绞索。

　　匪绑、"军绑"和"官绑"，荣家的灾难连连。这些事件，表面荒诞不经，背后都有时代的深刻痕迹。

　　中国的天空，再一次沉入黑夜，负累前进的商人身心俱疲。

## 荣德生绑架案

　　发生在 1946 年的荣德生绑票案，是轰动全国的大案。所以是大案，因为被绑人是实业界巨擘，也因为案情的扑朔迷离极具新闻价值，还因为此案曾使最高层震怒，严令限时破案。

　　二十四日上午十时许，乘车至总公司，甫出家门，在弄口高恩路转角，突来匪徒绑架，将余劫上另一汽车，直驶至中山路，转入小路，经数里，停一小舟，将余送入，卷卧舱内。至二十五日晚八时后，始有两匪挟余登陆，在申新一厂前半里许之浜上岸，转入马路，驶来一车，开约刻许钟，至南车站货栈旁下车，改乘三轮车，至一石库门，入内，上楼，藏余于一小室，时约九时许矣。室内漆黑，有一人与余同卧，盖看守者也。此室四无窗户，因此白日无光，亦无灯烛，真黑暗世界也。①

　　这是荣德生在《乐农自订行年纪事》中对被绑经过的记述。原先，荣德生准备在农历二十六日回无锡。因为三月二十八日是东岳大帝黄飞虎生辰，无锡向

---

① 荣德生：《乐农自订行年纪事》"1946 年条"，上海古籍出版社，2001 年，第 183－184 页。

来有"八庙朝圣帝"的迎神赛会。那一年是抗战胜利后的第一年，沦陷八载，一旦胜利，人心大快，迎神赛会的盛况必然空前。荣德生兴致极好，决定回乡与民同乐一番，不料身陷匪窟，盛会是看不成了。

荣德生在回忆中有意无意地回避了几个重要细节：一、被绑时他并不是单独乘车，还有三儿荣伊仁和五女婿唐熊源同在，绑匪命他两人下车，只带走荣德生一人；二、绑匪所用汽车，有"淞沪警备司令部"标记；三、绑架荣德生时对方曾出示过第三方面军司令部的红色逮捕证。

此后，荣德生在黑暗世界待了34天。据他自己回忆，"除了我有痔疮毛病，每天不能换布和睡硬木床不舒服外，其他一切还可以。"不过，最让他感到痛苦的是，绝对不许咳嗽吐痰，绑匪说："痰咽到肚里去，可以收到润肠的效果。"这一招果然见效，他后来对记者笑着说："我原来患着便秘毛病，在那里天天一堆恭，痰能润肠，这倒是我在匪窟里生活得到的教训和收获。"

他身上带的东西都被细细检查，五个图章的用途被再三盘问，他逐一解释，一个是应酬文字用的，一个刻着"往生是寿"是喜庆文书用的，一个刚铸了不久，有年月可证。他们问得最细的是一个小银章，他回答："这印章是重要的，但并不能单独领钱用，厂里要向银行支钱，协理、经理盖了章，还要我盖了这个章才发生效力，但单有我的图章，根本是领不到钱的。"

不能看书，也没有纸笔，在黑暗世界的荣德生终日无事，思潮翻涌，从世界、国家、社会到事业、家庭，一一想过，念平生经验，如万一不幸，未能传至后人，至为可惜。他想自己如果能脱险，要刻两个印章，一是"曾入地狱"，一是"再生之德"。

他在小黑屋给家人共写了五封信，家人只收到两封，字句都经过绑匪逐一研究，连"灯下"两个字最后都被涂了。

绑匪最初开价勒索百万美元，他回答："我是一个事业家，不是一个资本家，我所有的钱全在事业上面，经常要养活数十万人，如果事业一日停止，数十万人的生活就要发生影响。所谓资本家，是将金钱放在家里，绝对不想做事业。据我所知，有人家里藏有金条2700余根，但绝不想投资到社会上面去，这是事业家和资本家的区别。诸位这次把我弄来，实在是找错了人，不信你们去调查。"①

荣德生身上恰好带了一个手折，家庭和个人收支都记录在上面。绑匪详细核算过，每月支出600多万，收入400多万，虽然表面上富可敌国，实际上当时每月入不敷出。经过反复的讨价还价，最后绑匪把赎金降到50万美元。

---

① 《谈被绑真相》，《荣德生文集》，上海古籍出版社，2002年，第489页。

此时，荣德生作了最坏打算，向绑匪要来纸笔立下遗嘱，内容共四点：一是叙述兄弟创业的艰难经过；二是绑匪要 50 万美元，这笔钱照他的事业而论，本来无所谓，但企业流动资金不多，如果拿了这笔钱将影响整个生产，使大批工人失业，所以他宁可牺牲个人保全事业；三是告诫子弟要绝对重视先人所创事业；四是嘱咐家庭琐事。这个遗嘱对绑匪造成了极大的震撼，有一个看守在最后关头知难而退，借故脱逃。

从拦路绑架、行车路线、舟中暂匿、黑夜转移直至暗室藏票，整个过程组织得十分严密。绑匪们对荣德生相当客气，没有高声呵斥，没有威胁恫吓，更没有动手殴打，甚至没有蒙上眼睛，所以荣德生能把经过之处记得一清二楚。在踡卧船舱的两天里，荣德生还发现匪徒的知识程度相当高，那个撑篙的青年在一天里看完了《宪法草案》和《政治协商会议记录》；而那个眉自清秀的看守，不仅两天读完了一部《青城十九侠》，而且写得一手好书法。他们连荣德生牙齿不好不便咀嚼都晓得，事先还准备了蛋糕和软饼干。荣德生一直在琢磨：这一伙人不像电影里的强盗，也不像传说中的土匪，他们是什么人呢？

光天化日在上海市区绑架实业巨子，这件事太骇人听闻！上海各报纷纷以显著版面发表消息，全国舆论哗然。蒋介石十分震怒，亲自下令限时破案。一时，军、警、宪、特全都动员起来了。

5 月 27 日下午，一辆标明“淞沪警备司令部”的汽车，直驶到申新二厂，车内只有一个司机。司机不慌不忙地取走了荣家事先准备好的两皮箱钱。28 日晚 10 时左右，一辆三轮车将荣德生送到了女婿唐熊源家。家人相见，相拥而泣。

到 8 月 4 日，警方公布了“荣德生绑架案真相”，披露作案匪徒共有 18 人，捕获 15 人。承认“参加绑案之匪犯，有中美合作所及毛森部下之组长”，“汽车系由淞沪警备司令部借得”。捕获的 15 名匪徒，八人被判处了死刑。

破案之后，荣家送出的 50 万美元赎金，警备司令部只发还了 13 万美元给荣家，其余钱款中五万美元由蒋介石指定奖赏给了毛森，绑匪线人已经买下的两部汽车也被官方留下使用。此外荣家又送给警方八万美元作为酬谢。这还不够，慈善机构、学校、社会团体要求捐款、借款的函电雪片般飞来，光上海就有 50 多个团体，外地的更多，有许多都是各路军政要人出面，还有自称“失业军警人员”的，带有恐吓勒索性质的有数十起。荣家前后总共付出了 60 多万美元，除去领回的赎金，其余由申新各厂按纱锭数分摊。威震商界数十年的荣德生几乎成了惊弓之鸟，他在给友人的私信里感叹：即使得到金窟也难办。荣尔仁气急说道：“绑匪只要 50 万美元，现在‘破案’了，却用去了 60 万美元还不够！真不如不破案的好。"

鬓发全白的荣德生死里逃生，骨瘦如柴，腿软不便行走，在家休养。他想起家世的种种"不幸"：1940 年次子荣尔仁被匪徒绑架，在魔窟关了 58 天；1942 年三儿荣伊仁又被日本宪兵队扣押；今天自己又被绑架。前前后后被敲去的钱财，折合美元达 110 万之巨。而且每当荣家企业遇到困难，当局中总有人虎视眈眈，千方百计想要吞掉荣家的财产。想到这些，荣德生不由得唏嘘不已，深有感触地叹道：上海"万恶渊薮，正义直道，不易立足，至为可慨!"[1]。

案子是否真的破了呢？据警备司令部稽查处人员事后写的回忆，认为"荣德生是被第三方面军第二处处长毛森下令逮捕的"，事后保密局局长毛人凤想出了一条名利双收的妙计，"要毛森将绑架荣德生的嵊县绑匪和敲诈得来的巨款交出"，毛森等人既成了破案英雄，又得了一份奖金。这是一种说法。

荣德生在《乐农自订行年纪事》中对这件绑架案另有说法："实则起意者为黑心商人，利用匪徒，原拟将余灭口，幸匪以金钱为重，余尚得以生还。"但是，荣德生虽愤于起意者逍遥法外，却又不肯道出真相，"余为心存厚道起见，不肯发人阴私。呜呼，天下无公道久矣!"[2]

一桩绑案，几多疑团。被抓被杀的只是"蟹爪"，主犯并未归案看法多方却是一致的。

虽然是中国最富有的人之一，荣德生衣食住行并不奢侈。荣家有一大一小两个饭厅，五张八仙桌，每桌八个人，每餐两荤两素一个汤。平时，"时长住乡，八时出，六时返……每日但觉日短，不知空闲。"[3] 到工厂视察，都坐人力拉的黄包车，后来因为翻车，荣德生被撞伤，这才买了一辆奥斯汀牌小车上下班。荣德生也没有把财富看作炫耀的资本，在荣氏故里，现在还流传这样一个故事：有一次荣氏家族开祠堂酒，族长请荣德生坐首位，荣德生说："钱不等于地位，我应当坐第几个位置就坐第几个，你虽然没我有钱，但'人穷不让辈'，我没资格坐这个位置。"[4]

脱险归来，荣德生在接受记者采访时说："本人每日从不空闲度过，埋头做事，暇时读书写字。人家以为我是工业中人，其实本人半生即消磨于文字之中。人生观效学美国，分内所入薪金、分红、官利，全部消耗用去。家中不藏金子，

---

① 荣德生：《乐农自订行年纪事》"1946 年条"，第 185 页。
② 荣德生：《乐农自订行年纪事》"1946 年条"，第 185 页。
③ 荣德生：《乐农自订行年纪事》"1930 年条"，第 107 页。
④ 《三个平民眼中的荣氏家族》，《南方周末》2005 年 11 月 3 日。

仓库别人管理。对于钱的观念、认为随地可取，随地可用，已感知足，金条吃下，梗塞喉咙，数十年如一日。"在记者眼中，"荣氏谈话，语多哲理，且富有朝气。谈话时，先坐后立，自称立时气顺，坐则气促。唯语音低微，娓娓若与家常叙旧。"①

到了1949年下半年，黄裳到无锡采访荣德生。荣德生"上身穿着白粗布小褂，下面是灰土林布裤子，扎着裤脚管，一双布鞋，精神很好。"他的房间里，"从地上堆得高高的一包包报纸包着的旧书"②。那一年，他已74岁。

## 管制"噩梦"

谁也不会料想到，物价问题会成为战后国民政府一直挥之不去的梦魇。虽几经努力，却始终难有成效。延至最后，竟成为压垮国民党统治的"最后一根稻草"。

在抗战胜利之初，当时的国民政府具备相当强的经济实力。1945年底，国民政府的黄金和短期美元储备达83500万美元，但"鼓励输入"、低汇率政策，导致了外汇储备大幅度下降，一年后已减少到45000万美元，为了节制外汇的大量流失，国民政府在1946年8月对外汇牌价采取了变更措施，法币兑换美元由原来的2020元提高到3350元，即提高65%。这一举措虽能防止外汇"缩水"，但引发原料成本大幅增加，这无疑给已然高涨的物价添上了一把火。而且，中央银行停止结汇以后，游资无法再购进美货，"遂走向竞购纱布一途"③。各地游资大量流入上海，到1946年四季度已达6000亿元，加上上海原有的2000亿元④，为投机囤积进口提供了足够的资金，棉纱成为投机的热门筹码，纱布价格也随之激涨，又进一步刺激物价的上涨。

由于棉纺产品事关民生国计，而且全国棉纺业多集中于上海，因此平抑上海纱价是平抑物价之关键。平抑纱价的重任，落到了纺织事业管理委员会（纺管会）的肩上。

纺管会成立于1945年11月15日，直属国民政府经济部，为全国纺织事业

---

① 《锡报》1946年6月14日。
② 黄裳：《新北京》，上海出版公司，1950年，第89页。
③ 《中国纺织建设公司厂长汇报会纪录及通知（第38次）》（1946年10月2日），上海市档案馆藏档，档号：Q192-3-22。
④ 参见凌熠华《国民党政府法币的崩溃》，《文史资料选辑》第七辑，中华书局，1960年，第196页。

的最高行政机关。平抑纱价最直接的措施是棉纱配销。纺管会成立后，就责成国营中纺公司挂牌配售纱布，借以平抑市场纱价。但汇率的调整，让中纺公司有些"力不从心"，希望民营纱厂加入配销行列。"外汇调整后，中纺公司奉令不得将售价提高，仍维持原价悬牌出售。惜力量单薄，独挽狂澜殊感未逮。……比经联合民营各厂组织配纱委员会。"① 于是，从1946年8月起，纺管会在上海推出了中纺公司与民营大厂的"联合配销"措施。联合配销预定每月配纱三万件，规定配纱由中纺公司提供三分之一，民营36家纱厂提供三分之二，"仰各民营纱厂一律遵办，我国纺织同业应竭诚协助使纱布价格不致波动。"② 为了"安抚"民营纱厂，纺管会专门增补民营方面的王启宇、唐星海、郭棣活、荣鸿元等四人为委员。

从这一月起，到1947年1月，联合配销在半年内共进行了四期23次，配纱量总计81795件。③ 此项政策出台初期，对于平抑急速上涨的纱价起到了一定的积极效果。但是，不久黑市纱价狂涨，上海纱价复又陷入动荡局面，纺管会采取新的棉纱配售办法，以各厂总产量的15%为配销额，加大配销力度。同时对上海市内纱厂已购或拟购外棉所产棉纱，实行半数或全数收购，"依照各厂存棉量以低价收购生产品半数达三个月"④，以期由掌握物资入手、达成平抑纱价之目的。在随后的三个月中，申新一、二、五、六、七、九厂被议价收购棉纱数量为23150件。⑤

平抑纱价的又一重要措施是棉纱议价。纺管会初期采用限价制，配纱价本来就低于市价，且牌价长时间不予调整，以致牌价与市价的距离越拉越大，最严重时中纺公司配纱低于市价40%，几近买一送一，与黑市价相差更为悬殊。⑥ 限价对棉纱抑价不起作用，纺管会决定改限价为议价。1946年10月至1947年5月议价改动七次，议价平均低于市价二、三成，最初施行时确有成效，但是到了1947年2月"金钞风波"爆发，形势发生突变。由于各路游资炒作黄金、美元，致使金、钞价格一路飙升，又带动物价普遍上涨，纱价也随之猛涨，三个月间上涨三

---

① 《中国纺织建设公司厂长汇报会纪录及通知（第38次）》（1946年10月2日），上海市档案馆藏档，档号：Q192-3-22。
② 《纺织事业管理委员会与第六区机器棉纺织工业同业公会往来文书》，上海市档案馆藏档，档号：S30-1-195。
③ 《经济部纺织事业管理委员会重要业务报告》（1947年），中国第二历史档案馆藏档，档号：457-73。
④ 《荣家企业史料》下册，上海人民出版社，1980年，第485页。
⑤ 资料来源：《荣家企业史料》下册，第486页。
⑥ 张保丰：《中纺公司的配售业务》，《中国近代纺织史研究资料汇编》第七辑，1990年3月。

倍多。6 月，棉纱议价还盯在 540 万元，而市价却已超出一倍以上。与此同时，限价阶段就存在的棉纱成本问题也依然存在。物价不断上涨使纱厂的生产成本也迅速增加，而棉纱收购议价却低于纱厂的生产成本，让民营纱厂不堪重负。有资料表明，到 3 月时议价与生产成本相比较，民营纱厂的亏损近 25%。[①]

控制棉纱的内运外销，也是纺管会平抑纱价所采取的方略。成立之初，纺管会就颁布了《纺织品出口限制暂行办法》，规定以"本国纱布供应情形及各厂生产数量逐月核定"出口量。根据这一规定，实际上除了中纺公司的棉纱外销少有限制、后期还得到鼓励外，民营棉纺织厂的棉纱外销则一度完全受到禁止。一方面纱布外销受到严格限制，一方面东南亚市场纱布需求旺盛，于是棉纱走私盛行，上海棉纱经广东、香港流向东南亚。据称第一次上海联合配销时，80% 以上的棉纱被广帮商人吃进。[②] 有鉴于此，纺管会又急忙推出限制内运的政策，对输往华南的纱布采取申请、登记，核准后限量、凭证供应；紧接着对输往武汉、华北等地采取了同样的措施。纱布南、北运的限制，确实使走私势头得以控制，但新的矛盾也接踵而来，购销量减低严重影响上海纱市，时常出现有行无市的窘况，各厂因销量不足而陷入生产停顿。1947 年，申新系统上海、无锡各纱厂度获准外运的棉纱只有 14000 件，仅占年产量的 6% 左右，获准外销棉布 57000 匹，仅占年产量的 4%。[③]

原本顺畅的外棉进口之闸，此时也轰然关闭。针对当时民营纱厂自由结汇获得暴利，国民政府对外棉采取了"进口限额分配办法"，规定民营厂采购外棉均需"向输入管理委员会申请后，经外棉核配委员会审核发给许可证，始能结汇进口"，并规定进口外棉纺纱后政府收购半数。不久又以"收购半数成品犹未足以控制市场"为由推翻前案，将各厂已结购棉外汇取消，已付棉款作为垫支款，由中央银行贴息九厘归还，进口棉花纺纱后全部收购，政府只付工缴。即使如此严厉的"核配外棉"办法，也只实行了两季，民营纱厂难以从中获得外棉原料，不得不以依靠收购国棉以维持生产。在各路资金的哄抬之下，国棉市场又趋于紧张。原来每担 13 万元尚无人问津的陕棉，在 1947 年 3 月后猛升至 54 万、74 万以至 84 万元（其中包括通货膨胀因素）。

实际上，战后纺织工业的主要受益源泉正缘自物价的飞涨。1946 年有棉业刊物就指出："中国纱厂的经营主要靠物价的飞涨获得暴利，人们都说如物价能

① 《商报》1947 年 3 月 7 日。

② 陈如彪：《战后棉纺织业之管理》，《中央银行月报》第四卷第四期，1949 年 4 月。

③ 《荣家企业发展史》，人民出版社，1985 年，第 223 页。

稳定三个月，最先关门的就是纱厂。"① 所以，民营纱厂对限价措施自然有牢骚满腹，但最终还是基本上接受政府对棉业的管制，原本是希冀政府在原棉、电力和资金保障方面能够实施对棉业的鼓励政策，"统筹产销计划不失鼓励性之管制。原料由政府统筹供应，资金亦由政府筹划，政府以订货方式委托各纱厂代制成品给予各纱厂以合理之利润。"② 然而，纺管会却缺乏对民营纱厂供应原棉及经营资金的意愿和力量，民营纱厂的这一愿望最终也落空了。

从一开始，民营纱厂对政府的配售议价就表现出不满，随着管制力度的加大，民营纱厂的不满与日俱增。最终，1947 年 4 月 17 日，纺管会中的民营纱厂委员王启宇、唐星海、荣鸿元等人联名提出辞呈，称"既不能为政府贯彻政策，又不能为同业图谋生存"。③ 这就意味着国民政府的棉业统制政策和民营纺织业间的矛盾已经严重对立，民营纱厂不得不表示公开抗议。民营纱厂一致认为："在纺管会管理下，民营厂家无法生存，加以各厂存棉短细，再生产遭遇空前困难……纺管会原来的计划是一方面收购百分之五十的产品，一方面供给各厂以原料（美棉）。现在要的纱是拿去了，给的棉还无法给。"④民营纱厂方面还指出："去年的调查结果每厂平均有五六个月的存花。纺管会表示棉花没有问题，于是厂家尽量开工，供应棉纱。可是最近得到棉花的极少。"⑤ "自开始配纱，当局以配售为纱厂之义务，供给所需原棉为政府之义务为言，纱厂以权义所在勉尽其责额。外棉进口一再受限制而各厂存棉遂愈用而愈博。"⑥

荣鸿元以市参议员身份对当局的政策提出了尖锐的批评。他指出："所希望者：纱布能自由运销，酌盈剂虚，以甲地之有余，供乙地之不足，有无相通，货畅其流，始能扶植生产，繁荣工业，均衡售价。今当局之政策，反其道而行之。一方面收购纱布生产之半数，一方面不顾生产之成本，抑低议价；另一方面更限制纱布自由转口内地（如汉口等处），处处束缚民族工业之自由发展，以致营运困难，适足以摧残生产，间接威胁职工生活，刺激各地市价。长此以往，后果不堪设想。"他提出了取消纱布议价与运销管理的强烈要求："要增加生产，应先取消议价，并解除纱布运销管理政策；要安定秩序，必先安定民生；要安定民生，首先安定职工生活，货畅其流，物价均衡。政治的民主，必须以经济的民主

① 章剑慧：《今日中国棉纺工业之危机》，《全国纺织业联合会二届大会特刊》，1947 年 10 月。
② 《申报》1947 年 4 月 19 日。
③ 《纺织周刊》第八卷第九期，1947 年 4 月。《商报》1947 年 4 月 18 日。
④ 《荣家企业史料》下册，第 490 页。
⑤ 《文汇报》1947 年 4 月 27 日。
⑥ 《第六区机器棉纺织工业同业公会工作报告、会务报告》，上海市档案馆藏档，档号：S30 - 1 - 2。

为基础。为特紧急提案，敬请公决。办法一、电请政府迅于取消议价，并速解除纱布运销管制，实施民主自由。二、公推代表赴京向政府请愿，挽救工业危机，扶助民营工厂。"①

高原料，高工资，高利贷，高捐税，成本高企，包括荣家企业在内的民营纱厂实际已经陷入了四面楚歌的危机之中，这种困境局外人并不清楚。1947年5月，傅斯年在参政会上质询行政院长张群：申新纱厂每年赢利可观，为何政府又贷款200亿元？② 荣鸿元向傅斯年发去专函，澄清两点：一是申新从未得到政府贷款，平时周转都靠商业行庄，利息很高；二是申新纱锭战前60万，只有一半开工，加上市场困难，处境并无优越。③

纺管会对棉纱业的管制，何以会引起民营纱厂的不满和反弹？根源就出在纺管会的政策上。从中纺单独挂牌售纱到与民营厂联合配销，棉纱限价到议价，棉纱南北停运到限运，外棉进口从鼓励到限制，纺管会的种种措施都以"平抑纱布价格"为中心，这本无可厚非，但这些措施的制定大多出于权益之计，所谓"头痛医头，脚痛医脚"，常常顾此失彼，一个问题没能解决反而引出更多的问题，结果只有短暂收效，却给投机、走私等非正常交易提供了更多更久的机会。大量棉纱均由投机商套购，再在黑市抛出，从中渔利，使纺纱厂和用纱厂均两受其害。而且，限价、议价的措施又大都局限于上海一地实施，外地市价不受议价控制。以5月最后一次议价为限，20支纱每件为540万元，可是据4月16日《文汇报》记载：20支纱的市价上海每件560万元，天津近600万元，沈阳850万元，而吉林甚至超过900万元。④ 而这些地区的棉纱货源往往来自上海，导致上海的黑市难以消灭，棉纱市价更难以稳定。

事实上，不少民营纱厂并没有完全遵守联合配销的原则，相反钻花纱布统制措施脱节的空子进行投机活动。"国棉产量不敷需求，加以交通阻滞运输不便致使供求失调。外棉进口又受政府之节制配额不足。若非停机减产，则惟有求之于黑市，因之成本增高生产减退……随着原料与工资之增涨，棉纱每件之成本超过现定官价达百余万元之巨。商人将本求利，为弥补其损失起见，不得不取之于黑市。"⑤ 申新除"向银行大量借款购储原料和纱布南运套购外汇黄金"外，还

---

① 《荣家企业史料》下册，第491页。
② 《大公报》1947年5月10日。
③ 《商报》1947年5月15日。
④ 《文汇报》1947年4月16日。
⑤ 赵国良：《政府应负责扶助纺织事业》，《纺织周刊》第八卷第九期，1947年5月。

"利用棉纱栈单进行投机活动"。① 1946 年 11、12 月间申新二、五厂厂务会议记录清晰地反映了这种情形："本二、五厂纱销以受限价，营业未能开展，故已决定运纱至外埠分销。""外运纱数量业已逐渐增加，如运销天津、广州、南京、苏州、南昌等埠，其在本埠纱价上虽受损失，即可以外运纱之盈余补贴。"② 1946 年两厂抛售的纱布栈单，从年初的每月几百件，逐步增加至上千件、几千件，仅 9 月一个月中，申新二、五厂两厂抛出的棉纱栈单达 2000 件之多，但是，两厂当年平均月产棉纱只有 2700 件左右。以这样的产量抛售如此巨额的栈单，很显然，申新经营者是在利用期货栈单和现货行市的时间差，操纵纱布行市，牟取额外利润。在售得货款后，立即大量套购外汇、黄金，比如申新各纱厂在当年间购进的美金、外汇都在数十万或百数十万美元以上。③ 民营纱厂向黑市抛售以及投机囤积，反过来又成为纱布涨价的重要原因。

1947 年 2 月 16 日，国民政府宣布"经济紧急措施方案"，禁止黄金自由买卖，同时禁止美钞流通。政府还宣布外汇官价由 3350 元法币换一美元提高至 1.2 万元法币换一美元，再次引发物价高腾。此时，纺管会对于平抑纱价已然束手无策，延至 6 月 21 日停止办公，交纺织调节委员会（纺调会）接收。

纺调会成立后，对原来的管制措施进行了"微调"，决定改限制性议价为机动议价，规定"依据生产成本，参照市面行情"随时议定价格。纱价初见稳定，可好景不长，三个月后，市面突然发生"涨风"。整个 9 月，纺调会曾四次调整棉纱议价，以 20 支纱为例，9 月 15 日市价达 1720 万元，议价跟至 1250 万元。④ 到 11 月底 20 支纱议价高达每件 2550 万元，⑤ 又翻了一倍。

1947 年，外棉输入继续大幅减少，包括美棉在内的全部外棉输入量只有 394 万担。国民政府不得不对外棉分配采取限额分配制，并规定不足 3000 纱锭及不纺 20 支纱的纺织厂不予核配。⑥ 此外，中纺公司因其特殊地位，在外棉分配中不受限额控制，当年进口 200 万担，约占全国以贸易形式进口外棉的 90%。⑦ 为了缓解民营纱厂原料紧缺的问题，纺调会实施了"行总配棉"及"美援配棉"的措施，就是由行政院善后救济总署（简称"行总"）进口棉花，随后又进口

① 《荣家企业资料》下册，第 453 页。
② 《荣家企业史料》下册，第 497 页。
③ 许维雍、黄汉民：《荣家企业发展史》，第 217 页。
④ 《大公报》1947 年 9 月 24 日。
⑤ 陈如彪：《战后棉纺织业之管理》，《中央银行月报》第四卷第四期，1949 年 4 月。
⑥ 《公益工商通讯》第一卷第五期，1947 年 6 月 15 日，第 23 页。
⑦ 中国社会科学院经济研究所：《上海对外贸易》，上海社会科学出版社，1989 年，第 311 页。

"美援"棉花向民营纱厂进行配棉。"行总"和"美援"的配棉，也都是采取以棉换纱的方式。"行总"规定以棉花 760 磅换 20 支棉纱一件。超过这一基数的棉花，工厂仅得 40%，其余 60% 上交中央银行。在这样的政策安排下，大部分利益落入中央银行手中。换言之，政府在出口易货中进行巨额"抽头"。对于民营纱厂来说，在当时外汇政策下，这一交换比低于生产成本，大厂尚能通过各种关系得到官价结汇取得弥补，中小厂商则别无出路。

棉纱配销政策，仍然得到了延续。纺调会推出《棉纱凭证联合配销纲要》规定：国营民营纱厂所产棉纱，除缴政府代纺，供军用、外销、织布留用纱外，全部余纱实行凭证联合配销，配销对象、售纱价格皆由纺调会规定。纺调会成立之初，由中纺公司和民营纱厂各出一万件棉纱进行临时配销，申新各厂按锭摊纱缴交 2083 件。[1] 并将收购"行总配棉"代纺纱的半数，一季度外棉代纺纱的半数，二季度的全部追加配销。就整个上海而言，民营纱厂每月进口棉代纺纱约 2500 件，联总供棉代纺纱 13000 件，合全部生产量的 76%，刨去织布自用约 18%，还剩 6%。[2] 这种名为联合配销，实为统购统销的措施，对于平抑纱价却没有产生多少实际效果。

为了在四面楚歌的困境中求得生路，民营纱厂向当局要求自由输出棉纱以换取外汇。当时纱、布出口是受国民政府管制的，属于限制出口商品类。之后，虽然取消了限制，却只有国营中纺公司有纱、布出口权。1947 年 8 月 13 日，荣鸿元向第六区纺织工会提案："查前全国经济委员会通过之经济改革方案中，曾拟定纱布外销计划，规定除由纺建公司提供其生产量之百分之二十以输出外，民营纱厂亦得提供其产量之百分之十至二十。若国营、民营个纱厂各提供百分之二十，则估计一年内便可获取外汇一亿两千万美金，此项数字对平衡国际收支裨益匪浅。"[3] 11 月 5 日，刘丕基、荣尔仁出席了在南京召开的全国经济委员会会议，陈述"民营纱厂所自由买卖之棉纱仅及总产量百分之三十弱。大部分业务均以代纺为对象。事实上纱产已由政府配销，凭证配销已无此必要。"[4] 换言之，民营纱厂代表事实上要求政府允许代纺以外纱布的自由出售。发言完毕后，两人即离席退会，以示抗议。

在上海，荣鸿元、刘靖基等商界领袖对棉纱联合配销办法临时紧急提议，联

---

① 资料来源：《荣家企业史料》，第 486 页。
② 《联合配销政策下民营纱厂之危机》，上海市档案馆藏档，档号：Q192－1－955。
③ 《荣家企业史料》下册，第 495 页。
④ 《申报》1947 年 11 月 8 日。

合共同上书者达四五十人。荣鸿元等在提案中指明：棉纱联合配销无补物价安定，有害民生经济，因此建议中央慎重考虑，重行复议。提案还告诫国民政府"若勉强实施，必致生产锐减劳工失业，与安定物价之初衷适相背驰。上海市为全国工商经济中心，而纺织业尤占重要地位，设联合配销处置失当，各纱厂一旦被迫停业，全市六十万职工生计堪忧，影响所及，将使整个上海市面萧条，工商崩坏，陷社会于不安，置民生于绝境，其后果有不堪设想者。"①

经过一再呼吁，1947年10月，民营纺织厂终于获准"以纱、布出口易进印度棉花"，以六个月产量的10%外销易棉，后这一比例又提升到20%。但纱、布真正获得大量出口，已是1948年下半年的事了②，对民营纱厂的产销没有产生多大的利好，因为改朝换代的时刻就要到了。

整个民族企业界怨声载道，荣德生深知民族工商业发展之艰难，但"官夺民利"到这种程度，连这位饱经风霜、经历几十年风风雨雨的资深企业家，也感到震惊。他在《乐农自订行年纪事》中不无忧愤地写道："一味只知取财于民，不啻'竭泽而渔'、'杀鸡取蛋'，使百工百业皆抱消极主张，无意进取，国何能裕？民何以安？"③"且事事限制，不啻无形之桎梏！层层苛税，何异万民之锁链！社会何能安谧？事业何从发展？国家何由富强？当国政者，务望三致意也。"④

① 《公益工商通讯》第二卷第三期，1947年11月。
② 上海社会科学院经济研究所、上海市国际贸易学会学术委员会编：《上海对外贸易（1840－1949）》，上海社会科学院出版社，1989年，第254页。
③ 荣德生：《乐农自订行年纪事》"1946年条"，第181页。
④ 荣德生：《乐农自订行年纪事》"1947年条"，第196页。

## 【锡　商　人　物】

荣鸿元（1906－1990），名溥仁，以字行，荣宗敬长子。1927年交通大学铁路管理科毕业后，进茂新、福新、申新总公司掌管花纱营业部，并先后任申新二厂副厂长、厂长等职。1938年荣宗敬病逝，他即实际继任总公司总经理的职位。依靠在上海租界内的申新二厂、九厂，福新二、七、八厂增加生产，利用"孤岛"的畸形繁荣获利甚丰，并借货币贬值之机偿还了积年陈欠。抗战胜利后，在上海又新办鸿丰一、二两个纱厂，又购进芜湖裕中纱厂、上海的国光印染厂和鸿丰面粉厂，实力大增。他还兼任上海银行董事、全国工业协会监事、全国纺织会理事、上海工业协会常务理事、中国纺织染工程学院和鸿丰专科学校校长、国民政府上海市参议员、"国大代表"、上海地方协会理事。1948年因套汇罪嫌被逮捕获刑，以50万美元保释，同年12月去香港，后在香港、巴西等地经营面粉及纺织工业。1990年病逝于巴西。

# 1948 年：黎明前的黑夜

经历着各种灾难打击的帝国统治暗潮涌动，岌岌可危。太多的时间，太多的信任，都被统治者无端耗费。

面对严峻形势，统治者进行了一次紧急的医治，但是这次由社会"精英"所发起的经济改革步入歧途，蒋经国在上海的"打虎行动"也以失败告终，民族工商业被折腾得几近奄奄一息。

历史这个高速列车，已失去了制动阀，改朝换代时期的到来，只是早晚而已。

在无锡，有位老人仍为兴实业办公益的夙愿不懈奋斗，然而时局的走势使他万般无奈和愤慨。

在香港，华润公司正在为除旧布新神圣时刻的到来，积蓄着最后的决胜力量。

## 老人的悲观

1948 年春天，学者钱穆回到家乡，应邀在荣德生创办的江南大学任教。

创办一所先进的、实用型的、文理工农并重的综合性大学，是荣德生久已有之的愿望。早在 1916 年，他就同吴稚晖议论过此事。1937 年初，国民政府教育部决定将复旦大学从上海迁到无锡扩建。荣德生听到这个消息，立即欣然解囊，捐款 1.5 万元，并在太湖边大雷渚购得土地 1200 亩，作为复旦的建校基地。不久，抗日战争爆发，迁校之事搁浅。抗战胜利以后，荣德生积极奔走，拟将复旦大学迁往无锡，后来由于种种原因，这一愿望没有实现。

1946 年，荣德生决定在无锡创办江南大学，将他一生的办学活动推向高峰。这一年冬，私立江南大学董事会成立，由吴稚晖担任董事长，戴季陶和荣德生担任副董事长。江大建校之初，荣伊仁主持校政。后荣伊仁因飞机失事不幸遇难，由荣毅仁接替担任校务委员会主任。

**私立江南大学校舍**

　　江南大学的校舍在太湖之滨的后湾山上，处于梅园、锦园之间，主体建筑包括教学大楼、男女宿舍、饭厅、实习工厂等，由上海著名建筑公司陆根记营造厂承建。整个建校经费预计法币 200 亿元，主要由荣德生父子从申新各厂筹得资金，是同时兴建的开源机器厂投资额的 121%。

　　1947 年 10 月 27 日，江南大学在荣巷临时校舍举行开学典礼，年迈的荣德生亲临主持并剀切陈言："深盼各同学努力勤奋，竞尚实学，课余多参观生产事业，不必好高骛远，贪多务博，学习宜求细嚼缓咽，食而能化。""学问以实用为归，将来做事，亦力戒好大喜功，宜脚踏实地从头做起，自有成就"。① 按照荣德生的办学思想，江南大学分设"三院九系"：文学院设中国文学、外国语文、史地、经济四系，理工学院设数理、机电工程、化学工程三系，农学院设农艺、农产品制造二系，学制均为四年。首届有 328 名学生。"江南大学创办时原设农学院和理工学院；由于面粉专修科为全国首创，又得到面粉同业工会全国联合会的支持，这一科得到很好的发展。面粉专修科学生，半数系招来，半数系茂、福、

---

　　① 荣德生：《乐农自订行年纪事》"1948 年条"，上海古籍出版社，2001 年，第 213 页。

申新职员"。① 可见，荣德生创办学校既出于其一贯的造福桑梓的公益思想，也有为荣家企业发展培养人才的考量。

有了大学就要有好的老师，荣德生不惜重金聘请了当时学界知名学者到校任教，聘定章渊若为校长，唐君毅为教务长，钱穆、韩雁门、顾惟精分别为文学院、农学院和理学院院长。其他著名的专职教授还有金善宝、牟宗三、朱东润等。这些教授有的专任教课，有的在上海、南京等高校兼课，每周风尘仆仆地往返于两地之间。他们待遇优厚，授课钟点费比一般大学高出两倍，还有小车接送。哲学家许思园教授夫妇尽管没有在江南大学授过课程，但荣德生仍然支付每月 500 元的薪俸（一般教授只拿二三百元），让他们住在梅园著书立说。对于学生，江南大学同样努力提供相对安逸的学习环境。当时的报纸记载："学生的伙食每人一盘菜、半碟青菜、半碟茭白炒蛋，与当时飞涨的物价相比所收的伙食费着实便宜。每天晚饭后，江南大学附近、太湖畔、田埂小路上、鱼塘边，学生三五成群，散步谈心，爱唱歌的有骆驼歌咏团，爱京剧的有江社，爱运动的有一个个球队，读书会、诗社等，《春潮》《原上草》《世纪风》等壁报很活跃。"这样一番悠闲的风景，在当时战乱的中国颇为难得。

1952 年 10 月 29 日，存在了五年、共培养了 1150 多名毕业生的私立江南大学，在高等院校调整中消失，此时离荣德生生命的终点已近。

荣德生对江南大学教授礼遇有加，除了授课薪酬高以外，还把荣巷、梅园的宅子给教授住。钱穆就住在荣宅的楼上，每到周六下午，荣德生夫妇都会从城里赶来，住在楼下，周日下午离开。晚饭后，"学界新秀"钱穆与"工商巨子"荣德生之间总有一席畅谈。

钱穆问："毕生获得如此硕果，意复如何？"

荣德生答："人生必有死，两手空空而去。钱财有何意义，传之子孙，亦未闻有可以历世不败者。"

接着，荣德生提到他在无锡修建的一座大桥——宝界桥。他说："我一生惟一事或可留作身后纪念，即自蠡湖直通鼋头渚跨水建一长桥。……他年我无锡乡人，犹知有一荣德生，惟赖此桥。我之所以报乡里者，亦惟有此桥耳。"

钱穆在晚年之时回忆起这段经历，仍是清晰如昨日。他写道："余私窥其个人生活，如饮膳，如衣着，如居住，皆节俭有如寒素。余又曾至其城中居宅，宽敞胜于乡间，然其朴质无华，佣仆萧然，亦无富家气派。其日常谈吐诚恳忠实，绝不染丝毫交际应酬场中声口，更不效为知识分子作假斯文态，乃俨然若一不识

---

① 《荣家企业史料》下册，上海人民出版社，1980 年，第 572 页。

字不读书人，语语皆直吐胸臆，如见肺腑。盖其人生观如是，其言行践履亦如是。岂不可敬！而中国文化传统之深值研讨，亦由此可见矣。"①

就在荣德生和钱穆促膝交谈的那段时间，国民党在经济上快速糜烂，在军事上一溃千里。荣氏家族历来淡泊政治，远离政党是非之争，然而这一年却也是灾难频发，祸事不断。

上一年年底，国民政府重新改组了棉纱业的管理机构，将纺织事业调节委员会（纺调会）改组为全国花纱布管理委员会（纱管会），并宣布花纱布全面管制以及统购统销、代纺代织的方针。所谓"全面管制"，就是指从原料至成品，从生产到消费全面加以管理，以图棉纱业产、运、销整个过程获得"适当配合"。所谓"统购统销，代纺代织"，规定凡 3000 锭以上纱厂及布机 30 台之布厂，必须为政府代纺或代织，"以花纺纱，以纱织布"。代纺的具体方式以纱管会已掌握之棉花配给各纱厂代纺，给予一定的工缴，再以纱管会所收棉纱实行配销，配销对象以代织工厂为主，非代织工厂以各同业公会为对象，其数量视代织纱厂配销所余而定。代织的具体方式以纱管会掌握之棉纱交由指定织布厂代织，按比率收回布匹，代织布匹由该会核定数量，按市价配售供应。根据代纺代织的基本原则规定，凡洽购外棉、收购到埠外棉及以输出纺织品换取之外棉，均由该会统筹配发代纺，委托中纺公司、部分棉商及纱厂代为收购国产棉，给予相应佣金，还规定各厂原有存棉除自留两个月用以代纺之外，其余全部纺成棉纱售于纱管会。

这标志着抗战胜利后国民政府管制棉纱业的政策更趋全面，更趋严格。从理论上讲，花、纱、布三者本为一连锁商品，市价高下互有牵连，平抑纱价本不该局限于纱价本身，而应对花、纱、布进行全面管理。以往"管纱不管花"，因棉花价格狂涨不已，转而刺激纱布市场，是平抑纱价屡遭失败的重要原因。民营纱厂对此多有批评，要求全面管制花纱布，但一旦真正实行花纱布的全面管制政策，民营纱厂之反应同样极为冷淡。因为他们怀疑纱管会既缺乏充足的物质基础，也不具备控制全国的能力，所以对整个统制政策没有信心。荣鸿元的一席话，代表了当时民营纱厂的普遍意见。他说："政府加强花纱布管制，实行完全代纺代织政策，如果原棉能源源供应，资金能及时融通未尝不可推行。盖厂商因此可免除原料不继、资金短绌之忧虑。然政府能否有统购统销之足够资力与专门人才，则颇可怀疑。"②

纱管会的统购统销、代纺代织的成败在于原棉的顺利供应。由于外棉输入越

---

① 钱穆：《八十忆双亲·师友杂忆》，生活·读书·新知三联书店，1998 年，第 267–268 页。
② 《公益工商通讯》第二卷第五期，1947 年 12 月。

来越困难，回过神来的国民政府，把解决原料问题的希望投向国棉。1947 年国棉产量上升，估产 1000 万担，但依据纱管会的规定，只有中纺公司及上海、湖北的部分棉商代购，却又因为收购价格的限制以及收购资金的不充分，收棉工作没能顺利进行。统购统销政策推出半年，纱管会自购、委托"中纺"及棉商代购的国棉，加起来不足 50 万担，不足最初预定 500 万担收购量的 10%。① 厂家存棉日见短缩，严重时大部分厂家仅有半个月的存棉，普遍受到停工减产的威胁。② 棉花短缺，价格高涨，徒使上海纱布市场更加波动、黑市更加猖獗。按照1947 年度的主要商品市价指数，以 1946 年 1 月 7 日为 100，1947 年 10 月时，42支纱上涨到 2041，20 支纱上涨到 2749，12 磅龙头细布上涨到 1925。③

1948 年 1 月 13 日，申新致函棉纺公会："我民营纱厂在产区大多设有办花机构，著有成效。际兹集散市场，存棉日枯，产区局势日迫，为协助政府、达成统购国策计，为我同业自身生存计，亟应由本会声请纱管会迅予委托各民营厂就原有收花机构尽量利用，或予以扩充，俾与纺建共负抢购任务，已收驾轻就熟之效，而裕棉源。"④ 4 月，申新七厂致函全国花纱布管理委员会，称："查敝厂现有纱锭四万五千余枚，经常开足每日需用原棉约三百八十市担，兹以原棉存数枯竭，全部数量仅可维持十余天之用。事属迫切，拟于钧会代纺未普遍实行期间，自行在各产棉区域抢购原棉，藉维生产。"⑤ 此外，申新六厂也向国民政府经济部全国花纱布管理委员会致函要求自行抢购棉花。

在压力之下，统购措施至 4 月已经开始瓦解，先是上海棉商联营机构准许代购棉花，3000 锭以下棉纺织厂准许自购，后所有棉纺织厂都得以自行购棉。但已坐失时机，且产棉区陆续解放，陕棉由公路入川，经重庆水运到上海，运费几乎相当于空运。

国棉收购不成，国民政府只能把解决原料问题的希望"转"回外棉。1948年下半年，计划美援棉共计 7250 万美元，相当 36.76 万包。⑥ 但即使计划美棉全到，还缺口 50 万包。同时以棉易纱条件苛刻，交换率就大大削减。第一期"美援"棉的交换率减为 599 磅，第二期交换率原拟再降为 583.5 磅，遭到民营纱厂反对，"要求必须将交换率提高至 708.5 磅始敷成本，并表示如不获满意之结果，

① 张忠民等著：《近代中国的企业、政府与社会》，上海社会科学院出版社，2008 年，第 87 页。
② 《花纱布管制实施细则，官商激烈争辩》，《纺织周刊》第九卷第六期，1948 年 8 月。
③ 《中纺公司董事会会议（二届五次）》，中国第二历史档案馆藏档，档号：475－2980。
④ 《荣家企业史料》下册，第 598 页。
⑤ 《荣家企业史料》下册，第 584 页。
⑥ 郑允泰：《美棉分配问题剖视》，《纺织建设》第一卷第十期，1948 年。

将采取集体拒绝接受美援棉花之分配"①，这一数值才略提高至617磅。

一时禁止收购棉花，一时放行收购棉花，一时又以报价核售方式抛卖棉花，纱管会在管制措施上的手足无措，使上海棉花市场陷入一片混乱，投机之风再起，更使上海棉纺织厂的生产基础受到动摇。1947年，由于电力、原料短缺等因素，民营棉纺业已经减产约57%，月产从棉纱从八万件降至三万件，至此更陷入全面困境，被迫再减产20%。

花纱布的全面管制，其实与当时国民政府的"经济戡乱"有着密切的联系。1947年11月底，国民政府实施"经济戡乱急要措施"。所谓"经济戡乱急要措施"，时人撰文指出："经济戡乱急要措施的主要内容，即金融管制与物资管制两大项。金融管制方面为抽紧银根，停止放款，检查行庄，不准透支，隔截汇款；物资管理方面为政府掌握重要物资，清查仓库，取缔囤积……"②

面对奄奄一息的工厂态势，民营纱厂业主个个心急如焚，对于纱管会的管制政策纷纷提出严厉批评。1948年初，荣鸿元在《大公报》召开的"花纱布管理问题座谈会"上发言："我揣想民主立宪的今日，政府一切施政，必能顺应世界潮流，服从民意，决不至刻舟求剑，倒行逆施。然而摆在面前的事实是怎样呢？外汇管理，进出口贸易管理以及停止工贷等措置，都在经济勘乱适应军事勘乱的大题目下出现了。是否能够行得通？是否会招致严重的后果？却是不顾一切的不予考虑；种种施政，退向万恶的封建路线，我真要替民主立宪扼腕！大家大概还记得胜利之初的政府诺言，说是'所有接受收的敌伪纱厂，两年之后一定全售给民营'。谁料到今日之下，非但国营纱厂不会售给民营，反而将民营纱厂逐步加以控制，剥夺民营纱厂的生产竞争权营业自由权。……管理的结果是生产毁灭，纱布断绝供应。在通货膨胀威胁之下，物价狂涨，币值狂跌，物资愈来愈少，民生经济势必因受到威胁而日益陷入紊乱不安。到那时，纱厂关门，工人失业，这不是经济勘乱而是经济造乱了。兴念及此，能毋寒心！"。

年轻气盛的荣鸿元，丝毫不顾政府颜面，一语指出了经济真正动乱的原因，指出：政府的"经济戡乱"，实际成了"经济造乱"。他说："政府所以要强制管理，旨在平抑物价，消灭黑市，说是民营纱厂赚钱太多？说是纱布领导涨价？果真如此，民营纱厂赚大钱，何以仍无力恢复战前生产设备？纱布领导涨价，何以那时纺调会把握百分之七十之物资，竟至无法平抑？有时纱布价下跌，何以其他

---

① "郭棣活致郭顺函"（1948年12月17日）。转引自《永安纺织织印公司》，上海市纺织工业局、上海棉纺织工业公司永安纺织印染公司史料组编，中华书局，1964年，第304页。

② 严凌：《谈所谓的"经济戡乱"》。《经济周报》第五卷第二十三期，1947年12月。

物价依然暴涨？可见这不是强制管理可以奏效的，在乎供求双方的自然调节，在乎国内交通的畅通无阻，然而烽火遍地，干戈不息，通货膨胀无已时，欲在统制管理上谋增进生产，平抑物价，消灭黑市，简直是'缘木求鱼'，'治丝益棼'"。①

之后，荣鸿元又呼吁放弃花纱布管制政策以及从速放工贷。据上海《商报》报道："荣氏已将出席国大时两提案准备就绪：（一）为请政府放弃花纱布管制政策，迅予撤销全国花纱布管理委员会机构，扶植纺织业自由发展。其理由为：民营纱厂生产设备，因八年抗战毁于战火者迄今犹无力恢复；而原棉供应，向以国棉为主、外棉为辅，今因国棉产区大部遭到匪乱，须赖进口；又以不许自备外汇为融通，及外汇供给逐季减削数字，致使纱厂原棉存底日薄。（二）为请政府迅速放工贷，挽救工业生产危机，以利于生产建设。其理由为：中国工业幼稚，资力薄弱，远不能与先进竞争。企业资金均已搁置基地，而行庄贷款有限，且利率太高，致销所得，远在成本以下，危机日益严重，应请政府做有力之援助。"②

纺管会，已然成了"过街老鼠"。在民营纱厂看来，"纱管会是纺织业的寄生虫和剥削者，纱管会五个月来对于纺织业没有一件任何有益的作用，却只是摆起衙门的官架子来恫吓、干涉和障碍。"③荣鸿元在各种场合呼吁撤销纺管会，他说："全国花纱布管理委员会成立之初，原以代纺代织统购统销为主旨，惟当局因环境与事实关系，仅先实行统购棉花一项，迄今未见如何成效。且因当时收购手续繁琐，进行迟缓，致产区棉花不及早日抢运，而纺织业因奉行政令，不能自行采购，同时当局又无力救济，遂致各厂存棉日趋枯竭，近且引起制成品售价远低于成本之脱节现象……各厂目前不得已，络续减工，今后或竟有停工之虞，影响所及，不独国库大宗税收无着，民生衣着供应匮乏，而数十万职工生活亦将陷于绝境。其后果之严重自不难想见。非速请政府废除管制政策，确立整个生产计划，实难挽此危机。"④ "纱管会标榜'代纺代织''统购统销'，不许棉商、厂商自由抢购国棉，复不许自由调节国棉存量；棉农亦因危惧议价，不敷成本，而不再植棉。民营纱厂则因原棉接济断绝，势将被迫全体停工，故全面管理花纱布政策有百害而无一利。……实践'轻工业民营'之既定国策，请政府明察情

---

① 《大公报》1948年1月28日。
② 《商报》1948年4月7日。
③ 李崇威：《棉纺织工业的现状和出路》，《纺织周刊》第九卷第二十二期，1948年7月。
④ 《荣家企业史料》下册，第598页。

势，顺从民意，迅速撤销全国花纱布管理委员会，以救民营纱厂于倒悬。"①

不能提供充足的棉花，就不能落实代纺代织，纱布统销也成为空话，所谓全面统制最终只能走向失败。8 月 20 日，行政院决定正式撤销全国花纱布管理委员会，所有纱布配销工作均移交中纺公司办理。该委员会的解体意味着国民政府棉业统制政策的全面破产。

回顾战后国民政府花纱布统制政策的演变过程，大致经历了三个阶段：1945年 11 月至 1947 年 6 月的纺织事业管理委员会（纺管会）时期为第一阶段；1947年 6 月至 1948 年 1 月的纺织事业调节委员会（纺调会）时期为第二阶段；1948年 1 月至 1948 年 11 月的花纱布管理委员会（纱管会）时期为第三阶段。从战后百废待兴，到内战的爆发、扩大，国家经济问题一次比一次严重，国民政府的经济政策也一步比一步严厉，花纱布统制政策的演变也是如此，从纺管会到纺调会，再到纱管会，每一次机构更迭都会出台一批更为严厉的管制措施。由棉纱限价到议价，棉纱南北停运到限运，棉纱收购到配销，部分纱布代纺代织到花纱布全面代纺代织，统购统销，前两个机构的政策措施主要针对棉纱管制，对棉花、棉布管制甚微，而纱管会时期把棉花、棉纱、棉布全部纳入管制范围。战后花纱布的统制，其政策、措施虽多变且层出不穷，但直至施行全面管制的"统购统销、代纺代织"，所有的统制措施几乎集中在"平抑纱价"这个焦点上。

面粉业呢？在统制政策下同样被折磨得奄奄一息。

与棉纺织业相类似，抗战胜利后的面粉业通过承接"善后救济总署"代磨业务，获得一定的发展，但到了 1947 年下半年，代磨业务已成尾声，产销问题再一次摆到了各面粉厂的面前。与此同时，为了加强对解放区粮食的封锁，行政院于 1947 年 4 月颁布"禁止面粉转口法令"，规定上海地区生产的面粉，除在苏、浙、皖地区自由销售外，一律不准外运销售。经民营面粉企业的强烈呼吁，不久粉禁稍有松动，但面粉运销外埠依然实行按月限额报运办法，限额少，而且只准运销其他国统区，严禁运销解放区。雪上加霜，面粉外销立时陷入停滞。主持茂新面粉厂的荣毅仁不禁哀叹："次粉在本区内无销路，在每月六十万包至八十万包之销数中，本区次粉只能销十万至十五万包，所余三、四号粉无销路，资金遂被搁置。"②面粉外销受阻，带来了严重恶果。"一部分三、四号粉已出虫腐烂，非重加整理不可。"③ 因为"时值梅雨季节，厂商积存面粉无法外销，结果

①《荣家企业史料》下册，第 599 页。
②《荣家企业史料》下册，第 601 页。
③《荣家企业史料》下册，第 602 页。

是造成市场面粉供过于求，价格低落，便利了官僚资本的收购，另方面则是让剩余产品堆存在仓库内霉烂。"① 福新面粉公司就有 30 多万袋面粉因不能外运而眼睁睁地霉烂掉了。

恰好，此时国民政府粮食部为控制全国粮食，开始执行所谓储粮计划，需要委托厂商采购小麦和加工制粉，于是上海一些粉厂联合设立"五厂公记"同业联营组织，转而为政府和军队代磨面粉。参加"五厂公记"的实际有八大面粉公司，荣家的福新、茂新、鸿丰等各粉厂都参加了该组织。王禹卿担任主任委员，荣毅仁任副处长。

"五厂公记"名义上是同业联营组织，但实际上是几家大粉厂的联合垄断组织，生产能力占上海面粉生产能力的90%以上，"既垄断原料的采购，又操纵面粉的销售"②。统一在各主要产麦区设立"麦庄"，收购小麦，统一标价、检麦，运输，以此减少同业间的竞争，把麦价压到最低限度；购进的小麦又"一律按生产能力支配，利益均沾"③；销售面粉又实行统一定价，避免人为的迭价竞销，维持市场粉价。

在代磨军粉中，福新各厂联合与军队后勤部主管官员串通作弊，赚了不少钱。荣家资料显示："前茂新面粉公司代国民党政府行政院委托福新面粉厂代办小麦231579.75 担，由福新公司代磨 191579.75 担。当时定缴粉率为二号粉 37.5%，传统粉37.5%，麸皮20%。但实际代磨中，所出成品次劣，等于以本厂之三、四号粉向该批代磨粉换取二号粉。"④这就形成了差价，差价自然落入荣家企业囊中，形成所谓的利润。

正是因为采取了这些措施和办法，荣家面粉业尽管生产下降，但仍有盈利，1947 年，福新各厂（缺少福二、八厂资料）账面盈利计法币 87 亿多元，⑤ 这不能不说"走钢丝"的"技巧"颇为得法。

面对险恶的经济形势，经验丰富的荣德生深感力不从心，运用了一切可以运用的手段，也无法维系荣家企业的正常运营。原料缺乏，只能靠以棉纱栈单换棉花维系生产，但因抛出空头栈单过多，生产又不景气，无力按期交货，不但倒了牌子，信誉降低，而且由于棉花价格日涨，抛出的栈单越拖延交货日期，亏损就越多。粉业产销俱困，开车率锐减。福新上海各面粉厂 1948 年开车率27－39%，

① 《荣家企业史料》下册，第 518 页。
② 《荣家企业史料》下册，第 521 页。
③ 《荣家企业史料》下册，第 523 页。
④ 《荣家企业史料》下册，第 467 页。
⑤ 《荣家企业史料》下册，第 528 页。

1949 年 1 至 5 月开车率降至 3－11%。所谓"生意"，已是穷途末路。由于盈利锐减，财力不济，荣家企业各系统扩建、新建工程全部被迫停顿。荣德生心驰神往的天元实业公司的庞大建设计划再也"走"不下去，除了天元棉毛麻纺织厂建成部分投产之外，其他拟建项目有的刚刚开始着手进行就被迫搁浅，有的胎死腹中根本就无力进行，"除在无锡开设天元麻毛棉纺织厂外，其余均未正式实施。"①

在统制政策层层加码的同时，国民政府出于平衡财政的考虑，却又屡屡增加统税，实行高征税政策，最高所得税率累进达 85%，高到了惊人的地步，这无疑是"火上浇油"。1947 年上海各棉纺织厂所得税总额达 800 亿元，缴纳方法按纱厂设备纱锭计算，每千纱锭纳 4000 万元。20 支纱每件货物税 1947 年 9 月为 72 万多元，到 12 月增至 164 万多元，占全部工缴的 17%。② 摊派公债、捐募等搜刮手段同样层出不穷。1947 年 4 月 1 日，国民政府发行美金公债，硬性摊派，纺织厂每一纱锭摊派 4.477 美元，荣氏在上海的七家纱厂共有纱锭 466204 枚，布机 3063 台，以每台折纱锭 15 枚计，合纱锭 45945 枚，总计纱锭 512149 枚，摊认美金公债 2292892 美元，③ 超过整个上海棉纺业购买额的五分之一。在这之前，1947 年 3 月，国民政府刚刚发行过"同盟胜利公债"，上海棉纺业被摊派购买达一亿元法币。④ 政府还以各种名目向民营企业摊派"特捐"，上海福新各厂、鸿丰、建成和无锡茂新各厂以及芜湖福五分厂，仅 1948 年 7 月 18 日一次被摊派到的"特捐"共 167 亿余元，按当日上海面粉市价估算，损失面粉计一千四五百包。1948 年 10 月，申新总公司认缴"救济特捐"约合 95 万余美元。据统计，从 1945 年 9 月至 1949 年 4 月，国民党在上海开征的捐税名目就有 54 种之多，被工商界指责为"横征暴敛，竭泽而渔，是没落政府必走的途径"。⑤

荣德生感慨地说：整个社会经济生活"百分之百不上轨道"，政府又"不知人困"，"抽税"特狠，奈何奈何？⑥ "政府实行统制，原料不足，捐数频加，无异置工厂于绝地。"⑦

抗战胜利短短数年时间，国民党政权在经济上快速糜烂，陷入万劫不复的局

---

① 《荣家企业史料》下册，第 540－541 页

② 张西超：《中国工业现势》，《新中华》复刊第六卷第四期，1948 年 2 月。

③ 陆仰渊、方庆秋主编：《民国社会经济史》，中国经济出版社，1991 年，第 837 页。

④ 上海市纺织工业局等编：《永安纺织印染公司》，中华书局，1964 年，第 314 页。

⑤ 唐振常主编：《上海史》，上海人民出版社，1989 年，第 898 页。

⑥ 《荣家企业史料》下册，第 644 页

⑦ 荣德生：《乐农自订行年纪事》"1948 年条"，第 205 页。

面，深究其间的原因，可以罗列许许多多条，但国民党政权在政治上的"反资本家""反企业家"倾向是极为重要的因素。其实，这在全面抗战爆发之前就以露出苗头。美国学者小科布尔在《上海资本家与国民政府》一书中认为："以岁入而论，支配南京政府政策的既不是资本家们的利益，也不是政府对发展经济的可能性的关切。恰恰相反，政府的行动加重了中国资本主义的弱点，而趋向为列强的经济利益服务。从政治上来讲，南京政府完全不理会这些资本家通过上海总商会和上海银行业同业公会这些组织所表达出来的意见，事实上反而要极力把这些商业团体置于政府控制之下。作为一种政治力量，资本家的处境是艰难的，而且到1937年更沦为政府的附属品了。南京政府并没有代表资本家的利益，资本家也不能对政府的决策有什么重大的政治影响。"①

## "坏政府"的改革

法国学者托克维尔说过："对于一个坏政府来说，最危险的时刻通常就是它开始改革的时刻。"② 1905年的晚清如此，1948年的国民政府又踏进了同一条河流。

有道是"大炮一响，黄金万两"，国民政府胜利后的家当很快就在国共内战中被消耗一空。随着战争的延伸和规模的扩大，国民政府的财政赤字急剧上升。1946年达4.8万亿元，1947年更扩大到27万亿元，相当于当年总收入13万亿元的两倍多。到了1948年，由于恶性通货膨胀因素的影响，这一数字更是上升为触目惊心的900万亿元，财政收入仅及支出的5%，外汇黄金储备消耗殆尽。

为了维持庞大的财政、军需，国民政府只能靠发行法币来平衡收支。1935年国民政府实行法币政策后，法币的发行量虽逐年增加，但尚有节制，战前共发行法币14亿元。抗战期间，由于工商业较发达的沿海、沿江地区相继沦陷，赋税收入大为减少，法币发行已趋过度，到1945年8月，法币发行量就达到5569亿元，为战前的395倍。国共内战爆发后，法币的发行"肆无忌惮"，至1948年8月快速上升到660万亿，三年间增加超过1000倍，相当于抗战前夕发行额的47万倍。③ 当时钞票滥发到连印刷都来不及，1947年重庆、昆明、西安、郑州、

---

① 【美】帕克斯·M·小科布尔著：《上海资本家与国民政府（1927－1937）》，杨希孟、武莲珍译，中国社会科学出版社，1988年，第3页。

② 【法】托克维尔著：《旧制度与法国大革命》，冯棠译，张芝联校，北京商务印书馆，1992年，第210页。

③ 资耀华：《国民党政府法币的崩溃》，《文史资料选辑》第七辑，中华书局，1960年，第49页。

济南、徐州、汉口等地中央银行分行以库存钞票告罄，纷纷以"十万火急"电报向上海总行告急，中央银行为应付"钞荒"，加印两千元面额的关金券，这种关金券一元可抵法币二十元，等于印刷了四万元面额的大钞。美国驻华大使司徒雷登在给美国政府的报告中指出国民党政府"在经济方面：通货膨胀的螺旋上升在加速恶化，物价已成了天文数字。它们上涨得这样快，使政府来不及印出每天所需要的钞票……局势的恶化已经进展到接近崩溃的地步。"[1]

纸币的滥发，自然带动物价同脱缰的野马一路狂涨。1947 年 7 月 24 日美联社发了一条电讯，给出了一个很具讽刺意味的物价比较：法币 100 元可买的物品，1937 年为两头牛，1938 年为一头牛，1941 年为一头猪，1943 年为一只鸡，1945 年为一条鱼，1946 年为一只鸡蛋，1947 年则为 1/3 盒火柴。到了 1948 年，物价进一步看涨。据《大公报》统计：这一年 8 月上半月的生活指数，食物上涨390 万倍，住房上涨 77 万倍，衣着上涨 652 万倍，比 7 月下半月平均上涨 90％。

疯狂的通货膨胀和物价飞涨，使社会经济陷于全面的混乱和衰退之中。企业纷纷倒闭，农业经济破产，人民生活日益恶化，反抗日趋激烈，民变运动风起云涌，城镇"抢米"风潮席卷全国。荣德生不禁哀叹："照此物价高，成本大，利息重，本年营业未可乐观，只有苦守坚撑，或可立足。"[2]"五月后，物价疯狂上涨，生活指数，逐日频升。工资亦高，支持困难。此时物价已臻最高峰矣！"[3]

1948 年 3 月 29 日至 5 月 1 日，"行宪国大"召开，宣布"还政于民"，蒋介石当选为中华民国行宪后的第一任总统。5 月 31 日，翁文灏内阁成立。摆在他面前的经济摊子，用一个"烂"字形容已不为过。蒋介石在莫干山，频频召集高级经济幕僚研讨对策。议来议去，唯一的办法只有再次进行币制改革，用一种新的货币来代替法币，并实行经济管制。

改革是从 8 月 19 日开始的。这一天，国民党召开中央政治会议，通过由行政院提出的金圆券改革方案，当晚即由蒋介石以总统名义发布《财政经济紧急处分令》，宣布："从即日起，以金圆券为本位币，发行总限额为 20 亿元，限 11 月20 日前以法币 300 万元折合金圆券一元、东北流通券 30 万元折合金圆券一元的比率，收兑已发行之法币及东北流通券；限期收兑人民所有黄金、白银、银币及外国币券；限期登记管理本国人民存放国外之外汇资产。"全国物价一律冻结在8 月 19 日水平，是为"八一九限价"。蒋介石深知此次改革的重要性，声称《财

---

① 《中美关系资料汇编》第一辑，世界知识出版社，1957 年，第 900 页。
② 荣德生：《乐农自订行年纪事》"1948 年条"，第 205 页。
③ 荣德生：《乐农自订行年纪事》"1948 年条"，第 211 页。

政经济紧急处分令》"乃改革币制，稳定经济之必要措施，曾经长期缜密之研究，针对当前国计民生之迫切需要，而审慎订定。""须知中央此次改革币制，整理财政，管制经济，为整个国家民族荣枯祸福所系。"①

为了"割去发炎的盲肠"，国民政府专门在上海、天津、广州三个大城市设立"经济管制督导员"。蒋介石特地派出其长子蒋经国担任上海经济管制区副经济管制督导员（督导员由中央银行总裁俞鸿钧兼任）。国人尽知，币制改革成败与否，全系于蒋大公子的上海一役。

蒋介石与蒋经国

时年38岁的蒋经国，民国政治舞台上一位举足轻重的人物。他有着复杂而又传奇的经历，在动荡不安的政治风雨中历经磨炼、锤打，在人们心目中已有了一定的声望。赴任之前，他对父亲说："上海金融投机机关无不与党政军要人有密切关系，且作后盾，故将来阻力必大，非有破除情面，快刀斩乱麻之精神贯彻到底不可也。"②

8月20日，他以青年革命者的姿态出现在上海滩，其意气风发让人想起二十多年前那个骑着高头大马来到这里的黄埔军人蒋介石。蒋经国在兆丰公园（今中山公园）举行了十万青年大检阅，宣告成立由3000人组成的"行政院戡乱建国大队"和"大上海青年服务总队"，会后举行了数万人的声势浩大的游行，沿路高喊"严格执行八一九限价"、"不准囤积居奇"、"打倒奸商"、"只打老虎，不拍苍蝇"。

"只打老虎，不拍苍蝇"的口号实在让人眼亮心动。蒋经国"打虎"是为了达到两个目标，一是控制通货膨胀，以稳定时局，二是打击官僚资本集团，以挽回民心。果然，落到他手上的，每只都是"老虎"。

就在《财政经济紧急处分令》颁发的第三天，8月21日的《大公报》刊出新闻稿《豪门巨富纷纷搜购金公债，隐名之人曾大批抛售股票》，称："19日上午，有某匿名之人从南京乘夜车抵沪，下车后不洗面不吃东西，匆匆赶到某熟悉

---

① 陆仰渊、方庆秋主编：《民国社会经济史》，中国经济出版社，1991年，第816页。
② 蒋介石1948年7月2日日记，美国胡佛档案馆藏。转引自金冲及著《二十世纪中国史纲（简本）》上册，社会科学文献出版社，2013年，第434页。

证券号，一个上午向市场抛售 3000 万股
永纱（永安纱厂），照昨天股票惨跌的行
市计算，此人大约可获利四五千亿元。"①

此文一出，市场哗然，币制改革为国
家核心机密，竟然有人抢先得悉倒卖获
利。蒋经国用枪逼着交易所交出账目，查
出那天抛售股票的两个大户，其中一个大
户名叫杜维屏，是蒋介石多年老友杜月笙
的儿子。血气方刚的蒋经国居然也不手
软，下令逮捕杜维屏，以金融投机罪交特
刑庭公开审理，判刑八个月。

小蒋连小杜都敢打，算是动了真格。
在随后一个多月里，一只只"老虎"被
他投进了监狱。申新总公司总经理荣鸿元
就成了这样的一只"老虎"，引发了轰动
一时的"荣鸿元私套外汇案"。

蒋经国上海"打虎"期间，
上海的反奸商游行

原来，在 5 月份，申新六厂因政府实行棉花统购，原料短缺，与上海盛亨洋
行接洽后，双方订立合同，申六购买印度棉 1500 包。盛亨洋行要求荣鸿元先付
定洋二成，折合港币 18.9 万元，双方商定由香港克来振洋行代收，其余货款待
申六棉布运到香港销售后再如数付清。这本来是一桩正常的商场交易，但因定洋
付款期限过于急迫，又一时难以在香港商借到外汇，于是荣鸿元致函其驻香港代
表陈元直，由陈元直出面向香港道亨购买 6 月 1 日期申汇港币，计折合法币 410
亿元，并指定由上海七家有关联的进出口行收款。在电报、信函往来中，此事被
国民党警备司令部稽查处张亚民侦知。彼时《财政经济紧急处分令》已颁布实
施，张亚民以此"违令"勒索荣鸿元。荣鸿元只好向他行贿将案件暂时搁起。

事也凑巧，张亚民另案东窗事发，荣鸿元自然撞到了"太子"的"枪口"
上。9 月 4 日，上海市警察局局长把荣鸿元"请"进了局长办公室，并随即移交
"特种刑庭"，收押杨树浦看守所，罪名是"私套外汇，囤积居奇"。据《申报》
记载：时荣衣灰色西装，穿黑白皮鞋，戴黑眼睛，形色极为慌张，满头大汗，衣
衫尽湿……时时闪避摄影记者之镜头。②

---

① 《大公报》1948 年 8 月 21 日
② 《申报》1948 年 9 月 5 日。

荣鸿元被捕，"杀鸡儆猴"立显效应。荣鸿元一再叮嘱前来探望的家人："快把所有外币金银统统拿去兑换，千万不要留下来惹祸！"① 荣家老老少少都已是惊弓之鸟，哪敢怠慢！申新、福新、茂新各厂留存的外币黄金不敢留存，私人所藏也纷纷拿去兑换成金圆券，"荣鸿三（按：荣鸿元之弟）本人最喜欢玩钞票和金银币，他手里曾集有世界各国的钞票和金银币，当时他也吓得把这些古董拿出来兑换"。②

荣鸿元被捕后，荣家马上聘请了章士钊等三位名律师应诉，但关键还是靠行贿，奔走门路，疏通关节，用金钱铺平开释之路。关于荣家贿赂总额，身为"营救组"成员的申新九厂协理陈品三回忆说："据当时估计，约合美金五十万元之谱。"③

荣鸿元被关押了77天，直至11月20日"特种刑庭"才正式开庭。其时，《财政经济紧急处分令》已废。最后，荣鸿元以"违反汇兑区域限制之命令，处有期徒刑六个月，缓刑两年"。判毕，荣即称因病请求交保，法庭准予保释。

半年前，荣德生刚刚遭受丧子之痛。1945年重建无锡茂新面粉一厂，六儿荣纪仁是复工筹备处主任，因碰到困难较多，身体羸弱，大病了一场。1948年开春，他回厂工作，然而，厂内种种棘手之事相逼而来，内心烦闷，郁郁寡欢，结果，年仅25岁的他以自杀的方式告别了人世。

当他的心刚刚从悲伤中稍稍有所平复，长侄荣鸿元又出事了。他在《乐农自订行年纪事》中写道："十月下旬，大侄荣鸿元忽为蒋经国因私套外汇、囤积居奇名义被捕，初被拘押，经申诉后，判处徒刑一年半，缓刑两年，在狱用去用费不赀，精神、名誉、物资大受损失。侄之不慎，法之不法，可悲亦复可恨！天下之乱，从此始矣！"④ 在听悉侄儿被释的消息后，荣德生"特于十一月初二至申，拟与一谈，并加劝诲"，而荣鸿元"已去港"。此生，叔侄永远"不克见面"。⑤

荣德生的悲观，并不仅仅是对当时经济和国事的茫然，更因为对乱世环境中家事沧桑的感叹。

被蒋经国打倒的"老虎"当然不只荣鸿元一人，中国水泥公司常务董事、大通纱厂经理胡国梁，美丰证券公司总经理韦伯祥，永安纱厂副总经理郭棣活等，也都被冠以私逃外汇、窝藏黄金美钞的罪名投入监狱。一个多月时间，共有

---

① 《荣家企业史料》下册，第610页。
② 《荣家企业史料》下册，第610页。
③ 《荣家企业史料》下册，第613页。
④ 荣德生：《乐农自订行年纪事》"1948年条"，第215页。
⑤ 荣德生：《乐农自订行年纪事》"1948年条"，第215页。

64 名参与投机的"大老虎"受到处罚。金圆券改革时期，总计约有 3000 名各行各业的资本家被关进监狱。① 外国驻华报纸评论：国民政府出现"反企业家"的倾向。②

在荣鸿元被抓的同时，上海曾经流传下一个要逮捕唐星海的传言。此时，唐星海正在美国考察，准备回国。庆丰厂"专派了唐星海的秘书谢绍佐去香港等候，要他暂时避避风头"。唐星海"受惊不小"，他是宋子文的亲戚，而且"在上海地界是个有地位的人"，但蒋经国依然"不念情面"，让他"身份大失，名利俱败"，他心里萌动了"国外长期生存的念头"。③

蒋经国在上海"打虎"，对于看惯了腐朽、黑暗的官场风气的人们来讲，是耳目一新的。外国记者把他形容为"中国的经济沙皇"，中国人称之为"雍正皇帝"。

年轻的蒋经国，来到上海后从一开始就表现出与陈腐官场完全不同的工作作风，不仅经常接见市民，规定手下官员不得参加任何应酬，而且微服私访小菜场，抄录当日的蔬菜鱼肉价格。在自己的办公室里，他日夜轮番接见沪上企业家，一一奉劝他们把硬通货拿出来。刘鸿生就被生生"劝"出了 800 根金条和 230 万美元，此外还被搜刮去银元数千元。④ 郭棣活的永安纱厂也兑出黄金 6000 两及 10 万美元。在上海的浙江第一商业银行总经理李馥荪等本想联合上海银行业拼凑 1000 万美元应付一下，结果银行执照差点被吊销。金城银行的周作民被迫作出抉择：要么交出所有金银外汇，要么准备上特种刑事法庭受审，周作民最后如实上报外汇数目达"美金七、八百万元之谱"。⑤ 陈光甫与蒋介石关系匪浅，他的上海银行仍有 100 多万美元被中央银行强行低价收购，面对蒋介石气势汹汹的指责，陈光甫痛斥蒋"辞令严厉，有若疯狂"。⑥ 国民党对一些中小企业主也不放过敲诈的机会。上海正泰橡胶厂的资本家杨少振于 1949 年 3 月被淞沪警备司令部传去，罪名是购买飞机用的汽油，最后被敲去的贿款达 400 多两。⑦

在蒋经国的铁腕打击下，市民们乖乖地排队将手中的黄金、美钞换成金圆券。两个多月下来"战绩辉煌"，到当年 10 月底，蒋经国在上海共搜获黄金

---

① 费正清主编：《剑桥中华民国史（第二部）》，上海人民出版社，1992 年，第 849 页。
② 转引自《中国资本主义发展史》第三卷，许涤新、吴承明主编，社会科学文献出版社，2007 年，第 544 页。
③ 《无锡第二棉纺织厂厂史》，第 56 页。
④ 刘念智：《实业家刘鸿生传略》，文史资料出版社，1982 年，第 109 页。
⑤ 中国人民银行上海市分行金融研究室编：《金城银行史料》，上海人民出版社，1983 年，第 885 页。
⑥ 杨天石：《海外访史录》，社会科学文献出版社，1988 年，第 646 页。
⑦ 杨少振：《三十二年来的经历》，《工商经济史料丛刊》第三辑，文史资料出版社，1984 年。

114.6 万两，美元 3442 万元，港币 1100 万元，银元 369 万余元，白银 96 万余两。黄金、美元分别占全国总收集量的 68% 和 69%，而且占国内保有量的 25.4% 和 57.3%。①

上海的物价一度稳定在"八一九防线"之内，驻中国的印度大使下了这样一段评语："四个多星期来，上海已经从狰狞可怕的模样变得和蔼可亲了。"②

在整个币制改革过程中，上海是收兑成效最好的地区。蒋经国每打掉一个"老虎"，就好像是在奄奄一息的"党国躯体"上实施了一次电击，他希望有奇迹出现。可是，接下来的一个"老虎"终于是他打不动的了。

9 月底，蒋经国在浦东大楼召集沪上的工商业代表开会，重申"打虎"宗旨。与会的杜月笙发言说，"犬子维屏违法乱纪，是我管教不严，无论蒋先生怎样惩办他，是他咎由自取。不过，我有一个请求，也是今天到会各位的一致要求，就是请蒋先生派人到扬子公司查一查。"全场目光齐聚在蒋经国身上，蒋经国当即朗声回应："扬子公司如有违法行为，我也一定绳之以法。"

扬子公司的董事长是孔祥熙的长子孔令侃。蒋介石的夫人宋美龄没有生育，对这个大外甥视如己出，最是宠爱。在过去的几年里，扬子公司一直是倒卖外汇、走私商品的最大"官倒"企业，自金圆券改革以来，它又是上海最嚣张的囤积大户。10 月 7 日，蒋经国终于对扬子公司动手了，他下令搜查扬子公司上海总部并查封该公司的所有仓库。第二天，国内各大报争相报道"扬子公司囤积案"，"清算豪门"之声陡起。

扬子公司被查封后，孔令侃跑到南京向姨妈求救。宋美龄专程到沪，把两人约到永嘉路孔宅面谈和解，蒋经国不从，姨表兄弟大吵一场，不欢而散。宋美龄只好去搬最后一张王牌，蒋介石当时正在北平前线主持军事会议，被夫人紧急电召，连夜乘飞机赶回处理家事。他将蒋经国痛骂一通，父子交谈不到半个小时，小蒋就垂头丧气地走出办公室。第二天，上海警察局召开新闻发布会，宣布"扬子公司所查封的物资均已向社会局登记"。老部下登门质问扬子案究竟办还是不办了，蒋经国黑着脸，十分消沉地说："我是尽孝不能尽忠，忠孝不能两全啊。"③

就这样，轰动天下的"扬子案"以如此荒唐的方式落幕，这也意味着蒋经国上海"打虎"行动的戛然终结。扬子公司被"放生"后，蒋经国辛苦建立起

---

① 熊月之主编：《上海通史》第八卷，上海人民出版社，1999 年，第 460 页。

② 吴金良、朱小平著：《蒋氏家族全传》，中国文史出版社，1997 年，第 370 页。

③ 贾亦斌：《我与蒋经国从友好到决裂》，《文史资料选辑》第 132 辑，中国文史出版社，1997 年，第 163 页。

来的整肃权威顿时冰散，市场信心瞬间崩溃，从 10 月起，上海物价再度飞扬。《申报》报道称："黄牛党无缝不钻，长蛇阵随处可见，绒线香烟西药等物无一不被抢购，药房门外占地待顶更属闻所未闻。"① 民国著名记者曹聚仁记载，那些日子蒋经国"几乎天天喝酒，喝得大醉，以至于狂哭狂笑。这显然是一场骗局，他曾经呼吁老百姓和他合作，老百姓已经远远离开他了……有的人提起经国，就说他是政治骗子。有人原谅他，说这都是杨贵妃不好，害了他，蒋先生的政治生命，也就日薄西山了。"②

其实，金圆券的改革，从一开始就注定了失败的命运，这是由它的"基因"所决定的，并非蒋经国的打虎行动所能确保成功。国库空虚，所谓的实足准备金形同虚设，因此金圆券的基础并不稳固。而且，在宣布实行币制改革时，承诺限额发行 20 亿元，但 20 亿元金圆券折合法币为 6000 万亿元，已超过当时流通的法币总额 660 多万亿元的九倍。因此，新发行的金圆券实际上"天生"是一种十分膨胀的纸币，其发行后必然引发物价进一步飞涨。

更深层次的原因，在于全面内战破坏了生产力。抗战胜利后，国民经济仍以重工业为主，民生领域百业萧条，因此催动消费类物价的持续上涨。而在农村地区，大量农田成为战场，劳动力被成批成批地征兵入伍，粮食产量持续下滑，农村生产力被破坏到了极点。随着东北和华北沦为战区，并相继被解放军夺取，市场割裂，原料断供，国统区工厂生产陷入萎缩。工农业的生产衰落，带来的后果是税源枯竭，又导致财政收支不平衡。入不敷出，财政只好全靠发行新钞票支撑，自然又诱发通货膨胀，经济已经陷入恶性循环的怪圈。

金圆券从 8 月 21 日开始发行，到 9 月底，就显露出不好的迹象。在发行的头 40 天中，商品最集中的上海，即发生抢购风。到 9 月 30 日，政府将收购金银的期限延长到 10 月底，消息一公布，无异于宣告金圆券信誉扫地。从 10 月 2 日起，市民见物即购，想尽量将金圆券用掉，生怕一夜之间币值大跌而受损。

10 月 28 日，币制改革实行后的 68 天，行政院会议就一致承认这次币制改革失败。不久，国民政府被迫宣布放弃限价政策。此后金

人们上街购物不得不带着大捆金圆券

---

① 《申报》1948 年 10 月 2 日。
② 曹聚仁：《蒋经国论》，人民出版社，2009 年，第 109 页。

圆券的发行如洪水决堤,一发不可收。1948年12月中旬增发20亿元,12月下旬增发60亿元,1949年1月增发100亿元,2月增发350亿元,3月增发1600亿元,4月增发13000亿元,至5月初,发行总额已达98000多亿元。至1949年6月底,金圆券累计发行125万亿元。[①] 面额也越来越大,出现了面额五百万元、一千万元的大额本票。金圆券流通不到一年,形同废纸,普通民众一夜之间重回"赤贫"。

天文数字般的钞票发行额,使本来就飞涨的物价如火上浇油,"大有一日千里之势"。据统计,从1945年9月至1949年5月,上海物价指数上涨35036倍;与人民日常生活密切相关的大米,价格从每石3725元上涨至175333333元,上涨了47069倍。如果再加上旧法币折合金圆券300万比1的因素,即以300万乘以35036倍,这一时期的物价指数上涨的倍数,竟达1051亿倍多,总指数竟达363660亿倍,相当于第一次世界大战后德国物价比战前上涨12616亿倍的天文数字的30倍!从抗战开始到1949年5月的12年间,国民政府发行的纸币增发至1400多亿倍,而同期的物价则上涨85000多亿倍。据当时报纸记载,1949年5月21日,上海大米价格为每石金圆券4.4亿万元,若以每石米有320万粒计算,买一粒米要用金圆券130余元。这种一粒米值百余元的状况,实属举世罕见,说明通货膨胀已到了完全失控的地步。这幅上海解放前夕的恶性通货膨胀图,不仅是中国、而且是近代世界物价史上最为黑暗的一页。

中央银行伍佰万元票额金圆券

币制改革短短几个月,民族工商业被折腾得奄奄一息。20支双马纱限价每件为金圆券707元,而生产成本就达882.6元,生产成本超过限价达175.6元。各棉纺织厂在政府高压下,只能按限价出售棉纱、棉布,损失惨重。据《大公报》估计,从1948年8月9日到11月1日限价期间,上海各纱厂按限价出售棉纺织五万件,棉布10万匹,总损失达金圆券5000万元以上。[②] 另有统计,自9月4日至10月19日,民营纱厂出售

① 马长林著:《中国古代金融》,中国国际广播出版社,2011年,第118页。
② 《在限价政策下,工商业损失重大》,《大公报》1948年11月3日。

棉纱 38066 件，棉布 354850 匹。① 申新各厂共售出限价纱近三万件，限价布 20
多万匹。10 月份棉纱平均市价为每件 1436.67 元，而限价为 707 元，每出售一件
限价纱要损失 729.67 元，按此计算，三万件限价纱损失 2180 多万元。10 月份棉
布每匹市价为 48.83 元，限价布为金圆券 29 元，每匹布相差 19.83 元，20 多万

排队，成为 1948 年上海一景。左图为上海市民在银行排队兑换金圆券，
右图为上海市民排队用纸币兑换金条

匹限价布约损失金圆券 400 万元。总计申新各厂出售限价纱布共损失合金圆券
2580 万元。② 按 10 月份 20 支双马纱市价折算，损失率达一半以上。管窥见豹，
仅棉纺织业已能充分证明在限价期间上海工商业的巨大损失，遑论面粉、卷烟、
造纸、橡胶、机器制造等其他主要工业行业。

　　作为沪宁线的经济重镇，蒋经国对于无锡落实《财政经济紧急处分令》的
情况极为重视。9 月 8 日，他亲临无锡督查，并与工商人士见面。但当时经济管
制已经显露"不祥"之气，所以蒋经国与工商人士的见面并不"愉快"。据当时
参与接待的无锡县社会科长回忆："蒋经国演讲后，首先，站起来发言的就是无
锡县商会理事长钱孙卿，他代表工商界人士发言，记得他发言的中心意思是说，
自从实行经济紧急管制以后，无锡市场上已没有货物成交了，商店的柜台上也已
没有货物供应了，叫工商界怎么做生意？虽然无锡的情况可能要比上海好一点，
但是目前商人最大的顾虑就是怕把现有货物出售后，就无法补进货物了。现在无
锡的工商界在上海订购的货物，上海已不准放行了，货物已不能自由流通，该如
何解决呢？钱孙老的发言，说出了无锡工商界的困难处境，也间接揭露了政府实
行的紧急经济管制是很不得人心的。由于当时县参议会对外装了一只高音喇叭，
会上的讲话都可传到会场外，都可以直接传送到聚集在县参议会门外的无数群众

----

　　①　中国科学院上海经济研究所、上海社会科学院经济研究所：《恒丰纱厂的发生、发展与改造》，上
海人民出版社，1958 年，第 109 页。
　　②　许维雍、黄汉民：《荣家企业发展史》，第 254 页。

的耳朵里，因此，从外面传来了一阵阵群众的鼓噪声。会场情绪十分紧张，会议开至五时许就草草宣告收场了。"①

　　经济管制失败后，无锡也陷入一片恐慌之中。经济陷入停滞，而"囤积、投机之风大盛"②。以丝业为例，金圆券发行后，"因丝成为囤积对象，各丝厂又日夜开班，拼命生产"，而11月限价取消，缫丝成本高于市场售价，"缫业便又从畸形的高峰跌入无底的深渊"③，到1948年11月，"无锡丝厂几乎全部被迫停工歇业"④，工潮随之而来，接连发生。无锡《大锡报》报道："自限价开放以来，物价不断上涨，而尤为粮食一项，涨风更甚。……工人因难以维持生活，故连续发生工潮怠工等情事。昨申新、庆丰两纱厂，亦有同样之情形发生。"⑤《人报》报道："本邑申新、庆丰、丽华等厂工人，因十一月份工资依照上海发表发薪倍数为八点一倍，实不能维持生活，要求厂方提高工资，日前因此曾一度怠工。……当经决定十一月份工资依照十五倍计算发给。"⑥ 到了最后，除了几家大型棉纺织厂在勉强维持外，几乎全市工厂陷入停歇状态。《人报》惊呼："无锡十万工友，行将全体失业矣！"为了应付时艰，振新、申三等工厂纷纷以大米作为工资发放，并大米作价交易，完全抛弃了金圆券。

　　对于金圆券改革所造成的恶果，钱孙卿指责："假打虎之名，而行杀牛之实，平民易虐，良知难欺"，"尤不能不为商人鸣其不平也"。⑦ 恶性通货膨胀，犹如飓风，把民族经济搅动得狼藉一片。据中国经济研究所1949年2月编写的《上海工业现状》描述："按照目前情形，上海大部分工业已走到山穷水尽之境，基础脆弱者已纷纷停工倒闭，基础较稳者亦成坐食局面，如此情形再延长二三月以上，上海工业恐有全面崩溃之虞。"⑧ 11月6日，宜兴籍的著名报人储安平在《观察》上发表社论《一场烂污》，以决裂般的口吻写道："七十天是一场小烂污，二十年是一场大烂污！烂污烂污！二十年来拆足！烂污！"这既是对金圆券改革的盖棺之论，也是为南京国民政府20年的历史写下的墓志铭。⑨

　　金圆券改革的唯一"建设性后果"，是意外地催促了人民币的诞生。11月6

---

① 张一飞：《回忆我参加接待蒋经国来锡视察的经过》，《无锡文史资料》第16辑，1987年4月。
② 王赓唐、汤可可主编：《无锡近代经济史》，学苑出版社，1993年，第199页。
③ 王赓唐、汤可可主编：《无锡近代经济史》，第205页。
④ 无锡市地方志编纂委员会办公室编：《无锡近百年经济概览》，1986年，第34页。
⑤ 《大锡报》，1948年11月9日。
⑥ 《人报》1948年11月23日。
⑦ 钱孙卿：《孙庵私乘》，第156页。
⑧ 陈真编：《中国近代工业史资料》第四辑，生活·读书·新知三联书店，1961年，第43页。
⑨ 储安平：《一场烂污》，《观察》第五卷第十一期，1948年11月。

日，中共冀鲁豫边区下令严禁金圆券的使用与入境，并停止金银自由买卖。同时，中共中央决定改变各解放区各自发行货币的办法，成立中国人民银行，发行统一的货币。这一全新的货币起初称为人民券，不久定名为人民币。

国民党实行币制改革，是拼力争取社会基本民众支持、拯救政权和经济的最后一战，但他们离开这一中国民众主体的时间已经太久，加上种种复杂因素的交互作用，这个心愿落空了。蒋经国在上海的"打虎"，在操作层面上有很多欠缺的地方，但最重要的一点是，管制有力而供应不足。蒋经国用口号、冲锋枪和"打老虎"强制性地压住了物价的上涨，但是，却没有也无力在增加供应上下工夫。而他逼着工厂和商店把商品拿出来销售，事实上转嫁了改革的成本，造成企业家或陷入停产或阳奉阴违。很快，随着币制改革以及其他战时统制经济体制的"破产"，国民党丧失了最后的社会群众基础。从此，国民党在战场上的顽强抵抗也就没有了后劲与意义，战败已在所难免。正如张公权日后分析的那样：国民政府"孤注一掷地把它的政治威信和前途押在那次短命的货币改革——即实行金圆券方案上。这只足以说明，政府的政治力量已不复存在，人民对它的信心已扫除净尽，从而加速其最终的垮台。"[1]

## 华润"出世"

解放大军兵临城下，上海等地的资本家纷纷避往香港。而在香港，却有一批人急切地盼望着解放日子的到来，这中间就有一位名叫杨琳的"大老板"。

两三年前的1946年8月，回到香港的杨琳和连贯接到一封由东江纵队转来的电报，这封电报是周恩来通过延安发来的，要求他俩"来宁一行，一切面谈"。接到电报后，两人从香港飞到上海，又乘火车去南京，直接到梅园新村，但周恩来却不在南京，而是去了上海。一个星期后，两人离开南京再去上海，终于见到了周恩来。周恩来伸出双臂拥抱杨琳和连贯，并关切地问候杨琳家人的情况，问候杨琳的母亲是否健康。四个月前，秦邦宪和其他同志在由重庆飞延安途中因飞机失事而遇难。提起哥哥，杨琳泣不成声。[2]

此时，国共内战一触即发，上海笼罩在大战前的紧张气氛之中。抗日战争时期，八路军的许多战略物资来自海外华侨的捐助，在抵抗外来侵略这个大的背景

---

[1] 张公权：《中国通货膨胀史（1937－1949）》，文史资料出版社，1986年，第339页。

[2] "连贯回忆"，华润集团档案馆藏档，转引自吴学先著《红色华润》，中华书局，2010年，第21页。

下，全世界的华人都联合起来了。可是，如果打内战，我党我军的经济支柱在哪里？粮食、被服、武器从哪里来？

在周公馆，周恩来分别向杨琳和连贯布置了不同的任务。杨琳的任务是：1、打通海上运输，发展国外贸易，交流国内外物资；2、完成财政任务；3、培养对外贸易干部。[①] 接受任务以后，杨琳和连贯同船回到香港。1946年秋，更多的地下干部陆续抵达香港。这样，共产党领导的三个系统在香港先后形成，分别是以杨琳为核心的商贸系统，以潘汉年为核心的情报系统，以香港工作委员会（简称"香港工委"）章汉夫、连贯为核心的地下党系统。

杨琳

杨琳回到香港后，把联和行改名为联和进出口公司，简称"联和公司"，在德辅道中香港电话公司大厦（太子行）租了一个写字间挂牌营业。

最初的联和公司仍旧是杨琳和黄美娴的"夫妻店"，组织上没有资金投入，生意一时很难展开。黄美娴将父亲留给她的九龙秀竹园道6号花园洋房，出租一部分给两位英国工程师，以此维持公司的日常开销。杨琳利用多年在香港经商，与港英当局、汇丰银行、华比银行、怡和洋行、上海纱厂建立的融洽关系，积极拓展海外市场，开辟远洋贸易。

在严峻的环境中，杨琳想到的是如何在危急时刻减少损失，他始终坚持"把鸡蛋放在不同的篮子里"，所以，他又注册了天隆行，并在广州设立天隆行分行，用香港与广州两地的公司从事香港与内地的贸易活动。

内战爆发后，联和公司部分承担起共产党在港情报系统、地下党系统的经费。据当时联和公司的会计回忆，他曾多次与潘汉年秘密接头，每次都交给潘汉年一万港币。1946年冬，在港粤一带坚持武装斗争的琼崖纵队和部分游击队遇到困难，经周恩来、朱德指示，联和公司又向他们提供越冬经费。

为加强对海外经济工作的领导，1947年3月，周恩来指派钱之光从延安出发，取道烟台前往香港与杨琳会合。然而，钱之光一行来到烟台后，却因海面被国民党军队封锁，无法出海。谁也没有想到，正是这一阻隔，无意中促成了一条运输线的形成，日后在我党的经济工作和统战工作中发挥了无以替代的作用。

---

① "秦邦礼自传"，华润集团档案馆藏档，转引自《红色华润》，第22页。

在烟台等了三个月的钱之光，只能北上大连，再伺机南下。此时，在东北领导我党财经工作的正是杨琳的老上级陈云和李富春。东北有可供出口的粮食，但是缺少工业设备和生产原料，因此陈云提出要"设法打通对外贸易"，但是有一个问题却始终困扰着他：派谁去香港？如何打通海上通道？如何构建贸易网络？

此时，钱之光一行来到大连，一个大胆的设想很快形成了：钱之光等人留在大连，组织货源，把东北的物资运到香港，交由杨琳的联和公司，再由联和公司从香港购买战争和生产所需物资，运回东北。

这个设想很快得到中央的批准。钱之光等人就在大连留了下来，建成了一个临时的"大连站"，对外名称为"中华贸易公司"。公司对外不挂牌，其业务就是办理进出口商品的报关和保险。

从此，联和公司的组织机构更加健全：在香港，联和公司挂牌营业；在广州有天隆行；在大连有大连站（中华贸易公司）。这样，香港与广州、香港与大连，就可以很方便地开展进出口贸易。这三家公司实际上是一个系统，在执行同一个任务。

1947年11月初，3000吨的黄豆和猪鬃等东北土特产从哈尔滨运到朝鲜西北部的罗津港，然后装上苏联货轮阿尔丹号，直航香港。东北与香港之间的贸易活动从此拉开了大幕。

经过一周的航行，阿尔丹号抵达香港。这是联和公司第一次接到解放区运来的货物。当晚，联和公司通过新接到的无线电台向钱之光报告货轮平安抵达的消息；同时电告延安的朱德和周恩来，报告"东北与香港的航道已经打通"[①]。

东北大豆和土特产很受欢迎，很快就卖完了。这次东北局还拨给联和公司一笔黄金，作为采购物资的资金。杨琳根据中华贸易公司送来的购货清单，天天跑采购，忙了半个多月，总算将西药、真空管、卷筒新闻纸和大量的麻袋准备齐全。

12月初，满载货物的阿尔丹号又迎风北上了。香港与东北局之间的第一次远航贸易取得了空前的成功，这标志着我党领导的外贸进出口工作开始转变为公开的商业活动，从以采购为主转变为销售和采购并重，从以进口为主转变为出口和进口并重，这是一次巨大的飞跃。

此后，阿尔丹号和另一艘苏联货轮波德瓦尔号不断往返于香港与罗津、香港与大连之间，源源不断地运出东北的大豆、猪鬃、中药、人参等货物。这些货物，除了在香港销售外，还转口到英国、美国和东南亚地区。同时，又一船接一

---

① 袁超俊：《华润在大决战中创业》，《红岩春秋》1998年第2期。

船地运回东北所需的各类物资，如棉纱、棉布、医药、轮胎、各式器材，甚至有"284 火车头"等火车零配件。"毛泽东号列车"上就有华润采购的零部件。

人民币的诞生，华润也作出过贡献。人民币在诞生之初，由东北解放区代印。其用纸一部分由苏联进口，一部分是自己用线麻生产的，但由于用纸量巨大，一时供应不及。受陈云委托，华润公司在香港为东北局购买印钞纸。从 1947 年 11 月开始，一直到 1949 年上半年，杨琳他们多次从海外采购并运回大量印刷用纸，香港市场一时"洛阳纸贵"。现货不够，就买期货。还通过海外华侨在东南亚购买，也通过英国洋行公司从英国、美国进口。

随着采购面和采购量的不断扩大，联和公司门庭若市，看货、谈价钱的商人络绎不绝。为适应公司发展的需要，杨琳提出开办一个更大的公司，以便于对外淡业务。1947 年 12 月圣诞节，杨琳和其他同志在一起商量起名字的事情。据回忆：在议论改名字的时候，大家七嘴八舌，起了好几个名字，有人建议叫"德润"，"德"取自朱德的名字，因为当时朱德总司令分管华润；"润"取自毛泽东的字"润之"。朱德接到电报后说："不行，怎么能把我的名字排在主席前面呢？"再次议论时，杨琳提议改为"华润"，杨琳说："华"代表"中华"，"润"是主席的字，还代表雨露滋润、资源丰富。①

华润公司，以合伙人的无限公司形式向港英当局注册，注册资金为 500 万港元。这在二十世纪四十年代的香港商界，可称是一项巨款，约为 90 万美元。"华润"的英文译名"China Resources"，由杨琳妻子黄美娴翻译，简称 CRC，一直沿用至今。

1948 年 8 月，华润公司在皇后大道与德辅道之间的毕打行正式挂牌。由已经来到香港的钱之光任董事长，杨琳任总经理。

1949 年 3 月，周恩来指示在香港的南方局系统的又一秘密经济组织广大华行与华润合并，由广大华行向华润注资 500 万港元，华润的实力进一步得到加强。

广大华行有一位副总经理名叫张平，原名张焕文，1912 年生，也是无锡人氏。广大华行与华润公司合并后，张平随即在华润公司任职，1950 年任董事，翌年任总经理。杨琳离港北上后，接替杨琳任董事长兼总经理。当然这是后话。

随着业务的扩大，华润公司所租的两艘苏联货轮此时明显地不够用了。钱之光和杨琳商量，华润公司必须有一支自己的海上运输队伍。1948 年秋季，轮船公司"华夏企业有限公司"成立，隶属于华润公司。同时在香港干诺道租用一个仓库，以储藏货物。华夏企业有限公司先是购进一艘二手的 3500 吨客货两用

---

① 袁超俊：《华润在大决战中创业》，《红岩春秋》，1998 年第二期。

船，命名为"东方号"（Oriental）。轮船注册巴拿马国籍，挂巴拿马国旗。之后，华夏公司又在德国、美国、英国分别订购和租用了奥弥托、碧蓝普、港星、梦获娜、梦获莎、莫瑞拉等几条大轮船，其中有四艘是万吨巨轮。

就这样，在新中国诞生以前，党中央的直属经济机构华润公司拥有了自己的远洋轮船。由华夏公司所建立的国际贸易规则、合同文本、提货单等，日后都成为我国国际航运的范本，解放后直至改革开放前一直沿用。

联和公司向东北输入大量物资，促进了东北经济的恢复，农业、轻工业、交通运输业等到迅速发展。同时，由于对本地物资的大量采购，也在一定程度上推进了香港经济的复苏。1948年11月4日香港报纸报道："本港工业逐渐恢复繁荣，工人缺乏，厂家急于招聘。"文中说：此前，本港织布厂同业会322家会员中，停工及倒闭的达182家之多，失业工人在6000名以上。但近月来，订单增加，已有60家左右陆续开工。此外，铁钉、油漆等也供不应求。

随着解放战争形势的不断发展，解放区提供的出口物资越来越多，如东北的木材、大豆、豆饼、猪鬃、人参和中药材；山东的龙口粉丝、花生仁、生油和各种土产。同时，解放区也急需进口大量的物资，如橡胶、棉花、五金钢材、机电配件、轮胎、汽油、药品、军鞋、麻袋、道林纸、白报纸等。华润公司利用香港市场的有利条件，积极为解放区推销出口货物，采购进口商品。华润在新中国的成立中扮演了重要的"贸易支前"角色。如果说淮海战役的胜利是百万支前民工用小车推出来的，那么小车里装的许多军需物资则是华润提供的。从1947年年底开始，华润租用的货轮将大量物资从香港运抵大连、天津、青岛，再装上小车，由百万支前民工运到前线。在三大战役、渡江战役直至解放广州、海南的过程中，华润的采购物资一直紧跟解放前线，确保了战争的胜利。

华润公司采购数量大，品种又多，能左右香港市场。港英政府很快就发现了华润的购买实力，开始主动与华润联系，愿与华润交换物资。

1949年1月29日，杨琳等发电报给时任中共中央城市工作部部长的罗迈（李维汉）。从这封电报的内容，对此可见端倪。

这封电报的内容：

1、经委会与英商银行团（包括保守党国会议员及战时供应部负责人）初步接触，彼方积极与我交换物资。

2、彼方认为此种交换系商业性质，以不违犯国际公法、不装运军火为原则，并将取得英政府默契，英方表示不愿中国交易为美国独占。

3、交换范围以我方农、矿产品交换英方工业、日用等产品。

4、交换地区在我控制区之港口，可停千吨大船，有港务船务设备者，船由英方供应，并负责运输船只，在我方港口安全卸载之时限，须提供充分保证，损失须（我方）赔偿。

5、英方提议要求我方能具体和详细说明双方之交换物质量及种类，提供交换地名、港口、船务货舱等设备之详情，双方商量机构，拟设在星加坡，船挂工业旗。

6、英方计划及目的甚庞大。

7、我等另提出一大规模军用运输，由我方负责以二千吨船之物质，至英方指定港口交换，详另电。①

华润凭着自身强大的经济实力，向老牌英商怡和公司出售大批量的大豆，从埃及、巴基斯坦进口棉花，从泰国进口大米，从新加坡、马来亚等东南亚国家进口橡胶。1950年，华润公司的进出口贸易额达到5000万美元，但这一年整个香港的进出口总额为13亿美元左右，华润在其中的份额达到4%左右。

香港与东北之间的远航贸易，在杨琳等人的领导下取得了空前的成功，这标志着我党领导的外贸进出口工作开始转变为公开的商业活动，从以采购为主转变为销售和采购并重，从以进口为主转变为出口和进口并重，这是一次巨大的飞跃。在这样的贸易活动中，香港华润公司作为共产党领导下的第一家国营海外企业，得以迅速壮大，人员在不断增加，营业额在不断增长，其知名度也在逐渐提高。"华润"的名字已经走出香港，走向东南亚，走向英国和美国。

除了"贸易支前"、"发展海外经济关系"，华润公司还承担过一项私密的政治任务——接送在港的民主人士北上进入解放区，参加筹备新政协。

1948年，国共之间的战争，胜利的天平已经向共产党倾斜。4月30日，抵达西柏坡的中共中央颁布"五一"劳动节的口号，号召"各民主党派、各人民团体、各社会贤达迅速召开新的政治协商会议"。9月，周恩来等拟定了一份77人的民主人士名单，电告在香港的地下党组织，务必将其中客居香港的民主人士安全送达解放区，筹备召开新的政治协商会议，为建立新中国做准备。

钱之光、杨琳等华润领导和香港工委开始着手登记在香港的民主人士名单，并筹划如何把散居不同地点的几十位民主人士从家里接出来、送上船而不会引起国民党特务的警觉。谁负责联系哪一个民主人士，走什么样的路线，如何应付可能出现的意外情况，一一设想到位。

9月12日深夜，蔡廷锴、谭平山、章伯钧、沈钧儒首批四位民主人士，登

---

① 《红色华润》，第73页。

上了装满华润公司货物的波德瓦尔号。第二天，一声汽笛响过，波德瓦尔号驶离港口，乘风劈浪，向北方驶去。此时，在他们的目的地，国共之间的第一场大决战辽沈战役刚刚爆发。

11月23日，第二批包括郭沫若、翦伯赞、许广平母子、马叙伦在内的十多位民主人士从香港启程北上。

前两批民主人士离港北上后，引起外界的注意。港英当局派官员以洽谈业务为名，到华润公司打听虚实。而第三批北上的人数最多，重要人物也多，有李济深、章乃器、茅盾、王绍鳌、柳亚子、马寅初等人。其中李济深是中国国民党元老，国民党中央、桂系势力、港英当局各派政治势力都在拉拢他，美国也希望通过扶植他形成国共以外的"第三种势力"。为此，钱之光、杨琳和香港工委精心导演了一出"金蝉脱壳"之计。12月26日上午，李济深专门接受合众社记者采访，做出近期根本不会离开香港的假象。当天深夜，他就在香港工委专人护送下登上了阿尔丹号轮船，安全驶离香港。这些民主人士在穿着方面也是煞费苦心，有的西服革履，扮成经理模样，有的则是长袍马褂或普通便服，装成做生意的商人，口袋里还装有货单。

1949年3月，天津已经解放。杨琳他们向香港一家船务公司租借了一艘7000吨客货轮，又送别了包括中国民主建国会常委黄炎培在内的最后一批民主人士。货轮乘风破浪，直抵天津港。

就这样，在隆隆的炮火中，华润公司用了前后不到半年时间，胜利完成了把民主人士和文化名人及爱国华侨送回解放区这一项特殊的政治任务，保证了新中国政治协商会议的顺利召开。

华润公司的员工为采购国内急需的物资在大把大把地花钱，可是，他们自己的生活却极其俭朴。

在租赁毕打街毕打行写字间、挂出华润牌子的同时，还在跑马地成和道16号的一个小楼里租下三层和四层作为宿舍，钱之光夫妇和其他职员家庭搬了进去，每家挤在一个房间里。

华润公司的员工在生活上跟解放区一样，实行供给制。供给制是我党早期的一种分配制度，是以"小米"折算的。1948年，部队、机关、学校的公职人员年收入为：关内解放区人均每年400"小米斤"，东北天气冷且农产丰富，人均600"小米斤"①。由于华润地处香港，特殊一些，还有一点津贴。

华润此时还没有小汽车，钱之光和杨琳出门也搭乘公交车。乘公交车，一则

①《陈云年谱》，中央文献出版社，2000年，第527页。

不方便，二则也不安全。1948年9月第一批民主人士到哈尔滨后，陈云听悉这一消息后，致电杨琳，让杨琳买一辆车。不过，真正买车已经是1949年底的事情了。

在跑马地成和道16号宿舍有个小厨房，公司请来的两位香港姑娘，负责做饭和打扫卫生。中午送饭到公司写字楼，开始是送到太子行，后来是毕打行。饭菜很简单，菜汤里只漂一点点油花。当第一批民主人士安全抵达解放区的那晚，钱之光和杨琳才决定：晚餐加一个红烧肉。

华润人在香港为了新中国的诞生奉献着、节省着。他们知道，多节省一个铜板，就可以多采购一些物资；多一些后勤保障，就可以减少前线将士的流血和牺牲。

## 【锡 商 人 物】

　　张平（1912－?），原名张焕文，无锡县洛社浜口人。1939年7月参加中国共产党，与他人在上海创办党的秘密经济组织广大华行，主要经营西药，任副经理。1940年，广大华行内迁重庆，张平在香港创办新中贸易商行（后并入广大华行）。1941年，张平在成都创办广大华行分行。抗战胜利后，广大华行总行从重庆迁回上海，1948年又南移香港。1949年3月，广大华行并入华润公司，张平任董事。1950年夏，新的香港贸委改组成立，张平任常委，1951年接任华润公司总经理，1952年至1960年任华润公司董事长兼总经理。1961年至1983年任中国粮油食品进出口公司副总经理。

第六部分
**大变局 （1949－1956）**

激荡岁月

锡育 1895—1956

# 1949 年：走还是留？

1949，只是一个"符号"，一个象征着中国结束旧时代、迎来新世界的"符号"。

这一大转折，是用排山倒海般的战争手段完成的。在这大动荡的十字路口，每一个中国人尤其是有一定经济基础和社会地位的商人，都不可避免地受到震撼和洗涤，不得不做出自己对时代、对家人、对自己的抉择。

荣德生留下了，荣鸿元走了；唐君远留下来了，唐星海走了；李国伟走了，却又回来了……

在这"十字路口"，选择"走"还是选择"留"？其实都是不轻松的。

## 十字路口

天蒙蒙亮，上海高恩路一座三层洋房院落里悄悄开出一辆小轿车，缓缓地行驶在路上。车内，一位气度不凡的青年男子不时用焦虑的眼神扫视街头的一切。

这是 1949 年 5 月 25 日上海的早晨。马路上和衣卧着不少穿黄色军装的军人，有的已经起身，有的还在睡觉，有的就着咸菜啃冷馒头。

青年男子继续开车，靠近公共租界的江西路时，被一个士兵拦住了。对方很有礼貌地告诉他，前面还有战斗，不安全，请他先回去。

1949 年 5 月 27 日，进入上海城后露宿街头的解放军战士

"他（荣毅仁）很兴奋地和我回忆说，他从来没有看到过这样的军队，说话这么和气，就睡在大马路上，和老百姓秋毫无犯。"许多年后，荣毅仁跟老报人计泓赓回忆起当时的情景，仍然历历在目。

回家的路上，刚才大街上的所见，不时浮现在眼前，他左想右想，这些天来一直忐忑不安的心，一下子平静了许多。

解放军攻占上海后，报纸上的大标题首先变了语气，"解放"成了一个时髦的词语。这时荣毅仁还不理解共产党解放上海的意义，也不明白"解放"到底是什么意思，但是解放军一进上海，他个人却是真真切切地"解放"了。原本，荣毅仁就在这几天要出庭受审。

1946年11月间，荣毅仁遵照行政院和粮食部的嘱令，由茂新面粉公司代为购贮小麦30万担。以后，粮食部又指示将这些小麦加工磨制成两号粉和统粉两种，两号粉供应市场给市民食用，统粉则专为军粮之用。茂新一厂加班加点，筛麦磨粉。这时，国民党军队已大举向解放区进攻，当小麦还剩余两万多担时，因军用急需，又全部制成统粉。随后，这批两号粉和统粉，分别由粮食部所属机构验收合格后交给上海粮食总仓库。

结果，在事隔一年有余后，也就是在1949年春节一过，国民党监察委员会一张状纸，把荣毅仁以"侵占公有财物"、"盗卖公有财物"、"玩忽公有财物"三大罪名告上了法庭。国民党某监察委员甚至说："国军为什么在东北战场失败？就是由于部队吃了荣毅仁卖给政府的霉烂面粉拉肚子所致。"

荣家灾祸连连，荣鸿元私套外汇案余悸未消，荣毅仁又惹官司，全家一下子又惊呆了！

结果，解放军开进上海，这场官司消弭于无形。因此，上海解放对荣毅仁来说，较之普通市民更具有异乎寻常的真切体会。这，正如荣毅仁后来所说：那不是一般的、抽象的"解放"啊，对我来说，而是紧迫的、有着真实内容的"解放"！

百里之外的无锡，他的老父荣德生端着茶壶，在梅园的中心建筑诵幽堂里焦灼不安地来回踱步。房间里静悄悄的，只有厅堂里长台上座钟发出"嘀嗒嘀嗒"的走时声。

窗外，不远处的山峰郁郁葱葱，春天已经到来了。

自从上一年以来，无论是上海，还是无锡，荣家企业都陷入困境。而且，随着在军事上的节节败退，国民党的统治日落西山，大势已去，稍有智识者都看到了这一点。那么，"走"？还是"留"？一直煎熬着这位74岁的老人。

"三十六计，走为上"。出于维护自己利益的本能，工商界兴起了一股迁厂逃资风，其间就有他的子侄和女婿。

从 1947 年开始，侄子荣鸿元就开始筹办在香港办厂。初到香港之时，他对记者发表了一段谈话："本人此次赴港，感觉到香港的畸形繁荣，是战乱和管制工商的不合理所造成；华北、华中实业家的迁港设厂，实为不得已之举，如政府能见机允许开放自备外汇，使在英美等邦购进的器材机器等能准予进口，何至于舍本逐末，楚材晋用，去帮助繁荣香港，实为政府之失策惋惜。"①

在这一年，申新九厂订购美国的机器也运抵香港，荣鸿元以这批机器在香港创办纬纶纱厂，10 月开工生产，拥有纱锭 38600 锭。当时在香港很难雇到纺纱工人，申新九厂还从上海雇佣和抽调了数百名熟练工人前往。同时，他还指派王云程将申新一厂订购的三万多纱锭改运香港，与美国商人在港合办了南洋纱厂，装机 2.5 万纱锭。

1948 年 11 月，荣鸿元因私套外汇案被判处缓刑获释后，随即去了香港，加快了迁厂抽资的步伐。1949 年 2 月，他将上海鸿丰二厂纱机及设备售予大安纱厂，在香港成交。所得 40 万美元款项，除偿还部分债务外，均留香港筹办大元纱厂。荣鸿元还大量抛售空头栈单，并把所得款项立即结成美元或港币，然后汇往香港，这样大元纱厂就建立起来了。到 1949 年 7 月止，大元纱厂造厂及增购机器超过 2000 万元，拥有纱锭万锭，大部分为从申新九厂抽提的资金。

荣鸿元迁厂抽资的主要目的地除了香港，还有台湾。他令上海申新一厂拆运纱锭 5040 锭、布机 200 台，加上香港南洋纱厂未装完的部分机件，运到台湾设立新厂。1948 年 9 月，他又令申六拆运纱锭一万枚、布机 201 台到台湾，以建新厂，结果厂未建成，机器堆存基隆台湾银行仓库。

二房系统的荣尔仁也积极运筹迁厂事宜。当时，南方的广东省有着许多敌伪工厂，有些仍未修复开工。因此，身为广东省政府主席的宋子文很想拉拢上海的南迁工厂。就广州的地理条件而言，离原料地较远，气候上也不宜于办纱厂，但是宋子文提出了三项优惠条件：广州曾办过麻毛厂，机器在战时失散，厂址可以开设纱厂，不必另行建设厂房；对原棉进口和棉纱出口可以给予便利；营业周转资金可用原棉和纱布做抵押向广东银行和中国银行借款。于是荣尔仁放弃了原先迁往湖南办厂的计划，决定共同创办广州第二纺织厂。1948 年初双方订立合同，由广东实业公司提供厂房，由申新方面负责机器、原料及流动资金的筹集和生产经营管理，利润基本按四六分成。在宋子文的支持下，向中国银行取得 300 亿元

---

① 《荣家企业史料》下册，上海人民出版社，1980 年，第 645 页。

质押透支贷款，由上海申新二厂、五厂迁运 1.8 万余纱锭建设纱厂。1948 年 7 月，广州第二纺织厂开始正式生产。但是，因局势影响原料来源极其艰难，工厂开工后逐月亏损，不久广东实业公司又退出经营，分红方式改为按月缴纳厂房租金，完全由申新二厂、五厂独立自主经营。

同属二房系统的天元公司也远赴泰国设厂。据当时报纸报道："中国最大的纱厂——申新纱厂正计划在暹罗设厂。据称，中国驻美大使顾维钧之子，曾与二月赴暹罗，已与暹罗政府获得协议：暹罗政府占该公司股份的百分之四十，申新占百分之四十，其余百分之二十由中暹商人投资。暹政府已经拨定厂址一处，中国技术人员二百名可入暹境，不受移民入境限制。"[①] 但是，在泰国的棉纱厂因为经营不善最后倒闭。泰国纱厂的负责人是荣德生的五子荣研仁。荣研仁不仅将原有的本钱蚀光，而且欠下很多债务，为此他被泰国政府软禁，最后由荣尔仁出资为其"赎身"。

作为二房总管理处副总经理的荣伊仁，也正为公司的下一步去向作准备。11 月 21 日，他再度乘飞机赴香港商谈建厂之事。本来，这一次他是想乘海轮去港，谁知随行之人坚持要他同飞。上午 10 时，两人乘坐"霸王号"飞机到达香港，不料港粤气候变化异常，香港四面环海，飞机下降时误触岩石，起火爆炸，机上人员全部惨遭不测。荣德生闻此消息，如遭霹雳，继长子伟仁英年早逝、年初六子纪仁命丧黄泉之后，荣德生又一次遭受丧子的打击。黄梅不落青梅落，白发人送黑发人。几天几夜，老人扼腕叹息。

李国伟也思绪彷徨。从 1947 年底以来，表弟章剑慧一直向他建议前往香港或台湾设厂："时局混乱已极，西北不可恃，川中亦难乐观，沪港乃较安全，汉口亦在未定之天，吾哥智珠在握，必筹谋及之。""以全力经营港厂，留一最后完全的退步，最好吾兄能做较长期之驻港，能多利用外资，迅赴事功。"[②] 1948 年 4 月 26 日，适巧原先为汉口定购的两万锭英国纱机，到了交货时期却又无款结汇，李国伟通过他人向信昌洋行商议垫款。信昌洋行表示愿意借款，但却提出在香港设厂的要求，这让李国伟下定了赴港设厂的决心。

1948 年 3 月，李国伟向香港政府注册成立九龙纺织工业股份有限公司。他在致他人信上说："中土扰，惟此海隅之地，一时或不致波及，冀以此为始基也。"[③] 1949 年 6 月九龙纱厂开出 2000 纱锭，12 月开至 1.5 万锭。

---

① 《荣家企业史料》下册，第 662 页。
② 《荣家企业史料》下册，第 665 页。
③ 《荣家企业史料》下册，第 665 页。

　　与此同时，李国伟又将汉口的一套粉机和 250 千瓦发电机拆迁广州，设立福五广州分厂；又将汉口申新四厂托付英国领事馆保护，把申四福五总管理处迁到广州。1949 年 9 月，福五广州分厂正式开工，日产面粉 3000 包。一个多月后，广州即行解放。李国伟又将总管理处再迁香港。据统计，李国伟系统单是渝蓉两地分厂就转出资金约 60 万美元。①

　　荣家到底抽调外流了多少资金呢？据申新总公司统计，被资方抽走的金银及实物，有 12 磅细布 71780 匹，印花布 7000 匹，棉纱 7536 件，黄金 1549.18 两。还有为数不少的美元、英镑、法郎等外币，如果折合 20 支纱达 5.2 万件之巨，折合人民币 2529 万元（人民币新币）。② 这些估计还是保守数据，因为申新资方在离开上海时，把一些暗账藏起来或销毁了，这些估计的基础是现存档案中的数目，实际外流的资金和物资应该更多。"外逃的资金，包括外币、成品、生产设备以及国外订购的原材料和机器等，据解放后自查，仅上海申新各厂的总数就达 1000 万美元以上。"③ 1000 万美元，在当时可是一个天文数字。

　　动荡年代，风雨飘摇，上海的工商巨头无日不在去留两彷徨之间苦苦煎熬。

　　为了了解共产党的工商政策，唐星海还看起了英文版马列主义的书。④ 1948 年下半年，对共产党依然心存疑虑的唐星海从庆丰抽调资金，套购外汇，去香港筹办南海纱厂。据资料表明：唐星海投入南海纱厂的资金共有 63.9 万美元、493.9 万港币，两项总计折合 389.82 万元人民币（新币），抽调资金"占锡、沪两厂全部资产的 15.7%"。⑤

　　1949 年 4 月 20 日，国共和平谈判破裂，人民解放军随即发动渡江战役。很快，南京解放，镇江解放，常州解放。无锡庆丰厂职代会致电唐星海，请他速来无锡，计划应变事宜。唐星海本来打算与在上海的无锡庆丰厂厂长范谷泉一起坐车回厂。可是，到了火车站后，唐星海忽然说："我忘了把无锡家中需要的东西带来了。谷泉兄，你就先走一步吧，我下班车赶来！"范谷泉只好"先走一步"。这一步，竟成两人的诀别。⑥

　　第二天，无锡获得解放。三天后的 4 月 24 日，唐星海及家人飞往香港。

　　唐星海此举，既属无奈，也是必然。至 1948 年底，南海纱厂开始陆续开工，

---

①　《武汉第三棉纺织厂厂志》，1984 年，第 44 页。

②　《荣家企业史料》下册，第 669 页。

③　许维雍、黄汉民：《荣家企业发展史》，人民出版社，1985 年，第 259 页。

④　上海棉纺织工业公司：《安达集团史料》，内部资料，1959 年，第 44 页。

⑤　《无锡第二棉纺织厂厂史》，第 56－57 页。

⑥　胡水：《大商传奇》，辽宁教育出版社，2011 年，第 218 页。

老年唐君远

总股本 2000 万港元，唐家占四成股权。唐星海从上海飞往香港后，南海纱厂又进一步得到拓展，到 1949 年 5 月，已拥有三万枚纱锭，500 台布机，成为当时香港地区规模最大和设备最完善的纺织厂之一，唐星海也被称为香港"纺织大王"。

丽新系的唐骧廷、唐君远父子以及程敬堂留下来了，他们难以割舍苦心经营多年的实业。但刚从美国伊利诺伊大学研究生毕业的唐君远长子唐翔千，却没有回国辅助祖父和父亲，而是追随堂叔唐星海的脚步到了香港，最终自立门户，开辟了另一方天地。

正由于江浙地区实业家纷纷抽提资金到香港创办大型纺织厂，香港的纺织业迅速脱颖而出。1948 年，香港已有六家大型纺织厂（尚有两家在建设过程中），总投资额（包括土地、建筑、设备）达到 1.08 亿元港币。其中就有荣家的纬纶、南洋和唐家的南海三家纱厂，投资额为 6900 万元港币，接近投资总额的 65%。[1] 此后，香港的纺织业继续得到快速发展，成为香港发展最快的工业行业，被称为"香港工业化的领头雁"。[2] 同样，台湾地区纺织业的最初发展，也得益于内地纺织业的迁入。"上海迁台湾工厂以纱厂为最多，包括申新纱厂、大华纱厂及国营中纺公司等，纱锭数约达九万枚，较台湾原有纱锭为九与之一之比。"[3]

时局动荡，人心惶惶，只有荣德生"岿然不动"。他坐镇无锡，督促茂新一厂的复建工程以及天元麻毛棉纺织厂、开源机器厂的新建工程。

1948 年 12 月 9 日，荣德生从无锡到上海。"余到沪后，但闻公司中人一片离沪声，非香港即台湾，或竟出国，纷纷攘攘，终日惶惶，几若大祸临头，并劝余去港。"[4] 亲朋故旧，子女侄婿，无不劝荣德生从速拿定主意。几位老友、荣家企业"老臣"也劝荣德生"游洋"。

"吾等始终从事工商业，生平未尝为非作恶，焉用逃往国外！"[5] "余非但决

① 禾：《香港纺织业概况》，《纺织周刊》1948 年第 16 期。比例为计算所得。
② 《香港 1955》，港英政府新闻处，1955 年，第 53 页。
③ 《商报》1948 年 12 月 15 日。
④ 荣德生：《乐农自订行年纪事》"1948 年条"，上海古籍出版社，2001 年，第 215 页。
⑤ 荣德生：《乐农自订行年纪事》"1948 年条"，第 215 页。

不离沪，并决不离乡，希望大家也万勿离国他往。"① 荣德生十分坦然。他说："我创建的长桥（按：宝界桥）和梅园，想来共产党一定需要的。"②

恰在此时，荣德生得悉申新三厂拆迁机器，准备运往台湾，立即从上海赶回无锡，极为愤慨，"大加申斥，不准移动"，下令"已拆卸者装上，已下船者搬回"。③

在荣德生的坚持下，二房系统稳住了阵脚，申新二厂、三厂、五厂总管理处做出决定，把已经迁往广州、台湾、香港的各厂物资一律出售或搬回。

二哥荣尔仁对四弟荣毅仁说："我们两人总要留一个。"荣毅仁考虑再三，后来对二哥说："我留吧"。与他一起留下的，还有七弟荣鸿仁。显然，当时32岁的荣毅仁的担子更重。

## 见识见识共产党

"跟国民党走有什么出路？共产党再坏也坏不过国民党！"④ 荣德生信命，但不信邪，他决心留下来，见识见识共产党。

荣德生虽然和共产党没有直接接触，对共产党还不了解，但数十年的办实业生涯，使他历尽人间沧桑，自己被警匪串通"官绑"，二儿被"匪绑"，四儿被诬陷，更不用提申新七厂的被强行拍卖、官僚资本对申新的虎视眈眈……一件件、一桩桩，这凌辱，这辛酸，这抹不去的累累伤痕，何尝能使他忘怀！在《乐农自订行年纪事》中他写道：

曾忆民国三十四年（按：1945年）七月初三，闻日本投降之胜利消息，人心振奋，欢声如雷，爆竹喧天，数日不绝。人民盼望政府来临，犹如大旱之望云霓。及至重庆政府派员来沪，人人以战胜者自居，忘其一切，接收类于劫收，胜利冲昏头脑，骄傲自满，识者忧之。迨乎三十五、六年，每况愈下，民不聊生，税率之重，税法之苛，人民几同剥肤之痛；官吏私囊之饱，品德之坏，不顾民心，肆无忌惮，官僚气息之重，人民莫不寒心。至三十七年后尤甚。视民力若牛马，待民意如敝屣，剥尽民脂民膏，终至自弃于民，可不深长思哉。⑤

但是，听国民党的宣传，共产党是一帮专跟富人过不去、杀人不眨眼、放火

① 荣德生：《乐农自订行年纪事》"1948年条"，第215页。
② 冯晓钟：《解放前夕的回忆》，《无锡文史资料》第八辑，1984年，第4页。
③ 荣德生：《乐农自订行年纪事》"1948年条"，第215页。
④ 计泓赓：《荣毅仁》，中央文献出版社，1999年，第83页。
⑤ 荣德生：《乐农自订行年纪事》"1949年条"，第219－220页。

当儿戏的"赤匪"。消灭"剥削","共产共妻"的传言，让荣德生有些不寒而栗。荣毅仁说："又听的谣言四起，说什么共产党来了要共产共妻，要弄得人家妻离子散，家破人亡。我在外表上还要故作镇静，免得厂里一些同事惶惶不安，内心却好似热锅上的蚂蚁，不知如何是好。"① 当时上海工商界的恐惧，正如薄一波所说的表现为"三怕"："一怕清算，二怕共产党只管工人利益，三怕以后工人管不住，无法生产。"② 面对革命政权，他们内心常为一种惶恐不安心理所笼摄，害怕经济上被"共产"，政治上被"革命"。③

事实上，抗战结束后，中共根据地一度出现过激的工商业政策，一些乱罚款、乱没收、工资过高、机关排挤等现象，经过国民党的有意渲染，使国统区的工商界误以为共产党真的"共产共妻"。中共中央发现问题后，及时进行了调整。1947年12月25日，毛泽东在《目前形势和我们的任务》报告中指出，对于民族资产阶级，包括上层小资产阶级和中等资产阶级，"必须坚决地毫不犹豫地给以保护"，这是新民主主义革命的三大经济纲领之一。以后，党中央又一再重申保护民族工商业的正确方针。1949年5月初，华东局在丹阳召开会议，讨论接管上海事宜，其中就涉及"如何稳定民族资产阶级，以利于恢复生产的问题"。④

共产党的工商业政策走向，荣德生已经有所耳闻。那是他从薛明剑那里的材料上见到的。

薛明剑，早在1920年就进入申新三厂担任总管一职，深受荣德生的器重，在"申新搁浅"、"申七拍卖案"中为荣氏担当对外联络、折冲之职。在荣氏的支持下，薛明剑1936年成为候补国大代表（1938年5月递补为正式代表），抗日战争时期担任国民参政员，抗战胜利后的1948年又成为民选的立法委员。

1947年夏初，大女儿薛禹谷回到了他的身边，来到江南大学任教。女儿有意无意将共产党的《目前形势和我们的任务》、《人民解放战争两周年的总结和第三年的任务》、《中国人民解放军宣言》送给父亲，并托他带给荣德生。

其实，薛明剑并不知道，他的这位最听话的大小姐已经是中共秘密党员，他、钱孙卿、还有"老东家"荣德生，早就成了共产党的统战对象。女儿来到身边，正是受党组织的委派，希望通过他做荣氏家族的工作，力挽申新系统不要

① 计泓赓：《荣毅仁》，第88-89页。
② 薄一波：《若干重大决策与事件的回顾》上册，中共中央党校出版社，2008年，第36页。
③ 李立：《变迁与重建——1949年-1956年的中国社会》，江西人民出版社，2002年，第254页。
④ 中共上海市委党史资料征集委员会主编：《中共上海党史大事记1919-1949》，知识出版社，1988年，第761页。

外迁。

1948 年底，薛明剑与中共无锡工委书记高山直接见面，高山向他宣传了党的工商业政策，并希望他劝告荣德生不要迁厂，并继续搞好生产。

对共产党的经济政策虽已有所了解，但荣德生还是免不了心存疑虑。共产党来了，国家能不能独立安定？工厂能不能赚钱？只有"眼见"，才能"为实"。

1949 年 2 月 17 日，申新二厂、三厂、五厂总管理处无锡地区协理钱钟汉和《人报》总编辑孙德先、采访部主任袁鹤皋等人受荣德生、钱孙卿之托秘密去了苏北，先是到了刚刚解放的扬州，接着去了高邮，见到了华中二地委顾风等领导。几天后，钱钟汉独自一人又去了淮阴，受到了中共华中工委领导陈丕显、管文蔚及扬帆（原名石蕴华）、包厚昌的接见。钱钟汉转达了荣德生坚决留下来的态度，以及希望新政权建立后工厂仍能开工、生产能有保障的想法。对方向他详尽阐述了共产党的城市政策和对民族工商业的政策，此外，还商谈了有关迎接无锡解放和保护工厂等问题。

钱钟汉回锡后，把所见所闻一一向荣德生、钱孙卿作了禀报。荣德生听了，心里舒展了许多，连声说："这是最好也没有了，我们希望的就是生活安定，能够正常做生意。"[1] 1949 年 4 月 20 日，国共和谈最终失败。次日，毛泽东、朱德向解放军发布了向全国进军的命令，解放军的渡江战役随即开始。4 月 22 日，长江天堑繁昌、荻港、江阴等要塞相继突破，"变天"的日子终于到来了。

既留之，则安之。4 月 19 日，荣德生在申新三厂摆下午宴，遍邀无锡各界一些有影响的人士，借机公开表明自己不离无锡的坚决态度。4 月 21 日，就在解放军打响渡江战役的同一天，荣德生还乘上人力包车在无锡城里兜圈子。"荣德生果真没有走，我看见他坐在包车上呢。"消息一下传开了。荣德生"现身"大街，对无锡慌乱的人心马上起了安定作用。

荣德生、薛明剑、钱孙卿等还组织起工商自卫团，会同工人纠察队、地下党控制的自卫队，控制城区运河两岸和城北区的经济和交通命脉，维护村镇和工厂的正常秩序和日常生产。

4 月 23 日晚，解放军进入无锡，一路上未遇到任何抵抗。一位解放军的营长就说："我们跑步轻装冲到无锡，准备打仗的，却碰到了人民的武装，一切都

---

① 陈韧军：《我党团结无锡工商界护厂护商的经过》，《无锡革命史料选辑》第十三辑，1989 年，第 145 页。

像到了解放区了！"① 解放军军纪严明，对民众秋毫无犯。短暂的混乱后，无锡市面很快恢复了正常。"全市邮政和电力供应从未中断，106 所公私立大中小学校照常上课，锡澄长途汽车公司于解放后第三日即行通车，300 余家工厂除丝厂外大部分照常开工。"②

各界人士庆祝无锡解放

经历了漫长的抗日战争和紧接着的三年内战，江南已是天怒人怨，民不聊生。无论如何，停战对于荣德生和所有普通百姓都是天大的好事。

荣德生亲眼目睹解放军进入无锡的种种表现，不禁感慨："解放军纪律严明，精神可佩，对民间财帛秋毫无犯。"③ 解放军进城后，荣德生等把无锡工商自卫团的枪支弹药全部上缴给解放军，并献军粮 10 万石、柴草九万担。

## "工商界的朋友"

1949 年 5 月 27 日，解放大军进入上海。对即将入主这座"远东第一城市"的共产党而言，新政权在这座城市的立足点将基于什么？共产党如何对上海复杂的社会施加影响，如何最大限度发挥上海这座城市对于建设新中国的价值呢？共产党与资本家之间仍然存在着陌生感、疏离感，如何赢取大量资本家对于新民主主义经济的支持，成了新政权必须认真面对并迅速解决的重大问题。

6 月 2 日，上海解放后第六天，刚刚成立的上海市人民政府召开"产业界人士座谈会"。当 90 多位上海最知名的产业界人士来到中国银行大楼四楼会议室时，他们的心情是忐忑不安的。在那里，他们见到了解放后上海市的新任市长陈毅。想不到陈毅市长一开口就是一句"工商界的朋友们"，"朋友"二字一出，会场气氛有所松动。据与会者周而复回忆，"陈毅同志说：中国共产党和人民解

① 诸敏：《壮丽的革命斗争——为〈迎接黎明〉而写》，《诸敏文集》，解放军文艺出版社，2001 年，第 114 页。

② 包厚昌：《包厚昌回忆录》，内部资料，1990 年，第 146 页。

③ 荣德生：《乐农自订行年纪事》"1949 年条"，第 218 页。

放军要打倒的只是帝国主义、国民党反动派和官僚资本，民族资产阶级的工商业要受到保护。中国的私人资本主义工业，占了现代性工业的第二位，是一个不可忽视的力量……"① 会场上的气氛顿时活跃起来。座谈会持续近四个小时，产业界人士接二连三地抢着发言，表达他们的各种担忧，询问了人民政府关于税收改革、原材料供给和生产的保证，以及如何解决劳资双方的冲突问题。他们甚至询问共产党是否会强迫他们和小老婆离婚的问题。座谈会结束后，大家依依不舍地向陈毅市长握手告别，陈毅满面笑容，亲切地说："你们今后有什么问题，我们随时可以约谈。"

荣毅仁在陈毅的斜对面静静地听着、思考着，并时不时地端详这位文武兼备的共产党市长，留下了不寻常的第一印象。他"身穿一套褪了色的布军装，别着中国人民解放军胸徽，脚上一双布袜，一双草鞋，与我在马路上见到的许许多多普通解放军战士相仿"，"性格豪爽而幽默，态度随和而诚恳，真难想像他就是身经百战，威震四方，令国民党军队闻名丧胆的陈毅将军。……这次会议使我开始了解了共产党的政策，也开始认识了共产党人。"② 即使到了晚年，荣毅仁对于这段往事，若干细节仍然难以淡忘。1991 年，他在《陈毅市长给我的第一印象》文章中这样说。"42 年前的一次会议至今历历在目，当时陈毅市长给了我一个终生难忘的第一印象：他是一位普通一兵式的司令员，一位深切了解群众的领导，一位富有人情味的共产党员。"③ 许多参加那次座谈会的工商业主毫不掩饰地表示：他们认识共产党，就是从认识陈毅市长开始的。还说陈毅的讲话犹如"黄河之水天上来"，气势磅礴，扣人心弦，襟怀坦荡，肝胆照人。

会议一结束，荣毅仁开车回到公司，一进门就对焦急等候的经理、厂长大声说："蛮好，蛮好！马上做好准备，迅速复工！"④

那一天，荣毅仁还结识了温文尔雅、一副学者模样的副市长潘汉年。陈毅和潘汉年一登场就给上海工商界留下非常好的印象。这些有着戎马生涯的红色官员，明朗豪爽，生气勃勃，与以前充满陈腐气息的国民党高官形成鲜明对比。

没想到几天后，潘汉年就约荣毅仁见面。那次见面不是在办公室里进行的谈话，而是一次朋友间的私人聚餐。大家吃着点心，喝着咖啡，随便地聊了起来，

---

① 周而复：《回忆陈毅同志》，《上海文史资料选集：统战工作史料专辑》（九），上海人民出版社，1990 年，第 26 页。

② 荣毅仁：《陈毅风范心中永存》，《风雨同舟半世纪》（《上海文史资料选辑》第 93 辑），1999 年，第 2 页。

③ 荣德生：《陈毅市长给我的第一印象》，《怀念陈毅》，世界知识出版社，1991 年，第 110 页。

④ 计泓赓：《荣毅仁》，第 93—94 页

从企业生产、市场行情和经济状况，谈到个人的家庭、经历和爱好，不知不觉中，荣毅仁"开始有了对共产党人的新的认识……以后，我同潘汉年同志的交往日渐加深，经常互相串门，聊天谈心。"①

自然而然的，荣毅仁对于共产党有了来自内心的好感。为了表达感激之情，他邀请上海市领导来他家晚宴。陈毅接到荣毅仁的邀请后，专门把这个问题拿到市委会议上进行讨论——资本家请吃饭，去还是不去？会上发生了激烈的争论，多数同志不赞成去，他们怕和资本家吃饭，丧失政治立场。而潘汉年等认为应该接受邀请，因为这是一个很好的机会，可以向上海资本家展现共产党亲民的一面，获得他们对新民主主义统一战线的支持。陈毅赞同潘汉年的看法，说："共产党不怕帝国主义，不怕蒋介石国民党，难道对资本家就怕起来了？难道吃了这餐饭就会丧失政治立场？难道你们不会利用吃饭的机会去了解他们，去对他们做点思想工作？"②

最终，陈毅摇着一把大葵扇欣然赴宴，他不仅带了刘晓、潘汉年等市领导去，而且带着夫人和两个小儿子一起去。正如前几次的接触一样，这次晚宴也收获到了正面的效果。在精心准备的扬州菜的餐桌上，严肃的话题中不时也穿插着一些闲聊。陈毅快言快语，他对荣毅仁说："现今你是荣氏企业留在上海的惟一合法代表，所有荣氏企业统统由你掌管，有困难，我们政府会帮助你的。"③

那次宴会上友好的氛围，迅速传遍了全城工商界的上层。一同参加晚宴的工商业主盛康年告诉许涤新，很多的工商业人士都对中共领导干部的平易近人感到惊讶，同时也相信了市委与他们合作的诚意。④

短短半年的接触和交往，使荣毅仁对共产党干部做事实在、待人坦诚的工作作风有了切身感受，他感到惊喜、温暖、亲切。荣毅仁在晚年回忆与潘汉年的交往时说："大家一方面是工作关系，一方面建立了个人之间的朋友关系，成为知己。时隔多年，我常想，潘汉年同志同我的经历和背景有很大差别，为什么很快成为知己，最重要的一点，应是我们相聚在建设新中国的伟大事业中，双方都很坦诚，心是相通的。"⑤ 而这些新市长们对荣家企业的发展，也给予了更多的关

① 荣毅仁：《怀念潘汉年同志》，《上海文史资料选集：统战工作史料专辑》（九），第42页。
② 许涤新：《上海解放初期的统战工作》，《上海文史资料选集：统战工作史料专辑》（十），上海人民出版社，1991年，第3-4页。
③ 计泓赓：《荣毅仁》，第106页。
④ 许涤新：《上海解放初期的统战工作》，《上海文史资料选集：统战工作史料专辑》（十），第4页。
⑤ 荣毅仁：《怀念潘汉年同志》，《上海文史资料选集：统战工作史料专辑》（九），第43页。

心和照顾。"凡是我提出的办法，只要对生产有利，能够维持生产，度过困难的，政府总是迅速地同意照办，从没有受到过留难。这是我过去从来没有碰到过的事情，使我感到很快慰。"①

其间，令荣毅仁难忘的还有两件事。

1949 年底农历岁末，因为要发双薪，申新六厂的一些女工团团围住荣家，荣毅仁正巧办事在外，久等老板不回，抱着孩子、饿着肚子的女工们索性一拥而入，"占领"客厅，说是不拿到工资不走。荣毅仁回忆："潘汉年同志知道后，亲自安排我在上海大厦住下，然后请市委书记刘晓同志出面，要上海市总工会负责人向工人们做解释工作。经过一天一夜，问题终于得到解决。"②

另一件事是在上海推销 1950 年人民胜利折实公债③的时候，荣毅仁代表荣氏各企业认购了 12 万分公债。当时分配给上海的推销额为 3000 万分，占华东 4500 万分的 2/3，占全国 1 亿分的 1/3 弱。到 3 月 31 日，全市认购 3068 万余分。截至 4 月 13 日，共交款 2267 万余分，其中工商界交款 1914 万余分。曾任上海市政府办公厅副主任的梅达君后来回忆道：陈毅市长为此曾邀请几百位工商界人士到中国银行楼上开会，动员认购，"荣毅仁先生当场认购了很多。哪里晓得到交钱的时候，却交不出来。问他为什么当时要认购那么多，他讲了心里话：'我荣毅仁不认购多一些，别人还会认购多少呢？'潘汉年同志就要我们进行调查。我们一了解，荣毅仁所说的确是实情。潘汉年同志就如实向陈毅同志反映，陈毅同志又立即向毛主席报告。不久，陈云同志来到上海调查了解情况。潘汉年同志也如实向陈云同志反映了情况。通过调查，陈云同志充分了解了上海工商界的实际情况，回京以后，就削减了上海的认购公债任务。"④

1950 年 5 月，荣毅仁以特邀代表身份赴北京，代表上海工商界列席全国第一届政协第二次会议。正是在政协会议上，荣毅仁第一次见到了毛泽东。开会前夜，毛泽东和周恩来等中共领袖宴请参加会议的部分民主人士。当代表们走进颐

---

①　荣毅仁：《在向劳动者过渡的道路中》，《在向劳动者过渡的道路中》，上海人民出版社，1957 年，第 8 页。

②　荣毅仁：《怀念潘汉年同志》，《上海文史资料选辑：统战工作史料专辑》（九），第 43 页。

③　1949 年 12 月政府通过《关于发行人民胜利折实公债的决定》，首先在国内发行折实公债。人民胜利折实公债计划于 1950 年内发行两期，每期 1 亿分，年息 5 厘，分 5 年偿还。公债的发行与偿还都以实物为计算标准。折实公债以"分"为单位，每分以沪、津、汉、穗、渝和西安六大城市的大米（天津为小米）6 市斤、面粉 15 市斤、白细布 4 尺和煤炭 16 市斤的批发价加权平均总和计算得出。每分公债应折合的金额由中国人民银行每旬公布一次。

④　梅达君：《在解放初期的日子里》，《民主与法制》1983 年第 1 期。转引自《回忆潘汉年》，江苏人民出版社，1985 年，第 216 页。

年堂时，毛泽东已站在门前热情迎候。见到荣毅仁之时，毛泽东握住他的手说："荣先生来了，欢迎你！"还问他："老先生（指荣德生）好吗？"毛泽东还对荣毅仁开玩笑："荣先生，你是大资本家呀！"周总理则打趣地称他是"少壮派"。此时，荣毅仁初进中南海的拘束感顿然消释，"仿佛站在我面前跟我说话的不是一位大国大党的领袖，而是一位相识已久的师长。我问候了毛主席，回答了他的提问。在宴会中，毛主席鼓励我们说，要为人民做好事，一贯地做下去，做好事越多，越有名誉，人民的奖励也越多，人民是不会忘怀的。"①

在政协会议之前，荣毅仁还参加了全国税务会议。当他第一个发言的时候，身为北方人的财政部长薄一波听不懂江南口音，几次要他讲得慢一点，以便把意见记下来。荣毅仁一面感到有点难为情，一面又深深地为领导干部这种谦虚和认真的作风所感动。可是在这次会议上，对若干问题争执很多，上海的代表们也提了不少意见。当时有一个地区的税务局长认为，国家如此照顾上海的私营工商业，上海工商界意见还这样多，真不应该。荣毅仁听了很不舒服，立即插嘴说："政府邀请我们来，原是要听我们的意见。如果认为我们意见太多不好，那么我们可以不提。"薄一波听见了，就再三鼓励大家要多发表意见，说人民政府的事是大家商量着办的，批评了那位局长，对荣毅仁的态度也提了意见。②

北京之行给荣毅仁很大的触动，他开始意识到自己不仅需要关心荣家企业的利益，也应该关心国家的利益。1957年，他回想这段经历时说："那时（我）提意见的出发点大半还是为了私营工商业的利益，没有考虑到国家的利益。这两次会议给我的教育是极为深刻的，它使我在思想上缩短了同共产党和人民政府的距离。会后我觉得，以后光讲做生意是不行了，还要多懂些道理。我回到上海，就和朋友们一起，选择了'七一'党的生日那一天，成立了学习组织，学习国家的政策和一些马克思列宁主义理论，想学懂一些政策和理论，才能好好地跟共产党走。"③

荣毅仁所提到的学习组织，取名"七一学习会"。学习地点先是借用原海关总署署长的住宅，后迁入沪西的一处花园洋房。1950年7月1日是学习会开始的第一天，潘汉年是应邀去做报告的第一人，他讲的是政治形势和共产党的政策。市工商局长许涤新是第二个应邀做报告的党员干部，报告的题目是"资本主义经

---

① 荣毅仁：《毛主席指引社会主义道路》，《缅怀毛泽东》上，中央文献出版社，1993年，第42－43页。并参见荣毅仁《在向劳动者过渡的道路中》，《在向劳动者过渡的道路中》，第9页。

② 参见荣毅仁《在向劳动者过渡的道路中》，《在向劳动者过渡的道路中》，第9－10页。

③ 荣毅仁：《在向劳动者过渡的道路中》，《在向劳动者过渡的道路中》，第10页。

济的实质"。

## 沐浴在"阳光"下

1927 年 7 月 7 日，蒋介石在首任上海特别市市长黄郛的就职大会上发表训词说："上海特别市非普通都市可比，上海特别市乃东亚第一特别市。无论中国军事、经济、交通等问题，无不以上海特别市为根据。若上海特别市不能整理，则中国军事、经济、交通等问题，即不能有头绪。"[1] 上海的特殊性决定了对于任何一个新政权来说，都具有"制度试验地"的价值。它是沿海中国走廊上的龙头，是中国新观念和商业利润的中心，是所有商业城市的风向标。

解放上海的战斗，对于共产党来说是一场史无前例的特殊战争——既要夺取对城市的控制，又要最大限度地保护上海工商业，所以一位解放军高级指挥员形象地比喻说："这就好象在瓷器店里打老鼠，既要消灭老鼠又不能打毁瓷器。"结果，这场战斗，果真把 20 余万只全副美式装备的"老鼠"赶跑了，又没有打碎"瓷器"。

解放前后的上海市是个怎样的城市呢？概言之，人口 500 多万，工商户 16 万户，官僚资本企业近 300 家，产业工人 17 万余。私营工厂 20164 家，工人 42 万，占全国私营工厂工人的 26.1%，年产值约占全市总产值的 83.1%，占全国私营工厂的 39.15%。[2] 就与社会生活有密切关系的棉纱、面粉业而言，1949 年年初，上海民族资本棉纺织工厂共有纱锭 100 余万枚，织布机有一万余台，占全国民族资本棉纺织工业纱锭总数的 50% 左右，织布机总数的 60% 左右。……上海民族资本面粉厂的面粉产量占到全国民族资本面粉工厂面粉产量总数的 38.5%。[3]

然而，中国共产党刚接管之初的上海却是一番"废墟"景象：由于国民党在统治的最后几年间肆意向台湾疏散资产，民族资本家纷纷逃离，导致上海全城的工业几乎成了空架子，囊中瘪涩，运转资金缺乏。而且因为解放战争尚在内地推进，交通不畅，物价混乱，币制动荡；西方的封锁禁运以及国民党飞机的滥施轰炸，投机活动难以抑制，大部分企业陷于半停顿状态，工厂普遍开工不足。

① 【美】魏斐德：《上海警察：1927－1937》，章红等译，上海古籍出版社，2004 年，第 41 页。
② 周红妮著：《中国共产党接管大中城市纪实》，河北人民出版社，2013 年，第 297 页。
③ 上海社会科学院经济研究所：《上海资本主义工商业的社会主义改造》，上海人民出版社，1980 年，第 31 页。

1949 年 6 月初上海开工的厂家不足三分之一，而开工厂家的生产量大多只占其最高生产量的 10% – 30%。① "上海资本主义工业中规模最大的棉纺工业，由于原料缺乏，每周只能开工三日三夜。"② "上海的 29 家钢铁炼制工厂，只有五分之一局部开工；17 家铜料工业工厂，仅两家局部开工；37 家制革厂，有 20 家全部停工，其他各家大都处于半停顿状态；大小 29 家面粉厂（每日生产量 12 万包，工人近万人）停工待料；55 家煤球业，存煤只够一个月之用；具有 240 余万锭的纺织工业，等待棉花供应。……这就是上海解放初期急需解决的"二白一黑"（指大米、棉花和煤炭）困难。"③

不但工业原料不足，连全市人民生活的必需品也极端缺乏。"全市煤的存量只够用一周，棉花存量不够用一个月，粮食的存量也不够一个月的消费。"④ 所有的一切，正如周恩来总结的一样："城市解放以后，我们会看到原料缺乏，生产降低，销路减少，运输困难，不少人失业。"⑤

建国前后上海工商业满目疮痍，其实是中国企业的缩影。在国民党统治的 20 多年间，工业经济的高峰时刻是全面抗战爆发前的 1936 年。当时中国的生铁产量占世界第 12 位，钢占第 18 位，原煤占第 7 位，棉布占第 4 位。经过八年抗战和三年内战，到 1949 年，国民经济已遭到毁灭性打击。全国重工业产值比 1936 年约降低 70%，轻工业产值降低 30%，粮食产量降低 24.5%。⑥

如何迅速在"废墟"上建立和恢复生产？成为了新生政权面前的焦点问题。全城随处可见的"恢复生产！发展生产！"的横幅，也反映了当时的社会关注度。中共中央对此有着清晰的预判，毛泽东就说："从我们接管城市的第一天起，我们的眼睛就要向着这个城市的生产事业的恢复和发展，务必避免盲目地乱抓乱碰，把中心任务忘记了，以至于占领一个城市好几个月，生产建设的工作还没有上轨道，甚至许多工业陷于停顿状态，引起工人失业，工人生活下降，不满意共产党。这种状态是完全不能容许的。"⑦

此时，荣氏在上海的工厂陷于停顿状态。申新一、二、五、六、七、九厂及

———————————

① 孙怀仁：《上海工业的今日和明日》，《经济周报》第九卷第三期，1949 年 7 月。

② 上海社会科学院经济研究所：《上海资本主义工商业的社会主义改造》，第 71 页。

③ 周而复：《回忆陈毅同志》，《上海文史资料选辑：统战工作史料专辑》（九），第 28 页。

④ 上海社会科学院经济研究所：《上海资本主义工商业的社会主义改造》，第 71 页。

⑤ 周恩来：《恢复生产，建设中国》，《周恩来选集》（英文版）上卷，外文出版社，1981 年，第 398 页。

⑥ 魏心镇著：《工业地理学（工业布局原理）》，北京大学出版社，1988 年，第 136 页。

⑦ 毛泽东：《在中国共产党第七届中央委员会第二次全体会议上的报告》，《毛泽东选集》第四卷，人民出版社，1991 年，第 1428 页。

合丰等七家工厂，有纱锭 376396 枚，布机 2910 台。到上海解放时，有两家工厂停工，五家工厂只能开工 60％。① "解放前夕，申新需用流动资金折 20 支纱 2.5 万件，实际流动负债已达 23 万件，完全靠银行高利贷度日，债务呈指数增长。当时，行庄官息一般每月 6 角，黑市暗息最高达 1 元至 1.5 元，如果借贷以日息 6 分计，则一个月复利本利即达 6 倍，全年可翻至 17 亿倍。"② "至 1950 年 2 月底止，上海申新各厂负债总数约抵棉纱一万五千余件"。③ 到 4 月底，申七因逃港资金较多，又乏人管理，首先停工疏散，合丰厂也同时停工。"其他各厂除一厂较好外，资金都周转不灵，其中欠债尤以九厂为甚。各厂普遍欠发工资和代办米，六厂曾一度停工。全国最大的申新九厂，竟因付不出电费，致停工数天，原棉供应已经到了热锅等生米的情况。有些厂晚上开工，下午才拆到头寸，购进棉花。"④

对于其间原因，申新如此总结："一是解放后因海口封锁，订购外棉受了运输阻碍，不能按期到达，供应生产。有的原船退回了好几次，凭空增加了几倍的运输上栈负担和成本。二是解放初期的市场不正常，粮食与其他工业品的比率过高，花贵纱贱，以致无法把握成本，把所有的流动资金全部亏蚀了还不够，不得不借款维持生产。三是由于借款维持生产利息的负担加重，以致占据了工缴成本的大部分，增加了亏蚀的数字。四是匪机的轰炸，造成最近整个工业动力的缺乏。"⑤

百废待兴，乱麻难理，面对令人痛心的烂摊子和令人焦心的种种困难，荣德生、荣毅仁到底该怎么办呢？

此时，新生的政权及时向民族工商业者伸出了"援手"。上海解放后的第五天，人民政府就开始对私营工厂进行收购产品，上海工商部门代私营工商业主向业务机构"代洽收购成品（火柴业、针织业等中小工厂），介绍他们去申请原料配给（如解决橡胶业的汽油问题）和运输优待（如迁厂可半价等），以及反映资

---

①　中共上海市委统战部、中共上海市委党史研究室、上海市档案馆编：《中国资本主义工商业的社会主义改造（上海卷）》，第 1195 页。

②　史全生：《中华民国经济史》，江苏人民出版社，1989 年，第 569 页。

③　《申新纺织厂总管理处有关各厂周转困难无法维持要求政府协助文件》（1950 年），上海市档案馆藏档，档号：Q193－1－1239。

④　《申新各厂改善了经营方法——中共上海市委政策研究室关于上海市工商业如何克服困难、搞好生产的调查材料》（1950 年），上海市档案馆藏档，档号：A4－1－8－35。

⑤　《申新纺织厂总管理处有关各厂周转困难无法维持要求政府协助文件》（1950 年），上海市档案馆藏档，档号：Q193－1－1239。

方的困难，协同劳动局处理劳资纠纷"。① 后来，又逐步发展为对私营工业实行加工订货。所谓加工，是国营商业（或其他国家机关）通过订立合同，对私营工厂供给原料或半成品，由后者按规定的规格、质量、数量加工制造，按时交出成品，取得加工费（工缴费）。加工费包括工资及其他生产费用，也包括加工产品应缴纳的营业税及企业的合理利润。所谓订货，是国营商业（或其他国家机关）通过订立合同，向私营工厂订购产品，由后者按合同规定的规格、质量、数量，按时交货，取得货价。② 对于棉纺织业，"凡私营纱厂自纺部分的棉纱及自织的棉布，均由国营花纱布公司统一收购。厂内所存贮的棉纱棉布都要向该公司登记并由其承购，不得自行在市场出售。国家统购或承购的价格，包括厂方的成本和合理利润。"③

由于棉纺织品的滞销与国内原棉不足，申新自纺利润低于代纺利润，很需要接受国家加工订货。"1950 年 3 月，花纱布公司为进一步帮助私营企业维持生产，采取代纺代织、委托加工的办法，每件纱代纺工缴从原来的 205 个折实单位，提高到 1950 年 10 月的 240 个折实单位，1951 年 1 月又提高到 260 个折实单位。申新系统五个厂在 1950 年由政府委托加工棉纱 81178 件，占全部销售量的 73.98%。"④ 与 1950 年相比，"1951 年申新各厂代纺增加了 2.4%，为 85.16%；自纺比例减少了 2.4%，为 14.4%；代织（代染）比例增加了 28.7%，为 72.7%；自织（自染）比例减少了 28.7%，为 27.3%。"⑤ 鸿丰纱厂"一年中政府给我们的代纺棉花总共达 35112.13 担"。⑥

显然，申新企业从加工订货中得到了好处："一是生产大幅度上升。申新各厂解决可原料、销售、资金周转问题，1952 年与 1950 年相比，棉纱总产量增加 30% 以上，棉线增加 3 倍，棉布、印花布均匀增加约 1 倍。纱锭和布机的单产都

① 上海市工商局：《解放初期上海私营工商业情况》，《档案与史学》2001 年第 4 期。
② 上海社会科学院经济研究所：《上海资本主义工商业的社会主义改造》，第 74 页。
③ 中共上海市委统战部、中共上海市委党史研究室、上海市档案馆编：《中国资本主义工商业的社会主义改造（上海卷）》，第 1198 页。
④ 中共上海市委统战部、中共上海市委党史研究室、上海市档案馆编：《中国资本主义工商业的社会主义改造（上海卷）》，第 1197 页。折实单位：1949 年 6 月 14 日，上海市开始实行"折实单位"办法。"折实单位"是以四项生活必需品实物为基础，以货币作计算单位。一个折实单位包含中白粳米 1 升、生油 1 两、煤球 1 市斤和龙头细布 1 市尺。当天，中国人民银行上海分行挂出折实单位牌价为 302 元。同时人民银行举办折实单位储蓄存款。以后各单位发放工资和私立学校收取学费等都按折实单位计算。
⑤ 《申新纺织厂总管理处关于申总 1951 年度工作总结报告》（1952 年），上海市档案馆藏档，档号：Q193-1-1347。
⑥ 《申新纺织厂总管理处关于鸿丰纱厂生产维持会成立一周年纪念特刊》（1951 年），上海市档案馆藏档，档号：Q193-1-1490。

超过了解放前的最高水平。二是企业的经营管理有了进步。以前，申新企业重经营轻生产，机构臃肿。加工订货后，核算成本，质量有了提高，促使申新资方改进经营管理，加强生产计划，减少浪费，降低成本，减少管理人员，增加直接生产工人。"[1] 而且，"因为统购以后，厂家可以专心努力生产事业的改进与发展，再没有成品滞销以致影响生产情绪的顾虑；在集中精力从事生产的安定状况下，可以进一步提高生产效率。"[2]

收购产品和加工订货的举措，收到了"立竿见影"的效果。上海 300 多家私营工厂在解放后十天内，就从极度困难中得以喘息，逐步恢复了生产。

为了解决原料紧缺问题，新生政权还以低于成本的价格，以设备纱锭为标准向各厂配售原棉。这一措施，大大缓和了花纱价格倒挂的损失，而且申新各厂纱锭较多，得益也多。上海花纱布公司为私营工厂办理紧急配棉。1949 年 9 月初，按市场实际价格，花纱比率应是 460 市斤棉花换取一件棉纱，国营的花纱布公司与私营厂按 550 市斤结算，私营纱厂每件纱可多得棉花 1/5。[3] 申新还与华东公私营纱厂联合购棉处订立配棉合约，"仅 1950 年 10 和 11 月，申一就配得 4297.2 担原棉，申二配得 3884.2 担，申五配得 4089.4 担，申六配得 2249.8 担，申九配得 6488.6 担。"[4] 在 1949 年 6 月，政府还宣布外棉进口免征关税，鼓励外棉进口。申新二、五、九厂进口埃及、印度等国家的棉花共 3262 包，还出台"私营厂商申请进口原棉准以国产棉纱、棉布出口交换"的政策，既缓解了申新等企业部分原棉困难，又使销售纱布有了出路。[5]

新生政权对私营工商业也给予了大量贷款支持。上海市通过新华银行、四明银行等给申新贷款，从 1949 年 11 月起到 1950 年 5 月申新改组成立总管理处前，共贷给申新二、五、六、七厂达 236.96 万个折实单位。在申新总管理处成立之后，约定其业务款项存储于人民银行，由人民银行给予专项贷款。到 1951 年底，

　　① 中共上海市委统战部、中共上海市委党史研究室、上海市档案馆编：《中国资本主义工商业的社会主义改造（上海卷）》，第 1199 页。

　　② 《申新纺织厂总管理处关于申总 1951 年度工作总结报告》（1952 年），上海市档案馆藏档，档号：Q193-1-1347。

　　③ 中共上海市委统战部、中共上海市委党史研究室、上海市档案馆编：《中国资本主义工商业的社会主义改造（上海卷）》，第 1196 页。

　　④ 《申新纺织厂总管理处与联合购棉处所订配棉加工合约》（1950 年），上海市档案馆藏档，档号：Q193-1-1842。

　　⑤ 中共上海市委统战部、中共上海市委党史研究室、上海市档案馆编：《中国资本主义工商业的社会主义改造（上海卷）》，第 1196 页。

人民银行总共向申新总管理处贷款 355 万元（人民币新币）。① 另有资料表明，申新在总管理处成立之初，曾由人民银行贷款人民币 100 多亿元，作为流动资金。其后因为生产上及检修上之需要，又陆续贷予巨款，前后共达 900 多亿元（人民币旧币）。② 到 1949 年底，国家银行对上海私营企业的放款金额为 500 余万元（人民币新币）③，已占其全部放款总额的 76.3%④；到 1950 年 4 月，国家对上海私营工商业的贷款总额已达 2644 万元（人民币新币）。⑤ 在国家银行组织和推动下，上海整个金融业对私营企业的放款也占全市放款总额的一半以上。⑥

在无锡的荣家企业也沐浴在人民政府的"阳光"之下。"本公司截至解放之日，共欠客户棉纱达 3649 件，其中欠国民党政府银行 2326.15 件，加以解放前南运棉布迄无交代，因此在此时期中，原料缺乏，资金短绌……种种困难，挟以俱来。"⑦ 茂新面粉厂至 1949 年 8 月底止，共欠客户栈单各号面粉 161947 包，欠银行 1535 万余元，从 1949 年至 1950 年共亏蚀面粉 25 万包之多。⑧ 对于申新三厂，国营建中公司一面收购存纱，一面供给 6000 担原棉，使它勉强渡过了下半年的困难。到了 1950 年 3 月份后，仍然困难重重的申新三厂每周开工从六天六夜减少到四天四夜，库存棉花不够一天之用；外欠各债达 39 万元，利息支出几占成本的 10%。在这样的山穷水尽、无法维持的窘境中，人民政府又伸出了"援手"。建中公司拨给 9000 担棉花，上海花纱布公司借给 1000 件纱的贷款。更为重要的是，上海花纱布公司扩大对申新三厂的代纺代织定额。到 1952 年下半年，申三运转纱锭已开足 9 万锭，所开布机增加到 720 台。天元 1 万纱锭已全部开足，麻袋生产也在华东纺管局和银行等单位的支持下，扩充了设备，麻纺锭从 240 锭增加到 960 锭，1951 年全年产麻袋 49 万条、麻线 17 万磅，到 1952 年 9 月

① 中共上海市委统战部、中共上海市委党史研究室、上海市档案馆编：《中国资本主义工商业的社会主义改造（上海卷）》，第 1197 页。

② 《解放三年来的申新》（1952 年），上海市档案馆藏档，档号：Q193 - 1 - 1233。1949 年通行的是人民币旧币。1955 年 3 月，人民币新币发行，拆合率为新币 1 元等于旧币 1 万元。

③ 孙怀仁主编：《上海社会主义经济建设发展简史（1949 - 1985 年）》，上海人民出版社，1990 年，第 38 页。

④ 上海社会科学院经济研究所：《上海资本主义工商业的社会主义改造》，第 82 页。

⑤ 孙怀仁主编：《上海社会主义经济建设发展简史（1949 - 1985 年）》，第 59 页。

⑥ 上海社会科学院经济研究所：《上海资本主义工商业的社会主义改造》，第 82 页。

⑦ 《荣氏在无锡企业的社会主义改造》，《中国资本主义工商业的社会主义改造（江苏卷）》（下册），中共党史出版社，1992 年，第 21 页。

⑧ 《荣氏在无锡企业的社会主义改造》，《中国资本主义工商业的社会主义改造（江苏卷）》（下册），第 21 页。

即还清了为扩充麻袋生产设备所借的 160 万元贷款。① 1949 年申新三厂亏损 130 余万元，到 1950 年亏损额降为 80 余万元；1951 年转亏为盈，盈余 9000 多元，旧欠债务开始清偿，1952 年生产情况更为好转。② 在资金支持方面，从 1949 年 8 月起至 1950 年 2 月底联营时期，人民银行和私营银行联放处先后以订货、质押等形式贷给申新三厂 38.8 万余元；1950 年 5 月又帮助赎回被扣押在上海的 2300 多担原棉，又贷款 22 万元。在此同时，支持天元扩充麻纺设备贷款 160 万元，给予订货、质押贷款 9.1 万余元。人民银行还对茂新公司以短期贷款或长期押款的形式先后贷给 40 多万元。开源机器厂到 1952 年 10 月公私合营时已贷款 90 万元，将近一半的机器押给了银行。③

新生政权的一系列政策，让申新系很快从濒临破产的边缘重新回到了正常的轨道。申新公司用这样的文字总结了那一段的产销情况，内中充满了对新生政权的感激之情："在原棉缺乏的时候，或以外棉来接济我们，或拨发现款来贴补我们因无原料而停工所付出之巨额工资；在原棉充裕的季节，则又扩大加工，增加开工班数点数，并自动提高了工缴几次。此外，如调整工商业关系，调整公私关系，统一购销棉纱棉布，收缩通货，安定市场物价等等措施，对于业务经营方面都是有很大的帮助的。"④ 此外，"全国仓库物资调配委员会华东分会曾向我们收购了大批剩余物资器材，花纱布公司并承购了本处直属的申新七厂，代管的合丰纺织厂、缫丝厂、铁电厂和申新六厂投资的芜湖裕中纱厂三个单位的全部厂房机器，这些经济上的帮助，不但维持了各厂的生产工作和稳定了本处的经济情况，而且使我们可以缴清了第一期人民胜利折实公债的尾数，完纳了以前积欠的税款，清偿了全部借款及大部分纱布旧欠。"⑤

当然，不仅是荣家的申新产业，上海所有的行业都普遍感觉到了新生政权的"温暖"。据统计，截至 1949 年底，在轻、纺工业方面，占全市三分之二以上的纺织印染厂，三分之一以上的绸厂，70% 以上的面粉厂，以及一部分造纸、水泥、橡胶、肥皂、火柴、毛纺、内衣织造等工厂都受到国家收购产品、加工订货

①《荣氏在无锡企业的社会主义改造》，《中国资本主义工商业的社会主义改造（江苏卷）》（下册），第 26 页。

②《民族资本家荣氏发展简史稿（三）》，《无锡文史资料》第三辑，无锡市政协文史资料研究委员会编，1981 年，第 81－82 页。

③《荣氏在无锡企业的社会主义改造》，《中国资本主义工商业的社会主义改造（江苏卷）》（下册），第 26 页。

④《解放三年来的申新》（1952 年），上海市档案馆藏档，档号：Q193－1－1233。

⑤《解放三年来的申新》（1952 年），上海市档案馆藏档，档号：Q193－1－1233。

和配售原料等不同方式的扶助。①

上海民族工商业很快摆脱了解放前夕停厂倒闭、奄奄一息的绝境，"起死回生"，逐步恢复。据 1949 年 12 月对全市 68 个主要工业行业的调查，在 10078 家私营工厂中，开工的已达 61.7%，其中有些重要行业的工厂开工户数已占全业总户数的 80% 以上（如钢铁工业、机器制造工业、棉纺织工业等），有的甚至达到100%（如造船、碾米、医疗器械工业等）。私营棉纺工业的纱锭运转率已达83%，产量较同年 6 月份增加 34%。②

短短半年多时间，民族工商业就发生了如此巨大的变化，从江河日下转为恢复生机，实在是一种奇迹。建国之初，国民经济几近崩溃，国库黄金和战略资产被国民党劫往台湾，再加上国际势力的封锁和挑衅，开国之难，内外交困，对于刚刚执政的共产党来说好比是又一次长征。建国后恢复生产的第一役，共产党依靠工商业主、广大职工以及社会各阶层的共同努力，终于扭转了经济危局。

一时间，去港的工商业"大佬"纷纷回归。在香港"观望形势"的安达棉纺织厂总经理刘靖基回到上海，并把转移到境外的机器、原料和黄金全部调回，在上海浦东扩建安达纺织新厂和化纤厂。"煤炭大王"、"火柴大王"刘鸿生先去了广州，再转道去了香港，"观望"了一段时日，最终在 1949 年底回到了上海。"如果说我一生中曾经作出过聪明的决定的话，那就是这一次。"③ 创建天厨味精厂，被誉为"味精大王"的吴蕴初去了美国，此时回来了。最大的民族航运家卢作孚去了香港，1950 年回到了大陆，带回了民生公司在香港的 18 艘船只。金城银行总经理周作民回到了上海。

让荣德生欣慰的是，原申新九厂负责人吴中一（吴昆生之子）从港返沪复职，从香港调回资金 165150 港币。有几位股东从香港汇来 508550 港币，并运来原棉 1500 包，计值港币 912620 元。荣尔仁从香港回到上海，携回原棉 1762包。④ 还有，李国伟也回到了北京。

既然共产党扶植企业发展，国家又趋于安定，为什么不回去继续发展呢？

---

① 上海社会科学院经济研究所：《上海资本主义工商业的社会主义改造》，第 82 页。
② 上海社会科学院经济研究所：《上海资本主义工商业的社会主义改造》，第 82 - 83 页。
③ 刘念智：《实业家刘鸿生传略》，文史资料出版社，1982 年，第 113 页。
④ 中共上海市委统战部、中共上海市委党史研究室、上海市档案馆编：《中国资本主义工商业的社会主义改造（上海卷）》，第 1197 页。

## 【锡 商 人 物】

章剑慧（1905－?），名桓，号尚周，以字行，无锡城内小河上人。1923年毕业于无锡公益工商中学，后进汉口申新纺织四厂工作。1926年赴美学习纺织。1930年任申新四厂副厂长，后任厂长兼总工程师。抗战爆发后在重庆建成庆新纺织厂，自任厂长，为内迁厂最先开工、盈利丰厚的一家。后任申四重庆分厂副经理，申四福五总管理处副处长。抗战胜利后应经济部邀请，赴沪任接收委员，主持接管日本在上海的13个纱厂。1946年奉命以资方代表参加加拿大国际劳工会议，前往美、英参观。后在香港协助创建东方纱厂、南丰纱厂。1960年协助创建南大纱厂、毛纺厂、针织厂。1974年赴印尼为友创建南大纱厂、布厂及牛子布厂。1982年回香港定居。

郑翔德（1904－1985），无锡县玉祁人。1916年进入公益工商中学就读，毕业后进申新三厂任初级职员，后升为考工主任、机务部长、工务处长等职。1930年代初期，被派赴日本明治纺织会社实习机械保全工作法，回国后即担任申新三厂纺织机务科科长、工程师等职。1937年抗日战争开始，他随公益铁工厂内迁重庆，先后担任过同心酿造厂、复兴铁工厂厂长，以及公益纺织面粉机械制造厂襄理等职。后来，又与他人合办中国工矿公司，并任机械厂厂长。抗日战争胜利后，他又受聘于申新纺织公司，回到无锡担任申新三厂厂长。申新三厂公私合营后，继续担任厂长、副厂长等职。

# 1954 年：公私合营

新中国的商业史是一部政治经济史，国家的大手遮盖了广袤的国土，商人的角色在整个国家的社会主义建设伟大事业中，忽明忽暗，或隐或现。

变革年代，商业的命运难以把握。新政府与旧商人曾经一度充满未知的角力，很快地盖棺定论，毫无悬疑。

德公远行，那个曾经给他带来无限荣耀和伤痛的时代，在他身后轰然关上大门。

新的时代到来了，但在这一个以鲜亮红色为背景的时代里，他曾经奋斗了一生的资产最终归于国有，他曾经身处的那个阶层也将走向"绝种"。

## 一个新词

从 1954 年起，一个新词"公私合营"频繁出现在报纸和文件上。

这一年 9 月 15 日至 28 日，第一次全国人民代表大会在北京召开。大会通过了我国第一部《中华人民共和国宪法》，规定："中华人民共和国依靠国家机关和社会力量，通过社会主义工业化和社会主义改造，保证逐步消灭剥削制度，建立社会主义社会。"宪法又规定："国家依照法律保护资本家的生产资料所有权和其他资本所有权"，"国家对资本主义工商业采取利用、限制和改造的政策"，"鼓励和指导它们转变为各种不同形式的国家资本主义经济，逐步以全民所有制代替资本家所有制。"

就在一年前的 1953 年 6 月，中共中央政治局正式讨论和制定了中国共产党在过渡时期的总路线。"从中华人民共和国成立，到社会主义改造基本完成，这是一个过渡时期。党在这个过渡时期的总路线和总任务，是要在一个相当长的时期内，逐步实现国家的社会主义工业化，并逐步实现国家对农业、对手工业和对资本主义工商业的社会主义改造。"《中华人民共和国宪法》的通过，对"过渡时期总路线"以根本大法的形式进行了确定。

上海工商业的公私合营，在1953年底开始启动。12月24日上海协商委员会七次扩大会议宣布了14个厂的合营试点。一些工商业者表现出了一种意料之外的积极态度，很快就有170余家以书面或口头申请合营。半年多后，到1954年8月，申请公私合营的私营工厂达到2000余户。"像安达纱厂刘靖基，在总路线宣布初期带头合营"，"如刘鸿生（大中华火柴厂，上海水泥厂，章华毛纺厂）对十四个厂中没有自己的厂表示不满意，急躁。"而荣毅仁呢，"沉默观望"，"申新系荣毅仁以为今后会点名合营，自己不提合营，积极的抓三班制，抓生产。"①

不过，不少工商业者白天敲锣打鼓地把自家产业送去"公私合营"，晚上躲在家里抱头痛哭。曾帮助荣宗敬摆脱宋子文"国有化"企图的陈光甫，此时身在香港，得知自己一手创办的上海银行在职工大会上通过公私合营的决议后，激忿不已，与来港向他汇报的总经理大吵一架，决意不再回大陆。后来，他在香港、台湾另创上海银行系统。

一向有着自治传统的上海工商业，何以对新生政权的"公私合营"表现得如此热情和积极？其实，在此前的两年，全国的民族工商业刚刚经历了"三反""五反"运动。这场运动，让历经风雨的工商业界真正见识到了新生政权的巨大力量，走社会主义道路已是"人心所向"。

刚从战争硝烟中走过来的上海，日用品市场在经过近一年的沉寂后，到1950年下半年大大活跃起来。原因在于蓬勃开展的农村土改，使得农村购买力大增，刚刚建立的全民所有制国营企业也增加了对消费资料的需要。为加强对经济的调控，新生政权按照需求量向民族工商业下达加工订货的配额。因此，在随后的1951年，私营企业纷纷走出亏损泥淖，利润剧增，达到了解放后的高峰。民族工商业阶层对曾经陌生的共产党有了信任感，他们衷心向新生政权表达了感激之情，大都认为"最坏的时期已过去"，"稍具头脑"的更意识到"大局已定"，开始主动与新政府合作。②

只是工商业阶层没想到，后面的转变比预料得更快。抗美援朝战争随即爆发，军需品的需求量大大增加。因为自产自销的利润要大得多，一些工商业者出

---

① 《总路线公布以来上海资产阶级和我们斗争的新的形势情况报告》，上海市档案馆馆藏档，档号：A38－2－252。

② 上海市工商局：《解放初期上海私营工商业情况》，《档案与史学》2001年第4期。

于对利润的追逐，开始抗拒加工订货；有些虽然勉强接受了加工订货，但偷工减料，粗制滥造。当时在工商业者阶层广泛地流传着"加工不如订货，订货不如收购，收购不如自销"的说法。① 有的宣称："去年春天我们在困难中，政府委托加工定货是'雪中送炭'，我们是欢迎的，现在不需要'锦上添花'了。"② 但为了完成任务，有些商人开始在商品里以次充好。同时，由于行政权力广泛介入到经济生活之中，几乎所有大订单都来自党政部门，行贿、偷税漏税、盗窃国家经济情报等情况随之不断出现。

建国执政不过两年左右时间，共产党干部队伍中贪污腐化的情况已经日趋严重，引起了中央的警觉。1951 年 11 月，一场反对贪污、反对浪费、反对官僚主义的"三反"运动由此展开。"三反"运动其实质是一场以反对党及政府工作人员贪污腐化为中心的全国性的政治运动，天津地委前后两任书记刘青山、张子善，因为勾结私商、收受贿赂、投机倒把、贪赃枉法的罪行被处决。

在寻找病源时，人们很自然地把矛头对准了工商业资本家。12 月 20 日华东局向中央和毛泽东汇报"三反"运动情况时，就提到"党政内部的贪污往往是由非法商人从外部勾结而来的"。③ "据统计，上海十六万五千多户私营企业中，有不同类型不同程度违法行为的占 84.84%；最普遍的是偷税漏税，从 1949 年 5 月至 1951 年底，被税务机关查获的偷税漏税案件达 238954 起，偷漏税款达 9403 万元，至于没有查获的还不知有多少。"④ 1952 年 1 月 5 日，北京市委送交中央的"三反"再次提到了工商界问题。毛泽东当即批示："一定要使一切与公家发生关系而有贪污、行贿、偷税、盗窃等犯法行为的私人工商业者，坦白或检举其一切犯法行为……借此给资产阶级三年以来在此问题上对于我党的猖狂进攻（这种进攻比战争还要危险和严重）以一个坚决的反攻，给以重大的打击，争取在两个至三个月内基本上完成此项任务。请各级党委对于此事进行严密的部署，将此项斗争当作一场大规模的阶级斗争看待。"⑤ "对于一切犯法的资本家，无例外地均应抓住其小辫子，分别轻重大小，予以不同的惩治和批判。一部分罪大恶极

---

① 上海社会科学院经济研究所：《上海资本主义工商业的社会主义改造》，上海人民出版社，1980年，第 117 页。

② 中国社会科学院、中央档案馆编：《1949－1952 中华人民共和国经济档案资料选编·工商体制卷》，中国社会科学出版社，1993 年，第 668 页。

③ 中共中央文献研究室编：《毛泽东传（1949－1976）》，中央文献出版社，2003 年，第 221 页。

④ 上海社会科学院经济研究所：《上海永安公司的产生、发展和改造》，上海人民出版社，1981 年，第 250 页。

⑤ 《中央转发北京市委关于三反斗争的报告的批语》（1952 年 1 月 5 日），《建国以来毛泽东文稿》第三册，中央文献出版社，1996 年，第 21 页。

者，没收其资产。"①

　　数天后的 1952 年 1 月 26 日，中共中央正式发出了发出《关于在城市中限期展开大规模的坚决彻底的"五反"斗争的指示》，要求在大城市"向着违法的资产阶级开展一个大规模的坚决的彻底的反对行贿、反对偷税漏税、反对盗骗国家财产、反对偷工减料和反对盗窃经济情报的斗争"②。共和国成立以来对工商业资本家的第一次重大运动——"五反"运动由此声势浩大地展开。熊熊大火烧到黄浦江畔，大街上店铺里以及厂子里一时间都贴上"打退资产阶级猖狂进攻"、"坦白从宽，抗拒从严"的大标语。

　　对于"五反"运动，荣毅仁一开始持观望态度。根据军管会的精神，上海民建分会会员被分成六组，限期 10 天之内坦白交代违法事实。一份报告称："大资本家荣毅仁、吴蕴初、刘靖基、郭棣活等，三催四请仍不参加小组，坦白书亦未送民建会。荣毅仁、经叔平等并书面声明，绝对'不能'经常出席（会议）。"③ 荣毅仁回忆，"五反"运动开始时，"我也认为这些不法行为确实不好，应该反掉。但是后来斗争到自己头上来了，心里很不痛快，以为自己这几年来一直靠拢党，做事也规规矩矩，没有犯什么错误，为什么也要'反'？又怀疑政策是不是在改变"？"斗争终究是苦痛的，我一面又要检查自己，一面又要安定各个企业负责人的情绪，精神上又紧张又苦闷。"④ 更多的工商业者对运动也不当回事，在向政府上交的坦白书，大部分无非是交代请客吃饭，送小礼，走后门，占蝇头小利等鸡毛蒜皮的小事。在他们看来，"将本求利，天经地义"，"做生意总是想一本万利，要赚钱总是要要一点手法的"，"承揽交易，总是要走点门路，卖点人情，给点回佣送点礼，是从小学会的生意经。啥叫行贿？啥叫腐蚀干部？"⑤

　　中共中央发动"五反"的目的，"主要不是为了搞几个钱，而是为了改造社会。"⑥ 许多地方都出现了较为出格的批斗行为。多数资本家从没经历过这样的

---

① 《转发饶漱石关于华东各地三反斗争情况的报告的批语》（1952 年 1 月 13 日），《建国以来毛泽东文稿》第三册，第 40 页。

② 《中央关于首先在大中城市开展五反斗争的指示》（1952 年 1 月 13 日），《建国以来毛泽东文稿》第三册，第 97 页。

③ 上海市档案馆藏档，档号：B182－1－573－27－28。

④ 荣毅仁：《在向劳动者过渡的道路中》，《在向劳动者过渡的道路中》，上海人民出版社，1957 年，第 11－12 页。

⑤ 中共上海市委统战部、中共上海市委党史研究室、上海市档案馆编：《中国资本主义工商业的社会主义改造（上海卷）》，中共党史出版社，1993 年，第 881 页。

⑥ 《中共中央关于争取"五反"斗争胜利结束中的几个问题的指示》，1952 年 5 月 20 日，《建国以来重要文献选编》第三册，中央文献出版社，2011 年，第 161 页。

运动，开始惊慌失措，不知所终，他们"一怕过不了'五反'，二怕下不了台，三怕企业完蛋"，在交代问题时"个别资本家神色突变，说话结结巴巴，举止惶惶张张，有时发抖"。①资本家力量比较集中的民建会受到的冲击最大，运动中一度出现过"火烧工商业，打劫民建会"的口号。许多资本家逃不过去，胡乱交代，或者揭发别人。有的人实在没办法，就把自己的赢利算做偷工减料交代。②

3月，陈毅提出一个"两路分兵"的方案，将全市303户最有代表性的上层资本家集中起来交代揭发，与群众揭发不见面，"背靠背"，带有保护性质。荣毅仁、经叔平、刘鸿生的儿子刘念义等都在303户之列。在为期一个月的集中学习时间，荣毅仁天天去沙逊大厦，白天学习，晚上才能回家。在这里学习的资本家个个心事重重，有的老板不堪压力，每次学习，都会自备安眠药。那段时间，荣毅仁经常在八楼会场外眉头紧锁，兜圈子，踱方步；每天晚上又要为写材料而发愁，"不管写偷税漏税多少，都是不够的，还需要继续交代"。③

4月4日，303个工商大户召开互评互助组会议。在会上，资本家们争先恐后"坦白罪行"。最初，荣毅仁交代违法获利280亿（人民币旧币），随后追加到300多亿，最后竟报出2096亿这样的天文数字。因数额巨大，他只得向上海市委统战部副部长周而复表示：自己名下并无财产，只有上海麦尼路一座住宅，只能设法将其押款10亿，以还付欠中粮公司的款项。至于退款，申新系统欠花纱布公司与人民银行的就有800亿，再要还各地的要账，几乎没有可能。只能将申新等厂向政府抵出，或直接实行公私合营；如果不行，"四面逼紧，没有办法时，只好上吊"。④

工商资本家疲于应付各种斗争会，导致根本无暇管理工厂生产和店面生意，大部分都选择停业，上海的生产、经营再一次出现了严重衰退。有资料显示，整个华东区的私营商业商品经营量实际衰退了31.54%。⑤而且，随着退财补税力度的进一步加大，上海工商业面临全面"失血"的窘境，前景更加堪忧。潘汉年清晰地认识到了这一点："估计上海15万到16万工商户全部坦白后，坦白的

---

① 周而复：《往事回首录》，《新文学史料》1994年第1期。
② 杨少振：《三十二年来的经历》，《工商经济史料丛刊》第三辑，文史资料出版社，1984年，第121页。
③ 吴琪：《上海1949—1956：民族资本家的转折年代》，《三联生活周刊》2012年第528期。
④ 转引自杨奎松《1952年上海"五反"运动始末》，《社会科学》2006年第4期。
⑤ 《华东五个城乡贸易和公私关系情况（1952年7月9日）》，《1949—1952中华人民共和国经济档案资料选编·商业卷》，中国物资出版社，1995年，第171页。

数字估计约有 8 万亿（人民币旧币），这个数字假使全部退的话，上海生产能否维持，是值得我们注意的，在这个时间如何让重要生产继续生产，这是非常重要的。"①

5 月上旬，"五反"运动进入最后阶段，对私营工商业户进行定案。上海市进行"五反"的私营工商户共 164890 户，已经"五反"定案共 153030 户，占 92.8%。……在"五反"定案的 153030 户中，守法户 59711 户，占 39%，基本守法户 69730 户，占 45.6%；半守法半违法户 18362 户，占 11.95%；严重违法户 4512 户，占 2.95%；完全违法户 715 户，占 0.47%。②

出乎意料的是，荣家的申新被评为完全守法户，核定的国家退赔金额为 657 万元（人民币新币）。作为上海最大的工商户，这个评定让荣毅仁简直不敢相信。而在汉口，申四福五经过审查核定偷工减料造成的国家损失计 72 万多元，盗窃国家资财计 29 万多元，偷税漏税计 10 万多元，投机倒把非法所得计 17 万多元。结案为半守法户，免予处分。③

据薄一波回忆："在对上海 72 家较大的工商户定案处理的时候，遇到了一个问题：如果都定为违法户，就谈不到继续同他们合作，党对民族资产阶级的又团结又斗争的政策也有在很大程度上落空的危险。我和陈毅同志商量后认为，可视他们的政治表现，适当从宽处理。""荣毅仁先生家当时是上海最大的民族工商户，在'五反'中也发现了一些问题，应该划到哪一类？我和陈毅同志反复商量过。陈毅同志说，还是定为基本守法户好。我同意他的意见，并报告了周总理，周总理又转报毛主席。毛主席说，何必那么小气！再大方一点，划成完全守法户。这个'标兵'一树，在上海以至全国各大城市产生了很大影响。"④

同时受到保护过关的还有郭棣活、刘鸿生、经叔平、吴蕴初一类大资本家。

7 月下旬，潘汉年在全市大会上宣告上海"五反"运动结束。

历时半年左右时间的"五反"运动，给上海整个社会经济产生了深远的影响，从全盘考察，不难发现资本主义工商业的比重相对趋于下降。"资本主义工业产值占上海全部工业总产值的比重由 1949 年的 83.1% 下降到 1952 年的 66.7%，资本主义商业批发额占上海商业批发总额的比重由 1950 年的 65.5% 下

---

① 潘汉年：《关于"五反"运动情况》，《潘汉年在上海》，上海人民出版社，1985 年，第 349 页。
② 中共上海市委统战部、中共上海市委党史研究室、上海市档案馆编：《中国资本主义工商业的社会主义改造（上海卷）》，第 871 页。
③ 《中国资本主义工商业的社会主义改造》（湖北卷武汉分册），中共党史出版社，1991 年，第 403 页。
④ 薄一波：《若干重大决策与事件的回顾》上册，中共党史出版社，2008 年，第 123 页。

降到1952年的43.2%，资本主义商业企业零售额占上海商业零售总额的比重也由1950年的91.6%下降到1952年的76.4%。而社会主义工商业的比重却逐渐上升。在同期内，社会主义工业产值的比重由16.50%上升至27.7%；社会主义商业批发额的比重由34%上升至56.3%，零售额的比重由8.3%上升至23.4%。"①接下来的1953年，上海经济实现了稳定发展——几十个行业全部取得了"满堂红"，即消除亏损，全部获得创纪录的赢利。工商界人士因此称之为"难忘的1953年"。

经过暴风骤雨般的洗礼，民族工商界开始转变思想意识和经营方向，成为政府社会改造战略的积极配合者。荣毅仁刚解放时说："我赞成共产党只举一只手，如果两只手都举起来，那是投降。""五反"后他说："举一只手赞成共产党是我错了，现在要举起双手拥护共产党。"②

## 德公远行

就在潘汉年在上海宣布"五反"运动结束之时，荣德生在家乡无锡离开了这个新旧交替的世界。

1949年9月，中共中央邀请邀请荣德生赴北平参加中国人民政治协商会议，与各界代表一起共商建国大计。可惜荣德生患足疾难于行动，未能出席会议，但政协会议仍把他推选为第一届全国政协委员。不久，荣德生被中央人民政府任命为华东军政委员会委员、苏南人民行政公署副主任。此外，他还被选为中华全国工商业联合会筹备委员会委员、苏南各界人民代表会议协商委员会委员。

1950年6月，荣德生抱病出席苏南区人民代表会议，并做了大会发言，赞扬新生人民政府的经济政策，还提出关于筑路、修桥、便利交通、大力发展工业、发展经济的建议。7月，荣德生抱病赴沪，出席华东军政委员会第二次会议，并在会上做了关于发展实业、振兴经济的发言。

1951年10月，荣德生原拟赴北京出席中国人民政治协商会议第一届全国委员会第三次会议，因痔疾大发，未能成行。

在商海拼搏了一生的荣德生，经历了几多动荡岁月，对于和平环境极为渴望，对中国共产党建立的新生政权也寄予了莫大的期望。1950年他带头认购人民政府发行的人民胜利折实公债15万分（企业13万分、个人2万分），占无锡

---

① 上海社会科学院经济研究所：《上海资本主义工商业的社会主义改造》，第138-139页。
② 计泓赓：《荣毅仁》，中央文献出版社，1999年，第151页

全市 150 万分的 1/10，对推动工商界的认购起了很大作用。抗美援朝运动中，经过劳资双方共同努力，荣氏的五家企业共捐献飞机六架，占全市工商界捐献任务 27 架的将近 1/5 强，而当时荣家企业的生产、经营正处于困难境地。①

生死存亡之际，正是励志变革之时。荣德生敏锐地察觉到了申新又到了必须改革的时刻。原有的总公司对各厂已"无实际的管理权"，"缺乏其企业组织的价值"，导致"忽略了管理行政和工作效能"，影响了正常的生产。② 在荣德生的支持下，上海申新纺织厂总管理处于 1950 年 5 月 8 日正式成立，对申新一、二、五、六、七、九厂实行集中管理，统一经营，并受托代管合丰公司所属各厂。这个总管理处参照有限责任公司的治理方式，由各厂推定 1－3 人组织类似于董事会的管理委员会，为最高决策机构。管理委员会互推主席、副主席各一人，常务委员 3 人，并推或聘总经理一人，副总经理 1－2 人，秉承管理委员会意旨，处理一切事务。③ 管理委员会推荣德生为主席，聘荣毅仁为总经理。总管理处成立以后，即以统一领导的组织与分层分工的原则，建立了财务、生产、业务、稽核、购料的统一制度，为企业经营管理的改善创造了条件，为建立"统一领导、集体负责与科学分工相合的进步制度"奠定了基础。④ 1951 年 7 月，无锡申新三厂加入上海申新总管理处，1952 年 1 月 1 日，广州第二纺织厂也正式加入申新总管理处。至此，申新系统除汉口申新四厂由李国伟主持外，其余各厂均由总管理处集中统一管理。

接着，总管理处根据国家颁布的《私营企业暂行条例》，以及限期企业重估财产、调整资本和重行登记的规定，加快了统一股权的工作，于 1952 年 6 月 12 日正式改制成立了上海申新纺织印染厂股份有限公司，通过了公司章程，并报请上海市工商局转呈中央私营企业局核准。⑤ 公司有股东 147 户，资本额 4000 万元，其中荣宗敬系统的股份占 52.03%，荣德生系统的股份占 32.13%，其他股东占 15.84%。⑥

---

① 《荣氏在无锡企业的社会主义改造》，《中国资本主义工商业的社会主义改造（江苏卷）》（下册），中共党史出版社，1992 年，第 21 页。

② 《为筹设上海申新纺织厂总管理处呈上海市人民政府文》（1950 年 3 月 16 日），《申新系统企业史料》第四编第二期，申新史料研究委员会编，1957 年 4 月 20 日。

③ 《上海申新纺织厂总管理处组织合同》（1950 年 4 月 1 日），《申新系统企业史料》第四编第二期，申新史料研究委员会编，1957 年 4 月 20 日。

④ 《上海申新纺织厂总管理处一周年的工作》（1951 年 5 月 8 日），上海市档案馆藏档，档号：Q193－1－1264。

⑤ 《上海申新纺织厂总管理处为改制成立股份有限公司呈上海市人民政府工商局文》（1952 年 7 月 4 日），上海市档案馆藏档，档号：Q193－1－1245。

⑥ 《民族资本家荣氏发展简史稿（三）》，《无锡文史资料》第三辑，1981 年，第 84－85 页。

至此，从 1915 年起在荣家企业沿袭了近 40 年的无限责任公司体制，最终变更为有限责任公司体制。

从 1950 年起，荣德生就时常感到两腿乏力，行走艰难。他预感到苍天无情，留给自己的"时限"不多了。一生勤奋的他，每天坚持写作，把自己所思、所感、所悟记录下来，终于写成《商余偶谭》一书。书中记录了荣德生 60 年经营企业的真实经验，反映了他实业兴国的思想，提出一些颇有见地的发展实业方略和应注意的"方方面面"。这本书是荣德生一生经验体会的积累，闪烁着他聪明睿智的光彩，是荣德生留给后人的最后一笔宝贵精神财富。

1952 年 5 月下旬，荣德生忽患紫斑症，延至 7 月 29 日终于撒手人寰，终年 77 岁。

荣德生死于身上的紫斑，也死于内心的纠结。

这一年，正是"五反"进入高潮的一年。春初的一天，申新三厂组织职工举着写有"反对剥削、反对压迫、反对浪费"等口号的牌子和标语，来到荣宅进行"面对面的斗争"。因为行动不便，荣德生坐在门口的走廊的藤椅里，工人们当面表演了一个节目，表演"资本家如何打电话指挥工人，如何剥削工人"。工人问荣德生："你看了这活报剧有什么感想？你是如何剥削的？"荣德生很生气，说："这怎么能叫剥削！"并反问："我什么时候去申新三厂吃过一顿饭？"又说："我就是一个匠人，盖工厂是为了大家都有工作，为了照顾大多数人有饭吃。大烟囱冒烟，小烟囱才能冒烟。"很快，申新三厂的正副厂长郑翔德、谈家桢遭到了批斗。[1]

一波未平，一波又起。无锡市长召见荣德生，告知在"三反""五反"中无锡工商联的几位负责人均有问题。荣德生噤若寒蝉，不知自身是否也在其中。身在上海的薛明剑，匆匆赶回无锡安抚"老东家"，但还是以"血压不正常、心脏亦有病为由"婉拒了"老东家"要其留在无锡的请求。此时的薛明剑，在"五反"运动中也成了"惊弓之鸟"，何谈去安慰和帮助"老东家"？

6 月，荣德生又亲身赴沪处理事务，顺路探访薛明剑。此时的他，已是憔悴不堪，颓唐至极。薛明剑亲送老先生返锡，不料一别竟是永诀。一个月后，荣德生在四郎君庙巷他长婿李国伟住宅去世。

这位一辈子集谦逊与骄傲、智慧与激情于一身的中国最大的"儒商"，就这样彷徨踯躅着走下了历史的舞台。

---

① 周孜正：《疾风暴雨的年代——1949 年前后中共对无锡大资本家的统合》，华东师范大学 2014 年博士学位论文。由周孜正采访相关人员所得。

在去世前的一年间，他眼睁睁地看着凝结了毕生心血和精力的荣家企业再一次走上了分离之路。

1951年，申新七厂、合丰纱厂、芜湖裕中纱厂、福新七厂，因为负债过重先后转归国有，清理机器物资，出售偿还公私欠款。同年，鸿丰面粉厂也因亏欠过巨，终于选择了公私合营的道路。

也就在这一年，李国伟向陕西省人民政府提出申请，一并获准将宝鸡各厂和"福五"天水厂改为公私合营新秦企业公司，成为解放后第一批公私合营企业之一。

梅园里的荣德生先生像

到了1952年，开源机器厂也走上了公私合营的道路。开源机器厂到1949年底负债达71万元（人民币新币），甚至职工的伙食也"朝筹暮措"。厂方有人认为"开厂不如卖厂"，擅自决定将全部机器设备拆迁新乡市售予国营企业。开源，是荣德生晚年的心血所在，也是满腔希望所在。得悉消息后的荣德生自然竭力反对，情愿罚款而想推翻草约，却最终未能挽回开源机器厂的命运。1952年6月，开源机器厂向政府提出合营申请，同年10月，经国家机械工业部正式批准，核定资产总值为363.16万元，去掉负债195.69万元，实际资产总额为167.47万元。国家投资300万元，最后确定公股为82.82%，私股为17.18%。[①] 此时，距离荣德生逝世刚过去三个月时间。

去世前的7月25日，荣德生口授遗嘱，由七子荣鸿仁记录："余从事于纺织、面粉、机器等工业垂六十年，历经帝国主义、封建势力、官僚资本主义及反动统治的压迫，艰苦奋斗，幸中国共产党领导人民革命胜利，欣获解放。目睹民族工业从恢复走向发展；再由于今年'三反'、'五反'的胜利，工商界树立新道德，国家繁荣富强指日可待。余已年老，此次病症恐将不起，不能目睹即将到来的工业大建设及世界和平，深以为憾。"[②]

为实业奋斗了一生的荣德生，到了此时仍然没有忘了实业，对荣氏的实业、

---

① 《民族资本家荣氏发展简史稿（三）》，《无锡文史资料》第三辑，1981年，第83页。《荣氏在无锡企业的社会主义改造》，《中国资本主义工商业的社会主义改造（江苏卷）》（下册），第21页。

② 荣毅仁：《先父德生公事略》，《荣德生文集》，上海古籍出版社，2002年，第8页。

祖国的富强寄予了深切的希望。至于其中到底有多少苦涩和隐衷，外人无从知晓。

8月13日，荣德生灵柩暂厝梅园诵豳堂。送丧队伍从四郎君庙巷出发后，一路上路祭不断，老家荣巷更是万人空巷，纷纷前去吊唁。薛明剑从上海赶来，送"老东家"最后一程，商界同仁参加者甚少，"……旧同事之相送者，只有茂仪、翔德、家枨及毕业于工商中学者，不到百人。盖以站稳立场下，多未参加。"①"诵豳"之意，取自《诗经·豳风》，叙述农奴一年中的劳动过程与生活。荣德生，自号"乐农"，以示他不忘农业这个根本。"发上等愿，结中等缘，享下等福；择高处立，就平处坐，向宽处行。"这副由荣德生亲自撰写的楹联，一如往常那般在堂中默默相陪主人。

这24个字，雅俗共赏，极富哲理，浓缩了我国古贤"极高明而道中庸"人生哲学。所谓"发上等愿，结中等缘，享下等福"，就是胸怀远大抱负，只求中等缘份，过普通人的生活；"择高处立，就平处坐，向宽处行"，则是看问题要高瞻远瞩，做人应低调处世，做事应该留有余地。这里含有从大处着眼，小处着手，从我做起，从现在做起的意思。荣德生生前常以家训教育子女，传诵此联，视为传家之宝。荣毅仁从小耳濡目染，心领神会，此联也成了他做人处事的座右铭。

1953年1月，荣德生灵柩安葬于开原乡孔山里。这块墓地，是他生前为自己选定的，背靠孔山，面向梅园，周围种了他喜爱的梅花。死后的荣德生如生前那般节俭，随葬品仅一套线装地舆学书，一只随身多年的镀金壳钢机芯打簧怀表。另外按习俗口纳"含珠"一颗，瓜皮帽前缀小玉片一块，此外仅衣服寿衾而已。"文革"期间荣德生之墓被毁，遗骸无存，陪葬品下落不明，1984年按原样重修的只是个衣冠冢，里面放着一件荣德生穿过的衣服，一册他手书的《乐农自订行年纪事》。花岗石墓碑镌刻着刘海粟题写的碑文："中华实业家、梅园主人荣宗铨先生之墓"。

有人死去，意味消失；有人死去，意味铭记。对于荣德生这个名字，几代无锡人无人不晓，直至今天，黄口小儿仍知道他是谁。一个人被几代人记忆，足够圆满，有赖生前对社会的造福。人心各别，但当千万人内心发出某种共振，这就是民心。民心认可的事物，必然具有流传的魅力。

他是一位巨富，但他竟然没有私蓄，所有财产全部投在二十几家手创的工厂中，耗在至今随处可见的社会公益事业上，包括教育、文化、公路、桥梁、园林

---

① 薛明剑 1952 年 8 月 13 日日记（未刊）。

等。他本可以过上阔绰的生活，但从未享受过人们想象中的生活，一生处世以俭，克己奉公，与依仗不平等条约的外国经济势力竞争，直到最后安息在简陋得出乎世人想象的坟茔中。

他是十九世纪末二十世纪初具有新思维的少数中国人之一。外表敦厚，头脑中却不乏创见和出人意料的思想，注入兄弟俩共同的事业。游历粤港期间，沐浴新知，洞察潮流，胸怀心志顿开。当他从广州乘船经香港返乡，因船期被耽误停留，在尖沙咀码头看见堆积成山的洋粉洋货销往内地，痛心地洞察到"国家利权丧失、民生仰赖外人"的危险。个人的事业路径在折磨他多年的迷茫中显现出来，就在尖沙咀码头，他将"兴办实业，利国利民"确定为终身选择。他本人乃至庞大的荣家企业集团都要感谢这一次意外的耽误。

荣德生以儒入商，以商弘儒，以德为生，风范长存。在他逝世后到今天的岁月里，一批又一批的商人不断地被社会机遇制造出来，人们记住的却是他们财富的数字而不是他们的人生。梅花含笑，烂漫开谢皆有序；白云苍狗，何为荣耀与富贵？人们诚可从梅园主人"极高明而道中庸"的人生哲理中得到几许启迪。

## 走社会主义道路

"走社会主义道路，不仅是'大势所趋'，而且更是'人心所向'，这个人心同样包括了我们工商界的心。"[1] 很快，荣毅仁就认识到了这一点。1953 年 12 月，广州第二纺织厂在征得荣毅仁同意后，首先向广州市委递交公私合营申请书，到第二年 6 月正式批准公私合营，并退出了申新总管理处。

1954 年一开春，荣毅仁拉开了申新纺织厂全面公私合营的大幕。3 月 18 日，申新总管理处召开第 80 次会议，决定授权荣毅仁办理无锡申新三厂的合营手续。荣毅仁在当天向无锡市人民政府提出申新三厂合营的申请。申新三厂被批准合营后，也退出了申新总管理处。

4 月 2 日，上海申新系统举行劳资座谈会，荣毅仁提出：申新要争取向"国家资本主义的高级形式"发展。各厂工会成员和劳方代表一致表示欢迎和热烈支持，"公私合营是工人阶级的历史任务，工人阶级的最终目的就是要走向社会主义、共产主义社会，毅仁先生现有此打算，我们表示非常欢迎。"[2] 4 月 14 日，

---

[1]　荣毅仁：《在向劳动者过渡的道路中》，《在向劳动者过渡的道路中》，第 13 页。
[2]　《申新纺织厂总管理处关于劳资座谈会记录》（1954 年），上海市档案馆藏档，档号：Q193－1－1296。

申新86户股东召开临时联席会议，全体到会股东"授权总经理办理申请公私合营手续。"① 5月31日，荣毅仁分别致函上海市工业生产委员会及上海市纺织管理局，申请公私合营。"经过几个月的学习和准备，已取得本处各厂基层工会及全体职工的一致欢迎，并经各厂股东联席会议全体同意，以统一的股份有限公司申请公私合营，特授权毅仁代表向政府提出恳切自愿的要求。"② 6月15日，华东纺织管理局派工作组进驻申新。

8月11日，上海市人民委员会召开棉纺等八个行业的同业公会负责人会议，会上宣布批准申新等168家私营工厂申请公私合营。③ 8月13日，申新召开公私合营筹备委员会成立大会，正式成立公私合营筹备委员会，通过了《申新公私营筹备委员会合营工作计划纲要（草案）》，《纲要》中明确了合营的范围"包括总公司所属一、二、五、六、九厂，此外，中华一厂并入申新系统合营，纬昌、三明纱厂分别并入申新一厂及六厂参加合营。"④ 荣毅仁说，申新从1915年创办，已40年了，今天终于在共产党的领导下，走上光明大道。今后一定要在公方代表领导下，把企业改造成为社会主义企业，把自己改造成为社会主义新人。⑤

随后，申新企业进入清产、核资、估价阶段，到8月31日，正式拟定"定股意见书"。申新集团全部资产净值7832.51万元（原账面10303.21万元，清估后减少31.43%）。公私股比例：公股1364.8万元，占21.4%；私股5035.2万元，占78.6%。⑥ 另有资料表明："申新系统资产总数为82837196.18元，负债总数为18957236.73元，其中拟转资本的负债（包括欠纱罚纱、五反退款、股东垫款等）共计14388927.77元。以上负债转资本后，资产净值为78268887.22元，原账面值103032106.82万元，清估后减少31.64%。"⑦

---

① 《申新纺织厂总管理处关于申新各厂股东会议记录》（1952年），上海市档案馆藏档，档号：Q193-1-1246。

② 《上海申新纺织厂总管理处关于申请公私合营的函》（1954年），上海市档案馆藏档，档号：B133-2-5-207。

③ 中共上海市委统战部、中共上海市委党史研究室、上海市档案馆编：《中国资本主义工商业的社会主义改造（上海卷）》，第1202页。

④ 《申新纺织厂总管理处及各厂筹备公私合营有关文件》（1955年），上海市档案馆藏档，档号：Q193-1-2543。

⑤ 中共上海市委统战部、中共上海市委党史研究室、上海市档案馆编：《中国资本主义工商业的社会主义改造（上海卷）》，第1202页。

⑥ 中共上海市委统战部、中共上海市委党史研究室、上海市档案馆编：《中国资本主义工商业的社会主义改造（上海卷）》，第1202-1203页。

⑦ 《申新纺织厂总管理处关于合营清估工作文件》（1955年），上海市档案馆藏档，档号：Q193-1-2615。

9月29日，纺管局正式任命合营后的申新总管理处名单，荣毅仁继续任总经理，副总经理为鲍方（公方代表）、吴中一、汪君良、吴士槐。

就这样，又过了一年时间，1955年9月28日，申新集团举行公私合营庆祝大会，正式宣布公私合营。荣毅仁说：把我国建成一个伟大、繁荣、幸福的社会主义，这就是我现在的"志"。①

在这里，有必要交代一下实现颁布公私合营顺利进行的一项重要政策——赎买定息。1954年9月，全国人大颁布了新中国的第一部宪法，当月政务院就颁布了《公私合营工业企业暂行条例》，明确指出：由国家或公私合营企业投资并由国家派干部，同资本家实行合营的工业企业是公私合营工业企业。公私合营工业企业中社会主义成分居领导地位，由人民政府主管机关派代

荣毅仁在庆祝申新纺织厂公私合营大会上讲话

表同私方代表负责经营管理。关于敏感的企业盈利分配方式，《条例》提出了"四马分肥"的方案，意味着给私人股东留下了四分之一的盈余收益。但是，由于合营企业的原料供应和成品销售两个渠道都由国家控制，中间的利润难以确定，私人股东的不满和矛盾仍很突出。1955年，陈云终于想出了"赎买定息"的方案，就是按核定的股额按期发给私股股东固定的股息。这一政策的推出，为私人资本的和平消亡设计了一个"退出通道"。按陈云的看法，用分期偿付定息的这点钱，就能使资本家敲锣打鼓地要求合营，国家统统买下来，这是值得的。关于息率，中央以从简从宽为原则核定为一律5%。"全国公私合营企业的定息户，不分工商，不分大小，不分盈余户、亏损户，不分地区，不分行业，统为年息五厘。"② 当时，工商业对定息息率原本指望"坐三望四"，即年息在3%—4%之间，宣布定息五厘后，大家纷纷表示"喜出望外"。

据资料显示，全国拿定息的在职私营业主为71万人，吃息代理人为10万

---

① 中共上海市委统战部、中共上海市委党史研究室、上海市档案馆编：《中国资本主义工商业的社会主义改造（上海卷）》，第1204页。

② 中共中央统一战线工作部著：《当代中国的统一战线》上册，当代中国出版社，1996年，第189页。

人，大多集中在上海、天津等大中城市。其中，上海市公私合营企业中的私股为11.2亿元，几乎占总私股的一半。私股在500万元以上的五个大户中，有四人属于荣氏家族，第一名是荣毅仁的堂兄荣鸿三（在香港），占975万元，荣毅仁则占第三位。

"公私合营"是新中国进行社会主义改造的必经之路，而"三反五反"运动只是"助推器"，真正的"稳定器"却是"赎买定息"。

1955年12月17日至24日，上海市第一届人民代表大会第三次会议在中苏友好大厦进行。荣毅仁在会上作了发言："以前，我在称呼别人同志时，把它作为代替'先生'的尊称，因为曾经有人告诉我，他称别人同志，人家叫他资方先生；有时称别人同志，人家还不睬他。我也感到自己既非工人，又非农民，而是一个资本家，是不是可称得上同志，别人是不是愿意把我当做同志，思想上总有些疙瘩。最近在北京听了中央首长们的指示，这次又听了陈市长的报告，使我得到极大的启发和鼓舞"。"我虽然是个资本家，但我深深认识到剥削的可耻，决心接受改造，最后放弃剥削。我确实感到是和大家共同生活在一个和睦的大家庭中间，我可以理直气壮地称呼大家为同志，这并不仅仅是一个尊称，而确实表达了我诚恳接受改造、走社会主义道路的志愿。我所经营的企业虽然已是合营了，但还需要不断地进行改革改造，以致最后变为全民所有。在这中间我所得的利润，一定以投资企业、购买公债等方式支援国家建设。我个人并愿意在群众的监督之下，成为一个自食其力的劳动公民，做一个真正的同志。"[①]

不过，荣毅仁内心曾经有过挣扎。1955年11月16至24日，中共中央召开了对资本主义工商业改造问题的工作会议，讨论《中共中央关于资本主义工商业改造问题的决议（草案）》。据薄一波回忆，在16日的会议上，周恩来总理在讲话中谈到荣毅仁时说："他是全国第一号的资本家，他在这个地方讲，他那个阶级应该消灭，可是，

李国伟与荣慕蕴三十八周年结婚纪念合影
（1954年12月5日摄）

---

① 蔡秉文主编：《上海人民代表大会志》，上海社会科学院出版社，1998年，第151页；王树人：《六百万人民向社会主义前进——记上海市第一届人民代表大会第三次会议》，《解放日报》1955年12月25日。

另外碰到的一个人又跟他说：你祖宗三代辛辛苦苦地搞了这点工厂，在你手里送出去实在可惜呀！他也眼泪直流，这是很自然的，合乎情理。"① 后来，老报人计泓庚曾向荣毅仁求证过这一细节，"他回忆说自己没有流泪"。

荣毅仁姐夫李国伟的申四福五系统，也在"按部就班"进行社会主义改造。1953 年 10 月 15 日，武汉市财经委员会批准了申四福五汉口厂的合营申请，1954年 1 月 1 日申四汉厂更名为公私合营汉口申新纱厂。1954 年 3 月 1 日福五汉厂更名为公私合营汉口福新面粉厂。接着，申四福五系统重庆、上海、成都、广州各厂先后实现公私合营。李国伟兴奋地对人说："我一生所经营的工厂，都已还之于人民，这实在是我最愉快的一件大事！"②

---

①　薄一波：《若干重大决策与事件的回顾》上册，第 303 页。

②　冯炬：《李国伟》，《无锡历史名人传》第三辑，王赓唐主编，1989 年，第 146 页。

## 【锡 商 人 物】

荣德生（1875－1952），名宗铨，以字行，无锡城西荣巷人，荣家企业的创始人。早年进上海通顺钱庄习业，后随父荣熙泰至广东任三水县厘金局帮账。1896年与父兄创办上海广生钱庄。1899年应邀任广东省河补税局总账房。1901年与兄宗敬等人集股在无锡合办保兴面粉厂，一年后改为茂新面粉厂并任经理。1905年与兄宗敬等七人集股在无锡创办振新纱厂，先后任经理、总经理。1912年与兄宗敬等人集股在沪创办福新面粉厂，任公正董事。同年当选为全国工商会议代表，提出扩充纺织业等三项议案。1919年在无锡筹建申新三厂，任经理。申新、茂新、福新系企业不断扩张，至1931年他与兄宗敬共拥有12家面粉厂和9家纱厂。1938年兄宗敬去世后主持荣家企业，先后在重庆、成都、宝鸡、广州等地兴建六家新厂。抗战胜利后在无锡成立天元实业公司，并创办天元麻纺织厂、开源机器厂、江南大学。1949年9月被推选为第一届全国政协委员，1950年任华东军政委员会委员、苏南人民行政公署副主任，并被选为中华全国工商联筹委会委员和苏南各界人民代表会议协商委员会委员。他一生热心公益，对地方事业颇有贡献，购地辟建梅园、锦园，开办学校和图书馆，修筑道路和桥梁等，影响深远。

# 1956 年：此伏彼又起

在轰轰烈烈的改造浪潮之中，民族工商业完成了它的历史使命，开始了长达 20 年的"潜水"。

上海，这个最具代表性的商业城市出现了标志性人物：荣毅仁。以他为代表的巨大的社会资本，以那种在阵痛中顺应潮流的方式完成了蜕变。

"春雷一声天下晓"。源自六十年前江南一角的溪流，从穿石而行到汇成滚滚洪流，异军突起的乡镇企业，在今后的岁月间以一种意想不到的格局改写了中国的经济版图。

无论是已经谢幕的历史，还是正在上演的故事，都需要时光的沉浮选择，才能慢慢清晰。

## "成串的葡萄熟了"

1956 年的新年钟声刚刚响过，让荣毅仁料想不到的是，共和国的最高领导人毛泽东来到了申新九厂。

那是在 1 月 10 日下午 4 时 40 分，几辆小车驶进申新九厂，直驶到三门内车间门口停下。毛泽东在陈毅市长陪同下跨出车来，与荣毅仁握手，说："你邀我来，我来了！"然后健步走向车间。

毛泽东首先视察了清花间、梳棉间，接着上了二楼，进了细纱间。每进一个车间，毛泽东都要与操作工人亲切握手，还详细询问工艺、流程、产量等生产情况。据申新九厂工人龚树标后来回忆：

在细纱间，工人提任的车间副主任顾玲娣在门口等久了，这时她已经打听到今天的"贵宾"原来是毛主席，急于想握一握老人家的手。毛主席满足了她的心愿。毛主席还和杂务工高金凤握了手；高金凤又喜又惊，因为她刚拉好粗纱，两手脏得很，一叠声说道："我的手这么脏！我的手这么脏！"落纱工赵阿山落好纱，遛到车弄口望了一下，啊！这"贵宾"好面熟，与照片上的毛主席没有两样，可又不敢相信，再看看清楚吧，不是毛主席又是谁？！赵阿山恭恭敬敬地向毛主席行了一个礼。毛主席停步看她们落纱后开车生产，听工人提任的公方副厂长归素贞讲解。①

按照预先的安排，毛泽东仅仅视察申新九厂的纺织部分，但毛泽东的兴趣很高，看了看表，主动问话："只有纺纱吗？"随行人员回答：还有织部。于是，毛泽东又转进了织部的毛捻线间。

在捻线间，荣毅仁便向毛主席汇报了生产情况。他拿起一只线管，说这是60支双股线。毛主席说：能纺这么细啊！荣毅仁又告知申九过去还纺过84支到120支细纱呢！陈毅市长和一边的公安部长罗瑞卿、申九副厂长兼总工程师张贡（私方）、另一边市总工会主席钟民、申九党委委员车小宝都聚精会神地听着、看着。毛主席叮嘱荣毅仁：要依靠工人阶级，把合营企业办得更好！②

在这次视察中，毛泽东问荣毅仁："合营了，生产怎么样？"还风趣地说；"你是大资本家，要带头。现在工人阶级当家作主了，老板换了。"③

对于毛泽东的这次视察，在许多年后荣毅仁这样回忆："1955年10月在北京的一次会议上，我又见到毛主席，我向他表示，希望他能抽点时间到上海去。他说，去倒是去过，只是没有公布。1956年1月初的一天，我正在上海公司里上班，突然接到陈丕显同志的电话，要我速回家中。我匆匆赶回，丕显同志已在那里等我。他说：'毛主席来上海了，要来视察申新九厂、我们马上去厂里'。我们到申新不久，毛主席坐着汽车来了。他一下车就对我说：'我来了！'当时我真不知道说什么好，想不到在北京对他讲的那句话，他竟记在心上了。"④这次，毛泽东对申新九厂的视察只逗留了半个多钟头，在全厂17个主要车间里也只视察了七个。但这是毛泽东建国以后唯一一次对公私合营企业的视察。

毛泽东视察申新九厂，除了政治大局的考量以外，荣毅仁的盛情邀请也是重要的原因。

在几个月前的1955年10月底，毛泽东两次约见工商界的代表人物谈话，荣毅仁参加了这次会议。毛泽东说："只需要1956年一个年头，就可以基本上完成

---

① 龚树标：《毛主席来到申新九厂》，《上海纺织》2004年第2期。
② 龚树标：《毛主席来到申新九厂》，《上海纺织》2004年第2期。
③ 《公私合营是根据中国国情的选择：毛泽东一九五六年视察申新九厂》，《宝鸡党史》1993年第2期。
④ 荣毅仁：《毛主席指引社会主义道路》，《缅怀毛泽东》上，中央文献出版社，2013年，第43页。

农业方面的半社会主义的合作化。再有三到四年，即到 1959 年，或者 1960 年，就可以基本上完成合作社由半社会主义到全社会主义的转变。""这件事告诉我们，中国的手工业和资本主义工商业的社会主义改造，也应当争取提早一些时候去完成，才能适应农业发展的需要。"他还说"资本家面前的路也只有公私合营这一条了"。①

从 1953 年提出"过渡时期总路线"到现在，被定义为"一个相当长的时期"的"过渡时期"，终于有了相对明确的定义。

荣毅仁作了会议发言。他现声说法，讲了荣家的发家史和父辈在旧社会办实业的坎坷经历，认为只有跟着共产党走，才有光明前途。他说："在旧社会，我们荣家的资本不能说不雄厚，在社会上的知名度不能说不高，甚至与当权者还有不少交道，可是结果怎样呢？最终也未能逃脱日本侵略者的魔掌，纱厂、面粉厂大部毁于炮火，国民党反动统治对荣氏企业和荣氏家族，也横加欺凌压榨。"②日后，荣毅仁回忆道："毛主席高瞻远瞩，言而有信，他的话教育了大家，也稳定了绝大多数资本主义工商业者的不安情绪。"③

也正是在这次发言中，荣毅仁向毛泽东发出了盛情邀请，于是就有了毛泽东视察申新九厂之行。

毛泽东视察申新九厂，标志着社会主义改造进入了急速推进的"收官"阶段。在毛泽东离开上海的第四天，也就是 1 月 14 日上午，上海市委召开常委扩大会议，决定在 10 天内完成资本主义工商业的社会主义改造。同日下午，市委召开全市工商界上层人士座谈会，讨论全市资本主义工商业公私合营问题，出席 300 余人，情绪空前热烈，荣毅仁等要求加快公私合营的速度："我们要最快地在一个星期内争取全市公私合营。"④ 第二天，上海工商界召开临时代表会议，作出了争取在六天内完成全市资本主义工商业公私合营的决议。五天后的 20 日，上海市各界又在中苏友好大厦举行隆重集会，全市各行各业 2500 多人参加了会议。工商界人士盛丕华双手捧着红木镶边缎面精装的上海市资本主义工商业公私合营申请书，刘靖基、刘念义、经叔平等八位工商界人士抬着四只扎彩的红漆条箱，里面放着用红布包裹的各行各业要求全行业公私合营的申请书走在最前面，胡厥文、荣毅仁和全体代表迈着整齐的步伐进入会场。盛丕华代表全市工商业者

---

① 毛泽东：《中国农村的社会主义高潮·序言二》，《毛泽东选集》第五卷，人民出版社，1977 年，第 222—223 页。

② 计泓赓：《荣毅仁》，中央文献出版社，1999 年，第 139 页。

③ 计泓赓：《荣毅仁》，第 146 页。

④ 民建中央宣传部编：《中国民主建国会简史》，民主与建设出版社，2010 年，第 102 页。

向大会递交申请书，曹获秋副市长代表陈毅市长签字盖章，批准了全市85个工业行业的35163户企业和120个商业行业的71111户企业的公私合营。①

据当时的报纸描述："大会在诵读完写给毛主席的报喜信后，人群立即欢腾起来。无数气球在人们头顶上方飞舞，宛如五彩缤纷的海涛。鞭炮的青烟在蒙蒙细雨中凝结成一片片云雾，久久挥之不去。人群中最惹人注目的，是由西装革履的工商界人士组成的队伍，诸多年老的资本家一边扭着秧歌，一边向周围的群众欢呼招手。从这一刻起，他们及其家属将放弃剥削，学会本领，争取成为自食其力的劳动者。"

荣毅仁（左一）与其他工商界人士并肩步入中苏友好大厦申请公私合营大会会场

第二天，在早春的细雨中，上海举行50万人的盛大游行，敲锣打鼓庆祝社会主义改造的完成。在那个雨夜，工商界人士也共度一次难忘的联欢晚会，荣毅仁清唱了一曲《草桥关》，讲的是东汉刘秀赦免功臣姚期父子的故事。

又过了几天，到1月底，全国大城市和50多个中等城市一个接一个全部实现了全行业的公私合营。1月25日，毛泽东在第六次最高国务会议上说："公私合营走得很快，这是没有预料到的。谁料得到？现在又没有孔明，意料不到那么快。"② 后来薄一波在《若干重大决策与事件的回顾》中说："应于1967年完成对资本主义工商业的社会主义改造，现在基本完成的时间，比原计划提前12年。这个速度不仅超出我们大家的预料，而且也超出毛主席本人的

---

① 申请公私合营的工商业家数，公私合营申请书上为85个工业行业35163户，120个商业行业71111户。以后在具体的实行过程中，行业数和工商业户数都有调整。一次获得批准公私合营的工商业共计203个行业、88093户，其中工业94个行业、25852户（包括带进公私合营的个体手工业户7674户），商业（包括饮食、服务业）96个行业、58978户，运输建筑13个行业、3263户。参见《上海资本主义工商业的社会主义改造》，上海人民出版社，1980年，第215－217页。

② 《胡乔木文集》第二卷，人民出版社，1993年，第447页。

预料。"①

事实上，从 1953 年的"过渡时期总路线"开始，城市工商业阶层的命运就已经被决定了。对城市工商业进行社会主义改造，也就是 1956 年发动的轰轰烈烈的"全行业公私合营"，实在是建国以后一系列措施的必然结果。

1956 年 1 月 20 日，就在荣毅仁胸戴大红花步入上海中苏友好大厦集会现场之时，在他的家乡无

上海人民欢庆工商业全部公私合营，中为荣毅仁

锡，也有一场庆祝社会主义改造胜利的大会同样在隆重召开。

刚刚解放，无锡的公私合营就已经起步。1949 年 6 月 23 日，上海市军管会贸易处会同苏南蚕丝专业公司接管无锡华昌丝厂中的官僚资本（占该厂资本 56%），于 7 月 3 日成立公私合营华昌丝厂。这个厂成为无锡市第一家公私合营企业。中央农具实验制造厂、禾丰丝厂、广丰面粉厂等一批在抗战时期曾依附日伪的资产和国民党官僚资本企业，也被新生政权没收和接管，同时收买、代管和租赁友联橡胶厂、同亿染织厂、肇新布厂、五丰丝厂、嘉泰丝厂、九丰面粉厂等经营困难、难以为继的私营工厂，并投资新建了一些与国计民生关系密切的工厂，从而建立起无锡市最初的国营经济。

"过渡时期总路线"确立以后，对资本主义工商业的社会主义改造进入快速推进阶段。第一个带头自愿实施公私合营的正是荣家企业。

1954 年 3 月 18 日，申新总管理处授权荣毅仁办理无锡申新三厂的合营手续。当天，荣毅仁即赶回无锡，找到市委书记包厚昌以及统战部、财委相关人员商谈，除隶属于总管理处的申新三厂外，他还要求将天元、茂新一、二厂共四家工厂一并公私合营。随即，无锡市委派出工作组，由市委书记包厚昌带队，分别进驻这四家工厂，开展公私合营各项具体工作。8 月 1 日，荣家四家工厂以及兴业染织厂成为无锡市第一批实行公私合营的工厂。

申三当时是全省最大的私营纺织厂，天元是省内唯一的麻纺厂，这两家工厂实施公私合营，无疑给当时无锡的工商企业起到了明显的示范效应。11 月 29 日，庆丰、振新纺织厂、丽新纺织印染厂、永泰、美新缫丝厂和维新漂染厂，第二批

---

① 薄一波：《若干重大决策与事件的回顾》下册，中共党史出版社，2008 年，第 409 页。

实行公私合营。到了年底，协新毛纺厂和赓裕布厂紧接着实施公私合营。这三批共 13 家企业的产值占私营工业总产值的 53.3%，占全市工业总产值的 45.19%。①

在无锡，率先实现全行业公私合营的则是缫丝业。1949 年初，作为名噪一时的"丝都"，无锡全市共有缫丝厂 86 家，但生产规模很小，共有坐缫车 6482 台，立缫车 462 台，其中条件稍好的厂有 42 家。但因生丝外销受阻，内销不畅，丝价猛跌，1949 年 8 月每公担生丝价从 5 月份折合大米 70 石跌到 12 石，仅合成本 1/6。在这种情况下，各丝厂主都不愿意、也无力恢复生产，缫丝厂普遍停工歇业，一万多工人继续遭受失业之苦。②

永泰、美新丝厂公私合营后，生产有了明显改观，推动了其他丝厂纷纷提出合营申请。但当时无锡的私营缫丝厂，分散在全市，规模不一，设备和技术力量有较大差距，有的厂房、设备破旧、流动资金短缺，有的负债超过资产，已不具备单独合营的条件。根据这一情况，无锡市提出了"以大带小，以立（缫）带坐（缫），以先进带落后"的原则，先实行私私合并，然后进行全行业公私合营。将当时开工生产的 22 家私营丝厂中的 17 家并为六家厂，另外五家分别并入已公私合营的永泰、美新丝厂。同时以瑞纶为基点厂，并入其他两家小型丝厂，在 1955 年 8 月被批准公私合营，定名为公私合营无锡市缫丝一厂。随后，其它 14 家私营缫丝厂也分别进行了合并，并经批准公私合营，定名为公私合营无锡市第二、三、四、五、六缫丝厂。到 1955 年 11 月，无锡市私营缫丝业在全市第一个实现了全行业公私合营。③ 当时江苏省有地方国营、公私合营缫丝厂 17 家，其中 15 家在无锡。④

同样采取"先私私联营（合并），后公私合营"策略的还有机器翻砂业。1950 年下半年起，220 多家家庭作坊式的机器翻砂业小工厂，组织起机器制造第一至第五联营处、木模联营处、翻砂联营处共七个联营处。到了 1955 年冬，以联营处为单位，机器制造业全行业实行公私合营，这些机器、翻砂、铸铜、电焊和模型等小型工厂，改组、合并成无锡动力机制造厂、水泵制造厂、农具制造厂、粮食机械制造厂、铸件厂、纺织机械厂、机电修配厂等七家专业工厂。这七家工厂和国营无锡市柴油机厂（前身为中央农具实验制造厂）和公私合营无锡

① 《无锡市资本主义工商业的社会主义改造概况》，《中国资本主义工商业的社会主义改造（江苏卷）》（下册），中共党史出版社，1992 年，第 14 页。

② 《缫丝业走上锦绣前程》，《中国资本主义工商业的社会主义改造（江苏卷）》（下册），第 63 页。

③ 《缫丝业走上锦绣前程》，《中国资本主义工商业的社会主义改造（江苏卷）》（下册），第 68 页。

④ 《无锡市志》，江苏人民出版社，1995 年，第 981 页。

市机床厂（前身为开源机器厂），奠定了无锡机械工业发展的基础。①

无锡市推进公私合营的经验，得到了毛泽东的首肯。1955 年 11 月间，毛泽东乘坐专列南下，一路行，一路停，听取各地对于资本主义工商业社会主义改造情况的汇报。其中 4 日上午，专列途经无锡，就专门听取了时任无锡市委书记包厚昌和市长江坚的情况汇报②。

在听取汇报过程中，毛泽东详细询问了无锡民族资本主义工商业发展的历史和现状；民族资本家代表人物的情况及其对社会主义改造的态度。对于地方如何处理好跑到海外去的资本家在锡私股的方法，毛泽东也十分注意。遇到没有讲清楚的地方，他总要问个明白，一问到底，在记录时连小数点后面的数字也不放过。

据包厚昌回忆：

我们向毛主席重点汇报了市委关于私营缫丝厂公私合营合并方案，以及第一批试点的情况。无锡市生丝年产量 14000 公担，产值 3700 多万元，约占全国的 30%、全省的 17.6% 左右。……但是，无锡市的私营缫丝厂绝大部分是小厂，职工在 500 人以上的仅有 2 家，而且厂房简陋、设备落后、劳动生产率低下、资金不足且周转不灵，有些厂靠贷款维持生产，甚至有的厂还以煤油灯作生产照明用，生丝品级不高。这些厂长期处于困难境地，虽经人民政府多方设法加以扶持，但是仍未从根本上解决问题。对这些小厂如何进行社会主义改造？市委按照中央提出的统筹兼顾、归口安排、按行业改造的方针，决定以大厂带小厂，以立车带坐车，以先进带落后，先合并再合营，即把全市 22 家私营厂与 2 家新合营厂先合并为 8 家中型厂，再实行公私合营。市委在下半年开始的第一批试点，到 9 月下旬已经结束，3 家小厂合并成公私合营无锡市缫丝一厂。……据测算，并厂合营后，在不增加设备和人员的情况下，可增加产量 60 公担，生丝等级也能较大幅度地提高。③

毛泽东对无锡市缫丝业这种"先私私合并，后公私合营"的改造方案很感兴趣，当即用形象的比喻表示赞许："好嘛，前个时期我们先吃了苹果，现在再吃葡萄嘛。"

---

① 《无锡市志》，第 861 页。

② 关于毛泽东专列到达无锡的时间，《无锡市志》以及其他地方著作均记为 1955 年 11 月 3 日上午。而中共中央文献研究室编撰的《毛泽东年谱（1949－1976）》第二卷（中央文献出版社 2013 年 12 月版）记为 11 月 4 日上午。此处从后一说。

③ 包厚昌：《"我们先吃了苹果，现在再吃葡萄"》，《毛泽东在江苏》，中共江苏省委党史工作委员会、江苏省档案馆，中共党史出版社，1993 年，第 58－59 页。

至 1956 年 1 月底，无锡与全国其他城市一样，基本完成了对资本主义工商业的改造任务。在 1 月那一轮公私合营高潮中，全市批准公私合营的工商企业共 2139 户，其中工业 819 户，商业 697 户，交通运输业 368 户，手工造船业 298 户①。

一年前的 1955 年，无锡市公私合营企业的总产值已占全市工业总产值的 53.12%。② 一年后的 1956 年，这一比例跃升至 79.53%，此外全民所有制、集体所有制所占比重分别为 13.59%、6.83%，个体工业企业的比重仅为 0.05%。③

至此，个体经济在无锡、在上海、在全国几乎全部消失。

至此，民族资产阶级走完了在中国历史长河中的最后一程。在全行业公私合营和实行定息后，资本主义企业的生产关系发生了根本变化。资本家基本上失去了对企业生产资料的支配权、经营管理权和人事调配权，这时在企业中的职权"是国家给予他们的一种普通工程技术人员和管理人员的职权，这不是资本家的职权，而是公务人员的职权。"④ 虽然资本家得到定息多少的依据，还是依据他们原有的资本数量，但是这种以定息形式表现出来的一部分剩余价值，已经同原来企业的生产和利润多少断绝了关系。这种公私合营企业，实质上已经是社会主义性质的企业。

站在这一时刻，回望中国一百多年的近代史。早在二十世纪的最初两年，掀起戊戌维新风暴的康有为，在印度北部靠近中国的雪山一个叫大吉岭的地方完成了他在戊戌变法前就一直酝酿着的描述他的理想社会的巨著——《大同书》。在这本书里，康有为向人们展示了一个没有阶级、没有国家、没有法律、没有财产，人人平等的大同世界。

然而，康有为并没有寻找到一条通向大同的道路。孙中山为首的资产阶级革命派也没有寻找到通向人人平等、自由、博爱的道路。中国变革的历史使命已义无反顾地落在了以马克思主义为指导的无产阶级的身上了。而俄国十月革命的榜样，又为中国人指明了一条道路。走革命的道路，成为当时追求进步人们的一种必然选择，就像十九世纪末维新变法的选择、二十世纪初年民主革命的选择一样，是不可阻挡的历史潮流。而二十世纪的历史发展，也证明了这种趋势的必

---

① 《无锡市资本主义工商业的社会主义改造概况》，《中国资本主义工商业的社会主义改造（江苏卷）》（下册），中共党史出版社，1992 年，第 16 页。《无锡市志》，第 817 页。

② 《无锡市资本主义工商业的社会主义改造概况》，《中国资本主义工商业的社会主义改造（江苏卷）》（下册），第 15 页。

③ 《无锡市志》，第 851 页。

④ 《陈云文选》（1956－1985），人民出版社，1986 年，第 3 页。

然性。

中国的民族资产阶级的确是一个不幸的、悲剧的阶级。民族资产阶级的出现为中国社会的发展添加了推动力，但由于先天不足，他们不能承担起完成中国现代化的历史重任。二十世纪的中国，已经不能从容地留给他们时间来重建自己的政权大厦了，无产阶级已席卷着社会主义的浪潮奔涌而来。中国的资产阶级才走向近代的门槛，又被历史抛入了尘埃之中。它曾是一个革命阶级，但又不可避免的遭到被革命的命运。这是中国近代历史发展所铸成的必然命运。

不过，民族工商业曾经创造的辉煌，却以另外一种途径和方式，延续并光大着……这种不同的途径和方式，既出乎人们意料，也有其历史的必然。

无锡在实行全行业公私合营后，新生政权运用对资源的控制权力，进一步实施了经济改组。两家小型纱厂的 10632 枚纱锭并入申新三厂，振新纱厂的 4904 枚纱锭并入丽新厂。同时，有 7000 多枚纱锭支援安徽芜湖。全市纺织企业数，从原有的 167 家合并为 63 家。① "无锡制造" 的纺织品，在沉寂数年时光后再次进入国际市场。

在对私营商业进行社会主义改造过程中，部分私营商业企业也向工业生产转移。几家米行转业创办大中电线厂，几家布店办起生化搪瓷厂，几家酱油糟坊创办锡山酒厂，源兴铁号、义兴锅炉工场合并成立无锡锅炉厂。

与此同时，无锡市通过老厂带新厂、大厂办子厂以及投资兴建等方式，建立起冶金、电子、医药等行业，兴办起一批新兴企业，无锡市开始向综合性工业城市发展。

二十世纪五十年代末直至六十年代末的近十年间，公私合营企业全部改为国营企业。申新三厂、庆丰、丽新、振新、协丰棉纺织厂分别改名为国营无锡市第一、二、三、四、五棉纺织厂；赓裕、和新、同亿、公达布厂分别为国营无锡市第一、二、三、四棉织厂；兴业、新毅、信和、亚新、锦华、三新等六家染织厂分别改为国营无锡第一、第二、第三、第四、第五色织厂和试样厂；新建的国营无锡市第一丝织厂合并公私合营无锡五四丝绸厂，和公私合营永泰丝厂，改名为无锡市第一、第二丝织厂；兴业染织厂改名为国营无锡市第一色织厂；由丽新厂划出印染车间成立的丽新印染厂，更名为国营无锡市印染厂，维新漂染厂更名为国营无锡市漂染厂；天元麻棉纺织厂改名为国营无锡市麻棉纺织厂，同时划出绢纺车间，单独筹建无锡市绢纺厂。

1966 年开始的 "文化大革命"，对无锡市的工业生产造成极大的破坏，正常

---

① 《无锡市志》，第 870 页。

的生产秩序被打乱，工业生产时起时伏，产品质量和经济效益下降。从七十年代初开始，在国内外新技术发展的鼓动下，一批新企业应运而生。煤炭工业从无到有，合成纤维、电影胶片、半导体元件、微型轴承、手表等一批新的产品相继出现，并形成一定生产能力。同时，"以大厂生小厂"的方式扩展行业布局，其中由协新厂调拨部分粗毛纺锭、针织绒染色设备等设备，分别组建成后来的无锡第二、第三、第五毛纺织厂。至1975年，全市企业共有504家。① 至1976年，全市工业总产值达到264131万元，比1966年增长1.42倍。②

党的十一届三中全会后，经济发展迎来新的春天。到1985年，无锡市发展成为纺织、电子、机械、轻工、冶金、化工、医药等工业门类比较齐全、具有相当规模和水平、实力雄厚的工业城市。当年全市（含江阴、无锡、宜兴县）共有工业企业4202个（市区772个）。③ 1985年，无锡市工业总产值181.96亿元，占全省17.53%，列全省第二位。④ 在15个经济中心城市中，低于上海、北京、天津，居第四位⑤，在13个较大城市中则居第一位。⑥

### "红色资本家"的诞生

公私合营给工厂带来的积极变化，让荣毅仁紧锁的眉头舒缓了许多。

"在经过了社会主义改造的新型企业里，职工群众的劳动积极性异常高涨，各厂普遍开社会主义劳动竞赛，对推动企业生产起了很大的作用，企业面貌焕然一新！"⑦ 以申一、二、五、六、九厂计，1955年的劳动生产率（每一工人生产成品价值）为10545元，是1950年6598元的159.82%；总产值（按不变价）为158507元，是1950年89857元的176.4%；棉纱产量为177173.32件，是1950年129626件的136.68%；棉布产量为1098403疋（按：同"匹"），是1950年648440.9疋的169.39%；棉纱销量为117601.28件，是1950年109722.85的107.18%；棉布销量为1105227疋，是1950年452229疋的244.4%；纺部折合标准品锭扯为23.49，是1950年18.52的126.84%。⑧ 由于公私密切合作，职工

---

① 《无锡市志》，第861页。
② 《无锡市志》，第857页。
③ 《无锡市志》，第861页。
④ 《无锡市志》，第863页。
⑤ 《无锡市志》，第863页。
⑥ 《无锡市志》，第863页。
⑦ 许维雍、黄汉民：《荣家企业发展史》，人民出版社，1985年，第315页。
⑧ 资料来源：根据申新企业1950－1955年申新统计年刊编制。

生产热情高涨，申新各厂生产直线上升。1955 年，七个厂的总产量（混合棉纺线）达 227919 件，总产值 12547.1 万元，1956 年总产量上升为 260623 件，总产值 22544.9 万元。[①]"企业实行公私合营，为资本家带来了更多的利润！1954 年，公私合营后的第一年，资本家分得的净利比合营前的 1953 年增长两倍以上！"[②]

在随后的经济调整中，申新在资金关系上陆续有了新的变化。1957 年 2 月，上海棉纺织工业公司成立，实行行业统一管理，中华第一棉纺针织厂划归上海市针织工业公司。1956 至 1958 年，永德布厂、五丰和染织厂及缦华染织厂相继并入申新一厂；到 1958 年，申新一厂又与启新棉纺厂及国棉五厂部分设备，合并为国营第二十一棉纺织厂。同年，申新五、六厂与荣丰纺织印染厂合并组成杨浦棉纺织印染厂。1959 年，广勤棉纺厂、国强织造厂相继并入申新九厂。1960 年，申新二厂划归上海市仪表电讯工业局，后改为上海无线电二厂。1963 年，安乐棉纺二厂并入申新九厂。[③] 在此期间，荣毅仁还与永安的郭棣活共同出资，加之国家投资，在合肥创办公私合营安徽第一棉纺织厂，这是安徽省兴建的第一座中型棉纺织企业。到 1964 年 10 月为止，申新系统"共核定私股金额 54234915.02 元，公股金额 13710927.37 元。"[④]

1966 年 10 月，上海申新纺织总管理处撤销。1966 年，申新一厂、申新九厂、杨浦和鸿丰纱厂分别改为上海第二十一、二十二、三十一棉纺织厂和第二十七棉纺厂。

不过，公私合营后的申新企业仍然存在着一些问题。公私关系的改造始终落后于客观形势的变化，公私双方在共事中仅止于互通声气、减少隔膜，还没有达到互相帮助、共同提高的要求；公私双方在关系上也仅止于彼此接近，减短距离，还没有达促膝谈心、建立感情的地步。"至于如何在实际中逐步地改造资方人员成为名副其实的劳动者，使他们同职工之间从两重性的工作关系变成完全的社会主义的合作互助关系的工作做得很差。不仅表现在资方人员的工作、学习、生活还关心得不够，而且表现在放松了对职工群众进行系统的教育工作和组织工作。……必须提高职工群众的政策思想，提高他们理性认识，使全体职工都

---

① 中共上海市委统战部、中共上海市委党史研究室、上海市档案馆编：《中国资本主义工商业的社会主义改造（上海卷）》，中共党史出版社，1993 年，第 1204 页。

② 许维雍、黄汉民：《荣家企业发展史》，第 315 页。

③ 参见《申新简史及管理机构总公司所属各厂系统表》（1959 年），上海市档案馆藏档，档号：Q193－1－440。

④ 《申新简史及管理机构总公司所属各厂系统表》（1959 年），上海市档案馆藏档，档号：Q193－1－440。

明确认识赎买政策的意义，大家都来参加团结、教育、改造资方人员的工作。"①

经过社会主义改造，申新企业由以往私营的企业性质，过渡转变为半社会主义的性质，在承担职工就业的同时，还兴建或者扩建了托儿所、学校、医院解决职工的后顾之忧。虽然福利设施的建设大大地改善了员工的生活，充分调动了员工的工作积极性，但也对工厂造成了额外的负担，也不符合现代的企业管理制度的要求。出现这些问题的外在原因是国家无法兴建配套福利设施，只得由企业自行建立。这些问题绝对不是申新一个企业的问题，而是普遍存在于当时改造后的公私合营企业，时间跨度甚至持续到1984年的国有企业改革之后。

"经过社会主义改造，阶级关系有了调整，工人阶级和资产阶级的矛盾可否成为非对抗性矛盾？可否用相应的方法来解决呢？"荣毅仁在思考。在1956年6月召开的一届全国人民代表大会三次会议上，他提出上述想法和问题，希望马列主义理论工作者、哲学社会科学工作者给以理论上的指导。在全国人大的一次小型会议上，他还向毛泽东请教这一问题。毛泽东风趣地说："你倒蛮会动脑子、提问题的。"这一问题提出后，引起不少争论，有的报刊还开辟专栏讨论。1957年2月27日，毛泽东在最高国务会议第十一次扩大会议上，作了正确处理人民内部矛盾问题的讲话，指出："工人阶级和民族资产阶级之间存在着剥削和被剥削的矛盾，这本来是对抗性的矛盾。但是在我国的具体条件下，这两个阶级的对抗性矛盾如果处理得当，可以转化为非对抗性矛盾，可以用和平的方法解决这个矛盾。"②

1956年底，毛泽东提议推荐荣毅仁出任上海市副市长。他在全国工商联会员代表大会谈话中曾说："对资本家要解决的两个问题，一个是物质问题，一个是思想问题。物质问题就是有职有权的问题，有工资可拿，拿到工资能生活。思想问题要资本家改造自己，发挥他们的作用，不但使用老经验，而且使得他们能够发展新经验。譬如荣毅仁年纪轻轻的，这种人来日方长，还可以学新的经验。"③

1956年12月28日至1957年1月9日，上海市二届人民代表大会第一次会议召开。会议期间，已经调任国务院副总理的陈毅专程从北京赶回上海，作了一篇轰动会场的发言。他用川味十足的话语对全体代表说："这次我到上海来，毛

① 《申新纺织厂总管理处关于各厂1956年工作计划综合报告》（1956年），上海市档案馆藏档，档号：Q193－1－2548。
② 荣毅仁：《毛主席指引社会主义道路》，《缅怀毛泽东》上，中央文献出版社，2013年，第44页。
③ 薄一波：《若干重大决策与事件的回顾》上册，第303页。

主席交给我一个特殊任务，要我和上海市的同志们商量一下，请大家投荣毅仁一票，把他选为副市长。""实不相瞒，他已是我的一个好朋友了。我要以老共产党员的身份为这位红色资本家竞选。"① 他还说："毛主席说，荣家是我国民族资本家的首户，荣家现在把全部企业都拿出来和国家合营了，在国内外引起了很大影响。他既爱国又有本领，堪当重任。"②

经过票选，荣毅仁毫无悬念地当选为上海市副市长。在接受《解放日报》记者采访，他引用了陈云讲过的一句话说："从一个资本家转变到国家的公务员，是一个很好的、唯一的道路。""人民政府的工作人员是人民的勤务员，他们辛苦勤劳地为国家人民服务，不计个人利害得失，这种忘我的精神，我一定要经常用它来要求自己，衡量自己。""我相信我能够做到守职尽责，努力做一个人民的勤务员，不辜负人民对我的信任。"③

1959 年，荣毅仁调任纺织部副部长，此后，荣毅仁的上升更是一路绿灯：1978 年任第五届全国政协副主席。1979 年任中国国际信托投资公司董事长兼总经理，1983 年起任第六、七届全国人大常委会副委员长，同年当选为全国工商联主席，1993 年 3 月至 1998年 3 月任中华人民共和国副主席。在种种力量的助推下，荣毅仁逐渐化身为红色中国的一个特殊政治符号。

相比其他资本家，荣毅仁一家是相当幸运的。历次运动中虽也受到不同程度的冲击，但从"三反五反"、"荣盛小集团"，到后来的"文革"，都被中共高层列为重点保护对象，或"保护过

时任上海市副市长的荣毅仁
（前排左二）下乡视察

关"，或"从轻发落"。"文革"期间，政府机构瘫痪，周恩来特别找到纺织部党组书记，反复叮嘱要力保荣毅仁："荣毅仁是中国民族资产阶级的代表人物，在

① 荣毅仁：《陈毅风范心中永存》，《风雨同舟半世纪》（《上海文史资料选辑》第 93 辑），1999 年，第 5 页。
② 黄允升主编：《毛泽东生平实录》下卷，红旗出版社，2010 年，第 166 页。
③ 王树人：《访荣毅仁副市长》，《解放日报》1957 年 1 月 10 日。

国内外都有影响，你们一定要想办法保护好。"

在以后的岁月里，尽管政治环境越发复杂，但荣毅仁变得日益谨慎，从不轻易吐露自己的内心世界。从他后来创办中信的经历来看，他对经济规律有很清楚的认识和把握，眼光和心态相当开放。而对国家经济生活中种种扭曲的怪现状，他始终保持着沉默。

直到改革开放后的 1979 年 6 月 27 日，国务院批准成立中国国际信托投资公司，荣毅仁出任董事长。邓小平对荣毅仁说："你来牵头办实体，搞对外开放窗口。人由你选，业务由你管，事情由你负责，不要搞成官僚主义企业。"[1]

关于荣毅仁的再度"出山"，流传着一段脍炙人口的故事。1979 年 1 月 17 日，距离十一届三中全会闭幕不到一个月，邓小平邀约胡厥文、胡子昂、荣毅仁、古耕虞、周叔弢吃火锅。这五位老人，都是从旧中国走来的工商界代表人物。

邓小平说："现在搞建设，门路要多一点，可以利用外国的资金和技术，华侨、华裔也可以回来办工厂。吸收外资可以采取补偿贸易的方法，也可以搞合营，先选择资金周转快的做起。""要落实对原工商业者的政策，这也包括他们的子孙后辈。他们早已不拿定息了，只要没有继续剥削，资本家的帽子为什么不摘掉？落实政策以后，工商界还有钱，有的人可以搞一两个工厂，也可以投资到旅游业赚取外汇，手里的钱闲起来不好。你们可以有选择地搞。总之，钱要用起来，人要用起来。"[2]

这就是后来被称为"五老火锅宴"的著名谈话。这次"五老火锅宴"，直接影响了中国改革开放和非公有制经济的发展史，不仅在当时生动地消融了自文革以来中国对个人资本和市场经济的冰封，中国民营经济从此开始书写出辉煌的篇章。

在"五老火锅宴"上，邓小平第一次提出要吸引外资，第一次提出希望原工商业者利用落实政策以后手里的资金办企业。在这一年底，中国国际信托投资公司成立。昔日荣少爷的实业热情，在白发苍苍之际被最大限度地激发出来。国家一时难以巨额投资，他自掏腰包 1000 万元，先行启动。北京、上海的工商界故友，大多被他招至麾下。到 1993 年，中信公司已经由最初的十几个人发展到三万多人，公司总资产已超过 800 多亿元人民币，成为国际上著名的跨国集团。而且，中信公司开创了太多中国第一，为改革开放的路径不停摸索实验：第一次

---

① 张涛之著：《中华人民共和国演义》，作家出版社，1995 年，第 1351 页。
② 《邓小平文选》第二卷，人民出版社，1994 年，第 156 - 157 页。

在外国发行债券，第一个开展国际租赁业务，第一个经营房地产业务，第一个涉足国际商用卫星通信事业，第一个开展国际经济咨询业务……

1986 年，美国《财富》杂志就将荣毅仁评选为二十世纪"世界五十位知名企业家"之一，这也是建国后国内企业家跻身该排行榜的第一人。《财富》杂志阐述的理由是："荣毅仁是振兴工业强有力的人物"，"他代表了重要的趋势"。①

这个趋势从七十年代末初显端倪，到 1993 年已经难以逆转。这一年，"社会主义市场经济"的内容，被正式写进中华人民共和国宪法。同年召开的全国政治协商会议上，有 20 多位私营企业主首次成为全国政协委员。参加两会的人大代表和政协委员们发现，会议用餐不用再交粮票了。主宰百姓生计 40 多年的商品配给票证，在这一年停止发放使用。

这一年，流行歌曲飘荡在每一条大街小巷；股市上，飞速变化的行情令人心惊肉跳，高速公路开始在一些大城市出现。这一年，乡镇企业的工业产值突破两万亿元，占中国工业产值的二分之一，而荣毅仁的故乡江苏无锡更是独占鳌头。

## 春雷一声天下晓

历史车轮滚动前进的齿痕竟是如此契合：1956 年 1 月，无锡的私营工商业实现全行业的公私合营，2 月，一个名为"春雷"的高级合作社及其造船工场在无锡东亭农村成立。

为了使农村经济尽快复苏，共和国成立后，国家实行了土地改革政策，大力扶持农村副业和手工业的发展。在社会主义改造过程中，通过组织互助组、初级农业合作社，到社会主义性质的高级农业合作社，实现了对农业和手工业的社会主义改造。分散在乡镇就地从事手工业生产的专业手工业者，单独组织起手工业小组或者合作社. 兼营手工业的农民先后都加入了农业合作社。

1956 年农历正月初一春雷高级社
成立大会情景

"春雷"高级合作社，正是在这样的大背景下诞生的，它是无锡县第一个高级合作社。

---

①　《中国企业家百年档案 1912－2012》，企业管理出版社，2012 年，第 61 页。

据时任县委工作组组长苏人回忆，2月12日，这一天正是农历正月初一（春节），春雷高级生产合作社举行成立大会。村子里红旗招展，锣鼓喧天，现场气氛非常热闹。这个高级社由10个初级社合并组成。筹备过程中，几个大一点的社都争着要用自己社的名字。后来筹委会开会提议社名叫"春雷"，拿到各村去征求意见。柏树下村有个姓张的老农民说，这个名字好，老话说"春里雷，谷满堆"，就叫"春雷"好了。

高级合作社在分配方式上实行按劳分配，但问题又出现了：缺少劳动力的农户怎么办？办法归根到底有两条，一条是人人要有工做，一条是集体要增加收入，有积累，可分配。想来想去只能跳出农业的限制，农副工三业一起规划、一起发展。除了鸡鸭鹅、猪羊兔、开池养鱼、种桑养蚕，还根据当时的基础，列出了碾米、饲料加工等为农业生产和农民生活服务的项目，以及修船、裁缝、绣花、油漆等一批手工业项目。

春雷响起，最出名的还是春雷造船厂。

当时苏南农村河道密布，湖荡连片。春雷社所在的七八个自然村，地形就像一张飘在水面的荷叶，四面是河荡，只有三四座小桥通往外面。所以，船只是这里主要的交通工具，也是重要的生产工具。运粮食、运饲料、运肥料、运建材、罱河泥，以及到湖荡里捕鱼捉虾、采菱摘莲，都要用船。船只的修理、养护（当地叫"拈船"，包括嵌油灰、刷桐油、修配船具等）有很强的专业性、技术性。这里，有着修理船只的历史传统，集中了一批擅长修船的木匠、拈船匠，并以家庭为单位形成若干小作坊。在成立初级社的时候，就有几个修船的农户联合组建了一个修船小组，为村里和附近农户修理船只。建立高级社后，经过商议，以陈巷村修船小组为主体，把全村47名木匠、拈船匠也集中起来，在北仓河畔成立了修船工场。船厂办起来以后，主要为本村、本乡和邻近乡村修理养护船只。后来由于技术力量较强，又根据各人专长形成专业分工，劳动生产率得到提高，修理养护周期缩短，加上农村工本费用低，所以城区船厂和航运公司的一些船只修理建造也放到了春雷厂。

随着国民经济逐步纳入计划经济的渠道，春雷造船厂所需木材、铁钉、桐油、苎麻等原材料以及资金贷款自然列不进国家计划，工厂的经营遇到了困难。同时，农村合作社是不是应该办造船厂，还有颇多争议。说来也巧，恰逢当时的农业部长廖鲁言下乡视察工作，来到这个江南第一社。造船厂向他反映了困难，获得了部长的大力支持。

对高级社办工业，廖鲁言给予很高的评价，他明确说："农业合作社办工副业，体现了合作化的优越性。合作社要农副工业全面发展，各级政府、各个部门都要支持。"① 他还认真记下了修船工场缺乏原材料和银行不给贷款的事。廖鲁言回京后不久，就逐级下来指示，帮助农业合作社解决了船厂的原材料供应计划。无锡农村的干部终于心里有了底，从此对于高级社办工副业的认识趋于统一。1956 年 4 月 13 日，无锡市政协组

1978 年时的春雷造船厂外景

织了 260 多人组成的参观团，分乘几条大船到东亭春雷参观借鉴农业合作化的经验，用以推动城市工商业、手工业的社会主义改造。

有了上层的表态，这个社办小厂就这样生存下来，并得到了扩展。船厂在无锡维新漂染厂附近黄泥头设立分厂，那里的新兴塘河是水路交通要道，四通八达，过往船只多。不久又在江阴巷口设立窗口，接洽联系城中的修船业务。就这样，船厂的经营越做越兴旺，很早就制造出一艘 20 吨的轮船"河埼一号"，打出了春雷的名气。相当长的时间里，各地到春雷社参观的人络绎不绝，学习考察造船厂发展社队企业的路数。直至公路日益发达，生产木船和水泥船已经越来越没有市场了，它才完成了经济使命，转而成为农民创业创造的一种见证。这个当时似乎在不经意间成立的造船厂，后来被媒体誉为中国社队企业的"第一家"。

在农业合作化运动中，无锡县各地陆续兴办了一批社办企业。取名于唐朝王维诗作的红豆集团，其前身就是农民合作创办的港下针织厂。该厂位于无锡县港下乡所在地陈墅，这里有一条南北走向的街道，街边有条名叫沙子江的小河。那时，街南头有一个弹棉胎的小手工业作坊，用轧花机（骆驼机）轧棉花（棉袄和棉胎用的棉花），业主是东荡上村的周林森夫妇。而街北头，也有一个弹棉胎的小手工业作坊，业主是思前圩村的蒋元生。无锡在推进城市私营工商业公私合营之际，着手将城乡"小手工业组织起来"。在此政策推动下，1955 年，无锡县成立了手工业联社，周林森响应政府号召，与蒋元生一起主动将两个小作坊合并，两台轧花机、十多个人，形成了港下这片土地上最初的合作手工经济。乡里以此为基础，再吸收其他相关人员，把所有的设备集中起来，于 1957 年组成了港下针织厂，主要从事弹棉胎、织手套、扎扫帚、编凉席。

弹棉花的人必须戴上口罩，一天下来口罩就由白色变成了灰黑色，这个活不

---

① 沈云福编著：《异军先锋——中国乡镇企业发源地观澜记》，华夏出版社，2010 年，第 9 页。

港下针织厂旧址

仅脏，而且还是个重体力劳动，大冬天干活常常只需要穿一件衬衫。蒋元生与周林森带领大家勤勤恳恳干活，还经常带领大家加班加点。晚上没有电灯，只能点着油灯，在灰暗的灯光下干活。周林森夫妇比较年长，他们经常主动照顾大家，大家也愿意和他们谈谈心，说说事，并亲切地喊他们"老伯伯"和"老娘娘"（方言，婶婶的意思）。

由于周林森吃苦能干，团结大家，1959 年 12 月他成为了一名共产党员。三年困难时期，厂里实在不景气，数次下放人员，周林森夫妇于 1962 年秋天回到了荡下村老家。1964 年，由于弹棉胎太苦太累，又吸入过多棉花粉尘，辛苦了一辈子的周林森在疾病的折磨下离开了人世，带着终身的遗憾走了。

合作厂建办那年，红豆集团董事局主席周耀庭 14 岁，正在上初中，他和父亲周林森、母亲陈菊妹吃住在厂里，对父亲和同事拼命干活以及工厂与农民血肉相连的情景，至今历历在目。他回忆说，厂里织过手套，也织过土布，放学回厂，还帮着做做父辈的下手。织土布的时候，没有开花机，所以第一道原料开花的工序就只能拿到无锡市的一家纺织厂加工。第二道工序是用棉花纺成纱，厂里没有纺纱机，这道工序也就全部发给当地的农村妇女来完成。每天一大早，她们就来到厂门口排队，等着拿棉花回去摇纱，最多的时候有 50 多人，每人最多可以拿到五斤左右的老棉。手勤的妇女第二天就可以把纱交到厂里了，可以拿到摇纱的手工钱，真是"纱里淘金"。他说："父亲生前常常梦绕魂牵那个厂，曾多次讲草根小厂对农民有好处，要进一步发展。"正是这段情缘，注定周耀庭在 1983 年迈出了关键一步，从村支部副书记岗位上奉调来到已濒临困境的港下针织厂，出任厂长。他沉下心来全力救厂，第一年就扭亏为盈，并将产品取名为红豆。1987 年底，21 岁的周海江又应父亲之邀，辞去河海大学教师职位来厂工作，被媒体称为"改革开放后全国第一个辞去公职到乡镇企业的大学教员"。可谓"一颗红豆三代情"，自此掀开了中国著名民族品牌红豆的崭新篇章。1956 年末统计，无锡县农业生产合作社经营的工业、加工业有 210 户，主要从事修造农具及船只、烧窑制砖、开山采石、粮饲加工、食品制造等行业。其中砖瓦窑 12 户、粮食加工 108 户、采石及白泥加工 9 户、运输 29 户、土纸 2 户、文化用品 5 户、竹木器加工 8 户。1957 年，全县农业生产合作社综合经营的工业性项目产值为 622 万元（1980 年不变价），为农业总产值的 3.66%。其后，历经大跃进时大办工业至三年困难时期下马的大波折，但乡镇企业草根不死，顽强生存，见缝就长，在"文革"动乱时期重新起步发展。

无锡乡镇企业从种下"第一批树"后几经曲折，到形成可观的"一方树林"，却是在"文化大革命"那段特殊岁月里。那时"宁要社会主义的草，不要资本主义的苗"，极左思潮泛滥，办厂政治风险大，但城市工厂停产或半停产闹革命，社会商品十分短缺，农民在人均几分田里打拼，生活又苦不堪言。怎么办？工农产品价格巨大的剪刀差，要生存解决温饱的动力，促使农民千方百计悄悄地办起各种小工厂。面对"左"的压力，农民们上演出智勇交集的创业大戏。一曰"明修栈道，暗渡陈仓"，以为农服务名义发展工业。二曰"四千四万，借脑生财"，在计划经济夹缝穿行，踏遍千山万水，吃尽千辛万苦，说尽千言万语，历尽千难万险闯市场，借助"星期日工程师"，聘请工程师和技术师傅解决技术难题。江苏省第一个亿元村无锡县前州西塘村，其起家企业就是这样办起来的。1969 年整个大队流动资金只有 240 元，时任西塘大队长的唐涌祥，狠狠心拿出 160 元，从常州旧货摊上买来几把榔头等家什，招来七名下放工人和复员军人开始了创业。上头不让农民搞工业，只允许搞支农产品，厂名就叫农机修造厂，"打打铁耙脑，做做螺丝帽"干了起来。过了两年，他又抱着"哪怕做坏了，倾家荡产也要闯一闯"的决心，成功制造出城市工厂都发怵的不锈钢高压色织容器。到 1973 年，农机厂固定资产加流动资金已有 30 万元。在这一时期，苏南风行无锡县委首提的"围绕农业办工业，办好工业促农业"的睿智口号，保护和发展了农村工业，并成为江苏乃至全国社队办企业的护身符。无锡各地从手工操作的小加工厂起步，逐步冲破"三就地"（就地取材、就地生产、就地销售）的生产模式，克服资源、市场两头在外的实际困难，不断扩大社队企业的经营范围。1973 年，无锡县成为全国第一个"亿元县"；1978 年，无锡全市社队企业已有 5791 家，务工人员 311177 人，总产值 109627 万元，占全市农村工农业总产值的 55.1%[1]，首次超过农业总产值，开始步入工业社会。1983 年，无锡市实行市管县新体制，全市（含江阴、无锡、宜兴三县）乡、村工业产值 339181 万元，占全市工业总产值的 39.03%；实现利润 47957 万元；上缴税金 28868 万元，占全市财政收入的 23.6%。其中起步早、发展快的无锡县社队工业，百元固定资产原值创产值 310.5 元，亿元固定资产原值容纳劳力 46790 人，居全国首位；利税

---

[1]　宗菊如著：《无锡乡镇企业简史》，方志出版社，2011 年，第 35 页。

数量及资金利税率、劳动生产率居全国第二位，为当时江苏省社队工业产值超10亿元的仅有的一个县。①

1984年，社队工业更名为乡镇工业。中共无锡市委总结推广无锡县堰桥乡对乡镇工业实行"一包三改"的经验，以承包责任制为核心，把企业干部的任免制改为选聘制，职工录用制改为合同制，固定工资制改为浮动工资制，把乡镇企业的经济体制改革引向深入。1984年，全市乡镇企业17655个，工业总产值完成544612万元，有11个乡的总产值超亿元。其中前洲乡以15219万元居首位。②

这无疑是中国农村工业史上的"又一声春雷"。

春雷造船工场成立之时，正值1956年的春节，象征着吐故纳新，一元更始。放眼看去，江浙一带乃至全国的乡镇企业其经历与无锡相类似，萌芽后天生地养，野火烧不尽，春风吹又生。到1976年时全国有10.6万家这样的企业，居然成为改革开放初期启动中国经济的第一股力量，成为中国崛起的"草根秘密"。

1983年2月，邓小平视察了苏州、无锡。回京后，他在同有关负责同志的谈话中指出："江苏从1977年到去年六年时间，工农业总产值翻了一番。照这样下去，再过六年，到1988年可以再翻一番。我问江苏的同志，你的路子是怎么走的？他们说，主要是两条：一条是依靠了上海的技术力量，还有一条是发展了集体所有制，也就是发展了中小企业。"③这里所说的中小企业，就是指乡镇企业。1987年6月12日，邓小平在接待南斯拉夫外宾时，详细阐述了我国改革的由来、过程和目的。当谈到农村改革时，他感慨万端地说道："我们完全没有预料到的最大的收获，就是乡镇企业发展起来了，突然冒出搞多种行业，搞商品经济，搞各种小型企业，异军突起。这不是我们中央的功绩。乡镇企业每年都是百分之二十几的增长率，这持续了几年，一直到现在还是这样。乡镇企业的发展，主要是工业，还包括其他行业，解决了占农村剩余劳动力百分之五十的人的出路问题。……如果说在这个问题上中央有点功绩的话，就是中央制定的搞活政策是对头的。这个政策取得了这样好的效果，使我们知道我们做了一件非常好的事情。"④1992年的南方谈话中，他在回顾改革开放以来的发展历程中又说："经济发展比较快的是一九八四年至一九八八年。这五年，首先是农村改革带来许多新的变

① 《无锡市志》，第1415页。

② 《无锡市志》，第1416页。

③ 邓小平：《视察江苏等地回北京后的谈话》（1983年3月2日），《邓小平文选》第三卷，人民出版社，2001年，第25页。

④ 邓小平：《改革的步子要加快》（1987年6月12日），《邓小平文选》第三卷，第238页。

化，农作物大幅度增产，农民收入大幅度增加，乡镇企业异军突起。"①

"春雷一声天下晓"。源自六十年前江南一角的溪流，从穿石而行到汇成滚滚洪流，意想不到地改写了中国当代的经济版图，这个震动华夏的奇迹和"草根秘密"非本书所能交代，但值得人们铭记和回味。

---

① 邓小平：《在武昌、深圳、上海等地的谈话要点》（1992 年 1 月 18 日 – 2 月 21 日），《邓小平文选》第三卷，第 376 页。

## 【锡 商 人 物】

　　荣毅仁（1916－2005），荣德生四子。1937年毕业于上海圣约翰大学历史系，进入无锡茂新面粉公司任助理经理，1939年兼任上海合丰企业公司董事。1943年兼任上海三新银行董事、经理。1945年起任无锡茂新面粉公司经理、上海福新面粉厂副总经理。新中国成立后，历任上海申新纺织印染公司总经理、上海市面粉工业同业公会主委、华东行政委员会财政经济委员会委员。主持上海、无锡等地荣家企业的公私合营。毛泽东主席曾视察其主持的申新九厂，称其为"红色资本家"。1957年任上海市副市长、市工商联副主委、中国贸易促进会副主任委员。1959年至1966年任纺织工业部副部长。1953年至1983年担任全国工商联第一至五届执委会副主席（副主任委员），1983年至1993年当选第六届执委会主席。1978年至1983年任第五届全国政协副主席。1979年应邓小平之邀任中国国际信托投资公司董事长兼总经理，开创了中国第一个对外开放的窗口。1983至2000年任宋庆龄基金会副主席。1983年后任香港特别行政区基本法起草委员会委员。1983年至1993年起任第六、七届全国人大常委会副委员长。1986年被美国《幸福》半月刊评为世界50名知名企业家之一，是建国后国内企业家跻身世界知名企业家行列的第一人。1987年任中国太平洋经济合作全国委员会名誉会长。1988年至1994年任中国和平统一促进会会长。1991年至1993年任第一届海峡两岸关系协会名誉会长。1993年3月至1998年3月任中华人民共和国副主席。1996年被推举为中国扶贫基金会第三届理事会名誉会长。此外，还曾担任中国残疾人福利基金会名誉理事、江南大学名誉董事长、暨南大学董事会董事长、中国孔子基金会名誉顾问、中国垒球协会名誉主席、中国足球协会名誉主席等职。

# 尾　声

　　无锡南揽太湖，北依长江，古运河环城而行。千里运河，至这里出现"独此一环"的自然景观。无锡由水赋形，临水而居，水决定了城市的格局和最初稻作文明形态。无锡因水而兴，水的四通八达造就了城市的工商文明基因。无锡借水传神，水不断塑造着人与城市的性格，赋予无锡人柔美、灵动、通达、进取的文化气质，也赋予锡商柔性的智慧灵动和奔腾不息的进取精神。

　　今天，沿着环城运河漫游，人们可以发现：杨家的业勤纱厂旧址已辟为"业勤源"，成为市民休闲区；荣家的茂新面粉厂旧址改建为中国民族工商业博物馆；在著名的清名桥旁，永泰丝厂旧址建起了中国丝业博物馆；荣德生晚年寓居的李国伟故居改建成"锡商馆"；而中国蚕丝公司无锡蚕丝仓库建筑被无锡的艺术家群体看中，他们依托这里的历史文化气息创办了"北仓门艺术生活中心"；不远处的无锡县商会旧址，已经按照原貌修复。在古运河相通的北仓河畔，春雷造船厂旧址已建起中国乡镇企业博物馆……

　　与茂新面粉厂相距不远的荣氏申新三厂，在新中国成立后演变为国营无锡市第一棉纺织厂，进入二十一世纪后，随着"退城进园"迁到了无锡城郊。这个百年老厂建起了世界最大的精纺车间，产能大致占到全球紧密纺织的十分之一。由于采用最新的物联网技术控制生产和辅助管理，被形象地称为"建在传感网上的纺织企业"。万锭用工25人，与国内外同类企业用工量相比，仅为其他企业的三分之一，成为了梦圆百年的长寿企业和世界一流的纺织企业。

　　来到工业遗产和百年"活化石"面前，或许会有一种历史的沧桑期待：市场经济大潮波涛汹涌，全球经济竞争越演越烈，关乎民族复兴"中国梦"的商战接力赛，又该怎么续跑，并跑得更快更远呢？人们或许会从那段激荡岁月中得到某些启迪。

# 参 考 文 献

## 一、资料汇编、回忆录、传记

1. 上海社会科学院经济研究所编：《荣家企业史料》，上海人民出版社，1980 年。

2. 许维雍、黄汉民著：《荣家企业发展史》，人民出版社，1985 年。

3. 荣德生著：《乐农自订行年纪事》，上海古籍出版社，2001 年。

4. 上海大学、江南大学《乐农史料》选编整理研究小组：《荣德生文集》，上海古籍出版社，2002 年。

5. 上海大学、江南大学《乐农史料》选编整理研究小组：《荣德生与兴学育才》，上海古籍出版社，2003 年。

6. 上海大学、江南大学《乐农史料》整理研究小组选编：《荣德生与企业经营管理》，上海古籍出版社，2004 年。

7. 上海大学、江南大学《乐农史料》整理研究小组选编：《荣德生与社会公益事业》，上海古籍出版社，2004 年。

8. 上海商业储蓄银行文教基金会编：《中国民族工业先驱荣宗敬生平史料选编》，广陵书社，2013 年。

9. 荣敬本、荣勉韧著：《梁溪荣氏家族史》，中央编译出版社，1995 年。

10. 宗菊如、陈林荣主编：《中国民族工商业首户——荣氏家族无锡创业史料》，世界华人出版社，2003 年。

11. 《纪念荣德生诞辰一百三十周年国际学术研讨会论文集》，上海古籍出版社，2005 年，

12. 陈文源、胡申生主编：《荣德生和他的事业史料图片集》，上海古籍出版社，2006 年。

13. 无锡市志办公室编：《薛明剑文集》，当代中国出版社，2005 年。

14. 无锡市志办公室编：《薛明剑文集续编》，凤凰出版社，2007年。

15. 杨世奎编撰：《慎终追远——无锡杨氏（杨菊仙系）创业纪实》，澳门天成（国际）文化艺术出版社，2003年。

16. 杨世纯、杨世缄主编：《双松百年》，中国社会出版社，2006年。

17. 杨景煋编：《近代无锡杨氏先人传记事略类稿》，自印本。

18. 陕西省政协文史资料委员会、宝鸡陕棉十二厂编：《宝鸡申新纺织厂史》，陕西人民出版社，1992年。

19. 王金中、沈仲明主编：《无锡工商先驱周舜卿》，凤凰出版社，2007年。

20. 刘洪兴主编：《锡商耆英》，古吴轩出版社，2013年。

21. 编委会编：《小镇春秋：无锡严家桥史话》，方志出版社，2004年。

22. 唐师曾、李梅香著：《百年毗陵唐氏》，凤凰出版社，2013年。

23. 中共无锡市委统战部、上海唐氏教育基金会编：《纪念唐君远先生百年诞辰（1901—2000）》，2000年。

24. 《无锡市志》，江苏人民出版社，1996年。

25. 王赓唐、汤可可主编：《无锡近代经济史》，学苑出版社，1993年。

26. 茅家琦、李祖法主编：《无锡近代经济发展史论》，企业管理出版社，1988年。

27. 无锡市地方志编纂委员会办公室编：《无锡近百年经济概览》，1986年。

28. 高景岳、严学熙编：《近代无锡蚕丝业资料选辑》，江苏人民出版社、江苏古籍出版社，1987年。

29. 钱耀兴主编：《无锡市丝绸工业志》，上海人民出版社，1990年。

30. 无锡市地方志办公室、无锡市图书馆编：《民国时期无锡年鉴资料选编》，广陵书社，2009年。

31. 江苏省中国现代史学会编：《江苏近现代经济史文集》，1983年。

32. 无锡市地方志办公室、无锡市图书馆编：《民国时期无锡年鉴资料选编》，广陵书社，2009年。

33. 无锡市政协学习文史委员会编：《瑰宝生辉：无锡近代工商文物》，古吴轩出版社，2009年。

34. 无锡市商业经济学会编：《无锡商业史（近代-1985年）》，2009年。

35. 《无锡工业遗产图录》，2006年。

36. 无锡市历史学会编：《无锡市历史学会论文集1981-2001》，2002年。

37. 上海社会科学院经济研究所编：《中国近代面粉工业史》，中华书局，

1987 年。

38. 上海社会科学院经济研究所、上海市丝绸进出口公司编：《中国近代缫丝工业史》，上海人民出版社，1990 年。

39. 上海社会科学院经济研究所编：《近代江南丝织工业史》，上海人民出版社，1991 年。

40. 陈真、姚洛合编：《中国近代工业史资料》第一辑，生活·读书·新知三联书店，1957 年。

41. 陈真编：《中国近代工业史资料》第三辑，生活·读书·新知三联书店，1961 年。

42. 陈真编：《中国近代工业史资料》第四辑，生活·读书·新知三联书店，1961 年。

43. 孙毓棠编：《中国近代工业史资料》，（台北）文海出版社，1956 年。

44. 彭泽益编：《中国近代手工业史资料（1840 - 1949）》第一、二、三、四卷，中华书局，1962 年。

45. 严中平等编：《中国近代经济史统计资料选辑》，科学出版社，1955 年。

46. 严中平著：《中国棉纺织史稿》，科学出版社，1963 年。

47. 姜恒雄主编：《中国企业发展简史》，西苑出版社，2001 年。

48. 黄逸平编：《中国近代经济史论文选》，上海人民出版社，1985 年。

49. 陆仰渊、方庆秋主编：《民国社会经济史》，中国经济出版社，1991 年。

50. 刘克祥、吴太昌主编：《中国近代经济史 1927 - 1937》，人民出版社，2010 年。

51. 中国近代纺织史编委会编著：《中国近代纺织史 1840 - 1949》，中国纺织出版社，1997 年。

52. 段本洛主编：《苏南近代社会经济史》，中国商业出版社，1997 年。

53. 汪敬虞主编：《中国近代经济史（1895 - 1927）》，人民出版社，2000 年。

54. 王翔著：《中国近代手工业史稿》，上海人民出版社，2012 年。

55. 许涤新、吴承明主编：《中国资本主义发展史》第 3 卷《新民主主义革命时期的中国资本主义》，人民出版社，2003 年。

56. 郑友揆、程麟荪著：《中国的对外贸易和工业发展 1840 - 1948 年史实的综合分析》，上海社会科学院出版社，1984 年。

57. 《中国近代国货运动》，中国文史出版社，1996 年。

58. 马超俊著：《中国劳工运动史》，商务印书馆，1942年。

59. 张公权著：《中国通货膨胀史》，文史资料出版社，1986年。

60. 王相钦主编：《中国民族工业发展史》，河北人民出版社，1997年。

61. 杜恂诚主编：《上海金融的制度、功能与变迁：1897－1997》，上海人民出版社，2002年。

62. 许金生著：《近代上海日资工业史（1884－1937）》，学林出版社，2009年。

63. 阮芳纪、左步青、张鸣九编：《洋务运动史论文选》，人民出版社，1985年。

64. 徐新吾、黄汉民著：《上海近代工业史》，上海社会科学院出版社，1998年。

65. 蔡秉文主编：《上海人民代表大会志》，上海社会科学院出版社，1998年。

66. 孙怀仁主编：《上海社会主义经济建设发展简史（1949－1985年)》，上海人民出版社，1990年。

67. 徐鼎新、钱小明著：《上海总商会史（1902－1929)》，上海社会科学院出版社，1991年。

68. 编写组编：《上海金融史话》，上海人民出版社，1978年。

69. 徐雪筠等译编：《上海近代社会经济发展概况（1882－1931）——〈海关十年报告〉译编》，上海社会科学院出版社，1985年。

70. 中国社会科学院经济研究所编：《上海民族毛纺织工业》，中华书局，1963年。

71. 上海工商行政管理局等编：《上海民族机器工业》，中华书局，1966年。

72. 中共上海市委党史研究室、上海市总工会编：《上海机器业工人运动史》，中共党史出版社，1991年。

73. 上海社会科学院历史研究所编：《辛亥革命在上海史料选辑》（增订版），上海人民出版社，2011年。

74. 上海社会科学院历史研究所编：《五四运动在上海史料选辑》，上海人民出版社，1960年。

75. 上海社会科学院历史研究所编：《五卅运动史料》（第一卷），上海人民出版社，1981年。

76. 中共上海市委统战部、中共上海市委党史研究室、上海市档案馆编：

《中国资本主义工商业的社会主义改造（上海卷）》，中共党史出版社，1993年。

77. 上海社会科学院经济研究所编：《上海资本主义工商业的社会主义改造》，上海人民出版社，1980年。

78. 上海市档案馆编：《1927年的上海商业联合会》，上海人民出版社，1983年。

79. 上海市档案馆编：《日本帝国主义侵略上海罪行史料汇编》，上海人民出版社，1997年。

80. 上海市档案馆编著：《旧中国的股份制1868年-1949年》，中国档案出版社，1996年。

81. 上海市档案馆编：《陈光甫日记》，上海书店出版社，2002年。

82. 中国科学院上海经济研究所、上海社会科学院经济研究所编：《恒丰纱厂的发生、发展与改造》，上海人民出版社，1958年。

83. 上海社会科学院经济研究所编：《上海永安公司的产生、发展和改造》，上海人民出版社，1981年。

84. 上海市纺织工业局等编：《永安纺织印染公司》，中华书局，1964年。

85. 中国人民银行上海市分行金融研究所编：《上海商业储蓄银行史料》，上海人民出版社，1990年。

86. 中国社会科学院、中央档案馆编：《1949-1952中华人民共和国经济档案资料选编·工商体制卷》，中国社会科学出版社，1993年。

87. 中国社会科学院、中央档案馆合编：《1949-1952中华人民共和国经济档案资料选编·商业卷》，中国物资出版社，1995年。

88. 中国社会科学院近代史研究所编：《日本侵华七十年史》，中国社会科学出版社，1992年。

89. 中国第二历史档案馆编：《中华民国史档案资料汇编》第五辑第二编，江苏古籍出版社，1998年。

90. 中国第二历史档案馆编：《中华民国史档案资料汇编》第五辑第一编财政（六），江苏古籍出版社，2000年。

91. 中国第二历史档案馆编：《中华民国史史料长编》第36册，南京大学出版社，1993年。

92. 中共中央党校党史教研室编：《中国近代经济史资料选编》，1985年。

93. 中国人民大学经济系国民经济史教研室编：《中国近代国民经济史讲义》，中国人民大学出版社，1962年。

94. 南京市档案馆编:《审讯汪伪汉奸笔录》,凤凰出版社,2004 年。

95. 南京图书馆特藏部、江苏省社会科学经济史课题组编:《江苏省工业调查统计资料(1927-1937)》,南京工学院出版社,1987 年。

96.《"四·一二"反革命政变资料选编》,人民出版社,1987 年。

97. 中国银行、中国第二历史档案馆:《中国银行行史资料汇编》,档案出版社,1991 年。

98. 上海社会科学院经济研究所、上海市国际贸易学会学术委员会编:《上海对外贸易(1840-1949)》,上海社会科学院出版社,1989 年。

99. 中国社会科学院经济研究所编:《上海对外贸易》,上海社会科学出版社,1989 年。

100. 中国科学院上海经济研究所编:《上海解放前后物价资料汇编(1921-1957 年)》,上海人民出版社,1958 年。

101. 中共上海市委党史资料征集委员会主编:《中共上海党史大事记 1919-1949》,知识出版社,1988 年。

102. 中共上海市委统战部、中共上海市委党史研究室、上海市档案馆编:《中国资本主义工商业的社会主义改造(上海卷)》,中共党史出版社,1993 年。

103. 编纂组:《中国资本主义工商业的社会主义改造江苏卷》(下册),中共党史出版社,1992 年。

104. 上海棉纺织工业公司编:《安达集团史料》,1959 年。

105. 编写组:《大生系统企业史》,江苏古籍出版社,1990 年。

106. 复旦大学历史系编:《近代中国资产阶级研究》,复旦大学出版社,1984 年。

107. 民建中央宣传部编:《中国民主建国会简史》,民主与建设出版社,2010 年。

108. 孙宅巍、蒋顺兴、王卫星主编:《江苏近代民族工业》,南京师范大学出版社,1999 年。

109.《十年来之中国经济》上册,南京古旧书店 1990 年影印版。

110. 潘君祥、顾柏荣著:《买办史话》,社会科学文献出版社,2011 年。

111. 姚崧龄著:《中行服务记》,台北传记文学出版社,1968 年。

112. 姚崧龄编:《张公权先生年谱初稿》,台北传记文学出版社,1982 年。

113. 周淑娟著:《周止庵先生别传》,(台北)文海出版社,1966 年。

114. 王锡彤著:《抑斋自述》,河南大学出版社,2001 年。

115. 《周止庵先生自叙年谱》，台湾文海出版社，1985 年。

116. 胡厥文著：《胡厥文回忆录》，中国文史出版社，1994 年。

117. 徐健生著：《民族工业发展史话》，社会科学文献出版社，2011 年。

118. 华章编著：《百年沧桑：中国民族工商业史话》，民主与建设出版社，2005 年。

119. 谢善骁著：《西来的风：1840－1900 年的中国民族工商业》（中国民族工商业百年史话），北京出版社，2004 年。

120. 易乾著：《飘摇的船：1900－1949 年的中国民族工商业》（中国民族工商业百年史话），北京出版社，2004 年。

121. 沈宗洲著：《瑰丽的海：中国民族工商业发源地上海》（中国民族工商业百年史话），北京出版社，2004 年。

122. 【澳】雪珥著：《国运 1909：清帝国的改革突围》，陕西师范大学出版社，2010 年。

123. 《国家历史》杂志社编：《大变革时代：晚清过后是民国》，新华出版社，2010 年。

124. 姚传德著：《国运——十字路口的知识分子们》，苏州大学出版社，2011 年。

125. 吴比著：《革命与生意——辛亥革命中的商业与商人命运》，浙江大学出版社，2011 年。

126. 李德林著：《帝国沧桑——晚清金融风暴幕后的历史真相》，南京大学出版社，2009 年。

127. 孙果达著：《民族工业大迁徙》，中国文史出版社，1991 年。

128. 沈祖炜、杜恂诚主编：《国难中的中国企业家》，上海社会科学院出版社，1996 年。

129. 张守广著：《抗战大后方工业研究》，重庆出版社，2012 年。

130. 马长林主编：《民国社会名流归宿》，上海书店出版社，1999 年。

131. 李占才主编：《十字路口：走还是留？民族资本家在 1949》，山西人民出版社，2009 年。

132. 陆和健著：《上海资本家的最后十年》，甘肃人民出版社，2009 年。

133. 《潘汉年在上海》，上海人民出版社，1985 年。

134. 裴坚章主编：《怀念陈毅》，世界知识出版社，1991 年。

135. 中共中央文献研究室编：《毛泽东传（1949－1976）》，中央文献出版社，2003 年。

136. 中共江苏省委党史工作委员会、江苏省档案馆编：《毛泽东在江苏》，中共党史出版社，1993 年。

137. 中央文献研究室编辑组编：《缅怀毛泽东》，中央文献出版社，2013 年。

138. 王耿雄编：《孙中山史事详录（1911－1913）》，天津人民出版社，1986 年。

139. 朱邦华著：《无锡民国史话》（《江苏文史资料》第 129 辑），2000 年。

140. 王赓唐主编：《无锡历史名人传》第二辑，1989 年。

141. 陈钧著：《经营奇才——长江流域的著名实业家》，武汉出版社，2006 年。

142. 上海文广新闻传媒集团纪实领道、上海三盛宏业文化传播发展有限公司编写：《百年商海》，上海人民出版社，2006 年。

143. 文昊编：《我所知道的资本家族》，中国文史出版社，2006 年。

144. 胡冰著：《大商传奇》，辽宁教育出版社，2011 年。

145. 《中国大资本家传》第二卷"荣氏家族卷"，时代文艺出版社，1994 年。

146. 《中国大资本家传》第十卷"江南富豪卷"，时代文艺出版社，1994 年。

147. 傅国涌著：《大商人——追寻企业家的本土传统》，五洲传播出版社，2011 年。

148. 薛尔康著：《巨子的诞生——荣氏实业王国的缔造》，文汇出版社，2013 年。

149. 李占才、张凝著：《著名实业家荣氏兄弟》，河南人民出版社，1993 年。

150. 桑逢康著：《荣宗敬荣德生传：荣氏家族企业的创始人》，湖北人民出版社，2007 年。

151. 桑逢康著：《荣氏财团》，文化艺术出版社，2006 年。

152. 陈冠任著：《荣氏父子》，东方出版社，2005 年。

153. 袁子著：《东方巨子》，江苏文艺出版社，1993 年。

154. 计泓赓著：《荣毅仁》，中央文献出版社，1999 年。

155. 秦建君著：《双荣传》，大海文化事业公司，1992 年。

156. 杜博奇编著：《荣氏百年》，浙江大学出版社，2012 年。

157. 陆阳著：《薛明剑传》，团结出版社，2013 年。

158. 王渊远、宋路霞著：《商界奇才王禹卿》，上海科学技术文献出版社，2011 年。

159. 王烈著：《钱之光传》，中国文联出版社，1993 年。

160. 吴学先著：《红色华润》，中华书局，2010 年。

161. 卜鉴民主编：《苏州民族工商业百年往事》，苏州大学出版社，2014 年。

162. 刘念智著：《实业家刘鸿生传略》，文史资料出版社，1982 年。

163. 唐国良主编：《穆藕初——中国现代企业管理的先驱》，上海社会科学院出版社，2006 年。

164. 柳和城著：《孙毓修评传》，上海人民出版社，2011 年。

165. 荣毅仁等著：《在向劳动者过渡的道路中》，上海人民出版社，1957 年。

166. 中国人民政治协商会议上海市委员会文史资料工作委员会编：《上海解放三十五周年：文史资料纪念专辑》，上海人民出版社，1984 年。

167. 中国人民政治协商会议上海市委员会文史资料工作委员会编：《辛亥革命七十周年》（文史资料纪念专辑），上海人民出版社，1981 年。

168. 中国人民政治协商会议全国委员会文史资料研究委员会编：《辛亥革命回忆录》（四），文史资料出版社，1981 年。

169. 中国人民政治协商会议上海市委员会文史资料委员会、中共上海市委统战部统战工作史料征集组编：《上海文史资料选辑：统战工作史料专辑》（九），上海人民出版社，1990 年。

170. 中国人民政治协商会议上海市委员会文史资料委员会、中共上海市委统战部统战工作史料征集组编：《上海文史资料选集：统战工作史料专辑》（十），上海人民出版社，1991 年。

171. 江苏省政协文史资料委员会、无锡市政协学习文史委员会编：《太湖望族》第一册（《江苏文史资料》第 131 辑），2000 年。

172. 中国人民政治协商会议上海市委员会文史资料工作委员会编：《上海解放三十五周年文史资料纪念专辑》，上海人民出版社，1984 年。

173. 上海市政协文史资料委员会、上海政协之友社合编：《风雨同舟半世纪》（《上海文史资料选辑》第 93 辑），1999 年。

174. 【美】费正清主编：《剑桥中华民国史》，上海人民出版社，1992 年。

175. 【美】芮恩施著：《一个美国外交官使华记》，文化艺术出版社，2010 年。

176. 【美】鲍威尔著，邢建榕、薛明扬、徐跃译：《鲍威尔对华回忆录》，知识出版社，1994 年。

177. 周志俊：《青岛华新纱厂概况和华北棉纺业一瞥》，《工商经济史料丛刊》第一辑，文史资料出版社，1983 年。

178. 林继庸：《民营厂矿内迁纪略》，《工商经济史料丛刊》第二辑，文史资料出版社，1983 年。

179. 齐植璐：《抗战时期工矿内迁与官僚资本的掠夺》，《工商经济史料丛刊》第 2 辑，文史资料出版社，1983 年。

180. 吴频迦：《内迁工厂回到上海后》，《工商经济史料丛刊》第二辑，文史资料出版社，1983 年。

181. 杨少振：《三十二年来的经历》，《工商经济史料丛刊》第三辑，文史资料出版社，1984 年。

182. 顾毓琇：《回忆中纺公司》，《工商经济史料丛刊》第四辑，文史资料出版社，1984 年。

183. 李国伟：《荣家经营纺织和制粉企业六十年概述》，《文史资料选辑》第七辑，中华书局，1960 年。

184. 资耀华：《国民党政府法币的崩溃》，《文史资料选辑》第七辑，中华书局，1960 年。

185. 宋希濂：《回忆 1948 年蒋介石在南京召集的最后一次重要军事会议实况》，《文史资料选辑》第 13 辑，中华书局，1961 年。

186. 章剑慧：《雪泥杂记——我的创业生涯》，《文史资料选辑》第 22 辑，中华书局，1962 年。

187. 钱钟汉：《无锡五个主要产业资本系统的形成与发展》，《文史资料选辑》第 24 辑，中华书局，1962 年。

188. 淳夫：《周学熙与北洋实业》，《天津文史资料选辑》第一辑，天津市政协文史资料研究委员会编，天津人民出版社，1978 年。

189. 周学辉、马镜轩：《天津华新纺织公司始末》，《天津文史资料选辑》第 38 辑，天津人民出版社，1987 年。

190. 钱钟汉：《民族资本家——荣宗敬、荣德生》，《江苏文史资料选辑》

第二辑，江苏人民出版社，1963 年。

191．无锡市政协文史资料研究委员会整理：《无锡永泰丝厂史料片断》，《无锡文史资料》第二辑，1981 年。

192．蒋宪基：《一场与日、英帝国主义的生死搏斗——记申新七厂几乎被拍卖的过程》，《无锡文史资料》第二辑，1981 年。

193．《民族资本家荣氏发展简史稿（三）》，《无锡文史资料》第三辑，1981 年。

194．黄厚基：《无锡民族资本家唐保谦父子经营工商业简史》，《无锡文史资料》第四辑，1982 年。

195．朱龙湛：《抗战前无锡棉纺工业概况》，《无锡文史资料》第七辑，1984 年。

196．朱培荣：《邹成泰企业发展简史》，《无锡文史资料》第 12 辑，1985 年。

197．张一飞：《回忆我参加接待蒋经国来锡视察的经过》，《无锡文史资料》第 16 辑，1987 年。

198．浦正勤、黄厚基：《无锡恒德油厂的始末》，《无锡文史资料》第 18 辑，1987 年。

199．李志霖：《杨氏创办广丰面粉厂的始末》，《无锡文史资料》第 18 辑，1987 年。

200．黄培昌等：《我所知道的豫康纱厂》，《无锡文史资料》第 19 辑，1988 年。

201．李宝善、顾雄万：《协新毛纺织染厂的创建及产品的开发》，《无锡文史资料》第 22 辑，1990 年。

202．翁心鹤：《回忆天元麻棉纺织厂的建厂经过》，《无锡文史资料》第 22 辑，1990 年。

203．李志霖：《九丰面粉厂创办经过》，《无锡文史资料》第 24 辑，1991 年。

204．顾一群：《唐君远先生传略》，《无锡文史资料》第 44 辑，2000 年。

205．程屏：《二十年代无锡筹建商埠史略》，《无锡城市建设》（《江苏文史资料》第 92 辑、《无锡文史资料》第 32 辑），江苏省政协文史资料委员会、无锡市建设委员会、无锡市政协文史资料委员会编，1996 年。

206．钱江整理：《锡山业勤机器纺纱公厂集股章程》，《无锡文史资料》第

30 辑，1995 年。

207. 王昌范：《民族毛纺织工业的功臣》，《无锡文史资料》第 44 辑，2000 年。

208. 《公私合营前的永泰丝厂》，《无锡地方资料汇编》第七辑，无锡地方志编纂委员会办公室、无锡县志编纂委员会办公室编，1986 年。

209. 陈韧军：《我党团结无锡工商界护厂护商的经过》，《无锡革命史料选辑》第十三辑，中共无锡市委党史工作委员会、无锡市档案馆编，1989 年。

210. 颜树人等：《30 年代的无锡丽新布厂》，《江苏近现代经济史文集》，1983 年。

211. 王赓唐、章振华：《1929 – 1933 年世界经济危机冲击下的无锡缫丝工业》，《1982 年学术讨论会论文选》，江苏省中国现代史学会编，江苏人民出版社，1982 年。

212. 赵永良：《"辛亥革命"到"七七事变"期间无锡资本主义的发展》，《江苏社联通讯》1981 年第 5 期。

213. 蔡家彬：《无锡人闯上海》，《2010 中国（无锡）吴文化国际研讨会论文集》，2010 年。

214. 袁超俊：《华润在大决战中创业》，《红岩春秋》1998 年第 2 期。

## 二、理论文献、专著

1. 孙中山著：《孙中山全集》第五卷，中华书局，1985 年。

2. 毛泽东著：《毛泽东选集》第四卷，人民出版社，1991 年。

3. 毛泽东著：《毛泽东选集》第五卷，人民出版社，1977 年。

4. 中共中央文献研究室编：《建国以来毛泽东文稿》第三册，中央文献出版社，1996 年。

5. 周恩来著：《周恩来选集》（英文版）上卷，外文出版社，1981 年。

6. 薄一波著：《若干重大决策与事件的回顾》，中共党史出版社，2008 年。

7. 王赓唐、汤可可、钱江、蒋伟新著：《荣氏家族与经营文化》，世界图书出版公司，1999 年。

8. 严克勤、汤可可等著：《无锡近代企业和企业家研究》，黑龙江人民出版社，2003 年。

9. 金其桢、黄胜平等著：《大生集团荣氏集团：中国近代两大民营企业集团比较研究》，红旗出版社，2008 年。

10. 汪春劼著：《地方治理变迁：基于 20 世纪无锡的分析》，社会科学文献出版社，2012 年。

11. 贺云翱著：《无锡人与中国近现代化》，南京大学出版社，2011 年。

12. 沈云福编著：《异军先锋——中国乡镇企业发源地观澜记》，华夏出版社，2010 年。

13. 吴晓波著：《跌荡一百年——中国企业 1870—1977》，中信出版社，2009 年。

14. 章开沅、田彤著：《辛亥革命时期的张謇与近代社会》，华中师范大学出版社，2011. 年。

15. 王翔著：《近代中国传统丝绸业转型研究》，南开大学出版社，2005 年。

16. 张秀芬著：《民国时期民族工商业政策研究》，内蒙古人民出版社，2002 年。

17. 裴叔平等主编：《苏南工业化道路研究》，经济管理出版社，1993 年。

18. 张忠民等著：《近代中国的企业、政府与社会》，上海社会科学院出版社，2008 年。

19. 浦文昌等著：《市场经济与民间商会——培育发展民间商会的比较研究》，中央编译出版社，2003 年。

20. 张国辉著：《晚清钱庄和票号研究》，社会科学文献出版社，2007 年。

21. 虞宝棠著：《国民政府与民国经济》，华东师范大学出版社，1998 年。

22. 方勇著：《蒋介石与战时经济研究（1931－1945）》，浙江大学出版社，2013 年。

23. 朱婷、张忠民著：《南京国民政府时期的国有企业 1927－1949》，上海财经大学出版社，2007 年。

24. 沈祖炜主编：《近代中国企业：制度和发展》，上海社会科学出版社，1999 年。

25. 黄逸峰等著：《旧中国民族资产阶级》，江苏古籍出版社，1990 年。

26. 郑友揆著：《旧中国的资源委员会——史实与评价》，上海社会科学院出版社，1991 年。

27. 杜恂诚著：《民族资本主义与旧中国政府（1840－1937）》，上海社会科学院出版社，1991 年。

28. 吴柏均著：《中国经济发展的区域研究》，上海远东出版社，1995 年。

29. 朱英著：《辛亥革命时期新式商人社团研究》，华中师范大学出版社，

2011 年。

30. 朱英著：《辛亥革命与资产阶级》，华中师范大学出版社，2011 年。

31. 莫世祥著：《民初政争与二次革命》，上海人民出版社，1983 年。

32. 虞和平著：《商会与中国早期现代化》，上海人民出版社，1993 年。

33. 罗苏文著：《高郎桥纪事：近代上海一个棉纺织工业区的兴起与终结 1700 - 2000》，上海人民出版社，2011 年。

34. 严亚明著：《晚清企业制度思想与实践的历史考察》，人民出版社，2007 年。

35. 张秀芬著：《民国时期民族工商业政策研究》，内蒙古人民出版社，2002 年。

36. 吴序光主编、周鸿副主编：《中国民族资产阶级历史命运》，天津人民出版社，1993 年。

37. 马俊亚著：《规模经济与区域发展：近代江南地区企业经营现代化研究》，南京大学出版社，2000 年。

38. 马俊亚著：《混合与发展：江南地区传统社会经济的现代演变》，社会科学文献出版社，2003 年。

39. 卢雄勇著：《苏商精神及其社会价值》，江苏教育出版社，2011 年。

40. 单强著：《工业化与社会变迁——近代南通与无锡发展的比较研究》，中国商业出版社，1997 年。

41. 虞晓波著：《比较与审视："南通模式"与"无锡模式"研究》，安徽教育出版社，2001 年。

42. 曹洪涛、刘金声著：《中国近现代城市的发展》，中国城市出版社，1998 年。

43. 赵波著：《家族企业现代管理思想演进研究——以荣氏企业为中心》，经济管理出版社，2011 年。

44. 张忠民等著：《近代中国的企业、政府与社会》，上海社会科学院出版社，2008 年。

45. 陆和健著：《区域文化视阈下的近现代苏商》，社会科学技术出版社，2013 年。

46. 姚会元著：《江浙金融财团研究》，中国财政经济出版社，1998 年。

47. 吴景平等著：《抗战时期的上海经济》，上海人民出版社，2001 年。

48. 张赛群著：《"孤岛"时期的上海工业》，中国言实出版社，2007 年。

49. 张赛群著：《上海"孤岛"贸易研究》，知识产权出版社，2006 年。

50. 张铨、庄志龄、陈正卿著：《日军在上海的罪行与统治》，上海人民出版社，2000 年。

51. 黄美真主编，李占才副主编：《日伪对华中沦陷区经济的掠夺与统制》，社会科学文献出版社，2005 年。

52. 王菊著：《近代上海棉纺业的最后辉煌（1945－1949）》，上海社会科学院出版社，2004 年。

53. 【美】高家龙著，程麟荪译：《大公司与关系网：中国境内的西方、日本和华商大企业（1880－1937）》，上海社会科学院出版社，2002 年。

54. 【美】帕克斯·M·小科布尔著，蔡静仪译：《江浙财阀与国民政府》，南开大学出版社，1987 年。

55. 【美】帕克斯·M·小科布尔著，杨希孟、武莲珍译：《上海资本家与国民政府（1927－1937）》，中国社会科学出版社，1988 年。

56. 【美】迈克尔·布若威著，李荣荣译：《制造同意——垄断资本主义劳动过程的变迁》，商务印书馆，2008 年。

57. 【美】费维恺著，虞和平译：《中国早期工业化》，中国社会科学出版社，1990 年。

58. 【美】易劳逸著，陈谦平、陈红民等译：《流产的革命：1927－1937 年国民党统治下的中国》，中国青年出版社，1992 年。

59. 【美】阿瑟·恩·杨格著，陈泽宪、陈霞飞译：《1927－1937 年中国财政经济情况》，中国社会科学出版社，1981 年。

60. 【法】白吉尔著，张富强、许世芬译：《中国资产阶级的黄金时代（1911－1937）》，上海人民出版社，1994 年。

61. 【法】托克维尔著，冯棠译，张芝联校：《旧制度与法国大革命》，北京商务印书馆，1992 年。

62. 【英】E·P·汤普森著，钱乘旦等译：《英国工人阶级的形成》，译林出版社，2001 年。

63. 【日】久保亨著，王小嘉译：《走向自立之路：两次世界大战之间中国的关税通货政策和经济发展》，中国社会科学出版社，2004 年。

64. 【韩】金志焕著：《中国纺织建设公司研究 1945－1950》，复旦大学出版社，2006 年。

## 三、论文

1. 高景岳：《同步异归——从生产和管理看永泰丝厂和裕昌丝厂之成败》，《江苏近现代经济史文集》，1983 年。

2. 卢征良：《无限公司与荣家企业的发展》，《台声》2008 年第 5 期。

3. 汤可可、蒋伟新：《近代无锡商会的治理结构》，《近代史学刊》第三辑，华中师范大学出版社，2006 年。

4. 汤可可、蒋伟新：《无锡商会与近代工商企业家的成长》，《江海学刊》1999 年第 4 期。

5. 蒋伟新、汤可可：《推挽结构：近代地方商会与政府的关系——以无锡为例》，《近代史学刊》第一辑，华中师范大学出版社，2001 年。

6. 汤可可：《近代企业管理体制的演进——无锡民族资本企业发展历程中的变革性转折》，《中国经济史研究》1994 年第 3 期。

7. 蒋伟新：《浅析无锡近代企业家群体》，《无锡教育学院学报》2000 年第 9 期。

8. 钱江、汤可可：《无锡杨氏家族与周学熙实业集团关系初探》，《无锡市历史学会论文集 1981－2001》，无锡市历史学会编，2002 年。

9. 张铁民、陈明生：《民族资本与城市发展——以荣德生与无锡为例》，《江南论坛》2005 年第 7 期。

10. 庄若江：《论"锡商文化"的历史价值及其精神内涵》，《江苏社会科学》2007 年第 2 期。

11. 汪春劼：《雄居地方三十年——浅析民国时期无锡绅界领袖钱孙卿》，《江南大学学报（人文社会科学版）》2010 年 5 月。

12. 唐凌：《自开商埠：透视中国近代经济变迁的一个窗口》，《华南理工大学学报（社会科学版）》2001 年第 4 期。

13. 梁民愫、袁媛：《民初无锡自开商埠探析》，《江西广播电视大学学报》2007 年第 4 期。

14. 金其桢：《荣氏兄弟育才用人之道探略》，《江苏教育学院学报（社会科学版）》2007 年 7 月。

15. 邵俊敏：《1920 年代末期无锡的经济结构研究》，《中国社会经济研究》，2012 年第 1 期。

16. 袁媛、周芬芬、刘义杰：《无锡自开商埠中现代化问题述论》，《现代化研究》第 4 辑，商务印书馆，2009 年。

17. 徐锋华：《企业、政府、银行之间的利益纠葛——以 1935 年荣氏申新七厂被拍卖事件为中心》，《历史研究》2011 年第 6 期。

18. 徐锋华：《民族企业的涉外纠纷与生存策略——以上海申新七厂拍卖案为个例》，《史林》2011 年第 3 期。

19. 付娟：《中国近代荣氏企业发展资金渠道考察》，《河南科技大学学报（社会科学版）》2010 年 2 月。

20. 田彤、卫然：《企业文化与劳资合作——以 1922–1937 年之申新三厂为个案》，《浙江学刊》2013 年第 1 期。

21. 金其桢、黄胜平：《大生集团与荣氏集团兴衰成败之道探究》，《江南大学学报（人文社会科学版）》2008 年第 4 期。

22. 曾京京：《唐锡晋与晚清义赈》，《南京农业大学学报（社会科学版）》2005 年第 4 期。

23. 曾京京：《近代灾赈及社会改良事业中的家族血缘群体——以唐氏无锡东门支为例》，《中国农史》2007 年第 1 期。

24. 张国辉：《甲午战后四十年间中国现代缫丝工业的发展和不发展》，《中国经济史研究》1989 年第 1 期。

25. 张迪恩：《外国洋行垄断生丝输出对上海地区丝厂业的影响（1894–1937）》，《中国经济史研究》1986 年第 1 期。

26. 李雅菁：《近代新式棉纺织企业工头制管理方式浅析》，《安徽史学》2007 年第 6 期。

27. 虞和平：《以国家力量为主导的早期现代化建设——国民政府时期的国营经济与民营经济》，《现代化研究》第二辑，北京大学世界现代化进程研究中心主编，商务印书馆，2003 年。

28. 虞和平：《五四运动与商人外交》，《近代史研究》2000 年第 2 期。

29. 冯筱才：《罢市与抵货运动中的江浙商人——以"五四""五卅"为中心》，《近代史研究》2003 年第 1 期。

30. 吴玉文：《1927–1937 年南京国民政府经济政策述评》，《河南大学学报（社会科学版）》1998 年第 9 期。

31. 林承有、周成华：《五四运动与上海商人》，《中山大学学报论丛（社会科学版）》2000 年第 3 期。

32. 钟祥财：《20 世纪三四十年代中国的统制经济思潮》，《史林》2008 年第 2 期。

33. 苏智良：《日本在近代上海的经济侵略活动初探》，《上海师范大学学报》1987 年第 1 期。

34. 杨立、柯绛：《1942 年前日本在中国沦陷区掠夺公私工矿业经营及收益调查》，《民国档案》1992 年第 4 期。

35. 中国第二历史档案馆：《汪伪"接收"日本军管工厂的一组史料》，《民国档案史料》1990 年第 7 期。

36. 庄志龄：《"军管理"与日本战时对上海华资企业的攫夺》，《档案与史学》，2001 年第 12 期。

37. 郑会欣：《战前"统制经济"学说的讨论及其实践》，《南京大学学报（哲学人文科学社会科学版）》2006 年第 1 期。

38. 陆鸣芝：《战后恢复时期的中国棉纺织业（1945—1949）》，《中国纺织大学学报》1994 年第 3 期。

39. 朱婷：《抗战胜利的花纱布统制政策在上海的施行及其影响》，《上海经济研究》2002 年第 8 期。

40. 张志民、朱婷：《略论南京政府抗战前的国有经济政策（1927 - 1937)》，《社会科学》2005 年第 8 期。

41. 戴鞍钢：《1949 年前后上海民族工业的绝境与转机》，《福建省社会主义学院学报》2001 年第 3 期。

42. 胡其柱：《抑制与抗争：建国初期的政府与私营工商界（1949 - 1952)》，《晋阳学刊》2005 年 3 月。

43. 张忠民：《"五反"运动与私营企业治理结构的变动——以上海私营工商企业为中心》，《社会科学》2012 年第 3 期。

44. 【美】罗其韬：《中国共产党与解放初期的上海资本家》，《北京联合大学学报（人文社会科学版）》2013 年 1 月。

45. 【日】中井英基：《清末民初荣宗敬、荣德生兄弟与茂新、振新的经营》，《近代中国》，2005 年第 6 期。

46. 顾纪瑞、顾征：《无锡庆丰早期的地位和运行特征——兼析无锡丽新的"殊途同归"》，《无锡文博》2014 年第 3、4 期。

47. 顾纪瑞：《无锡庆丰早期运行模式研究》，江苏省中国经济史学会年会（南京大学）材料，2014 年 12 月。

48. 李珍珍：《从"工头制"到"科学管理"——20 世纪 20 年代荣氏企业内部管理体制的演变》，浙江大学 2007 年硕士学位论文。

49. 孙智君：《民国时期产业经济思想研究》，武汉大学 2006 年博士学位论文。

50. 陈烜：《五四运动的抵制日货运动研究》，北京工商大学 2009 年硕士学位论文。

51. 张华：《1931 至 1933 年抵制日货运动研究》，山东师范大学 2006 年硕士学位论文。

52. 吴志国：《近代中国抵制洋货运动研究（1905－1937）》，华中师范大学 2009 年博士学位论文。

53. 宋佳女：《家族网络、权势精英与地方政治——以民国初年的无锡为中心》，复旦大学 2008 年硕士学位论文。

54. 王春英：《"统制"与"合作"：中国战争时期的上海商人（1937－1945）》，复旦大学 2009 年博士学位论文。

55. 刘平青：《转轨期中国家族企业研究》，华中农业大学 2003 年博士学位论文。

56. 孙晓飞：《抗战胜利后荣家企业研究（1945－1949）》，华中师范大学 2012 年硕士学位论文。

57. 蒋永：《建国初期上海民族资产阶级社会心理变化》，华东师范大学 2009 年硕士学位论文。

58. 吴景平：《中国纺织建设公司研究》，复旦大学 2003 年博士学位论文。

59. 郭竹静：《建国初期上海申新纺织企业的恢复与社会主义改造研究》，上海师范大学 2012 年硕士学位论文。

60. 李莉：《建国初期的私人资本主义政策研究（1949－1953 年）》华中师范大学 2006 年硕士学位论文。

61. 贾伟：《荣氏企业职工教育与企业发展研究》，苏州大学 2011 年硕士学位论文。

62. 解晶：《荣德生的社会公益实践研究》，苏州大学 2012 年硕士学位论文。

63. 徐新：《二十世纪无锡地区望族权力实践》，上海大学 2005 年博士学位论文。

64. 管祥久：《论荣德生实业与公益并举思想及实践》，贵州师范大学 2008 年硕士学位论文。

65. 周孜正：《疾风暴雨的年代——1949 年前后中共对无锡大资本家的统合》，华东师范大学 2014 年博士学位论文。

# 附录：

## 锡商人物索引

**C**

蔡缄三：1922 年。

程敬堂：1922 年，1932 年。

程炳若：1936 年。

陈梅芳：1932 年。

**D**

丁厚卿：1932 年。

丁熊照：1932 年，1939 年。

**H**

华绎之：1932 年。

**K**

匡仲谋：1932 年。

**L**

李国伟：1937 年，1942 年，1945 年，1949 年，1954 年。

**M**

穆漪君：1937 年。

**P**

浦文汀：1915 年，1939 年。

**Q**

钱孙卿：1927 年，1949 年。

强锡麟：1934 年。

**R**

荣熙泰：1896 年。

荣宗敬：1896 年，1905 年，1915 年，1919 年，1925 年，1927 年，1930 年，1932 年，1934 年，1935 年，1937 年。

荣德生：1896 年，1905 年，1911 年，1915 年，1919 年，1925 年，1930 年，1932 年，1933 年，1934 年，1935 年，1937 年，1939 年，1945 年，1946 年，1948 年，1949 年，1954 年。

荣瑞馨：1905 年。

荣鸿元：1939 年，1945 年，1946 年，1948 年，1949 年。

荣伟仁：1934 年，1939 年。

荣尔仁：1939 年，1945 年，1949 年。

荣毅仁：1949 年，1954 年，1956 年。

**S**

沈缦云：1911 年。

沈瑞洲：1932 年。

**T**

唐保谦：1922 年，1925 年，1930 年。

唐骧廷：1922 年，1932 年。

唐申伯：1930 年。

唐纪云：1922 年，1925 年，1932 年。

唐星海：1925 年，1932 年，1939 年，1945 年，1949 年。

唐晔如：1925 年，1939 年。

唐君远：1922 年，1932 年，1939 年，1945 年，1949 年。

**W**

王禹卿：1915 年，1934 年，1939 年。

**X**

薛南溟：1896 年，1911 年，1922 年，1925 年，1927 年。

薛寿萱：1925 年，1930 年，1936 年，1937 年。

薛明剑：1925 年，1933 年，1937 年，1942 年，1949 年，1954 年。

**Y**

杨宗濂：1895 年。

杨宗瀚：1895 年。

杨味云：1915 年，1922 年。

杨翰西：1915 年，1922 年。

杨蔚章：1938 年。

杨琳（秦邦礼，杨廉安）：1942 年，1948 年。

**Z**

周舜卿：1896 年，1905 年，1911 年，1925 年。

祝兰舫：1905 年。

朱恒清：1932 年。

朱光华：1934 年。

# 锡商（1895 – 1956）大事记

**1895 年（光绪二十一年）**

4 月 17 日，中国和日本签订《马关条约》。中日甲午海战的失败，标志着清政府历时三十年的洋务运动最终黯然收场。

是年，杨宗濂、宗瀚兄弟在无锡东门外兴隆桥创办业勤纱厂，次年开工生产，为无锡近代第一家机器工厂，也是江苏省最早的民族棉纺织工厂之一。

**1896 年（光绪二十二年）**

荣熙泰与荣宗敬、荣德生父子在上海鸿升码头创办广生钱庄，集资 3000 元，自有资本 1500 元。1898 年在无锡设分庄，是为荣氏兄弟创业之始。

是年，薛南溟和周舜卿合伙规银五万两在上海七浦路租地，开设永泰丝厂。一年后，周舜卿退股。同年，周舜卿在故乡东绛拓地新建市镇，并改名"周新镇"，以示系由周氏新建之镇。

**1898 年（光绪二十四年）**

6 月，以康有为、梁启超为主要领导人物的资产阶级改良主义者通过光绪帝进行倡导学习西方，提倡科学文化，改革政治、教育制度，发展农、工、商业等的政治改良运动。但变法遭到守旧派的强烈抵制与反对，9 月 21 日慈禧太后等发动政变，光绪被囚，康有为、梁启超逃亡，历时 103 天的变法失败。史称"戊戌变法"。

**1900 年（光绪二十六年）**

6 月，义和团运动进入北京。

8 月，八国联军侵入北京，慈禧太后挟光绪逃往西安。

是年，荣宗敬、荣德生与朱仲甫等合资 3.9 万元筹建保兴面粉厂，次年在西门太保墩动工兴建，1902 年初建成投产，日出面粉 300 包，为无锡最早的机制面粉厂。

是年，匡仲谋在杨墅园开设亨吉利织布厂，为无锡最早的大型织布厂。

**1901 年（光绪二十七年）**

1 月，清廷宣布推行新政，鼓励民间兴办实业。

**1902 年（光绪二十八年）**

是年，祝兰舫合资 40 万两（自出 20 万两）创建上海华兴机制面粉公司，拥有英制钢磨 16 座，日产面粉 3500 包（一说 4800 多包）。

是年，朱葆三、周舜卿等在上海西苏州路创办大有榨油股份有限公司。

**1903 年（光绪二十九年）**

9 月，清廷设立商部（1906 年改设为农工商部），谕"现在设立商部，所有路矿事务，应归并商部，以专责成，路矿总局著即裁撤。"

是年，朱仲甫重返仕途，退出保兴，荣氏兄弟另招新股，全部股额共为五万元，改组更名茂新面粉厂。

是年，周舜卿在周新镇开办廷弼商业学堂，修业期限为三年，为无锡第一所商业职校。

**1904 年（光绪三十年）**

2 月，日俄战争爆发。

2 月，周舜卿在周新镇创办裕昌丝厂，为无锡第一家机器缫丝厂。

是年，祝兰舫独资 50 万两创办拥有缫丝车 335 台的源昌机器缫丝厂。

**1905 年（光绪三十一年）**

7 月，荣宗敬、荣德生在北京路寿圣庵与张石君、叶慎斋、徐子仪、鲍咸昌、荣瑞馨等集议，创办无锡振新纱厂，资本原定 30 万元，实招 27 万多元，为股份有限公司。是为两兄弟从事纺织工业之始。

6 月，锡金商务分会（简称锡金商会）成立，周舜卿为总理（1908 年祝兰舫接任）。同年锡金农会成立，会长周舜卿，次年锡金教育会成立，并称无锡"三大法团"。1912 年，锡金商会改称无锡县商会。

是年，薛南溟聘请徐锦荣担任永泰丝厂经理。徐锦荣到职后，创立"金双鹿"、"银双鹿"品牌，用于所缫制的高质量生丝。

是年，上海公茂轮船局开辟上海－苏州－无锡航线；上海招商局在无锡设局，开辟无锡至镇江、苏州、上海的客货运输班轮，后又开辟无锡－溧阳航线。

**1906 年（光绪三十二年）**

4 月，沪宁铁路沪锡段通车，设火车站于城北。1908 年全线通车，锡境增设石塘湾车站。

9 月 11 日，我国最早的商办银行之一的信成商业储蓄银行在上海成立，周舜卿为经理，沈缦云为协理。沈缦云暗中为孙中山和同盟会的革命活动筹措经费。信成银行除了南市总行外，还在上海北市苏州路和北京、天津、汉口、南京、无锡等地设有分行。无锡分行成立于 1907 年 2 月，经理（后改称行长）由蔡缄三担任。

是年，祝兰舫与怡和洋行在上海合资创办怡和源机器皮毛打包公司。同年，祝兰舫又与顾敬斋合资创办公益机器纺织公司。

是年，匡仲谋在家乡创办匡村小学堂。

**1907 年（光绪三十三年）**

3 月，振新纱厂正式开工投产。初因纱积呆滞，营业不利，由荣德生任经理，始告稳定。

**1908 年（光绪三十四年）**

9 月，清政府拟行立宪，锡金两县商、农、教三法团组成绅商学会，负责办理地方事务。次年清政府颁布《城镇乡地方自治章程》，在全国县级以下推行城、镇、乡的自治，改绅商学会为无锡城厢自治公所。薛南溟先后被推为学会和公所的总董。

是年，同和毛巾厂在无锡河埒口开设，有人力织机百余台，日产毛巾百余打。

是年，锡、金两县全境划为十七市乡（人口满五万为市，不满五万为乡）。

**1909 年（宣统元年）**

7 月 1 日，薛南溟、孙鹤卿、蔡缄三等人合资 15 万元创办耀明电灯公司，为无锡第一家电灯公司。次年开始向城中居民送电，无锡自此有了电灯。

是年，荣德生、钱镜生、谈文明等人合资创办宝新碾米厂，该厂是无锡最早专营碾米的独立厂家（不作为堆栈、面粉厂附设部分）。

是年，朱晋良在棉花巷开办协记修理机器厂。

是年，祝兰舫、顾敬斋等人在无锡惠山浜口开办源康丝厂。

是年，吴玉书在城区黄泥桥堍创建劝工染织厂，生产色织布。

**1910 年（宣统二年）**

8 月，耀明电灯公司在锡城汉昌路木电杆上安装了一盏 25 瓦照明的公益路灯，无锡始有路灯。

是年，孙鹤卿筹资五万两创办乾甡丝厂，1911 年投产。

是年，常州商人许稻荪在无锡创办振艺丝厂，拥有丝车 820 部，规模为当时无锡的丝厂之最。

是年，邹海洲创办邹成泰机器碾米厂。此后，邹氏家族成员还陆续开设了邹成茂油饼厂、信泰碾米厂、邹成泰堆栈、邹成泰石粉厂、邹成泰橡胶辊筒厂等企业，并参股投资于面粉厂、纱厂、水泥厂等多家企业。

**1911 年（宣统三年）**

年初，由唐保谦、蔡缄三等九位股东合资创办的九丰面粉厂正式投入生产，为无锡第二家机制面粉厂。

9 月，锡金商会成立商团。

10 月 10 日，革命党人发动武昌起义，辛亥革命爆发。

11 月 3 日，上海宣布独立。6 日，沪军都督府成立，陈其美为都督，李平书为民政总长，沈缦云任财政总长。

11 月 5 日，江苏宣布独立。

11 月 6 日，无锡光复，成立锡金军政分府，下辖军政、民政、财政、司法四部，民政、财政、司法部分别由地方士绅裴廷梁、孙鹤卿、薛南溟担任部长。

11 月，江苏省临时参议会制定了《江苏暂行市乡制》。无锡城厢自治公所由此更名为无锡市公所。"无锡市"这个称谓诞生。

是年，杨翰西集资在北门兴隆桥创设无锡电话股份有限公司。

**1912 年（民国元年）**

1 月 1 日，中华民国临时政府成立。孙中山就职临时大总统，改国号为中华民国。

1 月，无锡、金匮两县合并为无锡县。

2 月 12 日，清帝溥仪宣布退位，宣告清王朝的灭亡和延续了两千多年的君主封建帝制的结束。2 月 13 日，孙中山辞临时大总统职。3 月 10 日，袁世凯在北京就任临时大总统。

5 月，沈缦云赴南洋劝募招股。

11 月 1 日至 12 月 5 日，全国临时工商会议（又称第一次全国工商会议）在北京召开，荣德生、华艺三、蔡缄三、汪赞卿等四人出席。荣德生在会上提出"扩充纺织"、"设立轮船、火车、农业、矿业等六项母机制造所"、"资遣学生出洋学习小工艺"等三案。

是年，"三姓六兄弟"在上海创设福新一厂，荣氏兄弟出 20000 元，浦文汀、浦文渭合出 12000 元，王尧臣、王禹卿合出 8000 元。次年 2 月，开工出粉。

是年，振新纱厂添机扩产，并装置 1350 千瓦发电机组，为无锡企业自备发电的开端。

是年，蒋哲卿、吴襄卿等人集资三万元创办锡成印刷公司。

是年，郑明山从英国买进二台手摇袜机，在无锡西门城脚下开设营业袜厂。

同年，胡埭人金聿修在无锡东大街独资开设永吉利袜厂，是为锡城最早的两家针织厂。

是年，薛南溟回无锡租下西门仓浜里的锡经（一作"锡金"）丝厂。一年后，买进此厂，并将丝车扩充到 240 台，后更扩充到 410 台。

是年，胡珊海投资 3000 元在汉昌路创办渭鑫机器厂，专业铸造机械零配件毛坯。

是年，荣德生在西郊东山辟建梅园，园广百余亩，遍植梅树，于 1916 年建成。1929 年，荣宗敬在小箕山建造了锦园。

**1913 年（民国二年）**

4 月，交通银行无锡支行成立。

4 月，北洋政府与英、法、德、俄、日五国银行团签订《善后大借款合同》。国民党员江西都督李烈钧、广东都督胡汉民、安徽都督柏文蔚通电反对贷款，被北洋政府免除职务。

7 月 12 日，李烈钧成立讨袁军总司令部，正式宣布江西独立。二次革命爆发。7 月 22 日，上海讨袁军进攻江南制造局失败。

9 月 1 日，长江巡阅使张勋率军攻入南京，随后各地宣布取消独立。二次革命宣告失败。沈缦云避往大连，信成银行歇业。

10 月 6 日，国会选出袁世凯为第一任正式大总统。

是年，荣氏兄弟租赁中兴面粉厂。并在厂东侧购地筹建福新二厂。中兴面粉厂于 1915 年购进，改名福新四厂。

是年，祝兰舫在无锡开设福昌缫丝厂，专供租赁业务，并投资无锡惠元面粉厂。同年，投资创办江都振明电灯厂（后改振杨电气公司）、此后，又投资创办或合资创办上海恒昌源纱厂、无锡乾元丝厂、武进振生电灯厂、溧阳振亨电灯厂、通州振通电灯厂、开封振汴电灯厂等。

是年，杨翰西等人在业勤纱厂内创办润丰机器榨油厂，为无锡第一家机器油饼厂。

是年，业勤、广勤纱厂工头冯勤泉、张彦卿等人集资 6000 元创办协勤机器翻砂厂，为无锡第一家纺织机械厂。同年，陈锦甫于光复门建成复源机器厂。

是年，林善滋创办大通肥皂厂，厂址在北门外太平巷。

是年，华绎之将家族创办的果育学堂改为私立鸿模高等小学堂。

**1914 年（民国三年）**

2 月，袁世凯以大总统令形式公布了《国币条例》及《国币条例施行细则》，发行银币，以取代大清"龙洋"银币。

同月，北洋政府下令停止地方自治活动，解散各地市议事会，市自治公所改名为市董事事务公所（仍简称市公所）。

8月，第一次世界大战爆发，北洋政府宣布中立。

9月，日本借口对德宣战，派兵强行在山东半岛龙口登陆。

10月，荣氏兄弟又购下福新一厂旁四亩空地，增设福新三厂，于1919年6月投产。

是年，荣德生向振新董事会建议扩充添锭，部分董事坚决否定。

是年，荣德生、蒋遇春发起辟筑开原路，次年全线竣工。1918年，荣德生又领头捐资辟建通惠路，与开原路相连接。

**1915年（民国四年）**

2月，日本秘密向北洋政府提出《二十一条》。

12月12日，袁世凯恢复帝制，改国号为"中华帝国"。12月25日，护国战争爆发。

年底，华新纺织股份有限公司正式成立，由北洋政府财政总长周学熙倡导设立，并在天津站东侧的小于庄筹建纱厂。该厂建设旷日持久，直至1918年开机产纱。同年，周学熙在天津倡导建立中国实业银行（原名民国实业银行），自任为总理，财政次长杨味云被任为首任协理。

是年，振新纱厂拆股，归荣瑞馨经营。荣家兄弟另在上海周家桥创办申新纺织无限股份公司（即申新一厂），股额30万元。定购英机12000锭，日产棉纱30余件，以"人钟"为商标。

**1916年（民国五年）**

3月22日，袁世凯被迫撤销帝制。6月6日，袁世凯去世。北洋军阀分裂成直系（冯国璋）、皖系（段祺瑞）、奉系（张作霖）三大派系，各自割据一方，中国开始进入军阀混战时代。

春，源康丝厂厂董吴子敬捐资建设吴桥，次年3月通车。吴桥是无锡最早的钢铁衍架结构的公路大桥。

10月，荣氏创办的大公图书馆建成。同期建成的还有胡壹修、胡雨人兄弟创设的村前图书馆，开创了无锡农村开办图书馆的先河。

是年，荣氏兄弟租下无锡惠元面粉厂和泰隆面粉厂。两年期满，出资收购惠元面粉厂改造为茂新二厂。泰隆面粉厂则以茂新三厂名义营业。

是年，荣氏兄弟在汉口购地筹办福新五厂，1918年开工建造，1919年10月建成出粉。

是年，薛南溟购进在亭子桥的隆昌丝厂。

是年，协记机器厂仿造成功低速小马力火油机，用作榨油厂的动力设备，这是无锡制造的第一台内燃机。

**1917 年（民国六年）**

3 月，杨翰西的广勤纱厂竣工投产。继业勤和振新之后，为无锡第三家机器纺织厂。

3 月，荣氏兄弟租办上海华兴粉厂，改称福新六厂，1919 年购进自办。

8 月，北洋政府对德、奥两国宣战。

是年，荣氏兄弟购买恒昌源纱厂，改为申新二厂，于 1919 年 3 月正式投产。

**1918 年（民国七年）**

6 月，华新纺织股份有限公司天津纱厂正式开工生产，总股本 180 万元。董事部由周学熙为正主任，杨味云为副主任。企业性质由"官督商办"改为民办。此后，华新公司又先后在山东青岛、河南卫辉、河北唐山建设纱厂。杨味云与周氏合作始终，还直接担任卫厂经理。

同月，杨味云协助周学熙组织兴华资本团（1924 年改名为实业总汇处），由中国实业银行、滦州矿务公司、启新洋灰公司、华新津、青、唐、卫四厂和京师自来水公司组成。

11 月 11 日，第一次世界大战结束。

是年，薛南溟出资五万两在亭子桥建造永盛丝厂。

是年，唐骧廷、程敬堂接办冠华布厂，改名为丽华布厂。

是年，华绎之东渡日本考察养蜂，回国后在上海创办蜂蜡公司，倡导科学养蜂。

是年，杨翰西在鼋头渚购置山地 60 余亩，筹建竣实果场。1926 年 10 月于果园内营建亭阁，开辟园林，题名"横云山庄"。

是年，唐纪云、杨四箴等在书院弄创办辅仁中学。

**1919 年（民国八年）**

1 月，巴黎和会召开，中国代表在和会上提出取消"二十一条"、归还山东、取消列强在华特权等要求。4 月 30 日，巴黎和会决定将德国在山东的权利让于日本。

5 月 4 日，由于中国在巴黎和会上的外交失败，北京学生 3000 余人到天安门前集会，五四运动爆发，迅速扩展全国。

6月5日，上海工人大规模罢工，声援学生。中国工人阶级开始以独立的姿态登上政治舞台。

9月，荣氏兄弟在荣巷创办公益工商中学。同月，荣德生在荣巷创办开原电力公司。

10月，陈蝶仙在惠商桥开设中国第一制镁厂，为无锡第一家化工厂，也是国内最早生产碳酸镁的企业。

是年，由于先前租办的无锡泰隆（茂三名义）、保新（茂四名义）先后到期，原主收回自办，荣氏在茂新二厂旁添建茂新三厂，专磨苞米粉。

是年，荣氏在无锡筹建申新三厂。

是年，荣氏在济南开工建设茂新四厂，到1920年5月开机出粉。

是年，上海福新二厂因走电失火，改建新楼，1920年10月开机。同年，收买德商上海之打包厂基地18亩，筹建上海福新七厂，到1920年9月正式出粉。同年，新建福新八厂，至1921年6月正式投产。至此福新共有八个工厂。

是年，上海颜料商薛宝润、贝润生和江阴丝商方寿颐等人合资80万元在周山浜创办豫康纱厂，至1921年11月开车。

是年，唐保谦在周山浜独资创设锦丰丝厂，至1924年改组为德兴丝厂，1928年由他人承租经营。同年，唐保谦在严家桥创办利农砖瓦厂。

是年，唐骧廷、程敬堂在无锡光复门内园通路创办丽华二厂。

是年，薛南溟在无锡东门亭子桥堍开办工艺传习所。后薛寿萱将其改建成工艺铁工厂，专门负责永泰系统各厂的设备维修和改造。

是年，浦文汀、浦文渭兄弟投资10万元在无锡东梁溪路创办恒德油饼厂，生产能力不断拓展，到二十年代末号称"关内第一大油厂"。

是年，丁福保、祝兰舫在南门外跨塘桥创办平民学校。

**1920年（民国九年）**

1月，中国机制面粉上海贸易所（后改名"上海面粉交易所"）成立，股本50万元，荣宗敬为理事长。

3月，唐保谦、蔡缄三集资80万元，在周山浜创办庆丰纺织厂，1922年8月投产。

年底，杨味云继周学熙之后任全国棉业督办直至1929年。

是年，唐骧廷、程敬堂筹资30万元，在惠商桥创建丽新染织厂。1922年12月开工生产，全厂设织造、漂染、整理三部。

是年，薛南溟出资在永盛丝厂旁建造永吉丝厂。

是年，周舜卿投资 4.2 万两在无锡南门外金钩桥堍开办慎昌丝厂，同期在东泾开办筒管厂。

**1921 年（民国十年）**

7 月，上海华商纱布交易所成立，交易物棉花、棉纱、棉布三种，股本 200 万元。穆藕初兼任理事长，聂云台、荣宗敬任副理事长。申新出品的"人钟"牌棉纱和茂新出品的绿"兵船"牌面粉，分别被列为纱布、面粉交易所的标准样纱和样粉。

6 月，福新八厂建成投产。至此，荣家有茂新、福新共 12 个粉厂，粉机 301 座，日产粉 7.6 万包，年产 2100 万包，占全国民族面粉生产能力的 31.4%，占全国民族机制面粉生产能力的 23.4%，由此被誉为"面粉大王"。

7 月，中共"一大"在上海法租界望志路召开。8 月，中国共产党在上海成立了领导工人运动的总机关——中国劳动组合书记部（中华全国总工会前身）。

11 月 11 日至 1922 年 2 月 6 日，华盛顿会议召开。中日经过谈判签订协议，日本向中国交还胶州租借地。山东问题得到一定程度的解决，但日本在山东仍继续保持相当大的势力。

冬，江、浙、皖丝茧总会委派永泰丝厂经理徐锦荣等 14 人携带蚕种、蚕茧、生丝等样品，到美国纽约参加第一届万国博览会。

是年，茂福申新总公司（三新总公司）大厦在上海江西路落成。

是年，荣宗敬在汉口福新五厂旁购地创办申新四厂，1922 年 2 月投产。

**1922 年（民国十一年）**

1 月 31 日，无锡申新三厂纱厂开工，股本 150 万元，纱锭规模为内地纺织厂之冠。到 11 月，布厂也正式开车。

10 月 26 日，经北京政府批准，辟无锡为商埠，委杨味云为商务督办。商埠局设大成巷。1924 年 3 月，因江苏省停发经费而解体。

是年，杨翰西兴办周山浜市政设施，修筑广勤路和广勤 1－4 支路，建公共体育场，设通俗教育馆。

是年，唐保谦、唐申伯、孙鹤卿等发起成立无锡县溥仁慈善会。

**1923 年（民国十二年）**

是年，申新三厂人事调整，聘汪孚礼为工程师，实行科学管理。

**1924 年（民国十三年）**

7 月，新辟无锡至湖州轮运航线通航。

8 月下旬至 11 月，江苏督军齐燮元与浙江督军卢永祥之间爆发第一次江浙军阀战争，无锡百姓深受戒严、失业、拉夫、封船之苦，备受加捐、增税、筹款、催饷等额外负担。

**1925 年（民国十四年）**

1 月，上海福新一厂失火烧毁，荣氏将福新三厂改名为福新一厂，次年收买兴华制面厂，改为福新三厂，以补其缺。

1 月，又发生第二次江浙军阀战争，无锡遭齐燮元部溃兵围城七天。

4 月，申新三厂因废除封建工头制，引发工潮。

4 月，荣氏购进上海德大纱厂，改名申新五厂。

5 月，荣氏租办常州纱厂，改为申新六厂，租期二年。

5 月，永泰丝厂迁回无锡。至此，薛南溟在无锡拥有永泰、锦记、隆昌、永盛、永吉五家丝厂，共 1814 台缫车，三千多名工人。

5 月 30 日，上海发生"五卅惨案"，迅速影响到全国。6 月 1 日上海总工会在中国共产党领导下宣告成立。

秋，丁熊照集资在上海创办汇明电池厂，以"大无畏"为商标。之后，又在南市中华路创建永明电筒厂。后两厂合并组建上海汇明电池电筒厂。之后，丁熊照又先后创办了永明炭棒厂、和明炭精厂、保久小灯泡厂等，形成了一套完整的与电池、电筒配套的生产体系。

**1926 年（民国十五年）**

年初，无锡茂新二厂、三厂失慎，在原址重建茂新二厂，茂新三厂未复，后附于一厂名下。

5 月 17 日，上海、苏州、无锡间长途电话正式开通。

7 月，国民革命军出师北伐，蒋介石任总司令。10 月 10 日克武昌。11 月占领九江、南昌。12 月，国民党中央党部和国民政府自广州迁往武汉。

是年，丁厚卿接盘原江苏烟厂，改设福新烟草公司。1932 年购地筹建新厂，月销量最高达 6000 箱。

是年，上海瑞纶丝厂主、浙江湖州人吴申伯集资在无锡北乡玉祁建造新纶丝厂。1928 年，由吴申伯独资经营，改名瑞纶丝厂。

是年，王升山创办王长记铁厂，为上海第一家民营机器锻造厂。

**1927 年（民国十六年）**

3 月 21 日，上海工人第三次武装起义成功。第二天，国民革命军克复上海。

3 月 21 日，国民革命军进入无锡。

3 月 24 日，国民革命军克复南京。

3月27日，无锡县商民协会正式成立，选出薛南溟等38人组成第一届执行委员会。此后执委会选举钱孙卿、陈湛如、蔡有容为常务委员。加入协会的行业共有66个，会员1605名。无锡县商民协会成立后，商会停止活动。1930年6月，县商民协会解散。

4月，国民党中央监察委员会决定实行反共清党。12日，蒋介石在上海发动四一二政变。18日，南京国民政府成立。

5月1日，南京政府发行江海关二五附税国库券（简称"二五库券"）3000万元。棉纱业联合会拖延应付，荣宗敬被通缉，后经吴稚晖斡旋，始以全额认购50万元了事。

8月1日，中国共产党发动南昌起义。

是年，受北伐学潮影响，公益工商中学停办，荣德生在梅园另设读书处（豁然洞读书处）

是年，薛明剑在申新三厂内集资8000元，在大帝巷创办无锡第一石灰厂。1932年10月，立案定名为允利化学工业公司。

是年，邹成泰机器碾米厂改装马达，在无锡碾米业中率先改用电力生产。

是年，王尧臣、王禹卿兄弟在五里湖北岸青祁巷建造蠡园。

是年，孙鹤卿急流勇退，从乾牲丝厂逐步退出股份，由程炳若执掌，实力增长，在无锡缫丝工业中仅次于永泰丝厂。

**1928年（民国十七年）**

8月，江苏常熟人苏嘉善在无锡东门绿萝庵附近创办嘉泰缫丝厂，1930年4月正式开车。

9月，申新三厂开设职员养成所，培养企业管理人员和技术人员。次年又设立机工养成所，1932年又设立女工养成所。

12月29日，东北易帜，国民革命军北伐成功，分裂局势宣告统一，再次建立了全国一统的政府。

年底，改组后的无锡县商会正式宣告成立，钱孙卿当选为执行委员会主席（会长），杨翰西当选为监察委员会主席。

是年，福新增资50万元，定名为上海福新机器面粉有限公司。

是年，周舜卿长子周肇甫投资开设鼎昌丝厂，在周氏系统内与裕昌丝厂、慎昌丝厂形成鼎足之势。

是年，丁杏初在无锡棉花巷开办无锡第一家织绸厂——无锡丝织绸厂，次年10月投产。

**1929 年（民国十八年）**

1 月，荣氏购进英商东方纱厂，押入汇丰银行，改为申新七厂。

1 月，匡仲谋在上海南市蓬莱路中华路口兴建国货市场（蓬莱国货市场）。

2 月，国民政府宣布实施关税自主。

4 月，锡澄公路动工兴建，翌年 8 月通车。1934 年延伸至江边。

初夏，无锡溥仁慈善会、红十字会等慈善团体，派员赴陕县赈灾，历时三年。此后，1934 年溧阳旱灾、1935 年济宁、崇明水灾，无锡慈善团体出力甚大。

8 月，经江苏省民政厅批准，成立无锡市政筹备处，负责筹备设市准备工作。同时编辑《无锡年鉴》。1930 年 3 月，因经费等原因，市政筹备处结束。

10 月 15 日，由国民政府工商部选派，薛寿萱任中国丝业代表团主席，出席在纽约召开的国际生丝会议。

是月，永泰丝厂和工艺铁工厂合作制成国内第一台多绪立缫车。

是年，荣氏在申新一厂西侧添建申新八厂，到 1930 年 7 月投产。

是年，荣氏在工商中学实习工场设公益铁工厂，生产面粉、纺织机械及零件。

是年，荣德生与陆培之、薛南溟、祝兰舫等设立"千桥会"，协助地方修筑桥梁，抗战前已建成 88 座。当年建立鸿桥、蠡桥、宝善桥、大公桥等十余座。

是年，孙辰初、冯晓钟集资 10 万元，组织锡澄长途汽车股份有限公司，首开无锡至江阴的公路客运。

**1930 年（民国十九年）**

1 月 7 日，锡宜公路和锡虞公路的无锡段工程动工铺筑。

2 月 20 日，国民政府工商部、卫生部指定无锡县为全国模范工业区。

是年，唐星海增资 250 万元筹建庆丰第二工场，至 1932 年投产。同年，唐星海在广勤二支路设立私立无锡纺织人员养成所，专门培训纺织工人。

是年，薛寿萱建造华新制丝养成所，引领丝业刷新。是年冬，永泰丝厂自行设计、制造出中国第一台多绪立缫车。

是年，薛寿萱邀集无锡地区实力较大的丝厂达成协议，联合成立大公公司，订立收购联盟合同，次年再行协议另组大发公司。但因内部纷争，沦于解体。

是年，薛寿萱联合无锡、上海等地丝厂组成通运生丝股份贸易公司，跳过洋行自主出口生丝。

**1931 年（民国二十年）**

年初，全球经济危机影响中国，缫丝业首当其冲，大批工厂倒闭。1 月 21

日，江苏省财政厅发行丝业救济公债。

4月，荣氏收买三新纱厂机器设备，改名申新九厂，暂租其地开工生产。

5月，常州纱厂租期满，归还原主。荣氏在上海收购厚生纱厂，改为申新六厂。至此，申新共有九个厂，纱锭521000余枚，线锭40000余枚，布机5300余台，工人3.1万余人，年产纱30余万件，布270余万匹。继"面粉大王"之后，荣氏兄弟再摘"棉纱大王"桂冠。

年底，九一八事变爆发，日本侵占东北。

是年，丽新厂添设棉纺工场，成为全国唯一的纺、织、染、整俱备的全能性生产企业。企业组织从合伙制改为股份有限公司。

是年，荣锡九、荣容葆、吴耀明合资在胶州路创办上海大通五金钢管厂，用进口带钢加工电线套管，产品外销南洋地区，成为上海市第一家钢材出口企业。

## 1932 年（民国二十一年）

1月28日，日军突然进攻上海闸北，制造一·二八事变。国民革命军第十九路军奋起抵抗，淞沪抗战爆发。

是年，薛寿萱向农本局借款，将永吉、永盛两丝厂492台坐缫车全部改装为多绪立缫车。

是年，邹成泰机器碾米厂率先引进德国制自动筛。至1943年，邹成泰又制成谷米分离筛，推进了碾米工业的自动化进程。

## 1933 年（民国二十二年）

3月15日，锡澄长途电话开通。

是月，财政部公布《废两改元令》，先从上海实施。禁止银两交易，规定新银元折合规元银0.715两。此后，国内币制得以统一。

6月，美国国会又通过《白银购买法案》，美国政府开始收购白银，世界银价因此飞涨，中国白银大量外流。

10月，荣宗敬、王晓籁等开办沪锡长途汽车公司。

冬，无锡瑞纶丝厂更名为玉祁制丝所，聘费达生任经理，更新设备，改进工艺，经营甚有成效。

是年，申新九厂租地期满，荣氏在澳门路建厂房，秋后动工。翌年落成，申新九厂由杨树浦迁往。

是年，申新三厂开始办理劳工自治，兴办职工福利，如消费合作社、子弟学校、职工业余学校、幼儿园、托儿所、职工医院、宿舍、食堂等。到1935年粗告完成，各方前来参观者络绎不绝。

是年，薛寿萱在美国纽约设立永泰公司，实现厂丝直接出口。此后，薛寿萱还派人在英国、法国、澳大利亚等国聘定代理商。

是年，庆丰纺织厂漂染工场施工，翌年上半年投产。至此，庆丰成为纺织、印染工艺完整的全能工厂。

是年，唐骧廷、程敬堂创办丽华三厂。到1933年，唐、程已拥有丽华系统三个布厂。

是年，唐宝昌在上海开办中国轧钢厂。

是年，荣德生在梅园横山下建开原寺，并捐款修宜兴善卷洞、张公洞。

**1934 年（民国二十三年）**

2月1日，苏锡公路建成通车。

3月10日，锡宜公路通车典礼在梅园举行。

年初，申新三厂、庆丰纺织厂、丽新纺织厂发起筹办协新毛纺织厂。翌年12月正式投产。这是我国第一家自纺、自织、自染、自整理的全能型精纺呢绒厂。

4月，无锡县试办蚕桑模范区，推广优良蚕种。是年，无锡县在国内第一个在全县境内淘汰了土种茧，蚕茧质量在全国居上乘。

7月4日，不堪债务负担的申新"搁浅"。荣宗敬一度辞去茂福申新总公司总经理，由王禹卿继任，仍无法解决任务难题，乃复职。汪精卫、陈公博提出整理方案，实欲鲸吞，因遭反对而告罢。8月15日，申新一、二、五、八厂与中国、上海两银行订立营运合同，申新九厂与交通银行订立营运合同。年底申新二、五厂相继停工。成立申新改进委员会，荣伟仁为主任。

**1935 年（民国二十四年）**

2月，英商汇丰银行藉口申新七厂押款到期无力取赎，无视中国法律，悍然委托鲁意斯摩洋行以最低价225万元拍卖给日人。经国内人士及有关团体竭力交涉，申新七厂始未遭劫夺。

8月15日，锡沪公路建成通车。

9月8日，时称"江南第一大桥"的宝界桥建成，由荣德生捐资建设。

11月4日，以中央银行、中国银行、交通银行三家银行（后增加中国农民银行）发行国家信用法定货币，禁止白银流通。

12月9日，北平爆发一二·九运动，掀起了全国抗日救国运动的新高潮。

**1936 年（民国二十五年）**

春，薛寿萱等组织成立无锡兴业制丝有限公司，并在美、英、法等国设有办事处或代销处，形成以永泰为中心的丝茧垄断集团，拥有 6000 多台丝车，总产量占整个无锡丝业的 60% 以上，故薛寿萱有"丝茧大王"之称。翌年 6 月，兴业公司在分拆盈余之后，宣告解体。

12 月 12 日，张学良、杨虎城发动西安事变，促成了第二次国共合作，抗日民族统一战线初步形成。

秋，持续四年之久的"棉贵纱贱"困境随之消解，整个申新系统财务状况开始扭亏为盈。

是年，蔡漱岑、蔡雅岑兄弟与他人合资在苏州创办太和面粉厂。

**1937 年（民国二十六年）**

5 月，杨翰西父子在丁村开设广丰面粉厂。

同月，原无锡懋纶绸布庄职员穆漪君集资创办的兴业染织厂投产。

7 月 7 日，日军挑起七七事变，标志日本帝国主义发动了全面侵华战争，也由此拉开了中国全面抗日战争的序幕。

8 月 13 日至 11 月 12 日，八一三事变爆发，日军大举进攻上海。中国军队奋起抵抗，展开淞沪会战。上海的民族工商业损失惨重，申新二厂被炸停工，旋修复。申新一、八厂又被炸，八厂全毁。

11 月 20 日，国民政府宣布迁都重庆。

11 月 25 日，无锡沦陷。无锡工商业被烧、被抢、被拆毁，破坏十之八九，经济惨遭损失，大伤元气。无锡公益铁工厂、无锡合众铁工厂等少数工厂内迁。

12 月 13 日，南京沦陷，日军开始持续六周的"南京大屠杀"。

是年，夏铁樵集资 80 万元在无锡周山浜建设维新织漂染股份有限公司竣工，因抗战爆发未及投产。

**1938 年（民国二十七年）**

2 月 10 日，荣宗敬病逝于香港，临终犹以"实业救国"为言。

5 月，日本在无锡设立惠民制丝公司，由日人星忠男任总理，第一批加入公司的有润康、振艺、大生、福纶、鼎盛五家丝厂，7 月又有宏余、振元、禾丰三家加入，共有丝车 988 台。8 月，日本华中蚕丝株式会社（即华中蚕丝股份有限公司）成立，全面统制江苏、浙江、安徽三省包括制种、茧行在内的蚕丝生产和贸易。无锡有 18 家丝厂 5858 台丝车被"华中"圈入经营。

夏，无锡九盛绸缎庄职员朱光华、周雅峰接盘无锡东亭镇新艺布厂，1940 年初迁入无锡城内东门熙春街，定名新毅染织厂。

8 月，武汉沦陷前夕，申四福五部分设备、原料分迁重庆和陕西宝鸡。

夏秋之交，杨廉安（原名秦邦礼）在香港设立联和行，作为中国共产党的海外经济联络点。

是年，沦陷区的工厂悉数被日军"军管"，民族工商业纷纷迁入租界复产。荣氏集资成立合丰公司；唐君远创办兴纺织印染厂和信昌毛纺织厂；唐星海办起保丰纺织漂染整理厂；唐晔如创设元丰毛纺织厂；王禹卿建设寅丰毛纺织染厂；杨翰西之子杨蔚章另建肇新纱厂；强锡麟开办德华染织厂，后改名富中染织厂。

是年，为了抵制日军对缫丝厂的统制，无锡城乡出现小型制丝工场35家，生产工艺低下。到1939年9月，这类家庭制丝社增至265户，拥有丝车共3824台。

**1939年（民国二十八年）**

1月，申四福五内迁机器在重庆成立庆新公司，由李国伟主持。其中庆新纱厂为迁渝工厂中第一个出纱的工厂。

10月，申四福五宝鸡分厂开工筹建，也由李国伟主持。

秋，薛明剑在重庆创办允利化工厂、碾米厂，在雅安创设允利化工厂。至1943年，薛明剑在大后方以职工合资方式创办20家小型工厂。

**1940年（民国二十九年）**

3月30日，汪精卫在南京组织"中华民国国民政府"（伪国民政府）。

是年，申四、福五在成都筹建分厂，翌年下半年投产。

是年，申四宝鸡分厂扩设电厂、铁工厂，并在兰州、西安等处分设办事处。

是年，由于租界营业畸形发展，开工工厂都获得特殊利润。

是年，朱恒清联合了几十家大小铁号，在长寿路成立茂兴钢铁股份有限公司，为当时上海最大的私有钢厂。

**1941年（民国三十年）**

1月5日，伪无锡县商会筹备会成立。次年8月正式成立商会，有65个同业公会。

春，申四宝鸡分厂建成窑洞工厂，共开挖出20孔窑洞，安装两万纱锭，清花、梳棉、并条及粗纱四个工段均设在其中。10月，福新宝鸡分厂建成开工。

7月，汪伪国民政府宣称接收申新二、九厂，荣家求助于英美驻沪领馆而免遭接收。下旬，申新九厂经理吴昆生父子遭日军绑架，关押月余，荣家以价值1000件棉纱的巨款赎回吴氏父子。

10月，朱光华、周雅峰接盘南京一新洗染厂。1942年4月，扩大织布车间后更名南京新毅第二染织厂。

12 月 7 日，日军偷袭珍珠港，太平洋战争爆发。翌日，日军开进上海租界。申二、九厂均被"军管"，全部停工，经四个多月，始恢复正常生产。福二、四、七、八厂、合丰各厂，以及租界内其他民族工商业均被日军封闭停工。

12 月 25 日，香港沦陷，杨廉安去往重庆八路军办事处。

是年，申四接办内迁重庆的公益铁工厂，改组为公益纺织面粉机器股份有限公司。

**1942 年（民国三十一年）**

年初，福五在天水设分厂，秋末开工。

5 月 22 日，日方"发还"七家被侵占的租界华商纱厂，其中包括申新二、九厂和保丰纺织漂染整理厂。

3 月 20 日，荣鸿元呈文伪国民政府实业部请求"发还"在战争之初就沦于日商之手的申一、五、六、七、八等纱厂，无锡申新三厂也提出"发还"自营的申请。但日商一直借故拖延，霸占经营。

4 月，福新一、三、六厂，无锡茂新面粉厂分别与日商三兴面粉厂、华友面粉公司签订租赁协议。8 月，上述各厂宣布"发还"。

5 月，汪伪政府公布《整理旧法币条例》，实行币制改革，以中储券与法币 1：2 的比率收兑法币。由于货币贬值严重，荣家乘机一举还清了陈年积欠，长达八年之久的银团管理"办理结束"。

10 月，荣氏设三新银行。

12 月，申新七厂与日商公大纱厂订立租约，宣布解除"军管"。

是年，伪实业部在周山浜办中央农具实验制造厂；杨正坤在周山浜办立成机器厂，制造全套面粉机器设备；王传麟筹办中一铁工厂，至 1944 年正式开工。

**1943 年（民国三十二年）**

3 月 15 日，汪伪全国商业统制总会在上海成立，对物资的收购和分配实行全面统制。

春，杨廉安化名杨琳，潜回香港，恢复联和行商号。

7 月，日军部宣布上海申新一、五、六、八厂、无锡申新三厂以及无锡庆丰纺织厂解除"军管"，但申新一、八厂仍被汪伪政府强行售予丰田纺织厂。在无锡，被"军管"的 24 家工厂全部"发还"，但这些工厂因受损严重和原料、电力不足等困难，只能内部整理，或少量复工。

同月，申新九厂董事会授权吴中一、陆菊生受盘中华第一针织厂全部财产。至1945年冬该厂脱离申新九厂，另选址江宁路建造厂房。

9月，日本华中蚕丝株式会社宣布解散。次年4月，无锡18家被日军强占的丝厂"发还"给原业主，但这些丝厂经日军劫掠，大多破损不堪，难以复工。

秋，宝鸡宏文机器造纸股份有限公司开始土建，翌年4月正式开机。

是年，朱光华、周雅峰购买常州冠华布厂，化整为零，在苏州、常州开办新毅三厂、四厂。同年，接盘上海大新刮绒厂。

**1944年（民国三十三年）**

6月，朱光华、周雅峰向上海新生纱厂购买旧纱锭856枚，转运到无锡南门羊腰湾开办新中纱厂。同年在无锡开设建新银行。

是年，李国伟在宏文厂旁空地建设宝鸡陶瓷厂。至此，申四、福五内迁后，在重庆、成都、宝鸡、天水各地次第设立分厂，拥有11个工厂。

是年，无锡小型工厂和家庭工场逐年增多，除家庭制丝社外，到年底无锡已有面粉厂17家，碾米厂28家，机器翻砂厂14家，油厂17家，布厂54家，小型纱厂也近十家。因为物资奇缺，且通货膨胀剧烈，而工资低微，工厂储存原料或产品都能获利。

**1945年（民国三十四年）**

2月，朱光华、周雅峰建成大毅铁工厂，后扩展到年产一万纱锭纺织设备能力。同年10月，朱光华、周雅峰投资经营上海园园印染厂。至此，"新毅"拥有纺、织、染、修造等七个工厂和一家银行。

8月15日，日本宣布无条件投降。

10月10日，国共双方代表签署《政府与中共代表会谈纪要》（即《双十协定》），规定了和平建国的基本方针，并确定召开政治协商会议，商讨和平建国方案。

是年，上海、无锡等地民族工商业收回原业主，渐次复产复业。

11月27日，国营中国纺织建设公司设立，大量接收及经营敌伪在中国的纺织工厂及其附属事业，迅速成为国内棉纱业的"巨无霸"。

是月，国民政府开始对棉业实施管制政策，至1948年8月，共经历纺织事业管理委员会、纺织事业调节委员会、花纱布管理委员会三个阶段。民族棉纺织业深受其害。

**1946年（民国三十五年）**

1月，荣鸿元在浦东创办鸿丰纱厂，1947年2月，收买英商隆茂栈房屋增设鸿丰二厂。并准备创办鸿丰铁工厂、鸿茂仓库及打包厂。

4月25日，荣德生在上海被绑架，勒赎50万美元，经33天始脱险归来，精气神备受打击。

5月5日，重庆国民政府还都南京。

6月26日，国共内战全面爆发。

秋，杨琳把联和行改名为联和进出口公司，简称"联和公司"。

11月，李国伟以法币11.08亿元购得上海日商三兴面粉厂，改名为建成面粉公司。

12月，申新六厂承购芜湖裕中纱厂。同月，荣鸿元购进大中华粉厂，开办鸿丰面粉厂。

下半年，荣德生重建茂新一厂，但由于多种因素影响，到1948年4月建成开工。

是年，茂新、福新向善后救济总署申请美麦，维持生产。秋外汇调整，市场变动，政府指令福新抛售面粉，平抑物价，各粉厂损失甚巨。

**1947年（民国三十六年）**

1月1日，《中华民国宪法》正式颁行。

1月，天元麻毛棉纺织厂在无锡正式动工兴建，主厂房包括麻纺工场和棉纺工场两部分。10月麻纺工场建成开工，次年4月棉纺工场建成开工。

3月，申新六厂收购邻近的国光印染厂，合并为申六纺织印染厂。

7月，申新二、三、五厂、茂新、合丰企业公司、天元实业公司联合组织总管理处成立。

8月，荣德生及其子荣伊仁创办江南大学。10月27日，江南大学举行开学典礼，先假荣巷公益中学上课，以荣巷住宅为教职员宿舍。一年后，后湾山新校区落成，师生迁入。该校在1952年因全国高校院系调整而撤销。

年底，李国伟标购重庆军政部第一纺织厂，改组为重庆渝新纺织股份有限公司。

年底，华润公司开始在香港与东北之间进行远航贸易。

是年，国民政府为平抑物价，对棉纱产供销实行管制，但由于措施失当，给民族棉纺织业造成灾难性后果。

是年，上海福新、阜丰、华丰、裕通面粉厂和无锡茂新面粉厂联合成立五厂公记小麦联购组织，既垄断原料的采购，又操纵面粉的销售，并为国民党军队代磨军粉。

是年，荣鸿元在香港创办纬纶纱厂，10月开工生产，拥有纱锭38600锭。同时，将申新一厂订购外国的三万多纱锭改运香港，在港合办南洋纱厂。

**1948年（民国三十七年）**

3月29日至5月1日，"行宪国大"召开，蒋介石当选中华民国总统。

3月，李国伟向香港政府注册成立九龙纺织工业股份有限公司。

4月，开源机器工程公司在无锡西门外蠡桥堍破土动工，是年夏工程竣工，并安装设备。翌年2月投产。

7月，申新二厂、五厂部分机器迁往广州，成立广州第二纺织厂。是年，申四福五系统在沪投资创办宏文造纸厂及建成面粉厂。

8月19日，国民政府颁布新经济改革方案，发行金圆券，公布货物限价（"八一九限价"）。蒋经国来到上海"督导"改革方案实施。

8月，华润公司在香港挂牌，杨琳任总经理。

9月4日，荣鸿元以私套外汇嫌疑被扣押交特刑庭审理，至11月20日开庭宣判，荣鸿元交保释放，旋即赴港。

9月11日，根据国民政府《工业会法》，江苏省工业会在无锡召开成立大会，选举薛明剑为理事长。

9月，东北野战军发起辽沈战役。

11月1日，蒋经国为收兑金银、限价政策失败，发表《敬告市民书》，表示自责。随后，新经济改革宣告失败，取消限价，物价暴涨。

11月，华东、中原野战军协同进行淮海战役。

12月23日，由工商界民主人士组织的无锡县人民公私社团联合会正式成立。翌年2月1日，建立工商自卫团，维持工商和社会秩序。

12月，东北、华北野战军联合进行平津战役。

年底，申三主事者拟以部分机件拆运台湾，荣德生闻讯后制止，坚决表示留在祖国及故乡。

是年，唐星海与他人合资2000万港元在香港筹建南海纱厂，至年底开始陆续开工。

**1949年（民国三十八年）**

2月17日，荣德生、钱孙卿派钱钟汉、孙德先、袁鹤皋作为无锡代表，到苏北解放区与中共华中工委商谈迎接无锡解放事宜，受到中共华中工委陈丕显、管文蔚等领导人的接见。

2月，荣鸿元出售上海鸿丰二厂纱机及设备，在香港筹办大元纱厂。

4月20日，国共和谈破裂。翌日，毛泽东、朱德发布《向全国进军的命令》，人民解放军强渡长江。

4月23日，解放军占领南京。同日，无锡解放。翌日，分无锡为无锡市、无锡县，市、县同城。

5月27日，上海解放。翌日，上海市人民政府成立，市长陈毅。

6月，无锡华昌丝厂中的官僚资本被接管，转为公私合营，该厂成为无锡第一家公私合营企业。

9月21日－30日，中国人民政治协商会议第一届全体会议在北平召开。会议选举出中央人民政府委员会，毛泽东当选为中央人民政府主席。

10月1日，中华人民共和国成立。

10月19日，应朝鲜党和政府的请求，中国人民志愿军跨过鸭绿江抗美援朝。

## 1950年

2月，无锡天同纱厂内迁开封。新毅、锦新、公泰纱厂分别迁往河南郑州、新乡以及江苏丹阳等地。

5月，上海申新纺织厂正式成立总管理处，对申新一、二、五、六、七、九厂实行集中管理，统一经营，并受托代管合丰公司所属各厂，由荣毅仁为经理。此后，申新三厂、广州第二纺织厂正式加入申新总管理处。

是年，民族工商业踊跃认购胜利折实公债，参加捐献飞机大炮运动，支援抗美援朝战争。

是年，民族工商业困难加重，政府实行收购产品和加工订货的政策，帮助渡过难关。

## 1951年

11月，申四、福五建成渝新总管理处，向陕西省人民政府提出申请，一并获准将宝鸡各厂和福五天水厂改为公私合营新秦企业公司，成为解放后第一批公私合营企业之一。

12月，反对贪污、反对浪费、反对官僚主义的"三反"运动在全国展开。

是年，申新七厂、合丰纱厂、芜湖裕中纱厂、福新七厂，因为负债过重先后转归国有，清理机器物资，出售偿还公私欠款。同年，鸿丰面粉厂公私合营。

## 1952年

1月26日，中共中央发出《关于首先在大中城市开展"五反"斗争的指示》，要求在全国大中城市向违法的资本家开展反对行贿、反对偷税漏税、反对盗骗国家财产、反对偷工减料和反对盗窃经济情报的斗争。

5 月下旬，荣德生忽患紫斑疹，至 7 月 29 日逝世。

6 月，上海申新纺织印染厂股份有限公司正式改制成立，从 1915 年起在荣家企业沿袭了近 40 年的无限责任公司最终变更为有限责任公司体制。同月，开源机器厂向政府提出合营申请，年底获批改名为公私合营无锡机床厂。

7 月，在对私营工商业户的定案中，申新被评为完全守法户。

10 月，"三反""五反"运动结束。

**1953 年**

1 月 1 日，我国开始执行发展国民经济的第一个五年计划。

1 月 1 日，江苏省人民政府成立。无锡市为江苏省直辖市。

5 月，无锡市工商业联合会正式成立。

6 月 15 日，中共中央政治局召开扩大会议，正式制定中国共产党在过渡时期的总路线："在一个相当长的时期内，逐步实现国家的社会主义工业化，并逐步实现国家对农业、对手工业和对资本主义工商业的社会主义改造。"

**1954 年**

7 月 31 日，无锡申新三厂、天元麻毛棉纺织厂、茂新一厂、二厂和兴业染织厂举行公私合营签字仪式，成为无锡市第一批实行公私合营的工厂。

8 月，上海申新纺织印染厂申请公私合营，得到批准，随后进入清产、核资、估价阶段，到 8 月 31 日，正式拟定"定股意见书"。

9 月 15 日至 28 日，第一次全国人民代表大会在北京召开，通过了我国第一部《中华人民共和国宪法》。

12 月 16 日，中共中央通过《关于发展农业生产合作社的决议》。由此，拉开了在全国范围内对于农业、资本主义工商业和手工业进行社会主义三大改造的序幕。

**1955 年**

3 月 1 日，新人民币发行，以 1：10000 兑换回收旧人民币。

9 月 28 日，上海申新纺织印染厂举行庆祝大会，正式宣布公私合营。

11 月 4 日，中共中央主席毛泽东乘坐专列到达无锡火车站。中共无锡市委书记包厚昌、市长江坚登上专列向毛泽东汇报无锡市对资本主义工商业进行社会主义改造的情况。

11 月，无锡缫丝业实现全行业公私合营。至年底，全市棉纺织业、缫丝业、面粉业、油饼业、丝吐业、机器制造业全部实行全行业公私合营。

**1956 年**

1 月 10 日，毛泽东视察申新九厂。这是毛泽东建国以后唯一一次对公私合营企业的视察。

1 月，全国大城市以及 50 多个中等城市先后宣布全部实现对资本主义工商业的社会主义改造。

2 月，在农业的社会主义改造高潮中，无锡县春雷高级合作社及春雷造船工场（厂）成立。春雷造船工场（厂）后来被媒体誉为中国社队企业的"第一家"。

# 回望无锡百年工商史上的两轮辉煌

## 课题组

按：自 1895 年杨氏兄弟创立业勤纱厂以来，无锡近代工商业已整整走过 120 个年头了。1895，镌刻在中国近代经济史上，值得人们永远铭记：这一年江苏南通大生纱厂、苏州苏纶纱厂与无锡业勤纱厂一起揭开了江苏乃至中国近代工业的序幕，又由于企业体制从洋务运动时的"官督商办"演变为"绅领商办"，促使从事现代机器生产且按市场价值取向的商人群体宣告问世。所谓的百年锡商正是从这一起点出发，历经起落波折而持续腾跃，开创了无锡百年工商城一部激荡创业史，成就了我国近代民族工商业和当代乡镇企业的两个发源地，经历了民族工商业、市属和乡镇企业、民营经济三个经济时代。

为纪念无锡乃至江苏近代民族工业发轫 120 年，无锡市民营企业协会和锡山区企业家协会联合邀请专家和有关人士组成课题组，展开《无锡民族工商业、乡镇企业"双源头"成因和发展轨迹》专题研究。该课题被列入无锡市社科联 2014 精品课题，由《锡商》杂志 2015 年首期摘要刊发，现作为本书《激荡岁月》的延伸解读予以附录。以史为镜，可以知兴废。历史的车轮飞驰向前，回望这 120 道车辙仍旧熠熠生辉，阅读后或许会给读者以启迪和遐想……

中国工商文明的重建是一个百年命题。从 1840 年鸦片战争至今，数代中国人前赴后继，一直致力于国家和民族的伟大复兴。晚清著名思想家郑观应曾说："兵战"与"商战"是中国复兴的两大主题，而后者的主角就是企业家阶层。百余年以来，无锡在"商战"中相继成为我国近代民族工商业和当代乡镇企业的重要发源地之一，百年工商城的经济沿革和发展广受经济界、史学界的关注。

纵观近代以来无锡的兴起颇具传奇色彩。明清时无锡尚是一个小县城，隶属于常州府。1895 年，杨宗濂、杨宗瀚兄弟回乡创立官督商办的业勤纱厂，近代工商业自此在无锡兴起。在随后的百年岁月中，无锡工商业从发轫、发展、波折，再到复兴、腾飞，形成近代民族工商业和当代乡镇企业两次发展高潮。这两次发展高潮，既有其特有的时代背景、内在动力和发展特征，又在精神本质方面具有某种传承性，折射反映近代中国工业化历程和企业史。探究分析无锡"双源头"开启的基本成因和发展轨迹，对新时期推进区域经济乃至我国民族工商业的发展具有现实的借鉴意义。

## 近代以来无锡两次发展高潮及其起落轨迹

第一次发展高潮，在上世纪二三十年代，无锡近代工商业蓬勃兴起，无锡形成了棉纺织业、缫丝业、粮食加工业等三大支柱产业，并相继崛起了以杨、周、薛、荣、唐蔡、唐程等六大家族集团为龙头的民族工商业群体。到1937年，无锡工业产值居全国第三，列上海、广州之后；职工数仅次于上海，成为中国民族工商业的发祥地之一和全国区域经济中心之一。工商实业兴旺带动了城市各领域的繁荣发展，无锡由此获得了"小上海"的美誉。自无锡创办第一家工业企业至1956年完成私营工商业的社会主义改造的60年内，无锡民族工商业既展翅腾飞，又历经艰难曲折。其发展轨迹大致为：

起步：企业多点散状分布。1895年杨氏兄弟创办业勤纱厂，这是无锡第一家以机器为动力的近代工业企业。因为建成时市场情况良好，产品广销苏南各地农村，供农民织造土布，因而获利不菲，几年内机器设备和人员续有扩充。业勤以股份公司的形式募集创办资金，从国外购进较为先进的机器设备，面向市场组织原材料供应和产品销售，都对随之而起的无锡其他工业企业的建办有着深刻的影响。从1895至1911的17年间，无锡近代工业企业从创立到初步发展，共创办16家企业。其中棉纺织业（包括棉纺、白织、色织）4家，缫丝业5家，粮食加工业（包括面粉、碾米）3家，轻工业（印刷）1家，机械修造业1家，以及电灯公司、电话公司各1家。期末合计资本额约150万元，年产值约350万元，有工人8500多人，但总体而言分散于多个行业，尚未形成一定规模。

成长：形成产业集群。自1912年至1927年，是无锡民族工商业发展的黄金时期。辛亥革命推翻封建王朝，激发了民众创办工商实业的热情；而第一次世界大战，又为中国民族工商业发展留出了难得的空间。民国初的8年间，因为欧洲各国卷入战火，减少对中国的商品输出和资本投入，民族工业相应得到较快发展，无锡共新设工厂74家，平均每年9.1家，是前一时期的9倍多；随后的10

年，平均每年新设工业企业达 16.3 家，进一步加速扩张。这一时期的无锡工业企业，依托市场延伸购销机构，一头向棉花、蚕茧、粮食原料产地伸展，控制原料的供给和质量、价格；一头向更广阔的国内、国际市场拓展，抢占市场份额，提升经营效益。由此，相对集中的工业企业，连同配套的内外贸易、仓储、运输等行业，相互依存，共繁共荣，集聚起具有一定规模和产业关联度的产业集群，形成棉纺织业、缫丝业、粮食加工业等主导无锡经济发展的三大支柱产业。

扩张：组建资本集团。1929 年世界经济大危机爆发，无锡以出口为主的缫丝工业遭受到严重打击，其他行业也遇到前所未有的困难。但无锡少数骨干企业，通过资本增殖和联合兼并，推动技术改造，扩大生产经营规模，形成若干产业资本集团，带动地区经济逐步走出大危机的阴影，成为新一轮发展的重要支撑。经济危机加强了经济发展的不平衡，资本和其它生产要素出现向规模企业集中的倾向。1936 年，无锡资本额 1 万元以上的工业企业 150 家，仅比 1929 年增加 5 家；工人数 6.91 万人，增长 13.4%；而资本额总计达 3400.9 万元，增长 74.3%。这一时期，无锡发展出 6 个达到一定规模的产业资本集团，其资本额、工人数和产值数，分别占当时无锡工业经济总量的 53.9%、42.5% 和 50.4%。其中荣氏资本集团在无锡的企业，为荣氏兄弟摘取"棉纱大王"、"面粉大王"的桂冠奠实了地基。唐保谦、蔡缄三资本集团和唐骧廷、程敬堂资本集团以重视市场经营和严格管理为特色，分别从面粉、粮油、砖瓦和织布向棉纺织、毛纺织和印染行业延伸发展，从无锡向上海乃至海外扩张。薛氏资本集团集中投资于缫丝工业，既依托资本优势控制优质蚕源，又通过不断推进技术改造，先后创出"金双鹿"、"中华第一"等生丝品牌，成功登上"丝茧大王"的宝座。

受挫：战火中迁移离散。1937 年 7 月侵华战争爆发，11 月无锡沦陷，与国内很多地区一样，无锡工商经济遭受空前浩劫。自 1938 年起，日伪当局相继对敌占区主要产业和粮食、纺织品、金属材料等商品物资实行统制，从委托加工到禁止自营远销，全面控制重要战略物资。加上滥发日本军用票和中储券，导致通货恶性膨胀，沦陷区城乡居民艰难度日，市场购买力压抑至最低点。在这种情况下，无锡一部分民族工业企业跋山涉水迁往内地，如荣家申新纺织、福新面粉、公益铁工厂西迁宝鸡、重庆等地，支持内地抗战。一部分企业辗转将残存的资金、设备转往上海租界，如唐蔡集团的保丰纺织厂，唐程集团的昌兴纺织印染厂，杨氏集团的肇新公司等，利用"孤岛"的特殊条件谋求经营出路；留在无锡未能迁出的工厂，一面拒绝与日人合作，一面分散到日伪势力薄弱的乡间，化整为零，办出一大批家庭制丝社、小型棉纺厂和面粉工场，通过"跑单帮"、偷运、贿赂验关放行等方式，躲避和抵制日伪的管制，在经济统制的缝隙中谋求生存。抗战胜利后，部分被日伪强行霸占的企业财产陆续发还原业主，部分敌伪产业也以平售、标售、配售的方式出售给工商业主，加上联合国善后救济总署部分救济物资的分配，战后无锡工商经济在重组中恢复发展。但是由于当局强化对经济的管制，加上内战大背景下交通运输受阻，物资供应短缺，通货膨胀物价飞涨，各项捐税摊派苛重，无锡的民族工商业发展受到压制，在经济统制的钳制下陷入困境，雄风不再。虽然工商企业总数较战前增加，但很多企业经营规模向小型、分散转化，装备技术水平向低端、粗放退化。

改造：从体制变迁到结构调整。基于中国共产党接收工商城市政策的正确，以及华中工委与无锡资本家上层人物的成功合作，无锡民族工商业的主体部分基本保留下来，并在政权更迭的大动荡中保持了元气。1949 年以后，相继整顿和恢复发展经济，实施重要商品物资的统购统销，实行"利用、限制、改造"方针，私营工厂工场通过加工订货等方式走向公私合营。至 1956 年 1 月，无锡私营工商业全部实行全行业公私合营。这一巨大变迁，既是生产关系和所有制的根本性变革，还有生产力组织和结构的一系列调整。公私合营的推进采取"以大带小、以小并大"的方针，同行业家庭作坊式的小工厂通过联营（联营处）、合作（合作社、合作联社），逐步合并成若干具有一定规模的工厂企业。这不仅壮大生产规模，也使企业管理突破家庭、家族的局限，提高了社会化组织程度。在公私合营的初期形成多元投资结构，"一五"计划期间，除了中央、省的财政和银行贷款投入续有增加外，市各级自筹投资和私人资本投资占56.4%，并且较多投向于工业发展。在"全民办工业"的热潮中，无锡工商业主、职员、工人联手办厂，跨行业办起一批工业企业，其中一些后来发展成为机械、冶金、化工、电子行业地方国营的骨干企业。国营、集体企业能更多地得到国家政策的扶持，大规模的设备更新、技术改造与群众性技术革新运动相结合，促进企业装备和技术水平得到提高。产业行业结构、企业组织结构和技术结构的调整提升，使无锡民族资本奠定的产业基础在新的历史条件下得到巩固发展。尽管计划经济的偏差和政府及其工作部门的失误常常带来挫折，但这一时期以及随后一段时间里无锡工商业发展还是成就了令人瞩目的辉煌业绩，并以一系列协作配套、内迁外援项目支持国家经济建设，为中国工业化的推进作出了不可磨灭的历史贡献。

第二次发展高潮，是上世纪七八十年代，无锡乡镇企业异军突起，创造了闻名中外的"苏南模式"，无锡由此被称为中国乡镇企业的发源地。1983 年，邓小平视察无锡、苏州，首次肯定了乡镇企业的市场机制和重要作用。无锡经验和苏南模式随之得到广泛传播。在近半个世纪的时间里，无锡的乡镇企业始终领跑全国，无锡也因此被誉为"乡镇企业王国"。其发展轨迹大致经历三个阶段：

萌芽起步阶段。1956 年 2 月，原无锡县春雷高级生产合作社创立了苏南第一家社办企业春雷造船厂，无锡各地自此陆续兴办一批社队办企业，拉开了乡镇企业发展的序幕。其后，历经大跃进时大办工业至三年困难时期下马的波折，但草根不死，顽强生存，见缝就长，在"文革"动乱时期重新起步发展。各地从手工操作的小加工厂起步，逐步冲破"三就地"（就地取材、就地生产、就地销售）的生产模式，克服资源、市场两头在外的实际困难，利用城乡血缘关系，通过引入"星期日工程师"，聘请工程师和技术师傅，帮助解决产品开发、技术攻关、质量保证等难题，不断扩大社队企业的经营范围。1973 年，无锡县成为全国第一个"亿元县"；江阴、宜兴两县和无锡郊区社队企业都具备了一定基础和规模。至 1978 年，无锡全市社队企业已有 5791 家，务工人员 311177 人，总产值 109627 万元，占全市农村工农业总产值的 55.1%，首次超过农业总产值，开始步入工业社会。

发展崛起阶段。十一届三中全会召开之后，无锡全面贯彻放宽政策、搞活经济的方针，点燃了乡镇企业快速崛起的燎原之火，大力推广农村联产承包和企业"一包三改"，实现了农村劳动力空前规模的非农化就地转移。改革开放的头十年间，无锡乡镇企业迅速增长。1984 年总产值 52 亿元，占全市工业总产值的 45%；工业固定资产 12 亿元，占全市工业固定资产的 30%；职工增至 60 万，占全市农村总劳力的 37.5%，上交国家税金占全市财政收入的 38%。1988 年，无锡乡镇工业产值达 208.3 亿元，占全市工农业总产值的比重由 1978 年的 21.5%上升到 63.4%，年递增率高达 34%。这一时期从为大工业拾遗补缺走向与城市工业竞争和合作，从国内市场走向国际市场搏击风浪，乡镇企业发扬"四千四万"精神，不断发展壮大。以周庄江南模塑、河埒渔工商公司为代表，在全省率先探索乡镇企业中外合资、境外投资，机械、纺织、轻工、电子等行业的城乡联营企业和配套群大量涌现，加速了乡镇企业的规模化市场化。1992 年至 1994 年无锡县连续被评为全国百强县综合实力第一名，获得"华夏第一县"殊荣。与此同时，无锡所辖的江阴相继位列第二、第三，宜兴进入全国百强县行列，郊区被誉为"神州第一郊"。

转型提升阶段。上世纪九十年代，社会主义市场经济体制逐步建立。无锡以邓小平同志南方谈话精神为动力，加快经济增长方式和经营体制转变，大胆推进乡镇集体企业产权制度改革，着力引进国外技术、设备和先进的生产管理经验，不断提升企业发展的开放度和外向度，技术层次、管理水平和市场竞争力跃上新台阶。1991 年始，无锡探索股份合作制，后以建立现代企业制度为目标，分次分批地进行乡镇企业产权制度改革。至 2000 年底累计改制企业 27109 家，占全市乡镇集体企业总数的 97% 以上，突破了原来集体经济为主的苏南模式，形成了以民营经济、外资经济、国有经济多元发展的新局面。通过改革创新，乡企体制弊端得到改变，经济发展质量明显提升，新一代锡商脱颖而出。至 2011 年，无锡市工业经济产出规模达 1.48 万亿元，在全国城市中排列第七。如今，位居中国城市经济第一方阵的无锡，民营经济已成为最具活力和最具发展潜力的主体经济。

从 1895 年至今的 120 年间，无锡开创了一部激荡创业史，掀起了两次发展高潮，经历了民族工商业、市属和乡镇企业、民营经济三个经济时代。百年工商史大致可概括为：发轫起步于 1895 年，高点辉煌于抗战前夕，悲壮回落于战争时期，体制变迁于公私合营，异军突起于乡镇企业，重振雄风于企业产权制度改革，续写辉煌于新生代锡商。

## 无锡开启"两个源头"的基本成因

无锡开"两个源头"于一地，在我国近代经济史是一个创举。晚清以来西风东渐，洋务运动兴起，苏锡常地区都近距离受到上海开埠之带动影响，无锡为什么起步早而且腾跃快？建国后，同处计划经济严管的大环境，无锡乡镇企业为什么能率先突破？无锡"双源头"的形成绝不是偶然的，原因是多方面的，是天时地利人和综合因素作用下产生的。

第一，无锡经济的区位条件和人文条件比较有利。无锡地处沪宁杭三大城市的中点，乃上海之西翼中心，历来为全国"四大米市"、"三大布码头"之一，地理区位条件优越。其水陆路交通便捷，加上沪宁铁路贯通，很好地建立起东向承接上海口岸、西北通达苏皖豫鄂广阔腹地的商品货物流转格局。1840 年鸦片战争和随后的一系列侵华战争，西方列强用坚船利炮打开了中国大门，逼迫中国开放商埠，随着国外工业品的输入，轮船运输的开办和铁路的建筑，外商相继在中国沿海口岸城市投资办厂。特别是上海的开埠，商务机构设立和工业企业兴办，带动新式学校社团、报刊兴起，使之成为西方科技、文化向东方传播的一个窗口。紧靠上海的无锡，一批批年轻人前往打工、习业、做生意，逐步成为掌握一定技能的工匠和熟谙经营门路的商业人才，并开始运用最初的资本积累，投向工业生产经营领域。加上，无锡稻米、蚕桑和淡水养殖有着良好的基础，素有江南鱼米之乡之称，依托农业提供的原料和城乡商品集散地的市场需求，明清时期无锡地区的熔冶、酿造、织布、砖瓦、竹木、印刷、造船等手工业就已发展，形成一定规模的作坊、店铺，民国以后这些行业的供需能力日益扩大。区位优势和经济基础，有利于集聚起各方面的经济要素。

在传统自然经济和以农耕为基础的社会发生分化的过程中，无锡相对较早地表现出一系列重要的变化，使兴工经商创业的人文条件更为成熟。首先，无锡涌现出以薛福成为代表的一代跟随时代进步的知识分子。面对外国殖民者的挑战和国内风起云涌的农民起义，他们霍然惊醒，发出变法图强的呼喊，积极主张厚民生、养人才、崇实学，振兴工商、发展经济、自立自强，使思想风气为之一开。其次，无锡出现了徐寿、华蘅芳、徐建寅等一批科技专家。他们从上海获得西方科技书籍和实验仪器，悉心钻研数学、物理、化学和工程技术，与其他覃思之士、精巧之匠一起，合作制造中国第一台蒸汽机、第一批工作母机、第一批轮船和现代枪炮，翻译介绍一大批国外科技论著，通过开办学堂、出版书刊，广泛传播现代科技知识。再次，杨宗濂、杨宗瀚、薛南溟等官吏，周舜卿、祝兰舫等买办，荣氏兄弟、唐保谦、蔡缄三等商人，或者从业商业、进出口贸易领域，或者附股外省企业、官办企业，并最终转向投资实业、自办企业，走上实业救国的路途。所有这些，构成无锡工商经济迅速发展，成为中国民族工商业发祥地的重要起因和基本动力。

无锡乡企起步时，同样具有深厚的土壤。民族工商业积留的制造业根基和人才基础得天独厚，城市与县属工业技术辐射十分便捷。如江苏第一批"亿元乡"之一的无锡县前洲镇，其乡镇企业从1978年起有18年产值位居第一，领跑无锡的底气源于民族工商业。1921年该镇商人就创办了发电厂，1936年全镇工商户达416家，涉及缫丝、织布、制袜、碾米、修船等行业。从江阴、宜兴乡企重要支柱纺织业和制陶业来看，根基也十分深厚。1937年江阴县就有大小布厂134个，织机10余万台，从业人员约18万人，布匹年销售量达1138万匹。宜兴1936年就有制陶工人5000多人，产值440万元，境内还有100多座石灰窑。这些都为乡镇企业的发展提供了浓厚的社会氛围和人才底蕴。据调查，在无锡县1970年前办的社队企业职工中，曾在上海、无锡、苏州等城市工作并有一定技术的老工人占三分之一。无锡正是依托原有工业基础，充分利用农村能人、下放工人及知青的一技之长，才率先叩开了农村工业化大门。

第二，无锡的企业家团队富有创造力。锡商群体对无锡经济的两次崛起有着十分关键的作用。历史久长的重视工商的地区文化传统，近代对外部先进科技和经营方式的感受，特别是沪锡两地间基于近代市场的经济联系，使无锡近代企业家从一开始起就表现出创新性和开放性，富有创造力。有人曾经留意过，无锡民族资本企业的创业者大都涉足过上海、广州、香港、天津等开风气之先的城市，在那里受到濡沫，见闻渐广，近代经济意识在他们身上逐步形成。无锡早期民族工业企业的投资经营者，一般都与上海有着或深或浅的缘分。如较早在上海学生意的无锡人祝大椿、周舜卿，发迹后回无锡办厂；杨宗瀚，曾担任上海机器织布局的总办；薛南溟的第一家丝厂——永泰丝厂，起先开设于上海；荣宗敬、荣德生兄弟，则在上海习业并经营钱庄起家。创新而不是守旧，开放而不是封闭，成了无锡近代企业家的风气所致。1894 年杨氏兄弟筹办业勤纱厂时，没有像张謇的大生纱厂那样，申请"二十年内百里之间不得有第二厂"，谋取在无锡独家经营的"专利权"，以后便有振新、广勤、申新、豫康、庆丰、丽新等厂相继建立。与南通张謇的大生集团"一枝独秀"的情况明显不同，无锡形成企业和企业家"群星争辉"、"竞合发展"的局面。

地方经济的成功发展，取决于资本、人才、劳动力、技术、品牌、市场联系等生产要素的有效集结，而锡商先驱十分注重开放聚合的产业组织的构造，形成鲜明的开放包容特征，以兼容并畜、合作共赢的理念，吸引多方面的人才加盟合作。唐蔡、唐程等企业相继以厂长制、工程师制取代传统的总管制、工头制，引进大批管理、技术人才，企业治理逐步由家庭人事转向科层组织，建立起接近现代企业制度的企业治理结构，薛明剑在申新三厂率先推行"劳工自治"等，这些创新举措都有利于生产要素的集聚和发挥，走在了近代企业管理的前沿。从民族品牌创立和延续来看，锡商创造力也艺高一筹。1923 年 8 月，荣氏兄弟先后向无锡、上海地方政府申请注册茂新、福新两家面粉公司的商标，商标为兵船牌，成为中国第一个注册商标。以自为端，近百年间无锡相继出现了两波大的自主品牌行情：上世纪二三十年代，无锡企业家在全国打响了"兵船"牌面粉、"金双鹿"生丝、"双鱼吉庆"棉纱、"人钟""双鱼""牧童"棉布、"福禄寿喜"精纺呢绒、"长胜王"精元布以及"协记"水泵、"大头"柴油机等著名品牌。上世纪七八十年代以来，当初的市〔县〕属企业创立"咏梅"收音机、"红梅"电视机、"小天鹅"洗衣机、"长征"自行车、"菊花"电扇、"锡机"、"锡柴"、"行星"柴油机、"东风"手扶拖拉机等等；乡镇企业乃至民营企业诞生"红豆"、"阳光"、"海澜"、"远东"、"兴达"、"法尔胜"、"双象"、"银邦"、"锦绣"、"晶石"、"太湖锅炉"、"申锡吊篮"、"海联"、"新日"、"雅迪"等等，均为无锡连续荣获中国十大品牌城市铺垫和增色，无一不凝聚新老锡商的睿智卓识。

　　锡商先驱的创新基因，同样反映在引领乡企发展的农民企业家身上，其创造力因农民求变的生存冲动表现得尤为突出。无锡与苏南其他地方一样，计划体制下城市、农村的二元结构阻止农民进城务工，加上人口快速增长，农村"以粮为纲"，种粮推行"双三制"，农本激增，导致农民收入水平连年降低，苦不堪言。无锡人均土地比周边地区更少，矛盾更加尖锐。无锡广大农民和干部本着要生存解决温饱的初衷，千方百计地在"文革"期间恢复和兴办工副业。当时办厂政治风险非常大，但城市工厂停产或半停产闹革命，社会商品十分短缺，他们顶住"左"的压力，乘机创业，靠"四千四万"精神，使乡镇企业悄然发展。先后入围中国十大富裕村的江阴华西村、无锡县西塘村，其起家企业都办于1969年。当年，华西村书记吴仁宝卖掉仅有的一台柴油机，在偏僻的芦苇滩上，躲躲藏藏地办起了"地下工厂"——五金厂。西塘大队长唐涌祥，从大队仅有资金240元拿出160元，从常州旧货摊上买来几把榔头等工具，创办小工厂，名曰农机修造厂，却承接制造城市色织厂所需的不锈钢高压反应釜，引入"星期日工程师"攻关奋战，投入正常生产。1976年南方水稻现场会在无锡县召开，西塘运用"阳奉阴违"的谋略，明修机械化喷灌站、机械化养猪场等"政治工程"，暗里将电力和用地用作新建工厂所需，喷灌站安装了2台60千瓦的马达，管道也铺设好了，有人来参观就喷一下，人走了电闸就搬到工厂去。无锡其他早期乡企大多与华西、西塘异曲同工，靠农民企业家带领农民奋力创造，闯出了求变致富新天地。

　　第三，发展实业的环境比较宽松。苏锡常同处于上海经济中心近距离辐射圈内，为什么无锡民营经济能远超周边的苏州和常州呢？因素很多，不容忽视的是无锡历来是县治，与府治的苏常不同，管制力量比较薄弱，尽管苏州离上海更近，资本更宽裕，但历来府衙加中央派驻机关林立，实业环境没有无锡宽松。无锡乡企的突破与崛起，最关键的因素在于农民求变的主观能动和地方管理者的政治智慧相结合，地方党委、政府尊重农民的选择和首创精神，创业环境也比较适宜。"文革"中极左思潮泛滥，针对社队厂是资本主义温床的批判声，无锡县委率先提出了"围绕农业办工业，办好工业促农业"的睿智口号，保护和发展了农村工业，后成为江苏乃至全国社队办企业的护身符。苏州地委对所辖无锡、江阴两县农村工业的态度十分明智，政治上保护，政策上扶植和支持。早在1974年，苏州地区财政局对无锡县新建社队企业享受所得税减免，江阴稍晚也参照执行。无锡市委、政府于1975年至1979年，组织城市工业140多个项目落户郊区各乡镇，还"扶上马送一程"，给予多方面的支持；借鉴苏州经验，对郊区新办重点企业，第一年所得税全免，第二年减半收取，并从全市国有企业历年结余的大修理基金中抽出 1000 万元，作为扶持乡企的无息贷款，加快了郊区农村工业化步伐。

三中全会以后，无锡紧紧抓住"短缺经济"的市场机遇和改革开放的政策机遇，作出了稳定发展农业、优先发展乡镇工业的战略决策，动员全社会资源支持乡企发展。1983 年无锡实行市管县体制后，市委、市政府多措并举进一步放手发展，将农村联产承包的改革形式率先引入乡镇企业，大力推广"一包三改"，积极扩大对外开放，组织城乡企业挂钩合作，极大地激发起乡企的创业热情。无锡还率先建立和健全以工补农建农的机制，确立了"一化带三化"的无锡路子：即，通过大力发展乡镇企业，促进农村工业化，支持农业现代化，推进农村城市化，实现农民知识化，形成良性双向循环，促使"苏南模式"成型推广。有一位高层领导曾经这样评价：敢为人先、改革创新和"四千四万"、借智生财，是成就无锡乡镇企业历史辉煌的两大法宝。

## 无锡两轮历史辉煌回顾的若干启示

无锡民族工商业、乡镇企业"双源头"的形成与崛起，为当今城市经济社会的发展存积了宝贵的物质和精神财富。尽管不同历史阶段创业形态不同，但优秀的商业文化和创业精神乃成功发展之真谛，需要传承发扬。以史为鉴，探源观流，对认识区域经济乃至我国民族工商业发展规律，对新常态形势下打造民营经济升级版，不无裨益。

1、市场始终引领区域经济发展，地方政府重在为企业创造宽松的发展环境。

无锡民族工商业的兴起和乡镇企业的蓬勃发展，都依托于市场，借助市场集结资本、技术、劳动力等生产要素，引领消费需求和企业发展。民族工商业发展时的市场正处于从传统市场向现代市场过渡的演变中，无锡拥有"九大市场"的开放式交易场所，围绕市场"茶会"的一批经纪商，数以百计的批发商号和零售店铺，以及与市场相辅相成的银行、钱庄、堆栈、水陆联运公司，形成相对完善的市场体系，沟通无锡与口岸和腹地间的广泛经济联系。乡镇企业崛起时则挤开了计划经济的缝隙，"以市场调节为主"，发挥市场经营机制，组织原辅材料，推销产品，发展多种形式的协作配套。乡镇企业的发展，在走出独特的工业化道路的同时，促进了以市场化为取向的改革的最初突破。当前，无锡经济正处于转型发展的关键时期，必须全面深化市场经济体制改革，完善市场体系和市场运行机制，促使资源配置更为合理更为有效率。特别是在市场竞争加剧、商务成本加重、经济运行环境趋紧的情况下，只有深化市场取向的改革，才能激发企业创业发展的内在活力，优化经济发展的综合环境。改革的目标是建立法治的市场经济体制，无锡要重振"双源头"的雄风，更需充分发挥市场无形之手的作用，再次构建当年那种活力迸发的生动局面。

世界银行《1991年世界发展报告》指出："政府支持而不是取代竞争性市场的战略，为迎接发展的挑战带来了最光明的希望。"在市场化改革中，恰当摆布政府、市场与企业的关系，关乎改革的成败利钝。民族工商业发展时期，无锡作为县级单位，管制肘掣较少，政府对经济乐见其成，几乎放任不管，草根力量按市场走向勃起，与府治的苏州"存款码头"相反，无锡成为"放款码头"，即资金投放市场；乡镇企业起步时，苏州地委顶住"割资本主义尾巴"的压力，对社队企业实施"不管"政策，又以支援农业的名义予以多种支持，从而使辖地乡企蓄积了改革开放时爆发的能量。当前的行政管理体制改革，重点是要根本转变政府职能，重组政府流程，逐步建立简约、清廉、高效、亲民的行政管理体系，促进市场配置资源决定性作用的发挥，努力为市场运行、企业发展营造宽松环境。

还应当看到的是，在市场经济运行中，商会、行业协会等民间组织承担着重要的社会功能。近代无锡商会、同业公会组织，协调民族工商企业，在抵御外来经济侵略、提倡国货、维护和争取工商企业权益、维护正常经济秩序和举办社会公益事业等方面，发挥了重要作用。乡镇企业发展初期的基层党政组织，一定程度上也兼有类似的角色职能。因此，深化市场体制改革，还要积极引导和扶持服务类、行业自律类社会组织的发展，整合现有资源，让其在法律框架内承担应有职能，使其成为政府、市场与企业之间的服务型枢纽环节。无锡应该也有条件在这一系列改革中走在全国前列。

2、地方经济发展的活力来自于民间，激励草根创业并不断向上攀升至关重要。

回顾无锡地区工业化的历程，可以看出发展动力来自于民间，取决于人民群众内在潜力的发挥和创造性实践。长期处于小县城的无锡人心理上较少谋求政治建树，而更多关注兴业谋利，获取经济利益。无锡近代企业家一直以中小商人为主，加上一些企业经营、管理、技术人才相继进入企业家的行列，形成"微人创业"、精英主导、汇合民间力量的显著特色。与国内其它一些城市的企业经营者群体相比，他们与官方的关系相对较为疏远，市场经营的知识和观念的更新较快。通过投资、参股，实现生产要素的有效组合，推动生产经营的市场运作，经济形态具有民有、民办、民营、民管、民享的鲜明特征。当时的无锡形成一种风气，"有资产者大都投资工商，角逐于城市"。张謇在考察无锡工商经济的发展后，曾经不无感慨地说："南通以个人之力致是，而无锡则人自为战。"人自为战，多元竞争，有利于调动各方面的财力、人力，加快资源的开发，推动经济较快起步发展。

解放后，计划经济模式曾一度遏制了无锡人这种创业禀赋的发挥，使之难以释放张扬。然而，无锡农民终于在夹缝中找到生存求富之道，率先创办乡镇企业，压抑多年的草根能量喷发，成为推动经济发展的巨大动力。从民族工商资本家，到地方国营和集体企业的经营者，再到乡镇企业领路人、当代民营企业家，大多出身草根，来自底层，历经风雨，一旦环境合适就能蓬勃成长。他们在改变处境、谋求致富、决胜商战的同时，兼顾家乡人民的共同富裕，不少企业家把报国裕民作为自己的人生抱负。

当前，我国经济进入增长速度换档期，经济结构调整阵痛期，前期刺激政策消化期叠加的新阶段。区域经济要克难求进，实现经济结构的战略性调整和经济发展方式的根本转变，基本的动力和有效的办法依然深蕴于企业和民间。只有发挥搏击于市场一线的企业经营者的智慧，释放民间的创业活力，才能创出新局面。李克强总理在天津 2014 年夏季达沃斯论坛开幕时说，借改革创新的"东风"，在 960 万平方公里土地上掀起一个"大众创业"、"草根创业"的浪潮，中国人民勤劳智慧的"自然禀赋"就会充分发挥，中国经济持续发展的"发动机"就会更新换代升级。追昔抚今，若能让每个有创业愿望的人都拥有自主创业的空间，让创新创造的血液在全社会自由流动，让自主发展的精神在全体人民中蔚然成风，无锡再掀"大众创业"、"草根创业"的新浪潮，则将能执牛耳于新时期商战。

3、注重实业是百年锡商勇立潮头的根本所在，稳固根基，产业融合，才能实现实体经济新跨越。

讲实用，兴实业，办实事，重实效，实干实做，以实业兴邦，这是很多无锡人一贯的理念。无论是民族工商业的发展，还是乡镇企业的突起，都着眼于兴办实业，坚持"以工业为主"。无锡的企业家群体也较少沉湎于股票、期货投机，而是实打实地办好工厂，以制造业为根基，稳健地从事生产经营。百年工商实业，奠定了城市发展的基础，也为中国工业化的推进作出了自己的贡献。

跨入新世纪以来，随着信息化、智能化和资产货币化、证券化水平的提高，以及制造业扩张与资源节约、环境友好的矛盾突出，中国成为"世界工厂"的现状引起人们的反思。在经济发展方式转变、经济结构调整中，无锡一些重化工业陆续转移迁出，经济结构"轻型化"成为发展追求的一个目标。在这一大背景下，无锡工业经济乃至整个经济发展的路子该如何走？鲜明而紧迫地摆在每一个决策者、实践者的面前。"双源头"和两轮辉煌的历史回顾，以及近年来某些城市产业空心化问题的凸现所提供的启示是：注重实体经济，同时也要切实推进实体经济的转型升级。

百年锡商一向注重以支柱、集群构筑产业发展的优势。总结历史经验，借鉴美国"再工业化"、德国"制造业4.0"的做法，未来无锡经济发展的基本思路是：调整结构，转变方式，在运用市场机制积极稳妥推动过剩产能有序调整转移的同时，全力推进现有主导产业转型升级，着力提高产品研发设计和产业配套能力，努力构建控制一定市场份额的产业集群，促进形成新的经济增长层面。当今制造业发展的路径已完全不同于以前的民族工业企业和乡镇企业，但前后的共同之处在于，均需稳固而不是削弱制造业根基，其优势的建立则依赖于科技创新和机制创新，从而赢得效率、赢得品质、赢得市场。

百年工商相辅而行，当今也要大力发展生产性服务业，加快制造业、服务业的战略融合。重点是发展现代物流业，依托内河港口、空港、铁路货场和高速公路出入口，加强物流服务基地建设，采用电子信息技术和现代运输工具，建立完善的物流网络体系，为企业提供分拨、分销、配供配送服务；发展商务服务业，在企业投资、贸易特别是对外贸易方面，提供完备的中介、咨询、代理服务，探索引入负面清单管理办法，帮助企业降低商务和管理成本；发展会展业，加强与上海和其他国际大都市的联手合作，积极参与有号召力的大型展会，依托无锡的优势产业，定期举办具有特色的产业产品展会，并向产品的营销服务延伸，真正打响"无锡制造"的若干过硬品牌。

4、人才是事业之始基，抓住机遇、以才兴业，正是区域经济发展的制胜之道。

无锡成为民族工商业和乡镇企业发源地，机遇与人才是其内在的两条成功秘诀。在百年历史进程中，时代的机遇催生和造就了杰出人才，杰出人才的引领又推动了发展的辉煌。历史上每一次机遇的成功把握，都给无锡的发展带来新的重大突破和持久效应。

19世纪末20世纪初，西方各国的工业革命借助科技创新不断激发跃升，无锡的一些有识之士在西学东渐、西技为用的影响下，敏锐地意识到工业化发展对于致富图强的巨大机遇，大胆引入和使用先进技术和机器，先行开启了实业救国、以工兴业的道路。在此后的发展中，又紧紧抓住上海开埠后中外贸易往来大幅增长，以及"一战"期间西方对华商品输入量下降和部分商品需求量上升两次市场机遇，充分发挥铁路开通和向内地延伸所带来的综合交通优势，开拓更大的发展空间。20世纪中叶，随着制造业装备、技术、人员向农村扩散，人力资源及其他生产要素不断积聚，无锡紧紧抓住"短缺经济"的市场机遇和改革开放的政策机遇，充分利用"文化大革命"国内供给能力严重不足和家庭联产承包制加快非农化转移的两大契机，通过多种渠道、多种形式大办乡镇企业，走上一条与已有发达国家迥然不同的农村工业化道路，实现乡镇企业的异军突起。

荣德生先生曾反复申述："人才是事业之始基。"无锡民族工商业和乡镇企业两次发展的辉煌，都是依靠人才为基，以才兴业。20世纪前半个世纪是商战英雄辈出的时代，无锡企业家作为那个时代的闪亮一族，多方面借才引智，并让自己的子弟在实践中锻冶磨砺，形成能征善战的锡商群体。在乡企创业中，无锡"老乡"在借智生财上发挥得淋漓尽致。当年，仅无锡县一地聘用来自无锡、上海的"星期日工程师"就超过800人。面对"乡企以不正之风挖社会主义墙角"的指责，无锡暗中保护和积极支持科技人员下乡进厂，并充分利用城乡协作、科企合作的关系，对洗脚上岸的职工进行技能培训、专业进修，培养出大量熟练技工和创新创业人才，支撑起改革开放时期产业发展的宏图大略。

当今的科技创业，目标、条件已与往昔完全不同，面对前所未有的大机遇、大挑战，与其被冲击，不如去冲浪；与其被整合，不如争当整合者。在整合各项资源的过程中，转型发展尤其需要集聚和开发最宝贵的人力资源。其中既要有研发、集成、产业化的科技创新团队，也要有市场经营、企业管理、资金融通、法律折冲的多方面人才，更需要能够统合整个团队、谋划长远发展的领军者。依靠卓越的企业家精英，集合复合型创新创业人才群体，稳步推进科技创业，实现城市经济社会的转型提升，这是区域发展赢得未来的又一历史新起点。

5、在商战中凝炼的锡商精神体现核心价值，为无锡城市精神之精髓，新时期更需发扬光大。

从1895年业勤纱厂创办开始，从1956年2月春雷造船厂创办开始，无锡相继成为民族工商业、乡镇工业的创始地之一，创造了近代中国经济史上诸多第一或卓越建树，并在百年商战中凝炼成锡商精神。老一辈锡商创业，正逢外敌入侵、国难当头、社会动荡、民不聊生之时，严酷的社会现实激发了他们强烈的爱国热情和知难而上的创业精神。无论是突破传统势力的拖累，还是应对外族强敌的逼迫，都表现出不屈不挠的坚定意志和高尚气节。在他们身上，集中体现了一种大胆开拓、勇于创新的精神风貌，和奉献社会、报效国家的宽广情怀。当年的乡镇企业既无世袭领地，也没有计划资源，而且还有政治风险的巨大压力，只能从计划经济的夹缝中求生存。"踏遍千山万水、吃尽千辛万苦、说尽千言万语、历经千难万险"，正是那个时期农民企业家创业奋斗的真实写照。这种"四千四万"精神，与老一辈锡商的精神一脉相承，同样可圈可点。

两代企业家的精神品格，既基于报国裕民、民族自强的自觉意识，也来自于他们艰难创业、诚信经营的成功实践。锡商的创业创新精神，特别是实业报国、经商济世的理念和精神，已经熔铸在了无锡人的骨髓里，流淌在血脉中。首届全球锡商大会将锡商精神总结为："敢创人先，坚韧刚毅，崇德厚生，实业报国"，并将其以及乡镇企业时代的"四千四万"精神，称之为无锡城市精神的精髓。全国工商联副主席、红豆集团总裁周海江曾为《走近锡商》一书作序，他分析了锡商精神的丰富内涵，指出"三个有机统一"特别珍贵：追逐利润和追求仁义的高度有机统一；做人谦让和做事争先的高度有机统一；恪守诚信和灵活创新的高度有机统一。前者突出"义利合一"，弘扬关爱社会的奉献精神；中者强调竞合中的包容和坚韧；后者则凸显守信和灵动进取的发展之道。

锡商精神，这是无锡发展的传家宝，也是中国工商文明精神瑰宝之一。虽经时代变迁而益发显现其核心价值的魅力，闪发出克难制胜、实干兴邦的异彩。改革开放后邓小平曾为荣毅仁书房题词"戒欺室"，其实也是对荣氏为代表的商业精神的一种褒奖和肯定。近代西方著名经济学家熊彼特认为：集中体现在企业家身上的创新精神，是经济发展的主要杠杆之一。当年锡商先驱"勇往直前，作世界之竞争"的精神，当年乡镇企业家"敢为人先、四千四万闯天下"的精神，百年锡商所凝炼的锡商精神，需要新一代锡商树立标杆，发扬光大，在全球激烈竞争中开疆拓土、再建奇功。也需要动员社会力量总结挖掘锡商精神，大力宣传弘扬，真正让市民以此为荣，见贤思齐，共同谱写创业无锡更加绚丽的中华传奇，为振兴民族经济和民族文化、实现中华民族的伟大复兴而齐心再出发！

课 题 指 导：孙志亮、王安岭

课题组成员：汤可可、浦文昌、吴鑫昌、孙建南、孙建业、李广平、
　　　　　　沈云福、陆阳、梅锦明、范洪梅

执　　　笔：汤可可、沈云福、陆阳

# 后　记

这是一部记录时代、怀念历史、赞扬奋斗的著作。

一百二十年前，一种从未有过的隆隆轰鸣声，在流淌了千年的古运河之畔响起，打破了无锡这个江南小城的宁静。一个全新的时代，从这一刻开始了，一个崭新的商人群体，也从这一刻起迈着蹒跚但又坚定的步履走进了历史，在此后的岁月中上演了一幕幕波澜壮阔的经商活剧。这个商人群体，以及他们所缔造的企业群落，被今天的人们称为"锡商"。

一个时代、一个地区的历史，可以从商业、经济，也可以从文化、教育、政治的角度进行评判，这是毋庸置疑的。经济，是社会的基础，而企业作为影响人们生产生活最为基本的因素，显然更值得条分缕析，深入探究。然而，在相当长的时间里，商人和企业家们的历史地位却模糊不清，直至当今的研究体系中，企业乃至企业史的研究仍不是一门"显学"，这成了我们当初写作的初衷所在，也为我们的写作提供了足够的空间。

那么，回溯和叙述那段历史，又该秉持怎样的笔调、怎样的形式？后现代思想大师德里达说："没有事件，就没有历史和未来。"历史意味着什么？历史是事件的历史，事件构成历史的本身。既然要述一个商人群体的发展，那么把人物以及发生在他们身边的事件串联起来，会让整个篇幅更加生动，也更为直观。于是，我们以编年体的形式，在锡商发轫到"潜水"的前六十年，选择有代表性的年份，同时每一年又选择一个或数个对当时或以后民族工商业产生重要影响的人物或事件，进行客观、谨慎而又可持续的叙述。

当然，这样的写作，着实是一件冒险的事，对于远去的先辈，对于曾经的往事，不同的人会有不同的观点，这取决于人的立场、经历，我们所选取的记忆节点，不可能让所有人赞同。但即便如此，这项工作仍然具有值得欣慰的美好意义。因为，我们对历史自始至终抱有尊重、敬畏的态度，并竭尽自己的能力让答案趋于饱满。至于书本外的精神和意义，则由读者自己去体味。

在历时两年多的写作中，一些词汇不断闪现在我们的脑海：热血、拼搏、欢腾、狂热、跌宕、悲伤、冷漠……有些词汇中性，而有些词汇却显得偏执。锡商经历的前六十年，并不是一个好的时代，掺杂了太多的战争、灾祸和混乱，波诡云谲，沉浮不定。在苦难的磨砺下，人的爆发力却又相当惊人。杨宗濂、杨宗翰兄弟灵敏地感觉到近代中国的第一股商风，回到家乡创办无锡第一家近代工厂，实现了华丽转身；青年荣宗敬、荣德生兄弟在为钱庄业务奔忙之时，日后棉纱、面粉"双料大王"的荣耀在那一刻已经注定。唐保谦、唐骧廷，这一双从严家桥走出来的同门兄弟，凭藉血脉中流淌的商业基因，创出了各自一方事业。薛寿萱从父辈手中执掌永泰丝厂，没有故步自封，而是锐意创新，缔造了属于自己的"丝业王国"。红色资本家荣毅仁，顺应时代潮流，率先对家族企业进行公私合营……这些人，这些事，成为那个时代留给今天的符号和象征。

有成功，就有失落；有震撼，就有惋惜。不可否认，锡商群体也有败落者、倒退者。他们的故事，或悲怆，或苍凉，除却不可违的宏观因素之外，都有一个共同的特点，就是对变化的疏忽和对商业规则的漠视。他们的经历，同样激荡起伏；他们的教训，同样弥足珍贵。

锡商的发轫、发展、雄起，只是中国民族工商业滚滚洪流中的一支。直至今天，那些人，那些事，背后所蕴含的深邃的精神内涵，仍然持续地延伸着他们固有的生命力，只是外在的载体、形式发生了某些变化而已。

写作此书的最初动因，缘于我们两人之间的一次闲谈。那是在2013年初夏，首届全球锡商大会刚刚落幕。这次云集新一代锡商精英人士的大会，引发了广泛的关注。沈云福先生有幸参加了这次盛会，感慨良多；而我呢，为近代锡商代表人物薛明剑撰写的传记作品刚刚脱稿，仍然沉浸在对那个时代的美好记忆中。合作写作一部全景式描绘近代锡商创业史的著作，就这样拍板了。看似偶然，内中却又包含着几分必然。

由于受到学识、履历的限制，个人的力量无疑是弱小的。本书的写作，得到了来自于社会各方面的支持。无锡市委常委、统战部长陈德荣先生十分关心此书的写作和出版事宜。市政协副主席孙志亮先生古道热肠，在写作之初起，就多次召集相关的专家学者商讨写作方向、重点，给我们的写作指明了方向。南京大学教授钱志新先生对宏观经济管理和百年苏商的研究，成果斐然，此次对我们的写作也提出了指导意见，尤其是他"着眼未来写历史"的观点给了我们很大的启发。王安岭、王海宝、汤可可、杨建、陈文源、陆国均、浦文昌、鞠宏清等先生，在各自的领域里对无锡经济社会的研究卓然成家，顾智杰、李佩东、孙建南、孙建业、李广平、钱文华等先生长期工作在县乡和企业第一线，对我们的写作给予了悉心的指导。全国工商联副主席、无锡市工商联主席、红豆集团总裁周海江先生，堪称新一代锡商翘楚，对我们的写作给予了充分的鼓励和必要的支持，并撰写了序言。无锡新区工商联主席、双象集团董事长唐炳泉先生对书稿发表了很好的意见，也给予了必要的支持。

无锡，在中国的经济史上具有某种样本的意义。二十世纪二十年代起，陈翰笙、孙冶方、薛暮桥等一代经济学家组织开展了"无锡调查"。这一调查，一直延续到今天，中国社会科学院经济研究所的董志凯老师参加了最近两轮调查，此次为本书撰写了序言。

本书参考了大量文史材料、论文著作以及新闻报道，对所有的作者表示感谢。

当年我在大学就读时，曾聆听过刘吉先生的演讲，被他"言约旨远、思想深邃、锋芒犀利、幽默智慧"的演讲风格所折服。上世纪八十时代刘吉先生在无锡工作，曾经担任无锡市协新毛纺织染厂党委书记，用了三年时间使这家老字号企业走出了低谷，跨入了全国先进企业的行列，从而谱写了锡商发展史上一段新的辉煌。这次，刘吉先生拨冗题签，为本书增色不少。

本书择取了1895年至1956年这六十年作为写作的时间段，实际上锡商的发展，持续到今天已经走过了一百二十年的历程。在这一百二十年间，随着一代又一代锡商的崛起，无锡相继成为我国近代民族工商业和当代乡镇企业的重要发源地之一，形成了两次发展高潮。两个源头，同源同流；两次高潮，同样精彩。在坚持以文学化笔调叙述史实的同时，我们还努力拓展视角和思路，从理性的维度探究分析无锡"双源头"开启的基本成因和发展轨迹，以及对当前新常态下区域经济发展的借鉴意义。所形成的理论文章，附于书末，为读者全面解读锡商、研究锡商提供不同的视角。

锡商群体人数众多，星光璀璨，我们专门选取了六十位有代表性的锡商人物，分别撰写简介，并附于相应的章节之后，希冀让读者对民族工商业六十年的锡商人物有一个更加全面的认识。

当然，对1956年后的六十年锡商史进行整理发掘，同样显得十分重要，或许更为迫切。毕竟这六十年的历史，锡商的发展辛酸荣辱，冷暖变故，与今天有着更直接的血脉联络。我们衷心期待着自己，也期待着后来的人，能以更温润、更智性的文字清晰地再现这段风云岁月。

奔跑的年代，怀念历史是一件艰难的事。人们习惯于遗忘，但总有几个人、几件事在岁月的洗涤中顽强地存在着，在微风中发出时断时续的声音，叩击着我们的耳膜。我们创作本书，就是希望把那些曾经浮起、又迅速沉寂的人和事，从时光的长河中重新打捞上岸，加以还原，并以此唤醒读者的历史记忆。毕竟这群人曾经在这片土地上生活，这些事曾经在这片土地上演绎，不容今天或将来的人们淡忘。

历史不能重复自己，却充满了平行线式的相似。我们需要历史的出入和穿透，锡商的创业史提供了绝佳的案例。我们更需要站在今天的角度，确立一种向未来展望的勇气和睿智。希望我们今天的写作，能为将来的发展提供一点点有用的启迪，这就是锡商研究的价值所在。

在书稿付梓之时，中共无锡市委十二届九次全会举行，江苏省委常委、无锡市委书记李小敏提出："制造强则工业强，工业强则产业强，产业强则经济强，经济强则城市强。""向无锡的前辈们学习，向无锡的创业者致敬。"这座曾以工商业发达而闻名的城市，再次吹响了传承锡商精神、打造现代制造业高地的号角。

现在我们的心是忐忑的，不知道两年间消耗了我们几乎全部业余时间的这部书稿，在读者的心目中会打上多少分？我们希望听到您的意见和建议。邮箱：jsxsly@163.com。